吴钩说宋

宋神宗与王安石

变法时代

[上]

吴钩 著

广西师范大学出版社
·桂林·

宋神宗与王安石：变法时代
SONG SHENZONG YU WANG ANSHI：BIANFA SHIDAI

图书在版编目（CIP）数据

宋神宗与王安石：变法时代：上下册 / 吴钩著. --桂林：广西师范大学出版社，2023.9
（吴钩说宋）
ISBN 978-7-5598-6102-3

Ⅰ．①宋… Ⅱ．①吴… Ⅲ．①中国历史－宋代②王安石变法 Ⅳ．①K244.09②K244.05

中国国家版本馆CIP数据核字（2023）第128783号

广西师范大学出版社出版发行

（广西桂林市五里店路9号　邮政编码：541004）
　网址：http://www.bbtpress.com

出版人：黄轩庄
全国新华书店经销
深圳市精彩印联合印务有限公司印刷
（深圳市光明新区白花洞第一工业区精雅科技园　邮政编码：518108）
开本：880 mm×1 240 mm　1/32
印张：26.75　　字数：590千
2023年9月第1版　　2023年9月第1次印刷
定价：198.00元（上下册）

如发现印装质量问题，影响阅读，请与出版社发行部门联系调换。

导 言

我为什么要写宋神宗与王安石

在撰写《宋仁宗：共治时代》的时候，我便定下了下一部宋人传记的主角——宋神宗与王安石。

按规划，我准备给四位北宋君主——宋太祖、宋仁宗、宋神宗与宋徽宗——立传，通过对这四朝君主活动的梳理，将整个北宋史串联并完整呈现出来。其中，《宋仁宗：共治时代》已于2020年仁宗皇帝诞辰1010周年之际，由广西师范大学出版社出版。

之所以选择先写宋仁宗，是因为在宋朝诸帝中，仁宗是我最赞赏的一位；而在历代王朝中，仁宗朝"君主与士大夫共治天下"的体制也是最开明、最接近现代价值观的政制，值得我们好好讲述。

之所以继《宋仁宗：共治时代》之后为宋神宗与王安石立传，是因为在宋朝士大夫群体中，王安石是我最崇敬的一位，神宗也是我欣赏的宋代君主之一；而始于神宗朝熙宁年间的王安石变法，更是中国历史上最激动人心的高光时刻之一。

我们可以将古代士大夫分成三个类型：文人型、学者型、事功型。若能在其中一个领域取得杰出成就，便已经是青史留名的文学家，或学问家，或政治家（军事家、教育家等）。大致来说，苏轼是一流的诗人、文学家，但学术、事功略逊；司马光是一流的学问家，但在文学、事功方面则谈不上有什么成就；王韶是一流的军事家，但文学与学术方面并不出色。

那王安石呢？他一身而兼三型：既是一流的文学家，又是一流的学问家，更是一流的政治家。如此人物，数百年方得一见。王安石曾称赞苏轼："不知更几百年，方有如此人物！"其实这句话也可以用来形容他自己。

写此导言时，恰好读到《王安石年谱长编》的作者刘成国教授在访谈中引用清代学者陆心源评说王安石的一段话："三代以下，有经济之学，有经术之学，有文章之学，得其一皆可以为儒。……自汉至宋，千有余年，以合经济、经术、文章而一之者，代不数人，荆国王文公一焉。"这才发觉自己对王荆公的评价原来与陆心源所见略同，不由得有些得意。

不过，本书关注的重点，并不是王安石的学术（经术之学）与文学（文章之学），而是陆心源所说的"经济之学"，亦即王安石作为北宋神宗朝执政大臣的事功，简而言之，就是王安石变法。

一些朋友可能会觉得奇怪：仁宗时代的"嘉祐之治"与神宗时代的"熙丰变法"是相互悖反的，你怎么会同时推崇宋仁宗与王安石呢？这不是自相矛盾吗？

从某个角度来看，仁宗之政与神宗之法确实是相反的。仁宗倾向于无为而治，神宗则欲大有为。"嘉祐之治"也是作为一个反对"熙丰变法"的旗号在元祐年间被保守派士大夫树立起来的。"嘉祐"与"熙丰"分别代表了宋朝士大夫两种不同的施政主张、方针、路线。宋人在议政时,也常以"嘉祐""熙丰"指代两个派系的不同政见,比如南宋人刘实甫将"熙丰之急政"与"嘉祐之缓势"对举。

但我并不认为在称赞仁宗之政的时候,就不可以赞成神宗时代的王安石变法。在我看来,仁宗之政代表了古典时代君主与士大夫共治天下的典范,而王安石变法则是中国历史上国家主动开启近代化的一次伟大尝试,尽管神宗与王安石主观上不可能有"近代化"的概念,但在客观上,变法与近代化转型的历史方向是暗合的。

因此,我们完全可以从不同的历史维度同时对仁宗之政和王安石变法给予正面评价,正如十三世纪英国金雀花王朝的约翰王签下《大宪章》,意味着理论上王权受到限制;而在十六世纪的都铎王朝,早期资本主义兴起,却是王权扩张的一个过程,今天的自由主义者也是从不同的维度正面评价英国的这两个历史时刻,而完全不觉它们背后的悖反。

本书的主旨,不仅是想叙述宋神宗与王安石的一生,以及君相相得的关系,更想着重描述王安石变法的完整过程,再现这个重要的历史时刻。

自宋朝以降,关于王安石变法的著述可谓汗牛充栋,市面上可以见到的王安石传记也有好几种。为了避免与前人的叙事角度重复,我翻看了几乎所有能买到的与王安石变法相关的论著与传记,包括梁启超的《王安石传》、柯昌颐的《生前事与身后名:王安石评传》、漆侠的《王安石变法》、邓广铭的《北宋政治改革家王安石》、张祥浩与魏福明合著的《王安石评传》、李金水的《王安石经济变法研究》、李华瑞的《王安石变法研究史》、叶坦的《大变法:宋神宗与十一世纪的改革运动》、康震的《康震讲王安石》、易中天的《易中天中华史：王安石变法》、仲伟民的《宋神宗》、赵冬梅的《大宋之变，1063—1086》、林语堂的《苏东坡传》，等等。

翻看下来，不难发现，今人对王安石变法的叙事与评论基本上都是采用鸟瞰式的视角，以粗线条勾勒变法的大体经过与新法的大致内容，然后对变法作出或臧或否、或褒或贬的评价，这些臧否、褒贬的评价又多半是由作者的意识形态预先决定的，并不是基于史实总结出来的。

而阅读关于王安石变法的史料，我们却会发现，变法的具体过程与细节，神宗与王安石的关系和互动，围绕变法展开的新旧党的冲突、论辩和争斗，可要比今人的鸟瞰式粗线条叙事生动得多，甚至比虚构的历史小说还精彩。为什么写王安石变法史的人不肯好好讲故事、摆事实，而急于发表意见呢？就好比，本来是剧情片的剧本，却被导演拍成了政论片。

我决定采取一种与他们完全不同的叙事角度来讲述宋神宗时代与王安石变法。这个角度其实也不新鲜，只不过是回到历史现场，回到故事本身，回到史学传统的叙事方式，如同李焘的《续资治通鉴长编》一样忠实地记录史实，不急于做总结陈词。

李焘的立场明显偏向司马光与保守派，对王安石及其变法极不以为然，但"长编"的体例决定了《续资治通鉴长编》的编撰特点是宁繁毋简、事无巨细、有闻必录、述而不作，因此史料价值远高于司马光的《资治通鉴》与清代毕沅的《续资治通鉴》。

通过《续资治通鉴长编》提供的基本史实，再参考其他史料，我们可以大致还原出王安石变法中波澜壮阔的场景、跌宕起伏的情节、性格各异的角色。由于史实本身已具备足够的魅力，我有意大段引用史料中的人物对话，虽然是文言文，但比较晓白，阅读起来并无妨碍。我写文章，习惯见缝插针地引用文言文，这是有意为之，因为我认为中国最有价值的文化遗产是用文言文记录的，我希望今天的读者能够养成无障碍阅读文言文的能力。

本书的重点是讲述宋神宗时代与王安石变法，对最重要的三项新法——青苗法、募役法与市易法，将辟出专章讲述。由于神宗即位之前，王安石已经登上历史舞台，他的青年时代是在仁宗朝度过的；又，神宗驾崩、哲宗继位之后，王安石尚在人世，因此，本书在序章快速交代王安石在仁宗朝与英宗朝的活动，从中可略见王安石的性情与风采；最后，再在终章交代王安石人生的最后时光，以及新法在元祐年间被废罢的终局。

尽管本书侧重于叙述史实，但作者的史观与对历史事件的看法还是会不由自主地流露出来，在本书的最后，我还专门辟出一章结语，用来表述我对王安石变法的个人评价。这个结语究竟是画蛇添足，还是画龙点睛，评判权交给读者。

但我想向读者说明，本书对王安石变法的评价，完全是基于史实的有感而发，其中有一部分看法甚至打破了我自己之前的成见。大约十年前，我写过一篇评价王安石变法的短文，题目叫《王安石变戏法》，将"变法"比喻为"变戏法"，主要是想讽刺王安石的"民不加赋而国用足"思想："司马光一眼就看透王安石的变法说破了就是变戏法：不加赋而国用足，不过是设法以阴夺民利，其害甚于加赋。"但实际上，十年前，我对王安石变法并无研究，之所以批判变法，只是因为读过一点自由经济学的粗浅理论，习惯于以论证史，而不是以史证论。

在重新发现王安石变法的过程中，我结识了荆公故里——

江西抚州的乡贤万剑先生，他并非学术圈中人，但对王安石变法的史料掌握得非常扎实。我们有过争论，他预言我对王安石变法的评价将会扭转——从反对转为赞成。他说对了。

我想重申，对于历史人物、历史事件的评说，我们应当忠于史实，不应囿于成见。

本书各章的标题，多取自宋诗，比如第一章"少年天子坐建章"，出自张耒《赠天启友弟》，我借来讲述神宗即位之初；第二章"还朝看拜富民侯"，出自陈造《呈章茂深安抚》，借来讲述王安石回朝辅弼神宗。有些标题为了更贴合内容，我更换了原诗句的个别字词，比如第三章"国柄今归王安石"，出自冯时行《送召客》，原句是"国柄今归谢安石"，将"谢"字改为"王"字，恰好可以用来讲述王安石拜参知政事、开始执政。还有一部分标题是我自己杜撰的，因为在宋诗中实在找不到切题的诗句，只好用自撰的七言句子凑合着用。

章节题目的整齐形式，只是作者个人的一点文字趣味而已，对一部历史人物传记而言毫不重要，重要的是内容，是我们要叙述的历史，是如何讲好宋神宗时代与王安石变法。

在本书的写作过程中，我曾应邀到王安石的故乡做讲座，借这个时机，我拜访了抚州的王安石纪念馆，在王安石塑像前三鞠躬，表达了我对荆公的敬意。而本书完稿之时，为公元2021年，恰值王安石诞生1000周年。谨以此书，纪念荆公。

目 录

序章　半生漫仕壮心在
  第一节　少年游：初涉宦海　　003
  第二节　定风波：造福一方　　011
  第三节　倾杯乐：京师岁月　　020
  第四节　汉宫秋：英宗时代　　032

第一章　少年天子坐建章
  第一节　财政之困境　　045
  第二节　言官之意气（上）　　050
  第三节　言官之意气（中）　　058
  第四节　言官之意气（下）　　065
  第五节　边事与民生　　075

第二章　还朝看拜富民侯
  第一节　百废待兴　　087
  第二节　立讲坐讲　　099
  第三节　阿云之狱　　105
  第四节　郊赐之争　　113
  第五节　拓边蓝图　　121

第三章　国柄今归王安石

  第一节　阿云案再起争端　　　　　129
  第二节　王安石参知政事　　　　　137
  第三节　台谏官当头一棒　　　　　145
  第四节　苏范交攻变法初　　　　　155
  第五节　山雨欲来风满楼　　　　　166

第四章　风起于"青苗"之末

  第一节　朝廷初放青苗钱　　　　　179
  第二节　黑云压城城欲摧　　　　　190
  第三节　此时只欲浮云尽　　　　　204
  第四节　两造激辩青苗法　　　　　214
  第五节　山鸟逢春即啾喧　　　　　226

第五章　纷纷争执成何事

  第一节　李定风波（上）　　　　　243
  第二节　李定风波（下）　　　　　255
  第三节　边塞风雪（上）　　　　　266
  第四节　边塞风雪（下）　　　　　277
  第五节　变法风云（上）　　　　　291
  第六节　变法风云（下）　　　　　299

第六章　欲毕其功于一"役"

  第一节　试行募役　　　　　　　　315
  第二节　私闯相府　　　　　　　　325

第三节　旧党阴谋　　　　　　　　　332
　　第四节　激辩役法　　　　　　　　　341
　　第五节　天下免役　　　　　　　　　353

第七章　规模新处见新功
　　第一节　太学新制　　　　　　　　　363
　　第二节　王韶拓边　　　　　　　　　370
　　第三节　北境有变?　　　　　　　　 382
　　第四节　重商主义　　　　　　　　　394

第八章　山鸟无端劝我归
　　第一节　宰相执意劾李评　　　　　　413
　　第二节　唐坰狂骂王安石　　　　　　423
　　第三节　宣德门下马风波　　　　　　431
　　第四节　旱情压倒王相公　　　　　　440
　　第五节　变法派起郑侠狱　　　　　　453

第九章　官营市易以利趋
　　第一节　十一世纪"托拉斯"　　　　　465
　　第二节　政府购买的创新　　　　　　471
　　第三节　堂堂官司卖果子?　　　　　 479
　　第四节　争端又起免行钱　　　　　　488
　　第五节　曾布追劾市易司　　　　　　497

第十章　难弭朝端谤箧书

第一节　宗室谋逆　　　　　　　　　513
第二节　宋辽划界　　　　　　　　　525
第三节　交趾来犯　　　　　　　　　539
第四节　变法派的分裂（上）　　　　550
第五节　变法派的分裂（下）　　　　562

第十一章　熙丰之际多诏狱

第一节　浚川狱　　　　　　　　　　575
第二节　相州狱　　　　　　　　　　584
第三节　弑母案　　　　　　　　　　592
第四节　乌台诗案（上）　　　　　　600
第五节　乌台诗案（中）　　　　　　611
第六节　乌台诗案（下）　　　　　　620

第十二章　欲绘清明上河图

第一节　修城与清汴　　　　　　　　631
第二节　议礼与改制　　　　　　　　644
第三节　五路伐西夏　　　　　　　　656
第四节　神宗的遗憾　　　　　　　　664

第十三章　忽忽光阴况晚年

第一节　只与邻僧约往还　　　　　　677
第二节　从公已觉十年迟　　　　　　684

第三节　独乐园中老居士　　　　　　　692

　　第四节　神宗的最后岁月　　　　　　　698

　　第五节　司马光急急回朝　　　　　　　708

终章　元祐谏纸今最重

　　第一节　更化前夕　　　　　　　　　　717

　　第二节　废新复旧　　　　　　　　　　723

　　第三节　割地求和　　　　　　　　　　738

　　第四节　清算新党　　　　　　　　　　747

　　第五节　不归之路　　　　　　　　　　759

结语　以大历史的视角看王安石变法

附录　主要参考文献

序章　半生漫仕壮心在

庆历元年至治平四年（1041—1067）

第一节　少年游：初涉宦海

11世纪的北宋东京开封府，虽然地处干燥的北方平原，但京城内外的水系却十分发达：黄河就在京城北边百里外，并有运河（汴河）直通城内；汴河、惠民河、五丈河、金水河四条运河穿城而过，人称"四水贯都"。位于运河网中心的东京，水运交通可谓四通八达，特别是汴河，北接黄河，南连江淮，将南北水运网络衔接起来，"凡东南方物，自此入京城，公私仰给焉"；南方之人入京，也可乘舟溯汴河而上，免受车马之劳。[1]

宋仁宗庆历元年（1041），大约春夏之际，二十一岁的东南士子王安石自杭州的余杭渡口登舟，沿江南运河入淮，再溯汴河北上，于六月前抵达东京，准备参加京师的发解试。

宋朝的科举考试分为三个层级：发解试、礼部试和殿试。发解试为初级考试，由各州郡政府主持，一般在秋季举行，故又称"秋闱"。凡有志于功名的读书人均可在自己户籍所在的

---

[1] 孟元老：《东京梦华录》卷之一。

州府投牒报考发解试，合格者即获得进京参加礼部试的解额。礼部试为第二级考试，由中央政府的礼部主持，一般在春季举行，故又称"春闱"，春闱及第的进士可参加最后一级考试——殿试。殿试名义上由皇帝主考（实际上负责评卷、定名次的人是担任考官的士大夫），故高中皇榜者号称"天子门生"。

王安石的籍贯为江南西路抚州临川县（位于今江西抚州），成年后定居于江南东路的江宁府（今江苏南京），他本应在抚州或江宁府参加发解试。不过，宋政府允许久住京师的士子和品官子弟申请参加开封府或国子监的发解试，王安石的亡父王益是朝廷命官，王安石本人又久离原籍，所以他可以在京城参加发解试。京师的发解指标远多于地方州郡，这意味着在京师参加发解试，中举的机会更大。

果然，王安石顺利通过考试，取得了解额。由于次年正是大比之年，王安石取得解额之后，便不再返回江宁府，而是寓居京师，准备参加来年春天举行的礼部试。

转眼就到了庆历二年（1042）正月。宋时，士人间流行问卜之风。大比之前，许多应考的举子都喜欢到香火旺盛的寺庙祈求神佑，或在市井间找会占卜的高人问卦。京城南薰门内有一座会灵观，是东京最负盛名的皇家宫观之一，相传十分灵验，士子多到此求神问卦。这一日，王安石与同窗数十人也到会灵观拜谒。会灵观内有一个为香客算卦的江湖术士，名叫李士宁，他远远地指着正在叩拜神灵的王安石说："拜仗到地者登第。"[1] 随行的老仆赶紧将这话告诉了王安石。王安石心中好奇，便随老仆去见李士宁。

---

[1] 王安石：《王荆文公诗笺注》卷第三十八《赠李士宁道人》。下同。

李士宁见了王安石，如见故人，问道："子非某官之子乎？"

王安石说："然。"

李士宁又问："吾尝与贤丈饮，昆弟（你们兄弟）列拜于前，我以新荔枝与最长者，得非子邪？"原来李士宁早年与王安石之父王益有旧，也见过童年的王安石。

王安石答道："即安石也。"

李士宁又说："子今年登第，他日极贵，善自爱。"

这个李士宁是活跃于宋仁宗至宋神宗朝的术士，目不识丁，但自称学过道术，好作谶语，且往往应验，似有未卜先知之能。他周游于四方及京师，时常出入于权贵之门，司马光认为他是"专以妖妄惑人"的江湖骗子，不过欧阳修、蔡襄、王安石、苏轼等人都与他有交往。[1]三十多年后，李士宁被牵扯进一起谋反案，差点给王安石惹来大麻烦，此为后话，容后再叙。

王安石与李士宁邂逅未久，果然如愿通过礼部试，进入殿试。北宋神宗朝之前，殿试试题通常为诗、赋、论三题："考《登科记》所载，建隆以来，逐科试士皆是一赋、一诗、一论，凡三题。"[2]三月十五日，殿试开场，考试题目分别是《应天以实不以文赋》《吹律听凤鸣诗》《顺德者昌论》。王安石在考试中脱颖而出，得第四名，状元则是杨寘，榜眼为王珪，探花为韩绛。

若按宋人王铚《默记》的记述，王安石本为殿试第一名，第四名为杨寘。杨寘是一位才子，史书说他"少有隽才，庆历二年举进士京师，试国子监、礼部皆第一"，在发解试、礼部试中均得第一名。[3]参加殿试的天下士子都相信，夺魁者必是杨

---

[1] 司马光：《涑水记闻》卷第十六。
[2] 马端临：《文献通考》卷三十。
[3] 脱脱等：《宋史》卷四百四十三。

寘。杨寘也自认为胜券在握。他的兄长杨察是枢密使晏殊的女婿，按惯例，殿试放榜前，考官要把拟定的录取名次抄送两府（指中书、枢密院，为宋王朝的宰相机构），杨寘便托兄长找晏枢相问问，自己排在第几名。晏殊悄悄告诉杨察，杨寘"已考定第四人"。[1] 杨察又叫人将消息告诉兄弟。

当时杨寘正在酒肆里与酒徒饮酒，听说自己只得了第四名，愤愤不平，忍不住以手击案，叹息说："不知哪个卫子夺吾状元矣！"卫子，即毛驴的别称。

到了放榜之日，在唱名之前，考官将经再三考定的录取名单与第一名的试卷进呈御前，这第一名正是王安石。但仁宗皇帝见王安石所作《应天以实不以文赋》中，有"孺子其朋"之语，心中不快，说道："此语忌，不可魁天下。"

为什么"孺子其朋"会让仁宗皇帝感到不快呢？得从此语的出典说起。

"孺子其朋"出自《尚书》，是周公对周成王的告诫之语，"孺子"即指成王，因为成王当时才十二岁。整句话的含义有两种解释，一说意在强调"朋党败俗，为害尤大，恐年少所忽，故特言'孺子'也"；[2] 一说"周公谓成王云'孺子其朋'，是王以诸臣为朋（友）"。[3] 不管是提醒天子警惕朋党之祸，还是劝天子以大臣为友朋，在宋代都不算犯忌。让仁宗感到不舒服的当是"孺子"一词，因为这是周公教训小朋友的语气。庆历二年，王安石二十二岁，宋仁宗三十三岁，到底谁是孺子？难怪皇帝看到"孺子"二字会很不愉快。

---

[1] 王铚：《默记》卷下。下同。
[2] 孔安国传、孔颖达正义：《尚书正义》卷第十五。
[3] 魏了翁：《仪礼要义》卷三十四。

既然皇帝不同意将王安石列为第一名，那么按序位顺延，当擢第二名为状元，但第二名的王珪是"有官人"（即有官职之人参加科考），按宋朝惯例，有官人不得为状元；于是又顺延至第三名，但第三名韩绛也是有官人，只好又取来第四名杨寘的试卷，仁宗看了杨寘的名字，欣然说："若杨寘可矣。"[1]

就这样，杨寘阴差阳错地当上了状元，王安石则名列第四。当初杨寘在酒肆里大骂状元是一头毛驴时，怎么也想不到这状元郎的帽子最后又落到自己头上。

王安石尽管与状元失之交臂，但他没有耿耿于怀，平生也从未对人"略语曾考中状元"，记录此事的王铚感叹说：荆公"气量高大，视科第为何等事而增重耶！"

对于考中甲科第几名、登第之后授何官，王安石确实是不怎么计较的。入仕，于他而言，只是为了获得一份可以养家糊口的俸禄，一个"达则兼济天下"的机会，甲科第一名与第四名又有何区别？有一件事，恰好可以说明王安石"气量高大，视科第为何等事"——

至和二年（1055），王安石的同僚兼好友钱公辅来信，请他为自己的母亲蒋氏撰写墓志铭。王安石应邀写好了蒋氏的墓志铭，寄给钱公辅，钱公辅却又回信请王安石再修改，将他高中甲科、首任职务即为通判（相当于副州长）等事迹写进去，并强调这些事迹足令"闾巷之士以为太夫人荣"。[2] 但王安石一口回绝了，给钱公辅写了一封回信，说："鄙文自有意义，不可改也，宜以见还，而求能如足下意者为之耳。"文章坚决不

---

[1] 王铚：《默记》卷下。下同。
[2] 王安石：《临川先生文集》卷第七十四《答钱公辅学士书》。下同。

修改，阁下既然不满意，请将鄙文退回来，另请高明。

在这封信中，王安石还解释了他不愿意遵嘱修改文章的道理："如得甲科、为通判，通判之署，有池台竹林之胜，此何足以为太夫人之荣，而必欲书之乎？贵为天子，富有天下，苟不能行道，适足以为父母之羞。况一甲科通判，苟粗知为辞赋，虽市井小人，皆可以得之。何足道哉？何足道哉？"王安石认为，即便是登上天子之位，如果不能造福天下，也是父母的羞耻，而非荣耀。

一个甲科状元的名分，在王安石眼内，显然也是何足道哉。

不过，由于王安石高中甲科，不需守选，便可立即授官，他获授的官职是校书郎（寄禄官，九品）、签书淮南节度判官厅公事（差遣，治所在扬州）。

往扬州赴任之前，王安石与几位同窗一起拜会了枢密使晏殊，因为晏殊也是抚州人，与王安石是乡亲。晏殊对王安石赞赏有加，说："殊备位执政，而乡人之贤者取高科，实预荣焉。"[1] 又说："休沐日相邀一饭。"要在休沐日（宋时，公务员每旬放假一天，称"休沐日"）请王安石吃饭。

吃饭时，晏殊对王安石说：老乡日后前程不可限量，"然有二语欲奉闻，不知敢言否？"王安石当然请晏公直言，自己洗耳恭听。晏殊踌躇良久，犹豫半晌，才说："能容于物，物亦容矣。"委婉地提醒眼前这位年轻气盛的老乡要有容人之量。王安石表示谨听教诲，回到旅舍后却叹息说："晏公为大臣，而教人者以此，何其卑也！"对晏殊大失所望。

庆历二年夏，王安石自京城借汴河水道南下，赴扬州就任

---

[1] 王铚：《默记》卷中。下同。

签书淮南节度判官。宋时，判官为州郡幕职官之长，相当于州政府秘书长。王安石入仕后的第一份职务，就是担任扬州政府秘书长，这个仕途起点相当高了。

王安石在扬州任职时，朝廷的政局也出现了新气象：庆历三年（1043）春夏，仁宗批准老迈的宰相吕夷简辞职，亲擢富弼、韩琦、范仲淹等敢作敢为的少壮派为执政官，欧阳修、蔡襄、王素、余靖等敢言的耿直之士为谏官，朝廷的人事布局焕然一新；九月，仁宗又开天章阁，召执政大臣与御史台长官共商鼎新革故之策，"庆历新政"由此拉开序幕。[1]

王安石对庆历新政是充满期待的。四月，他从《邸报》上读到朝廷的人事变化，很是振奋，写了一首诗表达感想：

读镇南邸报癸未四月作

赐诏宽言路，登贤壮陛廉。
相期正在治，素定不烦占。
众喜夔龙盛，予虞绛灌憸。
太平讵可致，天意慎猜嫌。[2]

诗中最后一句"天意慎猜嫌"，似乎透露了王安石心里的隐忧。庆历新政果然有点虎头蛇尾，一年后，主持新政的范仲淹等执政官便相继离朝，退出权力中枢，最后一位离开朝廷的新政领袖是韩琦，庆历五年（1045）三月，韩琦罢枢密副使，出知扬州，成为王安石的顶头上司。

---

[1] 关于庆历新政，可参见吴钩《宋仁宗：共治时代》第八章、第九章，广西师范大学出版社，2020年。
[2] 王安石：《临川先生文集》卷第十六《读镇南邸报癸未四月作》。

据宋人笔记，韩、王的关系并不融洽。王安石爱读书，每天下班回家都是手不释卷，甚至通宵达旦读书，天亮时才假寐一会，结果醒来时往往日头已高，来不及盥漱，便匆忙赶往衙门上班，由于睡眠不足，精神难免萎靡不振。韩琦见王安石是少年人，以为他"夜饮放逸"，一日便找王安石谈话，语重心长地说："君少年，无废书，不可自弃。"[1] 王安石当面没有辩解，私下里却说："韩公非知我者。"对韩琦颇不以为意。

如果说，这次只是韩琦一时误解，很快便知道王安石并不是"夜饮放逸"之人，那么韩琦之后对王安石的态度，就是深深的成见了："韩公虽重其文学，而不以吏事许之。"韩琦承认王安石文才出众，却不安排王安石治吏事，原因是王安石曾多次在上司面前"以古义争公事，其言迂阔，韩公多不从"。[2] 而王安石与韩琦争执起来，也未尝稍让，直言韩琦是"俗吏"："如此则是俗吏所为。"[3] 韩琦说："公不相知，某真一俗吏也。"

不过，也有一些记载显示韩琦与王安石过从甚密。庆历五年夏，王安石在签书淮南节度判官任上已快满三年，即将秩满，他的寄禄官阶也从校书郎升为大理评事（从八品）。宋时，扬州芍药、洛阳牡丹名扬天下。王安石离任前的夏天，扬州郡圃的芍药开出四朵异花："上下红，中间黄蕊间之"，时人称为"金缠腰"，极为罕见。相传有幸簪戴金缠腰者，日后可为宰相。

韩琦见郡圃芍药开出金缠腰，很是惊奇，便想设一个赏花私宴，只限四人观赏，因为金缠腰只有四朵。应邀参加这场私宴的客人分别是扬州通判王珪、判官王安石、来访的陈升之，

---

[1] 邵伯温：《邵氏闻见录》卷第九。下同。
[2] 司马光：《涑水记闻》卷第十六。
[3] 晁说之：《晁氏客语》。下同。

加上主人韩琦，刚好四人。席间，韩琦命人剪下四朵金缠腰，四人各簪一朵（宋人有簪花之尚，男女老少均可簪花）。多年后，韩琦、陈升之、王安石、王珪果真先后拜相，因而留下"四相簪花"的佳话。[1]

不久，王安石秩满离任，先回了一趟江宁府，然后归抚州老家探亲，岁末再自抚州赴京候任。离开扬州时，韩琦给王安石送来了美酒，王安石也给韩琦写信致谢。二人似无嫌隙。

第二节 定风波：造福一方

这次入京，王安石在京城只待了一年多：从庆历五年岁末至庆历七年（1047）四月。其间，他担任过一些临时性的差遣，如庆历六年（1046）正月，王安石被任命为礼部试点检试卷官，权同知贡举（主考官）则是翰林学士张方平，这应该是张方平与王安石第一次共事，但两人很快就闹翻了。张方平后来回忆说："某知贡举院，或荐安石有文学，宜辟以考校，姑从之。安石者既来，凡一院之事，皆欲纷更之。某恶其人，檄以出，自此未尝与之语也。"[2] 因意见不合，张方平打了一份报告，将王安石请出贡院，二人自此交恶。

王安石自己并不愿意在京任职，恨不得早日离开京师。

按宋朝官制，凡高中甲科的新科进士，一任秩满，便可申

---

[1] 参见沈括《梦溪笔谈·补笔谈》卷三。
[2] 邵伯温：《邵氏闻见录》卷第九。

请参加馆阁考试，考试合格即授馆职，成为馆阁官，这叫"试馆职"。

宋时的馆阁是负责文献管理与学术研究的机构，因而馆阁官是文学高选、清贵之官。宋人说："国朝馆阁之选，皆天下英俊，然必试而后命。一经此职，遂为名流。其高者，曰集贤殿修撰、史馆修撰、直龙图阁、直昭文馆、史馆、集贤院、秘阁。次曰集贤、秘阁校理。官卑者，曰馆阁校勘、史馆检讨，均谓之馆职。"[1] 馆阁实际上还是国家储才机构、高级官员储备库："馆阁之职，号为育才之地。今两府阙人，则必取于两制；……两制阙人，则必取于馆阁。……自祖宗以来，所用两府大臣多矣，其间名臣贤相出于馆阁者，十常八九也。"[2]

王安石获得殿试第四名，扬州签判任满，按惯例可进呈平日创作的诗文，申请试馆职。这是多少初入仕者梦寐以求的机会，但王安石放弃了："例当进所业试馆职，安石独不进；特召试，亦固辞。"[3]

王安石的愿望是到地方任职。庆历七年四月，他终于如愿以偿，赴明州（今浙江宁波）鄞县任知县。

王安石离京的这一年暮春，京城睦亲宅的汝南郡王府迎来了一件喜事：汝南郡王赵允让第十三子赵宗实大婚，新妇闺名高滔滔。

睦亲宅是赵宋宗室聚居的住宅区，位于东京皇城天波门外，原址为皇家宫观玉清昭应宫。天圣七年（1029），玉清昭应宫被大火焚毁；景祐二年（1035），仁宗下诏在玉清昭应宫旧地

1　洪迈：《容斋随笔》卷十六。
2　欧阳修：《欧阳修全集》卷一百一十四。
3　杜大珪编：《名臣碑传琬琰之集》（下）卷十四《王荆公安石传》。

营建王府，赏赐给赵氏宗室聚居，并赐名"睦亲宅"。坊间曾有术士神秘兮兮地与人密语：睦亲宅风水极佳，"当出二天子"云云。[1] 当时人们都不相信，因为赵允让儿时虽有被宋真宗抱养于宫中的经历，好像真的有望成为嗣君，但仁宗出生后，赵允让便被送回王府；赵宗实儿时也曾被仁宗认为嗣子，养于宫中，同时曹皇后也把她的外甥女高滔滔接入宫中作为养女抚养，但过了几年，仁宗有子出生，赵宗实与高滔滔也被送回家。看来术士的预言似乎只猜中了开头，没猜中结局。不过，赵宗实与高滔滔儿时都被养于宫中，因而二人的婚事被时人称为"天子娶妇，皇后嫁女"，成为一桩美谈。[2]

次年，即庆历八年（1048）四月初十，汝南郡王府又有了喜事：新妇高滔滔平安诞下一名男婴，取名赵仲鍼，是赵宗实的长子。相传小仲鍼出生时，"祥光照室，群鼠吐五色气成云"。[3]

不过汝南郡王府的事情暂时与王安石没有关系。此时此刻，王安石正在千里外的鄞县主持兴建水利工程。以前王安石在州级政府工作，担任的是幕僚官，并无决策权，难以大展身手；如今虽然下放到县级政府，却是一县行政长官，一把手，鄞县的公务是由他拍板的，总算可以一展抱负了。

鄞县跨江临海，水源充沛，水道纵横，本无旱涝之灾，但由于水利设施年久失修，沟渠淤塞，陂塘淤浅，以致"山谷之水，转以入海而无所潴"，因而"邑民，最独畏旱，而旱辄连年"。[4] 王安石到任不久，便上书两浙路转运使，提出要"大浚治川渠，

---

[1] 高晦叟：《珍席放谈》卷下。
[2] 丁传靖辑：《宋人轶事汇编》卷二。
[3] 脱脱等：《宋史》卷十四。
[4] 王安石：《临川先生文集》卷第七十五《上杜学士言开河书》。下同。

使有所潴，可以无不足水之患"。

为实现"大浚治川渠"的目标，庆历七年冬，王安石用了十余天走遍鄞县十四乡，对每一条需要疏浚的川渠、每一处可以兴建的堤堰，都进行了实地勘察，并动员乡民积极投身于水利建设。[1] 王安石将这个过程记录在《鄞县经游记》中：

> 庆历七年十一月丁丑（初七），余自县出，属民使浚渠川。至万灵乡之左界，宿慈福院。戊寅（初八），升鸡山，观硙工凿石，遂入育王山，宿广利寺。雨，不克东。辛巳（十一日），下灵岩，浮石湫之壑以望海，而谋作斗门于海滨，宿灵岩之旌教院。癸未（十三日），至芦江，临决渠之口，转以入于瑞岩之开善院，遂宿。甲申（十四日），游天童山，宿景德寺。质明（十六日），与其长老瑞新上石，望玲珑岩，须猿吟者久之，而还食寺之西堂，遂行至东吴，具舟以西。质明（十七日），泊舟堰下，食大梅山之保福寺庄。过五峰，行十里许，复具舟以西，至小溪以夜中。质明（十八日），观新渠及洪水湾，还食普宁院。日下昃，如林村。夜未中，至资寿院。质明（十九日），戒桃源、清道二乡之民以其事。凡东西十有四乡，乡之民毕已受事，而余遂归云（二十日）。[2]

庆历八年秋，王安石又重修了东钱湖水利工程。东钱湖是

---

[1] 具体参见杨渭生《王安石在鄞县的事迹考略》，《杭州大学学报（哲学社会科学版）》1980年第1期。
[2] 王安石：《临川先生文集》卷第八十三《鄞县经游记》。

鄞县大湖,"周回八十里,受七十二溪之流,四岸凡七堰:曰钱堰,曰大堰,曰莫枝堰,曰高湫堰,曰栗木堰,曰平湖堰,曰梅湖堰。水入则蓄,雨不时则启闸而放之。鄞定海七乡之田资其灌溉"。[1] 这么重要的一个湖泊,却久未维修,堤堰损坏,淤泥堵塞,"旱则滴水如油,涝则民居漂没",直至王安石来到鄞县,才"重清东钱湖,起堤堰,决陂塘",使东钱湖恢复"水陆之利"。[2]

——对,这也是后来熙宁变法之农田水利法的滥觞。

王安石还在鄞县试行了小额农业贷款,效果很好。原来,鄞县的农民在青黄不接之时,往往家无余粮,便以田地为抵押,向富户贷款,秋收后再还贷,但这借贷的利息很高。王安石"特出官钱,轻息以贷,至秋则田亩之入,安然足偿",使鄞县农民免受高利贷之苦。[3]

——没错,后来王安石主持熙宁变法时,将鄞县经验推行于全国,即青苗法。

王安石治鄞三年,政声斐然。其时,王安石的同僚谢景初知余姚县,其弟谢景平知会稽县,韩缜知钱塘县,这些县都在吴越地区,所以这几位也皆有贤名,江南士人便将王安石与他们合称"吴越四贤"。还有友人在书信中将王安石与欧阳修、尹洙、蔡襄等时贤相提并论,不过王安石觉得愧不敢当,复信说:"书称欧阳永叔、尹师鲁、蔡君谟诸君以见比。此数公,今之所谓贤者,不可以某比。"[4]

皇祐二年(1050)三月,王安石知鄞县秩满,解官离任,

---

[1] 罗濬等:《宝庆四明志》卷第十二。
[2] 参见杨渭生论文《王安石在鄞县的事迹考略》。
[3] 丁传靖辑:《宋人轶事汇编》卷十。
[4] 王安石:《临川先生文集》卷第七十七《答王景山书》。

鄞县士民十分感念，给他立了生祠；多年后王安石去世，鄞县人又自发为他修建了祠堂；即使在熙宁新法被清算的元祐年间，鄞县的王安石祠堂还是香火旺盛，祭拜者众；南宋时，王安石已被污名化，唯鄞县邑人没有忘却王安石的功德。

鄞县秩满，王安石的寄禄官超升为殿中丞（从五品）。这次超常转官，乃是出于九月国家明堂大礼的恩典。次年，即皇祐三年（1051），朝廷考虑到王安石历任数官，都没有主动请试馆职，便下了一道特旨，叫他入京试馆阁，但王安石给朝廷打了一份报告，说"祖母年老，先臣未葬，弟妹当嫁，家贫口众，难住京师"，婉拒入京。[1]

不久，朝廷委任王安石通判舒州。通判，知州之副手，州政府第二把手；舒州，今安徽潜山，距江宁府稍远，王安石不想接受这一任命，因为家中母亲年迈，希望就近奉养，且携家带口赴外地，生活难免困顿，所以他给宰相文彦博写了一封信，请求安排一个就近差遣。

文彦博没有同意王安石的请求，但他向仁宗举荐了王安石："殿中丞王安石进士第四人及第，旧制，一任还，进所业求试馆职，安石凡数任，并无所陈。朝廷特令召试，亦辞以家贫亲老。且馆阁之职，士人所欲，而安石恬然自守，未易多得。……乞特赐甄擢（提拔）。"[2] 于是仁宗下旨，再令王安石赴阙试馆阁。

此时王安石已准备赴舒州就任，与入京供职相比，他宁愿待在舒州，因此又上书乞免就试："比尝以此自陈，乞不就试，慢废朝命，尚宜有罪，幸蒙宽赦，即赐听许。不图逊事之臣，

---

[1] 王安石：《临川先生文集》卷第四十《乞免就试状》。
[2] 李焘：《续资治通鉴长编》卷一百七十。

更以臣为恬退。……今特以营私家之急，择利害而行，谓之恬退，非臣本意。兼臣罢县守阙，及今二年有余，老幼未尝宁宇，方欲就任，即令赴阙，实于私计有妨。伏望圣慈察臣本意，止是营私，特寝召试指挥，且令终满外任，一面发赴本任去讫。"[1] 请求秩满再赴阙，获朝廷批准。

至和元年（1054）夏，王安石通判舒州任满，返回京师。这一年恰好欧阳修亦赴阙，他对王安石十分赏识，便推荐王安石充任谏官，但未获仁宗同意。朝廷还是希望王安石试馆职，这么优秀的文学才俊，不试馆职，岂非馆阁之憾？但王安石再次推辞了，坚决不就试。仁宗也不好勉强，下诏：给王安石安排一个在京差遣。

九月初一，朝廷除王安石为群牧判官。这一任命也是出自欧阳修之荐。宋朝设群牧司，掌牧马之事，是一个比较有油水的部门："比他司俸入最优，又岁收粪壐钱颇多，以充公用。"[2] 群牧判官为群牧司的中层领导，是一个美差。但王安石再度力辞——他并非不识好歹，而是希望调到地方工作。

有一个叫沈康的馆阁校勘，看王安石一再推辞就任群牧判官，便跑到中书面见宰相，"自言屡求为群牧判官而不得，王安石不带职，又历任（资历）比康为浅，安石既不肯为，愿得为之"。[3] 当时的宰相是陈执中，他将沈康教训了一通："安石辞让召试，故朝廷优与差遣，岂复屑屑计校资任。且朝廷设馆阁以待天下贤才，亦当爵位相先，而乃争夺如此，公视安石，颜何厚也。"沈康被说得羞愧难当，灰溜溜地走了。

---

1 王安石：《临川先生文集》卷第四十《乞免就试状》。
2 欧阳修：《归田录》卷二。
3 李焘：《续资治通鉴长编》卷一百七十七。下同。

王安石既不肯就职，宰相陈执中又让欧阳修前往劝谕，王安石这才接下群牧判官的差遣。

很快，大半年就过去了。至和二年三月廿一日，王安石的上司群牧使杨伟上书："判官、殿中丞王安石文行颇高，乞除职名。"[1]请求授予王安石馆职之名。宋时，文官带职名，就好比今天的官员兼教授、博士生导师、工程师等学术头衔，是一种清誉。中书检索档案文书，发现是王安石之前屡次上书辞试馆职，这才迄今未带职名。这下中书的人明白了，以王安石的脾气，让他再试馆职，必定是拒绝不从。王安石既然不愿意就试，那就免试吧。仁宗于是下诏，特授王安石集贤校理的职名。在馆阁官序列中，集贤校理属于第二层级，比初入馆阁的馆阁校勘、史馆检讨要高一个层级。可以说，朝廷对王安石是青睐有加了，不但破例免试，而且初授便是中级学衔，多少人求之而不得啊。

次日，即三月廿二日，中书派人将除授集贤校理的敕牒送到王安石的办公室，但王安石没有接受，而是上状请辞馆职；之后，中书又分别于四月五日、四月九日，两度差人送来除授集贤校理的敕牒，王安石亦再三上状辞免；四月廿四日，中书发下札子：奉圣旨，王安石你不许再辞让集贤校理了，这个馆职就是你的了。但王安石又一次上书请辞馆职——这个集贤校理我不能要。

为什么王安石这么固执不肯接受馆职？一个重要的原因是：馆阁官收入微薄，难以养家糊口。王安石自己说："馆阁之选，岂非素愿所荣。然而不愿就试，正以旧制入馆则当供职

---

[1] 李焘：《续资治通鉴长编》卷一百七十九。

一年，臣方甚贫，势不可处。"[1]按制度，入选馆阁，须供职一年以上，才可以外放为官，虽然朝廷特予推恩，向王安石承诺："不候一年，即与在外差遣"，但王安石认为，"一年供职，乃是朝廷旧制，臣以何名，敢当此恩，而累朝廷隳废久行公共之法？"

那么王安石又何以敢一而再、再而三地拒绝馆职呢？原因很简单，因为他生活在宋朝，这个时代士大夫的尊严、意志受庙堂尊重，用王安石本人的话来说，"臣闻之古人曰'明主可以理夺'，又曰'匹夫不可夺志'，臣敢守此语，以至于再三"。假如王安石生活在明清时期，恐怕给他一百个胆子都不敢如此固执。

王安石的愿望是外放到东南某个州郡，一者，外郡长官的俸禄、职田、津贴足以养亲；二者，在州郡任行政长官，恰好可以实验他的政治理念、施展他的治理才干。所以，嘉祐元年（1056）岁末，他致信参知政事曾公亮，请朝廷于"东南宽闲之区、幽僻之滨，与之一官，使得因吏事之力，少施其所学"。[2]

嘉祐二年（1057）四月，王安石终于外放，出知常州（今江苏常州）。六月，王安石抵达常州，在报告中书的公文中，他请求久任常州，认为唯其如此，州郡长官才有足够的时间整顿地方治理。

王安石对兴修水利仿佛情有独钟。常州有运河，但年久失修、河道淤塞，王安石便决定调集辖下各县夫役，将常州境内运河浚通，既利于航运，亦利于农田灌溉。但此举未能得到各县积极配合，知宜兴县司马旦便极力反对兴役，说："役大而亟，

---

[1] 王安石：《临川先生文集》卷第四十《辞集贤校理状四》。下同。
[2] 王安石：《临川先生文集》卷第七十四《上执政书》。

民有不胜，则其患非徒不可就而已。请令诸县岁递一役，虽缓必成。"[1]这位司马旦乃是司马光之兄。不过王安石没有采纳司马旦之议，坚持开河。不想时值秋天，秋雨连绵，浚河的民夫叫苦不迭，督役之人托病不出，工程只得停下来。

未久（嘉祐三年二月），王安石转任提点江南东路刑狱，调离常州，开河工程半途而废，这成为王安石心头一大憾事。在赴任江东提刑路上，他给友人刘敞写信说："河役之罢，以转运赋功本狭，与雨淫不止，督役者以病告，故止耳。今劳人费财于前，而利不遂于后，此某所以愧恨无穷也。"[2]

王安石在江东提刑任上大约只干了半年，嘉祐三年（1058）十月，朝廷即召他赴阙，任三司度支判官。但王安石不乐意接受这一任命，他上书宰相富弼，请辞度支判官，乞一闲郡，但未获同意。

次年春，三十八岁的王安石携家进京。这一次，这位一心想逃离京师的古怪官员，将在东京城待多久呢？

第三节　倾杯乐：京师岁月

嘉祐四年（1059），仁宗皇帝已步入晚年，不再有励精图治的雄心壮志，加之老来无子（他生育的几名皇子均不幸夭折），体弱多病，难免意兴阑珊，政务几乎全然委托执政大臣

---

[1] 脱脱等：《宋史》卷二百九十八。
[2] 王安石：《临川先生文集》卷第七十四《与刘原父书》。

定夺。好在仁宗朝已发展出一套成熟的共治制度，宰相执政，台谏监察，君主垂拱而治，且嘉祐年间，朝堂上几乎没有奸邪之人，执政官文彦博、富弼、韩琦、曾公亮皆有贤名，台谏官张昪、包拯、范镇、司马光皆有直声，因此，嘉祐之时，可谓政治清明，四海升平，天下无事。

但是，在这平静的海面之下，又隐伏着暗流一般的危机。王安石看到了危机，他抵达京城就任三司度支判官后，便给仁宗进呈了一份"极陈当世之务"的言事书。[1]这篇《上仁宗皇帝言事书》写得洋洋洒洒、长达万言，南宋人洪迈对其核心内容作了摘录：

> 今天下财力日以困穷，风俗日以衰坏。患在不知法度，不法先王之政故也。法先王之政者，法其意而已。法其意，则吾所改易更革，不至乎倾骇天下之耳目，而固已合矣。因天下之力，以生天下之财，取天下之财，以供天下之费。自古治世，未尝以不足为公患也，患在治财无其道尔。在位之人才既不足，而闾巷草野之间，亦少可用之才。社稷之托，封疆之守，陛下其能久以天幸为常，而无一旦之忧乎？愿监苟且因循之敝，明诏大臣，为之以渐，期为合于当世之变。臣之所称，流俗之所不讲，而议者以为迂阔而熟烂者也。[2]

---

[1] 李焘：《续资治通鉴长编》卷一百八十八。
[2] 洪迈：《容斋随笔·四笔》卷四。下同。

洪迈说："当时富（弼）、韩（琦）二公在相位，读之不乐，知其得志必生事。"嘉祐四年，韩琦年过五十，富弼的年纪更大一些，已经五十六岁了，不再是庆历新政时期的少壮派，岁月消磨了他们的锐气，赋予他们沉稳的行事风格，将他们改造成了不急不躁的长者。所以，王安石那份万言书呈上去之后，犹如石沉大海，并未引起仁宗皇帝与执政大臣的重视。

不过，朝廷对王安石的文学是非常赞赏的。我们应该记得，至和二年，朝廷特授王安石集贤校理之职名，但王安石坚决不接受。到了嘉祐四年五月，中书又将王安石"累除馆职，并辞不受"的履历具奏以闻，仁宗便诏令王安石直集贤院。[1] 在馆阁官序列中，直集贤院属于第一层级，比之前的集贤校理又高一个层级，王安石还是累辞不受，最后才接下任命状。

回头看王安石累辞馆职的经历，就好比一个学术造诣出众的青年学者，初出茅庐，只是助教，有关部门一再督促他赶紧申评讲师，但这个骄傲的年轻人坚持不提出申请，后来，有关部门只好对他说：不用你申请了，直接将你评为副教授。但他居然又拒绝了，表示不要这个学衔。最后，有关部门干脆直接将他评为教授。

尽管王安石对国家的未来有些忧心忡忡，但从嘉祐四年至嘉祐八年（1063）在京任职这几年，却是他仕途生涯中最闲逸、安乐的一段时光。京官比较清闲，所以王安石有了更多的闲暇跟朋友、同僚诗酒唱酬。

彼时，他与欧阳修、梅尧臣、杨畋、蔡襄、司马光、吴中复、吴充、刘敞、曾巩、韩维、韩缜、吕公著、祖无择、钱公

---

[1] 李焘：《续资治通鉴长编》卷一百八十九。

辅、宋敏求等名流俱过从甚密,时有唱和宴饮。王安石直集贤院,刘敞便写诗祝贺;[1] 友人陈舜俞入京试制科,试毕归寿州,王安石也写诗送行;[2] 嘉祐五年(1060)正月,王安石被任命为送伴使,护送契丹使者回国,朋友们在陈桥驿给他设宴饯行,而从东京到辽境,旅途寂寞,王安石触景生情,也写诗遣怀,寄京城诸友。[3]

在王安石这一时期所创作的诗歌中,最受关注的诗是两首《明妃曲》:

其一

明妃初出汉宫时,泪湿春风鬓脚垂。
低回顾影无颜色,尚得君王不自持。
归来却怪丹青手,入眼平生未曾有。
意态由来画不成,当时枉杀毛延寿。
一去心知更不归,可怜着尽汉宫衣。
寄声欲问塞南事,只有年年鸿雁飞。
家人万里传消息,好在毡城莫相忆。
君不见咫尺长门闭阿娇,人生失意无南北。

其二

君妃初嫁与胡儿,毡车百辆皆胡姬。
含情欲语独无处,传与琵琶心自知。
黄金捍拨春风手,弹看飞鸿劝胡酒。
汉宫侍女暗垂泪,沙上行人却回首。

---

[1] 参见刘敞《公是集》卷九《贺王介甫初就职秘阁》。
[2] 参见王安石《王荆文公诗笺注》卷第三十三《送陈舜俞制科东归》。
[3] 参见王安石《王荆文公诗笺注》卷第三十三《次御河寄城北会上诸友》。

> 汉恩自浅胡自深，人生乐在相知心。
> 可怜青冢已芜没，尚有哀弦留至今。[1]

明妃，即汉朝的王昭君，因失意于汉宫而自请出塞和番，远嫁匈奴，终老于塞外。汉后，历代都有诗人咏叹昭君的身世与命运，王安石的《明妃曲》却别出心裁，没有哀叹王昭君命运的坎坷，也没有渲染她对故国的思念，而是直言"咫尺长门闭阿娇（指失宠的汉武帝皇后陈阿娇），人生失意无南北""汉恩自浅胡自深，人生乐在相知心"，隐含着儒家士大夫"从道不从君"的思想。[2]

许多年以后，由于发生"靖康之变"，宋室南迁，一位叫范冲的士大夫对宋高宗说："臣尝于言语文字之间，得安石之心，然不敢与人言。且如诗人多作《明妃曲》，以失身胡虏为无穷之恨，读之者至于悲怆感伤。安石为《明妃曲》，则曰'汉恩自浅胡自深，人生乐在相知心'，然则刘豫（金人扶植的伪齐皇帝）不是罪过，汉恩浅而虏恩深也？今之背君父之恩，投拜而为盗贼者，皆合于安石之意，此所谓坏天下人心术。"[3] 历经靖康国变后，南宋士大夫已失去从容的心态，而在北宋嘉祐年间，王安石两首《明妃曲》问世，却让他的文友、同僚深感惊艳，欧阳修、梅尧臣、司马光、曾巩、刘敞等友人都写了和诗，表达共鸣之情。

这一时期王安石的交游圈中，以司马光、吕公著、韩维与他关系最为亲密，四人"特相友善，暇日多会于僧坊，往往谈

1　胡仔纂：《苕溪渔隐丛话》（后集）卷第二十三。
2　参见刘成国《王安石年谱长编》卷三。
3　王安石：《王荆文公诗笺注》卷第六《明妃曲二首》。

燕终日，他人罕得而预"，人称"嘉祐四友"。[1]

吕公著为前宰相吕夷简之子，韩维亦出身名门，时人称"嘉祐、治平间，韩氏、吕氏，人望盛矣。议者谓魏公（韩琦）将老，置辅非韩即吕"。[2] 王安石与韩家几兄弟的交情甚好，他的住所就在韩家附近，两家子弟亦常走动、唱和诗。对吕公著，王安石更是以兄事之，十分佩服其才识，曾扬言："吕十六不作相，天下不太平"；"晦叔作相，吾辈可以言仕矣"。[3]

在与朋友交往的过程中，王安石身上的一些怪癖给人留下深刻印象。他不修边幅，生活习惯邋遢，《宋史》称他"性不好华腴，自奉至俭，或衣垢不浣，面垢不洗，世多称其贤"。[4] 因为几个月不洗澡，身上、脸上都生了污垢，以致面色无光、印堂发暗，家人还以为他生病了，请来郎中察看。郎中说："此垢汗，非疾也。"[5] 然后给了王安石一块肥皂，让他经常用肥皂洗脸。

韩维、吕公著、吴充实在受不了王安石的邋遢，相约每隔一两个月，拉上他到京师定力院的浴室泡澡一次。王安石不想去，他们便硬拉着去，又轮流给王安石买新衣服，等王安石泡完澡，让他换上新装，戏曰"拆洗王介甫（王安石）"。[6]

有意思的是，王安石的夫人吴氏却是一个有洁癖的女子，家里放的躺椅被人光脚上去躺过都不想要了。不知这对夫妇平日里是如何相处的。

---

1 徐度：《却扫集》卷中。
2 陈鹄：《西塘集耆旧续闻》卷三。
3 邵伯温：《邵氏闻见录》卷第十二。
4 脱脱等：《宋史》卷三百二十七。
5 沈括：《梦溪笔谈》卷之九。
6 叶梦得：《石林燕语》卷十。

平日饮食，王安石也很随便，饭桌上有什么就吃什么，而且筷子永远只夹离自己最近的那盘菜，至于那是什么菜，是不是美食，王安石从不计较。有一次，王安石与执政大臣、文学侍从官陪仁宗皇帝在御花园赏花钓鱼，王安石看着眼前的鱼饵，觉得很美味，居然吃个精光。仁宗皇帝看在眼里，对王安石的印象特别糟糕，认为一个体面的士大夫竟将鱼饵吃光，简直不可思议。

王安石亦不喜声色犬马之欢。夫人吴氏曾买了一名小妾，送到书房服侍他。王安石见了，问："汝谁氏？"[1]那女子说："妾之夫为军大将，部米运失舟（押运漕粮翻了船），家资尽没犹不足，又卖妾以偿。"王安石愀然说："夫人用钱几何得汝？"那女子说："九十万。"王安石派人将她丈夫找来，让他把妻子领回去，好好过生活，那九十万文钱也一并送给了他们。

宋时，士大夫圈子内流行点茶、焚香、插花等闲事雅趣，王安石对此却是一窍不通。他的朋友蔡襄深谙烹茶之道，一日，王安石登门拜访，蔡襄很高兴，"自取绝品茶，亲涤器，烹点以待"，谁知王安石接过茶盏，从夹袋中取出一撮"消风散"（中药方剂），投入茶汤中，一饮而尽。蔡襄看得目瞪口呆，估计心里感叹，真是糟蹋了绝品好茶。[2]

王安石于茶道是门外汉，那他对士大夫必备的笔墨纸砚，总会喜爱吧？也未必。有人得了一块宝贵的砚台，送给王安石，说："呵之可得水。"[3]意思是说，此砚石质细腻温润，对着它呵一口气，便可凝结出小水珠，用来磨墨。王安石却不收这块砚台，

---

1 邵伯温：《邵氏闻见录》卷第十一。下同。
2 彭乘辑：《墨客挥犀》卷四。
3 陶宗仪等编：《说郛三种·说郛一百二十卷》卷第二十三。下同。

说:"纵得一担,所直几何?"时人评曰:荆公之言虽不解风情,大煞风景,"而清节不为物移,闻者叹服"。

这些轶事显示,王安石对个人享受完全不感兴趣。他的关注点是国运,是民生。

尽管与朋友的往来唱酬也算其乐融融,但王安石的执拗性子有时候还是会让人感到尴尬。嘉祐五年,王安石与司马光同在三司任职,他们的顶头上司——权三司使正是包拯。有一日,三司花园牡丹盛开,包拯邀请王安石、司马光饮酒赏花。事后司马光跟朋友说起这次赏花宴的一个细节:"包公置酒赏之,公举酒相劝。某素不喜酒,亦强饮,介甫终席不饮,包公不能强也。某以此知其不屈。"[1]王安石说不喝酒,就坚决不喝,包公都没办法勉强他。

王安石固执起来,甚至连仁宗皇帝的圣旨都不能逼他让步。嘉祐五年十一月,朝廷同时任命王安石、司马光同修起居注。二人都力辞不就。不过,司马光推辞五次仍没获批后,便接下任命状,而王安石则连辞六七次,坚决不当这个官。最后,仁宗让负责传达圣旨的阁门吏带着任命状至三司,直接把任命状交给王安石,但王安石还是拒绝接受。阁门吏向王安石下拜,请他收下任命状,否则无法回去复命。王安石干脆躲到厕所里,阁门吏只好将任命状放在王安石的办公桌上,这才离开。王安石从厕所出来,看到桌上的任命状,赶紧叫人追上阁门吏,把任命状交还给他。朝廷只好暂时作罢,不再勉强。

已经接受任命的司马光见王安石这么坚定不移,懊悔地表

---

[1] 邵伯温:《邵氏闻见录》卷第十。需要指出的是,邵氏在文中将"三司"误记为"群牧司"。

示:"及睹王安石前者辞差修起居注,力自陈诉,章七八上,然后朝廷许之,臣乃追自悔恨,向者非朝廷不许,由臣请之不坚故也。"[1]

后世清王朝的乾隆皇帝,对王安石坚辞起居注官的行为大为恼火,御笔点评说:"宋人动辄奏辞某官,恶习相仍,不复知有致身大义。安石新进小臣,乃赍敕就付坚拒不已,甚且避之于厕,不恭实甚。"[2] 假如王安石生活在清朝,恐怕早就被抓起来治罪了。

不过,嘉祐六年(1061)夏,仁宗又委任王安石修起居注,这回他推辞了七八次未果,便接受了。随后,朝廷又让他试知制诰,王安石举荐吕公著代替,说吕公著"其器可以大受,而退然似不能言,故众人知之有所不尽。如蒙选用,得试其才,必有绩效,不孤圣世。臣实不如,今举自代"。[3] 但朝廷不许王安石再推三阻四,吕公著也不肯就试。王安石遂赴舍人院,就任知制诰。

知制诰,职责为起草圣旨,所谓"代王言"是也,非文章高手不可胜任,入职者必先试文辞。尽管其本职工作无非是根据皇帝与宰相的批示草拟诏敕,但宋代知制诰所充当的角色绝非传声筒、复印机,如果知制诰认为皇帝、宰相的旨意不合法理,有权拒绝起草诏敕,将词头(书面旨意)退回去,这叫"封还词头"。王安石担任知制诰未久,便因为词头的问题与宰相发生了冲突。

那是七月的某一日,王安石接到宰相的札子,称"尝有诏

---

[1] 司马光:《传家集》卷十九《辞修起居注第四状》。
[2] 嵇璜:《钦定续通志》卷三百四十七。
[3] 王安石:《临川先生文集》卷第四十《举吕公著自代状》。

令，今后舍人院不得申请除改文字"，即要求知制诰今后完全按词头起草诏敕。[1]王安石一看，觉得中书的札子所言十分荒谬，立即上书反驳："窃以为舍人者，陛下近臣，以典掌诰命为职司，所当参审。若词头所批，事情不尽，而不得申请，则是舍人不复行其职事，而事无可否，听执政所为，自非执政大臣欲倾侧而为私，则立法不当如此。"

其时，执政大臣为韩琦，时人认为王安石的上书忤逆了韩琦。不过，韩、王合不来，只缘公事，二人实无私怨。同年闰八月，因首相富弼丁母忧，不肯起复，次相韩琦升任首相，王安石还向他祝贺。

在知制诰任上，王安石还担任过一项临时性的差遣：纠察在京刑狱。嘉祐七年（1062）冬，开封府发生了一起刑案：有位少年得到一只名贵的斗鹑，他的朋友想借来玩玩，少年不同意，朋友自恃与少年交情不错，便趁着少年不注意，将斗鹑抱走。少年发觉后，急忙追上朋友，因一时气愤，踢了朋友一脚，正中肋下，那朋友立即倒地，不治身亡。对这起命案，开封府裁定：少年故意杀人，"罪当偿死"。[2]纠察刑狱的王安石却认为开封府判决有误，提出弹劾："按律，公取、窃取皆为盗，此不与而彼乃强携以去，乃盗也。此追而殴之，乃捕盗也。虽死，当勿论。府司失入平人为死罪。"

开封府不服，提起申诉，事下审刑院、大理寺详定。最后，审刑院、大理寺作出终审裁决，维持开封府原判。换言之，王安石被认为纠察不当，应承担责任。不过仁宗下诏：王安石放罪。

---

1 李焘：《续资治通鉴长编》卷一百九十三。下同。
2 李焘：《续资治通鉴长编》卷一百九十七。下同。

即免于追究责任。按制度，获放罪者须赴殿门谢恩。但王安石硬着脖子说："我无罪。"坚持不谢恩。御史台与阁门司数度发文催促，王安石始终"不肯谢"。御史台于是对王安石提出弹劾，宰相韩琦表示还是算了，不要为难他了。于是，朝廷最终没有问责王安石，只是解除其纠察在京刑狱的差遣。

如果我们用"情商"的概念来衡量王安石，大概可以得出一个结论：王安石与人打交道时表现出来的情商是不及格的。由于情商低，在与他人交往的过程中，他经常不知不觉就把人给得罪了——而显然，并不是所有被他得罪的人都能像韩琦那般大度。

被王安石得罪的人当中，有一个叫李师中，此人自幼便有才名，十五岁时已敢向朝廷上书议论时政，后与王安石同年中进士。一日聚会，大伙都称赞李师中是"少年豪杰"，李师中也洋洋得意。[1] 王安石恰好也在座中，讲了一句："唐太宗十八岁起义兵，方是豪杰，渠是何豪杰？"李师中自此对王安石十分厌恶，跟人扬言："王安石者，眼多白，甚似王敦（东晋奸臣）。他日乱天下者，此人也。"[2]

极度厌恶王安石的人还有苏轼、苏辙的父亲苏洵。嘉祐年间，苏洵携生平著作与二子游京师，往来于公卿之门，投文邀名，求官乞职，如在上宰相韩琦的书信中便说："洵年老无聊，家产破坏，欲从相公乞一官职。"[3] 尽管"吃相"有点难看，但苏洵大器晚成，文笔老辣，因此文章在京师士大夫间被广泛传阅，备受赞赏，唯独王安石嗤之以鼻，认为苏洵之文不过是拾战国

---

[1] 王铚：《默记》卷中。下同。
[2] 邵伯温：《邵氏闻见录》卷第十三。
[3] 苏洵：《嘉祐集》卷十二。

纵横家之唾余罢了,"屡诋于众"。[1] 苏洵奔走于公卿之门求官的行为,更是王安石平生所瞧不起的:"彼游公卿之门、求公卿之礼者,皆战国之奸民。"[2]

随父亲游京师的苏轼、苏辙兄弟,少年才俊,文名满京华,却同样不入王安石的法眼。嘉祐六年,苏氏兄弟双双考中制科,获授官职。王安石却对好友吕公著说:苏轼的策论,"全类战国文章,若安石为考官,必黜之"。[3] 这是不是王安石的偏见呢?我们看苏轼应制举的一段策论就清楚了:"宜明敕天下之吏,使以岁时纠察凶民,而徙其尤无良者,不必待其自入于刑,而间则命使出按郡县,有子不孝、有弟不悌、好讼而数犯法者,皆诛无赦。"[4] 论调与《商君书》《韩非子》何其相似?

王安石还以苏辙的策论意在讨好宰相韩琦、"专攻人主"为由,拒绝给苏辙起草任官的诏敕,因为苏辙那篇策论写得特别过火,采道听途说之言,恣意抨击仁宗"陛下自近岁以来,宫中贵姬至以千数,歌舞饮酒,欢乐失节"。[5] 虽然所言不实,但仁宗觉得苏辙勇气可嘉,决定录取他。王安石却认为苏辙卖直沽名。

因为这层过节,苏洵对王安石恨之入骨,曾跟欧阳修说:"以某观之,此人异时必乱天下。使其得志立朝,虽聪明之主,亦将为其诳惑,内翰何为与之游乎?"[6] 相传老苏还写了一篇《辨奸论》:"夫面垢不忘洗,衣垢不忘浣,此人之至情也。今

---

1 叶梦得:《避暑录话》卷上。
2 王安石:《临川先生文集》卷第六十四《周公》。
3 邵伯温:《邵氏闻见录》卷第十四。
4 苏轼:《苏轼文集》卷八《策别安万民》。
5 苏辙:《苏辙集·栾城应诏集》卷十二《御试制策》。
6 蔡上翔编:《王荆公年谱考略》卷之十。

也不然，衣夷狄之衣，食犬彘之食，囚首丧面，而谈诗书，此岂其情也哉？凡事之不近人情者，鲜不为大奸慝。"[1] 暗示王安石是"大奸慝"。

不过，以王安石骄傲的个性，即便知道自己的言论得罪了苏洵、李师中，惹下了仇怨，他也是不在乎的。

第四节　汉宫秋：英宗时代

嘉祐末，四海无事，朝廷却面临一大危机：仁宗皇帝已年过五十，体衰病多，却没有子嗣，皇储之位空悬，国本不稳。廷臣忧心忡忡。

王安石的好友、时任谏官的司马光连续进呈札子，请仁宗"早定继嗣"，极言"国家至大至急之务，莫先于此"。[2] 宰相韩琦也借着给仁宗讲解历史典故之机，劝说皇帝立嗣。尽管仁宗皇帝万般不愿，一心想再生个儿子，但最终未能如愿，只得依大臣之议，从宗室子弟中选一位立为继嗣。

仁宗选中的嗣子，是堂兄赵允让之子——三十岁的岳州团练使赵宗实。此时赵宗实正在睦亲宅濮王府中守父孝——两年前（嘉祐四年），赵允让去世，追封为濮王，赐谥"安懿"，故称"濮安懿王"。

仁宗一开始并没有明确宣布立赵宗实为嗣子，只是在嘉祐

---

[1] 邵伯温：《邵氏闻见录》卷第十二。
[2] 李焘：《续资治通鉴长编》卷一百九十五。

六年十月十三日，让中书发布告敕：起复岳州团练使赵宗实为泰州防御使、知宗正寺。宗正寺是掌皇室谱牒的机构，让赵宗实知宗正寺，实际上等于向世人暗示赵宗实将是皇嗣之选。但赵宗实以守孝终制为由，一再辞让知宗正寺的任命。

僵持到次年八月，韩琦便建议仁宗批准赵宗实请辞知宗正寺，授予其他名目。仁宗说："勿更为他名，便可立为皇子，明堂（大飨礼）前速与了当。"[1] 八月初五，仁宗下诏，正式立赵宗实为皇子，赐名赵曙。赵曙犹再三推让，直到八月廿七日，才搬入大内，一家人连同婢女仆人"不满三十口，行李萧然，无异寒士，有书数厨而已。中外闻之相贺"。

而起复赵曙知宗正寺、批准他辞知宗正寺的诰词，都是时任知制诰的王安石草拟的。

起草诰词不过是知制诰的职务行为，王安石本人并没有像他的朋友司马光那样，主动加入嘉祐末年的立储之请。也有一些宋人笔记声称王安石并不赞成立赵曙为嗣："安石在仁宗时，论立英宗为皇子，与韩魏公不合。"[2] 但这很可能是以讹传讹。

赵曙虽然从"备胎"熬成皇嗣，回到儿时生活过的宫廷，但他在大内过得并不轻松，整天如履薄冰，战战兢兢，因为仁宗对自己没有亲生子嗣一事始终耿耿于怀，心有不甘，立赵曙为嗣实是迫于无奈；内侍任守忠素不喜赵曙，又时常在仁宗面前挑拨是非，以致仁宗对嗣子不无猜疑。因此，赵曙入宫后备受冷落，还要担惊受怕，担心哪一天自己会惹来横祸。据富弼后来的回忆："窃闻陛下（即赵曙）初立为皇子，召居禁中，

---

1 李焘：《续资治通鉴长编》卷一百九十七。下同。
2 邵伯温：《邵氏闻见录》卷第三。

其时先帝为左右奸人所喋，不无小惑。内外之人，以至陛下旧邸诸亲，无一人敢通信问者。陛下饮食悉皆阙供，皇太后亦不敢明然主之，但晓夕惶恐，百方为计，偷送食物之类者甚多。"[1]

嘉祐八年二月，五十四岁的仁宗又病倒了，卧床不起。三月廿九日夜里，大约二更时分，这位庸常而仁圣的君主病逝于寝宫福宁殿。次日，赵曙即皇帝位于灵前，见百官于福宁殿东楹，是为宋英宗。宰相韩琦初请赵曙继位时，赵曙还拼命推辞："某不敢为！某不敢为！"[2] 转身就要逃走，众辅臣赶紧将他抓住，"或解其发，或被御服"。

英宗即位之初，"辅臣奏事，帝必详问本末，然后裁决，莫不当理，中外翕然，皆称明主"。但四月初四日晚间，英宗"忽得疾，不知人，语言失序"，时距他即皇帝位才四天。这很可能是因为承受不了巨大的心理压力而突然精神崩溃。

由于英宗突然得病，无法正常视朝，宰相便依仁宗朝初期刘太后临朝的先例，奏请曹太后垂帘听政。但曹太后与英宗这对名义上的母子很快便闹了矛盾，原来英宗在病中，"云为多乖错，往往触忤太后，太后不能堪"，[3] 且英宗在宫中缺乏根基，对待"宦官尤少恩，左右多不悦者，乃共为谗间，两宫遂成隙"。[4]

我们如果去看这段时间廷臣的疏章，会发现他们都在苦口婆心地给太后与皇帝劝和。执政团队中，宰相韩琦比较维护英宗，当他听到太后泣诉英宗不孝时，只是劝说曹太后顾全大局："臣等只在外见得官家，内中保护，全在太后。若官家失照管，

---

1 李焘：《续资治通鉴长编》卷二百一。
2 李焘：《续资治通鉴长编》卷一百九十八。下同。
3 李焘：《续资治通鉴长编》卷一百九十九。
4 李焘：《续资治通鉴长编》卷一百九十八。下同。

太后亦未安稳。"此时，前宰相富弼已服完母丧之孝，起复，拜枢密使，他更同情曹太后，反问韩琦："适闻帘下语否？弼不忍闻。"[1]又给英宗上书："千官百辟在廷，岂能事不孝之主？伊尹之事，臣能为之。"警告英宗要尽孝道，否则，辅臣做得出"伊尹放太甲"之事。

韩琦与富弼是一对惺惺相惜的挚友，政见相近，又共事多年，但现在，他们的友谊与默契已出现了裂痕。韩琦久在中枢，行事越发专断，中书的事务从不与枢密使富弼商议。想当年，嘉祐初，二人同相，在中书与枢密院之间促成一项议事惯例：中书若有疑事，则宰相与枢密使共谋之。如今韩琦当了首相，富弼为枢密使，韩琦却将多年惯例抛之脑后，富弼因此颇为不快。

随后又发生了一件让富弼更为不满的事：治平元年（1064）夏，因英宗的身体与精神状态逐渐康复，韩琦决定敦促曹太后还政，遂在奏对之时，胁迫曹太后撤帘，结束垂帘听政。富弼闻知，大惊，对人说："弼备位辅佐，他事固不敢预闻，此事韩公独不能与弼共之耶？"[2]因为这件事，富弼"怨琦益深"，不久便称病不出，且连上二十章请辞，英宗再三挽留却不得，只好于治平二年（1065）七月批准他的辞呈，罢枢密使，出判河阳。枢密使之职则由文彦博接任。

富弼默然离朝前后，以韩琦为首的执政团队与御史台也爆发了一场激烈的对抗，导火索是一个礼仪问题：宋英宗该如何称呼他的生父——濮安懿王赵允让。首相韩琦、参知政事欧阳修等执政官认为，赵允让既然是英宗生父，英宗当然要称他为

---

[1] 丁传靖辑：《宋人轶事汇编》卷八。下同。
[2] 李焘：《续资治通鉴长编》卷二百一。下同。

"皇考"。侍御史知杂事（御史台副长官）吕诲、侍御史范纯仁（范仲淹之子）、监察御史里行吕大防等言官驳斥了执政团队的主张，认为英宗已经过继给仁宗，这是他继承皇位的合法性来源，因而皇帝应当在礼法层面割舍他与濮王的父子关系，以仁宗为皇考，称呼濮王为"皇伯"。这次争论，史称"濮议"。

濮议将执政官、台谏官拉入旷日持久的对抗中，双方各持己见，互不相让，越闹越僵。最后，御史们提出集体辞职，宣布与执政官势同水火，不可两立。宋英宗问执政团队如何处理，欧阳修表示："御史以为理难并立，若以臣等为有罪，即当留御史；若以臣等为无罪，则取圣旨。"[1] 英宗犹豫良久，决定挽留执政官，斥逐言官。不过想了一想之后，又交代了韩琦一句话："不宜责之太重也。"

"斥逐"是宋人的夸饰说法，以渲染言官的悲情。严格来说，这只是宋朝的一项宪制惯例：若言官上书弹劾宰相，意见未被皇帝采纳，言官往往会辞职；若皇帝采纳言官之议，则宰相辞职。这样的宪制惯例旨在维持政府与言官之间的政治信任，就如在议会制下，议会若是对政府发起不信任投票并获得通过的话，那么一般来说，结果要么是解散议会（相当于全体议员辞职），重新举行大选；要么是更换首相（相当于原首相辞职），以此重建议会与政府的信任。

治平三年（1066）正月，吕诲罢侍御史知杂事，出知蕲州；范纯仁罢侍御史，通判安州；吕大防免去监察御史里行之职，出知休宁县。

从嘉祐八年至治平三年，发生在朝堂与宫廷中的种种纠纷，

---

[1] 李焘：《续资治通鉴长编》卷二百七。下同。

王安石是看不到的，因为嘉祐八年八月，他的母亲吴氏卒于京师，按礼制，王安石须辞去官职，扶棺归江宁府，为母亲守孝三年（"守孝三年"只是俗称，实际是守制二十七个月即服满）。所以，当宋英宗与曹太后、富弼与韩琦、宰辅大臣与台谏官相继发生抵牾时，王安石已经解官，回到江宁府守制丁忧，远离了京城的是非场。

守孝期间，王安石应友人之请，给江西虔州州学撰写了一篇学记。在其中，王安石提出一个观点："故举其学之成者，以为卿大夫，其次虽未成，而不害其能至者以为士，此舜所谓庸之者也。若夫道隆而德骏者，又不止此，虽天子，北面而问焉，而与之迭为宾主，此舜所谓承之者也。"[1] 在王安石看来，"道隆而德骏"的士大夫，乃是天子"北面而问"、虚心请教的师友。他是不是在期待一个这样的机会呢？

治平二年十月，王安石守孝期满，起复为知制诰，召赴阙。王安石却连上三状，请免赴阙，"乞一分司官，于江宁府居住"[2]。北宋以西京洛阳、北京大名府、南京应天府为陪都，在各处设留守司，所置职官即为分司官，属于闲职，所以允许从便居住。不过，朝廷没有批准王安石之请。王安石便干脆在江宁府设馆收徒，投入门下者有郑侠、李定、陆佃等人。总之，治平二年至三年，王安石屡召不出，宁愿躲在金陵讲学。

治平三年十二月，王安石的长子王雱因赴省试入京，在京城寻觅寓所，朋友问他："舍人（指王安石）何久召不赴？"[3] 王雱说："大人久病，非有他也。近以朝廷恩数至重，不晚且来。

---

1 王安石：《临川先生文集》卷第八十二《虔州学记》。
2 王安石：《临川先生文集》卷第四十《辞赴阙状三》。
3 王铚：《默记》卷下。下同。

雱不惟赴省试，盖大人先遭来京寻宅子尔。"朋友又问："舍人既来，谁不愿赁宅，何必预寻？"王雱答道："大人之意不然，须与司马君实相近者。每在家中云：'择邻必须司马十二，此人居家事事可法，欲令儿曹有所观效焉。'"按王雱的这个说法，王安石是打算赴京任职的，并且希望租住在司马光宅附近。

不过宋英宗未能等来王安石，因为次年正月他便病逝了。英宗在位之时，虽正值壮年，却和晚年的仁宗一样体衰多病，朝政亦交由执政团队处理。比仁宗幸运的是，英宗与皇后高氏育有四子，除了第三子早夭，长子赵仲鍼、次子赵仲糺、四子赵仲恪均长大成人。

按宋朝惯例，皇子赐单名，不联字辈。英宗即位后，赐长子仲鍼名顼，次子仲糺名颢，四子仲恪名頵。嘉祐八年底，赵顼十六岁，已是成年人。次年，英宗将其晋封为颍王，又替他聘了王陶、孙思恭、韩维等饱学之士为王府记室、侍讲，即充任颍王的老师。

赵顼"性谦虚，眷礼官僚"，对老师韩维礼待尤厚。[1]有一日，颍王府的近侍进献了一对弓样靴，赵顼甚是喜爱，韩维却说："王安用舞靴？"赵顼听了，面有愧色，马上吩咐左右将舞靴拿去销毁。

颍王为人亦友孝。当初英宗得病，常出言不逊，冒犯了曹太后，赵顼在旁，大约未及时开解，以致太后伤心，泣告辅臣，对皇子有所抱怨。韩维知悉，告诉赵顼："上已失太后欢心，王尽孝恭以弥缝，犹惧不逮，不然，父子俱受祸矣。"赵顼立即醒悟过来，从此十分注意对待曹太后——他名义上的祖母的

---

1 李焘：《续资治通鉴长编》卷二百二。下同。

态度。太后见孙儿孝顺，也很高兴，对辅臣说："皇子近日殊有礼，皆卿等善择官僚所至。宜召至中书褒谕之。"

赵顼又天性好学，老师讲课时，他"正衣冠拱手，虽大暑未尝用扇"，端庄听讲，常"请问至日晏忘食"。[1] 英宗担心儿子不吃饭，往往要派内侍过来王府，请老师暂停讲课，让皇子先吃饭。一日，赵顼得到一本新录的《韩非子》，便叫府僚雠校。他的老师孙永正色说："韩非险薄，无足观。"[2] 宋朝士大夫认为，《韩非子》等法家学说鼓动权谋，三观不正，实不宜君主研习。赵顼一听，赶紧澄清："录此备藏书之数，非所好也。"

正是这个时候，赵顼听说了王安石的大名与学问——他的老师韩维在颍王府讲解儒家经义，十分精到，常让赵顼击节叫好，但韩维谦逊地说："非某之说，某之友王安石之说。"[3] 因为这个缘故，尽管此时王安石远在江宁府讲学，与皇子素未谋面，但赵顼对王安石却是久仰大名，追慕已久。

治平三年春，万物生长，赵顼已经十九岁，到了该结婚的年纪。英宗遣使至诸臣之家，为颍王挑选佳偶。韩维上奏说："王孝友聪明，动履法度，方向经学，以观成德。今卜姓授室（娶妻），其系尤重，宜历选勋望之家，精拣淑哲之媛，考古纳采问名之义，以礼成之，不宜苟取色而已。"[4] 最后，皇室选中故宰相向敏中的孙女向氏为颍王妻子，封安国夫人。

颍王大婚，皇室大喜，自然是朝野相贺，内外喜气洋洋。但三月廿七日黄昏，一条长达一丈五尺的彗星出现在昴宿附近，

---

1 脱脱等：《宋史》卷十四。
2 杨仲良：《皇宋通鉴长编纪事本末》卷第五十六。下同。
3 邵伯温：《邵氏闻见录》卷第三。
4 李焘：《续资治通鉴长编》卷二百七。下同。

又让朝廷君臣感到紧张，因为按古人观念，这是天之异象，意味着将要发生什么事情。一个叫李端愿的官员在入对时，对英宗说："彗所以除旧布新也，今官冗士伪，费广兵骄，非大更张不可塞异。如或不然，安知不有大扫除者乎？"

可是，上天没有给英宗"大更张"的时间，治平三年冬，他又病倒了。监察御史里行刘庠奏请立皇太子，以防万一，英宗很不高兴，将奏章扣留于禁中。宰相韩琦、枢密使文彦博等入内问起居，退出时，颍王送他们出寝门，悄悄问韩琦："奈何？"[1] 韩琦说："愿大王朝夕勿离上左右。"颍王说："此乃人子之职。"韩琦意味深长地说："非为此也！"颍王这才醒悟过来。

英宗的病情越来越严重，到后来已无法说话，但神志还算清醒，交代事情都用笔写于纸上。十二月廿一日，英宗病情更加严重，前来问起居的韩琦说："陛下久不视朝，中外忧惶，宜早立皇太子，以安众心。"英宗点点头。

韩琦便请英宗手书亲笔指挥，英宗双手颤抖，艰难地在纸上写下一行字："立大王为皇太子。"韩琦说："必颍王也。烦圣躬更亲书之。"立储大事，含糊不得。于是英宗又颤颤抖抖补写了三个字："颍王顼。"韩琦马上叫来内侍高居简，将英宗御札交给他，让他赶快送到学士院，命翰林学士草制。

次日，朝廷宣读了英宗皇帝的制书：立皇子颍王顼为皇太子。宣制之时，颍王在父亲榻前一再推让，英宗自知时日不多，泫然下泪。文彦博见了，亦觉得不忍心，对韩琦："见上颜色否？人生至此，虽父子，亦不能无动也。"韩琦说："国事当如此，可奈何！"

---

[1] 李焘：《续资治通鉴长编》卷二百八。下同。

十二月廿五日，朝廷又宣布次年正月十九日举行册立皇太子大典。但这个典礼来不及举办了，因为治平四年（1067）正月初八，英宗便撒手而去了，皇太子赵顼即皇帝位于柩前。他便是宋神宗，治平四年，刚满二十岁。原来京师坊间关于睦亲宅"当出二天子"的谶言，应验在赵曙与赵顼身上。

据传英宗驾崩之时，赵顼未在病榻前，辅臣急召太子，未至，英宗的手指突然动了一下，次相曾公亮大吃一惊，赶紧告知韩琦，并说：暂时不要召太子了，万一皇帝醒过来呢？韩琦却说："先帝复生，乃太上皇。"[1]坚持马上将皇太子赵顼召来。

远在金陵的王安石闻知英宗驾崩，有些感伤，写了两首挽词——尽管他的人生与英宗似乎没什么交集，终英宗一朝，他一直拒绝赴阙。如今朝廷又换了新君，王安石将何去何从呢？

所有过往，皆成序章。神宗与王安石的故事，即将开始。

1　毕沅编：《续资治通鉴》卷第六十五。这一记载十分可疑，姑妄听之。

第一章 少年天子坐建章

治平四年（1067）

第一章　少年天子坐建章

第一节　财政之困境

神宗即位之时，虽说已是弱冠之年，但治国理政的经验也许比昔日冲龄登基的仁宗皇帝还要欠缺，因为仁宗在继位之前，已经以皇太子的身份在资善堂（皇太子进学之所）处理日常事务，接受政治训练；而神宗被立为皇太子未久，尚来不及举行册立礼，便匆匆即皇帝位，当亲王时又不便问政，老师韩维、孙思恭都告诫他："陛下亲总万机，内外上下事体已正，王当专心孝道，均养三宫（三宫，指曹太后、宋英宗、高皇后）而已，他勿有所预也。"[1] 大家都有点想不到，英宗在位短短四年便英年早逝，将统治大宋的权杖与担子留给了儿子神宗。

当家方知盐米贵。等神宗皇帝接过担子，才真切感受到肩膀的沉重：宋王朝开国已过百年，承平日久，积弊亦日深，四海升平的背后，危机暗伏。神宗面临的第一个挑战，是入不敷出的财政。

1　司马光：《涑水记闻》附录二《韩维戒颍王》。

治平四年正月十一，神宗即位第四日，三司使韩绛、翰林学士承旨张方平便给皇帝呈上一份财政报告："深惟方今至要，莫先财用。财用者，生民之命，为国之本，散之甚易，聚之实难。财用不足，生民无以为命，国非其国也。祖宗平天下，收敛其金帛，纳之内帑诸库，其所以遗后世之业厚矣。自康定、庆历以来，发诸宿藏以助兴发，百年之积，惟存空簿。"[1] 意思是说，国库百年之储，如今已成空账。

按宋朝惯例，皇帝去世，新君继位，不但要大赦天下，还要给文武百官迁官加禄，将大行皇帝的个人遗产取出，分给众臣，这叫"遗赐"；并给诸军将校赏赐钱物、酒肉。神宗即位次日，亦循例颁下赦书："大赦，除常赦所不原者，百官进官一等，优赏诸军，悉如嘉祐故事。"

然而，自嘉祐八年至治平四年春，不过四年光景，国家却先后遭遇两场国丧，为仁宗办丧礼时，朝廷兴师动众，未免劳民伤财，府藏为之一空；如今又要风光大葬英宗，财政已不堪重负。所以，韩绛与张方平向神宗报告了捉襟见肘的财政状况，忧心忡忡地说："若更循嘉祐近例，窃虑国家财力不堪供给。"

因此，他们建议："伏乞检会真宗上仙及仁宗即位旧事施行，此乃先朝体例，非自今日裁损。所有山陵制度，遗诏戒从省约。"韩、张的建议主要有两方面：其一，英宗的遗赐方面，取真宗旧例，因为昔日真宗的遗赐是比较俭约的；其二，皇陵的建造方面，依英宗遗制："山陵制度，务从俭约。"[2]

神宗的东宫老师韩维也提了裁减遗赐的建议："国家不幸，

---

[1] 李焘：《续资治通鉴长编》卷二百九。下同。
[2] 佚名：《宋大诏令集》卷第七。

四年之内，两遭大故，营造山陵，又支士卒优赏，所费不可胜计。今之府库，比于仁宗晚年，又益朘削，若用嘉祐之例，厚行赐赉，臣恐为损不少。陛下若以为奉承先帝之志，加惠群臣，不可罢之，则望阅诸府库，取服用玩好物以充用，才足将意便可，不须过为丰侈，所有金帛诸物可以赡兵恤民者，愿赐爱惜，以救当世之急弊。"[1]

韩维又说："陛下于此时即位，正当躬行节俭，帅先天下，以强国阜民为意。若以臣言为然，则请从此一事为始。况遗留之赐，自台谏官以上方始有之，此等皆是朝廷近臣，义当体国，虽至薄约，万无不足之理。"

神宗虽然初出茅庐，但也知道韩维、张方平等人说得有道理。他跟宰辅说："仁宗之丧，先帝远嫌，不敢裁减，今则无嫌也。"英宗并非仁宗亲生子，是以继嗣的方式入承大统的，自然不便裁减安葬仁宗的礼数，礼数若有不周，可能就会引来非议；而神宗是英宗嫡长子，不存在这方面的顾虑。

所以，他给执政团队下了一道手诏："国家多难，四年之中，连遭大丧，公私困竭。宜令王陶减节冗费。"于是宰相机构发出正式诏命："遗赐令内侍省取旨裁减，山陵制度令三司奉行遗制。"

正月十四日，神宗从内廷拨出英宗的遗产，赏给宗室、大臣，数额比嘉祐八年的遗赐裁减了三分之一。神宗跟执政团队解释说："仁宗御天下四十余年，宫中富饶，故遗留特厚。先帝御天下才四年，固不可比仁宗，然亦不可无也。"

正月十七日，神宗又批准了首相、山陵使韩琦的报告："嘉

---

[1] 李焘：《续资治通鉴长编》卷二百九。下同。

祐八年山陵所役卒四万六千四百余人，今止乞差三万五千人，诸路转运司和雇石匠四千人。"营建英宗山陵的役卒比嘉祐八年减少一万余人，差雇石匠的人数也有减省。

神宗本来还打算派他的老师王陶前往皇陵所在的河南府，监督山陵的营建是否存在铺张浪费的问题，他亲赐王陶手诏："朕深惟山陵所费浩大，方今府库空竭，民力凋敝，正当扶危拯溺之际，而国家四岁两遭巨祸，志虽切于简省，又虑有司不能遵奉从约之旨，今遣卿往河南府计置，凡事须节省，有切时先务者，亦宜奏闻。"

不过，神宗最后还是没有将王陶派出去，因为他"反覆思之，山陵所用皆总于三司、少府监，欲令与卿同议节减，已谕辅臣降敕。而朕又以卿在东宫，推诚辅朕，方即政之初，正赖卿与朕勤力图治，故不遽遣也"。营建山陵的预算与执行由三司、少府监总领，神宗即位之初，大概还不愿意让大臣误以为他有意侵有司之权。

依礼制，父亲过世，儿子当守制二十七个月，但神宗非寻常人，而是一国之君，国不可一日无君，他怎么可以抛下国事为英宗守孝那么久？所以，朝廷一般采取从权的办法："丧服以日易月"，皇帝只要守丧二十七日就可以了。二月初六，神宗服除，始坐紫宸殿接见群臣，然后在延和殿听政。同日，立安国夫人向氏为皇后。

听政机制开始恢复正常运转，神宗的老师——时为龙图阁直学士的韩维随即上疏，直陈三事："一曰从权听政盖不得已者，惟大事急务时赐裁决，余当阔略；二曰执政皆两朝顾命大臣，宜推诚加礼，每事咨询，以尽其心；三曰百执事各有其职，惟当责任，使尽其才，若王者代有司行事，最为失体。"提醒年轻的新皇帝慎行君权,礼待大臣,尊重有司权职。神宗"嘉纳焉"。

群臣欣喜地看到:眼前的少年天子,和从前的仁宗皇帝一样纳谏如流,待大臣彬彬有礼,又比仁宗多了几许英姿勃发的精气神,朝堂或将一扫仁宗晚年与英宗朝暮气沉沉的气息。

眼下,财政的困顿是燃眉之急,迫切需要解决。虽然英宗的丧礼本着"爱惜官私物力"的原则办理,尽量少花钱,但少花钱也是花钱,"颁赉之余,府库虚匮,宿藏旧积,盖无余几"。何况,丧礼之外,存在着更庞大的财政开销,那就是冗兵之费。

宋王朝保持着一支兵员百万的常备军,而且实行的又是募兵制,兵员来自招募,而非强制性的征兵。为吸引民间壮丁入伍,国家给士兵支付薪水,使当兵成为一项足以养家糊口的职业。因此,募兵制的财政成本十分庞大,而募兵制下的冗兵问题,进一步加剧了宋朝的财政压力,宋人说:"一岁所用,养兵之费常居六七,国用无几矣。"[1]

闰三月,张方平再次上疏论国计:"臣在仁宗朝庆历中充三司使,嘉祐初再领邦计,尝为朝廷精言此事,累有奏议,所陈利害安危之体,究其本原,冗兵最为大患。"[2]张方平给神宗算了一笔账:"略计中等禁军一卒,岁给约五十千,十万人岁费五百万缗。臣前在三司勘会庆历五年禁军之数,比景祐以前增置八百六十余指挥,四十余万人,是岁增费二千万缗也。"这是冗兵的成本。

为支付冗兵成本,朝廷只能取利于百姓。张方平继续给神宗算账:"臣庆历五年取诸路盐酒商税岁课,比景德计会录

---

[1] 蔡襄:《蔡襄集》卷之二十二《论兵十事》。
[2] 李焘:《续资治通鉴长编》卷二百九。下同。

皆增及三数倍以上。景祐中收商税四百五十余万贯，庆历中一千九百七十五万余贯；景德中收酒课四百二十八万余贯，庆历中收一千七百一十万余贯；景德中收盐税课三百五十五万余贯，庆历中收七百一十五万余贯，但茶亦有增而不多尔。"

张方平说："如此朘取，天下岂复有遗利？自古有国者，货利之入，无若是之多，其费用亦无若是之广也。"如今国库虚空，"万一因之以饥馑，加之以寇患，臣恐智者难以善于后矣。夫苟且者，臣下及身之谋；远虑者，陛下家国之计。兹事重大，在陛下所忧，无先于此"。

最后，张方平建议："今欲保泰丰财，安民固本，当自中书、枢密院同心协力，修明祖宗已前旧典，先由兵籍减省，以次举其为弊之大，若宗室之制、官人之法，诸生事造端非简便者，裁而正之。"张方平解决财政困境的方案，简而言之，就是恢复祖宗朝的简省设施，裁撤冗员，裁减冗费。

不知道张方平的方案有没有打动神宗皇帝。

第二节　言官之意气（上）

宋王朝的朝堂总是吵吵嚷嚷，只因国家遭逢大丧，才安静了一个月。等到神宗开始坐殿听政，还未来得及将注意力转向寻求解决国家财政短缺之策，台谏官与执政官又吵开了。台谏与政府之间势若水火，争执不休，这是神宗即位后不得不面对的第二个挑战。

先是，监察御史刘庠弹劾参知政事欧阳修入福宁殿祭拜英宗时，衰服之下穿了紫色官袍，这是对先帝的大不敬。神宗把这份弹章扣留下来，不让声张，只叫内侍悄悄告谕欧阳修赶紧将紫袍换了，这件事便没掀起什么波澜。然而，朝堂上暗流涌动，台谏官都在寻机会抓欧阳修的痛脚，再参他一本。

为什么台谏官这么厌恶欧阳修？因为英宗在位时，发生过一场激烈的"濮议"之争，当时积极论证英宗应追尊生父濮安懿王为皇考的吹鼓手，正是时任参知政事欧阳修，他也因此被愤怒的台谏官斥为其罪可诛的首启邪议之臣。濮议之争的结果是，那些强硬反对称呼皇考、与执政官唱反调的台谏官被英宗罢黜。这场风波虽然慢慢平息了下来，但欧阳修已经将整个言官集团都得罪了，所以大家都在等着欧阳修犯错误，然后一举将他扳倒。

恰好这个时候，欧阳修家中突然传出一桩大丑闻。原来，欧阳修的妻子有个堂弟，名叫薛良孺，因以前举荐的某人贪赃事发而受连坐问责。此时正值宋神宗即位，大赦天下，薛良孺本在赦罪名单内，但欧阳修为了表示自己大公无私，跟神宗说，"不可以臣故徼幸，乞特不原"，薛良孺因此未获赦免，被罢免了官职，从此对欧阳修恨之入骨，便造谣欧阳修与儿媳吴氏有奸情。[1] 谣言传到集贤校理刘瑾之耳，刘瑾与欧阳修亦有嫌隙，便将其捅给御史中丞（御史台长官）彭思永。彭思永转身告诉了殿中侍御史里行蒋之奇，鼓励后者弹劾欧阳修。

濮议之争发生时，蒋之奇是一名礼官，颇维护欧阳修；欧阳修也投桃报李，于治平三年推荐蒋之奇当御史。蒋之奇因而为士论所不齿，他心里很不舒服，一直想找个机会洗脱自己身

1　李焘：《续资治通鉴长编》卷二百九。下同。

上的"欧党"嫌疑,听到欧阳修的丑闻后,便如获至宝,很快拟好弹劾欧阳修的奏稿。他先将奏稿交给彭思永过目,彭思永说:"以阴讼治大臣诚难,然修首议濮园事犯众怒。"蒋之奇遂独自上殿,弹劾欧阳修私生活不检点。

由于此事实在骇人听闻,宋神宗有点怀疑蒋之奇是诬告。蒋之奇表示:御史中丞彭思永可以作证,我言实不诬。神宗这才把弹章批付中书。

欧阳修立即上章自辩:"之奇诬罔臣者,乃是禽兽不为之丑行,天地不容之大恶。臣苟有之,是犯天下之大恶;无之,是负天下之至冤。犯大恶而不诛,负至冤而不雪,则上累圣政,其体不细。乞选公正之臣,为臣辨理,先次诘问之奇所言是臣闺门内事,自何所得,因何彰败?据其所指,便可推寻,尽理根穷,必见虚实。"

欧阳修所说是有道理的。须知与儿媳通奸是禽兽不如的丑行,不但会被宋代的法律制裁,还会被钉在历史的耻辱柱上。究竟是否有其事,应该查清楚,不可有半点含糊。神宗便令彭思永、蒋之奇二人"具传达人姓名以闻",即交代清楚信息来源,以便朝廷核查。

但彭、蒋均拒绝说出信源,蒋之奇只称消息"得自思永";彭思永则推托"出于风闻,年老昏缪,不能记主名",又说:"法许御史风闻言事者,所以广聪明也,若必问其所从来,因而罪之,则后不得闻矣,宁从重谪,不忍塞天子之言路。"宋朝台谏官可以"风闻言事",也能以"风闻"为由拒绝交代信源,这是宋代台谏官的特权,旨在保护言路的畅通。彭思永坚决不肯说出信源,神宗也没办法。

欧阳修则再三上书,请求彻查:"之奇初以大恶诬臣,本期朝廷更不推穷，即有行遣。及累加诘问，惧指出所说人姓名，朝廷推鞫，必见虚妄，所以讳而不言。臣忝列政府，动系国体，不幸枉遭诬陷，惟赖朝廷推究虚实，使罪有所归。"同时，欧阳修还提出辞职。

欧阳修儿媳之父吴充也上章请求朝廷，"力与辨正虚实，明示天下，使门户不致枉受污辱"。但由于欧阳修在濮议中犯了众怒，此番被弹劾，除了亲家吴充，居然没有一位同僚愿意站出来为他辩解。

神宗又出内批付中书："凡朝廷小有阙失，故许博议闻奏。岂有致人大恶，便以风闻为托？宜令思永等不得妄引浮说，具传达人姓名并所闻因依，明据以闻。"让彭思永交代信源，但彭思永还是不松口，只说："臣待罪宪府，凡有所闻，合与僚属商议，故对之奇说风闻之由，然暧昧无实，尝戒之奇勿言，无所逃罪。"蒋之奇也说："此事臣止得于思永，遂以上闻，如以臣不当用风闻言大臣事，臣甘与思永同贬。"

既然如此，神宗只能将彭思永与蒋之奇贬出朝廷，算是给欧阳修一个交代。治平四年三月，彭思永罢御史中丞，出知黄州；蒋之奇免去御史之职，监道州酒税。神宗又赐手诏宽慰欧阳修："数日来，以言者污卿以大恶，朕晓夕在怀，未尝舒释。故数批出，诘其所从来，讫无以报。前日见卿文字，力要辩明，遂自引过。今日已令降黜，仍榜朝堂，使中外知其虚妄。事理既明，人疑亦释，卿宜起视事如初，无恤前言。"

虽然皇帝以手诏挽留欧阳修，但御史台同声相应，同气相求，"言犹不已"，抗议皇帝袒护执政官、贬谪言官。被卷入舆论风暴中心的欧阳修也一再上表请辞，不愿意再当参知政事。神宗留他不住，只好批准辞呈，让欧阳修出知亳州，次年改知青州。

由于御史中丞彭思永被罢、参知政事欧阳修辞职，这两个重要职位都出现空缺，所以神宗需要尽快任命新的御史中丞与参知政事。

三月，神宗任命枢密直学士王陶权御史中丞。王陶是神宗的东宫老师，深受神宗信任与器重，现在他将监察百官的御史台交给王陶，且引《尚书》之"咸有一德"篇赠送给王陶："朕与卿一心，不可转也。"

神宗又拜枢密副使吴奎为参知政事。本来宰相提名另一位枢密副使陈升之出任参知政事，因为陈升之资历更深，且"有辅立陛下功"，但神宗说："奎辅立先帝，其功尤大。"因此越次用吴奎。

吴奎入谢（宋时，大臣就任，按惯例要入朝谢恩）时，神宗对他提起濮议旧事，吴奎说："仁宗本意止在先帝，更无他择。臣自寿州召还，已见仁宗意，为大臣间有异议者，遂辍。后每见必知其微，终能决意建立，此天地之恩，不可忘也。追尊事诚牵私恩。"神宗深以为然，说："此为欧阳修所误。"吴奎说："韩琦于此事亦失众心，臣数为琦所荐，天下公论，不敢君前有所隐。"

彭思永与蒋之奇以阴私弹劾欧阳修，其实就是濮议之争的余波。蒋之奇虽然因此被贬黜，但神宗很赞赏他的勇气，曾跟吴奎说："蒋之奇敢言，而所言暧昧，既罪其妄，欲赏其敢。"但吴奎反对这么做："赏罚难并行。"神宗这才没有下诏表彰蒋之奇。

在这轮人事调整中，神宗还任命龙图阁直学士吕公著、龙图阁直学士兼侍讲司马光为翰林学士。宋朝的翰林学士地位极清贵，是君主的文学顾问，又是执政官的预备人选，但这个无数士人梦寐以求的职位，司马光却固辞不受。

神宗问他："古之君子，或学而不文，或文而不学，惟董仲舒、扬雄兼之。卿有文学，尚何辞？"

司马光说："臣不能为四六。"四六者，指一种骈文文体。宋时制书之制词，习惯以四六体撰写。

神宗又说："如两汉制诏可也。"意思是说，汉朝的制诏不用四六体，你就跟汉人那样撰写制词也可以。

但司马光说："本朝事不可。"

神宗很不理解："卿能举进士高等，而不能为四六，何也？"

司马光告退而出。神宗叫内侍至阁门司，取来司马光的任命状，让他收下。但司马光"拜而不受"，只客气地拜谢，坚决不接受任命。神宗交代内侍：将任命状塞进司马光的怀里。司马光不得已，才接受了任命。从这里，我们可以看出，司马光的脾气跟王安石多么相似。

此时，王安石已服完母孝，正隐居于江宁府，设帐讲学。神宗正巧也想起了昔日在东宫时便时常听老师韩维提及的王安石。

他问韩维："安石今在甚处？"[1]

韩维说："在金陵。"

神宗问："朕召之，肯来乎？"

韩维说："安石盖有志经世，非甘老于山林者。若陛下以礼致之，安得不来？"

闰三月，神宗诏王安石起复、赴阙。但王安石再次托病拒绝了。神宗问辅臣："安石历先帝一朝，召不起，或为不恭，

---

[1] 叶梦得：《石林燕语》卷七。下同。

今召又不起，果病耶？有要耶？"[1]

次相曾公亮回答："安石文学器业，时之全德，宜膺大用。累召不起，必以疾病，不敢欺罔。"

参知政事吴奎却说："安石向任纠察刑狱，争刑名不当，有旨释罪，不肯入谢，意以为韩琦沮抑己，故不肯入朝。"

曾公亮说："安石真辅相之才，奎所言荧惑圣听。"

吴奎说："臣尝与安石同领群牧，备见其临事迂阔，且护前非，万一用之，必紊乱纲纪。公亮荧惑圣听，非臣荧惑圣听也。"

宰相与副宰相一言不合，竟在御前争执起来。神宗想了一个折中的主意：先任命王安石知江宁府。诏命发出后，人们相信，王安石"必辞"。韩维闻讯，对神宗说："臣今日闻除王安石知江宁府，然未知事之信否。若诚然者，臣窃以为非所以致安石也。何则？安石知道守正，不为利动，其于出处大节，料已素定于心，必不妄发。安石久病不朝，今若才除大郡，即起视事，则是安石偃蹇君命，以要自便，臣固知安石之不肯为也。"

韩维认为，神宗应该以至诚之心，直接召王安石赴阙，委以重任："若人君始初践阼（即位），慨然想见贤哲，与图天下之治，孰不愿效其忠，伸其道哉？使安石甚病而愚则已，若不至此，必幡然而来矣。臣窃恐议者以为安石可以渐致，而不可以猝召。若如此，是诱之也，是不知安石者之言也。惟贤者可以义动，而不可以计取。"

王安石果然上状辞知江宁府："臣所抱疾病，迄今无损，若辄冒恩黾勉，典当领路大藩，恐力用无以上副朝廷寄任，伏望陛下察臣如此。倘以臣逮侍先帝，未许分司，则乞除臣一留

---

[1] 李焘：《续资治通鉴长编》卷二百九。下同。

台宫观差遣，冀便将理，终获有瘳，誓当捐躯，少报圣德。所有敕牒，臣未敢祗受，已送江宁府收管。谨具状奏闻。"[1]

朝廷没有同意王安石的请辞。不过这一回，王安石不再坚持辞职，很快便赴府衙视事。

司马光、王安石都是神宗皇帝物色来欲委以重任的少壮派士大夫。只是眼下时机未到，国是未定，神宗还没有一幅清晰的蓝图来规划未来的施政，他需要先广泛听取朝臣的意见。闰三月廿二日，神宗下诏求言：

> 朕以菲德承至尊，托于公卿兆民之上，惟治忽在朕躬，夙夜兢兢，上思有以奉天命，下念所以修政事之统，愧不敏明，未烛厥理。夫辟言路、通上下之志，欲治之主所同趣也。其布告内外文武群臣，若朕知见思虑之所未及，至于朝之阙政，国之要务，边防戎事之得失，郡县民情之利害，各令直言抗疏以闻，无有所隐。言若适用，亦以得人，观其器能，当从甄擢。惟尔文武，其各体朕兹令之非徒下也。[2]

正是在这一背景下，翰林学士承旨张方平上奏疏论国计，并引《易经》之语："穷则变，变则通，通则久""变而通之以尽利"，希望神宗以国计为先，勇于革故鼎新。

---

1 王安石：《临川先生文集》卷第四十《辞知江宁府状》。《续资治通鉴长编》卷二百九称王安石未辞知江宁府，"诏到，即诣府视事"之说不准确。
2 李焘：《续资治通鉴长编》卷二百九。下同。

第三节　言官之意气（中）

尽管捕风捉影的御史中丞彭思永已经被罢免、讨人厌的参知政事欧阳修已经辞职，但神宗还要继续面对台谏与政府之间的冲突。

新任御史中丞王陶上任未久，便对首相韩琦发起攻击，"屡言韩琦自嘉祐末专执国柄，君弱臣强，乞行罢退"。[1]王陶是一个很精明的人，自认为神宗新君即位，最忌讳的事情莫过于老臣倚老卖老，所以，此番必能将韩琦逐去。谁知神宗将他的弹章留中不发，并没有要罢免韩琦的意思。王陶大失所望，怨念益深，更加坚定了要把韩琦拉下马的决心。

这个时候，御史台发现朝廷的朝参制度存在着一个时人熟视无睹的问题。原来，按唐朝时形成的朝参制度，君主每日早晨御文德殿（正殿），接受文武百官参拜，仪仗十分隆重，这叫"正衙""常朝"。但晚唐以降，君权旁落，时局动荡，常朝无法维持，君主常常在内殿接见群臣，商议朝政。赵宋立国后，沿用内殿听政的惯例，创立早朝制度，每日或隔日清晨，皇帝坐垂拱殿（内殿，宋人又称"前殿"）视事，这叫"早朝"；又恢复文德殿常朝的唐朝旧制，早朝与常朝两套朝参制度同时并行，早朝是务实性质的，中书、枢密院、三司、开封府、审刑院官员以及其他领有实际差遣的中央要员，均赴垂拱殿，分班奏事；常朝则是礼仪性质的，不厘务的京官赴文德殿立班，由宰相率领向皇帝行礼，这叫"押班"。但是，由于皇帝在内殿听政，通

---

[1] 黄以周等辑：《续资治通鉴长编拾补》卷一。下同。

常并不出席文德殿的朝参仪式；宰相奏事完毕，往往也直接到中书处理政务，并不过来文德殿押班，只让引赞官前往宣布"宰臣更不过来"，然后百官散朝。

平心而论，宰相不押班是情有可原的，因为中书事务繁重，宰相早朝奏事完毕，时候已不早，须赶到中书上班，而赴文德殿押班不过是一项象征性的工作，没有任何实际意义，何必要为这么一项礼仪形式而占用日理万机的宰相的宝贵时间呢？但从国家礼制的角度来说，宰相不来文德殿押班，又是违反制度规定的。所以，闰三月十一日，御史台便移文中书："检会《皇祐编敕》，应正衙常朝及横行（"横行"指的是沿袭自唐代的销假礼），并须宰相立班。常朝日，轮宰相一员押班，寻常多据赞引官称宰臣，更不过来。窃虑上项编敕仪制别有冲替，更不行用。伏乞明降指挥。"要求中书解释清楚宰相不押班的法理依据。但中书对御史台的公文置之不理。

王陶决定拿"宰相不押班"大做文章，又以御史中丞的身份直接致书中书，称"天子新即位，不应隳废朝仪"。但中书还是没有理睬。王陶遂于四月初八上疏，弹劾宰相韩琦、曾公亮："琦等久居重位，新辅嗣君，忽千官瞻视之庭，蔑如房闼；艰再拜表议之礼，重若邱山。沮格台文，侮慢风宪。宜加显罚，用肃具僚。"甚至怒斥韩琦"骄主之色过于霍光"。

按宋朝惯例，宰相被台谏官弹劾，通常都会上表请辞。韩琦、曾公亮见到王陶的弹章，立即上书，解释不赴文德殿押班的缘由："自来以前殿退晚，及中书聚厅见客及商议急速公事，循例不赴押班，岁月已久，非自臣等。"并向神宗提出辞职。神宗下手诏宽慰、挽留两位宰相，不许他们再提辞职。

王陶见谏言未获神宗采纳，也在四月十八日入对时，向皇帝提出辞职："近弹奏韩琦、曾公亮不赴文德殿立班。琦等虽上表待罪，而卒不肯赴。……盖臣才识愚下，言皆非是，岂可更处风宪？乞罢职除一闲郡。臣更不敢入台，见归私居待罪。"

韩琦见屡次请辞未获批准，便干脆告假在家，不赴中书上班。

换言之，政府与御史台的首长都辞职不干了。一方是三朝元老，一方是皇帝的嫡系，如何处理他们之间的冲突，考验着年轻的神宗的政治智慧。

神宗最后决定慰留韩琦，将王陶调离言职。他当然不相信韩琦跋扈弄权，韩琦曾自辩道："臣非跋扈者，陛下遣一小黄门（小内侍）至，则可缚臣以去矣。"这让年轻的皇帝深为触动。四月十九日，神宗吩咐知制诰起草诏命：御史中丞王陶改任翰林学士，翰林学士司马光改任御史中丞，将两人职务对调。

次日，司马光入对，神宗告诉他："已除卿中丞。"司马光说："言职人所惮，臣不敢辞。但王陶言宰相不押班，竟不赴，而陶遽罢言职。虽不押班细故（细小之事）也，陶言之过，然爱礼存羊，固不可废。自顷宰相权重，今陶复以言宰相罢，则中丞不可复为。臣请俟宰相押班，然后受诏。"神宗认为他说得很有道理。

四月廿一日，参知政事吴奎、赵概入对，坚请将王陶贬黜出朝。神宗没有答应。吴奎等人又建议：只授王陶枢密直学士之馆职，充群牧使，总之不宜为翰林学士。神宗同意了。然而不久之后，神宗却给中书发来御批：以王陶为翰林学士。吴奎干脆将御批扣下，不予执行，并上书神宗要求他不能偏私，应处分王陶：

臣虽至愚，岂不知废格诏旨获罪至重？然陛下初即位，圣德日新，……陶处心积虑，在于排陷大臣，呼吸群众以为己用，自图威柄，窃弄国权者也。臣等早来屡陈，欲王陶补外，令其思过。陛下重难其事，令除旧职并差遣。臣等不得守义固争，已负大罪。今若又行内批指挥，除陶翰林学士，乃是由其过恶，更获美迁，不惟臣等取轻群众，无以自立，且使天下待陛下为何如主哉！……王陶不黜，陛下无以责内外大臣展布四体，兴缉正统。愿陛下无溺偏私，断之不疑。……臣辄违制旨，罪固深重，亦乞必行典刑。

随即，吴奎称疾居家，请辞参知政事，又给神宗上札子，痛骂王陶："陶本因臣与韩绛延荐，才为御史，即攻韩绛。顷年选用，事陛下于东宫，是时先帝服药，固未知王陶之才堪任器使，盖韩琦、曾公亮等进拟。今以一立班久废之礼，肆行深诋，是其见利忘义，惟攫搏是为，略无羞恶，溪壑无以喻其深阻也。"

皇帝的御批居然被参知政事扣留，神宗十分生气，将吴奎的札子出示王陶。王陶看后大怒，又上疏弹劾吴奎"附宰相、欺天子"六宗罪，无限上纲上线。

侍御史吴申也上奏："故事，御史中丞因言事求罢，居家待罪，朝廷降旨不允，或宣召入台，至于再三确辞，然后听去。所以重风宪之任，宠耳目之官，礼貌直臣，以厉其节。王陶今日上章，明日除代，未有罢免遄速如此之甚也！乞留陶依旧供职。"并上弹章历数吴奎"有无君之心"五宗罪。

神宗便直接给知制诰兼知谏院邵亢发手札，让他赶紧起草好任命王陶为翰林学士的诰词。邵亢趁机对吴奎落井下石："陛下新听政，命出辄废，何以令天下？"神宗给他一挑拨，对吴奎更是不满，起了罢黜吴奎之心。

候任御史中丞司马光却劝神宗向吴奎示好，改授王陶任御史中丞前的旧职，给吴奎一个台阶下。神宗却想授予王陶侍读学士，司马光说："侍读学士与翰林学士资级略同，若授陶此职，臣恐奎未必肯出。陛下新践祚，大臣屡有不安其位者。奎素名质直，万一因此激发，举动更有过当，若亟行罢免，则深失士大夫之望；若屡诏不出，则愈损陛下之威。况陶既以言事不听，辞免台职。待罪之际，若更加以美官，臣窃料陶亦不敢受。欲望圣慈止还陶未作中丞时旧职，则奎前者已经商量，不敢不出。陶既是旧职，受之亦安，庶免纷纭，重伤朝廷大体。"

神宗再三权衡，决定将吴奎与王陶一并罢出朝廷。四月廿三日，神宗批示中书：御史中丞王陶"过毁大臣"，并撤去枢密直学士的职务、出知陈州；吴奎"位在执政而弹劾中丞，以手诏为内批，三日不下"，落资政殿大学士、出知青州；翰林学士兼侍读司马光权御史中丞。这一人事任免诏书一发布，立即"外议藉藉，皆以为奎不当去"。

司马光又劝神宗收回对吴奎出知青州的处分："外庭之人，不知本末，但见陛下为陶之故，罢奎政事。其罚太重，能不怪骇。如此臣恐其余大臣皆不自安，各求引去。陛下新登大宝，先帝梓宫在殡，若举朝大臣纷纷尽去，则于四方观听，殊似非宜。臣愚欲望陛下收还奎青州敕告，且留奎在政府，以慰士大夫之望，安大臣之意。"

神宗认为司马光维护老臣，心里很不高兴。当时让司马光做御史中丞的任命书已放在阁门司，等候司马光前往领取，神宗因为心里有气，有点后悔拜司马光为御史中丞了，居然叫来内侍将司马光的任命状取回内廷。三天后，神宗气消，才又将任命状发给中书。

神宗本来打算由翰林学士承旨张方平接替吴奎出任参知政事，已亲口向张方平承诺："奎罢，当以卿代。"但张方平力辞，不肯接任。神宗问："卿历三朝，无所阿附，左右莫为先容，可谓独立杰出矣。先帝已欲用卿，今又何辞？"张方平说："韩琦久在告（告假）者，意保全奎，奎罢，必不复起。琦勋在王室，愿陛下复奎位，手诏谕琦，以全始终之分。"

神宗听后，"嗟叹良久"，继而写了一张小纸条给张方平："奎位执政而击中司（御史中丞的俗称），谓朕手诏为内批，持之三日不下。不去，可乎？"

神宗所说的"手诏"与"内批"，均指皇帝的手札，但两者的性质又有不同。简单地说，内批指的是皇帝的私人意见，不具法律效力，政府有权不执行；手诏则是皇帝合法行使君权的载体，代表了君主的"公"的意志，是一种特殊的君主诏书，不常用，通常只用于对大臣的嘉奖、慰问、挽留，或对重大事务的指示。庆历元年，左正言孙沔曾上奏仁宗："窃见天圣之间，多有内降（即内批），莫测夤缘，尽由请托，……伏望特发宸衷，止绝内降，如有合自中出之事，令两府及诸司依公执奏，勿使阿谀上累圣明。仍乞别降手诏，戒告中外。"[1]如果说，内批、手诏代表了"专制的皇权"，那么孙沔的意思，差不多就是请仁宗皇帝以"专制的皇权"（手诏）终结"专制的皇权"（内批）。有意思吧？

---

1 李焘：《续资治通鉴长编》卷一百三十二。

不过，在宋代，内批、手诏两者的界限往往又是模糊不清的，比如神宗给中书发御笔批示：王陶宜除翰林学士。神宗认为这个批示是"手诏"，吴奎则将它当成"内批"，扣留下来，不予执行。这也显示了宋代君权的复杂性，我们固然不可以说它是"君主立宪"，但也不能说它是"皇权专制"。

再说张方平见了神宗的手札，还是坚持原来的意见，请留吴奎。

四月廿四日，宰相曾公亮入对，也恳请皇帝慰留吴奎。

因司马光、张方平、曾公亮等大臣先后相劝，神宗不敢一意孤行，遂于四月廿五日下旨，"追取吴奎青州告，诏对延和殿慰劳，使复为参知政事"。[1]吴奎的对头、王陶的同盟邵亢愤愤不平，神宗给他递字条说："此无他，欲起坚卧者尔！"坚卧者，指称病不出的首相韩琦。这一很不礼貌的称谓透露了皇帝的心迹——他对韩琦称病告假的行为是十分不满的。

但神宗又不得不给韩琦送去一封措辞恳切的手札：

> 卿援立先帝，功在王府。自朕纂承，虚怀托赖，惟是同德，岂容闲言？昨王陶等所言，过为诬訾。至于事理，朕所自明，但中丞屡斥，颇动朝议。欲除学士，意者示之美迁，其实使去言路。不谓卿亦有章表，遽然避位，是著朕之不德，益骇天下之听。已处分王陶旧职出知陈州，乃君臣大义。卿其勿以为嫌，国之休戚，卿当与朕共之。言发于诚，想宜知悉。

---

[1] 黄以周等辑：《续资治通鉴长编拾补》卷一。下同。

韩琦这才出来视事。台谏官王陶与执政大臣的这场较量，以王陶的失败而告终。执政大臣也退让一步，开始赴文德殿押班。但在五月，韩琦、曾公亮又上奏说："臣等近以中丞王陶弹奏，不过文德殿押班，……缘中书朝退后议政，动逾时刻，若日赴文德殿押班，则于机务当有妨滞。欲乞下太常、礼部详定典故。"提出由太常寺、礼部议定今后常朝是否需宰相押班。神宗同意了。

新任御史中丞司马光闻讯，上书反对："近者，御史中丞王陶请宰相依旧制赴文德殿押班，宰相若从其所请，岂有后来纷纭？乃坚执不行，迭相激发，遂至王陶语言过差。今王陶既补外官，宰相已赴押班，臣谓朝廷可以无事矣。而宰臣复有此奏，万一礼官有希旨迎合者，以为宰相不合押班，台谏欲默而不言，则朝廷之仪遂成隳废，……伏望陛下特降圣旨，令宰臣依国朝旧制押班，所有下礼院文字，乞更不令详定。"

最后，神宗下诏："春分、秋分后辰正牌上（大约上午8点）垂拱殿视事未退，宰臣更不过文德殿押班"，其他情况下，则宰相须轮流至文德殿押班。王陶挑起的宰相押班之争，终于告一段落。

第四节　言官之意气（下）

从仁宗时代开始，宋王朝的台谏官逐渐成为一支非常重要的政治力量，在朝堂上十分活跃，宋人自言："台谏之职在国初则轻，在仁宗之时则重，在国初则为具员，在仁宗之时则为振职。"[1] 台谏独立于政府系统，以纠绳政府、规谏君主为天职，成天盯着御座上的皇帝和执政的官员，"执政臣僚苟犯公议，一有台谏论列，则未有得安其位而不去者。其所弹击，又不过一二小事，或发其阴私隐昧之故，然章疏入，即日施行。盖去留大臣，一切付之公议，虽人主不得以私意加也"。[2] 这一风气延续至神宗时代，治平四年的三任御史中丞（彭思永、王陶、司马光），尽管人品、性格各不相同，但都勇于弹击执政官与行政官——更准确地来说，宋朝台谏官弹击执政官与行政官，其实并不需要多么大的勇气，因为那是制度、权职、惯性、风气使然。

司马光接任御史中丞一个多月，"寂无所纠"，人们还以为押班之争过后，御史台应该消停下来了。[3] 谁知六月初三，司马光突然给神宗上札子，弹劾并要求斥逐直龙图阁兼侍读学士王广渊："伏见直龙图阁兼侍读学士王广渊，以小人之质，有倾巧之才，外依政府，内结近习。国家本以龙图阁宠贤彦，迩英待儒雅，皆非广渊所宜滥处。陛下即位以来，未闻放黜奸邪，以警群臣。广渊于朝列之中，为奸邪之尤者。伏望陛下奋发乾断，首加斥逐，夺去职名，除一远地监当，亦足以醒天下之耳目！"

这个王广渊究竟是什么人？他是神宗父亲英宗皇帝的亲信，当宋英宗还叫赵宗实时，王广渊已经与王府攀上关系，及至英宗继位，便授予王广渊直集贤院的馆职。当时担任谏官的

1　吕中：《宋大事记讲义》卷九。
2　李焘：《续资治通鉴长编》卷三百六十四。
3　黄以周等辑：《续资治通鉴长编拾补》卷一。下同。《续资治通鉴长编拾补》是在《皇宋通鉴长编纪事本末》的基础上改编的，凡后者节录的奏疏，前者多据上疏者文集补全。本书引文，均为《续资治通鉴长编拾补》所补全者。

司马光站出来反对："广渊交结奔竞，世无与比，当仁宗之世，私自托于陛下，岂忠臣哉？今当治其罪，而更赏之，何以厉人臣之节？"[1] 但英宗不听。之后，王广渊又升任侍读学士，成为给皇帝讲课的经筵官。

其实王广渊也没什么严重劣迹，只是他长袖善舞的手段、平步青云的履历，使得他在正派士大夫的心目中，成了声名狼藉的投机分子、心术不正的小人。但神宗自幼便与王广渊相识，视他如家人，现在司马光要求将他贬到偏远地方当一名地位卑下的监当官，神宗自然不愿意听从。

见皇帝没什么反应，司马光又上第二道札子："臣近曾上言，直龙图阁兼侍读王广渊，倾巧奸邪，乞尽夺去职名，除一远地监当差遣，至今未闻指挥。臣窃闻，广渊所为，布闻海内。陛下昔在宫邸，岂不备知，何假微臣更有详述？……伏望陛下依臣前奏，其王广渊早赐黜逐。"[2]

王广渊闻知自己被御史中丞弹劾，也上书请辞侍读学士，乞放外郡。神宗不得已，只好在六月十四日下诏，让王广渊离开朝廷。但他也没有如司马光所请，"除一远地监当差遣"，而是保留直龙图阁兼侍读学士的职衔，出知齐州（次年改任京东转运使）。离京前，王广渊来向神宗辞行，神宗很是不舍，"哀恸久之，卫士皆感泣"。显然，神宗一家与王广渊已经结下了深厚感情。

然而，天子无私情。司马光不满神宗如此眷顾私人，又上第三道札子："近闻广渊带职知齐州，仍赐章服。如此乃是赏之，

---

1 脱脱等：《宋史》卷三百二十九。
2 黄以周等辑：《续资治通鉴长编拾补》卷一。下同。

非黜之也。……陛下使广渊出补外官，必已知奸邪之迹也。今又复以职名章服宠之，是劝人使效广渊所为也。臣窃恐非国家之福。伏望圣断依臣前奏，尽夺去广渊职名并比来章服，与远地监当，使赏善罚恶，皦然明白。"但神宗不听。

逐走王广渊之后，司马光又将矛头对准神宗皇帝的另一名亲信——勾当御药院高居简。

御药院是皇帝的御用医药机构，设勾当官四人，以入内内侍充任，"掌制药以进御"，皇帝"馈进膳羞、祭祀朝会、燕飨行幸，则扶侍左右"。[1] 同时，御药院还负责替皇帝接收奏章、传达旨意、监督学士院起草重大文件，等等。可以说，宋朝御药院勾当官相当于皇帝的生活秘书兼机要秘书，权势颇重。为防止出现汉唐时期宦官擅权乱政的情况，宋朝形成一项惯例：御药院勾当官任职达到一定年限、职称达到一定级别之后，必须迁外官，调离京师。

可是，神宗即位后，却让高居简等四人继续勾当御药院。天章阁待制孙思恭率先提出异议，神宗说："居简有功。"[2] 孙思恭回去一打听，原来昔日英宗病重之时，大臣请立太子，高居简立即将消息报告了当时还是颍王的赵顼；英宗驾崩，也是高居简以皇太子之命急召执政大臣入内，并准备好一件黄袍亲手披在皇太子身上。所以神宗才说"居简有功"。

孙思恭了解了缘由后，上疏说："陛下，先帝之嫡长子，当为嗣者，非陛下而谁？居简当先帝大渐之时，已怀贰心，私自结纳；又矫称太子之命召两府，以累陛下孝德。此皆当诛之罪，

---

[1] 徐松辑：《宋会要辑稿·职官一九》。
[2] 黄以周等辑：《续资治通鉴长编拾补》卷一。下同。

奈何反以为功？"但神宗不听。

这个时候，司马光站出来了——七月初二，他上了第一道要求斥逐高居简的札子："陛下即位之初，内臣以覃恩迁官者，尽补外职，独留御药院四人，天下首以此一事讥陛下之失。况居简于众人之中，最为狡猾。陛下特加宠信，待以腹心，人皆指目，大玷圣德。臣职在纠绳，不敢不言。伏望遵祖宗旧典，应勾当御药院官至崇班以上者，尽授以向外差遣。其高居简，乞远加窜逐，以解天下之惑。"

但神宗并没有采纳司马光之言。于是，司马光上第二道论高居简的札子，引经据典、苦口婆心地劝告神宗："自古圣帝明王，虽左右小臣，未尝不谨择端良之人，以自防逸豫之生。况陛下嗣膺宝命，圣德惟新，善恶兴衰，于此乎分。而使谗佞如居简者，旦夕常在左右，又宠而信之，此乃异日祸乱之根，腹心之疾也。臣职在去邪，不敢不再三上言。"

不久，司马光又上第三、第四道札子，诘问神宗："方今内侍之臣，小心谨慎可以备陛下左右使令者，何可胜数？陛下足以择而用之，何必违祖宗旧典，负天下讥谤，独保护居简坚如金石？臣窃惑之。"

但神宗还是将他的札子留中不发。七月初六，司马光请对延和殿，当面要求神宗逐走高居简。神宗说："祔庙毕自当去。"意思是，等举办完英宗皇帝神主升祔太庙仪式之后，再让高居简走人。但司马光说："闺阁小臣，何系山陵先后！彼知当去而置肘腋，尤非所宜。"并要求皇帝将他弹劾高居简的札子发给枢密院（宋时，宦官之升迁贬谪由枢密院管辖）。神宗只好同意。

次日，司马光再次请对延和殿，并呈上措辞更加激烈的第五道札子:"臣闻邪正不可同朝,犹冰炭不可同器。陛下不知臣不肖,使待罪御史中丞。臣四次上言勾当御药院高居简工谗善佞,不宜宠信,置于左右。所言无取,不蒙省录。臣实无颜尚居风宪。若陛下以臣为拙直,则居简为奸邪;若以居简为忠良,则臣为谗慝。臣与居简势难两留。"表明与高居简势难并立,不是他走,就是我走。

当日神宗正在延和殿与枢密院长官议事,见了司马光的札子,神宗问枢密副使吕公弼对此事有什么看法。

吕公弼说:"光今日必决去就。"

此时,司马光已经站在殿门口。神宗指着司马光说:"已来矣。"

吕公弼说:"陛下欲留居简,必逐光;欲留光,必逐居简。居简内臣,光中丞,愿择其重者。"

神宗问:"今当如何?"

吕公弼说:"罢其御药,优迁一官可矣。"

等司马光上殿,神宗依吕公弼之言,告诉司马光:"居简已出矣。"司马光果然不复争。当日,枢密院发布诏令:"高居简为供备库使,罢御药院。"

随后,神宗又任命另一名宦官王中正接替高居简,出任御药院勾当官。但司马光对这个王中正意见更大,七月二十七日,他再进札子,称"王中正素闻奸猾,颇好招权,今处之要职,是去一居简,得一居简也",希望皇帝"别择内供奉以下朴直廉谨者,使勾当御药院"。[1]但神宗没有理他。

司马光紧接着上第二道论王中正的札子,列举王中正弄权

---

1 黄以周等辑:《续资治通鉴长编拾补》卷二。下同。

的不法事情:"近闻王中正差往陕西勾当公事,有知泾州刘涣等曲加诣奉,鄜延路钤辖吴舜臣违失其意,俄而迁涣镇宁留后、知恩州,舜臣降华州钤辖,众人皆言中正所为,审或如是,中正弄权,已有明验。"

神宗见了札子,发手札问司马光:"王中正事得之于何人?"

司马光回答:"此事臣得之于宾客,前后非止一人,诚恐玷累公朝,所以有此论述。中正有无此事,惟陛下可以知之。臣在阙门之外,何由知其虚实?若其果有此事,陛下得以为戒;若其无有,臣敢避妄言之罪。"实际上,司马光的信息得自同僚孙永,但他以"风闻奏事"为由,拒绝向神宗透露信源。

神宗又向司马光解释说:"舜臣本隶温成阁,先帝常言其不才,昨阅边臣姓名,舜臣在其中,朕自黜之,非缘中正也。"王中正也得以继续留任御药院勾当官。

转眼到了九月。治平四年九月是一个重要的时间节点:英宗已入葬巩县永厚陵,神主升祔太庙,意味着大行皇帝的葬礼完毕,英宗时代正式落幕。按宋朝惯例,山陵礼毕,宰相通常要上表辞职。首相兼山陵使韩琦自巩县还朝,即上章乞罢相。神宗没有同意,并批示诸处不要接受韩琦的辞呈。但韩琦去意已决,自此不复入中书视事。

神宗夜召翰林学士承旨张方平入宫,询问是否可以批准韩琦的辞职。神宗说:"琦志不可夺矣!"张方平便建议"以两镇节钺,且虚府以示复用"。神宗依言,赐手札给韩琦:"今许卿暂临藩服,且虚上宰之位以待卿还。"韩琦奏谢:"宰辅之任,朝有定制,老臣无状,不当虚位待之。愿亟进良弼,以光新政。"

九月廿六日,神宗批准韩琦罢相,出判相州。当日,韩琦入对,神宗说:"侍中必欲去,今日已降制(批准韩琦辞职的制书已经自内廷发出）矣。"说完，忍不住潸然泪下。韩琦亦感泣。

同日，陈升之罢枢密副使，出知越州，枢密副使之位由韩绛、邵亢接替；吴奎亦罢参知政事，出知青州，空出来的参知政事职位由张方平与赵抃接任。赵抃以前当过御史，"弹劾不避权幸"，人称"铁面御史"，他主政成都时，"蜀民大悦"，拜参知政事可谓众望所归。[1] 张方平文学才情出众，财政经验丰富，资历亦深，神宗对他很是赏识，一直想将他提拔进两府，所以吴奎既罢，即擢张方平为参知政事。

但司马光又有意见了。九月廿七日，他入对延和殿，对神宗说：张方平"文章之外，更无所长，奸邪贪猥"，实不宜处两府要地。[2]

神宗问他："有何实状？"你说张方平奸邪贪猥，有什么证据吗？

司马光说："言之但皆在赦前。"言官对张方平的弹劾，都发生在神宗即位之前。司马光说的是宋仁宗嘉祐四年的一桩旧事：开封府在审理一起民事诉案时，意外发现时任三司使张方平"乘势贱买所监临富民邸舍"，御史中丞包拯遂严厉弹劾张方平"无廉耻，不可处大位"，迫使张方平辞职。[3] 宋朝的参知政事、枢密副使，"多从三司使、翰林学士、知开封府、御史中丞进拜，俗呼为'四入头'"，而张方平在仁宗朝时已历任"四入头"，若非有"奸邪贪猥"之名，早应该进入两府执政了。[4]

---

1 脱脱等：《宋史》卷三百一十六。
2 黄以周等辑：《续资治通鉴长编拾补》卷二。下同。
3 李焘：《续资治通鉴长编》卷一百八十九。
4 洪迈：《容斋随笔·容斋续笔》卷三。

神宗打断司马光的话："朝廷每有除拜，众言辄纷纷，非朝廷好事。"[1]

司马光说："此乃朝廷好事也。知人，帝尧难之，况陛下新即位，万一用一奸邪，若台谏循默不言，陛下从何知之？此非为好事也。"

神宗又说："吴奎附宰相否？"

司马光说："不知也。"

神宗又问："奎有罪否？"

司马光说："但士论与奎，而不与陶。"士大夫多支持吴奎。

神宗再问："结宰相与结人主孰为贤？"

司马光说："结宰相为奸邪，然希意迎合，观人主趣而顺之者亦奸邪也。"

延和殿对话次日，司马光便被免去御史中丞，复任翰林学士，兼侍读学士。接任御史中丞的是谏议大夫滕甫。神宗本来打算让王安石补御史中丞，但新任参知政事张方平与赵抃均极力反对："御史中丞秉国宪度，安石以经术为名，自处高，难居绳检之地。"[2] 神宗只好作罢，改任滕甫。

不过，司马光的任免诰命却被通进银台司驳还。宋朝在元丰改制之前，由通进银台司领受天下奏状、案牍，并看读、点检、发放敕命，借着这一职责，通进银台司发展出一项非常重要的权力：封驳诏命。若通进银台司的长官认为一道诏命不合理，可以拒绝发放，封还君主。治平四年的通进银台司长官是吕公著，他不同意司马光罢御史中丞，便封驳了诰命。

1　黄以周等辑：《续资治通鉴长编拾补》卷二。下同。
2　张方平：《乐全集》附录。

司马光本人也上札子，拒绝接受侍读学士的美职："今所言之事，尚未蒙施行，寻闻除臣翰林学士兼侍读学士。若臣所言果是，则方平当罢政事；若其非是，则臣为谮毁忠贤，亦当远贬。今两无所问，而臣复迁翰林，仍加美职。臣诚愚憒，未晓所谓。"[1]

神宗只好给司马光发手诏："适得卿奏，换卿禁林（学士院），复兼劝讲。倪谓因前日论奏张方平不当，故有是命，非朕本意也。朕以卿经术行义为世所推，今将开延英之席，得卿朝夕讨论，敷陈治道，以箴遗阙，故命进读《资治通鉴》，此朕之意。吕公著所以封还者，盖不知此意耳！"跟司马光解释说：这次将他调回学士院兼任经筵官，与他论列张方平一事没有关系，而是因为延英殿经筵即将开讲，期待司马光进读《资治通鉴》。

神宗还命内侍将司马光诰命直接发至阁门司，让司马光受诰，亦即绕过通进银台司的看读、点检程序。

司马光向神宗提了一个小小的条件："臣尚有私恳，须当面陈。欲望圣恩先许上殿敷奏，禀取圣旨，然后退受敕告，不胜死生幸甚！"进对时，司马光说："臣愚暗不达圣旨，又恐累吕公著。"原来司马光担心吕公著受他连累，不过神宗的回答让他放了心："公著方正，朕使之掌银台，固虑诏令有失，欲其封驳耳，奈何罪之？"司马光这才接受翰林学士兼侍读学士的任命。

十余日前，御史台的大门"无故自坏"，时人回想起这一幕，恍然大悟：哦，原来那是司马中丞离开御史台的预兆。

为让司马光专心著述、进读《资治通鉴》，神宗又下诏：司马光免撰写翰林学士本职文章，每五日入值一次学士院。并

---

[1] 黄以周等辑：《续资治通鉴长编拾补》卷二。下同。

赐司马光"颍邸旧书二千四百二卷",作为编纂《资治通鉴》的文献参考。应该说,神宗对司马光还是十分眷顾的。

但司马光罢御史中丞尚有余波——知通进银台司吕公著又上疏,对神宗提出抗议:"近臣为降司马光等告敕以为不便,遂具封驳。窃知已直降付阁门,朝廷既以臣言不当,当显然黜责。其所降敕告,亦须经本司,盖臣虽可罪而此职终不废。若以臣一言不当,遂使今后封驳之司不能复举正其职,则是祖宗法度由臣而坏。"

神宗批复说:"奏可。一两日求对来,当谕朕意,以释卿惑。"

等吕公著入对时,神宗向他解释:"朕以司马光道德学问,欲常在左右,非以其言事也。"不过,吕公著坚持辞去知通进银台司之职,以表示对司马光诰命直付阁门的程序不当负责。所以,吕公著亦复任翰林学士兼侍读。

在此之前,九月廿三日,神宗已召知江宁府王安石赴阙,为翰林学士兼侍讲。王安石举荐钱公辅代已,未获同意,遂不复推辞。但他也没有马上赴阙,而是回了一趟老家临川省亲,次年春才自江宁府进京。大约次年夏,韩维也拜翰林学士。

司马光、吕公著、王安石、韩维,昔日的"嘉祐四友",即将在京师学士院共事。

第五节　边事与民生

司马光罢御史中丞,也许真的与弹劾张方平没有直接关系,但若说神宗是因为想听司马光讲读《资治通鉴》,才将他调任侍读学士，也未必尽然。有一个原因神宗没有说破，那就是在对付西夏的问题上，司马光与神宗唱反调。

自仁宗朝庆历年间，宋夏订立盟约，西夏向宋朝纳贡称臣，宋朝则给予西夏丰厚岁赐，双方二十余年未再大动干戈。当然，边境纠纷与小股冲突还是时有发生，比如西夏人入宋境盗耕农田。直至宋英宗治平三年，战火又起——西夏国主赵谅祚举兵进攻宋朝边境大顺城（今甘肃华池县境内），不过被镇守大顺城的蕃官赵明与官兵合力击退了。谅祚又扬言要再次围攻大顺城，朝廷依宰相韩琦之议，"留止岁赐，遣使赍诏责问"。[1] 枢密使文彦博很担忧："如此则边衅大矣。"韩琦说："兵家须料彼此，今日御边之备，大过昔时。且谅祚狂童，岂可比元昊也？诘之必服。"谅祚为得岁赐，果然上表请罪。

边衅虽暂时平息，但说不定哪一天西夏人又会来扰边。年轻气盛的宋神宗希望找到一个克复西夏、彻底解决边患的办法。恰好此时，陕西转运使薛向、知青涧城种谔（青涧城即是种谔之父种世衡所筑）等边臣向神宗提出经略横山之策。横山位于宋夏边境陕西段（今陕西北部），为西夏占据，横山以南则为宋境。对西夏来说，横山是非常重要的战略要地，因为那里水草丰美，宜牧宜农，又有茶山，还出产良马，亦多盐铁矿产，是西夏的物资生产基地；而且，横山地势高，可居高临下，俯视宋境沿边堡寨。而对宋朝来说，如果能占领横山，则可扭转宋夏地缘上的优劣势，切断西夏左臂。薛向、种谔建议，在不宜主动发起进攻的眼下，可先招纳横山部落，蚕食西夏横山地区。

---

[1] 李焘：《续资治通鉴长编》卷二百八。下同。

神宗读了薛向、种谔的奏议，大喜，密谕薛向：今后所献计策，不必报告两府，由朕以手诏知会执政大臣即可。

治平四年六月，种谔奏报："谅祚累年用兵，人心离贰，尝欲发横山族帐尽过兴州，族帐皆怀土重迁，以首领嵬名山者，结绥、银州人数万，共谋归顺。"[1] 知保安军高遵裕也说："若纳嵬名山，则横山之民皆可招来。"神宗便给薛向发出指令："召谔赴经略司审实密议措置以闻。"密议时，鄜延经略使陆诜不同意种谔之谋，薛向则极力赞成。

西北边臣的密谋、报告朝廷的密奏、神宗发出的密谕，都是绝密信息，知情人只有神宗、两府要员以及与谋的少数边臣，但不知何故，御史中丞司马光居然也得知了消息——这很可能是枢密使文彦博透露给司马光的，因为文彦博一直反对主动挑衅西夏。

司马光的立场接近于文彦博，闻知边情之后，于九月廿四日上疏，极言边境生事之害："凡边境有事，则将帅迁官，士卒受赏；无事则上下寂寂，无因侥幸。此乃人臣之利，非国家之利。陛下不可不察也！"

在九月廿七日入对延和殿时，司马光又说："赵谅祚称臣奉贡，不当诱其叛臣，以兴边事。"

神宗敷衍他："此外人妄传耳，无之。"

司马光又说："外人言杨定、高遵裕、薛向、王种建是策。"

神宗解释说："数人者，皆习边事，但使安集熟户（归顺宋王朝的蕃部）耳。"

司马光问道："王种多诡诈，尝嗾（曾经教唆）羌叛而招

1　黄以周等辑：《续资治通鉴长编拾补》卷二。下同。

之以为功，今以其策用之，正如赵之将括耳。且陛下知薛向之为人否？"

神宗说："知之。"

司马光又问："以为端方？以为险巧？"

神宗说："固非端方士也，但以其知钱谷及边事。"

司马光说："钱谷诚知之，……边事则未可知也。"司马光承认薛向懂钱谷之事，有经济头脑，但不认为他懂边事。

神宗没有当面责备司马光，但他心里对司马光已经非常不满，曾责问文彦博曰：如此机密之事，"司马光奚由知之"？又说司马光"忿躁"，"欲加重责"，这才有罢御史中丞、复还翰林之议。

十月，种谔未经请示上司陆诜，自行调拨所部兵将，以迅雷不及掩耳之势挺进横山绥州川，包围嵬名山部落，成功迫降嵬名山，"嵬名山所部族帐悉降，酋首三百、户一万五千、口四万五千一百、精兵万人，孳畜十余万"。随后，种谔又迅速在横山筑造了一座城池，曰绥州城（今陕西绥德县），相当于在西夏的左臂楔入一根钉子。

赵谅祚自然不可能善罢甘休，立即率兵围绥州，却被种谔击退。随后，谅祚又诱杀宋朝边寨守臣——知保安军杨定、都巡检侍其臻、知顺宁寨张时庸三人，又掠走杨定之子杨仲通，以报复种谔夺绥州之举。

但种谔需要对付的不仅是敌人的攻击，还有同僚的攻讦。陆诜得知绥州之变，立即上书神宗，弹劾种谔"擅兴兵"，并致函枢密使文彦博："开辟以来，未有此也。"其他反对取绥州的将臣也认为，绥州"孤城深寄贼境难守，不如弃之"。以文彦博为首的鸽派不愿意看到宋夏再起战火，提议把绥州城还给西夏："谅祚称臣奉贡，今或袭取其地无名。"

不过神宗没有听从。他想到了刚罢相的韩琦，这位三朝老臣镇守西北多年，对西夏非常熟悉，神宗想听听他的意见。韩琦因为逗留京师辞免恩数，尚未赴相州。十一月十二日，韩琦入谢，神宗对他说："欲令卿暂往相州，却来永兴，经抚西边。"随即改任韩琦判永兴军，兼陕西路经略安抚使。

韩琦原本是反对种谔擅取绥州的，认为那是"举无名之兵""开祸乱之源"。十二月，他抵达长安，神宗让他评估绥州城可守抑或可弃，然后报告朝廷。此时西夏已诱杀杨定等人，韩琦闻讯，即回奏：西夏"今若此，绥州不可弃也"。枢密院又发来诏旨，诘问绥州有何可守之处，韩琦说：绥州川内有膏腴、空闲土地可耕种，若令嵬名山等降将据守绥州城，其手下人户就近居住、耕作，可以存活，他们自然会并力抵抗谅祚；"今已纳其降人，得城与地而反自弃之，乃先形自弱之势也"。

最后，朝廷采纳了韩琦的意见，绥州城才不致得而复失。

但种谔却被言官连章弹劾擅取绥州、开启战端——御史中丞滕甫以及知谏院陈荐、杨绘接连上弹章，请治薛向、种谔之罪，以安抚西夏。翰林学士郑獬也说："臣窃见手诏，深戒边臣无得生事。今乃特尊用变诈之士，务为掩袭，如战国暴君之所尚，岂帝王大略哉！谔擅兴，当诛。"[1]

神宗无奈，只好同意在长安置狱，成立一个"专案组"调查种谔一案。种谔慨然说："嵬名山举众约降，既闻于朝矣。若缓以待命，事机一失，则数万之众，快于贼手，为边生事不

---

[1] 脱脱等：《宋史》卷三百二十一。

细。吾宁坐死，以就国事。"[1] 又将他手里的相关密件烧掉，一人揽下罪责。薛向也说："谔今者之举，盖忘身以殉国，有如不称，臣请坐之。"最终，种谔被处以"夺四官，随州安置"的惩罚，薛向亦受连坐，贬知信州。

不过，未及一年，便有人替种谔鸣不平："种谔奉密旨取绥州而罪之，今后何以使人？"[2] 神宗亦深感后悔，又给种谔复职。

种谔取绥州、驻横山，意味着宋王朝对西夏的战略开始从之前的消极防御转向积极进取。而绥州战略要地的丢失，也让西夏寝食难安，从此之后，西夏多次发兵进攻宋境，欲收复绥州。边关多事，这是神宗以后将要面临的又一个挑战。

不过，在治平四年，神宗还没有一个清晰的经略西北的路线图，他只是凭着少年人的锐气，"慨然兴大有为之志"，觉得对西夏，朝廷应该改变之前含垢忍辱的态度与消极被动的战略了。[3] 他曾披着战甲诣慈寿宫，拜见祖母太皇太后，说："娘娘，臣被此好否？"但曹太后给他泼了一盆冷水："汝被甲甚好，虽然，使汝至衣此等物，则国家何堪矣。"神宗只好默然脱了战甲。

神宗暂时还不能将更多的注意力投放于西北边陲，眼下还有更让他焦虑的事情，那就是财政的困乏与民生的困顿。

关于财政之匮乏，我们在第一节已有述及；至于民生之困顿，则主要表现为职役繁重，以致一部分民户不堪重负。

与其他王朝相比，宋王朝有一个明显的特点，即税赋重而徭役轻。由于国家实行募兵制，宋人基本不用服兵役，入伍但凭自愿，因此宋人说："近世兵民既分，凡兵之器用皆给于官，

---

[1] 黄以周等辑：《续资治通鉴长编拾补》卷三（上）。下同。
[2] 李焘：《续资治通鉴长编》卷二百十七。
[3] 蔡絛：《铁围山丛谈》卷第一。下同。

旦暮教战，不择四时，民可谓逸而兵可谓习矣。"[1] 宋代力役也大为减轻，宋初已是"寻常别无差徭，只以春初修河"。[2] 到了真宗朝，连春初修河也多以厢军充役，很少征用民夫，所以宋末学者马端临说："自五代无政，凡国之役，皆调于民，民以劳敝。宋有天下，悉役厢军，凡役作、工徒、营缮，民无与焉，故天下民力全固，至今遵之。"[3]

但宋朝乡户要服职役。所谓职役，即乡户应征至州县衙门充任公人，或者在乡村充当基层行政人员，协助地方政府治理基层。就工作性质而言，职役不同于兵役、力役，而是指国家行政序列中最低层次的职务，其中，服务于州县衙门的公人沿袭自南北朝—唐代的色役，服役于乡里的基层公职人员类似于秦汉时期的三老、啬夫、游徼等乡官，但秦汉乡官是地方政府聘请的公务员，享有秩禄，地位较高，职役则主要以民户无偿差充，地位卑下。为什么秦汉乡官会演变成宋朝职役呢？这是因为隋朝废除了乡官制度，将基层行政事务摊派给民户。宋承隋唐旧制，仍以乡户差充职役。因职役以乡户差充，故又称"差役"。

就工作类别而言，宋朝职役包括衙前（又称"牙前"）、里正、弓手，等等："衙前以主官物；里正、户长、乡书手以课督赋税；耆长、弓手、壮丁以逐捕盗贼；承符、人力、手力、散从官以奔走驱使。在县曹司至押录，在州曹司至孔目官，下至杂职、虞候、拣掏等人，各以乡户等第差充。"[4] 其中，以替官府看守、

---

1 苏辙：《苏辙集·栾城集》卷二十《私试进士策问二十八首》。
2 马端临：《文献通考》卷十一。
3 马端临：《文献通考》卷一百五十六。
4 马端临：《文献通考》卷十二。

押运官物的衙前役最为繁重，因为不但要无偿承役，而且一旦官物失陷，还要由承役之人赔付，无数人因此倾家荡产。

从充役者来源看，衙前役又可细分为抽调里正应役的里正衙前、摊派于富户的乡户衙前、永久充役的长名衙前、招募而来的投名衙前，等等。其中里正衙前与乡户衙前均为轮差制，由乡户中的上户轮流充任，至于经济收入低的下户，理论上并不需要服衙前役。

这涉及宋朝的户口制度，不妨略作解释。宋政府将全国民户划分为乡村户（农村户籍）与坊郭户（城市户籍）；又根据是否有常产、有无纳税义务，将乡村户分为主户与客户，有常产、需缴纳两税（即田赋，因分夏、秋两季征收，称"两税"）者为主户，没有田产、不用纳税的佃户则为客户；然后，又按田产之多寡，将乡村主户分为五等，一等户、二等户、三等户为上户，四等户与五等户为下户。法定需承担衙前役的是乡村上户，坊郭户、乡村下户与客户都不用服衙前役。如此分配差役还是比较公正的，但实际上由于逃役的人很多，下户亦常被差充衙前，苦不堪言。

各地乡户为逃避差役，闹出了不少骇人听闻的事情。京东路有一对父子，被摊派服衙前役，因单丁户可免差役，父亲便对儿子说："吾当求死，使汝曹免冻馁也。"[1] 随即上吊自尽。江南路又有人家，居然将祖母嫁掉，或者与母亲析产分居，因为这样可减少其名下所登记田产，避免承充差役。还有不少乡户不愿"多种一桑，多置一牛，蓄二年之粮，藏十匹之绵"，因为家产一多，就会被视为富室，指派为衙前。

---

1 黄以周等辑：《续资治通鉴长编拾补》卷一。下同。

治平四年六月，三司使韩绛率先向神宗报告差役之弊："害农之弊，无甚差役之法。重者衙前，多致破产，次则州役，亦须重费。夫田产，人恃以为生，今竭力营为，稍致丰足，而役已及之，欲望农人之加多，旷土之加辟，岂可得乎？……欲望以所陈，下哀痛之诏，令中外臣庶悉具差役利害以闻，委侍从（指翰林学士、知制诰等侍从官）台省（指台谏官与执政官）集议，考验古制，裁定其当，使力役无偏重之害，则农民知为生之利，有乐业之心矣！"

神宗随即下诏求言：

> 农，天下之本也，祖宗以来，务加惠养。比下宽恤之令，赐蠲复（免除部分赋役）之恩，然而历年于兹，未极富盛，间因水旱，颇致流离。深维其故，殆州县差役仍重，劳逸不均，喜为浮冗之名，不急之务，以夺其时，而害其财故也。愁痛亡聊（无以聊生）之声上干和气，深可伤悯！其令逐路转运使，遍牒辖下州军，如官吏有知差役利害可以宽减者，实封条析以闻。

大概是因为进言者寥寥吧，七月，神宗又下诏："中外臣庶限一月条陈差役利害以闻。"要求中外臣僚在一个月内各上文书，分析差役利害；并任命赵抃、陈荐"同详定中外臣庶所言差役利害"。

九月，司马光上《论衙前札子》："臣伏见近者陛下特下诏书，以州郡差役之烦，使民无敢力田积谷，求致厚产，至有遗亲背义，自求安全者，令中外臣庶条陈利害，委官详定以闻。此诚尧、舜之用心，生民之盛福也。"不过，司马光并没有提出具体、周详的解决方案，只是建议神宗给诸路州县下诏，要求州县官"各具利害闻奏，随其所便，别立条法，务令百姓敢营生计，则家给人足，庶可望矣"。其实就是说了一通正确无比的废话。

治平四年，能够给国家设计一套完备且可行的差役改革方案并付诸实施的那个人，还未出现在神宗皇帝面前。

他就是王安石。

第二章 还朝看拜富民侯

熙宁元年（1068）

第二章 还朝看拜富民侯

第一节 百废待兴

新君继位，照例要于次年改元，神宗也在即位次年的正月初一启动新年号——熙宁，以治平五年为熙宁元年。改元，宣告宋神宗时代正式开幕。

然而，熙宁元年并不安宁。正月初一，宋朝人的元旦，又是启用新年号的首日，却出现了日食。早在前一年十二月，司天监的天文官已预测到这次日食，并报告给了皇帝。在古人心目中，日食属于天之灾异，是上苍对人间君主发出的警告，所以，神宗被吓得"避殿减膳，罢朝贺"。[1] 六月，河北发生黄河决堤、河水泛滥之灾。七月，京师、河朔地震，并下大暴雨，中元节当晚又有月食。

熙宁元年适逢"天子三岁一亲郊"的大礼年，即这一年的冬至，神宗将亲赴南郊祭天。按照惯例，南郊大祀之前，宰相要上拜表，请上尊号。若皇帝表示接受尊号，则在南郊大祀礼

---

[1] 黄以周等辑：《续资治通鉴长编拾补》卷三（上）。下同。

毕之日，举行尊号受册典礼。这里的尊号，是指皇帝生前接受的称号，始于唐代，如武则天称帝后就接受过多个尊号，从"圣神皇帝"到"金轮圣神皇帝"，再到"天册金轮圣神皇帝"，形容词越用越多，越用越华丽。

七月，宰相曾公亮率领群臣，再三上表，请神宗接受"奉元宪道文武仁孝"的尊号。神宗都没有答应。翰林学士司马光支持神宗的做法，上奏表示"上尊号之礼，非先王令典，起于唐武后、中宗之世，遂为故事，因循至今。……今群臣以故事上尊号，臣愚以为陛下聪明睿智，虽宜享有鸿名，然践祚未久，又在亮阴（居丧）之中，考之事体，似未宜受"。

神宗批复说："览卿来奏，深谅忠诚。朕方以频日淫雨、甲申地震，天威彰著，日虞倾祸，实忧被此鸿名，有惭面目。况在亮阴，亦难当是盛典。诚如卿言，今已批降指挥，可善为答诏，使中外知朕至诚，实乃内顾惭惧，非是欺众以邀虚名。"让司马光妥善起草答诏，拒绝上尊号。

之后，每次大臣议上尊号，神宗都没有接受，是宋王朝第一位终生不受尊号的君主。在神宗看来，"尊号于朕无益加损，纵有百字亦何益？"[1]他所关心者，绝不是尊号之类的虚名，而是治国平天下的实务。

熙宁元年的整个春天，神宗都在等待一个人的到来。这个人就是王安石。

去年九月，神宗已召知江宁府王安石赴阙，任翰林学士。王安石也接受了任命，但没有立即动身进京，而是先回了一趟老家抚州，复归江宁，熙宁元年三月中旬，才自江宁入京。王

---

[1] 黄以周等辑：《续资治通鉴长编拾补》卷四。

安石走的是运河水道,船至长江北岸的京口瓜洲,驻泊过夜。是夜,明月当空,王安石触景生情,写诗遣怀:

泊船瓜洲

京口瓜洲一水间,钟山只隔数重山。

春风自绿江南岸,明月何时照我还?[1]

想当年,王安石赴京赶考,还是个二十一岁的少年郎,宦海浮沉,光阴荏苒,一转眼二十七个年头过去了,此番入京,已是四十八岁,两鬓斑白。王安石不由生出归隐之心,不知头上这轮明月什么时候可以照着他还乡。

四月初,王安石终于抵京。神宗已有点急不可耐,让王安石越次入对。初四,王安石来不及到学士院报到,便先应召入宫面圣。

神宗一见到王安石,就急切地请教:"朕久闻卿道术德义,有忠言嘉谟(高明之谋略),当不惜告朕,方今治当何先?"[2] 王安石说:"以择术为始。"这里的"术",我们可以理解为"治术",即施政方针。

神宗又问道:"唐太宗何如?"

王安石回答:"陛下每事当以尧、舜为法。唐太宗所知不远,所为不尽合法度,但乘隋极乱之后,子孙又皆昏恶,所以独见称于后世。道有升降,处今之世,恐须每事以尧、舜为法。尧、舜所为至简而不烦,至要而不迂,至易而不难,但末世学士大

---

1 王安石:《临川先生文集》卷第二十九《泊船瓜洲》。
2 黄以周等辑:《续资治通鉴长编拾补》卷三(上)。下同。

夫不能通知圣人之道，故常以尧、舜为高而不可及，不知圣人经世立法常以中人为制也。"

王安石所说的"中人"，指寻常人、普通人、一般人，资质、品性中等的多数人，而中人之上的君子、中人之下的小人，则都是少数人。早在嘉祐四年，王安石便向仁宗皇帝提出，国家的立法施政，应该以中人为基准，将多数人假定为中人："夫出中人之上者，虽穷而不失为君子。出中人之下者，虽泰而不失为小人。唯中人不然，穷则为小人，泰则为君子。计天下之士，出中人之上下者，千百而无十一。穷而为小人，泰而为君子者，则天下皆是也。先王以为众不可以力胜也，故制行不以己，而以中人为制，所以因其欲而利道之，以为中人之所能守，则其志可以行乎天下，而推之后世。"[1] 现在王安石又向神宗皇帝重提"以中人为制"的道理。

神宗向王安石坦言："卿可谓责难于君矣，然朕自视眇然，恐无以副卿此意。卿可悉意辅朕，庶几同济此道。"[2] 并再次向王安石请教："祖宗守天下，能百年无大变，粗致太平，以何道也？"

这个问题并不容易回答。如果顺着神宗之问，重点阐述祖宗"粗致太平"之道，则势必要把对治道的探究弄成对祖宗之法的吹捧，如此一来，又何必谈变法？这也不是神宗希望听到的答案。一时之间，王安石也不敢贸然回答，便以"臣以浅陋，误承圣问，迫于日暮，不敢久留，语不及悉"为由，告退回寓所，再以入奏文字的形式答复了皇帝的询问。王安石的这份入奏文字，叫《本朝百年无事札子》。

---

1 王安石：《临川先生文集》卷第三十九《上仁宗皇帝言事书》。
2 黄以周等辑：《续资治通鉴长编拾补》卷三（上）。下同。

在札子的开篇，王安石用极简约的文字陈述了太祖开国立制与太宗、真宗、仁宗列圣相承之道：

> 伏惟太祖躬上智独见之明，而周知人物之情伪，指挥付托，必尽其才，变置设施，必当其务，故能驾驭将帅，训齐士卒，外以捍夷狄，内以平中国。于是除苛赋，止虐刑，废强横之藩镇，诛贪残之官吏，躬以简俭为天下先，其于出政发令之间，一以安利元元（**老百姓**）为事。太宗承之以聪武，真宗守之以谦仁，以至仁宗、英宗无有逸德（**失德**）。此所以享国百年而天下无事也。[1]

然后，王安石以明褒实贬的春秋笔法具体阐述了仁宗朝的治理情况：

> 仁宗在位，历年最久。臣于时实备从官（**当时王安石任知制诰**），施为本末，臣所亲见。尝试为陛下陈其一二，而陛下详择其可，亦足以申鉴于方今。
>
> 伏惟仁宗之为君也，仰畏天，俯畏人，宽仁恭俭，出于自然，而忠恕诚悫，终始如一，未尝妄兴一役，未尝妄杀一人，断狱务在生之，而特恶吏之残扰；宁屈己弃财于夷狄，而终不忍加兵；刑平而公，赏重而信；纳用谏官、御史，公听并观，而不蔽于偏至之谗；因任众人耳目，拔举疏远，而随之以相坐之法。

---

[1] 王安石：《临川先生文集》卷第四十一《本朝百年无事札子》。下同。

盖监司之吏（地方的监察官），以至州县，无敢暴虐残酷，擅有调发，以伤百姓；自夏人顺服，蛮夷遂无大变，边人父子夫妇，得免于兵死；而中国之人，安逸蕃息，以至今日者，未尝妄兴一役，未尝妄杀一人，断狱务在生之，而特恶吏之残扰，宁屈己弃财于夷狄，而不忍加兵之效也。

大臣贵戚、左右近习，莫敢强横犯法，其自重慎或甚于闾巷之人，此刑平而公之效也。

募天下骁雄横猾以为兵，几至百万，非有良将以御之，而谋变者辄败；聚天下财物，虽有文籍，委之府史，非有能吏以钩考，而断盗者辄发；凶年饥岁，流者填道，死者相枕，而寇攘者辄得，此赏重而信之效也。

大臣贵戚、左右近习，莫能大擅威福，广私货赂，一有奸慝，随辄上闻。贪邪横猾，虽间或见用，未尝得久。此纳用谏官、御史，公听并观，而不蔽于偏至之谗之效也。

自县令、京官以至监司、台阁（指三省官与御史台官），升擢之任，虽不皆得人，然一时之所谓才士，亦罕蔽塞而不见收举者，此因任众人之耳目、拔举疏远，而随之以相坐之法之效也。

升遐（去世）之日，天下号恸，如丧考妣。此宽仁恭俭，出于自然，忠恕诚悫，终始如一之效也。

说到这里，王安石笔锋一转，对仁宗朝的积弊作出入木三分的剖析：

然本朝累世，因循末俗之弊，而无亲友群臣之议；人君朝夕与处，不过宦官、女子，出而视事，又不过有司之细故，未尝如古大有为之君，与学士大夫讨论先王之法，以措之天下也。

一切因任自然之理势，而精神之运有所不加，名实之间有所不察。君子非不见贵，然小人亦得厕其间；正论非不见容，然邪说亦有时而用。以诗赋记诵求天下之士，而无学校养成之法；以科名资历叙朝廷之位，而无官司课试之方。监司无检察之人，守将非选择之吏；转徙之亟，既难于考绩，而游谈之众，因得以乱真。交私养望者多得显官，独立营职者或见排沮。

故上下偷惰，取容而已，虽有能者在职，亦无以异于庸人。农民坏于徭役，而未尝特见救恤，又不为之设官，以修其水土之利；兵士杂于疲老，而未尝申敕训练，又不为之择将，而久其疆场之权；宿卫则聚卒伍无赖之人，而未有以变五代姑息羁縻之俗；宗室则无教训选举之实，而未有以合先王亲疏隆杀之宜；其于理财，大抵无法，故虽俭约而民不富，虽忧勤而国不强。

最后，王安石将"本朝百年无事"的原因归结为运气好，得天之助，并勉励神宗励精图治、奋然有所作为：

赖非夷狄昌炽之时，又无尧、汤水旱之变，故天下无事，过于百年，虽曰人事，亦天助也。盖累圣相继，仰畏天，俯畏人，宽仁恭俭，忠恕诚悫，此其所以获天助也。伏惟陛下躬上圣之质，承无穷之绪，知天助之不可常恃，知人事之不可怠终，则大有为之时，正在今日。

这篇《本朝百年无事札子》并无一字提及"变法"，但后来王安石主持熙宁变法时推出的诸多新法，几乎没有一项不是针对札子所指出之积弊。南宋人吕中著《宋大事记讲义》，即一针见血地指出：此"安石变法之大意也"，"其后纷更政事，皆本于此"。[1] 可以说，《本朝百年无事札子》正是王安石变法的纲领，所以我们才不厌其烦地将札子抄录下来。

神宗将札子读了好几遍，为王安石之见识所折服，特别那一句"其于理财，大抵无法"，神宗更是深有感触，所以，他在次日又召王安石入对，并诏赐其对衣、金带、涂金鞍勒马等，优礼有加。

次日，即四月初五，王安石面见神宗，神宗对他说："昨阅卿所奏书至数遍，可谓精画计治，道无以出此，所由众失，卿必已一一经画，试为朕详见施设之方。"[2]

王安石说："遽数之不可尽，愿陛下以讲学为事，讲学既明，则施设之方不言自喻。"

神宗说："虽然，试为朕言之。"

王安石这才大略地给神宗讲了一点"施设之方"，即变法的大体设想。神宗听了，欣喜地说："此皆朕所未尝闻，他人所学，

---

[1] 吕中：《宋大事记讲义》卷十五。
[2] 黄以周等辑：《续资治通鉴长编拾补》卷三（上）。下同。

固不及此，能与朕一一为书条奏否？"

王安石却说："臣已尝论奏陛下，以讲学为事，则诸如此类，皆不言而自喻。若陛下择术未明，实未敢条奏。"

神宗又说："卿今所言已多，朕恐有遗忘，试录今日所对以进。"

王安石"唯唯而退"，却一直没有将他当日略述的"施设之方"笔录成条陈进呈神宗。也许王安石觉得，现在还不是变法的时机。

我们不必怀疑神宗励精图治、革故鼎新的决心。二月的一天，他跟枢密院大臣说："天下敝事至多，不可不革。"[1] 枢密使文彦博立即附和："譬如琴瑟不调，必解而更张之。"枢密副使韩绛则说："为政立事，当有大小先后之序。"四月，神宗又与右正言、同知谏院孙觉提及"欲革积弊"，孙觉答道："弊固不可以不革，革而当，其悔乃亡（灾患消除）。"神宗表示赞赏。

朱熹说："当是时非独荆公要如此，诸贤都有变更意。"[2] 的确如此。只不过，此时此刻，朝廷尚无一个清晰的变法蓝图。神宗心里也没谱。

五月，孙觉上疏："今天下承平百年，纪纲法度有所未备，顾但守祖宗一切之法而不知变，则何以异于胶柱鼓瑟、刻舟求剑哉？"[3] 那么，祖宗法当如何变革呢？孙觉提议："愿陛下时御便殿，召大臣或从官，各以类数人，偕进侍坐，以讲求治道，因定国是，兴太平之功。"这是宋朝士大夫首次向皇帝提出"因定国是"的倡议。

---

1 毕沅编：《续资治通鉴》卷第六十六。下同。
2 黎靖德编：《朱子语类》卷第一百三十。
3 赵汝愚编：《宋朝诸臣奏议》卷八《上神宗论所急者近效所勤者小数》。下同。

所谓"国是",换成现在的说法,大约就是"施政纲领"的意思。王安石变法之后,"国是"发展成为一项重要的政治机制:当"国是"确立下来之后,即由赞成这一"国是"的士大夫集团执政,一旦该"国是"被否定,则执政的集团下野。换言之,即"国是"与宰执共进退。而且,"国是"一旦确定,对皇帝也具有约束力。

当孙觉向神宗提议当与大臣"因定国是"时,神宗实际上已经这么做了。在召王安石越次入对之前,熙宁元年正月,三朝元老、前枢密使、判河阳富弼移判汝州,神宗召他觐见,在手诏上殷切说:"渴见仪容,愿闻风论。"[1]

四月初一,富弼入见。神宗体谅富弼有足疾,让他坐着肩舆至崇政殿门,又觉得殿门与崇政殿还有一段距离,富弼行走不便,便改在内东门小殿接见,且免富弼行拜礼,并赐座,君臣从容坐语,直至太阳偏西才结束谈话。

神宗向富弼请教治道,富弼知道眼前的新君青春年少,锐于有为,便说:"人君好恶,不可令人窥测,则奸人得以附会其意。陛下当如天之鉴人,随其善恶若自取,然后诛赏从之,则功罪得其实矣。"

神宗称善,又问北方边事,"条目甚悉"——从这个细节可以看出来,神宗对边事是细心留意过的。

富弼老成持重,对神宗内心深处渴望建立功业的骚动焉能不察?所以,他委婉地提醒皇帝:"陛下临御以来,当先布德泽,且二十年未可言用兵,亦不宜重赏边功,恐致生事,干戈一起,所系祸福不细,愿陛下勿先留意于此。"

---

[1] 黄以周等辑:《续资治通鉴长编拾补》卷三(上)。下同。

神宗听了,默然良久,又问施政当以何为先。

富弼说:"阜安宇内为先。"认为施政当以让国家富足安宁为先。

神宗又点头称善。

显然,富弼希望神宗就像嘉祐年间的仁宗皇帝一样,清静无为,垂拱而治。神宗心里对富弼的政见肯定是不以为然的,尽管他对富弼本人非常尊敬,并给予了富弼十分隆重的礼遇。

此时,另一位三朝元老、前宰相、判永兴军韩琦一再上表,称病请辞。七月,神宗批准他移判公务清闲的相州,并召赴阙朝觐。韩琦冒着大暑抵达京师,神宗见他"形容鳖瘁",惊叹良久,愧疚地说:"不知侍中实曾不安,始疑托以为辞,自此须且速就安养。"[1]

陛辞之日,神宗又顺便向韩琦询问了政事。

韩琦说:"用人当辨邪正,为治之本,莫先于此。"

神宗又问:"谁可属国?"

韩琦于是引荐元老一二人,称他们可以"裨圣德者甚多"。

神宗说:"侍中之龟鉴,朕敢不从?"治平四年九月,他在批准韩琦罢相并判相州前,也问过类似的问题:"然卿去,谁可属国者?"还暗怀期待地加了一句:"王安石何如?"[2]

韩琦答道:"安石为翰林学士则有余,处辅弼之地则不可。"

神宗默然不说话。毫无疑问,与对待富弼一样,神宗对韩琦非常尊敬,自韩琦辞去相位以来,神宗一直没有另拜首相,表示"虚上宰之位,伫卿之还"。[3]但我认为,此时神宗对于韩

---

[1] 黄以周等辑:《续资治通鉴长编拾补》卷三(下)。下同。

[2] 黄以周等辑:《续资治通鉴长编拾补》卷二。下同。

[3] 黄以周等辑:《续资治通鉴长编拾补》卷三(下)。下同。

琦的回答，是不满意的。

还有一位三朝元老张方平也深受神宗器重。我们应该记得，去年闰三月，张方平上疏论国计，引《易经》"变而通之以尽利"等语，告诫神宗不可"遵常守故""恤近议而废远图，忽人谋而侥天幸"，九月，神宗即擢他为参知政事，欲付以重任。[1] 如果此时张方平在京城，神宗肯定会向他询问政事、商议国是，可惜张方平只在中书待了一个月，便因父亲去世，解官回籍丁忧去了。

另一名参知政事赵概则因为年迈，于熙宁元年正月致仕，由权三司使唐介补参知政事。神宗问翰林学士司马光："唐介参预政事何如？"[2] 司马光答道："介素有刚劲之名，外人甚喜。"早年唐介担任台谏官，便以耿直敢言而著称——宋仁宗皇祐年间，他曾直言不讳地抨击宰相文彦博与张贵妃存在利益输送问题，让仁宗大为恼火。[3] 但晚年的唐介和富弼、韩琦一样，已不复年轻时的锐气。

十月初七，又是经筵日，神宗继续向讲读官询问"富民之术"，司马光回答说："方今之患，在于朝廷务其名不务其实，求其末不求其本。凡富民之本在得人。县令最为亲民，欲知县令能否，莫若知州，欲知知州能否，莫若转运使。陛下但能择转运使，使转运使按知州，使知州按县令，何忧民不富也！"[4] 又是一句正确的废话。

只有王安石的见解，才让神宗皇帝感觉到耳目一新。

---

1 李焘：《续资治通鉴长编》卷二百九。
2 黄以周等辑：《续资治通鉴长编拾补》卷三（上）。下同。
3 具体参见吴钩《宋仁宗：共治时代》第十一章。
4 黄以周等辑：《续资治通鉴长编拾补》卷三（下）。

第二节　立讲坐讲

神宗有意重用王安石，欲委以执政大权，领导国家变法。不过，他也不急着把王安石擢为执政官，一来，王安石就任翰林学士未久，资历尚浅；二来，他还想继续听王安石论道。那么，眼下最好还是让王安石留在学士院，继续以翰林学士的身份担任皇帝顾问，以兼侍讲的身份在经筵中讲学。

王安石从来不是一个安分的人，担任经筵讲官没几天，便抛出了一个很有争议性的话题，让礼官们争执了好几天。

那是四月十九日，王安石与翰林学士兼侍读吕公著联合上奏："窃寻故事，侍讲者皆赐坐；自乾兴后，讲者始立，而侍者皆坐听。臣等窃谓侍者可赐立，而讲者当赐坐，乞付礼官考议。"[1]王安石、吕公著所议，关涉到经筵制度的一项礼仪变迁。经筵，指御前讲席，用大白话来说，就是给皇帝讲课。汉唐时期已有经筵，但尚未制度化，只是不定期举办御前讲座而已，讲课时，经筵官循当时习惯，采取"坐讲"的方式，即讲官坐着讲课。需要说明的是，汉唐时，常用的家具为低矮的案几，通常是席地而坐，坐讲只是一种习惯，并无"尊师重道"的含义。

坐讲的方式，一直沿袭至宋初。及至宋仁宗朝，经筵出现了两个变化：其一，经筵确立为一项日常制度，有固定的上课时间（通常为隔日一讲）、地点（通常为迩英殿）、专门的讲官（一般为翰林侍读学士、翰林侍讲学士、侍读、侍讲、天章阁侍讲、崇政殿说书等）。其二，讲课方式从坐讲改为立

---

[1] 黄以周等辑：《续资治通鉴长编拾补》卷三（上）。

讲，原因是乾兴元年，真宗上仙，仁宗冲龄继位，上课时，仁宗由于年幼，身子够不着课桌（宋代的主流家具已演变成高脚的桌椅），只能"跂案以听之"。[1] 讲官孙奭便改坐讲为立讲，站着讲课。不想这一站，居然站成了惯例，后来的经筵，讲官均立讲。

王安石与吕公著认为，讲官立讲，于礼不合。所以，他们申请由礼官考议经筵当立讲还是坐讲。神宗闻奏，让礼院详定以闻。

议礼之时，礼官分成了两派，以判太常寺韩维、刁约以及同知礼院胡宗愈为代表的一派支持坐讲：

> 臣等窃谓臣侍君侧，古今之常，或赐之坐，盖出优礼。祖宗以讲说之臣多赐坐者，以其敷畅经艺，所以明先王之道，道所存，礼则加异。……今列侍之臣，尚得环坐，执经而讲者，顾使独立于前，则事体轻重，议为未安。臣等以为宜如天禧故事，以彰陛下稽古重道之义。[2]

他们认为，坐讲既是祖宗旧例，又是尊师重道的体现——进入高脚家具时代之后，人们改变了席地而坐的习惯，坐被赋予表示尊重的内涵——因此，坐讲才合于礼。

而以判太常寺龚鼎臣、苏颂、周孟阳以及同知礼院王汾、刘攽、韩忠彦为代表的另一派，则反对坐讲，主张立讲：

---

1 彭百川：《太平治迹统类》卷二十七。
2 黄以周等辑：《续资治通鉴长编拾补》卷三（上）。下同。

> 臣窃谓侍从之臣，见于天子者赐之坐，有司顾问，犹当避席立语，况执经人主之前，本欲便于指陈，则立讲为宜。若谓传道近于为师，则今侍讲解说旧儒章句之学耳，非有为师之实，岂可专席安然以自取重也！……且乾兴以来，侍臣立讲，历仁宗、英宗两朝，行之且五十年，岂可一旦以为有司之失而轻议变更乎！今人主待侍从，臣由始见以及毕讲，皆赐之坐，其尊德重道固已厚于三公矣，尚何加焉！其讲官侍立，伏请仍旧。

由于礼官未能达成一致意见，神宗又询问宰相曾公亮，曾公亮没有表态，只含糊其词地说："臣侍仁宗书筵亦立。"看来明确赞成坐讲的是少数，王安石的坐讲之议未获通过。不过，神宗又对王安石说："卿当讲日可坐。"但王安石已"不敢坐"。

十八年后，理学家程颐担任宋哲宗的经筵官，再次提出坐讲之议："臣窃见经筵臣僚，侍者坐而讲者独立，于礼为悖。欲乞今后特令坐讲，不惟义理为顺，以养主上尊儒重道之心。……臣以为天下重任，惟宰相与经筵。天下治乱系宰相，君德成就责经筵。由此言之，安得不以为重？"[1] 又引出了新一轮坐讲立讲之争。

坐讲，还是立讲？看似是无关紧要的虚礼问题，实则背后隐藏着一个十分重要的政治哲学问题："道统"服从于"治统"，还是"治统"服从于"道统"？

韩维、程颐等人说了：坐讲，是为了养成皇帝"稽古重道""尊

---

1 李焘：《续资治通鉴长编》卷三百七十三。

儒重道"之心。这里的"道",不是指一般的道德,而是一个政治哲学概念——"道统",与君权所代表的"治统"相对。

南宋理学家朱熹曾提出:自秦汉以降,"千五百年之间,……尧、舜、三王、周公、孔子所传之道,未尝一日得行于天地之间也!"[1]这一论断,在中国政治哲学史上具有不容忽视的意义,因为从政治哲学的角度来说,根据朱熹的界定,不管是秦皇汉武,还是唐宗宋祖,他们只是获得了统治权的传承(治统);并没有自动继承"尧、舜、三王、周公、孔子所传之道"(道统)。"道统"与"治统"从此分离了,"治统"由君主传承,"道统"则由儒家士大夫继承。

宋人又相信,世间道理最大——这一信念来自宋太祖与宰相赵普的一次对话:"太祖皇帝尝问赵普曰:'天下何物最大?'普熟思未答间。再问如前,普对曰:'道理最大。'上屡称善。"[2]开国皇帝认同"道理最大",即意味着承认权力不是最大、皇权不是最大,皇权之上,还有"道理"。

从"道理"二字,宋朝的理学家又推演出一个完整的大宋"道统谱系":"天开我朝,道统复续。艺祖皇帝问赵普曰:'天下何物最大?'普对曰:'道理最大。'此言一立,气感类从,五星聚奎,异人间出。有濂溪周敦颐倡其始,有河南程颢、程颐衍其流,有关西张载翼其派。南渡以来,有朱熹以推广之,有张栻以讲明之。于是,天下之士亦略闻古圣人之所谓道矣。"[3]根据"道理最大"的原则,皇权应当服从于"道理",代表"道理"的"道统"要高于代表皇权的"治统"。

---

1 朱熹:《晦庵集》卷三十六《答陈同甫》。
2 沈括:《梦溪续笔谈·续笔谈十一篇》。
3 姚勉:《姚勉集》卷七。

因此，代表"道统"的士大夫顺理成章地获得了规训代表"治统"的皇权的合法性。这便是王安石、程颐提出坐讲的政治哲学背景。这一层隐秘，宋人其实已经说破："盖世儒以尊君为说，而不暇于自尊耳。儒者固不当自尊，而在朝廷则尊君，在经筵则尊道，亦各当其理耳。"[1]朝廷之上，士大夫为臣，故当"尊君"；但在经筵中，士大夫的身份已经转变，成为"道"的化身，贵为天子，也得"尊道"。

程颐是理学家，自然以"道统"自任；王安石虽不是理学家，但也说过："若夫道隆而德骏者，又不止此，虽天子，北面而问焉，而与之迭为宾主，此舜所谓承之者也。"在经筵上给皇帝讲课的讲官，便是天子"北面而问"的"道隆而德骏者"。

只是在旁人看来，王安石的自许何其狂妄！当时，王安石的好友曾巩特别写了一篇《讲官议》，讥讽王氏的坐讲之议："礼无往教而有待问，则师之道，有问而告之者尔。世之挟书而讲者，终日言，而非有问之者也，乃不自知其强聒而欲以师自任，何其妄也！"[2]

然而，即便是曾巩，实际上也不敢否定"尊师重道"，他们只能否定讲官作为"师"的身份："世之挟书而讲于禁中者，官以侍为名，则其任故可知矣。"其他反对坐讲的礼官也表示："今侍讲解说旧儒章句之学耳，非身为师之实"。[3]换言之，若有"为师之实"，则理当坐讲。

坐讲之议，不过是熙宁元年出现的一场毫不起眼的小小波澜，但从中我们可以窥见宋代士大夫之集体精神、宋神宗与王

---

[1] 吕中：《宋大事记讲义》卷十五。
[2] 曾巩：《南丰先生元丰类稿》卷第九。下同。
[3] 黄以周等辑：《续资治通鉴长编拾补》卷三（上）。

安石之君臣关系，值得我们着重讲述出来。这场小小的波澜平息后，王安石还是继续当他的翰林学士兼侍讲。

宋制，翰林学士的职责包括"代王言"（起草重大诏命）、备顾问、论思政理、参与集议，等等。神宗处分政事，亦常常询问王安石。

七月，神宗将谏官孙觉贬秩，原因说来还挺有意思：枢密副使邵亢任职快一年了，却一直碌碌无为。一日，神宗在孙觉面前说起邵亢极不称职，欲以陈升之代替。孙觉退朝后，立即上疏："宜使亢知永兴，升之为枢密使。"[1] 神宗对此大为不满，认为孙觉在迎合自己；且按宋朝惯例，言官弹劾执政官完全没问题，但举荐执政官却是大忌，因此，神宗决定惩责孙觉：降低官阶，仍知谏院。

在作出这个处分之前，神宗征求了王安石的意见，王安石替孙觉辩护，可惜未能说服皇帝。不久后，孙觉又被贬出朝廷，通判越州。记录此事的南宋人认为，"王安石未变法之时，犹有正论也，然觉尝言积弊不可不革，安石意助之，故力为觉请"。[2] 认为王安石曾因孙觉赞成变革而为他辩护，这就是戴着有色眼镜看人了。

且看十月，一个叫陈习的小官"转对"（中下层臣僚轮流上殿面圣，指陈时政得失，谓之转对）时，因在奏状内"将不干己事夹带论述，指人过恶以逞私憾"，被神宗贬为监齐州新系镇酒税。[3] 王安石也上书为他鸣不平："陛下施罚如此，有未安者二：……今陛下命群臣，使斥言有位之阿私、朋比、尸素，

---

[1] 黄以周等辑：《续资治通鉴长编拾补》卷三（下）。
[2] 吕中：《宋大事记讲义》卷十六。
[3] 徐松辑：《宋会要辑稿·职官六五》。

有一人言之，则不考问其虚实而黜之，则甚害陛下之信。此未安者一也。人主之听天下，不可以偏，偏则有弊。……今有一人为陛下斥言人臣之罪，未知其虚实，而陛下遂以为大恶，则今孰敢为陛下言人之奸者乎？奸不上闻，则虽大臣复有赃污狼藉者，陛下亦无由知之，而天下之政坏矣。此未安者二也。……臣愚以为，陛下此举过矣。……伏惟陛下不吝改此，则天下幸甚。"[1] 神宗这一回采纳了王安石之言，出御批："陈习可特召还，与依旧差遣。"

从以上两件事来看，我认为，王安石还是站在公义的立场上，履行翰林学士备顾问、论思政理的职责的。

大约六月，受神宗皇帝委派，王安石又以翰林学士的身份，参加"阿云狱"刑名之争的集议。这场刑名之争掀起的舆论风浪，可要比之前立讲坐讲之争大得多，王安石也因此被推到了士论的风口浪尖。

第三节　阿云之狱

阿云案大约发生在治平四年下半年。阿云是京东路登州所辖某县的一名农家女子，由尊长做主，许配给农夫韦阿大为妻。这是一桩包办婚姻，阿云与韦阿大完全没有感情基础，加上韦阿大长相丑陋，所以，婚后阿云对丈夫十分厌恶。

一日夜里，阿云趁韦阿大在田舍内睡着，用刀砍了他十几

---

[1] 赵汝愚编：《宋朝诸臣奏议》卷二十二《上神宗乞追还陈习误罚昭示信令》。下同。

下，因黑暗中不能视物，又慌乱、力气小，阿云没有砍中丈夫的要害，只斩断一根手指。案发后，县尉以阿云嫌疑最大，将她抓回衙门审讯。县尉问："是你斫伤本夫？实道来，不打你。"[1] 阿云便如实招供。宋时，县衙只有判决词讼（民事诉讼）及杖刑以下轻微刑案的权限，无权对阿云案作出判决，因此案子移送至州一级法庭，由专业的司法官进行庭审、检法，再由知州作出一审判决。

当时登州的知州叫许遵，明法科出身（相当于法学专业毕业），曾任大理寺详断官，是一名具有法科知识背景与司法实践经验、深谙法理的士大夫。那么，许遵会对阿云案作出什么裁决呢？我们需要先确定阿云犯下的是何罪行，并了解宋代的相关刑法条文、司法惯例。

阿云是韦阿大的妻子，在古代，妻子谋杀丈夫属"恶逆"重罪，据《宋刑统·名例律》的"十恶"条，恶逆，"谓殴及谋杀祖父母、父母，杀伯叔父母、姑、兄、姐、外祖父母、夫、夫之祖父母、父母者"。[2] 由于"恶逆"的杀伤对象是直系尊亲属，是人伦大恶，因而被列为十恶不赦的重罪。如果阿云被认定为恶逆罪，无疑会被判处死刑。

但登州司法官在审理阿云案时，发现了一个细节："阿云于母服内与韦阿大定婚"，"纳采之日，母服未除"。[3] 阿云是在服母丧期间与韦阿大订婚的。《宋刑统·户婚律》的"居丧嫁娶"

---

1 司马光：《传家集》卷四十《议谋杀已伤案问欲举而自首状》。
2 窦仪等：《宋刑统》卷第一。
3 脱脱等：《宋史》卷三百三十。但其中又载阿云"许嫁未行"，似未与韦阿大成婚，但考查其他史料，均载阿云已嫁韦阿大。《宋史》讹误太多，不可采信。参见苏基朗论文《神宗朝阿云案辨正》，收入苏基朗《唐宋法制史研究》，香港中文大学出版社，1996年。

条规定："诸居父母及夫丧而嫁娶者，徒三年，妾减三等，各离之。"[1] 也就是说，阿云与韦阿大的婚姻关系，在法律上是无效的。因此，许遵认为，阿云砍杀韦阿大，不适用于"恶逆"条款，只适用于一般谋杀条款。

那么依据刑法，一般的谋杀罪又当处什么刑罚呢？《宋刑统·贼盗律》"谋杀"条规定："诸谋杀人者徒三年，已伤者绞，已杀者斩。"[2] 欲谋杀他人而未能实施，处徒三年之刑；欲谋杀他人且已实施，只是未能杀死、只杀伤，处绞刑；谋杀已遂，处斩刑。阿云的情况，属于第二种情况："谋杀已伤"，依律，当判绞刑。

不过，许遵又发现，《宋刑统·名例律》"犯罪已发未发自首"条规定："犯罪之徒，知人欲告，及按问欲举而自首陈，及逃亡之人并叛已上道，此类事发，归首者各得减罪二等坐之。"[3] 下注云："因犯杀伤而自首者，得免所因之罪，仍从故杀伤法。"

《嘉祐编敕》另有敕文规定："应犯罪之人，因疑被执，赃证未明，或徒党就擒，未被指说，但诘问便承，皆从律按问欲举首减之科。若已经诘问，隐拒本罪，不在首减之例。"[4]

根据以上律敕条文的法意，如果阿云属于自首，将可以获得减刑，按"减谋杀罪二等"处置，免于一死。

阿云有没有自首的情节呢？前面我们说了，缉拿、讯问阿云的是县尉，在宋代，县尉只可以执法抓人，不可以参与司法推鞫（庭审），县尉对犯罪嫌疑人的讯问，属于进入司法程序

---

1 窦仪等：《宋刑统》卷第十三。
2 窦仪等：《宋刑统》卷第十七。
3 窦仪等：《宋刑统》卷第五。下同。
4 脱脱等：《宋史》卷二百一。下同。

之前的刑侦，并不是司法程序中的推鞫。换言之，阿云向县尉坦白交代时，尚未进入司法程序，属于"按问欲举而自首"。

据此，许遵对阿云案作出判决：阿云与韦阿大成亲之日，"母服未除，应以凡人论"；阿云"谋杀不死，按问欲举，自首"，按大宋律法，"当减谋杀罪二等"，可判流刑。[1]

按宋代司法制度，州一级法院对重大刑事案件作出判决之后，要报路一级的提刑司审核。提刑司有终审权，但疑狱必须奏谳（对狱案提出处理意见，报请朝廷评议定案），因阿云案在法律适用方面存在一些疑问，需要呈报中央复核。元丰改制前，朝廷设有三法司：大理寺、审刑院、刑部。上报复核的刑案先送审刑院详议官了解案情；然后送大理寺，由详断官作出终审裁决意见；复送审刑院，由详议官审核，如无异议，再联署上报君主。

大理寺与审刑院复核了阿云案之后，推翻了许遵"当减谋杀罪二等"的判决，并援引《宋刑统·名例律》的一则条文："其于人损伤，于物不可备偿，即事发逃亡，若越度关及奸，并私习天文者，并不在自首之例。……议曰：损，谓损人身体；伤，谓见血为伤。"[2] 认为阿云的行为符合"损人身体""见血为伤"的犯罪要件，不适用自首减等的规定，按律当判绞刑。不过，由于阿云有"违律为婚"情节，存在法律适用的疑问，大理寺与审刑院又"奏裁"，呈请宋神宗作出最终裁决。

许遵是一位具有法科背景、对法学有着独到理解的士大夫，也很在乎自己司法生涯的声誉，《宋史》称他"立奇以自鬻"，

---

[1] 马端临：《文献通考》卷一百七十。
[2] 窦仪等：《宋刑统》卷第五。

意思是热衷于卖弄自己的法学见解。[1]当他得知大理寺与审刑院推翻了阿云案的初审判决时，立即上书表示不服："云被问即承，应为按问。审刑、大理当（判）绞刑，非是。"

宋神宗又将卷宗移交刑部审定。刑部支持大理寺与审刑院的判决，称许遵的意见是荒唐的。许遵因议法不当，被课罚金。不过，神宗又运用皇帝的特权，赦免了阿云的死罪，"贷命编管"，即流放远方州郡，编入当地户籍并监视居住。[2]这个量刑，与许遵的判决结果是比较接近的。也就是说，皇帝在法理上认可了大理寺、审刑院与刑部的意见，而在量刑上照顾了许遵的意见。

阿云案到此暂时告一段落。

熙宁元年春，经某位宰执（很可能是曾公亮[3]）举荐，许遵被调回中央，出任大理寺长官。因耻于"议法坐劾"，他又提出要复核阿云案："刑部定议非直，云合免所因之罪。今弃敕不用，但引断例，一切按而杀之，塞其自守之路，殆非罪疑惟轻之义"；[4]而"法寺四方取则之地，故廷尉为天下平，今谋杀伤而首，一切从死，甚非好生之义"。[5]

许遵熟读律法，举手之间，旁征博引，援引了十则相关法律条文来支持自己的观点，包括《嘉祐编敕》的一条敕文："谋杀人伤与不伤，罪不至死者，并奏取敕裁。"[6]许遵认为，敕文所说的"罪不至死者"，显然包括了谋杀已伤、按问自首之人，编敕作为对《宋刑统》的修正案，说得如此明白，为什么要弃

1　脱脱等：《宋史》卷三百三十。下同。
2　司马光：《传家集》卷四十《议谋杀已伤案问欲举而自首状》。
3　具体参见陈立军《论北宋阿云案的流变及影响》，《历史教学》2017年第18期。
4　脱脱等：《宋史》卷三百三十。
5　李焘：《续资治通鉴长编》卷四百十一。
6　黄以周等辑：《续资治通鉴长编拾补》卷三（上）。

赦不用？同时，许遵还要求以阿云案为判例，"天下今后有似此之类，并作减二等断遣"。[1]

但许遵的行为，却引来台谏官的不满，殿中侍御史里行钱顗对许遵提出弹劾："一人偏词，不可以汩天下之法，遵所见迂执，不可以当刑法之任。"[2]阿云案遂再起争端。

所以六月，神宗诏翰林学士司马光与王安石同议阿云案，这叫"两制议法"，是宋代的一项司法审议机制："天下疑狱，谳有不能决，则下两制与大臣若台谏杂议，视其事之大小，无常法。而有司建请论驳者，亦时有焉。"[3]两制，即内制的翰林学士与外制的知制诰，都是正途出身的饱学之士，对于经义、法理一般都有着深刻的理解。

司马光与王安石调阅了阿云案的全部卷宗，尽管二人都承认阿云并非"恶逆"，也承认阿云的自首情节，但基于对法条与法意的不同理解，他们对于阿云案的裁决各执一词，争执不下。

司马光认为，即使认可阿云的自首情节，她也不适用"减谋杀罪二等"之法，因为大宋律法说得很清楚，"其于人损伤……并不在自首之例"。阿云已致韦阿大身体损伤，无疑已被排除在"自首减刑"的适用范围之外。

王安石却认为，《宋刑统》的"犯罪已发未发自首"条有注文："犯杀伤而自首者，得免所因之罪，仍从故杀伤法。"又议曰："假有因盗杀伤人，盗罪得免，故杀伤罪仍科。"[4]所谓"所因之罪"，是指导致罪人发生犯罪行为的上一项行为，比如"盗

---

1 司马光：《传家集》卷四十《议谋杀已伤案问欲举而自首状》。
2 脱脱等：《宋史》卷三百二十一。
3 脱脱等：《宋史》卷二百一。
4 马端临：《文献通考》卷一百七十。下同。

杀"罪，指因盗物而杀人，"盗罪"便是"杀罪"的所因之罪。据此法条，犯盗杀罪者如果自首，可免除所因之罪（即盗罪）的处罚，只追究其故意杀人之罪，盗杀罪重于谋杀罪，既然盗杀罪得以"首免"，那么按法理逻辑，完全可以推知，谋杀罪也允许"首免"。

司马光反驳说：法律确实提到盗杀自首、可免因罪的情况，但"盗杀"是两种并立的罪行——盗罪和杀伤罪；"谋杀"则不是两种罪行，如果将"谋杀"也分解成"谋"（杀人之意图）与"杀"（杀人之行为），在逻辑上是荒谬的。试问：一个人如果待在自己的房间里，心里想着杀人，但没有行动，那么法庭要判处他"谋"杀之罪吗？

王安石针锋相对地指出："谋"杀之罪确实是存在的。按律，"诸谋杀人者徒三年；已伤者绞；已杀者斩"。即列出了"只谋未杀""已伤""已杀"三等刑名，假使某甲持刀闯入仇人之家，未及行凶即被制服，便是"只谋未杀"之罪。

由于王安石与司马光各持己见，没达成统一意见，只好各自将观点形成报告书，分别呈交宋神宗。王安石支持许遵的意见，提出"谋杀已伤，按问欲举，自首，合从谋杀减二等论"；司马光支持大理寺的裁定，认为阿云"获贷死，已是宽恩；遵为之请，欲天下引以为例，开奸凶之路，长贼杀之源，非教之善者也。臣愚以为宜如大理寺所定"。[1]

神宗倾向于赞成王安石的意见，但御史中丞滕甫以"两制议法"无果为由，要求再选官定议，宋神宗只好又派翰林学士

---

[1] 司马光与王安石的议法意见，参见马端临《文献通考》节录的奏疏，以及司马光《传家集》卷四十《议谋杀已伤案问欲举而自首状》。

吕公著、韩维与知制诰钱公辅三人复议阿云案。

这一次,吕公著、韩维、钱公辅共同回顾了先王立法的本意:

> 臣等窃寻圣人制法之意,其大略有三:有量情而取当者,有重禁以绝恶者,有原首以开善者。盖损伤于人,有惨痛轻重之差,故刃伤者坐以徒,他物拳手伤者坐以杖,其义足以相偿而止,是量情而取当者也;蓄谋伺便致人于死,非重绝之则相仇者不禁,故谋杀已伤从绞,是重禁以绝恶者也;苟杀人未至于死,于物尚可以偿,于事犹可以自还者,皆得以首,是原首以开善者也。三者虽制法各殊,其于使人远罪而迁善,其义一也。议者见损伤不许自首、谋杀已伤从绞,便谓谋杀不通原首,是未尽圣人制法之意,而于律文有所不达也。[1]

基于这种对先王立法本意的理解,他们认为,先王立下的成文法,定然无法穷尽天下之情,因此,圣人的法意是永恒的,但具体的法条是需要因时修订的,"今律所不备,别以后敕从事者甚众,何独怪论也"。

同时,他们对谋杀已伤者被堵塞了自首道路后的治安前景深感忧虑:"律所以设首免之科者,非独开改恶之路,恐犯者自知不可免死,则欲遂其恶心至于必杀。"[2]

所以,三人一致同意联署奏报神宗:"今令所因之谋,得

---

[1] 黄淮、杨士奇等编:《历代名臣奏议》卷之二百一十一。下同。
[2] 马端临:《文献通考》卷一百七十。下同。

用旧律而原免,已伤之情,复以后敕而奏决,则何为而不可也!臣等以为,宜如安石所议便。"

宋神宗遂采纳王安石的意见,于七月初三下诏:"谋杀已伤,按问欲举,自首,从谋杀减二等论。"这一诏书并不是对阿云案本身的判决,而是表明神宗支持许遵之请,尝试以敕文弥补《宋刑统》自首条文的含糊与自相矛盾之处,为司法机关今后裁决类似刑案设立明确的法律依据。

但阿云案之争并没有因此平息下来,反而愈演愈烈。七月,知谏院吴申上疏论阿云狱,要求神宗谨奉"祖宗成宪、不违朝廷众论"。[1]神宗看了章疏,笑了:"众论何可不违?刑名末事尚不违,况远大者乎?"王安石说:"先王但稽于众,非一一从也。且如谨奉成宪,不知申意欲何如谨奉?若事事因循弊法,不敢一有所改,谓之谨奉成宪,恐非是。"

此时王安石尚未进入权力中枢,著名的熙宁变法亦未开始,但神宗与王安石君臣显然已达成变法的默契,而保守的士大夫也敏感地意识到变法的风暴正在酝酿中,必须阻止它的生成——这就是阿云狱之争的背景。

第四节 郊赐之争

阿云狱议法,应该是王安石与司马光第一次在公共议题上表现出如此强烈的意见对立。王、马二人,性格相近,惺惺相惜,

---

[1] 彭百川:《太平治迹统类》卷十三。下同。

宋人称"荆公、温公不好声色、不爱官职、不殖货利皆同。……故二公平生相善"。[1]但现在，人们如果留意观察，将会发现，王、马的政见越来越显示出巨大的差异。

八月，在郊赐问题上，王安石与司马光之间，又出现了更尖锐的意见对立。

郊赐，又称"郊赉"，是宋王朝的一项惯例，指南郊大祀礼毕，皇帝要对群臣、将士进行赏赐，以示恩泽。由于受赐人员太多，郊赉是一笔十分庞大的财政开销。熙宁元年，正好是南郊大祀之年，而我们知道，治平—熙宁之际，宋朝国库已虚空，用张方平的话来说，"百年之积，惟存空簿"。

神宗即位以来，心中念兹在兹者，便是"理财"二字——需要注意的是，宋人常说的"理财"，不同于今天的个人理财，而是指国家财税政策。三月初一，他对文彦博等宰臣说："当今理财最为急务，养兵备边，府库不可不丰，大臣宜共留意节用。"[2]

为了节用，神宗在六月任命司马光与滕甫"同看详裁减国用制度"，即一起制订裁减财政开销的方案，但司马光推辞了，理由有三：其一，冗费繁多，"非愚臣一朝一夕所能裁减"；其二，"看详裁减国用制度"是三司的职责；其三，"臣所修《资治通鉴》委实文字浩大，朝夕少暇，难以更兼钱谷差遣"。[3]

七月，神宗又批准了一项裁减在京禁军的计划，但枢密使吕公弼、翰林学士司马光、谏官李常均上章表示忧虑：裁军动作太大，恐于人情未安。

考虑到眼下财政入不敷出，宰辅大臣曾公亮等人便在八月

---

[1] 邵伯温：《邵氏闻见录》卷第十一。
[2] 毕沅编：《续资治通鉴》卷第六十六。
[3] 黄以周等辑：《续资治通鉴长编拾补》卷三（上）。

初给神宗上札子,请辞郊赐:"伏见故事,南郊礼毕,陪祀官并蒙赐。方今河朔灾沴,调用繁冗,所宜自内裁节。况二府禄廪丰厚,颁赉频仍,更于此时,尚循旧式,实非臣等所安。欲望特从诚请大礼毕,两府臣僚罢赐银绢。"[1]

神宗批示:将宰臣请辞郊赉札子"送学士院取旨"。为什么要送学士院?因为皇帝对曾公亮等人之议的正式答复,照例应由翰林学士执笔。翰林学士也可以向皇帝建议如何答复。

那么要不要应允曾公亮等人之所请呢?几位翰林学士争论了几天,多数人认为,"两府所赐无多,纳之不足以富国,而于待遇大臣之礼太薄,颇为伤体"。唯司马光不以为然,八月初九,他向皇帝上了一道《乞听宰臣等辞免郊赐札子》:

> 今大臣以灾害之故辞锡赉,以佐百姓之急,义可褒也。陛下从而听之,乃所以为厚,非所以为薄也。虽然两府银绢止于二万匹两,未足以救今日之灾。又国家旧制,每遇郊礼,大赉四海,下逮行伍(**士兵**),无不沾洽,不可于公卿大夫全无赐予。臣愚以为,文臣自大两省以上(**中高层文官**),武臣及宗室自正任刺史以上(**中高层武官**),内臣自押班以上(**中高层内侍**),将来大礼毕,所赐并自减半,俟他年丰稔,自依旧制。其文武朝臣以下(**中下层文武官、士兵**),一切更不减,似为酌中。

应该说,司马光的提议还是比较务实的,郊赐减半,既可

---

[1] 黄以周等辑:《续资治通鉴长编拾补》卷三(下)。下同。

省国用、示节俭，又表达了优礼众臣之意。

八月十一日，司马光参加迩英殿经筵，神宗问他：宰臣请辞郊赐，"兹事何如？"

司马光说："臣已有奏状，臣所见止如此，更乞博访近臣，裁以圣意。"

神宗又问："谁不同？"

司马光答："独臣有此愚见，外人皆不以为然。"

神宗说："朕意亦与卿同，听其辞赏，乃所以成其美，非薄之也。然减半无益，大臣恳辞，不若尽听之。"提出不如批准宰臣请求，全部裁减郊赐。

司马光说："今郊赉下至卒伍皆有之，而公卿更无，恐于体未顺。"

神宗说："已有带、马矣。"意思是说，公卿大臣已有玉带、马鞍的赏赐。

司马光说："求尽纳者，人臣之志；赐其半者，人主之恩也。"

过了两天，八月十三日，学士院的三位翰林学士司马光、王安石、王珪入对延和殿，商议如何批复宰臣的请辞郊赉札子。王安石与司马光意见相左，针锋相对，在神宗面前展开唇枪舌剑。事后司马光在日记中记录了这场辩论，所以今天我们还能一睹两位翰林学士舌战的风采——

司马光说："方今国用不足，灾害荐臻（接连），节省冗费，当自贵近为始。宜听两府辞赏为便。"

王安石说："国家富有四海，大臣郊赉所费无几，而惜不之与，未足富国，徒伤大体。……且国用不足，非方今之急务也。"

司马光反问："国家自真庙之末，用度不足，近岁尤甚，何得言非急务也？"

王安石说："国用不足，由未得善理财之人故也。"

司马光颇不以为然："善理财之人，不过头会箕敛，以尽民财，如此则百姓困穷，流离为盗，岂国家之利邪？"

王安石说："此非善理财者也。善理财者，民不加赋而国用饶。"

司马光说："此乃桑弘羊欺汉武帝之言，司马迁书之以讥武帝之不明耳。天地所生货财百物，止有此数，不在民间，则在公家。桑弘羊能致国用之饶，不取于民，将焉取之？果如所言，武帝末年安得群盗蜂起，遣绣衣使者追捕之乎？非民疲极而为盗贼邪？此言岂可据以为实？"

司马光讲到这里，王安石究竟怎么反驳，我们不得而知，因为司马光的日记并没有记录。司马光不相信"民不加赋而国用饶"，因为他认为天地所生财富是一个固定数额，官府所占的份额多了，民间所占的份额自然便少了。就好比两个人分蛋糕，蛋糕就这么大，分给你的多了，那我能分到的就少了。

但现代国家的理财经验告诉我们："民不加赋而国用饶"是完全可以做到的，比如通过扩大生产，做大蛋糕；比如通过加速商品与货币流通，亦可同时增加政府与民间的效用。问题是，生活在一千年前的王安石懂得现代国家的理财经验吗？

其实早在仁宗朝的皇祐三年，王安石在致友人马遵的书信中便提到一个"民不加赋而国用饶"的理财方案，恰恰可以用来回应司马光的诘难：

> 方今之所以穷空，不独费出之无节，又失所以生财之道故也。富其家者资之国，富其国者资之天下，

> 欲富天下，则资之天地。盖为家者，不为其子生财，有父之严而子富焉，则何求而不得？今阖门而与其子市，而门之外莫入焉，虽尽得子之财，犹不富也。盖近世之言利虽善矣，皆有国者资天下之术耳，直相市于门之内而已。此其所以困欤！[1]

所谓"欲富天下，则资之天地"，换成现在的话来说，就是发展生产力，向大自然索要财富，从而扩大社会的整体财富规模。司马光所说的"天地所生货财百物，止有此数，不在民间，则在公家"，在王安石看来，显然属于"阖门而与其子市，而门之外莫入"的问题，父亲与儿子闭门交易，财货自然要么在父亲手里，要么在儿子手里，不会有任何增量。但是，如果打开大门，父子一块与外人做生意呢？

今天，我们回头看王安石的理财观念，会同意历史学者黄仁宇先生的一个论断："王安石能在今日引起中外学者的兴趣，端在他的经济思想和我们的眼光接近。他的所谓'新法'，要不外将财政税收大规模的商业化。他与司马光争论时，提出'不加赋而国用足'的理论，其方针乃是先用官僚资本刺激商品的生产与流通。如果经济的额量扩大，则税率不变，国库的总收入仍可以增加。这也是刻下现代国家理财者所共信的原则。"[2]

我们完全可以想象，一千年前，在东京皇城的延和殿内，神宗听着王安石与司马光的辩论，想必有一种豁然开朗的感觉：在此之前，神宗虽然已深切体会到财政窘迫的滋味，但他解决

---

[1] 王安石：《临川先生文集》卷第七十五《与马运判书》。
[2] 黄仁宇：《赫逊河畔谈中国历史·王安石变法》，生活·读书·新知三联书店，1992年。

财政困顿的思路一直是"节流"。即便是"节流",也极不容易,司马光告诉他,削减冗费是一个长期的过程,须"磨以岁月,庶几有效",而非"一朝一夕所能裁减"。[1]

也许神宗也想过"开源",可是"开源"意味着要增加民众的税赋负担,这是神宗不愿意看到的。而现在,王安石向他提供了一个全新的理财思路:不必汲汲于"节流",也不用担心"开源"会导致民间不堪重负的问题,因为完全可以做到"民不加赋而国用饶"。

那一天,王安石与司马光在延和殿争论了大半天,互不相让,谁也无法说服谁。神宗问王珪的意见,王珪圆滑地说:"司马光言省费自贵近始,光言是也;王安石言所费不多,恐伤国体,安石言亦是也,惟陛下裁之。"[2]

神宗说:"朕亦与司马光同,今且以不允答之可也。"意思是说,他个人赞同司马光的意见,不过,如何以君主身份答复宰臣的请辞郊赐札子,则采纳王安石的主张。神宗的态度值得玩味,他赞成的显然是王安石之议,但口头上却表示认同司马光的意见,从中可看出神宗十分注意顾全司马光的尊严与面子。

宋朝的学士院采取轮值制,当日值班的翰林学士正是王安石,于是王安石执笔,替神宗拟好《赐宰相曾公亮已下辞南郊赐赉不允诏》:

> 朕初嗣服,于祖宗之制,未有所改也。卿等选于黎献(黎民中的贤者),位冠百工,或受或辞,人

---

1 脱脱等:《宋史》卷一百七十九。
2 黄以周等辑:《续资治通鉴长编拾补》卷三(下)。下同。

用观政。朝廷予夺，所以驭臣。贵贱有差，势如堂陛。惟先王之制国用，视时民数之多寡。方今生齿既蕃，而赋入又为不少，理财之义，殆有可思。此之不图，而姑务自损，祇伤国体，未协朕心。方与勋贤虑其大者，区区一赐，何足以言。[1]

曾公亮等人遂不复辞赏，神宗也不再担心国库会被掏空。十一月南郊大祀，朝廷用于赏赐的支出为九百余万贯，比治平年间的郊赐还多了二百万贯。[2]

八月十三日延和殿那场论辩，王安石的理财思路深深吸引了神宗皇帝。次日，即八月十四日，又是经筵日，王安石讲毕，神宗将他留下来讨论政务，直至黄昏，王安石才告退。八月廿三日，经筵官再侍讲于迩英殿，神宗又独留王安石并赐座。

时人清楚地看到，此时王安石成了宋神宗最倚重的机要秘书与政治顾问。执政大臣每次进呈决策参考，请神宗定夺，神宗总是先咨询王安石，王安石若说可行，便批准；若说不可行，则否决。有一次，参知政事唐介送入一份人事任免报告，神宗迟迟未决，唐介便来催促，神宗说："朕问王安石以为然，可即施行。"[3]

唐介很不高兴，说道："陛下比择大臣付以天下之事，此中书小小迁除，陛下尚未以信，虽广询博访，亦宜谨密。今明白如此，使中书政事决可否于翰林学士。臣近每闻陛下宣谕某某事问安石，以为可即施行，某某事以为不可未得施行，如此

---

1 王安石：《临川先生文集》卷第四十七《赐宰相曾公亮已下辞南郊赐赉不允诏》。
2 具体参见吕中《宋大事记讲义》卷十五。
3 黄以周等辑：《续资治通鉴长编拾补》卷四。下同。

则执政何所用？必以臣为不才，当先罢免。此语传之天下，恐非信任体也。"

神宗对老臣素来尊敬，见唐介出言抱怨，唯有好言宽慰。但在他的内心，肯定觉得王安石更值得信赖。

第五节 拓边蓝图

熙宁元年，河北天灾频仍，倒是西陲边关迎来短暂的平静期——西夏国主赵谅祚在治平四年十二月突然病逝，享年二十二。之后，其子赵秉常继位，秉常年幼，由母后梁太后临朝听政、国相梁乙埋总揽朝政。由于发生了这个大变故，西夏无暇进攻宋朝、争夺绥州城，宋夏边境暂时恢复和平。

按宋夏关系，西夏为宋王朝之藩国，西夏国主去世，要遣使向宋朝告哀；新国主继位，亦需经宋朝皇帝册封。三月初八，赵秉常派遣的告哀使薛宗道等十三人抵达宋朝京师。当时韩琦还在陕西主持军政，西夏人一入境，韩琦便快马驰报朝廷："自西夏诱杀杨定以来，与朝廷相绝，今遽遣使来告，即见其国内饥丧，乘此危迫，故急来赴诉。此时若不直以彼国前违犯誓诏之事，先行诘责，及令缚送害定等人李崇贵等归朝廷，以雪数家之冤，以正国体，……即恐一失机会，转难控制。"[1]

杨定被诱杀之后，宣抚陕西兼判延州郭逵密遣细作侦查，已经探知杀害杨定等人的西夏官员乃是六宅使李崇贵、韩道喜。

---

[1] 黄以周等辑：《续资治通鉴长编拾补》卷三（上）。下同。

细作还打听到一个消息："夏人将斩杀定之人于境以谢罪。"郭逵并不相信西夏会这么做，说："此特斩囚以绐我。"于是移牒西夏宥州："必执李崇贵等来。"宥州方面回复："杀之矣。"郭逵拆穿他们的谎言："崇贵等见存职任状貌如此，何可欺也？"西夏这才以实相告，承认之前斩的是替死鬼。

现在西夏遣使赴阙告哀，神宗便命河北转运使韩缜、陕西经略司勾当公事刘航在京师的都亭驿接待夏使，并诘问他们："夏国自嘉祐以来，于麟州界上掩杀郭恩（嘉祐二年，管勾麟府军马郭恩迎战西夏兵，战死），及于泾原侵掠固家堡子，后又于大顺城作过，有违誓表，如此非一，以至先帝上仙不时来祭，今上登极，亦不入贺。然朝廷曲示含容，尚存事体，而夏国终不省过，又于去年十一月中于宁顺寨界上诱引杀害知保安军杨定等三人。如此不道，今来朝廷未必便行封册之礼，须与夏国重别商议再具誓表，信纳叮咛，务存久远，方可商议别行封册。"

西夏告哀使薛宗道回答："李崇贵等见已禁锢，俟朝旨至，即拘送。"又表达了"夏国子母悔过，惟命是听"之意。

神宗闻讯，大喜，指示韩缜给薛宗道传话："今为夏国画长策，度彼亲贵任事首领亦必止三五人，欲并朝廷除官。仍于岁赐内割五万数定充所除俸给，所贵同心助国，效顺中国。"

薛宗道则要求宋朝归还绥州城，并提出：若宋朝归还绥州，西夏愿意送纳安远、塞门二寨，以二寨交换绥州城。韩缜答应了。

薛宗道遂回西夏复命，但秉常拒绝接受宋王朝分封亲贵任事首领的提议，因为那些酋豪（部落首领）一旦接受宋朝的封官与俸禄，将可能不再效忠于西夏国主，转而听命于宋王朝，这是赵秉常以及实际秉持国政的梁太后、梁乙埋所不能接受的。所以，西夏另派使者都罗重进到宋朝传话："主上方以孝治天下，而反教夏国之人叛其君，何哉？"[1]

作为西夏的谈判代表，都罗重进三度往返于宋夏，最后终于与宋朝达成谅解备忘录：宋朝"罢分赐酋豪之议，止令归纳二寨，还以绥州"；西夏则同意重奉誓表，接受宋王朝册封国主，并遣送杀死杨定的凶手。

五月，郭逵从陕西发来报告："夏国遣人奉誓表，送杀杨定人伪六宅使李崇贵、韩道喜及所虏去定子仲通，已至界道。"[2] 神宗诏："遣使二人监管崇贵等，乘驿赴阙。"

朝廷在审讯李崇贵等人时，却意外问出杨定的一个秘密：杨定生前居然勾结西夏国主赵谅祚，答应替西夏招纳沿边熟户；谅祚则以宝剑、宝鉴、金银等物赠送杨定。后来种谔取绥州，谅祚以为被杨定出卖了，这才诱杀了杨定等人。得悉这一隐秘之后，宋朝从轻处理了诛杀杨定的西夏人：免处死刑，李崇贵刺配洪州，韩道喜编管庐州。

十二月，神宗赐西夏国主赵秉常诏书，提出可以归还绥州城："今又奉表及已禀从圣旨，归纳塞门、安远二寨，仍乞别进誓文，永遵臣礼。详览来情，朕甚嘉之。候誓表到日，即遣使封册，并以绥州给还，所有岁赐，自封册后，并依旧例。"[3]

次年（熙宁二年）二月，神宗派刘航带着封册至西夏，正式册命赵秉常为夏国主，作为宋王朝的藩辅。三月，秉常既受封册，即遣使来交纳塞门、安远二寨，以换回绥州城。郭逵令宣抚司主管机宜文字官赵卨与西夏使者交接。

此时，枢密院也给郭逵发来指挥：召回绥州城守卒，搬走

---

1 黄以周等辑：《续资治通鉴长编拾补》卷三（下）。下同。
2 黄以周等辑：《续资治通鉴长编拾补》卷三（上）。下同。
3 黄以周等辑：《续资治通鉴长编拾补》卷三（下）。

刍粮,"不尽者焚之"。[1]但郭逵认为西夏人可能会欺绐,等接管了安远、塞门之后,再归还绥州城也不晚,便将枢密院的命令藏起来,秘而不宣,也不执行。

宋夏双方在交接时,果然出现了问题。西夏提出二寨与绥州同日交换,赵卨多留了个心眼,要求西夏先交二寨地界,然后宋朝归还绥州。西夏人说:"二寨,寨基是也,何地之界有?"赵卨说:"若不得地界,但将此二墙墟安用之?"由于存在严重分歧,双方遂中止城寨的交接。

郭逵将交接过程出现的状况驰报朝廷。神宗接报,大怒,问枢密院:"不知绥州今存否?"文彦博极为惶恐,赶紧给陕西发去命令:"某月日指挥不得行。"郭逵又回奏称:"绥州具存。"并自劾藏匿枢密院指挥之罪。神宗当然没有怪罪,而是下诏褒奖了郭逵:"渊谋秘略,悉中事机。有臣如此,朕无西顾之忧矣!"

十月,宋政府改绥州为"绥德城",等于宣告正式将绥州纳入自己的版图。宋夏之前达成的以二寨换绥州的约定,宋朝自然不再承认。

宋夏之间的和平变得更加脆弱。熙宁三年(1070)夏、秋,西夏又几度出兵攻宋,欲夺绥州未果;元丰四年(1081)冬,宋朝收复塞门寨。这是后话,且按下不表。

熙宁元年,西陲尚算平静。神宗虽有意经略西北,却苦无蓝图。这个时候,一个天才式的人物出现了——此人叫王韶,他是嘉祐二年进士,是苏轼、苏辙兄弟的同年,后因试制科不中,客游陕西,访采边事。熙宁元年冬,王韶"知天子智勇,有志

---

[1] 黄以周等辑:《续资治通鉴长编拾补》卷五。下同。

于天下",[1]乃赴阙,上《平戎策》三道,向神宗提出经略西北的路线图,其略云:

> 国家欲平西贼,莫若先以威令制服河湟;欲服河湟,莫若先以恩信招抚沿边诸族。盖招抚沿边诸族,所以威服唃氏也;威服唃氏,所以胁制河西也。陛下诚能择通才明敏之士、周知其情者,令往来出入于其间,推忠信以抚之,使其倾心向慕,欢然有归附之意,但能得大族首领五七人,则其余小种,皆可驱迫而用之。诸种既失,唃氏敢不归?唃氏归,即河西李氏在吾股掌中矣。急之可以荡覆其巢穴,缓之可以胁制其心腹,是所以见形于彼而收功在此矣。[2]

王韶经营西北的战略,简单地说,便是先取西夏南边的河湟地区(今青海东部、甘肃西部),再图西夏。河湟地区势力最大的唃厮啰政权,一直是宋王朝的盟友,宋朝封其首领唃厮啰为河西节度使。唃厮啰育有三个儿子:长子瞎毡、次子磨毡角、幼子董毡。董毡最受宠爱;瞎毡、磨毡角则相继出走,各自接受宋朝的授官,并抚有自己的部落。治平二年,唃厮啰去世,董毡继承衣钵,成为新一任青唐王,但他威望远不及乃父,只是青唐吐蕃名义上的共主。此时瞎毡、磨毡角虽已去世,但瞎毡之子木征割据了河州(今甘肃临夏),不归董毡节制;木征之弟董裕也据有自己的部落与地盘;还有其他一些部落也各

---

1 王称:《东都事略》卷第八十二。
2 毕沅编:《续资治通鉴》卷第六十六。

自为政。河湟地区处于群龙无首的分裂状态与微妙时刻，若西夏得河湟，则宋朝将面临大军压境；若宋朝得河湟，则西夏腹背受敌。所以王韶才说：眼下河湟为"诸羌瓜分，莫相统一"，正是"并合而兼抚"的时间窗口。[1]

神宗看了王韶的《平戎策》，十分惊喜，立即召见王韶，细问方略。王安石也看到了《平戎策》，击节叫好，称之为"奇策"。十二月，神宗任命王韶为管勾秦凤路经略司机宜文字，负责擘画经营河湟。同月，种谔复职。

正如横山地区被宋人比喻为西夏左臂，王韶也将河湟地区称为夏人之右臂。占领横山，便可切断西夏左臂；收复河湟，又可切断西夏右臂；而后左右夹击，取西夏便如探囊取物。后来宋人将这一战略概括为"渐夺其横山之地，又旁取熙、河、湟、鄯以制之"。[2]

事实证明，这个御夏战略是高瞻远瞩的，数十年后，宋徽宗崇宁三年（1104），宋军挺进青唐城（今青海西宁）；宣和元年（1119），王师克复横山。徽宗命大臣撰《定功继伐碑》文，称宋师"平青唐、吐蕃，全国建州四、军一、关一、城六、寨十、堡十二；收复夏国地数千里，筑军一、城七、寨五、堡垒二十四"。[3] 如果不是因为当时宋王朝与金国密谋联合灭辽之策，将战略重心转移至北方，征服西夏是指日可待的。

从种谔谋取横山，到王韶议复河湟，一幅经略西北、征服西夏的蓝图，在宋神宗与王安石的眼前徐徐展开，越来越清晰。

---

1 脱脱等：《宋史》卷三百二十八。
2 李心传：《建炎以来朝野杂记》乙集卷十九。
3 黄以周等辑：《续资治通鉴长编拾补》卷四十。

第三章 国柄今归王安石

熙宁二年(1069)

第三章 国柄今归王安石

第一节 阿云案再起争端

治平四年元旦,天有大风霾,英宗病重,内外人心惶惶;熙宁元年元旦,日食,神宗诚惶诚恐,避正殿,减常膳,停罢大朝会;熙宁二年元旦,总算天下无事,神宗可以过一个比较舒心的春节了。王安石也有些意气风发,写下一首小诗:

元日
爆竹声中一岁除,东风送暖入屠苏。
千门万户曈曈日,总把新桃换旧符。[1]

"千门万户曈曈日,总把新桃换旧符"描述的是宋人过年的习俗,又何尝不是表达了诗人对于新政的期待?

此时,新政正在酝酿中。

正月,元老级大臣富弼还朝,王安石替神宗起草了赐茶药

---

[1] 王安石:《临川先生文集》卷第二十七《元日》。

的慰问诏书。二月初二,神宗拜富弼为司空兼侍中、昭文馆大学士,并让中使转达皇帝的诚意:"卿今兹无得更辞,当力疾入辅为宗社计。"[1]宋时,司空位列"三公",是莫大的荣衔,从不轻易授人;侍中,也是位高望重的官职,极少除授;昭文馆大学士则例由首相兼领,也就是说,神宗给了富弼最尊贵的荣衔,请他担任首相。

我们应该记得,自治平四年韩琦罢相后,神宗一直没有另拜首相,表示虚位以待韩琦归来。转眼一年多过去了,韩琦已移判大名府,镇守河北,一时间不会回朝,首相不可以一直虚置,况且,变法在即,国家之舟即将驶入未知水域,朝廷需要一位有威望的老臣坐镇,以安定人心。而最有资格担此重任的,除了韩琦,大约就是富弼了。

不过,富弼坚辞不受,不敢领受"司空兼侍中"这么尊贵的荣衔,最后才答应以"左仆射兼门下侍郎、平章事"之衔出任宰相。

因患有足疾,富弼虽受命,却尚未陛见,亦未赴中书上任。这个时候,他听说有人在神宗面前声称"灾异皆天数,非人事所致",不由深感忧虑,叹息说:"人君所畏惟天,若不畏天,何事不可为者!去乱亡无几矣,此必奸臣欲进邪说,故先导上以无所畏,使谏诤之臣无复施。"随即上书,告诫神宗:"在人之一身,则曰作善降之百祥,作不善降之百殃;在一家,则曰积善之家必有余庆,积不善之家必有余殃。一身一家至小也,余庆余殃,尚因人之善恶而致,宁有国家天下之灾祥而反归之于天数,而无事而致,……陛下万一或时而信,则救灾恤患,

---

[1] 黄以周等辑:《续资治通鉴长编拾补》卷四。下同。

答谢天谴之意,有时而怠,亏损陛下之德,不为生灵之福,无甚于此。"

我们无法确定那个向皇帝宣扬"灾异皆天数,非人事所致"理论的人是谁,也许正是王安石。

富弼拜相次日,二月初三,王安石亦被神宗任命为参知政事。对许多人来说,王安石执政,是"靴子落地",亦是众望所归,"当时天下之论,以金陵不作执政为屈"。[1]与王安石意见相左的司马光亦承认,"介甫独负天下大名三十余年,才高而学富,难进而易退,远近之士,识与不识,咸谓介甫不起而已,起则太平可立致,生民咸被其泽矣"。[2]次相曾公亮也向神宗推荐王安石。

但对另一部分人来说,他们可不乐意看到王安石进入权力中枢。参知政事赵抃、唐介都反对擢用王安石,唐介的态度尤其强烈,坚称"安石恐难(当)大任"。[3]

神宗问他:"卿谓文学为不可任耶?经术不可任耶?吏事不可任耶?"

唐介回答:"非谓此也。安石好学而泥古,议论迂阔,若使为政,恐多所变更,必扰天下。"回到中书,唐介又对曾公亮说:"今日安石之言果用,天下困扰,诸公当自知之耳!"

神宗也曾向侍讲孙固征求意见:"王安石可相否?"[4]孙固说:"安石文行甚高,处侍从献纳之职,可矣。宰相自有其度,安石狷狭少容。必欲求贤相,吕公著、司马光、韩维其人也。"

---

1 徐自明:《宋宰辅编年录校补》卷之七。
2 司马光:《传家集》卷六十《与王介甫书》。
3 黄以周等辑:《续资治通鉴长编拾补》卷四。下同。
4 脱脱等:《宋史》卷三百四十一。下同。

神宗问了他四次,每次孙固都这么回答。

但此时神宗已决意要让王安石执政。在正式发布任命状前夕,神宗与王安石有过一次谈话。

时值王安石入对,纵论天下事,神宗说:"此非卿不能为朕推行,朕须以政事烦卿,料卿学问如此,亦欲设施,必不固辞也。"[1]

王安石说:"臣所以来事陛下,固愿助陛下有所为。然天下风俗法度,一切颓坏,在廷少善人君子,庸人则安常习故而无所知,奸人则恶直丑正而有所忌。有所忌者倡之于前,而无所知者和之于后,虽有昭然独见,恐未及效功,而为异论所胜。陛下诚欲用臣,恐不宜遽谓,宜先讲学,使于臣所学本末不疑,然后用,庶几能粗有所成。"

神宗说:"朕知卿久,非适今日也。人皆不能知卿,以为卿但知经术,不可以经世务。"

王安石说:"经术者,所以经世务也,果不足以经世务,则经术何赖焉!"

神宗又说:"朕仰慕卿道德,甚至有以助朕,勿惜言。不知卿所设施,以何为先?"

王安石说:"变风俗,立法度,方今所急也。凡欲美风俗,在长君子、消小人,以礼义廉耻由君子出故也。《易》以泰者通而治也,否者闭而乱也。闭而乱者以小人道长,通而治者以小人道消。小人道消,则礼义廉耻之俗成,而中人以下变为君子者多矣;礼义廉耻之俗坏,则中人以下变为小人者多矣。"

神宗深以为然,不久后便拜王安石为参知政事。

---

[1] 黄以周等辑:《续资治通鉴长编拾补》卷四。下同。

神宗原来打算先听王安石讲学，从容除拜，后来急着擢王安石入权力中枢，另有原因。在王安石就任参知政事后，神宗对他说了实情："富弼、曾公亮与卿协力，弼闻卿肯任事，亦大喜，然须勿为嫌疑。朕亦欲从容除拜，觉近日人情于卿极有欲造事倾摇者，故急欲卿就职。朕尝以吕诲为忠直，近亦毁卿；赵抃、唐介皆以言捍塞卿进用。朕问曾公亮，亦云：'诚有此。'卿且与朕力变此风。"

神宗所说的"近日人情于卿极有欲造事倾摇者"，究竟是指什么事呢？当指阿云案之争中司法官、台谏官对王安石的攻讦。

我们知道，去年七月，经过两次"两制议法"，神宗采纳了王安石之议，发布了一条新的敕文，作为司法机关今后裁决类似刑案的法律依据："谋杀已伤，按问欲举，自首，从谋杀减二等论。"然而，敕文未能平息纷争，反而引发更大的争端。知审刑院齐恢、审刑院详议官王师元、大理少卿蔡冠卿、大理寺详断官韩晋卿等司法官员，都认为吕公著、王安石议法不当，新任御史中丞吕诲与诸御史也纷纷上书，论谋杀已伤之罪不适用自首减刑之法。

神宗便安排王安石与审刑院、大理寺的司法官合议。这是阿云案的第三次议法，由于文献记载的缺失，我们不知道这次合议、论辩的具体过程，但有一点可以确定：王安石未能说服司法官，经"反覆论难"，众法官"益坚其说"。[1] 记录阿云案之争的宋人声称"安石本不晓法而好议法"，这一说法很可能便

---

1 马端临：《文献通考》卷一百七十。

来自熙宁初年司法官对王安石的评价。[1]

辩论到最后,司法官顺着王安石的逻辑,出乎人意料地提了一个主张:如果杀人已伤,允许自首减刑,就像阿云那样,那么,根据同样的理由,谋杀已死也应给予自首减刑的待遇。王安石一时无法反驳,只能附和其说。[2]

此时,舆论对王安石已颇为不利,出现了针对他的"造事倾摇者",倾摇什么?显然是倾摇王安石进入中书的可能性。而倾摇之人,很可能就是吕诲、唐介、赵抃,否则神宗也不会跟王安石说"朕尝以吕诲为忠直,近亦毁卿;赵抃、唐介皆以言捍塞卿进用"。王安石对此应该也是心中有数的,所以他在《除参知政事谢表》中赞美神宗"公听并观,故谗慝不能肆志",这里的"谗慝"当暗指吕诲等人。[3] 为了保护王安石,神宗只好提前于二月初三任命王安石为参知政事,以免夜长梦多。[4]

同一日,神宗下诏:"自今谋杀人已死自首,及按问欲举,并奏取敕裁。"[5] 即依齐恢等司法官之议,将自首可获减刑的适用范围从"谋杀已伤"扩大到"谋杀已死"。这一日为庚子日,因而这份诏敕被称为"庚子诏书"。

神宗希望通过对司法官的妥协,结束这场旷日持久的司法论争。然而,由于司法官并非真心赞成"谋杀已死,自首减刑",所以庚子诏书颁发下来后立即被刑部抵制,侍御史知杂事兼判刑部刘述、同判刑部丁讽以"庚子诏书未尽"为由,将诏书奉

---

1 黄以周等辑:《续资治通鉴长编拾补》卷三(上)。
2 据韩维《论谋杀人已死刑名当再议札子》推测,具体参见苏基朗《神宗朝阿云案辨正》。
3 王安石:《临川先生文集》卷第五十七《除参知政事谢表》。
4 具体可参见陈立军《论北宋阿云案的流变及影响》,《历史教学》2017年第18期。
5 马端临:《文献通考》卷一百七十。下同。

还中书，拒不执行。"未尽"的意思，大约是说庚子诏书的立法意旨不明，考虑不够周全。

在第二次议法中支持王安石的翰林学士韩维，也对扩大自首减刑的适用范围表示忧虑："安石、遵前议谋杀人未死许（自）首，犹曲宥其自新，意义甚美。臣与吕公著等论之详矣。今遂通（自）首法于杀人已死之后，臣于此不能无疑也。伏望圣慈更下王安石、许遵，使极陈谋杀人已死所以得首之理，更择明审烛理之人，研极论难，以求一是，然后以制旨裁定。"[1]

依宋朝立法惯例，作为一项国家法令的敕命，需要经过充分的讨论，达成重叠共识，才可以用君主的名义颁行天下，就如韩维所说，"研极论难，以求一是，然后以制旨裁定"。于是阿云案进入第四次议法程序，参与者是中书的执政官。

当时中书一共有五位执政官：首相富弼，但他尚未赴任，没有参加议法；参加议法的是次相曾公亮，参知政事赵抃、唐介、王安石。在这次议法中，曾公亮倾向于支持王安石，赵抃与唐介则结成反对王安石的同盟。

王安石提出可以收回庚子诏书："律意，因犯杀伤而自首，得免所因之罪，仍从故杀伤法；若已杀，从故杀法，则为首者必死，不须奏裁；为从者，自有《编敕》奏裁之文，不须复立新制。"[2]

唐介却企图将去年七月颁布的诏书一并废止："此法天下皆以为不可首，独曾公亮、王安石以为可首。"[3] 王安石毫不客气

第三章　国柄今归王安石

---

[1] 韩维：《南阳集》卷二十六《论谋杀人已死刑名当再议札子》。
[2] 马端临：《文献通考》卷一百七十。
[3] 黄以周等辑：《续资治通鉴长编拾补》卷四。下同。唐介欲废熙宁元年七月的诏书，参见苏基朗文章《神宗朝阿云案辨正》。

地回了一句："以为不可首者，皆朋党耳。"暗示唐介与赵抃朋比结党。

这场论辩的结果是，王安石胜出，意见获神宗采纳。二月十七日，神宗再次下诏："自今谋杀人自首及按欲举，并以去年七月诏书从事。其谋杀人已死，为从者虽当首减，依《嘉祐敕》：凶恶之人，情理巨蠹及误（谋）杀人伤与不伤，奏裁。收还庚子诏书。"[1] 因二月十七日为甲寅日，这一诏书又被称为"甲寅诏书"。

甲寅诏书能让阿云案激起的刑名之争平息下来吗？

不能。因为反对王安石、许遵的那一派士大夫，目的是维护《宋刑统》对谋杀罪的严厉处罚，废除熙宁元年七月发布的诏书，即"谋杀已伤，按问欲举，自首，从谋杀减二等论"。所以，当中书将甲寅诏书发至刑部时，又被判刑部刘述驳回。按宋朝立法机制，甲寅诏书作为刑部的一司敕（又叫"一司条法"，是宋代朝廷内外各司的衙门条例），例由中书直接付刑部、御史台、大理寺、审刑院施行，但刘述坚称甲寅诏书是诸州敕，应该颁行于全国诸州，中书的做法属于"程序不当"。刘述又以此为由，不奉诏书，要求由中书、枢密院合议阿云案。御史中丞吕诲和御史刘琦、钱𫖮等人也向神宗上书，请皇帝采纳刘述之议，将阿云案交中书、枢密院合议。

中书、枢密院合议，是宋朝最高层次的议法，称"两府议法"，经两府合议达成的结论，基本上可以确立为国家法律。神宗一开始并不同意再议阿云案："律文甚明，不须合议"——这案子折腾了这么长时间，还有完没完？但宰相曾公亮认为，国家

---

[1] 马端临：《文献通考》卷一百七十。下同。

议法,应当"博尽同异、厌塞言者",还是再议一次吧。神宗只好同意将阿云案交枢密院与中书合议。这是阿云案的第五次议法。

需要说明的是,阿云案的历次议法,都不是对阿云个人的重新审判,阿云已经由神宗特赦免死,这是终审结果,不会被推翻。众人要论辩的议题是阿云案衍生的法律问题,即"谋杀已伤"的罪行适不适用"自首减刑"。

熙宁二年春的枢密院有四位长官:枢密使文彦博、吕公弼,知枢密院事陈升之,枢密副使韩绛(韩维之兄)。议法时,文彦博与吕公弼均反对王安石的主张,认为"杀伤于律不可首。请自今已后,杀伤依律,其从而加功自首,即奏裁",即谋杀已伤的主犯不适用自首减刑,从犯自首是否可减刑,须奏裁。陈升之、韩绛的看法则与王安石略同。

阿云案的第五次议法会议出一个什么结果呢?能做到"博尽同异、厌塞言者"吗?我们稍后再述。

第二节 王安石参知政事

在阿云案第四次、第五次议法时,王安石也开始了参知政事的执政生涯。

接到神宗拜命之初,王安石曾两度推辞,在《辞免参知政事表》上,王安石说:"皇帝陛下绍膺皇统,俯记孤忠,付之方面之权,还之禁林之地,固已人言之可畏,岂云国论之敢知？"[1] 接受任命后，王安石又在《除参知政事谢表》中说："伏惟皇帝陛下含独见之明，践久安之运，甫终谅暗，将大施为。宜得伟人，与图庶政。"[2] 这两处文字透露了一个信息：除拜之前，神宗曾与多位大臣商议"国论"，最终，他选择以王安石的施政主张为"国是"，并亲擢王安石执政，辅弼皇帝"大施为"。

王安石也不负皇帝所托，走马上任当月（熙宁二年二月），便建议神宗创立一个新的机构——制置三司条例司（下面简称"条例司"），由知枢密院事陈升之与他本人同制置司事。按北宋前期体制，三司掌管财政，中书不预，王安石设条例司，可以以"制置三司条例"的名义"取索三司应干条例文字看详，具合行事件闻奏"，即获得了调阅三司文件、调度三司工作、制订与财政相关制度的权力。[3] 这么做的初衷，自然是为方便"讲求理财之术"。

理财，正是宋王朝当务之急、宋神宗念念不忘者，也是王安石变法计划中最重要的一环，所以，在王安石上任伊始、新法尚未出台之际，先设立一个凌驾于三司之上、直属于两府的"财政工作委员会"。

随后，王安石又举荐吕惠卿为条例司检详文字官，相当于这个"财政工作委员会"的秘书长，主持日常工作。王安石对吕惠卿十分赏识，他对神宗说："惠卿之贤，岂特今人，虽前世儒者未易比也。学先王之道而能用者，独惠卿而已。"[4] 将吕惠卿调入条例司后，王安石事无大小，都找吕惠卿商议，条例司

---

1 王安石：《临川先生文集》卷第五十七《辞免参知政事表》。
2 王安石：《临川先生文集》卷第五十七《除参知政事谢表》。
3 黄以周等辑：《续资治通鉴长编拾补》卷四。
4 脱脱等：《宋史》卷四百七十一。

报告神宗的建请奏章，往往都由吕氏执笔。当然，吕惠卿对王安石也非常尊敬，侍之如师长。因而二人关系亲密，时人称王安石如孔子、吕惠卿如颜子。

为什么王安石如此器重吕惠卿？一个重要的原因是，熙宁初年，熟悉理财之术的人才太难得了。王安石与神宗讨论"修天下开阖敛散之法"，神宗感叹说："诚如此。今但知有此理者已少，况欲推行。"[1] 王安石也说："人才难得亦难知。"

王安石用人，十分重视其才干。许多年后，哲宗皇帝与宰臣曾布讨论王安石之为人，曾布给了一个公允的评价：王安石"孳孳于国事，寝食不忘，士人有一善可称，不问疏远、识与不识，即日召用。诚近世所无也"。[2]

王安石确实是这么用人的。《续资治通鉴长编》引宋人笔记说："熙宁间，凡言水利，或理财，或更改利害者，或胥、或商、或农、或隶、或以罪废者，使乘驿赴阙，或召至中书，或赴司农（熙宁三年条例司撤销，新的理财主持机关改为司农寺）。"[3] 可谓求才若渴、唯才是举。

王安石有个名叫刘恕的故交，是一位饱学之士。王安石打算推荐他担任条例司检详文字官，谁知刘恕却以"不习金谷之事"为由推辞了，还对王安石说："天子方嘱公以政事，宜恢张尧舜之道，以佐明主，不应以财利为先。"[4] 王安石也没生气，一哂而已，但刘恕后来又跑来教训他：知道为什么那么多人对你有意见吗？因为你变更祖宗法度了，"所更法令不合众心者，

---

[1] 黄以周等辑：《续资治通鉴长编拾补》卷四。下同。
[2] 曾布：《曾公遗录》卷八。
[3] 李焘：《续资治通鉴长编》卷二百四十引林希《野史》。
[4] 司马光：《传家集》卷六十八《刘道原十国纪年序》。下同。

宜复其旧，则议论自息"。王安石这才气得与他绝交。

刘恕的见解显然与司马光更为接近，所以，当司马光领衔编修《资治通鉴》，引荐刘恕加入修书局时，刘恕义无反顾地加入了，并承担了最繁重的编撰工作。

王安石还欲引荐名门之后陈知俭进入条例司，但陈知俭也拒绝了。这些士大夫服膺"言义不言利"的正统思想，与刘恕一样，不同意朝廷"以财利为先"。

这个时候，苏轼、苏辙兄弟丁忧服除——治平三年，苏洵卒于京师，苏家兄弟扶丧归眉州故里，守制三年——于熙宁二年正月入京候阙。三月初，苏辙上札子论理财："臣所谓丰财者，非求财而益之也，去事之所以害财者而已矣。夫使事之害财者未去，虽求财而益之，财愈不足；使事之害财者尽去，虽不求丰财，然而求财之不丰，亦不得也。……事之害财者三：一曰冗吏，二曰冗兵，三曰冗费。"[1]

神宗读了札子，对苏辙颇为欣赏，批付中书："详观疏意，如辙潜心当今之务，颇得其要，郁于下僚，无所申布，诚亦可惜。"于是中书任命苏辙为条例司检详文字官，与吕惠卿一起主持条例司日常工作。

条例司事务十分繁忙，苏轼曾在一封致家人的信函中提及苏辙的工作："轼二月中授官告院，颇甚优闲，便于懒拙。却是子由在制置司，颇似重难。主上求治至切，患财利之法弊坏，故创此司。诸事措置虽王（安石）、陈（升之）二公，然检详官不可不协力讲求也。常晨出暮归，颇羡敝局之清简。"[2] 当时苏

---

1 黄以周等辑：《续资治通鉴长编拾补》卷四。下同。
2 孔凡礼：《三苏年谱》卷十九，北京古籍出版社，2004年。

轼在官告院上班，无所事事，颇为清闲。

那么条例司平日里究竟在忙些什么事呢？

三月十一日，神宗再次想到衙前之役损害农民利益，便吩咐条例司"讲求利害立法"。[1]我们应该记得，治平四年七月，神宗曾下诏要求中外臣僚"条陈差役利害以闻"，并任命赵抃、陈荐"同详定中外臣庶所言差役利害"，但一年半过去了，还未议出一个结果来，神宗于是让条例司接手相关工作。

三月十八日，陈升之、王安石上奏："除弊兴利，非合众智，则不能尽天下之理。乞诏三司判官、诸路监司及内外官有知财用利害者，详具事状闻奏，诸色人听于本司陈述。"

神宗依奏，下诏向晓理财之人求言："朕以理财之臣失于因循，法遂至大坏，内外臣僚有能知财用利害者，详具事状闻奏；其诸色人亦具事理于制置三司条例（司）陈状，在外者即随所属州军投状缴条例司。"还特别要求中央与地方的经济官员，如三司判官、发运副使、转运副使，以及主政籴粜、市舶、榷场、提点铸钱、制置解盐等事务的臣僚，"限受诏后两月，各具所知本职及职外财用利害闻奏"。条例司便是受理各地报告书的机构。

四月，条例司提议遣官巡视各州郡访问利害，于是神宗派遣刘彝、谢卿材、王广廉、侯叔献、程颢、卢秉、王汝翼、曾伉八人出使各地，"于诸路相度农田水利、税赋科率、徭役利害"。[2]但在条例司工作的苏辙却反对这么做，认为朝廷遣使出巡，地方必会迎合生事，民众必会受其骚扰。

---

1 黄以周等辑：《续资治通鉴长编拾补》卷四。下同。
2 徐松辑：《宋会要辑稿·食货六五》。

条例司还有一项重要工作，即"制置三司条例""讲修钱谷之法"，换成今天的说法，就是制订与经济、财政相关的法规。后面王安石变法中的经济新法，多数都是条例司制定的。从这个角度来说，条例司不仅是财政工作委员会，而且是经济体制改革委员会，是变法的指挥机构。

条例司还获得了审计国家财政的权力，其设立不久，神宗与王安石便"命官考三司簿籍"，[1]并差官置局，开始编订"三司岁计及南郊之费"，[2]由条例司提举其事。梁启超说："史所称编著定式，即今世立宪国之所谓豫（预）算案也。"[3]

不过，目前条例司所忙碌的事务，还不是变法，只能说是变法前夕的预备工作。神宗有些着急，希望条例司加快制置条例的进度。三月廿一日，两府奏事，神宗催问王安石制置条例一事进行得如何了，王安石说："已检讨文字，略无伦叙（条理），亦有待人而后可举者。然今欲理财，则须使能，天下但见朝廷以使能为先，而不以任贤为急；但见朝廷以理财为务，而于礼义教化之际有所未及，恐风俗坏，不胜其弊。陛下当先验国体，有先后缓急。"[4]神宗听了，点头称是。

尽管新法尚未出台，王安石也意识到欲速则不达，但此时针对变法的流言蜚语已起。三月，富弼入朝忠告神宗："臣闻中外之事，渐有更张，此必小人献说于陛下也。大抵小人惟动作生事，则其间有所希觊。若朝廷守静，则事有常法，小人何所望也"；"今所进用多是刻薄小才，小才虽可喜，然害政事，

---

1 脱脱等：《宋史》卷一百七十九。
2 徐松辑：《宋会要辑稿·职官五》。
3 梁启超：《王安石传》第十章，上海人民出版社，2016年。
4 黄以周等辑：《续资治通鉴长编拾补》卷四。下同。

坏风俗，恐须进用醇厚笃实之人"。富弼所说的"小人"，是指王安石、吕惠卿吗？

富弼还对神宗说："臣闻内外之事，多出陛下亲批。臣谓事事皆中，亦不是为君之道，况事有不中，则（咎）将谁执？"[1] 意思是，皇帝总是亲自批示处理内外之事，即使对每件事的批示都合理、适当，也并非为君之道，且若有事处理不当，那该由谁来承担责任呢？他这么说其实是意有所指：神宗即位后，采取了积极介入决策终端的态度，频繁以御批方式对大小政务提出处分意见，他还在熙宁元年下诏，要求"自今内批指挥并作奉圣旨施行"。[2] 这种强化君权的做法挑战了仁宗朝形成的宰相执政、台谏监察、君主端拱在上的治理秩序，让富弼深感忧虑。

有意思的是，熙宁二年四月，当王安石提出一项企图强化相权的举措时，唐介也立马表示反对。王安石建议说："中书处分事用札子，皆言奉旨，不中理者常十八九，不若令中书自出牒，不必称圣旨。"[3] 按宋太宗朝形成的惯例，宰相处分政务的札子，须先进呈御览，皇帝例行画可，宰相再以"奉旨"的方式指挥施行。王安石提出赋予宰相更大的自主权，不必取旨，由中书直接出牒处分政事。但他的提议受到唐介的反驳："今安石不欲称圣旨，则是政不自天子出也，使执政皆忠贤，犹为人臣擅命，义亦难安，或非其人，岂不害政？"

富弼不欲君权得到强化，唐介不欲相权得到扩张，他们意见相左吗？不。他们是一致的，都是为了维护仁宗朝达成的君主—宰执—台谏三权相制相维的均势，不希望这一均势被神宗

---

1 佚名：《群书会元截江网》卷十八。
2 佚名：《宋史全文》卷十一。
3 黄以周等辑：《续资治通鉴长编拾补》卷四。下同。

或者王安石打破。

然而,仁宗朝形成的权力均势有利于守成,却不利于大开大阖的变革,因为大开大阖的变革往往需要先赋予主持者足够的权力,如此方能不受掣肘,大展拳脚。昔日范仲淹领导的庆历新政之所以草草而终,最重要的原因便是新政团队处处受制、束手束脚,仁宗亦缺乏杀伐果断的魄力。现在神宗、王安石"将大施为",势必要打破原来的权力均势。事实上,王安石初执政,即鼓动宋神宗乾纲独断,"每赞上以独断,上专信任之"。[1] 神宗与王安石君臣一体,君权强化,即意味着王安石的相权强化;而王安石相权强化,即意味着变法的空间更大。从这个角度来说,富弼与唐介成为王安石变法的反对派也是可以理解的。

这便是熙宁二年春夏之时王安石的处境:变法还未开始,反对派已经出现。

在执政团队内部,支持王安石的只有知枢密院事陈升之与枢密副使韩绛,次相曾公亮大致持中立态度,首相富弼、参知政事唐介、赵抃与枢密使文彦博、吕公弼都强烈反对王安石"生事"。我们完全可以想象:中书办公的政事堂,必定是争吵不休的。

富弼生性不喜跟人争执,既然与王安石话不投机、意见不合,便干脆托病不出、称疾在家;唐介性格刚直,常与王安石争辩,但他口才不如王安石,老是辩不过,"不胜愤闷",四月十一日,"疽发背而卒",有人甚至诬称他是被王安石气死的;曾公亮不欲蹚浑水,一再以年龄原因请求致仕;只有赵抃还在

---

[1] 司马光:《涑水记闻》附录二《谢景温弹苏轼》。

与王安石抗争，却力不能胜，连连叫苦。[1]于是，时人以"生老病死苦"戏称中书五人，王安石虎虎有生气，且好"生事"，得一"生"字；曾公亮得一"老"字，富弼得一"病"字，唐介得一"死"字，赵抃得一"苦"字。

政事堂外面，从御史台、谏院，到审刑院、大理寺、开封府，都有与王安石唱反调的人。御史中丞吕诲坚持认为："（王安石）不通时事，大用之，则非所宜。"[2]有一回，执政团队邀请台谏官到政事堂议事，宰相富弼希望台谏与政府通力合作："上求治如饥渴，正赖君辈同心以济。"知谏院钱公辅却回了他一句："朝廷所为是，天下谁敢不同！所为非，公辅欲同之，不可得已。"人们相信，钱公辅的言外之意是，他对王安石的施为可不敢苟同。钱公辅原为王安石的好友，但现在他也看不惯王安石了。

等着王安石的，将是一场由吕诲发起的弹劾风暴。

第三节 台谏官当头一棒

吕诲，治平年间担任侍御史知杂事，即御史台二把手。因为在濮议中强烈反对英宗称呼濮王为"皇考"，吕诲与执政的韩琦、欧阳修势不两立，被罢黜，神宗即位后才召还。熙宁元年十二月，御史中丞滕甫调任知开封府，吕诲乃接替滕甫，拜为御史中丞。

---

1 黄以周等辑：《续资治通鉴长编拾补》卷四。
2 脱脱等：《宋史》卷三百二十一。下同。

吕诲之所以上章弹劾王安石，导火索是熙宁二年五月的几宗人事任免。

事情还得从滕甫说起。滕甫与王安石有嫌隙，一向合不来。熙宁元年王安石以翰林学士的身份初议阿云案，神宗本欲下诏从王安石所议，时任御史中丞的滕甫却要求选官再议，以致阿云案刑名之争迄今仍未了结。王安石既执政，欲行新法，朝野议论汹汹，恐滕甫再生事端，便建议神宗将滕甫调离京师。

神宗对滕甫也有一肚子意见。原来，滕甫生性疏达直率，在神宗面前论事"如家人父子，言无文饰"，神宗本不以为忤，对政事有疑，常遣内侍持短封御札询问滕甫，谁知滕甫却将御札掏出来炫耀，称皇帝也要经常请教他云云。[1]神宗受不了，便疏远了他。王安石提议调走这个大嘴巴，神宗当然同意了。于是四月初二，滕甫徙知瀛州，开封府行政长官一职则由翰林学士郑獬接替。

郑獬与滕甫相友善，气味相投，都有市井气，人称"滕屠郑沽"，意思是说，滕甫像个杀猪的，郑獬像个卖酒的。王安石很不喜欢郑獬，曾对神宗说："獬极险，不宜使在内。"郑獬知开封府不久，京城发生了一起刑事案：市民喻兴与妻子谋杀一妇人，案发后，杀手有"按问欲举自首"的情节，郑獬却不肯按"谋杀已伤，按问欲举，自首，从谋杀减二等论"的敕文裁断此案。神宗与王安石对此很是不满，所以五月初六，神宗解除了郑獬权知开封府的职务，移知杭州。

同一日，知谏院钱公辅出知江宁府，宣徽北院使王拱辰出判应天府。钱公辅被出，是因为他替滕甫鸣不平，又极力反对

---

[1] 黄以周等辑：《续资治通鉴长编拾补》卷四。下同。

王安石擢用富有理财经验的薛向，引起王安石不快。王安石遂建议神宗逐走钱公辅。

至于王拱辰被黜，则是因为声名狼藉，执政团队都认为他不宜留在朝廷，曾公亮说："拱辰在仁宗时已知其不正，不复任用。"[1] 王安石也说："拱辰交结温成皇后家，人皆知之。"因此，王拱辰亦迁谪在外。

郑獬是翰林学士，王拱辰更是三朝元老，属于大臣之列，按照惯例，他们的差除必须由宰相亲笔签署敕令，但五月上旬，首相富弼请假，次相曾公亮出使西京洛阳，赵抃刻意回避，[2] 因此，将王拱辰、郑獬、钱公辅调离朝廷的敕令，便由参知政事王安石签署。外廷一看敕令上只有王安石副署，没有宰相签字，便怀疑是王安石"行其私意"，驱逐异己。[3]

御史中丞吕诲表现得尤为愤怒，立即上书抗议郑獬等三人被逐："三人无罪被黜，甚非公议。"[4] 并将矛头指向王安石："宰相不书敕，本朝故事未之闻也。传云御批付出，臣窃疑焉。陛下进退近臣必有常理，不应有加膝堕渊（爱憎无常）之意。如从执政进拟，则是自外制中，尤非圣哲驭下之体也。"[5]

神宗将吕诲的奏疏出示给执政团队看，问："王拱辰等出，外间纷纭知否？"

赵抃、王安石都说："不知。"

神宗对王安石说："诲为人所使，殊不知卿用心。"

---

1 毕沅编：《续资治通鉴》卷第六十六。下同。
2 据范纯仁奏疏，当时宰执不和，以致有"但只先同议论，后至签敕之时，别作回避"者。见《宋朝诸臣奏议》卷一百九《上神宗论刘琦等责降》。
3 黄以周等辑：《续资治通鉴长编拾补》卷四。
4 毕沅编：《续资治通鉴》卷第六十六。
5 黄以周等辑：《续资治通鉴长编拾补》卷四。下同。

王安石说:"此三人者出,臣但愧不能尽理论情,暴其罪状,使小人知有所惮,不意言者乃更如此。"

神宗怀疑吕诲受人指使,假如确有其事,不知指使他的是什么人,很可能是赵抃。

再说吕诲因上疏得不到神宗的正面回应,也窝了一肚子火。恰好这时,他又听到了另一件可以拿来大做文章的事情。

原来,早前有一个叫章辟光的小官,曾向神宗上书:"岐王、嘉王不宜居禁中,请使出居于外。"[1] 岐王、嘉王是神宗同胞弟弟赵颢、赵頵。熙宁初,二王已经成年,按惯例应该搬出大内,但由于皇太后高氏疼爱儿子,神宗也讲孝悌,因此一直没有让弟弟搬出去。章辟光觉得亲王成年仍居于禁中,大不妥,便上书进言。

虽然章辟光的进言似乎有点僭越,但神宗并不以为非,还召见了他,勉励了几句。哪知章辟光为人轻妄,居然在外说自己"言岐邸事称旨,故召对"。[2] 消息很快传入禁中,高太后震怒,认为章辟光用心险恶,是在离间皇帝与岐王、嘉王的关系,要求神宗严惩这个小人:"辟光离间兄弟,宜加诛窜。"[3]

此时外廷亦议论纷纷,吕诲及一众御史杀气腾腾地要求把章辟光抓起来治罪。同知谏院范纯仁奏请将章辟光的疏章宣示御史台,以研判究竟有无过当的言论:"如别无过当之言,则可以安中外之心;如其言涉轻妄,则乞依台官所奏,早行责降,以戒憸佞。"[4]

---

1 司马光:《涑水记闻》卷第十五。
2 孔学辑:《王安石日录辑校》,四川大学出版社,2015年。
3 司马光:《涑水记闻》卷第十五。
4 范纯仁:《范忠宣集》奏议卷上《奏乞将章辟光所奏宣示台官》。

神宗被这件事烦死了，给王安石发御批："朕误见此人（指章辟光），晓夕思之，甚为惭愧。"[1]又问："如何处置？"

王安石说："辟光疏有何险语？"

神宗说："无险语，只言当防微杜渐而已。"

王安石说："奏对云何？"

神宗说："亦不过如此。"

王安石说："辟光诚小人"，但他"言建外邸事，在召对之前，陛下不以为非。今因传播而罪之，是陛下纳其言而恶其播。恐累陛下至德"。

最后，执政团队一致建议："亦须急与一差遣令出去。"即尽快给章辟光一个在外职务，让他离开京城这个是非之地。神宗同意了。

吕诲见章辟光未被治罪，忿恨不已，便转而攻击王安石，声称"辟光之谋，本安石及吕惠卿所导"，故而王安石才尽力营救章辟光。[2]吕诲为什么不放过任何一个可以攻击王安石的机会？因为他讨厌王安石。当时士论都因吕诲等台谏官在"濮议"中奋不顾身而视其为英雄，唯有王安石不以为意。依王安石之见，英宗宜称呼濮王为"考"，至于称"皇考"或"皇伯"均非正论。后来王安石回忆说："台谏乃欲令先帝称濮安懿王为皇伯，欧阳修笑其无理，故众怒而攻之，此岂是正论？……司马光尝问臣，臣以此告之，并谕以上曾问及此事，臣具如此对。吕诲所以怒臣者，尤以此事也。"[3]

五月廿一日，吕诲上了一道火药味浓郁的弹章，对王安石

1　孔学辑：《王安石日录辑校》。下同。
2　脱脱等：《宋史》卷三百二十一。
3　黄以周等辑：《续资治通鉴长编拾补》卷七。

提出严厉弹劾:"臣伏睹参知政事王安石,外示朴野,中藏巧诈,骄蹇慢上,阴贼害物,斯众所共知者。臣略疏十事,皆目睹之实迹,冀上寤于宸鉴。一言近诬,万死无避。"[1]吕诲所论王安石"奸诈十事"如下:

> 安石向在嘉祐中判纠察刑狱司,因开封府争鹌鹑公事举驳不当,御史台累移文催促谢恩,倨傲不恭。相次仁宗皇帝上仙,未几,安石丁忧,其事遂已。安石服满,托疾坚卧,累诏不起,终英宗朝不臣。就如有疾,陛下即位,亦合赴阙一见,稍存人臣之礼。及就除知江宁府,于私计安便,然后从命。慢上无礼,其事一也。

> 安石任小官,每一迁转,逊避不已。自知江宁府除翰林学士,不闻固辞。先帝临朝则有山林独往之思,陛下即位乃有金銮侍从之乐,何慢于前而恭于后?见利忘义,岂其心乎?好名欲进,其事二也。

> 人主延对经术之士,讲解先王之道,设侍讲、侍读,常一员执经在前,乃进说,非传道也。安石居是职,遂请坐而讲说,将屈万乘之重,自取师氏之尊,真不识上下之仪,君臣之分,况明道德以辅益聪明者乎?但要君取名而已,其事三也。

> 安石自居政府,事无大小,与同列异议。或因奏对,留身进说,多乞御批,自中而下,以塞同列、阻公论。是则掠美于己,非则敛怨于君。用情罔公,其事四也。

---

[1] 赵汝愚编:《宋朝诸臣奏议》卷一百九《上神宗论王安石奸诈十事》。下同。

安石自纠察司举驳多不中理，与法官争论刑名不一，常怀忿隙。昨许遵误断谋杀公事，力为主张"妻谋杀夫，用按问欲举，减等科罪"，挟情坏法，以报私怨。两制定夺，但闻未详，亦皆畏避。挟私报怨，其事五也。

安石初入翰林，未闻进一士之善，首率同列，称弟安国之才。朝廷与状元恩例，犹谓之薄。主试者定文卷，不优其人，遂罹中伤。小惠必报，纤仇必复。及居政府，才及半年，卖弄威福，无所不至。自是畏之者勉意俯从，附之者自鬻希进，奔走门下，惟恐其后。背公死党，今已盛矣。怙势招权，其事六也。

宰相不视事旬日，差除自专。逐近臣补外，皆不附己者，妄言尽出圣衷。若然，不应是安石报怨之人。丞相不书敕，本朝故事未之闻也。意示作威，耸动朝著。然今政府，同列依违，宰相避忌，遂专恣而行，何施不可！专威害政，其事七也。

凡奏对黼座（借指天子）之前，惟肆强辩。向与唐介争论谋杀刑名，遂致喧哗，众非安石而是介。介，忠劲之人，务守大体，不能以口舌胜，不幸愤懑，发疽而死。自是同列尤甚畏惮，虽丞相亦退缩，不敢较其是非。任性陵铄（欺压）同列，其事八也。

陛下方稽法唐尧，敦睦九族，奉亲爱弟，以风天下。而小人章辟光献言，俾岐王迁居于外。离间之罪，固不容诛。上寻有旨送中书，欲正其罪。安石坚拒不从，仍进危言，以惑圣聪，意在离间，遂成其事。朋奸之迹甚明，其事九也。

> 今邦国经费要会在于三司。安石居政府，与知枢密者同制置三司条例，兵与财兼领之，其掌握重轻可知矣。又举三人者勾当，八人者巡行诸路。虽名之曰商榷财利，其实动摇于天下也。臣未见其利，先见其害，其事十也。

据说吕诲入对、进疏之时，恰好在殿外遇见准备赴经筵讲课的司马光。司马光悄悄问他："今日请见言何事邪？"[1]

吕诲举着衣袖说："袖中弹文，乃新参政。"

司马光公愕然说："以王介甫之文学行艺，命下之日，众皆喜于得人，奈何遽言之。"

吕诲正色说："安石虽有时名，上意所向，然好执邪见，不通物情，轻信难回，喜人佞己，听其言则美，施于用则疏，若在侍从，犹或可容；置之宰辅，天下必受其祸。"

司马光劝他暂时莫弹劾王安石："与公素为心交，苟有所怀，不敢不尽。今日之论，未见有不善之迹，似伤匆遽。或别有章疏，愿先进呈，姑留是事，更加筹虑，可乎？"

吕诲拒绝："上新嗣位，富于春秋，朝夕所与谋议者，二三执政而已，苟非其人，将败国事，此乃心腹之疾，治之惟恐不及，顾可缓邪？"

话未说完，阁门吏已过来催促吕诲上殿，司马光只好先行告退，但他心里一直好奇吕诲究竟弹劾王安石何事。据说京城士大夫间，时有人传阅吕诲的弹章，都颇不以为然，认为吕诲言过其实。不久，新法陆续出台，"百姓骚然"，议者始"愧仰

---

[1] 邵博：《邵氏闻见后录》卷第二十三。下同。

叹服",承认见识不及吕诲。司马光亦感叹万端:"吕献可(吕诲)之先见,吾不及也。"

但司马光这话纯属"事后诸葛亮"。其实,吕诲攻击王安石,既非先见之明,也与王安石变法毫无关系,纯粹是出于私怨,因为当时新法尚未出台,吕诲根本不可能知道未来的新法究竟是何面目。

神宗读了弹章,将札子退还给吕诲,并令内侍李舜举前往传谕调解。但吕诲固执得像一只斗志昂扬的斗鸡,绝不肯退让半步,很快又上了《论王安石奸诈十事》(第二状)。

这是王安石执政以来第一次遭受这么猛烈的抨击,如何忍受得了?次日即上书请辞。神宗当然没有同意,派中使前往宽慰,并封还辞职信:"昨日已曾面谕朕意,谓悉谅也。今得来奏(指王安石的辞职书),甚骇朕怀。今还卿来奏。天下之事,当变更者非止一二,而事事如此,奚政之为也!卿其反思职分之当然,无恤非礼之横议,视事宜如故。"[1]

五月廿九日,王安石入见,神宗对他说:"诲殊不晓事,诘问又都无可说。"又说:"吕诲言卿每事好为异,多作横议,或要内批,以自质证,又诈妄希朕意,此必是中书有人与如此说。朕与卿相知如高宗(指殷商之明君高宗武丁)、傅说(辅佐武丁之贤臣),亦岂须他人为助?"

王安石说:"高宗用傅说,起于匹夫、版筑(傅说出身于筑城的奴隶)之中,所以能成务者,以旁招俊乂,列于庶位故也。"

神宗又说:"近臣只有吕公著,又与吕公弼相妨。"神宗的意思是,吕诲可罢御史中丞,吕公著是最合适的接替人选,只

---

[1] 黄以周等辑:《续资治通鉴长编拾补》卷四。下同。

是吕公著之兄吕公弼为现任枢密使，按惯例，执政官与台谏官不可有亲嫌关系，所以神宗心里又有些踟蹰。

王安石说："富弼在（枢）密院时，妇翁晏殊为相，此亦近例。如吕公著行义，陛下所知，岂兄弟为比，用以负陛下？今富弼、曾公亮大抵欲逆流俗，不更弊法，恐如此难恃以久安，难望以致治。"

六月，吕诲罢御史中丞，出知邓州，由吕公著接掌宪台。吕公著以兄长为枢密使，理当避嫌，请辞任命；吕公弼亦提出辞职，以成全兄弟。不过神宗都没有批准。这种情况下，台谏官当然又站出来抗议："近用吕公著为御史中丞，与兄公弼职任相妨，臣等亦曾论列，陛下不以为听也。切闻陛下始欲用司马光为中执法，安石力荐公著，而欲罢公弼枢府之任，公著以人言不协、又于兄弟之义难安也，遂亦辞免。陛下乃听安石之言，遂两用之，此得为允当乎？"[1] 看，虽然"刺头"吕诲已罢御史中丞，但御史台与政府之间还是吵吵嚷嚷，没几日安宁。

吕诲事件的出现，让王安石意识到，应该选拔支持变法的人员进入御史台。但宋朝有一项惯例：为保持台谏官的独立性，政府不可以干预台谏选人。不但不可干预，还有避嫌的义务。王安石希望打破这项惯例，便向神宗提意见："举御史法太密，故难于得人。"[2]

神宗说："岂执政者恶言官得人耶？"他让中书将妨碍言官得人的旧法检索出来。王安石说："旧法，凡执政所荐，即不得为御史。执政取其平日所畏者荐之，则其人不复得言事矣，

---

[1] 赵汝愚编：《宋朝诸臣奏议》卷一百九《上神宗论王安石专权谋利及引薛向领均输非便》。

[2] 脱脱等：《宋史》一百六十。下同。

盖法之弊如此。"神宗遂诏令"悉除旧法，一委中丞举之"。

由于新任御史中丞吕公著是王安石欣赏、信赖的好友，因此，他相信，如果赋予御史中丞遴选御史的更大权力，那些支持变法的年轻人便可以顺利进入御史台。看起来好像也是如此：未久，条例司属官程颢、王子韶经吕公著推荐，成为监察御史里行（资历最浅的御史）。

第四节　苏范交攻变法初

熙宁二年春夏之际，王安石主导的新法呼之欲出。

王安石提出过一个庞大的科举制度改革计划——逐渐恢复以学校取士的古制，废止科举考试，但这将是一个长期的过程，作为过渡，宜先废罢诗赋考试，以经义、策论为考试科目，并停止明经诸科，只保留进士一科。这便是学校贡举法。不过，神宗对此颇有疑虑，所以于四月下诏，召两制、御史台、三司、三馆臣僚详议。

参与集议的士大夫大多赞成王安石的意见，至少都认为以诗赋取士并不是什么好办法，比如吕公著说："上之取士者，将以治事而长民，而所以取之者，乃不过试之以辞章、记诵之学，盖亦乖矣！今诚不能革苟且之弊，兴废绝之法，而望贤才之加多，风俗之渐变，终亦不可得也。故臣窃以谓贡举之弊不可不革，而学校之制所宜渐复。"[1]

---

[1] 赵汝愚编：《宋朝诸臣奏议》卷七十八《上神宗答诏论学校贡举之法》（吕公著）。

司马光也批判了"国家从来以诗赋、论策取人，不问德行"的现象，认为这必然会导致"士之求仕进者，日夜孜孜，专以习诗赋、论策为事，唯恐不能胜人"。[1] 韩维也请罢诗赋考试，改试经义。

三十三岁的苏轼因领有"直史馆"馆职，属于三馆臣僚，也参加了集议，但他是反对变革考试制度的少数派。五月，他向神宗递交了一份《议学校贡举状》，质疑"专取策论而罢诗赋"的科举改革方向：

> 自文章而言之，则策论为有用，诗赋为无益；自政事言之，则诗赋、策论均为无用矣。虽知其无用，然自祖宗以来莫之废者，以为设法取士，不过如此也。岂独吾祖宗，自古尧舜亦然。……近世士人纂类经史，缀缉时务，谓之策括。待问条目，搜抉略尽，临时剽窃，窜易首尾，以眩有司，有司莫能辨也。且其为文也，无规矩准绳，故学之易成；无声病对偶，故考之难精。以易学之士，付难考之吏，其弊有甚于诗赋者矣。[2]

也许有一些朋友会以为，苏轼是诗人，诗赋写得好，所以才反对罢考诗赋。但实际上，嘉祐二年苏轼参加礼部试，所作诗赋被评不合格，若不是论文《刑赏忠厚之至论》得到主考官欧阳修赏识，被定为第二等，他很可能会落第。苏轼之所以反对科举考试改革，是因为他认为，考策论的效果比考诗赋更坏，

---

1 赵汝愚编：《宋朝诸臣奏议》卷七十八《上神宗答诏论学校贡举之法》（司马光）。
2 苏轼：《苏轼文集》卷二十五《议学校贡举状》。

诗赋至少能反映一个人的文学素养，策论却可以抄袭、宿构。

不过，从王安石、司马光、苏轼三人对科举考试科目的不同偏好，倒可以看他们的确是不同类型的士大夫。王安石主张以策论选拔士子，表明他更看重候选官员的行政能力；司马光要求重点考查士子的德行，显示他是一名忠诚的道德主义者；苏轼坚持以诗赋取士，恰恰是文人意识的自然流露。

再说神宗读了苏轼的札子，十分惊喜："吾固疑此，得轼议释然矣。"[1] 当日便召苏轼入对。

苏轼拜见了皇帝，问道："陛下何以召见臣？"

神宗说："见卿议事有所喻，故召问卿。"

苏轼说："陛下如此错矣，人臣以得召见为荣，今陛下实未知臣何如，但以臣言即召见，恐人争为利以进。"

神宗问："何以助朕？"

苏轼说："陛下求治太急，听言太广，进人太锐，愿陛下安静，以待物之来，然后应之。"

神宗"悚然听受"，对苏轼说："卿三言，朕当详思之。"

他日，王安石入对，神宗问他："轼为人何如？"

王安石知道，苏轼不但与自己政见相异，而且对自己很看不惯。去年四月王安石与苏轼共同的朋友刘敞去世，苏轼写了一篇祭文，却在文中暗讥王安石"大言滔滔，诡论灭世"。[2] 王安石很不愿意看到这个狂妄的年轻人受到重用，因此，他一听到神宗问起苏轼，便警惕起来，反问神宗："陛下何以召见轼？"[3]

神宗解释说："见轼议学校贡举异于诸人，故召见之。"又

---

1 以下神宗与苏轼及王安石对话，据黄以周《续资治通鉴长编拾补》卷四整合。
2 朱弁：《曲洧旧闻》卷二。
3 黄以周等辑：《续资治通鉴长编拾补》卷四。下同。

询问王安石对苏轼《议学校贡举状》的看法。

王安石说:"若谓此(指旧的科举考试科目)尝多得人,自缘仕进别无他路,其间不容无贤;若谓科法已善,则未也。今以少壮时,正当讲求天下正理,乃闭门学作诗赋,及其入官,世事皆不习,此乃科法败坏,人才致不如古。"

神宗继续转述苏轼的说辞,征询王安石的看法:"又谓朕与人官太速,后或无状,不能始终。此说何如?"

王安石说:"陛下与人官,患在不考实。(若考实,)虽与何害?"

神宗又问:"轼又言:'兵先动者为客,后动者为主,主常胜客,客常不胜,治天下亦然。人主不欲先动,当以静应之于后,乃胜天下之事。'此说何如?"

王安石说:"轼言亦是,然此道之经也,非所谓道之变。圣人之于天下感而后应,则轼之言有合于此理。然事变无常,固有举事,不知出此,而圣人为之倡发者。譬之用兵,岂尽须后动然后能胜敌!顾其时与势之所宜而已。"

神宗恍然大悟:"卿言如此极精。"又向王安石征询:"轼宜以小事试之,何如?"这里"试",是任用、试用的意思。

王安石说:"臣已屡奏试人当以事,此言诚是也。"并将话题从苏轼引到吕惠卿身上,极力赞扬吕惠卿之才。

过了几天,中书奏事,神宗对曾公亮说:"苏轼奏对明敏,可试也。"

曾公亮答道:"京师无可试者。"

神宗说:"欲用轼修中书条例。"四月王安石曾奏请选用豪杰之士,编修中书条例。所谓"中书条例",翻译成现在的说法,相当于"中央政府行政法律汇编"。这是一项浩大的工作,少说也要几年才可能编修完成。

但王安石并不愿意让苏轼参与进来，所以他说："轼与臣所学及议论皆异，别试其事可也。……兼陛下用人，须是再三考察，实可用乃用之。今陛下但见轼之言，其言又未见可用，恐不宜轻用。"

八月，苏轼被安排担任一项临时性的差遣：充开封府（一说是国子监）发解试的考试官。苏轼给考生出了一道策问题："晋武平吴以独断而克，苻坚伐晋以独断而亡；齐桓专任管仲而霸，燕哙专任子之而败，事同而功异，何也？"[1]苏轼的策问试题是有所指的。因为王安石执政之初，即鼓动宋神宗乾纲独断，"每赞上以独断，上专信任之"。苏轼的用意，是希望开封府的士子注意这个现象，并作出评判。

王安石看到了苏轼的策问题，知道苏轼暗讽自己，很不高兴。三个月后，神宗欲擢苏轼修起居注，王安石马上表示反对："轼岂是可奖之人？"[2]

神宗说："轼有文学，朕见似为人平静，司马光、韩维、王存俱称之。"

王安石说："邪憸之人，臣非苟言之，皆有事状。……陛下欲变风俗、息邪说，骤用此人，则士何由知陛下好恶所在？此人非无才智，以人望人（言）诚不可废，若省府推、判官有阙，亦宜用，但方是通判资序，岂可便令修注？"

神宗遂不用苏轼修起居注。不久，苏轼被任命为开封府推官。据说这一任命出自王安石的主意。开封府事务繁忙，时人

---

[1] 司马光：《涑水记闻》附录二《谢景温弹苏轼》。下同。
[2] 黄以周等辑：《续资治通鉴长编拾补》卷六。下同。

认为，王安石把苏轼放到这个职位上，"意以多事困之"，看他还有没有闲工夫多管闲事。[1]

但苏轼在开封府推官任上，还是腾出时间来给神宗上书，而且一写就是煌煌近万言。万言书的主旨有二，一是请皇帝裁撤条例司："臣以为消谗慝以召和气，复人心而安国本，则莫若罢制置三司条例司。夫陛下之所以创此司者，不过以兴利除害也。使罢之而利不兴，害不除，则勿罢。罢之而天下悦，人心安，兴利除害，无所不可，则何苦而不罢？"[2]

二是请叫停条例司正在规划或推进的各项新法，包括农田水利法、募役法、青苗法、均输法。在苏轼看来，这些新法全都是扰民之法、生事之举。

均输法是王安石推出的第一项新法。我们前面提到的学校贡举法，熙宁二年还处于讨论阶段，并未确定具体的改革方案。

什么是均输法呢？我们需要先了解北宋的上供与发运制度。宋代东京开封府，首善之区，是皇室、中央政府与禁军主力部队的驻地，人口过百万之众，日常需要消耗巨量的物资（包括粮食），这些物资主要靠运河网络从江淮六路运入，负责收纳、运输上供物资的部门，叫发运使司："江南、淮南、两浙、荆湖路租籴，于真、扬、楚、泗州置仓受纳，分调舟船溯流入汴，以达京师，置发运使领之。诸州钱帛、杂物、军器上供亦如之。"[3]

但是，这套上供与发运制度施行日久，已经弊病丛生。据条例司的报告，"诸路上供岁有定额，年丰可以多致而不敢取赢，岁歉则艰于供亿而不敢不足。远方有倍蓰之输，中都有半价之

---

[1] 黄以周等辑：《续资治通鉴长编拾补》卷四。
[2] 苏轼：《苏轼文集》卷二十五《上神宗皇帝书》。
[3] 脱脱等：《宋史》卷一百七十五。

鬻，至遇军国大费，则削铲殆无留藏。朝廷百物之用，多求于不产，责于非时。富商大贾，乘公私之急，因得擅轻重敛散之权"。[1]原来的上供与发运制度比较僵化：每年江淮六路发运至京师的物资是不变的定额，丰收之年，粮价低廉，诸路也不敢多收购粮食供应京师；而歉收之年，又不敢少运些粮食；有时候发运司花费巨大的成本千里迢迢将粮食运至京师，却发现京城市场中商品粮供大于求，价钱极低；而碰上军国大事，急需粮草，发运司又不能及时供应，不得不用尽库存；朝廷的消费品要求非出产地供应，豪商巨贾趁机哄抬物价、操纵市场。

针对这些弊病，条例司提出了改革方案："发运使实总六路之出入，宜假以钱货，经其用之不给，周知诸路之有无而移用之。凡上供之物，皆得徙贵就贱，用近易远，预知在京仓库所常办者，得以便宜蓄买，以待上令而制其有无，则国用可足，民财不匮矣。"这便是均输法。

均输法的要略是：赋予发运使更大的自主权，并给予采购上供物资的专项资金，京师各部门预算、实际收支、所需物资、江淮六路物价等信息及时汇总报告发运使，这样，发运使可根据实际需要，从便采购、变易。采购、变易的原则是"徙贵就贱，用近易远"，即在物价低贱时，就近蓄买；物价高昂时，则将不急用的储备物资变卖。

七月十七日，均输法经神宗皇帝批准，正式发布、实行，以新任发运使薛向总领其事。为了让薛向顺利推行均输法，神宗允许薛向自辟官属，并赐给内藏钱五百万贯、上供米三百万石，作为本钱。

---

[1] 黄以周等辑：《续资治通鉴长编拾补》卷五。下同。

但是，均输法甫一公布，便遭到台谏官的攻讦。知谏院陈襄上疏请罢均输法："何必收轻重敛散之权归之公上，与民争锥刀之利，而失王政之体乎？"[1]

另一名谏官范纯仁反应更强烈，先连上三状，指斥薛向乃是"急进希功、贪狡刻薄之人"，"不可付以六路之权"；[2] 又奏请废罢均输法，因为"王者治民，惟在务农桑、禁游惰，开衣食之源，节无用之费，上率下以俭，下化上以勤，上下勤俭，则自然公私有余矣"。[3]

苏轼对均输法当然也是持反对态度："昔汉武之世，财力匮竭，用贾人桑弘羊之说，买贱卖贵，谓之'均输'。于时商贾不行，盗贼滋炽，几至于乱。……不意今者此论复兴。立法之初，其说尚浅，徒言徙贵就贱，用近易远。然而广置官属，多出缗钱，豪商大贾，皆疑而不敢动，以为虽不明言贩卖，然既已许之变易，变易既行，而不与商贾争利者，未之闻也。"[4]

请注意，苏轼与言官之所以坚决反对均输法，并不是因为均输法产生了什么严重的后果（此时新法刚刚颁布，即使后果不良，也尚未出现），而是因为均输法违背了这些正统士大夫的理念。

见神宗不为所动，范纯仁又再上二状，攻击王安石"任用小人，专兴财利，将使上玷圣德，侵刻生民。臣虽屡有奏陈，不蒙听纳，而执政之意，持之益坚。故臣太息失望，不能自已"。[5]

---

1 赵汝愚编：《宋朝诸臣奏议》卷一百九《上神宗乞罢均输》。
2 范纯仁：《范忠宣集》奏议卷上《奏论薛向》。
3 范纯仁：《范忠宣集》奏议卷上《奏乞罢均输》。
4 苏轼：《苏轼文集》卷二十五《上神宗皇帝书》。
5 范纯仁：《范忠宣集》奏议卷上《论新法乞责降》（第二状）。

范纯仁还跑到中书政事堂，当面斥责王安石："本以经术佐人主，今乃以理财为先"，王介甫，我对你太失望了！王安石回应说："正为经术以理财为先，故为之。若不合经术，必不出此。"[1] 王安石所说的经术，指《周礼》。"一部《周礼》，理财居其半"，理财是完全正当且必要的政事，"政事所以理财，理财乃所谓义也"。[2] 但王安石对儒家经术的理解，是范纯仁接受不了的。

就在这个天气闷热得令人烦躁的时节，又发生了一件让范纯仁很愤怒的事。

还记得阿云案的刑名之争吗？二月，阿云案第五次议法，由二府合议，议了半年，终于议出结果：维持王安石的意见。八月初一，神宗下诏："谋杀人自首及按问欲举，并依今年二月甲寅敕施行。"[3]

这一敕令重申了今年甲寅诏书的效力，而甲寅诏书则重申了去年七月诏书的效力："自今谋杀人自首及按欲举，并以去年七月诏书从事。"我们再回顾一遍熙宁元年七月诏书的内容："谋杀已伤，按问欲举，自首，从谋杀减二等论。"历时一年多、议法五次的阿云案刑名之争，终于有了定论，那就是：确认"谋杀已伤，按问欲举，自首，从谋杀减二等论"是必须遵守的国家法律。宋人称其为"按问新法"。

神宗这么处理阿云案刑名之争，司马光是很不满的："以田舍一妇人有罪，在于四海之广，万几之众，其事之细，何啻

第三章　国柄今归王安石

---

[1] 孔学辑：《王安石日录辑校》。
[2] 王安石：《临川先生文集》卷第七十三《答曾公立书》。
[3] 马端临：《文献通考》卷一百七十。下同。

秋毫之末"，何必争辩这么久？[1] 不但刑部、审刑院、大理寺的司法官深切介入，连两制、二府都被卷进来，这是"未得其要"之故。但我认为，为着一个纯粹的法律问题——谋杀自首是否可以获得减刑——宋朝的士大夫能够展开旷日持久的争论，并且在辩论中，几乎触及了这一法律问题的各个层面：法律条文的含义、先王立法的本意、法条体现的法理、律与敕的优先适用性、司法解释的出台程序、法律的价值、司法的效应……这不正是宋朝文明的宝贵之处吗？

阿云案刑名之争至此结束，不过尚有余波未息。

既然"按问新法"的法律地位得到确认，之前侍御史知杂事兼判刑部刘述、同判刑部丁讽封驳甲寅诏书的行为，便要追责。因此，神宗又下诏：由开封府推官王尧臣推劾刘述、丁讽等人之罪。

刘述当然要抗议。他又率领御史刘琦、钱𫖮上章痛责王安石"专肆胸臆，轻易宪度，……惊骇物听，动摇人心"，要求神宗"早罢逐，以慰安天下元元之心"。[2] 曾公亮与赵抃也被捎带骂上："曾公亮位居丞弼，不能竭忠许国，反有畏避之意，阴自结援以固宠，久妨贤路，亦宜斥免。赵抃则括囊拱手，但务依违大臣，事君岂当如是！"打击面这么大，大概是想争个鱼死网破吧。

三人疏上，王安石提出先贬刘琦、钱𫖮为监当官，去外地看管仓库。曾公亮觉得这个处分未免太重了，王安石说，以前蒋之奇攻击欧阳修，也是贬为监当官。于是八月初九，刘琦、

---

[1] 黄以周等辑：《续资治通鉴长编拾补》卷五。下同。
[2] 脱脱等：《宋史》卷三百二十一。下同。

钱𫖮罢御史，分别监处州、衢州盐务。

钱𫖮离台之时，指着与王安石关系比较好的御史孙昌龄大骂，说他"媚事王安石"，"𫖮今当远窜，君自谓得策邪？我视君犬彘之不如也"。骂罢，拂衣上马而去。

孙昌龄被钱𫖮痛骂一顿之后，觉得自己如果沉默不语，可就真的坐实"媚事王安石"的罪名了，于是赶紧上章，弹劾开封府推官王尧臣"阿奉当权，欺蔽聪明"。[1] 不久之后，孙昌龄被罢御史，外放蕲州当通判。

多名台官被斥逐，难免给人因言获罪的观感，一时朝野震动，表现最激烈者，大约是范纯仁。他原本就对王安石重用薛向、行均输法的做法十分不满，现在更加愤怒了，因而接连上章，替刘琦等言官鸣不平，要求追还贬谪刘琦诸人的诏敕，并解除王安石参知政事的职务，并且决绝地说："臣久居谏列，智虑不明，不能救止未然，遂致圣政有失，虽陛下不惮改作，而臣之职事已隳，岂敢复在谏垣？辄已居家待罪，自今月十日更不供职，伏乞重行贬窜，以戒百官。"坚持请辞谏职，以示抗议。

王安石与范纯仁有旧，便遣彼此都信任的中间人捎话给他："毋轻去，已议除知制诰矣。"[2] 许诺让范纯仁担任知制诰。但范纯仁说："此言何为至于我哉，言不用，万钟非所顾也。"

范纯仁上奏神宗的章疏措辞激烈，将王安石骂了个狗血淋头。神宗不希望激化矛盾，便把这些章疏留中不发。范纯仁干脆自己抄录出副本，直接送到中书。王安石看后，果然大怒，欲重贬范氏。但神宗说："彼无罪，姑与一善地。"八月十五日，

---

[1] 黄以周等辑：《续资治通鉴长编拾补》卷五。下同。
[2] 脱脱等：《宋史》卷三百十四。下同。

中秋节，范纯仁罢谏职，出知河中府。

再说王尧臣奉命推劾刘述、丁讽不奉诏敕之罪，丁讽很快便认罪了，刘述却拒不认错，并坚称朝廷不应纠劾言事官。这里刘述偷换了概念：他被劾，并不是因为他以侍御史知杂事的言官身份上书言事、措辞激切，而是因为他以判刑部的身份封还了诏敕。那该怎么处分这个固执的家伙呢？王安石提议贬为通判，神宗没有同意。八月十八日，刘述贬知江州，丁讽则通判复州。

王安石还会继续面对挑战。

第五节　山雨欲来风满楼

如果王安石是一个在乎外界对他评价的人，那么他应该会发现，身边非议、讥讽、反对他的人好像越来越多了。

也是在八月，苏轼的兄弟、条例司详检文字官苏辙上书神宗，对刚刚出台的新法一一加以否定，并预判其失败，例如对均输法，苏辙批判说："今官买是物，必先设官置吏，簿书禄廪，为费已厚。然后使民各输其所有，非良不售，非贿不行，是以官买之价，比民必贵。及其卖也，弊复如前。然则商贾之利，何缘可得？徒使谤议腾沸，商旅不行。……此均输之说，辙所以未谕也。"[1]

熙宁变法之时，极力反对变法的人主要来自两个群体：老

---

[1] 苏辙：《苏辙集·栾城集》卷三十五《制置三司条例司论事状（奏乞外任状附）》。下同。

臣和台谏官。老臣有保守倾向，反对新法在所难免；台谏官的天职是充任反对派，他们唱反调亦不难理解。但苏氏兄弟在熙宁初不过三十岁左右，还是热血青年，又没有担任言职，何以也那么强烈地反对变法、不放过任何一个唱衰新法的机会呢？特别是苏轼，一副毒舌，三番五次对王安石明嘲暗讽，确实有些异常。我认为他们如此意气用事，很大程度上是因为受乃父苏洵的影响，近乎本能地反感王安石的为人与主张。

在那道抨击新法的札子后面，苏辙附上一封辞职信，提出辞去条例司详检文字官："伏自受命，于今五月，虽日夜勉强，而才性朴拙，议论迂疏，每于本司商量公事，动皆不合。……伏乞除臣一合入差遣，使得展力州郡。"之所以辞职，是因为苏辙在条例司参与议事时，意见往往与王安石、吕惠卿不合，似乎因此被排斥出决策圈子。

神宗看了苏辙的札子，问王安石："辙与轼何如？观其学问颇相类。"[1]

王安石说："臣已尝论奏轼兄弟大抵以飞箝捭阖为事。"所谓"飞箝捭阖"，指谋略纵横之术，以苏洵的《六国论》为典型，苏轼兄弟文风或受乃父影响。

神宗又说："如此，则宜时事，何以反为异论？"批准苏辙辞职，授河南府推官。

苏辙离开条例司后，王安石物色接替人选。他看中一个叫孙立节的士大夫，便找他谈话："吾条例司当得开敏如子者。"[2]谁知孙立节一口回绝："公言过矣，当求胜我者。若我辈人，

---

1 黄以周等辑：《续资治通鉴长编拾补》卷五。下同。
2 苏轼：《苏轼文集》卷十《刚说》。下同。

则亦不肯为条例司矣。"

九月初，王安石总算找到了接替苏辙的人选，以秘阁校理李常、国子监直讲王汝翼为条例司详检文字官，明州前司法参军李承之为相度利害官；同月，王安石举荐吕惠卿、李常编修中书条例；又荐吕惠卿为崇政殿说书（资历最浅的经筵讲官），给神宗讲课。

但十月，条例司便遇上一个大危机。我们后面会说到。

这个月富弼罢相，出判亳州。富弼自拜相后，因与王安石不合，长期告病假，又一再上章求退，到了十月，神宗才批准，并询问他："卿即去，谁可代卿者？"[1] 富弼推荐文彦博。

神宗默然，良久又问："王安石何如？"

富弼亦默然。

与富弼罢相同一日，次相曾公亮拜首相，知枢密院事陈升之拜次相。神宗本欲擢王安石为次相，王安石以陈升之资历高于自己，又支持变法，劝神宗先用陈升之。

十月初六，翰林学士司马光请对延和殿。神宗问他："近相陈升之，外议曰何？"[2]

司马光说："陛下擢用宰相，臣愚贱，何敢异？"

神宗说："第言之。"

司马光说："今已宣麻（即拜相的制书已宣布），诞告中外。臣虽言，何益？"

神宗说："虽然，试言。"

司马光说："闽人狡险，楚人轻易。今二相皆闽人，二

---

1 脱脱等：《宋史》卷三百十三。下同。
2 赵善璙：《自警编》卷七。下同。

参政皆楚人，必将援引乡党之士，充塞朝廷，风俗何以更得淳厚？"[1]

神宗说："然今中外大臣更无可用者，独升之有才智，晓民政边事，他人莫及。"

司马光说："升之才智，诚如圣旨，但恐不能临大节而不可夺耳。……凡才智之士，必得忠直之人从旁制之，此明主用人之法也。"

神宗说："然。升之朕固已诚之。"

司马光又说："富弼老成，有人望，其去可惜。"

神宗说："朕留之至矣，彼坚欲去。"

司马光说："彼所以欲去者，盖以所言不用，与同列不合故也。"

神宗说："若有所施为，朕不从而去可也。自为相，一无施为，唯知求去。"又问："王安石何如？"

司马光说："人言安石奸邪，则毁之太过；但不晓事，又执拗耳，此其实也。"

神宗又问吕惠卿如何，司马光说："惠卿憸巧，非佳士。使安石负谤于中外，皆惠卿所为也。近日不次进用，大不合众心。"

神宗说："惠卿应对明辨，亦似美才。"

司马光说："惠卿文学辨慧，诚如圣旨，然用心不端，陛下更徐察之。"

司马光称陈升之"狡险"，还真让他说中了。陈升之在枢密院时，与王安石同领条例司事，对王安石之议完全配合，从无异议，但这很可能是装出来的，等到拜相后，便提出不欲兼

---

[1] 黄以周等辑：《续资治通鉴长编拾补》卷五。下同。

提举条例司："臣待罪宰相，无所不统，所领职事，岂可称司！"[1] 意欲与王安石分道扬镳。

王安石说："宰相虽云'无所不统'，然亦不过如故冢宰而已。冢宰惟掌邦治，至邦教、邦政、邦礼、邦刑、邦事，则虽冢宰，亦有所分掌矣！"

陈升之说："若制置百司条例则可，今但制置三司一官条例则不可。"

王安石说："今中书支百钱以上物及补三司吏人，皆奏得旨乃施行，至于制置三司条例司，何故乃以为不可？"

神宗打圆场说："乃者陈升之在枢密院，今俱在中书，（将条例司）并归中书何如？"

王安石反对将条例司并入中书，陈升之却赞成。王安石说："今分为一司，则事易商议，早见事功。若归中书，则待四人无异议，然后草具文字，文字成，须遍历四人看详，然后出于白事之人，亦须待四人皆许，则事积而难集。陛下既使升之与臣执政，必不疑升之与臣专事而为奸。况制置司所奏请皆关中书审复，然后施行，自不须并入。"

二人在神宗面前争执至日高，仍未有结果。

他日奏对，陈升之又提议不置条例司。这个关键时节，王安石倚重的御史中丞吕公著也连章请罢条例司："所有制置条例一司，伏乞罢归中书，其间事目有可付之有司者，即付之有司。"[2] 御史台新任二把手、由知谏院转任侍御史知杂事的陈襄亦附和吕公著之议，王安石被杀了个措手不及。这便是条例司成

---

[1] 黄以周等辑：《续资治通鉴长编拾补》卷六。下同。
[2] 赵汝愚编：《宋朝诸臣奏议》卷一百十《上神宗乞罢制置三司条例司》。

立以来遇到的最大危机。

王安石坚决不同意裁并条例司。神宗提出，不如由王安石独领条例司事。王安石认为这样不妥，朝中已有人称他独断、霸道，他不希望授人以柄。

最后王安石想到一个解决的办法："陛下本置此司，令中书、枢密各差一人，今若与韩绛同事，甚便。"[1]神宗称善。条例司这才保留下来，由参知政事王安石与枢密副使韩绛同提举。

司马光说吕惠卿用心不端，则尚看不出来。熙宁变法之初，吕惠卿可以说是王安石最得力的助手与辩护手。

十一月十七日，迩英阁经筵。司马光进读《资治通鉴》，读至"曹参代萧何为相，一遵何故规"的史事时，忍不住借题发挥："参以无事镇海内，得持盈守成之道，故孝惠、高后时，天下晏然，衣食滋殖。"

神宗有些困惑地问："使汉常守萧何之法久而不变，可乎？"

司马光说："何独汉也！夫道者，万世无弊，夏、商、周之子孙，苟能常守禹、汤、文、武之法，何衰乱之有乎？"

两日后，吕惠卿进讲《尚书》之"咸有一德"篇，也借题发挥："先王之法，有一岁一变者，则《月令》'季冬节国以待来岁之宜'，而《周礼》'正月始和，布于象魏'是也。有数岁一变者，则尧、舜'五载修五礼'，《周礼》'十二载修法则'是也。有一世一变者，则'刑罚世轻世重'是也。有数十世而变者，则夏贡、商助、周彻、夏校、商序、周庠之类是也。有虽百世不变者，尊尊亲亲贵贵长长，尊贤使能是也。"

然后，吕惠卿对前日司马光的说法作出批驳："臣前日见

---

[1] 黄以周等辑：《续资治通鉴长编拾补》卷六。下同。

司马光以为汉惠、文、景三帝皆守萧何之法而治，武帝改其法而乱，宣帝守其法而治，元帝改其法而乱。臣按，何虽约法三章，其后乃以为九章，则何已不能自守其法矣。惠帝除挟书律、三族令，文帝除诽谤、妖言，除秘祝法，皆萧何法之所有，而惠与文除之，景帝又从而因之，则非守萧何之法而治也。光之措意，盖不徒然，必以国家近日多更张旧政而规讽；又以臣制置三司条例、看详中书条例，故有此论也。"

神宗于是又问司马光："卿闻惠卿之言乎？其言何如？"

司马光是大学问家，脱口便指出吕惠卿对经典的误解："惠卿之言，有是有非。惠卿言汉惠、文、武、宣、元，治乱之体，是也。其言先王之法，有一岁一变，五岁一变，一世一变，则非也。《周礼》所谓'正月始和，布于象魏'者，乃旧章也，非一岁一变也，亦犹州长、党正、族师于岁首四时之首月，属民而读邦法也。岂得为时变也？天子恐诸侯变礼易乐，坏乱旧政，故五载一巡狩，以考察之，有变乱旧章者，则削黜之，非五岁一变也。刑罚世轻世重者，盖新国、乱国、平国，随时而用，非一世一变也。"

司马光又为自己申辩："臣承乏侍经筵，惟知讲读经史，有圣贤事业可以裨益圣德者，臣则委曲发明之，以助万分，本实无意讥惠卿。"又将话题从经史拉到变法："且治天下，譬如居室，弊则修之，非大坏不更造也；大坏更造，必得良匠，又得美材。今二者皆无有，臣恐风雨之不庇也。讲筵之官皆在此，乞陛下问之。三司使掌天下财，不才而黜可也，不可使两府侵其事，今制置三司，何也？宰相以道佐人主，安用例？苟用例而已，则胥吏足矣，今为看详中书条例司，何也？"

吕惠卿回应说："司马光备位侍从，见朝廷事有未便，即当论列。有官守者，不得其守则去；有言责者，不得其言则去，岂可但已（不了了之）？"

司马光说："前者，诏书责侍从之臣言事，臣遂上此疏，指陈得失，如制置条例司之类，皆在其中，未审得达圣听否？"

神宗说："见之。"

司马光说："然则臣不为不言也，至于言不用而不去，则臣之罪也。惠卿责臣，实当其罪，臣不敢辞。"

神宗说："相共讲是非耳，何至乃尔。"

另一位讲官王珪赶紧打圆场："光所言，盖以朝廷所更之事，或利少害多者，亦不必更耳。"并以目光示意司马光退下。

这场迩英殿经筵上的辩论，从对经史的阐释，到对变法的臧否，司马光与吕惠卿的意见泾渭分明，这当然不是学术分歧，而是新党（变法派）与旧党（保守派）的政见对立。从中我们可以想见变法派四面受敌的处境。

正是在这样的处境下，王安石顶着旧党的压力，按规划将新法一项接一项抛出来：

九月初四，条例司颁布青苗法，经神宗批准，先在河北、京东、淮南三路试点，等试点成功，再令诸路州县依此施行。下一章，我们将以专章的篇幅详述青苗法及其激起的波澜。此处不赘。

十一月十一日，王安石规划的裁宗室授官法出台。按新法，宗室授官恩数被裁减，疏属宗室子弟被剥夺恩荫资格："惟宣祖、太祖、太宗之子，择其后一人为公，世世不绝；其余元孙之子，将军以下，听出外官；袒免（指五服之外的远房）之子，更不赐名、授官，许令应举。"此前，神宗曾多次与大臣商议变更宗室法，裁减宗室恩数，司马光说："此诚当变更，但宜以渐，不可急耳。"王安石却雷厉风行,很快将方案做出来。

同月十三日,农田水利法颁布并实行。这是王安石将"欲富天下,则资之天地"的设想付之实验的一项新法,其要略是鼓励全国各州县官民积极开垦农田、兴修水利,以增加农业的产出,扩大田赋的税基,从而达到"民不加赋而国用饶"的政策预期。

历代王朝均有垦田、修水利之举,但像宋神宗朝这样专门修农田水利法,以政府主导动员,大规模、大范围、长时间投入农田水利工程建设的基建热潮,却是少见。兴修水利离不开钱,农田水利法提出了多层次筹集水利经费的方法,包括政府拨款、社会投资、支借青苗钱,等等。"自是四方争言农田水利,古陂废堰,悉务兴复。"[1]

不过苏轼却铁口断言兴修水利必定徒劳无功:"天下久平,民物滋息,四方遗利,盖略尽矣。今欲凿空访寻水利,所谓即鹿无虞,岂惟徒劳,必大烦扰。"[2]

闰十一月,神宗批准在河东路实施交子法,发行纸币。因河东路是铁钱区,而铁钱笨重、价值低,使用起来十分不便,有人向条例司提议依四川交子之法,发行河东交子。条例司看详"交子之法,用于成都府路,人以为便",便建议由河东转运司置交子务于潞州,试行河东交子。[3]

十二月,朝廷颁行失入死罪法,加重对刑事审判活动中司法人员因判决过当而致他人死亡的行为的责任追究:"今后官员失入死罪一人,追官勒停(追回官衔、勒令停职);二人,

---

1 脱脱等:《宋史》卷三百二十七。
2 苏轼:《苏轼文集》卷二十五《上神宗皇帝书》。
3 黄以周等辑:《续资治通鉴长编拾补》卷六。

除名（开除官籍）；三人，除名编管（开除官籍、送指定地方管制）。胥吏：（失入死罪）一人，千里外编管；二人，远恶州军；三人，刺配千里外牢城。"[1]

同月，条例司向神宗呈交了"以钱代役"的役法改革"条目"（大纲）："考众所论，独其言使民出钱雇役者，人以为便，合于先王使民出财，以禄在官庶人之意。应昔于乡户差役者，悉计产赋钱，募民代役，以所赋钱禄之。"[2]并建议"选官分行天下，付以条目，博尽众欢（议）"。神宗欣然批准，将"条目"委管勾官与诸路监司、州县论定。

不必感到意外，这样的役法变革自然也是苏轼极不以为然的，他的理由是："自古役人，必用乡户，犹食之必用五谷，衣之必用丝麻，济川之必用舟楫，行地之必用牛马，虽其间或有以他物充代，然终非天下所可常行。今者徒闻江浙之间，数郡雇役，而欲措之天下，是犹见燕晋之枣栗，岷蜀之蹲鸱，而欲以废五谷，岂不难哉。"[3]因为一直以来都是以乡户承担职役，所以哪怕乡户差役已经积弊难返，也不可改为募役。而且，差役的更革将导致可供士大夫役使之人大为减少，"士大夫捐亲戚，弃坟墓，以从宦于四方者，宣力之余，亦欲取乐，此人之至情也。若涸敝太甚，厨传（向官员提供饮食、车马、馆舍的服务）萧然，则似危邦之陋风，恐非太平之盛观"。

——你看，三十三岁的苏轼仿佛长着一颗七十岁的脑袋。

正如苏轼的上书所显示，随着变法的展开，反对新法的力量也蓄势待发。时有好事者将各类小道消息以及评论意见雕印

---

1 吴曾：《能改斋漫录》卷十三。
2 李焘：《续资治通鉴长编》卷二百二十七。下同。
3 苏轼：《苏轼文集》卷二十五《上神宗皇帝书》。下同。

成报纸,甚至"矫撰敕文",印卖于都市,"肆毁时政,摇动众情,传惑天下"。[1]

熙宁二年岁末,大有"山雨欲来风满楼"之势。

---

[1] 徐松辑:《宋会要辑稿·刑法二》。

第四章 风起于『青苗』之末

熙宁二年至熙宁三年（1069—1070）

第四章　风起于"青苗"之末

第一节　朝廷初放青苗钱

王安石变法中的青苗法，如果用一句话来概括，就是一项面向农民的官营小额贷款。未有青苗法之前，农民若一时周转不灵，可向富家或民间放贷机构借钱，但利息一般都很高，属于高利贷。一名反对青苗法、为民间借贷辩护的宋朝县官说："伏见民间出举财物，其以信好相结之人，月所取息不过一分半至二分，其间亦有乘人危急，以邀一时之幸，虽取息至重，然犹不过一倍。"[1]按宋人的语言习惯，"月息二分"即指月利息2%；"年息二分"则指年利率20%。民间借贷，若非与债权人"信好相结"，利率就会高达100%，借一还二，收取"倍称之息"。

相对而言，青苗法是一种低息贷款。利率是多少呢？青苗法刚试点时，"只收一二分息之时"，"若遇物价极贵，亦不得过二分"；[2]之后基本上固定为"出息二分"，即年利率20%。今

---

[1] 陈舜俞：《都官集》卷五《奉行青苗新法自劾奏状》。
[2] 黄以周等辑：《续资治通鉴长编拾补》卷七。

天我们会觉得20%的年利率是毫无疑问的高利贷，但古代社会的利率远远高于现代，不独宋代中国如此，汉代王莽"令市官收贱卖贵，赊贷予民，收息百月三"，商业性贷款的月息3%，换算成年息，即36%；[1]在12世纪之后的欧洲，担保借贷的年息为43%，抵押借贷的年息为20%—25%。[2]换言之，在一千年前，20%的年利率仍在正常范围内。

不过，王安石的青苗法常被误以为是年息40%，比如司马光在致王安石的信中便说：官放青苗钱，"岁收其什四之息"；[3]他在奏对时，又跟神宗说："王莽以钱贷民，使为本业（农业贷款），计其所得之利，十取其一。比于今日，岁取四分之息，犹为轻也。"[4]今天不少研究者也沿袭司马光的意见，认为青苗钱的实际利率不是20%，而是40%，甚至更高。为什么会有这样的误解呢？因为青苗钱一开始是每年发放两次，"正月放夏料，五月放秋料，而所敛亦在当月"，即每年正月、五月发放青苗钱贷款，收回贷款的本息也在这两个月份。[5]因此，二分之息被认为是半年利率。

然而，青苗钱分两次俵散，目的是"使仓储不空，以备非常"，并不是为了收两次利息。[6]民户可一年请领一次青苗钱，也可请领两次。况且，青苗法试行一个多月后，便改为"只作一料支俵"，即一年只放贷一次；[7]熙宁七年（1074）朝廷又依吕惠卿

---

1 班固：《汉书》卷九十九中《王莽传》。
2 参见孙诗锦、龙秀清《试论中世纪天主教会高利贷观念的嬗变》，《学术研究》2007年第6期。
3 司马光：《传家集》卷六十《与王介甫第三书》。
4 邵博：《邵氏闻见后录》卷第三。
5 脱脱等：《宋史》卷一百七十六。
6 李焘：《续资治通鉴长编》卷二百十。
7 徐松辑：《宋会要辑稿·食货五三》。

之议，规定青苗钱"于民阙乏时月作一料给散，陆田多处以二月、水田多处以三月为限。随秋税起催，限年终纳足，入十二月不纳者，依欠税法"。[1]可见青苗钱的贷款偿还期大致是一年，利息为二分。[2]

从统计数字来看，青苗法的年息也是20%，而非40%。熙宁九年（1076），判应天府张方平向神宗报告了应天府的税钱与青苗钱息钱岁入："今乃岁纳役钱七万五千三百有零贯，又散青苗钱八万三千六百余贯，累计息钱一万六千六百有零贯，此乃岁输实钱九万三千余贯。"[3]张方平的本意是想说明应天府民众负担繁重，但他提供的数字却可证明青苗钱的利率正是年息二分——来计算一下：应天府每年俵散青苗钱8.36万贯，一年收息1.66万贯，利率正好是20%左右。

总而言之，从设计初衷来看，青苗法是官民两利的：一方面，民户可通过支借青苗钱渡过难关，而免受民间高利贷之盘剥；另一方面，官府也可通过俵散青苗钱获得利息收入。

熙宁二年九月，青苗法开始试点，但其完整方案至晚在七月就已经制订出来。王安石对官营小额贷款并不陌生，早年他知鄞县时，便推行过类似的金融服务："贷谷与民，出息以偿，俾新陈相易，邑人便之"。[4]

这种官营借贷业务也不是王安石首创。早在宋仁宗皇祐年间，李参任陕西转运使，见当地戍兵多而军粮不足，而当时农民亦有阙乏之时，李参便在青黄不接的季节，让农民自估秋后

---

1 李焘：《续资治通鉴长编》卷二百五十五。
2 参见魏天安《宋代青苗钱利率考实》，《中国经济史研究》2006年第1期。
3 李焘：《续资治通鉴长编》卷二百七十七。
4 脱脱等：《宋史》卷三百二十七。

谷麦的收成，然后按他们的评估情况预贷予官钱，等谷麦成熟后再偿还，这笔贷款谓之"青苗钱"。[1]

条例司的笔杆子吕惠卿，即参照陕西李参的青苗钱与王安石昔日在鄞县的经验制订了青苗法。其时苏辙尚在条例司。有一日，王安石邀请吕惠卿、苏辙等三位详检文字官到他家中聚餐并议事。席间，王安石掏出一卷文书，对大家说："此青苗法也，君三人阅之，有疑以告，得详议之，无为他人所称也。"[2]

苏辙知道这个青苗法草案出自吕惠卿之手笔，他平日又看不惯吕氏，便毫不客气地指出草案中存在的"害事"之处。吕惠卿听了，"面颈皆赤"，回家后马上作了修订。

过了几天，苏辙去拜谒王安石，王安石便问他对青苗法的看法。

苏辙说："以钱贷民，使出息二分，本以援救民之困，非为利也。然出纳之际，吏缘为奸，虽重法不可禁；钱入民手，虽良民不免非理之费；及其纳钱，虽富家不免违限。如此，则鞭箠必用，自此恐州县事不胜繁矣。"

王安石说："君言甚长，当徐议而行之，此后有异论，幸相告，勿相外也。"自此一个多月不提青苗法。

到了八月，条例司召河北转运司勾当公事王广廉议事，因王广廉此前曾奏请朝廷拨给河北转运司一千道度牒作为贷本，依以前李参在陕西所行的青苗钱之法放贷，"春散秋敛以便民"。[3]度牒是古代出家人的合法身份证明，由礼部的祠部管理。宋人出家当和尚或道士，需要先向官府申请一道度牒，从而获

---

[1] 李焘：《续资治通鉴长编》卷一百七十四。
[2] 苏辙：《龙川略志》第三《与王介甫论青苗盐法铸钱利害》。下同。
[3] 徐松辑：《宋会要辑稿·食货四》。

得合法的出家人身份。从神宗时代开始,朝廷为解决财政困境,经常将度牒明码标价,拿出来鬻卖。而民间购买度牒,也不是为了出家,而是将度牒当成有价证券,因为宋代的度牒允许转让,且价格总体上是上涨的,可以用来投资理财。

王安石见王广廉的奏请与青苗法暗合,很高兴,便召他入京议事。这次会议,苏辙坚持认为条例司所拟诸法都很难具体施行;条例司前属员、时任监察御史里行程颢也反对王广廉的提议,神宗问王安石:"程颢言不可卖祠部度牒作常平本钱,何如?"[1]

王安石说:"颢所言自以王道之正,臣以为颢所言未达王道之权(权宜变通)。今度牒所得,可置粟凡四十五万石,若凶年人贷三石,则可全十五万人性命。卖祠牒所剃者三千人头,而所救活者十五万人性命,若以为不可,是不知权也。"

王安石已决定从王广廉之请,在河北置提举官,以王广廉充任,并拨给度牒作青苗钱本,试行青苗法。

条例司制订的青苗法,又叫常平新法,程颢亦将青苗钱称为常平本钱,这是因为青苗法是在常平仓制度的基础上改造而来的。

常平仓制度始创于汉朝,唐宋相沿,其做法是在全国各地设置粮仓,在粮价低贱时以略高于市场价收购粮食,作为储备粮,亦可防止谷贱伤农;而在粮价昂贵时,则以略低于市场的价格出售储备粮,以防谷贵伤民。制度的出发点是美好的,但施行日久,难免产生各种弊端,比如在宋代前期,各地常平仓的储备要么被地方政府挪用,要么成了沉淀于仓库的闲置资本。

---

[1] 黄以周等辑:《续资治通鉴长编拾补》卷五。下同。

王安石的设想，就是将常平仓的资本盘活，用来作为青苗法贷款的本钱。

为了扩充青苗法的贷本，王安石又将广惠仓的资金也吸纳进来。广惠仓为宋仁宗时期所创立，本是一项福利设施：诸路州县将"户绝田"收为公有财产，招募人承佃，租金存入广惠仓，用于救济"在城老幼贫乏不能自存"之人，但广惠仓亦存在资源闲置的问题。[1]因此，条例司提出将广惠仓与常平仓合并管理，广惠仓的储备除了酌量留出一部分用于救济老幼贫穷，其余并入常平仓。熙宁二年，诸路广惠仓本加上常平仓本，至少有一千五百万石粮食，相当于宋政府田赋岁入的三分之一，这可不是小数目。

九月初四，神宗下诏，宣布试点青苗法。诏书还强调：青苗法之举措，"皆以为民，而公家无所利其入，亦先王散惠兴利，以为耕敛补助，哀多补寡而抑民豪夺之意也"。[2]

青苗法试行方案如下：[3]

1. 诸路常平、广惠仓储备粮"遇贵量减市价粜，遇贱量增市价籴"，所得钱粮作为青苗法之贷本，依陕西之法俵散。

2. 青苗钱主要以货币形式支俵，借款者在缴纳两税时随税还贷，还贷形式为粮食实物。若愿意以货币偿还，亦允许。

3. 钱粮之间的换算价格，"取当年以前十年内逐

1　李焘：《续资治通鉴长编》卷一百八十六。
2　徐松辑：《宋会要辑稿·食货四》。
3　据徐松辑《宋会要辑稿·食货四》整理。

色斛斗、一年丰熟时最低实直价例"，酌中立为换算的标准价。

这个标准价的计算方式有点复杂，需要略作说明：将放贷当年之前十年内、当地历年丰熟季节之时的最低粮价列出来，取其中位数，即宋人所说的"收成时酌中物价"，这个酌中物价即是钱粮换算的标准价。举个例子说，假设熙宁二年河北路要俵散青苗钱，熙宁二年之前十年，即为嘉祐四年至熙宁元年（1059—1068），将这十年内河北路历年丰熟季节的最低粮价列出来，取中位数，便是熙宁二年河北路支俵青苗钱的钱粮换算标准价。假定这个标准价是1000文钱／石米，则民户借贷青苗钱1000文，相当于支借一石米，偿还时，加上利息——假设年利率为20%——则要纳还1.2石米。

4. 钱粮换算标准价确立后，公开告示，"召人户情愿请领"，民户是否要请领青苗钱，全凭自愿，不得摊派。

5. 青苗钱每年分两次支俵，发放时间为正月与五月，即春、秋两季庄稼未熟以前。

6. 请贷青苗钱的农户须有担保，最少五户为一保。客户若请领青苗钱，须与主户合保。

7. 根据户产评估各乡户的信用额度，这个过程须有知县、县佐与耆老、户长确认。一贯钱起贷。

8. 青苗钱优先俵散给乡村户，如果尚有剩余，可以贷给有抵押物的坊郭户。

9. 朝廷遣官提举各路常平、广惠仓，与转运司共同负责青苗钱的出纳、敛散,各州从通判、幕职官中选出一员作为主管,管理本州及诸县青苗钱。

10.青苗法先于河北、京东、淮南三路试点,"俟成,次第即推之诸路"。

青苗法试点未足半年,神宗与王安石便决定推广于诸路。闰十一月,神宗依条例司之请,选差官员分驻诸路,提举各路常平、广惠仓,兼管勾农田、水利、差役事务,实际上就是为全面施行青苗法及其他新法做准备。诸路提举官开始只是朝廷的特派人员,很快便发展成各路常设机构——提举常平司,从而在"三司(后改为户部)—转运司"财税体系之外,又形成一个"条例司(后改为司农寺)—提举常平司"财税体系。后一个体系同时又是神宗与王安石推行变法的组织机制,其中条例司是变法的指挥部,提举常平司是新法的执行机构。

尽管青苗法的全面推开有些仓促,仅作了几个月的试点,但也算积累了一些经验教训。主持试点的转运司与提举常平司根据实践中发现的问题,对支俵青苗钱的细则作了一些修订与增补:[1]

1.民户请领青苗钱,须十户以上合为一保,互为担保,每保须有三等户以上充任甲头。

2.每户的信用额度与户等挂钩,第五等户及客户请领青苗钱,不得超过一贯五百文钱,第四等户不得超过三贯钱,第三等户不得超过六贯钱,第二

---

[1] 据赵汝愚编《宋朝诸臣奏议》卷一百十一《上神宗乞罢青苗及诸路提举官》整理。

等户不得超过十贯，第一等不得超过十五贯。

3.青苗钱按额度支俵完毕，若尚有剩余，可添数支给第三等户以上。

4.若再有剩余，可以支俵给愿意请钱且有物业抵当的坊郭户。坊郭户须以五户为一保，互为担保，支借青苗钱的额度不得超过其抵押物价值的二分之一。

5.各县须派工作人员下乡宣传青苗法，晓告乡户；不得为躲避逐时出纳青苗钱之麻烦而煽惑动摇人户，谎称乡户不愿请领青苗钱。

6.若有乡户多不愿请领，县衙须结状报告转运司、提举常平司，路监司可以差官下乡核实，如发现乡户实愿请领，该县干系人必别作行遣；事理稍重，则具事申奏朝廷。

7.民户随两税偿还青苗钱贷款时，须同时偿还年息，利率从10%至30%不等，以20%最常见，最高不得过30%。

8.民户还贷之时，若因粮价稍贵，民户不愿以粮食偿还，也允许换算成铜钱还贷，换算价允许略低于市价，折算后加上利息，总利率不得超过30%。假令一户请钱一贯，还钱即不得超过一贯三百文。

为便于理解，最后一条细则我们要解释一下：假设熙宁二年河北路支俵青苗钱，钱粮换算的标准价是1000文钱／石米，当年民户借贷青苗钱1000文，相当于支借一石米，一年内以粮食实物还本付息。如果还贷之时，粮食价高，比如一石米价为1200文钱，民户不愿意以粮食偿还，希望折成铜钱。在这种情况下，官府得允许民户折钱，而且按略低于市价的标准折钱，比如一石米不能折算成1200文钱，只能折算成1100文，加上利息，还款总额不得超过1300文。

现在我们可以总结一下了，这个青苗法，就相当于宋政府利用闲置的常平、广惠仓本钱，设立一个官营的农业银行，通过提举常平司—州县政府的行政网络进行敛散。老一辈经济学家马寅初即认为，"今日之农民银行与信用合作社，其用意即与青苗法同"。[1]

晚清梁启超论王安石变法，亦说："青苗法者，颇有类于官办之劝业银行，荆公惠民之政也。……当时，人民既无有设立银行之能力，而举国中无一金融机关，而百业坐是凋敝。荆公能察受敝之原，而创此法以救治之，非有过人之识力而能若是耶？夫中国人知金融机关为国民经济之命脉者，自古迄今，荆公一人而已。"[2]

梁启超处于晚清近代化转型的时代背景之下，方有此认识。但在北宋熙宁初年，青苗法甫一问世，即迎来旧党士大夫的猛烈抨击。之前均输法、农田水利法出台，虽然也有非议，但与反对青苗法的声势相比，可以说是小巫见大巫。

最早对青苗法提出反对意见的人是苏辙，当时他还在条例司当详检文字官，是最早见过青苗法方案的少数人之一。熙宁二年八月，苏辙提出辞职，并质疑尚未实施的青苗法："常平条敕纤悉具存，患在不行，非法之弊。……今乃改其成法，杂以青苗，逐路置官，号为提举，别立赏罚，以督增亏。法度纷纭，

---

[1] 转引自张世明《王安石变法对美国经济法律制度的影响》，《中华读书报》2020年5月20日文章。

[2] 梁启超：《王安石传》第十章。

何至如此！而况钱布于外，凶荒水旱有不可知，敛之则结怨于民，舍之则官将何赖？此青苗之说，辙所以未谕也。"[1]

翰林学士司马光也借经筵之机劝告神宗罢行青苗法。十一月十九日，迩英殿经筵，神宗赐讲官坐于御榻之前，又问司马光："朝廷每更一事，举朝士大夫讻讻皆以为不可，又不能指名其不便者，果何事也？"[2]

司马光说："朝廷散青苗钱，兹事非便。今闾里富民乘贫者乏无之际，出息钱以贷之，俟其收获，责以谷麦。贫者寒耕暑耘，仅得斗斛之收，未离场圃，已尽为富室夺去。彼皆编户齐民，非有上下之势、刑罚之威，徒以富有之故，尚能蚕食细民，使之困瘁，况县官（朝廷）督责之严乎？臣恐细民将不聊生矣。"

这时，吕惠卿插话说："司马光不知，此事彼富室为之，则害民；今县官为之，乃所以利民也。昨者，青苗钱令民愿取者则与之，不愿者不强也。"

司马光说："愚民知取债之利，不知还债之害，非独县官不强，富民亦不强也。臣闻作法以贪，弊将若何？昔太宗平河东，立和籴法，时米斗十余，草束八钱，民乐与官为市。其后物贵，而和籴不解，遂为河东世世患。臣恐异日之青苗，亦如河东之和籴也。"

神宗说："陕西行之久矣，民不以为病也。"

司马光说："臣陕西人也，见其病，不见其利。朝廷初不许也，而有司尚能以病民，况今立法许之乎？"

十二月，开封府推官苏轼给神宗上万言书，质疑包括青苗

---

[1] 苏辙：《苏辙集·栾城集》卷三十五《制置三司条例司论事状（奏乞外任状附）》。
[2] 司马光：《涑水记闻》附录一《吕惠卿司马光等议论变法》。下同。

法在内的诸项新法:"青苗放钱,自昔有禁。今陛下始立成法,每岁常行,虽云不许抑配,而数世之后,暴君污吏,陛下能保之欤?"[1]

到熙宁三年春天,随着青苗法全面推行,抗议声与抵制行动也集中爆发出来。

第二节 黑云压城城欲摧

熙宁三年正月,因河北提举常平、广惠仓王广廉入京,倡言"青苗新法,已晓谕河北取三分之利",而条例司也"欲取其法行之天下",知谏院李常深感不安,与另一名谏官孙觉联名上书:

> 广廉小人,造端以笼天下之利,一旦生民重赋,至于无聊而怨及于上,为害岂浅哉?臣愚,伏望陛下置广廉于理(**大理寺狱**),可惩擅命之吏,明诏有司推法之本意,谕所遣提举官勿以强民,一切随其所愿。倘蒙圣慈昭然辨其难以遽行,止且试之河北、陕西数路,不胜幸甚。天下至大,生灵至众,不可以仓卒治也。[2]

---

[1] 苏轼:《苏轼文集》卷二十五《上神宗皇帝书》。
[2] 赵汝愚编:《宋朝诸臣奏议》卷一百十一《上神宗论王广廉青苗取息》。

李常曾得王安石推荐,担任过条例司详检文字官,也参与过青苗法方案的制订。转任谏官后,却极力反对推行青苗法。他与王安石的分歧,主要是俵散青苗钱是否要收取利息。王安石主张收二分之息,李常却坚称"青苗取息非便",强烈反对收利息。[1] 王安石最后搬出神宗皇帝:"上使明出二分息。"吕惠卿更是直接告诉李常:"君何得负介甫?我能使君终身不如人。"这差不多就是威胁了。

王安石为什么坚持要收息钱呢?他在致友人的私信中解释过:"二分(利息)不及一分,一分不及不利而贷之,贷之不若与之。然不与之而必至于二分者,何也?为其来日之不可继也。不可继,则是惠而不知为政,非惠而不费之道也,故必贷。然而有官吏之俸、輦运之费、水旱之逋、鼠雀之耗,而必欲广之,以待其饥不足而直与之也,则无二分之息,可乎?则二分者,亦常平之中正也,岂可易哉?"[2]

政府免息俵放青苗钱,看起来确实很美,站上了道德的制高点,然而,这种做法必定是无法持续的。相比之下,王安石的态度才是务实的态度。

李常的谏院同事孙觉也是王安石的故交,两人有过多年交情,每每彻夜长谈,意气相投,惺惺相惜。早年孙觉出任太平县令,王安石给他写了一首深情款款的送别诗:"会合常在夜,青灯照书诗。往往并衾语,至明不言疲。匆匆舍我去,使我当从谁。"[3]

---

1 黄以周等辑:《续资治通鉴长编拾补》卷七。下同。
2 王安石:《临川先生文集》卷第七十三《答曾公立书》。
3 王安石:《临川先生文集》卷第十《别孙莘老》。

我们应该记得，孙觉还曾经是变法的支持者。熙宁元年他任谏官时，向神宗建言"弊不可不革"，[1]不可"守祖宗一切之法而不知变"。[2]之后孙觉因故被贬为越州通判，在越州大约待了一年，又被召回朝廷，复任谏职。不知为何，这时孙觉却跟李常一样，摇身一变，变成了王安石变法的反对派。

也是在正月，侍御史知杂事陈襄连章上书，直陈青苗法之弊：

> 今来访闻诸路所差官吏，为见朝廷属意财利，莫不望风希旨，务为诛剥，以觊幸酬赏，苟免黜责。或以三分取息，或将陈旧之物纽作贵价，兑换支散，或不以民之贫富，一例抑配。事初如此，其后可知。臣恐此法一行，骚动天下。希锥刃之利，失亿兆之心，贻祸之端，未必不由兹始。[3]

同月，三朝老臣、翰林学士范镇亦愤然上疏，以十分激切的言辞抨击青苗法：

> 臣窃以常平仓始于汉之盛时。贱则贵而敛之，恐伤农也；贵则贱而散之，恐伤民也，最为近古。虽唐虞之政，无以易也。而青苗者，唐衰乱之世所为也。所谓青苗，苗青在田，贱估其值，收敛未毕而必其偿，是盗跖（先秦大盗）之法也。今以盗跖

---

1 吕中：《宋大事记讲义》卷十六。
2 赵汝愚编：《宋朝诸臣奏议》卷八《上神宗论所急者近效所勤者小数》。
3 赵汝愚编：《宋朝诸臣奏议》卷一百十一《上神宗论青苗》。

之法，而变唐虞不易之政，此人情所以不安，而中外惊疑也。[1]

范镇提到，青苗法起源于"唐衰乱之世"，这是错误的，因为唐朝后期出现的所谓"青苗地头钱"，其实是一种农业附加税，与宋代的青苗法完全是两码事。清代有学者做过考据："唐所谓青苗钱，并与宋制不同。宋制尚有钱贷民而加征其息，唐直计亩加税耳。"[2] 范镇是饱学之士，焉能不知两者区别？他应该是故意混为一谈、混淆视听的。

与此同时，一部分地方官员甚至以实际行动抵制青苗法的执行。

抵制青苗法的地方，包括天子脚下的开封府界。原来，变法派技术官僚侯叔献提举开封府界常平等事，见开封府界迟迟不散青苗钱，便一再催促负责此事的提点开封府界县事吕景。吕景却表示"畿甸诸县各有屯兵，每岁课利钱仅能借诸军请给，无有赢余"。[3]

条例司便奏请给开封府界划拨青苗钱贷本："陕西路准备给青苗钱三十万缗，见封桩，未及用。乞支十五万缗给府界民户青苗钱。"[4] 但十五万贯钱拨给开封府界后，吕景还是不愿意俵散，并上奏朝廷：府界人户现在还欠着政府二十余万石贷粮未还，"今又散青苗钱十五万贯，恐民力不能堪"。[5]

---

[1] 赵汝愚编：《宋朝诸臣奏议》卷一百十一《上神宗论新法》。
[2] 赵翼：《陔余丛考》卷二十《青苗钱不始于王安石》。
[3] 黄以周等辑：《续资治通鉴长编拾补》卷七。
[4] 徐松辑：《宋会要辑稿·食货四》。
[5] 黄以周等辑：《续资治通鉴长编拾补》卷七。

开封府辖下的祥符县干脆自作主张,在二月十二日停俵青苗钱,宣称"已得中书指挥住散",但条例司核查中书新近发出的文件,发现"无此指挥"。[1] 开封府界另一个县——陈留县接到俵散青苗钱的诏令后,只在县门张榜三日,以及在各乡村张榜三日,便收了榜文,称"民不愿矣",不复散青苗钱。但实际上,府界各县都有大量求贷青苗钱的农民,王安石后来回忆说:"向者(往日),开封、祥符两县人三日拥门,求请常平钱不得,而朝廷之上方争论抑配不已。"[2]

河北转运使刘庠也借故不俵散青苗钱,理由是"坊郭多有浮浪无业之人,深虑假托名目请出青苗钱,却致失陷",所以他给河北路诸州县行牒,要求青苗钱先"未得给散,别听朝旨"。[3] 然后奏请朝廷罢青苗法。条例司解释说:"本司看元降敕意,指定支与乡村人户,如有羡余,方及坊郭有抵当户。"刘庠以"坊郭多有浮浪无业之人"为由不散青苗钱,明显是找错了借口。

知杭州郑獬更高明一些,没有明着抵制青苗法,而是用了巧妙的手段敷衍了事,没有授人以柄。随后,他向神宗打了一个报告:

> 臣窃见青苗之法,朝廷非不叮咛不欲强民而使其自便也。故臣奉行,亦不敢强以率民,榜于诸邑,召其所愿请。至于累月而无一人至者,此非其所以不愿也,明矣。常、润、苏、秀,类皆如此。近自提举官入境,所过诸郡方以次支散,且将及于杭,

---

1 徐松辑:《宋会要辑稿·食货四》。下同。
2 李焘:《续资治通鉴长编》卷二百五十一。
3 徐松辑:《宋会要辑稿·食货四》。下同。

杭民闻之，皆相告以为忧。张榜累月而无一人愿请，一日提举官入境，则郡县更相希合，举民以与之，此非强民而何？¹

知越州山阴县陈舜俞（也是王安石赠过诗的旧交）则理直气壮地明说自己不奉诏书，不散青苗钱，并上书自劾。²

熙宁三年春，朝野上下声势最大的大合奏，就是旧党中人对青苗法的抗议、非议，我们去看赵汝愚辑录的《宋朝诸臣奏议》（这部选集在宋代士大夫心目中的地位，就如《联邦党人文集》之于美国）的卷一百十一至卷一百十四，便可知当时情形，因其中收录的奏议基本上都是反对青苗法之议的，上奏时间为熙宁三年正月至五月，主要集中在二三月。

其时，青苗法刚刚在诸路推行，就算它会带来严重的后果，此时也尚未出现，那为什么旧党会如此坚决、激烈地反对呢？大约有几个原因：

其一，青苗法的本质是政府放贷取息，这种做法被认为违背了圣贤之道，范镇干脆将青苗法蔑称为"盗跖之法"。

其二，一部分士大夫根据历史经验与逻辑推理，预测青苗法将会导致严重后果，如司马光说："臣恐细民将不聊生矣。"

其三，青苗法在推行过程中，出现了"扰民""抑配"的问题，比如按知杭州郑獬的说法，两浙路诸州乡民都不愿请领青苗钱，但提举官一入境，各州县很快就将青苗钱支俵出去，这不是为迎合提举官而强民所难吗？

---

1 赵汝愚编：《宋朝诸臣奏议》卷一百十四《上神宗论青苗》。
2 参见陈舜俞《都官集》卷五《奉行青苗新法自劾奏状》。

第一条理由属于价值偏好，很难辩出一个是非黑白出来；第二条理由属于想象，无以为凭；唯有第三条理由属于事实性判断，可以证实，或者证伪。

那么，我们来探究一个问题：杭、常、润、苏、秀诸州乡户真的就如郑侠所言，"无一人愿请"青苗钱吗？恰好在郑侠上疏之前，秀州前判官李定因为得到孙觉举荐，赴阙朝觐。到京后，李定先去拜见知谏院李常，李常问他当地民众对青苗法的看法。李定表示，民众对此十分欢迎。

李常告诉他："今朝廷方争此，君见人切勿为此言也。"[1]

随后李定又拜见王安石，将他与李常见面的情形说了出来："定惟知据实而言，不知京师不得言青苗之便也。"

按李定的说法，青苗法就是便民的良法，深受南方之民的欢迎，这与郑侠的说辞正好完全相反。到底谁在撒谎呢？

我曾一度以为是李定撒了谎，因为李定这个人留在宋史上的名声不大好，是后来陷害苏轼的小人之一，而且他有编造谎言讨王安石欢心的可能。但现在我可以负责任地说：撒了谎的人，是郑侠。

前面我们曾提到知山阴县陈舜俞不散青苗钱，并自劾违旨。在自劾的奏状中，陈舜俞说："然臣体问，方今小民匮乏，十室八九，应募之人，不召而至，何可胜计？"[2] 按陈舜俞的考察，越州山阴县的乡民听说官放青苗钱，不召而至，都想借贷。更有意思的是，这个陈舜俞上状自劾后，"躁忿弃官，居嘉禾白牛村，自称白牛居士"，过了一段时间，却上书"称青苗法实便，

---

[1] 李焘：《续资治通鉴长编》卷二百十。下同。
[2] 陈舜俞：《都官集》卷五《奉行青苗新法自劾奏状》。

初迷不知尔"。[1]

其时，知南康军鲁有开任满回京，宰相问他江南新法如何，答曰："新法行，未见其患，其在他日也。"[2] 鲁有开也是反对青苗法的士大夫，认定青苗法必有后患，但他还是承认目前青苗法未出现问题。

此外，还有一个叫毕仲游的士子写了一篇《青苗议》："自散青苗以来，非请即纳，非纳即请，农民憧憧来往于州县。"[3] 毕仲游是反对青苗法的保守派，但他的观察可以说明青苗法受欢迎的程度，申领青苗钱的农民"憧憧来往于州县"。

所以，我们认为，李定称青苗法在南方施行顺利，并无不妥，即使有夸大的成分，但可信度还是要远远大于郑侠的谎言。

尽管请贷青苗钱的乡户"不召而至"，但摊派的现象应该也是存在的，不完全是反对派的无中生有，因为提举官为追求政绩，务要多支散青苗钱；而为便于日后收回本息，官方又倾向于将钱贷给有偿还能力的上户，上户往往又不需要贷款，在这种情况下，难免会出现强行摊派给上户的问题。

但我们也不必高估强行摊派的严重性，宋朝台谏官指控青苗钱的俵散"不以民之贫富，一例抑配"，无疑是夸大其词的，因为青苗钱年息二分，利率比民间贷款低得多，以上户的经济条件，也许不需要借贷，但他们如果借到青苗钱，也完全可以以更高一点的利息转贷出去。事实上，按旧党中人吕陶对青苗法弊病的揭发，青苗钱的支俵确已出现"诡名冒请"的问题。[4]

---

1 李焘：《续资治通鉴长编》卷二百十二。
2 李焘：《续资治通鉴长编》卷二百八十四。
3 毕仲游：《西台集》卷五《青苗议》。
4 吕陶：《净德集》卷三《奏乞权罢俵散青苗一年以宽民力状》。

为什么要"诡名冒请"？徽宗朝时有臣僚解释："访闻形势之家法不当给，而迩来诸路诡名冒请者亦众，盖欲复行称贷，取过厚之息，以困贫弱。"[1] 形势户先化名冒充他人请青苗钱，然后转贷给贫弱之户，从中赚取利息差。"冒请"与"抑配"是两种完全相反的行为，如果有人"冒请"，又何必"抑配"？

不过，既然台谏官言之凿凿称青苗法有强行摊派之弊，神宗便从谏如流，于正月廿二日下诏：

> 诸路常平、广惠仓给散青苗钱，本为惠恤贫乏，并取民情愿。今虑官吏不体此意，追呼均配抑勒，翻成骚扰。其令诸路提点刑狱官体访觉察，违者禁止，并以名闻。敢沮抑愿请者，按罚亦如之。[2]

当时王安石正好休假，宰相曾公亮、陈升之就要了一个小手段，在签发诏敕时，将最后一句"敢沮抑愿请者，按罚亦如之"删掉。后来王安石回中书上班，发现诏敕被改，非常生气，面责曾公亮、陈升之："为宰相当有职守，何得妄降札子？今体（量）抑配青苗，又辄去当日诏语？"[3] 曾公亮等人悻悻，"不敢抗"。

神宗只是下诏重申禁止强行摊派，没有停止俵散青苗钱，这显然不是旧党想要的结果。所以范镇再次上疏：

> 伏睹近降中书札子四十道散下诸路，约束分给青苗钱，不得抑配人户，并召情愿者，特申前诏耳，

---

1 徐松辑：《宋会要辑稿·食货五》。
2 徐松辑：《宋会要辑稿·食货四》。下同。
3 黄以周等辑：《续资治通鉴长编拾补》卷七。

非臣前所奏之谓也。外议纷纭，皆云自古以来，未有天子而开课场者。民虽至愚，不可不畏。乞检臣前二奏，罢青苗钱，追还使者，而归农田水利、差役于州县，以正纲纪，以息民言。[1]

王安石反驳说："镇所言天子开课场，若非陛下明见《周礼》有此，则岂得不以为愧耻？前代人主，几人能以《周礼》决事？所以流俗之言常胜也。"

这些台谏官与侍从官对青苗法的抨击，尚不足让神宗皇帝动摇，直至二月初一，判河北大名府韩琦发来长篇奏疏，给了青苗法最有力的一击。这一击之所以很有杀伤力，自然是因为韩琦作为三朝元老的特殊身份。

韩琦对青苗法的诘难集中在下面三点：

一、伏详熙宁二年诏书，务在优民，不使兼并乘其急以邀倍息。凡此皆以为民，而公家无所利其入，谓合先王散惠兴利，抑民兼并之意也。今乃乡村自第一等而下，皆立借钱贯百，三等以上更许增添，坊郭户有物业抵当者，依青苗例支借。且乡村上三等并坊郭有物业户，乃从来兼并之家也，今皆多得借钱。每借一千，令纳一千三百，则是官放息钱，与初诏抑兼并、济困乏之意绝相违戾。欲民信服，不可得也。

二、乡村每保须要有物力人为甲头，虽云不得抑勒，而上户既有物力，必不愿请；官吏既防保内

---

[1] 徐松辑：《宋会要辑稿·食货四》。下同。

下户不能送纳,岂免差充甲头以备代赔?复峻责诸县,人不愿请,即令结罪申报。若选官晓谕,却有愿请者,则干系人别作行遣,或具申奏。官吏惧提举司势可升黜,又防选官晓谕之时,岂无贫下浮浪愿请之人,苟免捃拾,须行散配。

三、下人户见官中散钱,谁不愿请?然本户夏秋各有税赋,又有预买及转运司和买两色绸绢,积年倚阁、借贷麦种钱之类,名目甚多。今更增纳此一重出利青苗钱,愚民一时借请则甚易,至纳时则甚难。……官本因而浸有失陷,其害明白如此。[1]

神宗看了韩琦之疏,心有戚戚。次日,他将疏章发给宰执传阅,且说:"琦真忠臣,虽在外,不忘王室。朕始谓可以利民,不意乃害民如此!出令不可不审。且坊郭安得青苗,而使者亦强与之乎?"[2]

王安石"勃然"("勃然"一词总让我忍不住去想象王安石当时的表情),说:"苟从其所欲,虽坊郭何害!"接着,针对韩琦之疏,他说:"陛下修常平法所以助民,至于收息,亦周公遗法也。"

曾公亮和陈升之都认为坊郭户不应该请领青苗钱。

王安石说:"坊郭所以俵钱者,以常平本钱多,农田所须已定而有余,则因以振市人乏绝,又以广常平储蓄。"

陈升之说:"但恐州县避难索之故,抑配上户耳。"

---

[1] 赵汝愚编:《宋朝诸臣奏议》卷一百十一《上神宗乞罢青苗及诸路提举官》。
[2] 黄以周等辑:《续资治通鉴长编拾补》卷七。下同。

王安石说："抑配诚恐有之，然俟其行此，严行黜责一二人，则此弊自绝。"王安石还以河北路为例，对强行摊派问题进行了分析，认为河北路当无抑配，因为"傥河北一路有一人不愿，则韩琦必受其状以闻。今琦自入奏乃无此，则百姓不以为不便与提举官不敢抑勒，可知矣"。[1]

但王安石的解释并未让神宗宽心，他始终担心抑配的问题。王安石再解释："臣以为此事至小，利害亦易明，直使州郡抑配上户俵十五贯钱，又必令出二分息，则一户所陪止三贯钱。因以广常平储蓄，以待百姓凶荒，则比之前代科百姓出米为义仓，未为不善。况又不令抑配，又何所害，而上烦圣心过虑？臣论此事已及十数万言，然陛下尚不能无疑如此，尚为异论所惑，则天下何事可为？"[2]

神宗说："须要尽人言，料文彦博、吕公弼亦以为不可，但腹诽耳。韩琦独肯来说，真忠臣也。"又说："常平取息，奸雄或可指以为说动百姓。"担心混淆是非的善辩之人会借青苗法鼓动百姓抗议、造反。

王安石说："今榷盐酒皆用重刑，以禁民买绸绢，或强支配以盐，奸雄不以此为说动百姓。常平新法乃振贫乏、抑兼并、广储蓄，以备百姓凶荒，不知于民有何所苦！民别而言之则愚，合而言之则圣，不至为此摇动。"

王安石知道神宗对青苗法的看法已出现了动摇，便说："事之情伪是非，若不能察，惟务多纳人言，恐非但常平事不可为矣。"翌日（二月初三），即上书称疾居家，不赴中书视事。

---

[1] 徐松辑：《宋会要辑稿·食货四》。
[2] 黄以周等辑：《续资治通鉴长编拾补》卷七。下同。

神宗让司马光批答辞呈，交代要慰留王安石。司马光却在批语中夹带私货，说了重话："朕以卿才高古人，名重当世，召自岩穴，置诸庙堂，推忠委诚，言听计用，人莫能间，众所共知。今士大夫沸腾，黎民骚动，乃欲委还事任，退处便安。卿之私谋，固为无憾，朕之所望，将以委谁！"

王安石看到批答中"士大夫沸腾，黎民骚动"之语，不由大怒，即抗章自辩。神宗封还疏章，发手札安慰："诏中二语，乃为文督迫之过，而朕失于详阅，今览之甚愧。"差不多是向王安石道歉了。

宋神宗的谦抑，让数百年后的大清皇帝乾隆十分恼火："安石抗章，神宗巽谢，成何政体？即安石果正人犹尚不可，而况不正乎？尝谓神宗之信安石有若病狂，此亦宋室治乱安危之所关，有非人力之所能为者。"[1]

王安石见了神宗手札，遂于次日入对。入对时，王安石提出辞职，神宗极力挽留，宽慰良久。但王安石告退后，又呈上辞职的书面报告：

> 臣蒙拔擢，备数大臣。陛下所以视遇，不为不厚矣，岂敢轻为去就？诚以陛下初访臣以事，臣即以变风俗、立法度为先。今待罪期年（一年），而法度未能一有所立，风俗未能一有所变，朝廷内外，诐行邪说，乃更多于乡时（往时），此臣不能启迪圣心以信所言之明效也。虽无疾疢，尚当自劾，以避贤路。况又昏眩，难以看读文字，即于职事当有废失。

---

[1] 嵇璜：《钦定续通志》卷三百四十七。

虽贪陛下仁圣卓然之资，冀凭日月末光，粗有所成，而自计如此，岂容偷假名位，坐弃时日，以负所学，上孤陛下责任之意？[1]

尽管神宗不愿意看到王安石离开中书，但他对青苗法的预期效果已产生了深切怀疑。二月初八，在曾公亮、陈升之的提议下，神宗给诸路提点刑狱司发了一道诏令，要求他们切实监督青苗钱的支俵："诸路提点刑狱司常切体量、觉察俵散青苗钱，如有不取人户情愿抑配者，便仰依理止绝施行，当职官员即具名闻。"[2]

神宗还拟擢用司马光为枢密副使，任命之前，先征求了王安石的意见，王安石当然反对："光外托劘上之名，内怀附下之实，所言者尽害政之事，所与者尽善（"善"当为"害"）政之人。彼得高位，则怀陛下眷遇，将革心易虑，助陛下所为乎？将因陛下权宠，构合交党，以济忿欲之私，而沮陛下所为乎？臣以既然之事观之，其沮陛下所为必矣。"[3]但在王安石居家不出期间，二月十一日，神宗还是发布了拜司马光为枢密副使的诏书。

大约也是在二月中旬，神宗又让宰执大臣"议改青苗法，复常平旧制"。[4]一班反对新法的台谏官闻讯，十分兴奋，"翘足企首，以俟德音"，又欣喜感叹："中外之论正欲如此，而圣谕

第四章　风起于『青苗』之末

1　王安石：《临川先生文集》卷第四十四《答手诏封还乞罢政事表札子》。
2　徐松辑：《宋会要辑稿·食货四》。
3　黄以周等辑：《续资治通鉴长编拾补》卷七。
4　赵汝愚编：《宋朝诸臣奏议》卷一百十一《上神宗论罢司马光枢密范镇封驳不当》。下同。

203

及之，真臣等之所望，四方之所幸也。"

王安石将何去何从？青苗法是废是存？

第三节　此时只欲浮云尽

熙宁三年二月，王安石与他主导的变法事业迎来了第一场大考验。这边厢，王安石见神宗动摇，便一心求去，称病卧家，屡奏辞位。那边厢，三名曾在条例司任职的台谏官李常、程颢、王子韶于二月初十，称有急事，要求登殿奏对。及上殿，原来是请神宗挽留王安石，不要允其辞职。李常说得最动情：王安石极贤，"朝廷不可一日无也，以臣异议青苗之故，宁可逐臣，不可罢安石也"。[1]

这三名台谏官都是反对青苗法之人，为什么却不希望王安石去位呢？有人认为，程颢是希望王安石出来亲自废除青苗法，"盖犹望安石出而改之也"；[2]王子韶、李常则是小人，这么做是想讨好王安石，向王安石"卖恩"。[3]

其实神宗也舍不得王安石离朝，先后令吕惠卿、韩绛至王宅，劝告王安石出来视事。而中书在讨论废青苗新法、复常平旧制时，也未能达成统一意见，虽然中书三人（即曾公亮、陈升之、赵抃）都赞同应废除青苗法，赵抃却认为："新法皆

1　李焘：《续资治通鉴长编》卷二百十。
2　吕中：《宋大事记讲义》卷十七。
3　李焘：《续资治通鉴长编》卷二百十。

安石所建，不若俟其出"，[1]"令自罢之"。[2]因此议了一整天，仍没有结果，让神宗生疑。

若按野史笔记的说法，议废青苗法当日夜里，曾公亮密遣儿子曾孝宽报告王安石"且速出参政，若不出，则事未可知"。[3]王安石次日即入对，替青苗法辩护，青苗法遂得以保全。也因为这个缘故，后来曾公亮致仕，曾孝宽却得到王安石重用。不过，野史笔记之说不可凭信，姑妄听之。

二月廿一日，王安石始赴中书视事。入谢之时，神宗恳切劳问："青苗法，朕诚为众论所惑。寒食假中静思此事，一无所害，极不过少失陷钱物尔，何足恤？"[4]

王安石说："但力行之，勿令小人故意坏法，必无失陷钱物之理。预买绸绢，行之已久，亦何尝失陷钱物。若陛下内不能无疑，而明示大臣以试行此法，则必有讽喻所在，令故意拖延，又非理科扰人户，然后奏请此法不便者。今当明示此法不可变，若推行不善，如法按治黜罚，则人不敢坏法而法行。"

复出后，王安石写了三首咏月诗遣怀：

咏月三首

一

寒光乍洗山川莹，清影遥分草树纤。
万里更无云物动，中天只有兔随蟾。

---

1 脱脱等：《宋史》卷三百一十六。
2 黄以周等辑：《续资治通鉴长编拾补》卷七。
3 朱弁：《曲洧旧闻》卷八。
4 徐松辑：《宋会要辑稿·食货四》。下同。

二

江海清明上下兼,碧天遥见一毫纤。
此时只欲浮云尽,窟穴何妨有兔蟾。

三

一片清光万里兼,几回圆极又纤纤。
君看出没非无意,岂为辛勤养玉蟾。[1]

诗中的"浮云""兔蟾",以及未著一字的月亮,均是隐喻。月亮当喻新法,"浮云"喻阻挠变法的反对势力,"兔蟾"喻追随变法的新进少年。

既然"此时只欲浮云尽",那么,之前那些非议青苗法的声音便需要回应,以正视听;那些抵制俵散青苗钱的地方官员更需要追责,以儆效尤。

开封府界祥符县因擅自叫停发放青苗钱,二月廿四日,事下开封府根勘;知陈留县姜潜对俵散青苗钱一事敷衍了事,开封府、大理寺怀疑他"壅令",派人按验,姜潜自知难逃罪责,托病辞官,挂冠而去。[2] 提点开封府界县事吕景不愿俵散青苗钱一事,亦批下开封府鞫问。

河北转运使刘庠曾以"坊郭多有浮浪无业之人,深虑假托名目请出青苗钱,却致失陷"为由,擅自停止俵钱。二月廿七日,朝廷诏令给刘庠"放罪"(意为免于追究罪责,类似于"记过处分"),虽然"放罪",但这也是一种处分,宰相陈升之不同意。

---

1 王安石:《临川先生文集》卷第三十一《咏月三首》。
2 徐松辑:《宋会要辑稿·食货四》。下同。

王安石则要求按前京东转运使王广渊（王广廉之兄）的先例处分刘庠："近东京（京东）王广渊一面施行铁冶事，事皆便利，朝廷从之。然以不候朝旨，不免被劾，而陛下持旨放罪"，王广渊在京东路转运使任上，未等朝廷批准，先推行冶铁新政（具体内容待考），受到弹劾，神宗下诏"放罪"。王安石认为，"王广渊等力行新法，故事虽可从而被劾；刘庠等力沮新法，故事虽不可从而不问。如此，则人必为大臣风旨，以为于此有所好恶，安能无向背之心？盖朝廷法令，务在均一，不可有所偏党"。

神宗遂令依王广渊之例"放罪"。陈升之等人还想坚持，认为不当如此。赵抃说："臣在河北，亦尝如此奏事，朝廷亦不之问。"

神宗说："自是当时失问。"

陈升之说："河北转运司言亦有理，不可罪。"

王安石曰："法令：有余则听坊郭之愿请者，十人以上为保，及有物业过抵当之半者，乃给。如何恐有浮浪之人、遂不给散？"

陈升之说："议令有罪，乃商鞅法。"

王安石反驳说："议令者死，管子已如此言。然此非议令，乃违令也。不知三代以来，违令者亦有罪乎？"

陈升之等认为"朝廷如此，则人自今不敢为转运司矣"。

王安石又举薛向曾经被重责问罪一事来证明陈升之等人处事不公正："薛向但奏一寨主罪，乞行重责。中书欲据向罪，乃至检条数日。条既当奏，犹未肯已。今庠明有违敕之愆，朝廷但令放罪，而大臣乃皆以为不可，此其意何也？中书用法轻重如此，则人情何由不向背，议论何由不汹汹！"

神宗说："韩琦专四路事，然论奏此事，亦不敢一面止住俵给。"乃下诏"放罪"。

也是在二月廿七日，神宗将韩琦抨击青苗法的奏疏交给条例司，准备由条例司作出回应。

显然，王安石复出，不但没有动手废除新法，反而持之益坚。李常十分失望，于二月廿三日上了一道攻击青苗法、措辞十分激烈的札子：

> 今官吏务为功效，百端罔民。其尤甚者，使善良避请纳之费，虚认贯百，以输二分之息。臣考之三代，下至近古，未闻欲求平治辅养元元而为法如此之弊者。今百姓之室，空匮已甚，苛朘巧削，日入于困穷。困穷之至，为盗而已矣。陛下御天下之日未久，德泽之所以浸渍生民未深，而辅佐之臣作为此法，使毒流海内，小大惊扇，疾视其上。不早沮止，恐非社稷之福。[1]

神宗阅奏，看着宰相曾公亮、陈升之说："常平事皆经中书行遣，今人言纷纷如此，乃因执政议论不一故也。"[2]

曾公亮说："臣本以为不可，陛下欲力行之，赖臣力争，分作两料。"青苗钱一年分两次放贷，原来是曾公亮提出来的。

陈升之说："臣本不欲如此，今已书奏（指在奏请行青苗法的文书上签名），更不敢言。"

神宗说："若以为不可，当极论之，何以书奏？既书奏，何以至今乃议论不一？且此法有何不便？"

---

[1] 赵汝愚编：《宋朝诸臣奏议》卷一百十《上神宗论青苗》。不过，《宋朝诸臣奏议》将上疏时间列为熙宁二年十一月，不确。今据《宋会要辑稿·食货四》改之。
[2] 徐松辑：《宋会要辑稿·食货四》。下同。

曾公亮说:"陛下不须问其不便,陈升之乃元创法之人,李常亦同议论,今尚皆以为言,则其不便可知。"

这时王安石说:"台谏讻讻如此,陈升之自然当变。臣愚,诚不见其不便,不敢妄同流俗。"

陈升之说:"此但财利事,虽不同("不同"当为"不行"。据杨时《龟山集》,陈曰:"此只是财利事,不行得,有何所妨?"),何所害?臣在政府,日夕纷纷校计财利,臣实耻之。"

王安石说:"理财用者,乃所谓政事,真宰相之职也,何可以为耻?若为大臣畏流俗,不敢为人主守法者,臣亦耻之。"

曾公亮见二人相互讥讽,赶紧引开话题,提议"罢提举官,收新法,付提刑行之"。

神宗说:"如此,则是新法善,但提举官非其人耳。提举官容有非人,提点刑狱岂得皆善乎?"

曾公亮回道:"若陛下并新法悉废之,尤善。"

神宗说:"新法有何不善?若推行有害,但黜责官吏,则害自除矣。"

赵抃提出可暂缓新法实施,先俵今年一料,等无害再行。王安石表示不同意,说:"不可,如此则人必有故为沮坏失陷,罚百姓以破新法者。"

神宗便问如何处置李常的上疏。

王安石说:"常言善良又不纳钱,只认二分之息者,可令常分析是何州县如此。"

王安石所说的"分析",是宋代常见的一项质证机制。当台谏官上章弹劾某人、指控某事,为了澄清真伪、明辨是非,皇帝可以要求被弹劾的官员就指控事项逐一答辩,也可以要求提出弹劾的台谏官详细列出相关情况或证据,这叫"分析"。

谏官李常指控有些州县竟然"使善良避请纳之费,虚认贯百,以输二分之息",所以王安石提出让李常"分析",讲明究竟是何州县这么做。

但曾公亮与陈升之均不同意"分析"。曾公亮说:"王安石但欲以议论胜耳。"[1]

神宗正色说:"岂有此耶!"

曾公亮居然赌咒:"此言若诬,天实临之。"

王安石说:"始与升之言此法,升之以为难,臣即不强;升之既而以吕惠卿、程颢亦责,升之畏流俗,遂肯同签书。当时若升之不同,臣亦岂敢强?升之为此奏天下可行之事至众,但议论未合,即无强行之理。及至朝廷已推行,则非复是臣私议,乃朝廷诏令也。大臣为朝廷奉诏令,自当以身殉之,臣非好以议论胜,乃欲朝廷法令尊,为人所信,不为浮议妄改。"

神宗认为王安石所言有理,遂令李常"分析",出具强迫良民虚认二分利息的州县官吏姓名五六人。

而李常自二月廿三日上疏诋毁青苗法之后,并没有消停下来。三月初五,又上书把王安石以及曾公亮、陈升之、赵抃四名执政大臣骂了一遍,并提出辞职,不赴谏院上班,接到谕令"分析"的中书札子也坚决不执行,继续上章自辩:

> 臣伏以谏诤之官为朝廷耳目,事无大小,皆许风闻以言。陛下不以臣不才,使备位谏省。臣所论青苗钱事,盖为立法不良,为害甚大。不蒙省纳寝罢,乃令分析州县所在,是谓不正本而攻其末者。上失

---

[1] 黄以周等辑:《续资治通鉴长编拾补》卷七。下同。

朝廷设官之意,下废愚臣职业之守。必以臣智识不明,言事无状,则重诛远屏,臣何敢辞?所有分析指挥,不敢奉诏。况臣居家待罪,为日已久,屡违诏旨不供职。伏望圣慈早赐贬窜,以戒狂讪之臣。[1]

神宗对宰执说:"常终不肯分析,朕再三谕以'此止是欲行遣违法官吏',常坚云'体不合分析'。"[2]

曾公亮说:"台谏官自前许风闻言事,难令分析也。"

神宗说:"欲令说是何人言,或以所言不实罪谏官,即壅塞言路。今令说违法官吏是何人,因何却不肯?"

王安石也说:"许风闻言事者,不问其言所从来,又不责言之必实。若他人言不实,即得诬告及上书诈不实之罪,谏官、御史则虽失实亦不加罪,此是许风闻言事。今所令分析,止欲行遣官吏,何妨风闻?"

但李常既不愿意"分析",也不能拿把刀架在他脖子上,硬要他说出来。神宗可以做的,是让李常求仁得仁,"早赐贬窜"。四月廿二日,李常被罢去谏职,通判滑州。神宗让知制诰在李常的贬黜诰词中写明"言事反复,专为诋欺"。

当日,李常又进呈札子。这一回,他骂的是神宗本人:"陛下一宫殿之费百余万,一宴游之费十余万,乃令大臣剥肤椎髓,掊敛百姓。"

神宗笑道:"近闻人谤如此,(原来)乃是常疏中语。"

王安石说:"陛下即位,未尝营缮及事外游宴,惟修太皇

---

[1] 赵汝愚编:《宋朝诸臣奏议》卷一百十四《上神宗乞不分析青苗虚认二分之息》。
[2] 李焘:《续资治通鉴长编》卷二百十。下同。

太后、皇太后两宫尔，而常敢于诬上如此！"

李常称神宗"陛下一宫殿之费百余万，一宴游之费十余万"，显然是不实之词，因为治史者都知道，宋神宗"不治宫室，不事游幸"。[1] 由此看来，李常对青苗法的指控，多半也是道听途说，可信度得打一折扣。怪不得他始终不肯"分析"。

在李常贬谪滑州之前，另一名谏官孙觉也于三月廿五日罢谏职，降知广德军。孙觉被贬，并不是因为他再三上书抨击青苗法——此为言责所在，绝非过错——而是因为，孙觉与李常一样，也有"言事反复，专为诋欺"的行为。

先是，曾公亮、陈升之、赵抃三位宰执大臣都坚称"开封府界散常平钱实有抑配"，神宗便委任孙觉负责调查此事虚实，同开封府界提点、提举官"体量有无抑配以闻"，孙觉亦欣然奉命，说我马上就出发。[2] 也许他觉得，这正是收集青苗法扰民之证据的机会。

既而，御史张戬却说，不应派遣孙觉。而孙觉此时也上疏辞免调查府界青苗钱事，理由是："如陈留一县，前后晓示，情愿请钱，卒无一人至者，故陈留不散一钱。以此见民实不愿与官中相交"。[3]

孙觉自辩说：

> 况臣前后论列，皆谓法不精、所遣使者非其人，故屡引"作俑"之说以明将来之害。今圣旨乃使臣遍行诸县，又与提点、提举等官连书闻奏。谏官备

---

[1] 脱脱等：《宋史》卷十六。
[2] 黄以周等辑：《续资治通鉴长编拾补》卷七。
[3] 脱脱等：《宋史》卷三百四十四。

耳目之任，凡所闻见，得以开陈，必欲按实罪状，正所谓"干碍之官"。臣闻古者设官，有言之者，有行之者，故言者不责其必行，行者不责其能言。臣备员谏省，以言语为官矣，其又能一二以行之乎？伏望圣慈察臣区区之志，臣之所言是邪，则愿陛下采而行之；所言非邪，固不逃于诛谴。所有体量青苗指挥，望赐寝罢。谨具状辞免以闻。[1]

神宗在孙觉的辞免札子上批示："觉上殿称敢不虔奉诏命，即日治行，今乃反覆如此，付中书问。"[2]中书在讨论时，王安石表示，"直可责降，不须劾问"。神宗本欲让孙觉回到馆阁供职，王安石又称"不如与一州或军"。神宗一想也是："留觉在此，必更鼓动流俗。"遂贬知广德军。

孙觉辞免调查开封府界青苗钱的说辞，可谓辞严义正、冠冕堂皇，但背后却隐隐约约地闪烁着两个字：心虚。因此，我们可以推断：所谓的"开封府界散常平钱实有抑配"，很可能是谣传。

孙觉既不愿意调查开封府界青苗钱，神宗便派了内侍张若水、蓝元震前往调查。之后，张、蓝回来报告："民皆情愿，无抑配者。"[3]

其时，枢密使文彦博也上书称青苗钱不便，神宗说："吾令中使二人亲问民间，皆云甚便。"文彦博顶了神宗一句："韩琦三朝宰相不信，而信二阉乎？"保守派士大夫坚持认为，张

---

1 赵汝愚编：《宋朝诸臣奏议》卷一百十三《上神宗辞免体量府界青苗钱》。
2 黄以周等辑：《续资治通鉴长编拾补》卷七。下同。
3 徐松辑：《宋会要辑稿·食货四》。下同。

若水、蓝元震之所以称青苗法便民，是因为他们受了王安石的贿赂。

第四节　两造激辩青苗法

前面我们说过，在王安石请辞、居家期间，神宗拜司马光为枢密副使。不过司马光一直拒绝接受任命。二月廿日，司马光上章解释为什么要辞免枢密副使："臣蒙圣恩除枢密副使，……若陛下徒以禄位荣臣，而不取其言，则是天官私非其人，臣徒以禄位自荣，而不能救生民之患，则是盗窃朝廷名器以私其一身。诚恐上累陛下之至公，下丧微臣之素守，此臣所以屡违诏命不敢祗受者也。"[1]

司马光希望神宗采纳他的什么谏言呢？裁撤青苗法。他称："陛下诚能昭然觉悟，采纳臣言，罢制置三司条例司，及追还诸路提举勾当常平使者。其官员并送审官院与合入差遣，青苗钱已散者，令州县候丰熟日催收本钱，更不取利，未散者毋得更散，其常平仓钱谷依旧封椿，令提点刑狱司管勾，则太平之业依然复故矣。兹事明如白黑，易如反掌，陛下何惮而不为也！如此臣虽尽纳官爵，但得为太平之民以终余年，其幸多矣。苟言不足采，陛下虽引而置诸二府，徒使天下指臣为贪荣冒宠之人，未审陛下将何所用之？"

二月廿二日，神宗复遣内侍李舜举催促司马光接受诰命，

---

[1] 黄以周等辑：《续资治通鉴长编拾补》卷七。下同。

并传谕:"枢密本兵之地,自有职分,不当更引他事为辞。"司马光却回奏:"臣若已受命,则诚如圣旨,不敢言职外事。今尚为侍从之臣,朝廷阙失,无不可言者。"为表示不接受新命的决心,司马光又称病告假。我们发现,宋朝的士大夫,与君主一言不合,不是告假,就是请辞,这已经成了一种风气。

二月廿七日,司马光告假第六日,神宗派内侍抚问,并召入见。司马光说:"臣近曾上疏,乞罢制置三司条例司,及追还诸路常平、广惠仓使者。未闻朝廷少赐录,但闻条例司愈用事,催散青苗钱愈急,中外人情愈皇皇不安。臣当此际,独以何心敢当高位?故宁被严谴,未敢辄出。臣闻古者国有大事,谋及卿士,谋及庶人,参酌下情,与众同欲。是以事无不当,令无不行。未尝有四海之内卿士大夫,农商工贾,异口同辞,咸以为非,独信二三人之偏见,而能成功致治者也。伏望陛下出臣近所上疏,宣示中外,庶使共决是非。若臣言果是,乞早赐施行;若臣言果非,乞更不差使臣宣召,早收还枢密副使敕告。"

韩琦闻知司马光坚持不接受枢密副使的任命,便给枢密使文彦博写信,请他劝说司马光:"主上倚重膺之,庶几行道,道不行,然后去之可也。"文彦博将韩琦书信交给司马光,司马光正色说:"古今为此名利所诱,亏坏名节者不少矣。"文彦博只好回复韩琦:"君实作事,今人不可及,直当求之古人中也。"

神宗亦知司马光不可说服,遂下诏收回司马光枢密副使告敕,让他仍旧在学士院供职。曾公亮却不同意收还司马光诰命,说:"青苗事,臣等亦数论奏。"神宗解释说:"此事何预于枢密副使?光不当以此辞。"曾公亮这才不敢有异议。

按程序,君主的诏书要送通进银台司行下,时翰林学士范镇知通进银台司,他毫不客气地将诏书封驳回去:"臣所陈大抵与光相类，而光追还新命，则臣亦合加罪责。"之前神宗皇帝下诏令李常"分析"所谓"虚认二分之息"一事，诏命亦被范镇封驳，神宗四次谕令范镇行下，范镇均不为所动，就是不把诏书颁下，以致李常到了四月才接到谕令"分析"的中书札子。

现在收回司马光枢密副使告敕的诏书也被范镇封回去了。神宗吩咐将诏书再送通进银台司，让范镇行下。但范镇又封还："陛下自除光为枢密副使，士大夫交口相庆，称为得人，至于坊市细民，莫不欢喜。今一旦追还告敕，非惟诏命反汗，实恐沮光说论忠计。"

神宗只好将诏书直接交给司马光，不由通进银台司行下。范镇则认为，皇帝此举意味着通进银台司失职，所以他坚持辞去知通进银台司的职务。三月十七日，神宗批准了范镇的辞职。

收回枢密副使诰命之后，神宗还想慰留司马光，在司马光入对时，又问："此命尚未罢也，朕特加卿，卿何为抗命不受？"

司马光说："臣自知无力于朝廷，故不敢受。抗命之罪小，尸禄之罪大故也。"

神宗说："卿受之而振职，则不为尸禄矣。"

司马光说："今朝廷所行，皆与臣言相反，臣安得免为尸禄之人？"

神宗问他："相反者何事？"

司马光说："臣言条例司不当置，又言不宜多遣使者外挠监司，又言放青苗钱害民，岂非相反？"

神宗说："今士大夫汹汹，皆为此言。卿为侍从臣，闻之不得不言于朕耳。"

司马光说:"不然。向者初议,臣在经筵,与吕惠卿争议论,以为果行之,必致天下汹汹。当时士大夫往往未知,百姓则固未知。非迫于浮议而言也。"

神宗说:"言者皆云法非不善,但所遣非其人耳。"

司马光说:"以臣观之,法亦不善,所遣亦非其人也。"

神宗又问:"卿见元敕否?"

司马光:"不见。"

神宗说:"元敕不令抑勒,宿州强以陈小麦配民,卫州留滞不散,朝廷已令取勘违敕强民者,朝廷固不容也。"

司马光却说:"敕虽不令抑勒,而所遣使者皆讽令抑配。如开封府界十七县,惟陈留姜潜张敕榜县门及四门,听民自来请,则给之,卒无一人来请。以此观之,十六县恐皆不免于抑勒也。"司马光认定俵散青苗钱有强制摊派的问题,原来是靠推论。

神宗又说:"卿告敕尚在禁中,朕欲再降出,卿当受之,勿复辞也。"

司马光说:"陛下果能行臣之言,臣不敢不受;不能行臣之言,臣以死守之,必不敢受。且诏令数下,而臣数拒违,于臣之罪益重,于陛下威令亦为不行,上下俱有所损,愿陛下勿降出也。"

神宗敦谕再三,司马光则再三推辞,其志不可夺也。

就在二月廿七日,神宗批准司马光辞去枢密副使新命当日,司马光还给王安石写了一封长信,苦口婆心地阐释圣贤的治国之道:

自古圣贤所以治国者,不过使百官各称其职,委任而责成功也;其所以养民者,不过轻租税、薄赋敛、已逋责也。介甫以为此皆腐儒之常谈，不足为，思得古人所未尝为者而为之。于是财利不以委三司而自治之，更立制置三司条例司，聚文章之士及晓财利之人使之讲利。……先散青苗钱，次欲使比户出助役钱，次又欲更搜求农田水利而行之。所遣者虽皆选择才俊，然其中亦有轻佻狂躁之人，陵轹州县、骚扰百姓者。于是士大夫不服，农商丧业，谤议沸腾，怨嗟盈路。[1]

王安石接到信函，很快就给司马光回信了。遗憾的是，由于此信已佚失，我们不知道王安石究竟如何回应老朋友司马光的质疑，大概是诚恳地解释新法有利无害，因为三月初三，司马光又致信王安石，信中说道："光以荷眷之久诚，不忍视天下之议论汹汹，是敢献尽言于左右，意谓纵未弃绝，其取诟辱必矣，不谓介甫乃赐之诲笔，存慰温厚。虽未肯用其言，亦不辱而绝之，足见君子宽大之德，过人远甚也。"[2]

在第二封信中，司马光对新法将会产生的后果表示忧虑：

今四方丰稔，县官散钱与之，安有父子不相见、兄弟离散之事？光所言者，乃在数年之后，常平法既坏，内藏库又空，百姓家家于常赋之外，更增息钱、役钱。又言利者，见前人以聚敛得好官，后来者必竞生新意，以朘民之膏泽，日甚一日。民产既竭，

---

[1] 司马光：《传家集》卷六十《与王介甫书》。
[2] 司马光：《传家集》卷六十《与王介甫第二书》。下同。

小值水旱,则光所言者,介甫且亲见之,知其不为过论也。

王安石又复信,为自己辩护:

今君实所以见教者,以为侵官、生事、征利、拒谏,以致天下怨谤也。某则以谓受命于人主,议法度而修之于朝廷,以授之于有司,不为侵官;举先王之政,以兴利除弊,不为生事;为天下理财,不为征利;辟邪说,难壬人(奸佞之人),不为拒谏。至于怨诽之多,则固前知其如此也。……如君实责我以在位久,未能助上大有为,以膏泽斯民,则某知罪矣。如曰今日当一切不事事,守前所为而已,则非某所敢知。[1]

于是司马光写了第三封信,对王安石的辩解作出反驳:

夫议法度以授有司,此诚执政事也,然当举其大而略其细,存其善而革其弊,不当无大无小,尽变旧法以为新奇也。……今之散青苗钱者,无问民之贫富,愿与不愿,强抑与之,岁收其什四之息,谓之不征利,光不信也。至于辟邪说、难壬人,果能如是,乃国家、生民之福也,但恐介甫之座,日相与变法而讲利者,邪说壬人为不少矣。彼颂德赞功,

---

1 王安石:《临川先生文集》卷第七十三《答司马谏议书》。

希意迎合者，皆是也，介甫偶未之察耳。[1]

王安石亦有复信，可惜此信也未传世。互通三封书信之后，这对曾经的好友自此交恶，不复往来。

在司马光与王安石函件往来之时，条例司与韩琦之间也发生了笔战。我们知道，二月初韩琦曾上奏朝廷，列举了河北路支俵青苗钱的种种弊端。三月初四，条例司向神宗提交一份《画一申明常平新法奏》："群臣数言常平新法不便，今画一申明，乞敕诸路安抚、转运、提点刑狱、提举官晓谕所属官吏，使知法意。"[2] 这份"申明"应该出自王安石之笔，所以收入其文集中。

针对韩琦以及其他大臣对青苗法的一系列指控，"画一申明"逐一做了解释或批驳。

1. 言者谓："元敕云公家无所利其入，今河北提举官乃令出息三分，失信于百姓。"

条例司解释："按《周礼》泉府之官，民之贷者，取息有至二十而五，而曰'国事之财用取具焉'。今常平新法预给青苗钱，但约熟时酌中物价，熟时物贵，即许量减市价纳钱。既言量减市价纳钱，即是未定纳实数，故河北约束州县纳钱（利息）不得过三分，京西、陕西等路，大抵不过二分而已。……比《周礼》所取犹少，于元条欲广储蓄、量减时价指挥不相违戾，固无失信之理。"

---

[1] 司马光：《传家集》卷六十《与王介甫第三书》。
[2] 徐松辑：《宋会要辑稿·食货四》。下同。

泉府是《周礼》记载的财税机构,掌市征、赊卖、借贷之政。王安石变法,言必称《周礼》,与其说他对这部儒家经典有多么推崇,不如说他深深知道,需要用经义赋予变法的合法性。

2.言者谓:"上三等户及城郭有物力户,即从来兼并之家,今乃立定贯百,许之贷借,非抑兼并之意。"

条例司反驳:"今按乡村上三等、城郭有物业户,亦有阙乏之时,从人举债,岂皆是兼并之家。今贷贫民有余,则以给此等户,免令就私家取一倍之息,乃是元敕抑兼并之意。"

3.言者谓:"河北每保须上三等户一人,上等户必不愿请,官吏既防贫户不能送纳,岂免差充甲头,以备代陪。"

条例司解释说:"河北每保须上三等户一人者,盖以检防浮浪之人。若有上户肯与同保,即非浮浪之人;若无上户肯与同保,即自不许支给,何须更行散配?若谓上三等户必不愿请,须差作甲头,自是抑勒违法。况今年开封诸县甚有上三等户愿请,即非抑勒。以近验远,事理可知。"

4.言者谓:"提举官峻责州县,如民不愿请,即结罪申报;若选官晓谕却愿请,即当别作行遣。州县官吏惧提举官晓谕,苟免捃拾,岂无贫下浮浪愿请之人,或须散配。"

条例司反驳说:"提举司约束官吏,止是关防因循避事坏法之人,即非迫胁须令抑配。若提举官或急于功利,讽州县抑配,即诸路各有安抚、转运、提点刑狱,其为朝廷委任,皆在提举官之上。若有州县官员故欲隳坏新法,或曲徇提举官意指抑勒百姓,自当纠举,依法施行,及具事状闻奏,岂宜以官吏违法之故,遂欲废法?"

5.言者谓:"百姓各有本户税赋及预买绸绢,又生此一重预给青苗钱,则人户不易。"

条例司解释:"百姓税赋之外,逐路承例科敛,名目诚多。然当缺乏之时,不免私家举债,出息常至一倍,此所以贫者愈困也。今贷与常平本钱,乃济其艰急,又止令约熟时中价纳斛斗,时物价贵,然后令纳见钱,比元本不得过二分,即是免于兼并之家举一倍之息,民户有何不易?"

6.言者谓:"但躬行节俭,常节浮费,自然国用不乏,何必使兴利之臣四出,以致远近之疑。"

条例司反驳:"先王之政,未尝不以食货为始,张官置吏,大抵多为农事也。近世以来,农人尤为困苦,朝廷但有徭役加之,初无岁时补助之法。……今置提举常平、广惠仓官兼主管农田水利差役事者,凡以为此而已,固非使之朘削百姓,以佐人主私费,亦岂得谓之兴利之臣,而致远近之疑?"

7.言者谓:"今常平千余万缗,散作青苗钱,民所欠负，财力既尽，……十年之后，千余万缗散而不返矣。常平旧法，自古立制，而无失陷之弊，不当变改。"

条例司解释："常平新法：预给价钱，并令公人识认；又须十户以上为一保，……自非官吏故欲沮坏，不容独致失陷官物。今新法之中兼存旧法，但以旧法广储蓄、抑兼并、赈贫弱之方尚为未备，又无专领官司，所以……专置一司，提举觉察，非废旧法、违古制也。"

8. 言者谓："新法不当示之条约，明言利息。"
条例司解释说："《周官》贷民，明言以国服为息，盖圣人立法，推至信于天下，取之以道，非为己私，于理何嫌？而不可明示条约！"

"国服为息"是《周礼》记载的泉府放贷取息原则，意为向泉府借贷的王畿之民需要通过"服事于国"来偿还利息。王安石此言是想借经义论证俵青苗钱取二分之息的合法性。

9. 言者谓："坊郭户既无青苗，不可贷借。"
条例司反驳说：常平旧法"亦粜与坊郭之人。……《周礼》贷民之法，无都邑、鄙野之限。今新法乃约《周礼》太平已试之法，非专用陕西预散青苗条贯也"。

最后，"申明"强调：

> 今新法方行，若官吏不能体朝廷立法之意，不肯公共推行，或以钱斛抑配与人，或利在易为催纳，专贷与物力高强户；或留滞百姓，不为及时给纳，故纵公吏乞取，致百姓枉有糜费；或不量民物力，给与钱斛太多，致难催纳；或不能关防辨察，令浮浪之人自为一保，冒请官物，致难催纳；或拖延不为及时催纳，却非理科校公人百姓之类，自是州县官吏弛慢，因缘为奸，不可归咎于法。乞令逐路安抚、转运、提点刑狱、提举官常切觉察，依条施行。命官具案取旨，重行黜罚。安抚、转运、提点刑狱、提举官失于举觉，致朝廷察访得实，亦当量罪，第行朝典。

至少从理论上来看，"申明"的解释是很有说服力的，可以反驳韩琦、司马光等保守派士大夫对青苗法的曲解、误解。神宗批准了这份"申明"，并镂板刊印，通过进奏院发行网络，颁行于诸路州县。

韩琦自然看到了进奏院发行的"申明"，大怒，再次上疏："臣详制置司疏驳事件，多删去臣元奏要切之语，唯举大概，用偏辞曲为沮难，及引《周礼》'国服为息'之说文其谬妄，上以欺罔圣德，下以愚弄天下之人，将使无复敢言其非者。臣不胜痛愤，须至再有辩列！欲望亲览。"

然后，韩琦用了大量篇幅来阐释《周礼》的"泉府之法"与"国服为息"，以说明王安石与条例司"诬污典典，蔽惑睿明"。

韩琦把各邦国缴纳给周天子的土贡理解为"国服"，税率最重的土贡是漆林，为25%。而"今放青苗钱，春贷十千，半年之内，便令纳利二千；秋再放十千，至岁终，又令纳利二千。则是贷万钱者，不问远近之地，岁令出息四千也。《周礼》至远之地，止出息二千，今青苗取息尚过《周礼》一倍"。制置司还好意思说"比《周礼》取息已不为多"，这不是"欺罔圣听，且谓天下之人皆不能辨"吗？

但从学理上说，恰恰是韩琦理解错了经义。因为"国服为息"指的是王畿之民与政府之间的借贷关系，用各邦国对周天子的贡税义务来比附，是十分勉强的。[1]

而且，跟司马光一样，韩琦对青苗钱的利率也有误解。前面我们已解释过，青苗钱的利率是20%，而非40%。

韩琦又称"泉府"之职包括赊卖："民有祭祀丧纪，就官中借物，限旬日、三月还官，而不取其利"，那么，如果条例司要行《周礼》"泉府之法"，"何不将此周公太平已试之法尽申明而行之"，而独取"贷钱取息之一事"施行？[2] 此处又是韩琦强词夺理，因为青苗法显然是贷法，而非赊法。所以，当王安石读到韩琦奏疏上"民有祭祀丧纪"等时，马上反驳："此乃赊买官物，非称贷也。"[3]

对条例司的其他辩解，韩琦也一一作出回驳，如条例司认为上三等户及城郭有物力户未必都是兼并之家，韩琦却说："臣切以乡村上三等及坊郭有物业户，非臣独知是从来兼并之家，此天下之人共知也。"条例司认为请贷须有上户一人充当甲头，是为防范浮浪之人，并非强制摊派，韩琦却说："此则抑勒之势，

---

[1] 参见俞菁慧、雷博《北宋熙宁青苗借贷及其经义论辩——以王安石〈周礼〉学为线索》，《历史研究》2016年第2期。
[2] 徐松辑：《宋会要辑稿·食货四》。
[3] 黄以周等辑：《续资治通鉴长编拾补》卷七。下同。

不待臣言而自明矣。"可谓见仁见智。

韩琦还要求将他的奏疏"降付中书、枢密院看详,及送御史台集百官定议。如臣言不当,即甘从窜殛;若制置司处置乖方,天下必受其弊,即乞依臣前奏,尽罢诸路提举官,只委提点刑狱臣僚依常平旧法施行,以慰众心"。

神宗没有同意韩琦的奏请。假设如韩琦所请,朝廷召集百官,就青苗法的是非利弊展开一场大辩论,能不能辩出一个共识来呢?我认为不能,因为反对派的立场,并不是希望将青苗法修改得更合理一点,而是想着把这项新法批倒批臭,一举而废之。很多年后,旧党的程颢对此有过反省:"新法之行,正缘吾党之士攻之太力,遂至各成党与,牢不可破。且如青苗一事,放过何害?"[1]

第五节 山鸟逢春即啾喧

条例司针对韩琦等大臣质疑青苗法的批评意见作出正面回应,并以"画一申明"的形式,刊印成文件,颁行于诸路,晓谕相关官吏,使知朝廷之政策意图,这不是很有必要吗?

但在一部分宋朝士大夫看来,条例司的做法冒犯了韩琦等大臣。韩琦乃三朝元老、国之重臣,神宗对他都得优礼相待,不敢有半点怠慢,条例司分明是"用贱凌贵"。三月初五,即神宗批准条例司"画一申明"次日,监察御史里行程颢上书,

---

[1] 李焘:《续资治通鉴长编》卷二百十。

驳斥条例司所为：

> 臣近累上言，乞罢预俵青苗钱利息及汰去提举官事，朝夕以觊，未蒙施行。……近日所闻，尤为未便。伏见制置条例司疏驳大臣之奏，举劾不奉之官，徒使中外物情，愈致惊骇，是乃举一偏而尽沮公议，因小事而先动众心。权其轻重，未见其可。[1]

> 盖自古兴治，虽有专任独决，能就事功者，未闻辅弼大臣人各有心，睽戾不一，致国政异出，名分不正，中外人情交谓不可，而能有为者也。况于措置失宜，沮废公议，一二小臣实与大计，用贱凌贵，以邪妨正者乎？[2]

程颢还跑到中书，跟王安石当面理论。王安石向他解释，"方镇沮毁朝廷法令，朝廷申明，使知法意，不得谓之疏驳大臣章奏"。[3]

程颢又表示："大臣论列，事当包含。"认为对大臣的批评意见应当包容。

王安石说："此言尤为害理。若不申明法意，使中外具知，则是纵使邪说诬民而今诏令本意更不明于天下，如此则异议何由贴息？"

谏官李常、孙觉（时李、孙尚未贬黜）以及御史张戬等

---

1 赵汝愚编：《宋朝诸臣奏议》卷一百十三《上神宗论新法》。
2 赵汝愚编：《宋朝诸臣奏议》卷一百十四《上神宗论新法乞降责》。
3 赵汝愚编：《宋朝诸臣奏议》卷一百十三《上神宗论新法》。下同。

人也在三月初五同日上书,集体抨击青苗法与提举官。神宗见了这些章疏,问执政大臣:"人言何至如此?"[1]

王安石说:"自大臣以至台谏,臣有异,则人言纷纷,如何足怪!"

赵抃说:"苟人情不允,即大臣主之,亦不免人言,如濮王事也。"

神宗感叹:"宗室事(指裁宗室授官法)何以不纷纷?"

王安石说:"以两府大臣共议,故大臣无摇动者;又陛下不疑,故异论无从起。"

神宗又问:"均输事何以无人言?"

王安石说:"人言岂少!……(因为)其言不效,故其意沮折,而不复敢为诬妄。常平事,大臣固不悦,但陛下初即位,以为善政,不敢异论。然自初施行,阴欲沮坏,至于百端;其后陛下每见提举官上殿,辄问新法便否,人人知陛下意疑,所以内外交结,共为诬罔也。"指出是皇帝自己态度不坚定,被大臣看在眼里,才有后面交相攻击之事。

陈升之说:"岂可使上不访问群臣?此皆提举官所在张大妄作,故致人言耳!"

王安石反驳说:"提举官到任不过数处,若妄作,只须有事实;全无事实可说,即其言岂可听信?"

神宗又提到程颢的章疏,王安石转述了他与程颢在中书的争执,神宗有些担忧,认为不可失人心。

王安石说:"所谓得人心者,以为理义。理义者,乃人心之所悦,非独人心,至于天地鬼神亦然。先王能使山川鬼神亦

---

[1] 黄以周等辑:《续资治通鉴长编拾补》卷七。下同。

莫不宁者，以行事有理义故也。苟有理义，即周公致四国皆叛，不为失人心；苟无理义，即王莽有数十万人诣阙颂功德，不为得人心也。"

到了三月中旬，御史中丞吕公著也上札子请求罢免提举常平仓官吏，并在札子中抗议条例司逐一批驳韩琦奏疏的做法：

> 臣近两具札子，言乞罢提举常平、广惠仓官吏，未蒙施行。臣窃惟朝廷自颁行此法以来，中外议者皆以为本非惠民，实欲掊利。人情忧惧，物论沸腾。朝廷以法令既行，惮于改作，直至取大臣所奏，逐条疏驳，巧为辩说，敷告天下。其余中外官守，或因有所论列，或以不即奉行，皆欲劾问。专以朝廷之威，杜塞众口。是以比日以来，人情愈更不宁。……
> 伏望博采公议，尽罢诸路所遣提举官，委提刑或转运司且于三两路相度支散。候见得于民无害，则不独此法可以推行，其他处置皆足以取信于人。若百姓终以为病，朝廷亟为改之，犹不至害及天下。[1]

神宗让王安石读吕公著的札子。王安石读至"取大臣所奏，逐条疏驳，巧为辩说，敷告天下"一段，神宗说："如此，则韩琦安得不动心乎？"[2]

王安石说："朝廷作有理之法，今藩镇逐条疏驳，而执法乃不以为非。方镇作无理章奏，朝廷谆谆晓谕，而执法乃谓

---

1 赵汝愚编：《宋朝诸臣奏议》卷一百十二《上神宗乞罢提举常平仓官吏》。
2 黄以周等辑：《续资治通鉴长编拾补》卷七。下同。

之巧为辩说,即非理之正。言事官当逐辩论其非,以开悟陛下之聪明可也。今但言巧为辩说,而不见辩说之不当,则其情可见矣!"

神宗感慨:"上下纷纷何至此?"

王安石:"陛下作法,宰相摇之于上,御史中丞摇之于下,方镇摇之于外。而初无人与陛下为先后奔走御侮之臣,则人情何为而不至此耶!"

又读至"止令提点刑狱或转运使管勾"这一句,王安石说:"比曾公亮亦有此奏。陛下试思,府界若无提举官,止有吕景,则此法已不得行;京西无提举官,止有提点刑狱,则已言人皆不愿。请以此验之,则不设提举官,付之他司,事必不举矣。"

神宗担心"官吏慢法而不奉行"。

王安石说:"提举官虽卑,然以朝廷之命出使,尚未敢按举州县不法,即已纷纷然以为陵轹州县。言事官本当为朝廷守法,乃更朋比流俗,如此岂是正理!"

神宗深以为然。

见台谏对青苗法意见这么大,王安石与韩绛便建议神宗:陛下不如下诏"晓谕台谏,无使纷纷"。神宗说:"安得如许口颊与说?"不过他还是交代王安石:可令条例司"稍修改常平法,以合众论"。

王安石嘴很硬:"陛下方以道胜流俗,与战无异,今少自却即坐,为流俗所胜矣。"但实际上还是对俵放青苗钱的细则作了局部修订,比如大约三月初,条例司取消了河北路俵钱取息"不得过三分"的规定,改为"不得过二分"。五月,条例司又将青苗钱的支俵调整为一年俵散一次:"今后诸路常平、广惠仓出俵青苗钱,委转运、府界提点、提举司,每年相度留钱斛，准备非时赈济出柴外，更不限定时月，只作一料支俵，或却作两料送纳，以便本处人情。如愿分两料请者，亦听。"[1]

为什么要把俵放青苗钱的时间、料次调整为一年一贷呢？因为之前一年支俵两次，出现了一些不良后果：有些乡户春季借青苗钱，很快花光，又在秋季再支借青苗钱还贷，来年春天，再借新的青苗钱偿还秋料，还贷之时贴点利息，从而形成一个闭环。另外，民户一年借贷两次，也让官府落下"岁收其什四之息"的话柄。

然而，树欲静而风不止。除了台谏官喋喋不休，其他对新法不满的人也不想偃旗息鼓，比如苏轼。

熙宁三年适逢大比之年，三月初八正是贡举殿试的日子，往年殿试，试题是诗、赋、论三题，熙宁三年殿试开始罢试诗、赋、论，只试策问。神宗说："对策亦何足以实尽人才？然愈于以诗赋取人尔。"[2]认为策问取士未必揽尽人才，但总比诗赋取士为佳。

而这道策问题正是王安石所拟："方今之弊，可谓众矣。救之之道，必有本末，所施之宜，必有先后，此子大夫所宜知也。生民以来，所谓至治，必曰唐虞成周之时，《诗》《书》所称，其迹可见。以至后世贤明之君，忠智之臣，相与优勤，以营一代之业，虽未尽善，要其所以成就，亦必有可言者。其详著之，朕将亲览焉。"

参加殿试的进士中，有一位叫叶祖洽。他写的策对主旨为"祖宗纪纲法度，因循苟简，愿朝廷与大臣合谋而新之"，深得

---

[1] 徐松辑：《宋会要辑稿·食货五》。

[2] 徐松辑：《宋会要辑稿·选举七》。下同。

神宗欢心,点为状元。[1] 但时人视其"以阿时置第一",很不体面。[2] 担任编排试卷官的苏轼奏请再排名次,未获神宗同意,便写了一篇《拟进士对御试策》,逐句反驳神宗之策问,矛头直指王安石主持的变法:"今陛下春秋鼎盛,天赐勇智,此万世一时也。而群臣不能济之以慎重,养之以敦朴,譬如乘轻车,驭骏马,冒险夜行,而仆夫又从后鞭之,岂不殆哉!"[3]

最后,苏轼告诫神宗:

> 其所可知者,必畏天,必从众,必法祖宗。故其言曰:"戒之戒之,天惟显思。命不易哉。"又曰:"稽于众,舍己从人。"又曰:"丕显哉,文王谟。丕承哉,武王烈。"《诗》《书》所称,大略如此。未尝言天命不足畏,众言不足从,祖宗之法不足用也。……凡今之人,欲陛下违众而自用者,必以此借口。

王安石看了苏轼的拟对策,说:"轼才亦高,但所学不正,今又以不得逞之故,其言遂跌荡至此,请黜之。"[4] 曾公亮不同意:"轼但异论耳,无可罪者。"

他日,王安石又告诉神宗:"陛下何以不黜轼,岂为其才可惜乎?譬如调恶马,须减刍秣,加棰扑,使其贴服,乃可用。如轼者,不困之使自悔,而绌其不逞之心,安肯为陛下用?且如轼辈,其才为世用甚少,为世患甚大,陛下不可不察也。"

---

1 脱脱等:《宋史》卷三百五十四。
2 杨仲良:《皇宋通鉴长编纪事本末》卷第六十二。
3 苏轼:《苏轼文集》卷九《拟进士对御试策(并引状问)》。下同。
4 杨仲良:《皇宋通鉴长编纪事本末》卷第六十二。下同。

看来王安石对苏轼也是成见已深。不过苏轼的笔杆子委实厉害，以"三不足"概括王安石之政见，言简意赅，一下子点燃了正统士大夫对变法的忧虑情绪。

三月，学士院也出了一道策问题，用于试馆职。试题由司马光所拟："今之论者，或曰天地与人了不相关，薄食震摇，皆有常数，不足畏忌；祖宗之法未必尽善，可革则革，不足循守；庸人之情，喜因循而惮改为，可与乐成，难与虑始，纷纭之议，不足听采。……愿闻所以辩之。"[1]

司马光为什么要出这么一道策问题？因为自苏轼的《拟进士对御试策》传开后，朝野间便盛传王安石在神宗面前极力宣扬"三不足"理论："天命不足畏，祖宗不足法，人言不足恤。"司马光希望加一把火，让"三不足"这个话题继续升温，从而形成更大的舆论压力。

神宗当然看出司马光煽风点火的用心，他吩咐取消这道策问题，另拟题目试入馆官员。次日，神宗问王安石："闻有三不足之说否？"[2]

王安石说："不闻。"

神宗说："陈荐言：'外人云今朝廷为天变不足惧，人言不足恤，祖宗之法不足守。'昨学士院进试馆职策，专指此三事，此是何理？朝廷亦何尝有此，已别作策问矣。"

王安石说："陛下躬亲庶政，无流连之乐，荒亡之行，每事惟恐伤民，此亦是惧天变。陛下询纳人言，事无小大，惟言之从，岂是不恤？人言固有不足恤者，苟当于义理，则人言何

---

[1] 司马光：《传家集》卷七十五《学士院试李清臣等策问一首》。
[2] 黄以周等辑：《续资治通鉴长编拾补》卷七。下同。

足恤！故《传》称礼义不愆，何恤于人言！郑庄公以人之多言，亦足畏矣。故小不忍致大乱，乃《诗》所刺。则以人言为不足恤未过也。至于祖宗之法不足守，则固当如此。且仁宗在位四十年，凡数次修敕，若法一定，子孙当世世守之，则祖宗何故屡自变改？今议者以为祖宗之法皆可守，然祖宗用人皆不以次。今陛下试如此，则彼异论者必更纷纷。"

王安石不敢明着宣扬"天变不足惧"，但他对"人言不足恤"与"祖宗之法不足守"之说，却是赞成的。真是知王安石者，苏轼也。

是时，王安石写了一首即事诗：

崇政殿后春晴即事

悠悠独梦水西轩，百舌枝头语更繁。
山鸟不应知地禁，亦逢春暖即啾喧。[1]

诗歌以"山鸟啾喧"比喻人言纷纭。也许在王安石看来，司马光、苏轼以及那些喋喋不休的台谏官，就是一群"山鸟"吧。

还有一只更大的"山鸟"——御史中丞吕公著。他见自己屡屡进谏却不获采纳，心灰意懒，提出辞职，居家待罪，不赴御史台上班。

四月初五，吕公著罢御史中丞，改提举诸司库务。三天后，四月初八，神宗又下了一道诏书，斥责吕公著"比大臣之抗章，因便坐之与对，乃厚诬方镇有除恶之谋，深骇予闻，乖事理之

---

1 王安石：《临川先生文集》卷第三十一《崇政殿后春晴即事》。

实",贬吕公著出朝廷,知颍州。[1]

为什么吕公著被斥"乃厚诬方镇有除恶之谋"呢?

据王安石《时政记》的记述,吕公著屡言失实,又求入对,在神宗面前涕泣论奏,危言耸听:"朝廷申明常平法意,失天下心。若韩琦因人心如赵鞅举甲,以除君侧恶人,不知陛下何以待之?"意思是说,条例司逐条批驳韩琦疏议,欺蔑大臣,大失人心,如果韩琦咽不下这口气,像春秋时期的赵鞅,举晋阳之兵清君侧,陛下你当如何应对?

方镇举兵,这可是赵宋王朝最为忌讳的事情。吕公著这么说,何异于陷韩琦于大逆不道之境地?所以神宗震怒,决定贬黜吕公著,并要求在诰词中言明吕公著的罪状。当日在舍人院值班的知制诰是宋敏求,曾公亮交代宋敏求,起草诰词时只说"引义未安"就可以了。王安石不同意,说:"圣旨令明言罪状,若但言引义未安,非旨也。"

但宋敏求不理王安石的意见,依曾公亮之言,只在诰词中含糊地说吕公著"敷陈失实,援据非宜"。王安石看后很生气,要求宋敏求修改诰词,言明吕公著之罪状。陈升之认为不妥:"如此,使琦何以自安?"

王安石说:"公著诬琦,于琦何损也!如向日谏官言升之媚内臣以求两府,朝廷岂以此遂废升之?"中书几名执政官被王安石问得哑口无言,低首不语。

神宗也说:"公著有远近虚名,不明言罪状,则人安知其所以黜,必复纷纷矣。"

曾公亮等人认为"如此则四方传闻大臣有欲举甲者,非便;

---

[1] 李焘:《续资治通鉴长编》卷二百十。下同。

且于韩琦不安"。

神宗说："既黜公著，明其言妄，则韩琦无不安之理；虽传闻于四方，亦何所不便？"并让陈升之修改诏命，添入责词："比大臣之抗章，因便坐之与对，乃厚诬方镇有除恶之谋，深骇予闻，乖事理之实。"看了明言吕公著罪状的责词，神宗说："不尔，则青苗细事岂足以逐中丞？"

多年之后，吕公著回忆起旧事，认为自己受了王安石的诬陷："是时，王安石方欲主行新法，怒议论不同，遂取舍人已撰词头，辄改修，添入数句，诬臣曾因对论及韩琦以言事不用，将有除君侧小人之谋。缘臣累次奏对，不曾语及韩琦一字，方欲因入辞自辩，……被诬遭逐，全不出于圣意，止是王安石怒臣异议，吕惠卿兴造事端。"

吕公著《家传》所记大同小异。三月十一日，谏官孙觉上状论青苗事："条例司驳韩琦疏镂板行下，非陛下所以待勋旧大臣意。赖琦朴忠，固无他虑，设当唐末、五代藩镇强盛时，岂不为国生事乎？"过了两日，吕公著入对，虽极论青苗事，却未尝语及韩琦。于是神宗对执政大臣说："吕公著、孙觉皆极言青苗不便，且云驳难韩琦非是。"且面诘王安石、韩绛不该把反驳韩琦意见的文字印刷传播。之后孙觉既被黜，王安石遂将孙觉之语加于吕公著头上。其时孙觉尚未赴广德军，泊船于城东，听到吕公著被贬黜的消息，跟人说："韩琦事，独觉尝言及耳。"

然而，要求写明吕公著的罪状，实是神宗旨意，并不是出自王安石的构陷。四月廿四日，司马光进读《资治通鉴》，神宗跟他说起吕公著之事："吕公著言藩镇欲兴晋阳之甲，岂非诪说殄行？"

司马光说:"公著平居与侪辈言,犹三思而发,何故上前轻发乃尔?外人多疑其不然。"

神宗说:"此所谓'静言庸违'者也。""静言庸违"出自《尚书》,乃"说一套、做一套"之意。

司马光说:"公著诚有罪,不在今日。向者朝廷委公著专举台官,公著乃尽举条例司之人,与条例司互相表里,使炽张如此。逼于公议,始言其非,所谓有罪也。公著与韩琦亲,何故以险语谗之?"

神宗说:"非谗琦也,志在君侧之人耳。"这个"君侧之人",自然是王安石。

司马光说:"据诰词则谗琦也。公著有罪无罪在于事实,不在诰词。诰词虽云尔,外人皆云公著坐乞罢条例司及言吕惠卿奸邪,不云坐为谗也。"

神宗又说:"王安石不好官职及自奉养,可谓贤者。"

司马光说:"安石诚贤,但性不晓事而愎,此其短也。又不当信任吕惠卿,惠卿奸邪,而为安石谋主,安石为之力行,故天下并指安石为奸邪也。"

神宗亲口跟司马光说:吕公著确实讲过"藩镇欲兴晋阳之甲"。如此看来,并不是王安石移花接木、偷梁换柱,将孙觉之语加之吕公著。

可是,诚如司马光所言,吕公著素来谨慎、温厚,且与韩琦是姻亲,似乎也不大可能说出一番明显对韩琦不利的蠢话。那到底是怎么回事呢?司马光的日记提到另一种可能性:是神宗皇帝张冠李戴,记错了。

司马光在日记中写道:我听赵抃说,"上谕执政,以吕公著自贡院出,上殿言,朝廷推沮韩琦太甚,将兴晋阳之甲,以除君侧之恶。王安石怨公著叛己，因此用为公著罪"。司马光认为："公著素谨，初无此对，或谓孙觉尝为上言：'今藩镇大臣如此论列而遭挫辱，若唐末、五代之际，必有兴晋阳之师，以除君侧之恶者矣。'上误记以为公著也。"

而换宋人笔记《东轩笔录》记述的版本，故事更加离奇：皇城使沈惟恭因不满朝廷，便指使门客孙棐伪造攻击时政的大臣文章，其中包括托名韩琦指斥青苗法的奏表，内有"欲兴晋阳之甲，以除君侧之奸"之语。奏语传于都下，吕公著亦耳有所闻，信以为真，奏事时便引述了伪奏稿之语。

吕公著究竟有没有说过"欲兴晋阳之甲，以除君侧之奸"，已经成为一个"罗生门"，真相如何，不得而知。

随着吕公著罢御史中丞，其他反对变法的台谏官也被调离言职：四月廿二日，陈襄罢侍御史知杂事；张戬、王子韶罢御史，外放担任知县；程颢亦罢御史，任京西提点刑狱，因程颢坚持辞职，故改签书镇宁军判官。知谏院李常也是在这一日被罢谏职。

陈襄罢言职，是因为他认为吕公著、李常、孙觉皆因反对青苗法而被降责，不胜悲愤，便要求神宗"以青苗之法下议百官。如臣言非，则甘从远窜，以戒妄言；如臣言是，则安石、惠卿亦乞特行贬斥，以谢天下"。神宗既然支持王安石，只能让陈襄离开御史台。

程颢日后将成为一代大儒，与其弟程颐并称"二程"，但熙宁初年，他还只是个小人物。他当过条例司的属员，也曾是青苗法的支持者，当初陈升之不肯签署青苗法，还是在程颢与吕惠卿的劝说下签字的，但他改任御史后，却成了变法的反对派，数言青苗法不可行，不获采纳，即请罢言职。

张戬是未来另一位大儒张载的胞弟，脾气比程颢更大，被贬谪前曾跑到中书找执政官论辩，声色俱厉，气急败坏。曾公亮"俯首不答"，王安石"以扇掩面而笑"，张戬怒道："参政笑戬，戬亦笑参政所为。岂但戬笑，天下谁不笑者？"陈升之过来劝解："察院不须如此。"张戬却回过头怒怼陈升之："只相公得为无过耶？"骂完以后，即辞职待罪。遂以"侵侮柄臣，诬罔事实"贬黜。

王子韶的经历与程颢差不多，但他留在历史上的形象却是小人一个。他曾为条例司属官，附议过青苗法，又推荐兄长王子渊为常平使者，之后却跟神宗说："青苗法实不便，但臣先与此议，不敢论列。"又乞罢其兄王子渊管勾京东常平差遣。时人颇瞧不起这种行为，不但同列陈襄弹劾他"回邪反覆"，神宗也说他"小人首鼠两端，当黜之"，于是以"外要守正之名，内怀朋奸之实，所入章疏，与面奏事前后反覆不一"斥罢。

这个初夏，中书、枢密两府也有人事更替：四月十九日，赵抃罢参知政事。当初王安石请辞，中书本有机会一举废除青苗法，赵抃却非要等王安石复出，以致错失良机，赵抃"大悔恨"，遂上书恳乞去位，出知杭州。[1] 同日，枢密副使韩绛转任参知政事。

时序进入五月，内外臣僚对青苗法的非议与声讨终于明显减少，但朝堂之上并没有因此而变得风平浪静。

---

1 脱脱等：《宋史》卷三百一十六。

第五章 纷纷争执成何事

熙宁三年至熙宁四年(1070—1071)

第五章 纷纷争执成何事

第一节 李定风波（上）

从熙宁二年的吕诲、刘述、刘琦、钱𫖮、钱公辅、范纯仁，到熙宁三年的吕公著、陈襄、程颢、张戬、王子韶、李常、孙觉，台谏官前仆后继，接力围攻王安石。早在斥逐吕诲之时，王安石便已意识到应该遴选支持变法的人员进入御史台，因此才积极支持神宗擢用与他关系亲密的吕公著接掌宪台。吕公著一开始也是投桃报李，举荐条例司的两员属官程颢、王子韶入御史台。谁知这二人肩负言职之后，居然都成了王安石变法的反对派。

问题出在哪里？王安石曾在内殿独对时，问神宗皇帝："陛下知今日所以纷纷否？"[1]

神宗答道："此由朕置台谏非其人。"

王安石说："陛下遇（御）群臣无术，数失事机，别置台谏官，恐但如今日措置，亦不能免其纷纷也。"

王安石肯定想看到由变法派控制御史台。如果套用苏轼的

---

[1] 李焘：《续资治通鉴长编》卷二百十。下同。

比喻，变法"譬如乘轻车，驭骏马，冒险夜行"，那么王安石希望台谏官不是在前面拦路，而是点燃烛火，照亮道路，提示路况。当然，按宋朝祖制，台谏与政府是平行机构，台谏官由天子亲擢，执政大臣不可干涉，王安石对御史台人事任免的干预，只能通过影响神宗的方式来间接进行。

熙宁三年四月，吕公著既罢御史中丞，王安石便举荐翰林学士兼侍读韩维接替吕公著。其时，王安石与韩维之兄韩绛同在两府执政，又共同制置三司条例司，且韩维本人又是他旧友，推荐此人执掌宪台，自然是希望韩家兄弟"助己也"。但宰相曾公亮、陈升之皆以为，"如此必致人言"。韩绛也表示弟弟必不敢答应，因为执政官与台谏官例当避嫌。

韩维果然坚决不肯接受新命："兄绛方任枢密副使兼条例司，议论所及非一。御史中丞于朝廷阙失无所不当言，不言则废公议，言之则废私恩。且吕公著论青苗事用此罢，臣代其任，自处之地，不得无嫌，且无以屈士大夫之论。"

神宗无法勉强，只能应允韩维之请，改为让韩维权知开封府，原知开封府冯京转为权御史中丞。两人职务对调。不过，因冯京尚未到任，暂由龙图阁直学士陈荐权发遣御史台事。

之后，神宗又任命淮南转运使谢景温兼侍御史知杂事、大理寺丞薛昌朝权监察御史里行。薛昌朝入御史台，是因为王安石说"昌朝可用也"。谢景温成为御史台二把手，应该也是出于王安石的举荐，因为史载，"王安石与之善，又景温妹嫁其弟安礼，乃骤擢为侍御史知杂事"。[1]

王安石还向神宗密荐秀州前判官李定，乞召其入对。李定

---

1 脱脱等：《宋史》卷二百九十五。

少年时曾受学于王安石,又是青苗法的支持者,王安石希望将李定送入谏院或御史台。神宗与李定谈话后,对李定也很满意,便出内批付中书:以李定知谏院。但宰相曾公亮、陈升之都反对这项任命,理由是李定资历浅,以这么浅的资历知谏院,"前无此例"。[1] 于是神宗改授李定"太子中允"(官阶),权监察御史里行(差遣)。时为四月十九日。

中书依旨,将任命李定为御史的词头送至舍人院。宋制,朝廷命官的人事任免有着严密的程序,例由学士院的翰林学士或舍人院的知制诰(元丰改制后为中书舍人)起草诏命,然后进呈大内,请皇帝批准、画可,付通进银台司,经知通进银台司(元丰改制后为给事中)审核,再由中书(元丰改制后为三省)签发。

神宗与王安石怎么也想不到,对李定的这次任命竟然也会引发一场轩然大波。

我们以前讲过,宋朝知制诰有封还词头的权力:如果他们认为皇帝或宰相送来的词头不合法理,有权拒绝起草诏命,退还词头。当时舍人院有三名知制诰:宋敏求、苏颂、李大临。他们轮流入值舍人院。按轮值,应由宋敏求起草李定任御史的诰词,但他不同意这项人事任命,所以于四月廿一日封还词头:"中书送李定除权监察御史里行词头,伏以御史之官,旧制须太常博士,经两任通判,方许奏举。……去岁骤用京官,今又幕职官便升朝著(朝班),处纠绳之地。臣恐弗循官制之旧,未厌群议,其词头未敢具草。"

宋敏求封还词头的理由,涉及宋代官制,需要解释一下。

---

[1] 李焘:《续资治通鉴长编》卷二百十。下同。

宋朝文官分为三个序列（层级）：朝官、京官、选人。选人的层级最低，知县、州郡幕职官通常都属于选人序列。李定之前担任秀州判官，也是选人。按旧制，御史的人选，必须是官阶为太常博士以上的朝官，且经历两任通判。熙宁初年才允许从京官中遴选御史，但以选人为御史的，却没有先例。所以宋敏求说：如果不循先例，破格任用李定，必定人心不服，这道任命李定为御史的诏令，我不敢起草。

封还词头之后，宋敏求又马上以生病为由，请辞知制诰。次日，即四月廿二日，神宗批准了宋敏求的辞呈，罢其知制诰之职。不过，神宗大概心里有气，要求在罢知制诰的诏旨中写明宋敏求"失职之罪"。但宰相曾公亮认为宋敏求无罪可写。

神宗想起上次让宋敏求撰写吕公著罢御史中丞的诰词，已交代要写明吕公著的罪状，但他没有依旨，之后只好让宰相陈升之修改诰词，宋敏求还意见挺大，在外头扬言：既然不满意他撰写的诰词，何不将他罢免？这件事已让神宗很恼火。于是神宗说："令作公著诰词，初不依旨明言罪状，乃宣言于外，以为朝廷改诰词须当乞免知制诰。改诰词亦常事，何致如此？此乃挟奸，见朝廷前者不加罪，故今敢如此尔。"

王安石也说："敏求作公著诰词，曾公亮虽云'但言援据失宜'，而臣即谕圣旨，令明著罪状。敏求不用臣所谕旨，而从公亮之言，此岂得无罪？"

曾公亮说："舍人是中书属官，止合听宰相处分。"

王安石说："舍人乃行圣旨，岂是行宰相处分？"

神宗说："若止一人说与则可，缘王安石又说圣旨，既所传不同，即合覆奏，如何即草制？"

曾公亮还是不同意谴责宋敏求。神宗说："但止说'文字荒芜，失其职守'，罢之可也。"

曾公亮说："若失守，即是臣致其如此。"

争论了半天，最后才同意在批准宋敏求辞呈的诏旨中写明"文字荒疏，旷其职业，不能者止，于义可从"。

应该说，以这个理由罢免宋敏求的知制诰职务，也算合理。但朝臣意见很大。四月廿四日，司马光入讲经筵，问神宗："李定有何异能，而拔用不次？"

神宗说："孙觉荐之，邵亢亦言定有文学、恬退。朕召与之言，诚有经术，故欲以言职试之。"

司马光又问："宋敏求缴定词头，何至夺职？"

神宗解释说："敏求非坐定也。朕令草吕公著诰词，言兴晋阳之师，除君侧之恶。王安石以谕敏求，而曾公亮以为不可，敏求不遵圣旨，而承公亮之语，但云'援据非实'而已。"

司马光说："公著诚有此言，亦不过欲朝廷从（韩）琦言罢青苗耳。语虽过差，原情亦可恕也。今明著于诰词，暴之内外，'君不密则失臣'，造膝（促膝）之言若皆暴以为罪，自今群臣谁敢为陛下尽言者？臣以为敏求隐晦其语，亦未为失体也。且敏求非亲承圣旨，据曾公亮之言而为之耳。"

神宗说："公亮、安石所传圣旨不同，亦当奏禀也。"两人商议了一会朝廷人事，神宗感叹说："今天下汹汹者，孙叔敖所谓'国之有是，众之所恶'也。"

司马光说："然。陛下当察其是非，然后守之。今条例司所为，独安石、韩绛、吕惠卿以为是，天下皆以为非也。陛下岂能独与三人共为天下耶？"

知谏院胡宗愈也上章反对擢任李定为御史："御史当用学士及（中）丞、（知）杂论荐，又须官（太常）博士、员外郎。

今定以幕职不因荐得之，是殆一出执政意，即大臣不法，谁复言之？"[1]

权管勾御史台陈荐则检举李定有隐匿母丧的人生污点：听说李定早年任泾县主簿时，生母仇氏去世，没有按照礼制报告朝廷并守制丁忧。当然，陈荐拿不出什么证据，只是御史有"风闻奏事"的特权，即便说错了，也不用承担责任。

这时候，对李定的任命还在走程序中。因词头被宋敏求封还，神宗便命人将词头再送舍人院，由其他知制诰起草。当日值班的知制诰是苏颂，他也毫不客气地行使了封还词头的权力。在说明封还的理由时，苏颂重申了御史的任职资历：

> 本朝旧制，进补台官，皆诏中丞、知杂与翰林学士于太常博士以上、中行员外郎以下，互举曾任通判者，其未历通判者，即须特旨，方许荐为里行。倘非其人，或至连坐，所以重台阁之选也。去岁诏旨专令中丞举官，虽不限资品，犹以京秩荐授，缘已有前诏，故人无间言。今定自支郡幕职官，入居朝廷纠绳之任，超越资序，近岁未有。……况定官未终，更非时召对，不由铨考，擢授朝列；不缘御史之荐，直寘宪台。虽朝廷急于用才，度越常格，然隳紊法制，必致人言，其除官制，未敢具草。[2]

李定的任命词头被知制诰第二次封还。神宗也不打算让步，

---

1 脱脱等：《宋史》卷三百一十八。
2 李焘：《续资治通鉴长编》卷二百十一。下同。

又不动声色地将词头再送舍人院。这一次值日的知制诰是李大临，他也将词头封还给神宗。

神宗也是固执之人，又下诏让苏颂撰写李定的诰词，于是词头再次送到苏颂手里。苏颂又一次封还词头，拒不起草诰命，理由是：

> 承平之代，事有纪律，故不得不循用选授之法。今朝廷清明，俊乂并用，进任台阁，动有成规。而定以远州幕官，非有积累之资、明白之效，偶因召对，一言称旨，即授御史，他日或有非常之人又过于此，奏对称旨，则复以何官处之？寖渐不已，诚恐高官要秩，或可以歧路而致。谨案六典，中书舍人之职，凡诏旨制敕，皆案典故而起草，制敕既行，有误则奏而正之。故前后舍人论列差除，用典故而蒙更正者非一。……若臣上惧严诛，腼颜起草，诚虑门下封驳。纵门下不举，则言事之臣必须重有论列。

苏颂的这段话是说：李定的任命不合成规，知制诰封还词头是正当行使职权。神宗连续四次被封还词头，也感到委屈，忍不住跟宰执发牢骚："里行"之职，本来就是为资历不够的人才设立的，州判官改任监察御史里行，有什么问题吗？

王安石说："已令改官，于义何不可，而乃封还词头？若遂从之，即陛下威福为私议所夺，失人君之道矣。"然后，他检出熙宁二年所立《举御史新条》，里面明白无误地规定御史人选可"不拘官职高下，令兼权"。

既然有法可依，神宗的底气又回来了，说："李定诰须令草之。"将词头再送舍人院,指定苏颂拟诏,并附注:"检会去年七月六日诏,今后台官有阙,委御史中丞奏举,不拘官职高下,令兼权,如听举非其人,令言事官觉察闻奏。"你苏颂不是口口声声说"进任台阁,动有成规"吗?好吧,朕把成规给你找出来了。

苏颂与李大临接到词头,还是不肯起草诏书,还打了一份报告,跟神宗论起《举御史新条》的法意:

> 臣等看详,从前台官须得于太常博士以上、中行员外郎以下举充。后来为难得资序相当之人,故朝廷特开此制。云不拘官职高下者,止是不限博士与中行员外郎耳,非谓选人亦许奏举也。……若不拘官职高下,并选人在其间,则是秀州判官亦可以权里行,不必更改中允也。以此言之,选人不可超授台官明矣。……臣等所以喋喋有言,不避斧钺之诛者,非他也,但为爱惜朝廷之法制,遵守有司之职业耳。

平心而论,苏颂、李大临对《举御史新条》的解释是比较勉强的,因为"新条"明确说"不拘官职高下",以举荐御史人选。所以王安石反驳说:"近制又无'京官方得为御史,选人即不得擢为御史'指挥,此是其妄也。若言须用中丞举,则先朝御史虽有奏举法,然常有特旨用人,况近日薛昌朝亦然,宗愈辈何以不论?此又其妄也。"[1]

---

[1] 李焘:《续资治通鉴长编》卷二百十三。

王安石又说，皇帝有"特旨用人"的特权："陛下特旨，虽妨前条，亦当施行也。"[1]但曾公亮回了他一句："特旨固不当以条限，但不知定何如人，恐非常人，乃当不用常法耳。"绵里藏针，话中有话，称李定并没有优秀到可以破格提拔。此时神宗已不愿意向知制诰示弱，再次下诏要求苏颂依之前的指挥撰写李定的诰词。

苏颂呢？也"执奏如初"，再次封还词头。算起来，这是舍人院第六次封还词头了。为了堵住皇帝的嘴，苏颂跟宰相说，"虽云特旨，而颂辈无以为据，草制即必致人言。乞批降云'特旨所除，不碍条贯'，方敢草制"。意思是请皇帝发个批示，说明这是皇帝的特旨，他才敢草诏。苏颂大概是料定神宗不可能会下这样的批示。

但他猜错了，神宗还真的下了御批，称任命李定是特旨，不要因为近制而有所阻滞，还点名要苏颂"疾速撰词"。

谁知苏颂又提出另外一套托词拒绝起草李定的诰词：

> 果出圣意拔擢，即须非常之人，名声闻于时，然后厌服群议，为朝廷美事。……定远州职官，素无声称，偶因谏官论荐，一赐召对，便蒙拔授，诚恐天下才辩之士闻之，皆思趋走势要，以希荐用。此门一开，未必为国家之福也。欲望陛下采听群议，或询访近臣，若谓定之才果足以副陛下特旨之擢，则臣自当受妄言之罪；若臣言不虚，即乞别授一官，置之京师，俟他时见其实状，进用未晚。如此，不惟臣等职事并举，

---

1 李焘：《续资治通鉴长编》卷二百十一。下同。

兼亦可以养成定之才资，免招异日之议论也。

这是知制诰第七次封还词头。宋神宗这回算是被苏颂惹火了，决定撤苏颂的职，任命其他知制诰，方便起草李定的诰命。王安石劝他再给苏颂一个机会，如果苏颂还是不识抬举，再撤职不迟。曾公亮也说，苏颂是牛脾气，不必与他计较，不如批付李大临起草吧。

韩绛提出异议："止是颂建白，难付大临等。"认为要求皇帝降旨说明"特旨所除，不碍条贯"是苏颂的主意，理当由苏颂来收场。

王安石也说："恐大临不肯草，即便稽留圣旨。"

一番讨论后，结果是：将任命李定的词头直接送苏颂，让他起草诰词。但苏颂还是封还了词头。这一次他的理由很简单：今天不是他值日，诰词不归他起草。请想象一下，现在哪个秘书敢跟老板说：我今天休假，起草文件请找上班的同事。

于是，词头转到另一位知制诰李大临的手里，而李大临又缴还——这是舍人院第九次拒绝起草李定的任命书。你是不是有点不敢相信，皇帝想任命一名实习御史的动议，居然连续九次被他的秘书班子驳回。

这场拉锯战发生的时间大致是四月末至五月初。宋神宗在连续受挫之后，不准备再跟苏颂玩下去了，于五月十四日下诏："近以秀州军事判官李定为太子中允、权监察御史里行。知制诰李大临、苏颂累格诏命不下，乃妄引诏中丞荐举条，绝无义理。而颂于中书面乞明降特旨方敢命辞，洎朝廷下，反又封还，轻侮诏命，翻覆若此，国法岂容！大临、颂可并以本官归班。"

诏书措辞严厉，斥责苏颂"轻侮诏命""国法岂容"云云，但实际上也没什么责罚，只是罢去知制诰的差遣，让他们归本班领工资而已。

在罢免苏颂、李大临知制诰之前，五月初六，神宗已任命同修起居注郎蔡延庆、集贤校理王益柔直舍人院。直舍人院职责同知制诰，是宋太祖朝旧制，已久不设置，王安石建议神宗复置直舍人院，用意很明显：让他们起草李定任御史的诰命。

按惯例，诏命要发通进银台司复核。当时掌管通进银台司的长官是兼权管勾御史台的陈荐，此人对李定的任命也有一肚子意见。王安石预料陈荐"必封驳李定除命"，韩绛也"疑荐不放定入台"，所以他们建议神宗先把陈荐弄走。五月初七，神宗免去陈荐知通进银台司、权管勾御史台的职务，改任判太常寺，知通进银台司一职则由天章阁待制孙固接任。

李定的诰词是由蔡延庆执笔的，但随后蔡延庆又反悔了，奏请罢免李定御史之职。神宗当然不听。在罢免苏颂与李大临这件事上，神宗也受到一点阻挠——敕命被新上任的知通进银台司孙固封驳。孙固说："窃闻有旨李大临、苏颂落知制诰，蔡延庆未敢命词。大临与颂昨以除选人李定为监察御史里行，以故事开陈除命未当，不敢自为反覆。欲望陛下宽大临与颂之责，而特从延庆之请，不胜幸甚。"

宋神宗发御批解释："蔡延庆元不曾不肯命辞，兼苏颂等亦不曾论李定，自是罪他反覆抗命，要卿知，可速发下。"

但孙固仍然封驳。皇帝再发御批催促："敕内著罪状甚明，无可疑虑，可速发下。"罢免苏颂与李大临知制诰的敕命总算获得通过。

苏颂、李大临、宋敏求都是反对王安石变法的保守派士大夫，他们之所以合力阻拦李定进入御史台，也是因为李定支持变法，称赞"青苗法便民"。但是，这个原因不可以明说。苏颂要是公开称："我们是旧党，李定是新党，所以，我们反对李定当御史。"这成了什么？成了朋党，朋比营私、党同伐异。所以，苏颂他们只能以摆得上台面的理由——李定资历不够，任命不合成规，以合法的权力与程序——封还词头——极力阻止李定成为御史。

同样道理，神宗罢免苏颂等人的知制诰职务，自然是因为他们故意阻挠李定入御史台，但这个原因也不可以说出来，如果以此罢黜士大夫，即意味着皇帝与王安石容忍不了反对意见。所以，神宗只能用合理的理由罢去他们的职务：宋敏求是因为失职，且自己请辞，苏颂与李大临则是"妄引诏中丞荐举条，绝无义理"，特别是苏颂，出尔反尔，"轻侮诏命"。神宗还要跟司马光、孙固解释：这与任命李定一事没有关系。

一个月后，即六月，反对李定担任御史的谏官胡宗愈也被罢掉言职，贬为真州通判。《宋史》称胡宗愈被斥逐，是因为"苏颂、李大临不草制，坐黜；宗愈又争之，安石怒，出通判真州"。[1]但这个理由同样不可以明说，明说的原因是，神宗发现胡宗愈言事总是含糊其词，务在中伤他人，便面责他："方镇、监司事可言者众，略不为朕作耳目，专沮败朝廷所欲为。"[2]胡宗愈表情惭愧，说："陛下许臣，臣乃敢言。"次日即上书弹劾知庆州李复圭在边境生事。这种迎合皇帝旨意的行为让神宗更是反感，韩绛也说："为谏官，乃受陛下旨言事，此最不佳。"神宗这才决定罢黜胡宗愈。

---

1 脱脱等：《宋史》卷三百一十八。
2 李焘：《续资治通鉴长编》卷二百一十二。下同。

包括之前谏官孙觉、李常，御史程颢、张戬、王子韶等被罢言职，写在贬诏上的理由，都不是说他们反对青苗法，而是各有合理的理由。

我们该如何看待这个问题呢？觉得神宗与王安石很虚伪？我倒认为，这恰恰是宋王朝政治文明的体现，即君臣都认识到，"因为你反对我，所以我斥逐你"，这是不正当的。因此，他们即便在争权的时候，也会自觉地披上一块遮羞布，小心翼翼地避免触碰那条底线。所谓文明，不就是从遮羞布开始的吗？

在熙宁三年这场围绕任命李定为台谏官的拉锯战中，目前看起来，似乎是宋神宗与王安石一方赢了，尽管赢得有些狼狈。但是，事情还没有结束。上面我们所讲述的，只是"李定风波"的上半场——还有下半场呢。

第二节　李定风波（下）

还记得吗？陈荐权管勾御史台时，曾风闻奏事：听闻李定担任泾县主簿之时（大约是治平元年），生母仇氏去世，李定却隐匿母丧，没有为母守制。

在传统社会，匿丧是非常严重的罪过，不容含糊，所以神宗于五月下诏，令淮南、江东转运使派人至李定的老家扬州，以及泾县所在的宣州探问虚实。继而又令吏部流内铨调取李定任泾县主簿之时的档案文书，看看李定在仇氏去世后"曾与不曾执丧"。[1]在调查结果出来之前，暂停李定在御史台的工作。

淮南转运使派出去的官员在扬州找到李定昔日的一名邻居，叫李肇，此人愿意立状证明李定确为仇氏所生。吏部流内铨也从李定的档案中发现：仇氏去世之年，李定只以归家侍养父亲为由申请解官，未曾执丧。

七月，针对李定是否匿丧一事的初步调查报告出来了："定乃仇氏所生，仇氏亡日，定未尝申乞解官持心丧，止是当年称父八十九岁，迎侍不便，乞在家侍养。"[2]

神宗认为李定的行为是可以谅解的，虽没有明言为仇氏执丧，但在事实上已解官守制："所以不持心丧者，避解官也。定既解官，何所避而不明言心丧？"[3]但宰相曾公亮认为，李定当初既未持丧，那么现在就应当解官追服母丧。

神宗只好令李定"分析"，解释清楚为什么当年没有持丧。李定为自己辩解：真的不知道仇氏是自己生母，以为只是乳母，"仇氏亡日，有乡人私告曰定之所生母。定请于父，父曰非汝所生母。当日以不得父命，而又有乡人私告之语，缘此自疑，遂不欲仕，止解官侍养。名虽侍养，实行心丧之制"。[4]

李定不知仇氏为生母是情有可原的，因为仇氏乃是李定之父李问的侍妾，并非正妻，而且生下李定后又改嫁郜氏。若按野史记载，仇氏的人生更富传奇色彩："仇氏初在民间，生子为浮屠，曰'了元'，所谓佛印禅师也。已而为广陵人国子博

---

[1] 李焘：《续资治通鉴长编》卷二百十三。
[2] 李焘：《续资治通鉴长编》卷二百十六。
[3] 李焘：《续资治通鉴长编》卷二百十三。
[4] 李焘：《续资治通鉴长编》卷二百十六。

士李问妾，生定；出嫁郜氏，生蔡奴（北宋名妓）。故京师人谓蔡奴为郜六。"[1]野史不可尽信，但李问、郜氏与仇氏之间应该有些不可告人的隐情，以致李问耻于坦言儿子的身世。

王安石也替李定鸣不平："苏颂辈攻李定，终不敢言其不服母丧，独陈荐言者，荐亦知李定无罪，但恃权中丞得风闻言事故也。事已明白不可诬，曾公亮乃疑合追服。定父称仇氏非定所生，定又无近上尊属可问，此定所以不敢明乞解官持丧，又疑乡人所言或是，所以不敢之官。……若言未尝持心丧，则定乞解官，正为疑仇氏为己所生，即是已用心丧自处，如何今日又令定追服心丧？"[2]

神宗说："李定处此事甚善，兼仇氏为定母亦未知实否也。"决定恢复李定在御史台的职务。

但曾公亮又反对："不可，定未尝追服，当令礼官定夺。"王安石反驳他："礼官陈荐今为长，岂可使礼官定夺？"最早检举李定隐匿母丧的管勾御史台陈荐如今正好是太常寺长官，如果由他来议礼，哪有公平可言？所以，神宗决定由御史台来定夺"李定合与不合追服所生母丧"。[3]这时候，已经是八月了。

十月，御史台向神宗报告了集议结果："心丧之制，本系孝子之情，（李定）若当日未明仇氏为所生，既无母子之恩，何缘乃行心制？今转运司据乡邻人称，定实仇氏所生，益明合依礼制，追服缌麻三月，解官心丧三年。如定称实非仇氏所生，牵合再有辞说，乞自朝廷别作施行。"[4]

---

1 陆游：《老学庵笔记》卷一。
2 李焘：《续资治通鉴长编》卷二百十三。下同。
3 李焘：《续资治通鉴长编》卷二百十四。
4 李焘：《续资治通鉴长编》卷二百十六。

李定又辩称：委实不敢确定仇氏是否为自己生母，淮南转运使所勘问的李肇，是嘉祐七年才搬来的僦居之邻，未必了解自己的身世，他的证词难以取信。

而台谏官则纷纷上书，弹劾李定不孝，"不可备言职"。[1] 神宗只好下诏免去李定的御史职务，只保留太子中允的官阶，并令淮南转运司查实李定是否为仇氏所生："定改太子中允。其邻人李肇等称仇氏是定所生母，令淮南转运司勒令分析的确，照验以闻。"[2]

十一月，侍御史知杂事谢景温又提议："定尝称李肇乃嘉祐七年僦居之邻，难已取信。今朝廷虽再取肇词，定必不肯为信。检会定元状称，有乡人私告定，仇氏是所生母，而父坚以为非。但使定具乡人姓名，令转运司根究，必见情状。况定追服系于礼教，朝廷务在考实，非有所偏。臣之愚衷，亦欲尽是非之理，故取定说，择其可证之人。乞朝廷用此推究。"[3] 神宗遂又下诏："淮南转运使取问乡人的实事状以闻。"

但这件陈年旧事要调查清楚，几乎是不可能的，因为当时李定的父亲、嫡母与仇氏都已去世多年，且扬州李氏家族中又无熟知李定身世的近上尊属。淮南转运使最终有没有找到那名告诉李定身世的乡人，李定究竟是不是仇氏所生，史料中找不到明确的记载，估计淮南转运使也不敢下定论。

尽管仇氏是否为李定生母一事已无从考证，但这并不影响台谏官坚定地给李定贴上"不孝小人"的标签。十二月廿二日，神宗任命李定为崇政殿说书，即资历最浅的经筵讲官。监察御

---

1 王称：《东都事略》卷第九十八。
2 李焘：《续资治通鉴长编》卷二百十六。
3 李焘：《续资治通鉴长编》卷二百十七。下同。

史里行林旦连上六疏，反对让李定当经筵讲官："按定初言，明知仇氏为母，虽未行服，但尝解官侍养，其情犹可恕者。因朝廷再加审诘，既避追服又惧得罪，遂作为缪悠不可考实之言，冀为终身之疑，内欺其心，上惑朝廷，此则天下之所共恶者。……朝廷方且（还要）迁官进职，置在劝讲，臣实不知其可也。"[1]

林旦所说的"缪悠不可考实之言"，是指李定为自证清白，不得不讲出他听说的生父李问、生母仇氏与郜家之间的隐秘事。在林旦看来，李定的这一辩解就是新的罪过："父子相隐，圣人以为直。今李问闺门之私，郜氏、仇氏平时不正之偶，缘定之故，暴其宿丑，喧布朝野，彰父不义之恶，忘母所生之恩。"面对保守派言官的诋毁，李定若不自辩，是不孝的犯人；若自辩，更是不孝的罪人。换言之，言官的攻击形成了一个完美的闭环。

林旦进而把矛头对准王安石："王安石以定素出其门，力为荐引，虽旧恶暴露，犹曲折蔽护，言事者敷陈义理，一不省顾。……今众人知仇氏为定母，安石独以为非；众人知定为不孝，安石独以为可。"

王安石看好的另一名监察御史里行薛昌朝也连上七疏，将王安石与李定一起抨击："人皆以定为不孝，而安石独以为贤；定身负大恶，而安石置之劝讲之地。……上惑圣听，使朝廷之上，经筵之间，置一不孝之人，何以刑示（示范）天下？"

还有一位名叫范育的监察御史里行，也是王安石颇为赏识的人，但他也前后七疏弹劾李定不服母丧："天下之恶当先治其大者，而定背丧讳母；朝廷之法当先治其近者，而置不孝之人在天子左右。臣职在纠弹，此为不正，焉暇及他。是以夙夜

---

[1] 李焘：《续资治通鉴长编》卷二百十九。下同。

忧危，发愤闷、肆狂言而不知止也。"且痛骂王安石："不正其恶，而反谓之善。上诬天心，下塞公议。朝廷虽可惑，李定之心安可欺？臣言虽可抑，而天下之心焉可诬？"

李定还能怎么办？只能辞职，"不自安，祈解职"。[1]次年初，李定改授集贤校理、检正中书吏房公事，成为王安石身边的一名工作助手。林旦、薛昌朝、范育则被罢去言职，分别贬为知黄县、知宿迁县、崇文院校书。

在李定被台谏官连章抨击"不孝"之时，他未来的对手苏轼也受到侍御史知杂事谢景温的弹劾，原因也是一件发生在守丧期的陈年旧事被人挖出来。

原来，坊间传言：治平三年，因父亲苏洵病逝于京师，苏轼扶棺回四川眉州，走的是水路，就利用船只贩运货物至四川；熙宁二年苏轼自眉州抵京，也是走水路，又以船只偷运私盐，还非法役使兵卒。流言传入谢景温之耳，八月初五，谢景温以"风闻奏事"之特权，弹劾苏轼"丁父忧归蜀，往还多乘舟载物货、卖私盐等事"。[2]

相传王安石闻讯大喜，因为他早就想寻机会收拾苏轼这个不听话的家伙了，所以他鼓动神宗彻查此事。次日，神宗即下诏，命令江淮发运、湖北运司调查苏轼"居丧服除往复贾贩"等事，又令天章阁待制李师中查验苏轼"妄冒差借兵卒"之事以闻。[3]

苏轼被调查一事，让司马光很不快，认为谢景温是王安石的爪牙，受王安石指使构陷苏轼。八月初八，司马光入对垂拱殿，乞知许州或西京留司御史台、国子监。

---

1 脱脱等：《宋史》卷三百二十九。
2 李焘：《续资治通鉴长编》卷二百一十三引林希《野史》。
3 李焘：《续资治通鉴长编》卷二百一十四。下同。

神宗说："卿何得出外？朕欲申卿前命，卿且受之。"这个"前命"，指上次欲擢司马光为枢密副使。

司马光说："臣旧职且不能供，况当进用？"

神宗问他："何故？"

司马光说："臣必不敢留。"

神宗沉吟良久，有点明白了司马光的弦外之音，说："王安石素与卿善，何自疑？"

司马光说："臣素与安石善，但自其执政，违迕甚多。今连安石者如苏轼辈，皆毁其素履，中以危法。臣不敢避削黜，但欲苟全素履。"神宗只好用王安石与司马光是旧友的关系和青苗法的成效劝说司马光，但司马光并不接受，也不相信青苗法会有成效。

神宗又说："苏轼非佳士，卿误知之。……（苏洵去世时）韩琦赠银三百两而不受，乃贩盐及苏木、瓷器。"

司马光替苏轼辩护："凡责人当察其情。轼贩鬻之利，岂能及所赠之银乎？安石素恶轼，陛下岂不知？以姻家谢景温为鹰犬，使攻之，臣岂能自保，不可不去也。且轼虽不佳，岂不贤于李定？不服母丧，禽兽之不如，安石喜之，乃欲用为台官。"

李定被劾隐匿母丧，苏轼被劾居丧期间偷贩私盐，这两件事差不多同时发生，确实可以放在一起比较。王安石喜欢李定、讨厌苏轼，这一点不必讳言，也无关紧要，重要的是，王安石有没有滥用权力、指使台谏官陷害苏轼？

苏轼后来回忆旧事，认为自己得罪了王安石，因而"安石大怒，其党无不切齿，争欲倾臣。御史知杂谢景温首出死力"。[1]

---

[1] 苏轼：《苏轼文集》卷三十二《杭州召还乞郡状》。

第五章　纷纷争执成何事

司马光也认为，谢景温是王安石的鹰犬，受王安石指使攻击苏轼。但这么说未免侮辱了谢景温的人格，也低估了台谏官的独立性。没错，谢景温与王安石关系密切，但有一件事却可以说明王安石无法指挥谢景温——六月，神宗以江淮六路发运使薛向为天章阁待制，御史中丞冯京马上反对："向人物风采，天下共知，不可以备侍从。俟向绩效显著，酬劳未晚。"[1]

当时谢景温也上书说："选任近职，非以德，则以劳。向在江、淮未有分毫之效，不可谓有劳。一区区聚敛之臣，不可谓有德。……欲望朝廷下中书条例司及三司取其所施行者，暴于中外，如向实有成效，即臣甘受妄言之罪，如别无显绩，即追还敕告，以示至公。"要知道，薛向可是王安石最器重的变法派精英之一。谢景温称薛向"在江、淮未有分毫之效"，王安石立即向神宗详细说明薛向在东南措置新法的种种成效。如果谢景温受控于王安石，他又怎会攻击薛向，给王安石添乱？

八月十五日，中秋节，王安石独对，神宗告诉他："司马光甚怨卿。"[2]

王安石问："何故？"

神宗说："光前日上殿乞出，言谢景温言苏轼，必及举主，若朝廷责范镇，臣亦住不得；苏轼刚正，谢景温全是卿羽翼。"

王安石说，谢景温并非趋炎附势之人，以前"韩琦用事朝廷，士大夫号为有名者，亦皆屈意交琦妻弟崔公孺，……独景温不肯为公孺少屈"。

在稍后的另一次君臣对话中，神宗又说："司马光云：'如

---

1 李焘：《续资治通鉴长编》卷二百十二。下同。
2 李焘：《续资治通鉴长编》卷二百十四。下同。

李定不孝,王安石乃欲庇护;如苏轼虽贩盐,亦轻于李定不孝。'然定岂得为不孝乎?"[1]

王安石说:"且勿论李定孝与不孝,陈荐言李定,谢景温言苏轼,均是令监司体量指实,不知有何偏异?"

我认为王安石的辩解还是有说服力的,至少没有证据表明是他指使谢景温构陷苏轼。不过,司马光有一点说得对,苏轼被御史弹劾,可能会把老臣范镇牵扯进来,因为范镇刚刚举荐苏轼充任谏官。按宋朝惯例,被举荐者若出问题,举主要负连带责任。

而且,范镇甫举苏轼,谢景温即向神宗提议:"嘉祐以来,朝廷数下诏书,两制及外任监司而上,各举所知。其间被举者,多非其人。盖自来举官,不报御史台,虽或妄荐,无由审知,弹劾之法亦由此废。欲应受诏特举官者,发奏日具所举官姓名报台。"[2]这一提议获神宗批准。于是,凡举荐官员,须向御史台备案,供核查是否举荐非人。谢景温应该就是在审核苏轼充任谏官条件时发现他贩卖私盐的嫌疑。比较崇信阴谋论的宋人笔记认为,谢景温抓住苏轼不放,意在倾轧范镇。

可以想象,范镇对谢景温弹劾苏轼一事是窝了一肚子火的。他愤然上书,为苏轼也为自己辩护:

> 轼治平中父死京师,先帝赐之绢百匹、银百两,辞不受,而请赠父官。先帝嘉其意,赠其父光禄寺丞,又敕诸路应副人船。是时,韩琦亦与之银三百两,

---

1 李焘:《续资治通鉴长编》卷二百十五。下同。
2 李焘:《续资治通鉴长编》卷二百十三。

欧阳修与二百两，皆辞不受。轼之风节，亦可概见矣。今言者以为多差人船贩私盐，是厚诬也。轼有古今之学，文章高于时，又敢言朝廷得失，臣所以举充谏官。今反为轼之累，臣岂得默默不为一言！[1]

此时又发生了一件更令范镇窝火的事：熙宁三年朝廷举行了"直言极谏科"的制举考试（宋代科举分贡举与制举，贡举定期举行，制举不定期举行），九月是制举御试的时间，考试形式为策问。幕职官孔文仲参加了御试，在策对中极言新法不便，被评卷的初考官宋敏求列为第三等（即最高等，因为宋代制举的惯例，一、二等虚置，从不授予任何人），复考官王珪改为第四等，送详定官韩维评定，韩维维持了宋敏求的评级。

但王安石对孔文仲的论调很不满意，密奏神宗，以御批黜落孔文仲。本来按惯例，高中制举者当改授更高官职，孔文仲被黜，即不予升职，让他继续当幕职官。但神宗的御批被知通进银台司孙固封还，本届制举详定官韩维连上五章，力言孔文仲不可黜。当然，最后的结果还是皇帝赢了。

而这个孔文仲，恰好也是范镇推荐参加制举的。所以范镇又愤然上书，请神宗批准他致仕，"以赎轼贩盐诬妄之罪，及文仲对策切直之过"。神宗没有同意。

范镇又接连上章辞官，最后一道辞官奏疏大约是十月廿二日进呈御览的，措辞最为激烈：

---

[1] 李焘：《续资治通鉴长编》卷二百一十六。下同。

> 臣请致仕,已四上章,历日弥旬,未闻可报。缘臣所怀,有可去者二:臣言青苗不见听,一可去;荐苏轼、孔文仲不见用,二可去。……苏轼、孔文仲可谓献忠矣,陛下拒而不纳,是必有献佞以误陛下者,不可不察也。若李定避持服,遂不认母,是坏人伦、逆天理也,而欲以为御史,御史台为之罢陈荐,舍人院为之罢宋敏求、李大临、苏颂,谏院罢胡宗愈。……及御史一言苏轼,下七路捃摭(**搜罗材料以打击**)其过。孔文仲则遣之归任。……以此事理观彼事理,孰是孰非,孰得孰失,陛下聪明之主,其可以逃圣鉴乎?

为什么作为聪明之主的神宗不能明鉴是非?范镇进而指出,是因为受了奸臣的蒙蔽。而这个大奸臣,不用说,就是王安石:

> 陛下有纳谏之资,大臣进拒谏之计;陛下有爱民之性,大臣用残民之术。臣职献替,而无一言,则负陛下多矣!臣知言入触大臣之怒,罪在不测。然臣尝以忠事仁祖,仁祖不赐之死,才听解言职而已;以礼事英宗,英宗不加之罪,才令补畿郡而已。所不以事仁祖、英宗之心而事陛下,是臣自弃于此世也。……惟陛下裁赦,早除臣致仕。

据说王安石看了范镇的辞官奏疏,气得双手颤抖,马上令直舍人院蔡延庆起草批准范镇致仕的诏书。蔡延庆草毕,王安石看了觉得不满意，又让另一个直舍人院王益柔起草，还是不满意，干脆自己动手改，指斥范镇："镇顷居谏省，以朋比见攻；晚置翰林，以阿谀受斥。而每托论议之公，欲济倾邪之恶。乃至厚诬先帝，以盖其附下罔上之丑；力引小人，而狃于败常乱俗之奸。稽用典刑，诚宜窜殛；宥之田里，姑示宽容。"按朝廷律法，是要治范镇之罪的，现在只是让他退休，以示朝廷宽容。此外，按惯例应给范镇的恩典，也都不再给。

王安石的做法太不得体了。范镇虽被极力诋毁，时人却以他为荣。

可以让范镇略感欣慰的是，办案人员经审问苏轼当年往返京师、眉州的水行及陆行所历州县的兵夫、船工，证实苏轼并没有贩卖私盐、货物；所谓的"妄冒差借兵卒"一事，是苏轼自眉州返京之日，适逢眉州派兵卒迎接新太守，遂顺道送苏轼一家至京。也就是说，御史对苏轼的指控，虽事出有因，却查无实据。

第二年六月，苏轼申请到外地工作，获授通判杭州，离开了京城这个是非之地。

第三节　边塞风雪（上）

熙宁三年下半年，宋政府[1]也进行了重组。

七月初四，吕公弼罢枢密使，出知太原府。吕公弼与王安

---

[1] 此处"政府"并非现代词语，宋人常用"政府"指称执政团队。

石、韩绛政见不合，对变法颇不以为然，屡劝神宗"宜务安静"。[1]但他的从孙吕嘉问却是崇拜王安石的变法派，经常将吕公弼的奏疏草稿偷出来交给王安石，所以不管吕公弼想议什么事情，王安石总能抢占先机。神宗也因此对吕公弼颇有意见，这才打算让吕公弼出外。

在吕公弼被罢免之前，神宗已在物色接替的人选，他本欲擢欧阳修入枢密院，代替吕公弼，但王安石不同意："修性行虽善，然见事多乖理。陛下用修，修既不尽烛理，有能惑其视听者，陛下宜务去此辈。"[2]为什么王安石这么不待见欧阳修？因为欧阳修也反对变法，四月他在知青州任上，擅自停止发放青苗钱，被王安石讥为"不识藩镇体"。

神宗又让宰执提名接任枢密使的人选。曾公亮、韩绛均推荐司马光，神宗犹豫未决，欲擢用御史中丞冯京，又欲并用冯京与司马光。

王安石不希望看到司马光加入执政团队，便说："司马光固佳，今风俗未定，异议尚纷纷，用光即异论有宗主。今但欲兴农事，而诸路官司观望莫肯向前，若便使异论有宗主，即事无可为者。"[3]

韩绛听了王安石的分析，觉得有道理。曾公亮却坚持己见："不当以此废光。"最终，神宗决定先以冯京为枢密副使。不过，神宗、王安石对冯京是不怎么满意的，王安石认为冯京资质平庸，"烛理不明，若鼓以流俗，即不能自守"；神宗认为冯京"作

---

1 李焘:《续资治通鉴长编》卷二百十三。
2 李焘:《续资治通鉴长编》卷二百十一。下同。
3 李焘:《续资治通鉴长编》卷二百十三。下同。

中丞恐失职",问王安石:"令作枢密副使,何如?"[1]王安石说:"亦可也。"

擢用冯京为枢密副使之后,神宗又对执政团队说:"京弱,并用光如何?"[2]

曾公亮当然赞成。王安石却说:"(司马光)比京诚差强,然流俗以为宗主,愈不可胜,且枢密院事光果晓否?"

神宗说:"不晓。"

王安石说:"不晓,则虽强,于密院何补?但令流俗更有助尔。"

神宗又说:"寇准何所能,及有变,则能立大节。"

王安石说:"寇准非能平心忠于为国,但有才气,比当时大臣为胜而已。"

曾公亮说:"真宗用寇准,人或问真宗,真宗曰:'且要异论相搅,即各不敢为非。'"

王安石说:"若朝廷人人异论相搅,即治道何由成?臣愚以为朝廷任事之臣,非同心同德、协于克一,即天下事无可为者。"

神宗说:"要令异论相搅,即不可。"

曾公亮还是认为司马光可用,王安石说:"光言未尝见从,若用光,光复如前日不就职,欲陛下行其言,则朝廷何以处之?"

曾公亮无言以对。神宗也自此下了决心,不用司马光执政。

君臣的这场对话透露出一个信息:司马光俨然已经成为"异论之宗主",即反对王安石变法的意见领袖。

---

[1] 徐自明:《宋宰辅编年录校补》卷之七。下同。
[2] 李焘:《续资治通鉴长编》卷二百十三。下同。

王安石不在乎别人非议，但他不愿意看到异论因"有宗主"而发展成阻挠变法的强大势力。他之所以极力反对让司马光加入执政团队，是因为他知道，以司马光的影响力，是可以充当"异论之宗主"的，如果让司马光加入，那么政府必定会分裂成两派，相持不下。如此一来，什么新法都推行不了。

我不认为王安石的这番举动是在党同伐异，应该说，这是可以理解的政治逻辑。即使是近代的议会政治，也会慎重对待让反对派入阁这一问题。

然而，以司马光的气节，倘若神宗不采纳他的施政意见，他也绝不可能入阁。这一点，王安石心里很清楚，所以他才对曾公亮说："光言未尝见从，若用光，光复如前日不就职。"显然，他要比曾公亮更了解司马光。

司马光果然多次请求调离京师。九月，神宗批准他出知永兴军。十月十九日，司马光来向神宗辞行，神宗殷殷勉励："今委卿长安，边鄙动静皆以闻。"[1]永兴军（长安）临近西夏边境，眼下陕西正风起云涌，神宗不能不将注意力转向"边鄙"。

司马光却说："臣守长安，安知边鄙？"神宗说起先帝时王陶以知永兴军的身份报告西夏犯边的过往，司马光却说"臣不敢知职外事"。

神宗又说："本路民间利病当以闻。"

司马光说："谨奉诏。"并说青苗法和"助役法"是陕西之患。

神宗说："助役惟行京东、两浙耳。雇人充役，越州已行矣。"

此时役法改革尚未在陕西试点，司马光却断言它已经成为陕西之患，不愧是"异论之宗主"。

---

[1] 李焘：《续资治通鉴长编》卷二百十五。下同。

在司马光离朝前后，曾公亮于九月十三日罢相，陈升之于十月廿一日罢相。

曾公亮不认同变法，但很少公开反对，台谏官每至政事堂争论青苗法，他总是低头不说话。罢相后，苏轼曾责备他"不能救正朝廷"，曾公亮说："上与安石如一人，此乃天也。"

陈升之在中书受到王安石、韩绛排斥，郁郁不乐，遂称病卧家，请求免去职务。十月，其母过世，即解官丁忧。

九月十四日，冯京转任参知政事，权三司使吴充擢为枢密副使。神宗本来想让吴充担任参知政事，王安石说："充与臣有亲嫌。"吴充与王安石有姻亲关系，例当避嫌。神宗认为这无伤大雅。王安石说："充岂能忘形迹？若论议之间顾形迹，则害国事。"于是将冯京调到中书，让吴充入枢密院。

十二月廿一日，神宗又拜参知政事韩绛为平章事、昭文馆大学士；王安石为礼部侍郎、平章事、监修国史。同日，翰林侍读学士王珪擢为参知政事。宋朝通常置宰相一至三员，参知政事一至三员，元丰改官制前，首相照例兼昭文馆大学士，称"昭文相"；次相兼监修国史，称"史馆相"；末相兼集贤殿大学士，称"集贤相"。换言之，韩绛拜首相，王安石拜次相。

是日，前来王安石府邸祝贺拜相的士大夫"无虑数百人"，王安石以尚未入谢为由，没有出来见客，而是独自与友人魏泰坐于西庑一间小阁谈心。[1] 王安石"忽颦蹙久之"，提笔在窗户上题了一首诗："霜筱雪竹钟山寺，投老归与寄此生。"人生得意之际，竟生出归隐钟山之意。他虽位极人臣，却不贪权位，不恋美官，不慕虚名，不爱钱财，不图美色，不为享乐，境界

---

[1] 魏泰：《东轩笔录》卷之十二。下同。

之高，少有人能及。即使是反感王安石的南宋人罗大经，读到王氏此诗，也不得不承认，"只为他见趣高，故合则留，不合则拂袖便去，更无拘绊"。[1]

此时，韩绛身在陕西边关，未能接受京师同僚的祝贺。诏下之后，他在陕西军中接受拜命，开幕府于延安。

为什么韩绛要奔赴陕西？因为熙宁三年夏秋，边陲风云突变，西夏与宋王朝在横山发生了军事冲突。

治平四年种谔取绥州，宣告宋王朝对西夏的战略从消极防御转为积极进取。宋朝既欲进取，西夏也想夺回绥州，宋夏之间的脆弱和平自此破裂，但因西夏国主谅祚突然去世，西陲暂时未爆发战事。

熙宁三年四月，西夏先试探性进攻绥德城，被判延州兼鄜延路安抚使郭逵派兵击溃；五月，西夏又发兵围庆州荔原堡，被荔原堡东路都巡姚兕击退；七月，西夏举倾国之力，分兵围攻宋朝大顺城、柔远寨、荔原堡等沿边城寨，"兵多者号三十万，少者二十万，围或六七日，或一二日"；八月，西夏聚兵三十万，进攻宋朝环庆路，夺下大顺城辖下的水寨，屯兵于榆林，距庆州只有四十里，一时"陕右大震"，围城九日才退兵。[2]

西陲烽烟起，神宗决定派一位大臣宣抚陕西。参知政事韩绛与王安石都主动请缨。

王安石说："臣于边事未尝更历，宜往。"[3]

神宗也欲派遣王安石："王安石未尝行边，今可出使也。"

---

1 罗大经：《鹤林玉露》卷之五丙编。
2 李焘：《续资治通鉴长编》卷二百十四。
3 李焘：《续资治通鉴长编》卷二百十五。下同。

韩绛却认为不应该这么做,"朝廷方赖安石,不宜往"。

王安石则说:"朝廷所赖独韩绛尔。"

最终,神宗还是以韩绛为陕西路宣抚使(之后又升为陕西、河东宣抚使),并赐手诏:"如有机事不可待奏报,听便宜施行。"

九月十八日,韩绛启程西征。此时边陲的景况,恰如范仲淹一首小词所描绘:

渔家傲·秋思

塞下秋来风景异,衡阳雁去无留意。四面边声连角起,千嶂里,长烟落日孤城闭。

浊酒一杯家万里,燕然未勒归无计。羌管悠悠霜满地,人不寐,将军白发征夫泪。[1]

抵达陕西后,韩绛即招募当地盗贼及亡命罪人,编为奇兵,分成七军,以知原州种古、知环州种诊、环庆路都监任怀政、知保安军景思立、知青涧城种谔、知德顺军周永清、秦凤路都钤辖向宝分领。

韩绛这次抚陕,可不仅仅是为了抵御西夏的进攻。实际上,西夏的进攻都被宋朝守将击退了,并未占到便宜。韩绛的盘算是,既然战端已开,不如趁势"大发兵取横山"。[2] 种谔给他献谋献策,提出了具体的取横山战术:由绥德进兵,取啰兀城要塞(今陕西米脂县),建六寨以通麟州(今陕西神木县)、府州(今陕西府谷县),包地数百里,则鄜延、河东有辅车之势,

---

1 唐圭璋编:《全宋词》第一册,中华书局,1965年。
2 李焘:《续资治通鉴长编》卷二百一十七。

足以制西夏。神宗对此期待很高，给韩绛赐手札："比遣卿西路者，朕意实有望于卿，必可成就疆事。"[1]

判延州郭逵却极力反对出兵横山，称"此举不惟无功，恐别生他变，贻朝廷忧"，与韩绛的幕府再三论辩。[2]

郭逵的军事幕僚、鄜延路安抚司管勾机宜文字官赵卨也认为，仓促进攻横山，绝非良策："大兵过山界，皆沙碛，乏善水草，又无险隘可以控扼，臣窃危之。……今夏国屡为西蕃攻扰，必欲乘虚破贼，当先经画山界控扼之地，然后招降。不然，劳师远攻，未见其利也。"[3] 横山地区的啰兀城更是不应取，因为"啰兀城孤绝亡水草，粮道阻绝"。

但郭逵、赵卨的意见未被韩绛采纳。

转眼已是熙宁三年十二月，韩绛拜相，坐镇延州，命种谔领兵二万出无定川，取啰兀城，"听以便宜招纳、讨击"，"四路经略司皆毋得干预，诸将听谔节制"。又传檄河东发兵，与种谔会师于银州。

韩绛招兵买马之时，新任知永兴军司马光也抵达长安。他给神宗发回一份报告，称自入陕西境内，一路所见，尽是"流移之民"，询访乡里，说是"今夏大旱，禾苗枯瘁，河渭以北，绝无所收，独南山之下，稍有所存"，只能外出觅食，"或佣赁客作，或烧炭采薪，或乞丐剽窃，以度朝夕"，极其悲惨。

司马光坚定地认为，"当此之际，国家惟宜镇之以静，省息诸事，减节用度"。但他看到的情况却是：陕西宣抚司正在招民兵义勇，募闾里恶少，选诸军骁锐，又"悉取岁赐秉常

---

1 李焘：《续资治通鉴长编》卷二百十八。
2 李焘：《续资治通鉴长编》卷二百十七。
3 李焘：《续资治通鉴长编》卷二百十八。下同。

（西夏国主赵秉常）之物散给缘边诸路，又竭内地府库甲兵财物以助之"。仅永兴一路所征发的军事物资，就有"甲八千副，钱九万贯，银二万三千两，银碗六千枚，其余细琐之物，不可胜数。动皆迫以军期，上下相驱，急于星火。官吏狼狈，下民惊疑"。

司马光派人一打听，都说"国家将以来春大举六师，长驱深入，以讨秉常之罪"。对此，司马光深感忧虑："夫兵者凶器，圣人不得已而用之。自古以来，国家富强，将良卒精，因人主好战不已，以致危乱者多。况今公私困竭，将愚卒懦，乃欲驱之塞外，以捕狡悍之寇，其无功必矣。"

在报告的最后，司马光奏请神宗深鉴安危之机，"速下明诏，抚谕关中之民，以朝廷不为出征之计；其义勇更不分番于缘边戍守，亦不选募奇兵；凡诸调发为馈运之具者，悉令停罢；爱惜内地仓库之储，以备春深赒救饥穷之人"。

随着司马光的奏报送达神宗御前的，是韩绛的捷报：熙宁四年（1071）正月初，骁勇善战的种谔果然先后攻下西夏抚宁堡、啰兀城两处要塞。韩绛命令他先驻兵啰兀，整修城池，等大功告成后再进兵筑永乐川、赏逋岭二寨；又命陕西其他将领修筑抚宁故城，河东路修筑荒堆、吐浑川、开光岭、葭芦等堡寨，各寨相距四十余里，并通接道路。[1]

韩绛的战略计划是将战线拉近横山山界，修筑一条堡寨链，将陕西的绥州与河东的麟、府二州衔接起来，彼此呼应，进而夺取整个横山地区。

但紧随韩绛捷报而来的，是河东转运使张问正月十三日发

---

[1] 参见李焘《续资治通鉴长编》卷二百一十九。下同。

来的负面报告："宣抚司令计度运粮义勇夫所备数过多，颇闻骚扰"；河东"应付宣抚使科率（又称"科买"，政府或宫廷的强制性购买），民力已不堪"。原来，因韩绛命令种谔抢筑啰兀城与抚宁堡，从陕西、河东征集了大量民夫、物资，"调发仓猝，关陕骚然，河东尤甚"。正月的河东，正是严寒时节，大雪纷飞，士兵、夫役冒雪筑城、运送物料，苦不堪言。

神宗在张问的奏疏上批示："若果然，恐别致生事。"他又有点怀疑是不是河东转运司"阴欲摇动边事"，所以他一边要求三司给河东转运司拨款（先后拨付三十万两银），赐度牒给鄜延路经略司二千道、河东转运司三千道，以助边费；一边派遣御史范育（其时范育尚未罢言职）前往陕西、河东考察。

不久，范育回奏：河东子民现在受到的骚扰，"皆起于宣抚司妄举重兵，军须暴并，而成于转运司仓卒应命，计虑不精，使一路务本勤俭之民，荡析生业，濒于死亡之患"。[1] 又建议神宗与执政大臣早日降敕韩绛，令他"备陈已修啰兀城及河东第一寨经久可守之策，以付两路。如不可守，即陈如何弃置御边之术。裁之睿断，以定安危之计"。

再说西夏失去抚宁堡、啰兀城，也派大军来攻，欲夺回这两处要塞。夏人采取迂回战术，先攻啰兀城南边的抚宁堡，因抚宁堡地平城小、驻兵不多，易攻难守。而拿下抚宁堡，即可切断啰兀城与宋军前线指挥部绥德城的联系。[2]

抚宁堡、啰兀城当守还是当弃，边臣意见不一，韩绛、种谔主守，吕公弼、赵卨主弃。朝中，王安石也倾向于弃城，因

---

[1] 李焘：《续资治通鉴长编》卷二百二十。下同。
[2] 参见李华瑞《宋夏关系史》第六章，中国人民大学出版社，2010年。

为开疆拓土的时机未到，当务之急乃是理财，财用不足，一切都是空谈。神宗却不愿意放弃好不容易从西夏手里夺来的堡寨。

二月十六日，他又派户部副使张景宪、枢密都承旨李评前往按视抚宁堡、啰兀城，实地考察是守还是弃。张、李行至半途，抚宁堡已为西夏兵攻陷。待至延州，张景宪即向神宗报告："啰兀城距绥德百余里，邈然孤城，凿井无水，无可守之理。"[1] 又奏："道路所见百姓憔悴、师旅咨嗟之状，愿罢徒劳之役，废无用之城，严敕诸将大为守备而已。种谔首误国，乞正典刑。"

李评还朝，也说："入鄜延界询求啰兀城利害，无一人言便者，乞速毁废，以解一路之患。"

这个时候，啰兀城在守将李宗师的苦苦坚守下，仍未被西夏人攻破。韩绛命令庆州兵驰援李宗师，没想到二月廿四日这天，庆州突然发生兵变：两千多名广锐军士卒因不满韩绛对待蕃兵、禁兵厚此薄彼，便拥广锐军都虞候吴逵造反，"是夕，遂焚北城，大噪纵掠，斩关而出"。不过，兵变很快就被平定，叛兵被杀死者多，以致神宗都感到不安，于三月下诏："庆州兵叛，斩戮甚多，人命至重，恻然可伤，权罢春燕。"[2] 连宫廷每年于春季举行的大宴都叫停。

但庆州兵变的影响却不可低估，它产生的压力，不但迫使神宗不得不同意弃城之议，于三月十八日下诏放弃啰兀城，而且让神宗"深以用兵为忧"，十年未敢贸然进取横山。[3]

朝中旧党则从庆州兵变事件找到了反对变法的理由。三月

---

1 李焘：《续资治通鉴长编》卷二百二十。下同。
2 李焘：《续资治通鉴长编》卷二百二十一。下同。
3 参见李华瑞《庆州兵变与王安石变法》，《河北大学学报（哲学社会科学版）》1990年第S1期。

初三，兵变的紧急情报送达御前，神宗急召两府赴资政殿议事。

枢密使文彦博说："朝廷施为，务合人心，以静重为先。凡事当兼采众论，不宜有所偏听。陛下即位以来，励精求治，而人情未安，盖更张之过也。祖宗以来法制，未必皆不可行，但有废坠不举之处耳。"[1]

神宗说："三代圣王之法，固亦有弊，国家承平百年，安得不小有更张？"

王安石说："朝廷但求民害者去之，有何不可？万事颓堕如西晋之风，兹益乱也。"

神宗与王安石对变法的决心与信心并未因兵变而动摇，不过，王安石的同盟、拜相不足半年的韩绛却不能不为兵变负责。他于三月廿二日罢相，降知邓州，责词称他"统制亡状，绥怀寡谋。暴兴征师，深入荒域。卒伍骇扰，横罹转战之伤，丁壮驰驱，重疲赍饷之役。边书旁午，朝听震惊"。

第四节　边塞风雪（下）

神宗与王安石经略西部的路线图是双线并进，谋取西夏：东线以种谔所议，攻取横山，与西夏正面对抗；西线以王韶所议，渐取青唐，对西夏迂回包抄。熙宁三至四年，东线韩绛"大发兵取横山"的计划受挫，西线王韶开发青唐的计划也面临考验。

我们以前讲过，熙宁初王韶赴阙献《平戎策》，得神宗与

---

[1] 李焘：《续资治通鉴长编》卷二百二十一。下同。

王安石赏识，任命为管勾秦凤路经略司机宜文字，谋划开边事宜。王韶开边的基本方略，概括地说，就是招抚西蕃诸族归顺，察其疾苦，平其冤滥，以恩信绥之，以汉家法令威之，择蕃兵而教之，以汉民与蕃人杂居之，其土地皆可贾易而致。[1] 换言之，即利用政治、经济、文化手段，促进民族融合。

这一方略王韶筹划已久，但他初至秦州（今甘肃天水）时恐怕是无法施展拳脚的，因为时任秦凤路经略安抚使、知秦州的孙永是一名保守的士大夫。王安石曾给他致信，称赞王韶之才，孙永却回信说："番汉方静，若无故骚动，恐变生不测，非敢闻命也。"[2] 又密奏神宗，极言王韶之策不便。

之后，秦凤路经略安抚使、知秦州换成李师中，李氏倒赞成王韶开边之议。但新的问题又来了：开边离不开本钱，不管是夺取横山，还是开发青唐，都需要钱。在一次君臣谈话中，神宗对陕西财用不足十分忧虑，王安石说："今所以未举事者，凡以财不足，故臣以理财为方今先急。未暇理财，而先举事，则事难济。"[3] 神宗的忧虑，王韶感同身受；王安石的理财主张，王韶亦身体力行。所以熙宁三年二月，他上书朝廷，提出一套在秦凤路因地制宜开拓财路的方案：

> 沿边州郡，惟秦凤一路与西蕃诸国连接，蕃中物货四流，而归于我者，岁不知几百千万，而商旅之利尽归民间。欲于本路置市易司，借官钱为本，

---

1 参见毕沅编《续资治通鉴》卷第六十六。
2 苏颂：《苏魏公文集》卷五十三。
3 李焘：《续资治通鉴长编》卷二百二十。

稍笼商贾之利，即一岁之入，亦不下一二十万贯。[1]

渭源城下至秦川，沿河五六百里，良田不耕者，何啻万顷？但自来无钱作本，故不能致利。欲每岁常于秦州和籴场预借钱三五万贯作本，择田之膏腴者，量地一顷，约用钱三十千，岁收不下三百石。千顷之田（成本）三万贯，收三十万硕（石）。以十万为人、牛粮用外，岁尚完二十一万硕。[2]

王韶的沿边理财方案包括"营田"与"市易"两部分。他发现，沿渭河支流一带，五六百里间，无人耕种的良田不下万顷，秦州驻军完全可以将它们开发成公田，招人承佃，以田租来充开边之用。这便是"营田"。

王韶又发现，秦州坐商（在固定地点营业的商人）与蕃商之间的贸易十分繁荣，便计划设立一个官营的市易司参与边贸。市易司的经营方式最开始只是简单的货物销售，之后发展成比较复杂的商业模式：蕃商的货物，由市易司以现钱收购；之后，市易司再将收购来的货物赊给本地的坐商、行铺；坐商与行铺可免本钱预买商货，待货物销售出去后再给市易司回款，并支付利息。以前官方未设市易司时，蕃商往往将商货寄售于行铺，未能及时拿到现钱。市易司以现钱收货，蕃商也乐意与市易司交易，这样，"蕃商既得早售，坐贾亦无所费，官又收息"，可谓"三赢"。[3]

1　徐松辑：《宋会要辑稿·食货五五》。
2　徐松辑：《宋会要辑稿·食货六三》。
3　徐松辑：《宋会要辑稿·食货三七》。

王韶的沿边理财计划立即得到神宗与王安石的支持。神宗下诏：将秦凤路经略司现管西川交子差人购买货物，然后"赴沿边置场，与西蕃市易"；[1]秦凤路经略司可"借支封桩钱三万贯，委王韶募人耕种，仍预行摽拨荒闲地土，不得侵扰蕃部"；[2]其他"应有经画事件，仰转运司从长相度施行，仍件析以闻"；[3]以秦凤路都铃辖向宝、主管西路羌部高遵裕与王韶同提举蕃部兼营田、市易。

然而，营田、市易事务尚未开始施行，王韶本人就遇到了大麻烦。原来，王韶的顶头上司李师中虽然一开始支持开边之议，也盛赞王韶之才，但等王韶提举秦州蕃部兼营田、市易之后，二人却闹出了矛盾。

原因得从向宝说起：向宝与王韶同提举蕃部，但两人意见不合——王韶主张招抚蕃部，向宝则认为"蕃部不可以酒食甘言结也，必须恩威并行"。[4]王韶不接受，便联合高遵裕排挤他。但向宝是李师中的亲信，在王、向发生争执时，李师中自然偏袒向宝，所以与王韶产生了龃龉。

朝中的王安石一直不喜欢李师中，支持王韶。他不希望王韶的开边事业被李师中所耽误，因而向神宗建议："师中前后论奏多侮慢，今于韶事又专务龃龉。陛下若欲保全，宜加训饬，使知忌惮。"

神宗依言，给李师中发诏旨训诫："付卿一路，宜为朕调一将佐，使知朝廷威福。今用一王韶，于向宝有何亏损，遂欲

---

[1] 徐松辑：《宋会要辑稿·食货五五》。
[2] 徐松辑：《宋会要辑稿·食货六三》。
[3] 徐松辑：《宋会要辑稿·食货五五》。
[4] 李焘：《续资治通鉴长编》卷二百十二。下同。

怨望不肯尽命？若果如此，朝廷岂无刑戮以待之？卿为主帅，亦岂免责？诏所建立，卿皆与议，事之成败，朝廷诛赏，必以卿为首，不专在韶。"

李师中给训得心惊肉跳，赶紧上奏："宝在边无由得安，乞罢宝，专委韶及遵裕。"王安石也乐得顺水推舟，于是四月十八日，向宝罢提举蕃部兼营田、市易，只担任秦凤路都钤辖。

谁知这个时候，秦州蕃部有两个部族发生械斗、仇杀。这两个部族一叫"托硕"，一叫"隆博"，都是西北沿边的生户。宋人将西北蕃户分为生户、熟户："其帐族有生、熟户，接连汉界，入州城者谓之熟户；居深山僻远、横遏寇略者谓之生户。"生户之间经常发生仇杀："其俗多有世仇，不相往来。遇有战斗，则同恶相济，传箭相率，其从如流。虽各有鞍甲，无魁首统摄，并皆散漫山川，居常不以为患。"[1]

但这次托硕部族与隆博部族的械斗有些不寻常，因为背后有更大的势力介入：托硕部族中有一个叫结吴叱腊的蕃僧，与河湟董裕部族的蕃僧星罗结相勾结，说服董裕与西夏和亲，同时出兵助托硕部族，再相机吞并诸羌。

主管西路羌部、驻古渭寨（今甘肃陇西县）的高遵裕探知这一情报，赶紧报告李师中，请求经略安抚司尽快派向宝领兵前来平定蕃部之骚乱。李师中趁机上奏朝廷："蕃部非宝不能制，臣已令将兵讨托硕族，乞依旧留宝，仍敕韶等令协和。"[2]即要求朝廷恢复向宝提举蕃部的差遣，并对王韶、高遵裕提出训诫。

1　李焘：《续资治通鉴长编》卷三十五。
2　李焘：《续资治通鉴长编》卷二百十二。下同。

此时是五月,两府尚未改组,宰相曾公亮支持李师中的奏议,枢密院也请神宗批准训诫王韶等人的戒励状。王安石坚决反对:"韶等岂可但责戒励?当究见情状虚实、道理曲直行法。"要求查清是非曲直,再作处分。

文彦博似乎对王韶特别不满,说:"韶、遵裕得专奏事,不由主帅,主帅反奉韶等。"实际上他是反对王韶的开边之议。

神宗纠正说:"韶所措置事,皆关白(禀告)主帅。"

王安石说:"若韶措置有害,师中自合论奏。师中素无忌惮,专侮慢朝廷,何至奉韶等?"并提议罢免李师中。

神宗也反感李师中"奏事前后反复",同意罢免他。六月初七,神宗下诏:秦凤路副总管窦舜卿知秦州,李师中于永兴军听旨。

李师中大概已打听到自己被罢的消息,心里对王韶充满了怨恨,又上疏质疑王韶二月奏报朝廷且获批准的营田、市易方案。他的奏疏在六月初八送达御前:

> 王韶申,欲于甘谷城(今甘肃甘谷县)等处未招到弓箭手空闲地一千五百顷,乞差官从三五顷至一二十顷以上,逐段标立界至,委无侵犯蕃、汉地土,然后欲凭出榜,依朝旨召人耕种。缘本司先准中书札子,王韶募人耕种,止标拨荒闲地,不得侵扰蕃部。今韶乃欲指占极边见招置弓箭手地,有违诏旨;又欲移市易司于古渭寨,臣恐自此秦州益多事,所得不补所失。盖韶初献议,朝廷即依所奏,未尝令臣相度,欲乞再委转运使一员重行审定。

李师中奏疏提到的"弓箭手"，是宋政府在陕西、河东设置的民兵组织，招募自土著居民，实行兵农合一制，应募者可以获授若干亩田，免纳田赋，但平日要接受军事训练，战时要应召上阵。拨给弓箭手耕种的田地，就叫"弓箭手田"。从秦州城往北，至渭源羌（今甘肃渭源县），沿渭河支流两岸，散落着大量闲荒土地，主要来自蕃部献地，或宋政府赎买，其中有一部分土地被秦州政府划为弓箭手田。

李师中提到的甘谷城、古渭寨，是秦州的两处边城。古渭寨与渭源羌接壤，距秦州城三百里，是王韶开边之前宋王朝的极边之地；甘谷城为熙宁元年韩琦所筑，位于古渭寨与秦州城之间，距秦州城一百八十里。王韶提议设立的市易司，最早设于秦州城，其后王韶提出将市易司迁到古渭寨。

李师中对王韶的质疑与抨击，主要有三点：

其一，按朝廷批复，划拨给王韶开发的营田，须得是无主的荒闲地，但王韶却指占弓箭手地为营田，当初他不是说沿渭地"良田不耕者，何啻万顷"吗？这些良田在哪里呢？

其二，王韶坚持将市易司从秦州城搬到古渭寨，将会给秦州带来麻烦，得不偿失。

其三，王韶二月报告朝廷的方案，未征求经略安抚司的意见，而朝廷却仓促批准。

神宗见了李师中奏报，当日便派遣权开封府判官王克臣、内侍押班李若愚前往秦州考察调查。

过了十天，六月十七日，神宗出御批付中书、枢密院："隆博、托硕相仇杀，王韶、高遵裕并不前知，今向宝已领兵破荡，高遵裕亦同去，王韶令于秦州听旨，候王克臣体量到别议之。"

原来此时神宗对王韶已产生了不满，认为他所在的古渭寨距离发生械斗的蕃部不过二十里,却无法探知确切情报,以致一日之内,给朝廷发来两份自相矛盾的报告:开始称"蕃部溃散",随后又说"董裕助兵万人"。

文彦博顺水推舟,指责王韶"不知边事"。

王安石极力替王韶辩解:"韶但凭探事人所报耳。蕃部旅拒,即二十里内自不通往来,或伪退而复进,或既散而复聚,何由得知?此未足罪韶。然臣亦疑韶智有所短。朝廷用韶提举蕃部时,向宝、高遵裕尚为管勾,韶即受而不辞,臣疑韶智有所短,特此事耳。"

又说:"韶孤立,才领职,威信未能使人,不可遽责以不能前知蕃部动作。若亟令于秦州听旨,恐沮韶意气。后体量到或非罪,复令干事,心更局缩。"不同意处分王韶。神宗听从了他的意见。

过了数天,李师中又发来报告,称向宝受王韶排挤,罢提举蕃部,这才导致托硕部族与隆博部族发生冲突而官兵未能及时制止。他要求追究当初请罢向宝的人,"特赐处分"——矛头直指王安石。

王安石反驳说:"枢密院初用王韶提举蕃部,略不措置。向宝自以为王韶部辖,与韶不和。既不和,更令宝与韶共事,宝专欲用兵,韶专欲招抚,其势必相沮坏。故臣欲罢向宝,但用王韶。韶欲招抚,故令提举蕃部;宝欲用兵,故令依旧作都钤辖。若可和,则委韶和之;若不可和,则令向宝与战。此朝廷委李师中作帅本意也。……宝虽不管勾蕃部,犹在秦州作钤辖,固未尝夺师中所倚赖之人,如何便致蕃部作过(闹事)?"

神宗很是认同,对曾公亮等说:"用向宝要战,用王韶要和,用师中要节制此两人。朝廷于向宝何所亏损,而师中言乃如此?"

曾公亮又为李师中解释。神宗说:"姑候体量到别议之。"

王克臣、李若愚到达秦州后,要求王韶讲出"所欲耕地安在",指认当初所议之万顷良田在哪里。[1] 王韶拒不配合,只说"众共沮我,我已奏乞归田"。知秦州窦舜卿派人找了块地丈量,只有一顷六十亩。而且不久后,又有地主至官自讼,说那块地是他的。秦州政府只好将地还给他。

七月,王克臣、李若愚给朝廷发来考察报告,称王韶"欺罔"。又称王韶主持市易司,"以官钱假亲旧,使之他方贩易,放散甚多",暗示王韶有假公济私之嫌疑。王安石担心王韶获罪,对神宗说:"若愚在广西素与师中善,所奏不能实。"李若愚与李师中曾在广西共事过,交情很好。他在调查过程中偏袒李师中、压制王韶的可能性还是挺大的。

王克臣、李若愚的报告又说:"古渭寨不可置市易司,聚三十万货物必启戎心,又妨秦州小马、大马家(小马、大马均为吐蕃部落)私交易,且私交易多赊贷,今官市易乃不然,兼市易就古渭,则秦州酒税课利必亏。"

曾公亮、文彦博以及新执政的冯京都以李若愚等所言为是。韩绛也觉得,将市易司从秦州移到古渭寨不妥。

王安石对李若愚的意见逐条反驳:"若西人能得古渭,则非特三十万贯钱之利也。若不敢置三十万贯钱于古渭,恐西人争夺,则尚何须议招致洮、河、武胜(等地的)生羌?西人敢与我争致此羌,则其为利岂特三十万贯钱而已。以此言之,则若愚以为聚货起戎心非是也。又言'官市易不许赊贷,百姓不便',今官市亦非禁民间私相赊贷也,于百姓有何不便?则若

---

[1] 李焘:《续资治通鉴长编》卷二百十三。下同。

愚言于百姓不便非是也。又言'亏秦州酒税'，今秦州尚运致钱物就古渭，若秦州酒税减，即古渭增收，钱在古渭在秦州一也，则若愚以谓亏秦州酒税为不便非是也。"

韩绛说："韩琦曾令增古渭地税，恐秦州人往古渭居。"

王安石说："以此验之，尤见人情以就古渭交易为便。不然，何须增税以困就居之人？今王韶欲就古渭置市易利害，臣所不敢断；然若愚所奏，即臣未见有害。"

神宗又问陈升之的意见。陈升之表示，"秦州则应接蕃户太远，古渭则极边，诚恐群羌窥觊之心"。

听到这话，王安石对神宗说："今蕃户富者，往往有二三十万缗钱。彼尚不畏劫夺，岂朝廷威灵乃至衰弱如此？"

神宗见宰执意见不一，又于七月十一日下诏，令陕西转运司"详度移市易司于古渭寨利害以闻"，令王韶"具析本所欲耕地千顷所在"。

这个时候，托硕部族与隆博部族的冲突已被向宝平定。知秦州窦舜卿奏称：蕃部董裕之所以发兵助托硕部族，是因为王韶招诱其手下不正，才致使蕃僧结吴叱腊、星罗结闹事。他又奏请朝廷宣谕青唐王董毡，请他约束董裕。

王安石认为窦舜卿的奏议实在荒谬："舜卿与李若愚等合党，欲倾王韶，所奏托硕作过，因甚灭裂，却专以为董裕下人作过，其意可见。又朝廷无奈董裕何，反控告董毡，此徒取轻于董毡，而使董毡更骄，于制驭董裕则殊非计。今但当以兵威迫胁，厚立购赏，捕星罗结并结吴叱腊，招安其余众。"

神宗同意王安石之议，在七月廿七日罢去窦舜卿知秦州之职，由韩缜接任。不久，结吴叱腊、星罗结这两名肇事者被擒获；董裕与西夏联姻之议亦搁置。

陕西转运司对王韶之前所称良田千顷是否欺罔的调查也有了结果。大约九月，转运使沈起给朝廷发来新的调查报告：

> 韶所说荒地，不见的实处，虽实有之，然于今未可检踏召人耕种，恐西蕃诸族见如此兴置，以为朝廷招安首领，各授以官职、料钱，令献纳地土。人情惊疑，则于招安之计，大有所害。欲乞权罢垦田之议，俟招安诸蕃各已信服，人情通顺，然后为之未晚。[1]

沈起的报告确认秦州沿渭河一带存在大量荒闲田，为蕃部所献纳。但沈起反对仓促开发这片荒闲田，因为这可能会引起蕃部人情惊疑。

沈起的报告引来侍御史知杂事谢景温的批驳："近闻起体量甘谷城弓箭手地稍多，乞候边事稍宁日根括施行。缘韶元奏，自渭源城至成纪县沿河良田不耕者万顷，乞择膏腴者千顷，岁取三十万斛济边储。今甘谷城去渭水远，非韶昔所指之处。乃以此为名，避当日欺妄之罪。昨克臣、若愚尝奏无此闲田，窦舜卿亦称但打量闲田一顷四十三亩，与起所奏，各有异同。而起亦徇韶之情，妄以他田为解，附下罔上。"

御史薛昌朝（当时尚未罢言职）也说："韶妄进狂谋，邀功生事。今起体量，多与克臣等不同，兼起妄指甘谷城地附会韶言，乞以师中前后所上文字，及克臣、起等节次体量事状，付有司推勘，各正其罪。"

---

[1] 李焘：《续资治通鉴长编》卷二百十六。下同。

谢景温坚称甘谷城地"非韶昔所指之处",指控沈起"徇韶之情,妄以他田为解",这当然是毫无依据的,因为他从未到过甘谷城,对沿渭一带的地形一无所知,只因沈起的报告与之前王克臣、李若愚的说辞不一致,便咬定沈起是袒护王韶、弄虚作假。这是宋朝台谏官的习气,很多时候都是为了反对而反对。

另外,谢景温对王韶的态度,也提醒我们注意一点:之前旧党一直宣称谢景温是王安石的鹰犬,受王安石指使打击政敌。这很可能只是旧党的臆想。谁都知道,王安石是王韶的坚定支持者,如果谢景温受王安石指使,怎么可能会出言指责王韶"当日欺妄"?事实上,王安石曾诘问谢景温:"起案卷具在,无将甘谷城地作王韶所奏者,何故妄言如此?"谢景温说:"是集贤相公(陈升之)与参政、谏议(冯京)说如是。"[1]

但王韶还是被认定存在"妄指闲田"的行为,于十月廿二日被降为保平军节度推官,依旧提举秦州西路蕃部及市易司。李师中也以"稽留朝旨,奏报反复"为由罢去天章阁待制的职务,降知舒州;向宝亦降官阶,充秦凤路钤辖。

塞下的冬天到了,风雪蓄势待发。

对王韶被降责一事,王安石一肚子意见。他问神宗:"王韶为陛下尽力,臣不知陛下尚夺其官何意。"

冯京替神宗回答:"李师中降官,故韶须降官。"

王安石说:"师中附下罔上,坏陛下所欲为,陛下不得不责降,然内批特与舒州,宠以善地。韶无罪乃亦降官,好恶赏罚如此,君子何所恃赖,小人何所畏惧!"

冯京说:"今日人已震慑,如此足矣,尚欲如何?"

---

1 李焘:《续资治通鉴长编》卷二百二十四。下同。

王安石说:"臣所论者,陛下威福,非臣私计也。"

神宗虽然在旧党的压力下处分了王韶,但还是让他继续提举蕃部及市易司。而且,市易司在王安石的坚持下也从秦州迁至古渭寨。为什么王安石要将市易司设在古渭寨?当然不仅仅是为了表态支持王韶,而是因为,在最前沿的古渭寨设置市易司具有重大的战略意义。他跟神宗解释说:

> 臣诚以为,今欲连生羌,则形势欲张,应接欲近。就古渭置市易,则应接近。古渭商旅并集居者愈多,因建以为军,增兵马,择人守之,则形势张矣。[1]

> 韶欲于古渭置市易,非特一利而已。使蕃部得与官司交关,不患边人逋欠,既足以怀来蕃部,又可收其赢以佐军费。古渭固宜聚兵,但患财谷不足,若收市易之赢,更垦辟荒土,即将来古渭可以聚兵决矣。[2]

神宗总算明白了:"市易、耕田与招纳,乃是一事尔。"

那么,王韶有没有"妄指闲田"呢?这件事要挨过塞下漫长的寒冬之后,等到来年夏天才真相大白——熙宁四年六月,神宗令知秦州韩缜重新调查走访沿渭地荒闲田,韩缜经过勘踏、测量,回奏神宗:"缘渭果有荒田四千余顷。"[3]

神宗忍不住感叹:"边臣诞妄诚害事,缘理可知,而事不

---

1 李焘:《续资治通鉴长编》卷二百一十三。
2 李焘:《续资治通鉴长编》卷二百一十四。下同。
3 李焘:《续资治通鉴长编》卷二百二十四。下同。

可知，要边臣奏报诚实乃决事，如窦舜卿言王韶所奏地只有一顷，当时朝廷以为必无此地。今韩缜打量，乃有四千余顷，舜卿尚言今打量地必非王韶所指处！"

文彦博、冯京却坚持认为韩缜"所言非实"。

神宗说："韩缜所以打量出地者，以与窦舜卿不相能，故也；其他事即不肯如此尽力。"

文彦博、冯京都说："此是欲招弓箭手地尔。"

王安石说："韶所奏但云'荒田不耕，何啻万顷'，即不言除欲招弓箭手地外有此。"

文彦博说："臣在秦州，沿渭岂有此地，此必欺罔。"

神宗确定地说："是沿渭地。"

王安石即指地图所载，说："韩缜专沮坏王韶，于奏报中陛下自可见，无缘于此荒田乃肯与韶比而为欺罔。"

辩到最后，文彦博又说："上下相蒙，三数年后，陛下自见矣。"

王安石说："韩缜无庇盖王韶之理，只今事情，陛下自见，不待三数年后也。"

既然秦州沿渭地确实存在尚未耕种、开发的四千余顷良田，王韶并没有欺罔，也就很快复官，八月又升官阶，获授秘阁校理馆职，管勾秦凤路缘边安抚司，兼营田市易。

这一场所谓"妄指闲田"纷争，并不是王韶与李师中两个人的纠纷，而是变法派与保守派的争斗。李师中的背后站着文彦博、冯京，王韶的背后站着王安石、韩绛。对文彦博来说，必须坐实王韶"欺罔""生事"，这样就可以进而将开边、变法否定掉。而对王安石来说，也必须证实王韶并未"妄指闲田"，王韶才可以理直气壮地经略河湟。

第五节　变法风云（上）

熙宁三年下半年至熙宁四年上半年，西陲风起云涌，朝中神宗与王安石的变法事业则风生水起。

这时候，主持变法的决策机构已经重组——熙宁三年五月十五日，神宗下诏裁撤条例司："近设制置三司条例司，本以均通天下财利，今大端（大纲）已举，惟在悉力应接，以趣（促）成效，其罢归中书。"[1]为什么要将这个变法指挥部撤掉？因为台谏官一直宣称它不是合法的机构，曾公亮与文彦博也一再上奏请求裁撤条例司。

神宗压力很大，只好向文彦博承诺："俟群言稍息，当罢之。"撤条例司之前，神宗也咨询过王安石："条例司可并入中书否？"王安石说："待修中书条例有端及已置属，则自可并为一，今尚有合与韩绛请间奏事，恐未可。"神宗说："岂防曾公亮异议乎？"

不过条例司的撤并有一个过程，因为尚有扫尾工作须完成，交接也需要时间。

五月十七日，条例司在王安石的授意下，给神宗打了一个报告："常平新法宜副（付）司农寺，乞选官主判，兼领农田差役水利事。"神宗批准了，并任命吕惠卿为改制后的司农寺首任长官。但不久吕惠卿以父丧丁忧去位，改由崇政殿说书曾布判司农寺。

宋朝沿用唐朝官制，文官体系内设有九寺：太常寺、宗正寺、光禄寺、卫尉寺、太仆寺、大理寺、鸿胪寺、司农寺、太府寺。

---

[1] 李焘：《续资治通鉴长编》卷二百一十一。下同。

除大理寺，其他八寺实际上都已有名无实，沦为闲散机构。其中司农寺的职责为"掌供籍田九种，及诸祀供豕及蔬果、明房油、平籴之事"，虽说各路常平仓也归司农寺管辖，也不过是将出纳数目"付司农寺系账"而已。[1]

王安石将条例司主持的青苗法、农田水利法和差役改革事务移交司农寺可谓高明，因为常平仓本就由司农寺管辖，农田、差役、水利也与农事息息相关，由司农寺兼领名正言顺，可以堵住众人的悠悠之口。所以从熙宁三年五月起，司农寺成为领导青苗贷款、农田、水利、差役等领域之变法的机构。

八月，神宗再下诏，确认了司农寺的职权，并要求各路州县每年岁末须向司农寺报告事项：

> 近令司农寺专主天下常平广惠仓、农田、水利、差役事。今后每岁终，具下项事节闻奏，如有未尽事理，更增损指挥：
>
> 天下常平、广惠仓见在钱斛若干数目，夏、秋青苗钱散过若干数目，合收若干斛斗、已纳若干、未纳若干、倚阁若干、籴到诸色斛斗若干、斗直若干、出粜过若干、都收息钱若干、赈贷过若干，天下水利兴修过若干处，所役过若干人功、若干兵功、若干民功，淤溉到田若干顷亩，增到税赋若干数目，农田开辟到若干生荒地土，增到若干税赋，天下差役更改过若干事件，宽减得若干民力。[2]

---

1 徐松辑：《宋会要辑稿·职官二六》。
2 李焘：《续资治通鉴长编》卷二百一十四。

九月，中书的组织构架也作了调整。宋承唐制，中书下设五房：孔目房、吏房、户房、兵礼房、刑房，各房配置吏员若干名，其首席吏员叫"堂后官"（因五房置于政事堂后而得名）。堂后官虽为宰相的下属官吏，却地位卑下，属于吏职。王安石认为，"中书属官，须精择可以备谏官、侍从者。若杀其礼，则自爱重者不肯为"，因此，应当提高中书属官的待遇与地位，选用士人充任。[1]

基于这样的理念，王安石提出："中书统治百官以佐天子政事，而所置吏属尚仍旧制，谓宜高选士人，稍依先王设官置辅之意，请置检正中书五房公事一员，每房各置检正公事二员，并以朝官充，见宰相、参知政事如常朝官礼。"这个建议获神宗批准。自此中书检正官便成为宰相最重要的属官，也是王安石变法最得力的助手，多名年轻的变法派官员以中书检正官的身份，进入变法的决策圈，如曾布、吕惠卿、李承之，都担任过检正中书五房公事，章惇、邓润甫、李清臣、沈括等，都当过逐房公事检正官，李定的新职务——检正中书吏房公事，即是逐房检正官之一。

熙宁三年比较重要的变法之一，是八月廿八日推行的仓法。为什么叫仓法？因为它跟仓库管理有关。宋朝前期，管理京城诸仓库的吏员是没有固定薪水的，所以他们要靠勒索、受贿来养家糊口，在发放诸军口粮时，也要克扣一部分："欺盗劫取十常三四。"[2]

王安石跟神宗分析说：造成这一问题的根源就是吏无常禄，

---

1 李焘：《续资治通鉴长编》卷二百十五。下同。
2 李焘：《续资治通鉴长编》卷二百十四。下同。

"若欲省此等事,则当先措置吏人,使廪赐厚而员不冗,然后可为也。……今惜厚禄不与吏人,而必令取略,亦出于天下财物。既令资天下财物为用,不如以法与之,则于官私皆利"。

神宗很受启发,给中书发御批:"闻在京诸班直(御前当值的禁卫军)并诸军所请月粮,例皆斗数不足,……甚非朕所以爱养将士之意,宜自今每石实支十斗。"并要求三司详定仓库吏员的俸禄。不久后,三司拟好初步方案:"主典役人,岁增禄为钱一万四千余缗。乞取(勒索)一钱以上,以违制论,仍以钱五十千赏告者,会赦不原。"规定了吏员的俸禄,并对勒索之人进行处罚。

中书认为:"乞取有少多,致罪当有轻重。今一钱以上,论以一法,恐未善。又增禄不厚,不可责其廉谨。"提议将三司辖下仓库吏员的工资增加到一万八千九百贯;勒索、受贿"计赃钱不满一百徒一年,每一百钱加一等;一千流二千里,每一千加一等,罪止流三千里"。

这便是仓法,又叫重禄法,其要点有二:第一,给吏员以高工资;第二,对吏员受贿行为加以惩罚,用宋人的话来说,这叫"制天下吏禄,而设重法以绝请托之弊"。[1] 王安石提倡立法当"以中人为制",仓法便是"以中人为制"的体现。

仓法先在三司辖下仓库试行,然后扩展至在京诸司,再逐渐推广于诸路。到熙宁六年(1073),"内自政府百司,外及监司、诸州胥吏,皆赋以禄,谓之'仓法'。京师岁增吏禄四十一万三千四百余缗,监司诸州六十八万九千八百余缗"。[2]

---

1 沈括:《梦溪笔谈》卷之十二。
2 李焘:《续资治通鉴长编》卷二百四十八。下同。

虽然朝廷每年需要多掏一百多万贯给吏员发工资，但这笔钱取自坊场、河渡经营权的拍卖所得，以及新征收的市例钱、免行钱、免役宽剩钱与青苗、市易息钱等，"于县官岁入财用初无少损，且民不加赋，而吏禄以给焉"。

仓法的效果很好，推行之后，军人领的口粮不再被克扣，也不须再向仓吏行贿；仓吏无赖，"不免时有犯法（索贿），然随辄被告"，久之，京师各部门的吏人"无复敢受赇（接受贿赂）"。[1] 王安石还举了一个例子："开封府吏自言向时遇事，且思如何可以取钱，又思如何可以欺罔官员，实无心推究人枉直。自今诚恐有暇及此。"神宗都忍不住感叹："此实良法也。"

八月，神宗还批准河北的通利军（州级行政区）撤军为县，隶属于卫州。这是熙宁变法期间持续实行的一项举措：并省州县。因为五代之际，州县设置太多，宋初继承了这一遗产，"由是役繁民困"。[2] 所以，神宗早在熙宁初年便开始将一部分人口太少的州县撤并掉。王安石执政后，继续推行省并郡县的新政。

九月，大理寺丞赵子几被任命为管勾开封府界常平等事。作为执行新法最得力的基层官员之一，赵子几就职后，积极在府界之开封县试行"以钱代役"的役法改革，亦即募役法的实验。下一章我们将专章详述募役法及其引发的纷争。此处不赘。

熙宁三年还出台了另一项重要的新法：司农寺拟订的《畿县保甲条制》，于十二月初九开始在京师畿县试行，此即保甲法的试点，三年后才形成《保甲条贯》，并推行于全国。而畿县保甲法的最早倡议者与积极推行者，亦是赵子几。

---

[1] 李焘：《续资治通鉴长编》卷二百三十三。下同。
[2] 黄以周等辑：《续资治通鉴长编拾补》卷三（上）。

《畿县保甲条制》规定：

> 凡十家为一保，选主户有才干、心力者一人为保长；五十家为一大保，选主户最有心力及物产最高者一人为大保长；十大保为一都保，仍选主户有行止、才勇为众所伏者二人为都、副保正。
>
> 凡选一家两丁以上，……谓之保丁，……除禁兵器外，其余弓箭等许从便自置，习学武艺。
>
> 每一大保逐夜轮差五人，于保分内往来巡警，遇有贼盗，画时（立时）声鼓，报大保长以下，同保人户即时救应追捕；如贼入别保，递相击鼓，应接袭逐。每获贼，除编敕赏格外，如告获窃盗，徒以上每名赏钱三千，杖以上一千。
>
> 同保内有犯强窃盗、杀人、谋杀、放火、强奸、略人、传习妖教、造畜蛊毒，知而不告，论如伍保律。其余事不干己，除敕律许人陈告外，皆毋得论告。[1]

从司农寺的设计来看，保甲是社会基层治安治理组织。但从王安石的设想来看，保甲还是一种民兵组织，是可以用来替代募兵的。我们讲过，由于宋王朝实行募兵制，兵士来自招募，从入伍当天就开始领薪，养兵成本巨大，财政不堪重负。王安石不止一次跟神宗说："欲公私财用不匮、为宗庙社稷久长计，募兵之法诚当变革，不可独恃"；[2] "募兵多浮浪不顾死亡之人，

---

[1] 李焘：《续资治通鉴长编》卷二百十八。下同。
[2] 李焘：《续资治通鉴长编》卷二百二十一。

则其喜祸乱，非良农之比"。[1]

而变革兵制的方向，就是以保甲乡兵取代一部分募兵：

> 今所以为保甲，足以除盗，然非特除盗也，固可渐习其为兵。既人人能射，又为旗鼓变其耳目，渐与约免税，上番代巡检下兵士，又令都副保正能捕贼者奖之，或使为官，则人竞劝，然后使与募兵相参，则可以消募兵骄志，省养兵财费，事渐可以复古。此宗庙长久计，非小事也。[2]

于是，次年宋政府诏京师畿内保丁"肄习武事"，并于农闲季节择日于要便乡村考试"骑步射"，第一等可举荐给朝廷，天子检阅、测试其武艺后，授予官职；第二等免除当年一个月的春夫（一种力役，于春季时服役）、马藁四十、役钱二千，如本户不必免除，或身上所负担的役额小于免除额度，还允许将额度转让，"听移免他户而受其直"；第三、第四等奖赏据此递减。[3] 第三年又诏保丁值勤京师宿卫："主户保丁愿上番于巡检司，十日一更，疾故者次番代之，月给口粮、薪菜钱，分番巡警。"之后，保甲又改隶兵部，其政令则听于枢密院。

熙宁四年二月，讨论了两年的学校贡举法终于颁布推行：

> 古之取士皆本于学校，……今欲追复古制以革其弊（指科举制之弊），则患于无渐。宜先除去声病

---

[1] 李焘：《续资治通鉴长编》卷二百十八。
[2] 李焘：《续资治通鉴长编》卷二百二十一。
[3] 脱脱等：《宋史》卷一百九十二。下同。

偶对之文，使学者得以专意经义，以俟朝廷兴建学校，然后讲求三代所以教育选举之法，施于天下，则庶几可复古矣。明经及诸科欲行废罢，……进士罢诗赋、帖经、墨义，各占治《诗》《书》《易》《周礼》《礼记》一经，兼以《论语》《孟子》。每试四场，初本经，次兼经并大义十道，务通义理，不须尽用注疏。次论一首，次时务策三道，礼部五道。[1]

按新的贡举法，废罢诸科考试，只保留进士科；进士科罢试诗赋、帖经、墨义，改试经义、论、时务策。

之后，朝廷又置明法新科，作为录取法学人才的专科考试。换言之，实行新贡举法之后，宋朝贡举只有两科：进士科与明法新科，考中明法新科的士子通常还会得到优待，"吏部即注司法（官），叙名在进士及第人之上"，这体现了神宗与王安石对法律、法制的重视。[2] 在此之前，神宗已经任命权判大理寺崔台符、权发遣大理少卿朱温其等主持"试法官"考试，将"试法官"确立为一项制度，类似于司法资格考试，凡担任司法官者，若非明法科出身，须先通过"试法官"。

五月，开封府推出新的检校法。"检校"是宋王朝特有的一项财产托管制度，宋朝京师与诸州都设有检校库，用于代管孤儿财产——凡亲人离世的遗孤，宋政府有责任将他们的财产核查清楚、登记在册，存入检校库代为保管，并定时从代管的财产中划出若干，发给遗孤作为生活费，等遗孤长大成人，政

---

[1] 李焘：《续资治通鉴长编》卷二百二十。
[2] 马端临：《文献通考》卷三十一。

府再将代管的财产还给他们。宋政府希望通过官方的检校,使失去亲人的未成年人的权益得到保护,免遭他人侵夺。

但财产放在检校库里,只会越发越少,坐吃山空,怎么办?负责管理开封府检校库的长官吴安持(王安石的女婿)提出了一个设想:"本库检校孤幼财物,月给钱、岁给衣,逮及长成,或至罄竭,不足推广朝廷爱民之本意。乞以见寄金银、见钱,依常平仓法贷人,令入抵当出息,以给孤幼。"[1] 如果将检校库代管的财产用于放贷,以利息给孤儿发放生活费,便解决了坐吃山空的问题。朝廷同意"千缗以下如所奏施行"。从此,检校库获得了将代管之财产用于投资的法律授权。

之后,京师一些政府部门又将公款委托检校库放贷生息,如熙宁五年(1072),"诏给国子监钱二万贯,送检校库出息,以供公用"。[2] 这时候的检校库,有点接近于今日的信托投资基金。由于往检校库存款生息的部门比较多,检校库干脆专置一局"管勾息钱支给",这个局叫"抵当库",是中国最早的银行雏形。[3]

第六节 变法风云(下)

不必惊讶,熙宁三四年出台的这些新法,基本上都受到反对变法之士大夫的严厉批评。

---

1 李焘:《续资治通鉴长编》卷二百二十三。下同。
2 徐松辑:《宋会要辑稿·职官二七》。
3 李焘:《续资治通鉴长编》卷二百三十二。

比如仓法，不管是立意还是实际效果，都很不错，所以神宗说："异时吏不赋禄，而受赇辄被重劾，今朝廷赋禄而责人，可谓忠恕矣。"[1]

冯京却说："天下无事乃可以行此。太宗时尝宣谕州县官，有道理少取赀钱，无道理莫取。"说得好像吏员索贿是有道理的。

神宗是明白人，说："当是时接五代，财用不足。"

王安石说："纵财用不足，吏亦人，非不衣不食而治公事，既衣食即必有所出，自可以法收敛，以此赋给。"

即便是合并郡县这类节省财用、减轻赋役的措施，也受到御史刘挚的攻击："省并州县也，则诸路莫不强民以应令。"[2]撤并州县要强什么"民"？王安石一言拆穿："每并一县，辄言不便。凡言不便，多是近县廨有资产豪宗及公人而已。朝廷若能察此，则河北州县可并处甚多也。"[3]刘挚口中的"民"，其实就是被撤并郡县的吏人，以及在衙门附近有产业的土豪而已。省并郡县让他们的利益受损了。

保甲法试行后，更是多次被抨击。熙宁四年三月，权知开封府韩维说："诸县团结保甲，乡民惊扰。祥符等县已毕，其余县乞候农闲排定。"[4]请求暂停编排保甲。

枢密院也向神宗报告说，畿县试点保甲法扰民，有乡民为逃避保甲，甚至"截指断腕"。神宗要求王安石考证虚实。过了十来天，王安石回奏神宗："臣召问开封差役、公人，以为保甲皆人情愿，无不便者，实不如枢密院言。又得赵子几奏：

---

[1] 李焘：《续资治通鉴长编》卷二百四十八。下同。
[2] 李焘：《续资治通鉴长编》卷二百二十五。
[3] 李焘：《续资治通鉴长编》卷二百十四。
[4] 李焘：《续资治通鉴长编》卷二百二十一。下同。

推究截指者两人,其一人遍问无有,一人盖因斫桑误伤,有三人为之证。"

但神宗还不放心,又派内侍到十三个县去访问民情,探得民间确有乡民自斩手指以避保甲的传言。王安石说:"致人斩指,亦未可知。就令有之,亦不足怪。以朝廷所选士大夫甚少,陛下一有所为,纷然惊怪,况于二十万户百姓固有愚蠢为人所感动者,岂可以此故遂不敢一有所为?"

六月,神宗又提到"府界保甲未善"。[1]对此,王安石表示:"保甲事多沮坏,安得善?陛下欲为民兵诚善,然驱民为兵,岂皆尽愿?使吏措置,岂能尽当人心?陛下为保甲,一为人言,即纷纷自沮挠其事,则欲为民兵,未易就也。大抵修立法度以便民,于大利中不能无小害。若欲人人皆悦,但有利无害,虽圣人不能如此;非特圣人,天地亦不能如此。以时雨之于民岂可以无,然不能不妨市井贩卖及道涂(途)行役,亦不能使墙屋无浸漏之患也。"

王安石的辩才着实了得,但从他的语气也不难听出,保甲法在京师畿县试行时确实出现了扰民的问题。与青苗法的自愿请贷、募役法的人身解放不同,保甲法是一种强制性的强化人身控制的制度,黄仁宇认为:"保甲法却又与王安石其他新法背道而驰。向全体农民征兵有如以前各朝,必以均田作基础,因为当兵的义务可以视作每户都纳同等之税,而税率又轻的情形下的附带条件。宋朝既已将税率提高,又促进金钱的流通,则全面征兵必使穷困之家更为不堪。"[2]因此,保甲法受民间抵制

---

1 李焘:《续资治通鉴长编》卷二百二十四。下同。
2 黄仁宇:《中国大历史》第十一章,生活·读书·新知三联书店,1997年。

亦是意料中事。

已实行了一两年的农田水利法也一直饱受争议。

熙宁三年八月,神宗任命北宋水利专家、内侍程昉"相度开漳河",为疏浚阏塞的漳河水道做调查研究。[1] 次年二月,开河工程启动,役兵一万人。文彦博极力反对开河,理由居然是:"漳河累年不开何所妨?漳河不在东边即在西边,其利害一也。今盛发夫开河,只移得东边河,却掘西边民田,空劳民,何所利?"王安石答道:"若使漳河不由地中行,则或东或西,为害一也;若治使行地中,则有利而无害。若或东或西,利害一也,则禹何须浚川,尽力沟洫?"之后漳河浚通,百姓都认为这是有利的。

农田水利法中又有一项举措,叫"淤田",即在农闲时节截引浑浊河流的河水来灌溉农田——北方河道多淤泥,引灌田地的河水也会带来大量淤泥,最后可以积淀于田间。这是一个改良土壤肥力的好办法。但开封府界的淤田受到了诋毁:"有言淤田侵民田稼、屋宇甚多。"[2] 王安石说:"不闻有此。有即宜闻之。"神宗令内侍冯宗道前往查看,内侍汇报称是谣言。熙宁三年八月,神宗任命水利专家侯叔献、杨汲权都水监丞,专门负责沿汴淤溉民田之事。

在此后几次君臣谈话中,文彦博、冯京等保守派士大夫对府界淤田的抨击,可以用"鸡蛋里挑骨头"来形容。

冯京说:"府界既淤田,又修差役,作保甲,人极劳敝。"[3]

神宗说:"淤田于百姓有何患苦?比令内臣拔麦苗,观其

---

[1] 李焘:《续资治通鉴长编》卷二百二十。下同。
[2] 李焘:《续资治通鉴长编》卷二百十四。下同。
[3] 李焘:《续资治通鉴长编》卷二百二十一。下同。

如何，乃取得淤田土，视之如细面然。见一寺僧言旧有田不可种，去岁以淤田故遂得麦。"

后来，枢密院又有人反映称"淤田如饼薄"，说放淤得到的淤泥，只有薄薄一层，如饼一般。[1]

神宗说："朕令取一方土，如面厚尺余，问得极有深处。"

冯京说："固有薄处。"

神宗说："要（主要的部分）不皆如饼薄。"

王安石说："薄处若水可到，但当令次年更淤，有何所害？"

熙宁—元丰变法时期淤田的成效究竟如何？神宗自己说："大河源深流长，皆山川膏腴渗滩，故灌溉民田，可以变斥卤而为肥沃。朕遣中使往取淤土亲自尝之，极为细润。"[2] 如果你觉得神宗的话不可信，不妨看一下沈括的实地考察："深、冀、沧、瀛间，惟大河、滹沱、漳水所淤，方为美田；淤淀不至处，悉是斥卤，不可种艺。"[3]

据现代历史学者的研究统计，变法期间，宋政府的淤田总面积多达2500万亩，无数盐碱地通过灌淤变成良田。[4] 此外，宋王朝还投入了大量的物力、人力，用于农田水利建设——《剑桥中国经济史》称当时"中央政府修建了超过11000个灌溉和防洪工程"，在中国历史上，再没有哪个王朝比宋神宗政府更热衷于投资基建了。[5] 短短十几年，农田水利法给宋王朝增添了

---

[1] 李焘：《续资治通鉴长编》卷二百二十三。下同。
[2] 李焘：《续资治通鉴长编卷》二百九十五。
[3] 沈括：《梦溪笔谈》卷之十三。
[4] 参见杨德泉、任鹏杰《论熙丰农田水利法实施的地理分布及其社会效益》，《中国历史地理论丛》1988年第1期。
[5] 万志英著、崔传刚译：《剑桥中国经济史：古代到19世纪》第6章，中国人民大学出版社，2018年。

一亿多亩农田，按最低亩产量（一石左右）计算，即每年可增收16500万—23000万石粮食。[1]这便是王安石"欲富天下，则资之天地"的伟大实践，但在农田水利法施行之时，它一直是受非议的。

再来看看青苗法。尽管熙宁三年五月之后，抨击青苗法的声音显著减少，那些反感青苗法的地方官不再放"口炮"，他们改为实施或明或暗的抵制行动。成都府路就是一个坚决不散青苗钱的路级行政区，因为时任成都府路转运使范纯仁"以新法不便，戒州县未得遽行"；[2]嘉州、蜀州甚至公然"违朝旨，不报提举常平仓司文字"；[3]陵州籍县乡民请求政府散青苗钱，因常平仓缺乏现钱，州县便以盐井课税兑支，却被范纯仁控制的转运司劾以擅支之罪。

提点成都府路刑狱兼提举常平等事的李元瑜是一名变法派，他决定反击。他正好抓到了范纯仁及其同僚的把柄："纯仁等更相会饮，用妓至夜深，至有掷砖石者，不敢根究。"[4]熙宁四年二月，神宗换掉范纯仁，以兵部郎中陈经为成都府路转运使，青苗法才能在成都府路推行下去。

地方政府阻挠推行中央政令的行为，让神宗很是苦恼。他跟执政大臣说："朝廷诏令，比来州郡奉行多不谨。……亳州属县不散青苗钱，提举官诘之，乃云：'虽有朝廷指挥，奈相公不令支散。'岂可如此！"连文彦博都看不过眼，说："大臣

---

[1] 参见杨德泉、任鹏杰《论熙丰农田水利法实施的地理分布及其社会效益》，《中国历史地理论丛》1988年第1期。
[2] 脱脱等：《宋史》卷三百十四。
[3] 李焘：《续资治通鉴长编》卷二百十四。
[4] 李焘：《续资治通鉴长编》卷二百二十。下同。

若见朝廷法令不便，自合论列，岂得沮格不行？"

亳州属县所说的"相公"，指的是前宰相、三朝元老富弼，时为判亳州。熙宁四年四月，侍御史知杂事邓绾检举了富弼抵制青苗法一事："知亳州富弼责蒙城官吏散常平钱谷，妄追县吏重笞之；又遣人持小札下诸县，令未得依提举司牒施行。本州签判、管勾官徐公衮以书谕诸县，使勿奉行诏令。乞尽理根治。"[1]

富弼倒是爽快地承认自己确实不愿俵散青苗钱："臣窃观朝廷力行支散青苗钱斛，必谓有利于天下。然以臣所闻，四方群议此事害多利少，故臣愚意不愿支散。"

接着，富弼解释了自己为什么要用私札交代属官不得支散青苗钱："窃念臣本意，却欲粗存事体，若明行指挥州县不得支散，即显格朝廷新法；若便依法尽令支散，即恐向去（今后）催督不前，必致逃移却贫下人户，又使县司上下公人枉遭摊赔，破坏家业，两皆不便。所以……密谕县官不令俵散者，是不欲使贫民逃窜，及不致县司公人填赔家业，似两得便。"

最后，富弼表示由他一人承担责任："所有今来本州不敢散青苗钱斛，并是臣独见，情愿当严谴，虽死无悔。其余徐公衮以下州县官吏，只有不合随顺（依从）臣指挥愆过，即望圣慈察其情理，别无深切，特与矜恕。"

六月，亳州属县拒散青苗钱一事有了处分结果：通判亳州唐谭、签书判官萧傅、屯田员外郎徐公衮、支使石夷庚、永城等七县令佐十八人，坐不行新法，均停职。富弼亦落使相荣衔，改判汝州。他不愿接受汝州新命，勉强赴任后，说自己"老病

---

[1] 李焘：《续资治通鉴长编》卷二百二十二。下同。

昏塞,凡新法文字乞免签书,止令通判以下施行"。[1]上任才两个月,又再三托疾请求致仕。八月,神宗批准富弼至西京洛阳养病。

在富弼赴西京之前,司马光已退隐洛阳。此前司马光知永兴军兼永兴军路安抚使,也非常不愿意在本路推行青苗法。熙宁四年初,他一面奏请朝廷暂停催缴陕西受灾州县的青苗钱贷款,一面行牒本路所部州军,"未得依司农寺指挥催理"。[2]但他等到的答复却是"诏提举司催理如司农寺指挥,不得施行光牒"。

司马光彻底失望了,上章乞请判西京留司御史台。宋朝的西京洛阳、北京大名府、南京应天府均设有御史台,称"三京留司御史台",属于分司官,是有名无实的闲职。司马光宁愿退居洛阳,领一个闲职,有点"邦有道,则仕;邦无道,则可卷而怀之"的意思。[3]离开长安之时,神宗召司马光过阙上殿,有人说:"陛下不能用光言,光必不来。"[4]司马光果然不赴阙。

不但拒绝赴阙,司马光还给神宗上了一道痛斥王安石的奏疏:

> 臣之不才,最出群臣之下。先见不如吕诲,……勇决不如范镇。诲于安石始(参)知政事之时,已言安石为奸邪,谓其必败乱天下。臣以谓安石止于不晓事与狠愎尔,不至如诲所言。今观安石引援亲党,盘踞津要,挤排异己,占固权宠,常自以己意阴赞陛下内出手诏以决外廷之事,使天下之威福在己,

---

[1] 李焘:《续资治通鉴长编》卷二百二十四。
[2] 李焘:《续资治通鉴长编》卷二百二十。下同。
[3] 《论语·卫灵公》。
[4] 李焘:《续资治通鉴长编》卷二百二十。下同。

而谤议悉归于陛下。臣乃自知先见不如诲远矣！……

人情谁不贪富贵、恋俸禄？镇睹安石荧惑陛下，以佞为忠，以忠为佞，以是为非，以非为是，不胜愤懑，抗章极言，自乞致仕，甘受丑诋，杜门家居。臣顾惜禄位，为妻子计，包羞忍耻，尚居方镇。此臣不如镇远矣！……

今陛下惟安石之言是信，安石以为贤则贤，以为愚则愚，以为是则是，以为非则非，谄附安石者谓之忠良，攻难安石者谓之谗慝。臣之才识固安石之所愚，臣之议论固安石之所非，今日所言，陛下之所谓谗慝者也！伏望陛下圣恩裁处其罪。若臣罪与范镇同，即乞依范镇例致仕，若罪重于镇，或窜或诛，所不敢逃。

司马光胸中多年的积郁、内心对王安石乃至神宗皇帝的强烈不满，都在这份章疏中发泄出来了。神宗虽没有采纳司马光之言，却诚恳承认："未能用其言与否，如光者常在左右，人主自可无过矣。"

司马光隐居洛阳之后，数年闭口不论新法。熙宁四年五月，他的老朋友、王安石的死对头吕诲去世，临终前嘱托司马光写墓志铭，司马光问他还有什么遗嘱。吕诲睁开眼睛，强视司马光："天下事尚可为，君实勉之！"[1] 说完，闭眼而去。

司马光在撰写《吕诲墓志铭》时，以浓墨重彩书写了吕诲怒怼王安石的光辉往事："献可屡争不能及，抗章条其过失曰：

---

[1] 李焘：《续资治通鉴长编》卷二百二十三。

'误天下苍生者，必此人也。使久居庙堂，必无安靖之理。'"[1] 有人将这篇《吕诲墓志铭》抄录给王安石，意欲激怒他。但王安石却坦然将墓志铭挂在壁间，并对其门下士说："君实之文，西汉之文也。"赞美司马光的文章宛如西汉司马迁的《史记》。

吕诲去世之前，官职是提举崇福宫。这是一种宋朝特有的宫观官，始设于宋真宗时期。真宗崇拜道教，在京师及地方修建了一批皇家宫观，又以宰执大臣为宫观使，以两制官为提举宫观。这些宫观官当然都是挂名而已，并不需要参与管理宫观事务，不过他们可以领取优厚的祠禄。

相信许多人都会说，这宫观官不就是典型的冗官吗？但王安石不这么认为，他反而建议神宗增置宫观官，且三京留司御史台也应增员。为什么？因为当时不少官员衰病不能治事，"朝廷强使之去，则于人情或以视遇群臣为薄。即使领州郡，则又废事务，害百姓。故广置宫观，使食其俸给，而不害事也"。[2] 还有一个原因王安石没有明说："亦欲以处异议者。"正是在这样的背景下，吕诲生前被委任为宫观官，司马光、富弼也被安排到西京养老。

这便是王安石对待反对派的态度。那些强烈反对变法的士大夫，无非是调离朝廷，派往地方任职，或者以提举宫观、留司御史台的闲职厚禄安置。

将反对派大臣加罪窜逐，并列入政治"黑名单"的卑劣做法，是谁率先弄出来的？恰恰是元祐年间复辟的旧党。北宋党争之恶化，也是始于所谓的"元祐更化"时期。这是后话，略过不提。

---

1 邵伯温：《邵氏闻见录》卷第十。下同。
2 李焘：《续资治通鉴长编》卷二百十一。下同。

当然，王安石肯定希望听到一些支持新法的声音，因为这些支持者的声音可以坚定神宗对变法的信心。熙宁三年十二月，神宗对出使归来的开封府判官赵瞻说："卿为监司久，乃当知青苗法便也。"[1]谁知赵瞻回答说："青苗法，唐行之于季世扰攘中，掊民财诚便。今陛下欲为长久计，爱百姓诚不便。"跟范镇一样，赵瞻也误以为青苗法是唐末乱世才会施行的搜刮民财之术。王安石派亲信去找赵瞻，请他美言几句，并承诺："当以知杂御史奉待。"但赵瞻理都不理他。

王安石对馆阁校勘刘挚十分欣赏，举荐他担任检正中书吏房公事，不久又转任监察御史里行。神宗问他："卿从学王安石邪？安石极称卿器识。"[2]刘挚却不领王安石的情，说："臣东北人，少孤独学，不识安石也。"

他接受御史任命之后做的第一件事，就是回家告诉家人："趣装，毋为安居计。"什么意思？即下了决心要运用御史的监察权攻击王安石的变法，已经做好被贬谪的心理准备，所以才让家人赶紧收拾好行装。

王安石一直想把支持变法的官员送入御史台，但他每次都大失所望。自熙宁三年七月御史中丞冯京升任执政官，御史台一直未再任命中丞，只让陈荐、孙固权领台事。熙宁四年四月，神宗决定任命御史中丞，当时有两个人选：权知开封府韩维，翰林学士杨绘。如果是在一年前，王安石会毫不犹豫地支持擢用韩维，但经历过孔文仲策论事件、畿县试点保甲法争议，王安石发现韩维原来也是反对变法之人，对他不再抱有信心，所

---

[1] 李焘：《续资治通鉴长编》卷二百十八。下同。
[2] 脱脱等：《宋史》卷三百四十。下同。

以他对神宗说:"维必同俗,非上所建立,更令异论益炽,不如用绘。"[1]

四月十八日,翰林学士杨绘被任命为御史中丞。不过,王安石对杨绘也是不满意的,曾对神宗说:"绘烛理不明,不可为中丞。"[2]

当然,也有迎合王安石、赞美变法的人,比如有一个叫唐坰的大名府监当官,在青苗法备受攻击之时,向朝廷提了一个建议:"青苗不行,宜斩大臣异议者一二人。"[3]竟然请诛其上司韩琦,借此扫清变法路上的障碍。幸亏那是宋朝,如此极端的意见不可能为朝廷采纳,不过,他刻意要表达出来的拥护变法的拳拳之心,显然已引起神宗与王安石的注意。于是熙宁三年七月,唐坰获赐进士及第出身;次年八月,经邓绾举荐,唐坰任监察御史里行。与他同日进入御史台的还有另一位变法派官员蔡确。

又如宁州通判邓绾,上书说:"陛下得伊(尹)、吕(尚)之佐,作青苗、免役钱等法,百姓无不歌舞圣泽。臣以所见宁州观之,知一路;一路观之,见天下皆然。此诚不世之良法,愿陛下坚守行之,勿移于浮议也。"[4]王安石见书大喜,建议神宗召见邓绾。

熙宁三年十月,邓绾赴阙,获授检正中书孔目房公事;次年正月,擢任侍御史知杂事,并与曾布同判司农寺。据说邓绾自至京师,不敢与乡人相见,乡人皆笑骂,邓绾说:"笑骂从汝笑骂,好官我须为之。"

---

1 李焘:《续资治通鉴长编》卷二百二十二。
2 李焘:《续资治通鉴长编》卷二百二十五。
3 李焘:《续资治通鉴长编》卷二百十三。
4 李焘:《续资治通鉴长编》卷二百十六。下同。

苏轼的同年好友章惇也是赞成变法的人。先是，中书属官李承之向王安石推荐了章惇。王安石说："闻惇极无行。"[1] 李承之说："某所荐者才也，顾惇才可用耳。素行何累焉？公试与语，自当爱之。"王安石便接见了章惇。章惇有雄辩之才，又善迎合，十分讨王安石喜欢。王安石与他一番交谈，果然大有相见恨晚之感，不久便任命他为检正中书户房公事。

还有曾布。自吕惠卿解官丁忧，最受王安石器重的变法助手便是曾布了，王安石自言："法之初行，议论纷纷，独惠卿与布终始不易，余人则一出焉一入焉尔。"[2] 时人认为，"布巧黠善迎合，安石悦之"，如何迎合？[3] 他任检正中书五房公事时，每有政务要处理，都是只请示王安石一人。有人说，你应该也向冯京、王珪两位参知政事汇报一下。曾布回答："丞相已议定，何问彼为！俟敕出令押字耳。"[4]

但不管是曾布、邓绾，还是章惇、蔡确，都被保守派史官定义为"谄谀之士"，而那些反对变法的士大夫，则被视为"忠信之士"。至于那个唐坰，未来与王安石却有一番令人瞠目咋舌的纠缠。此为后话，容后再叙。

---

1 李焘：《续资治通鉴长编》卷二百二十一。下同。
2 杜大珪编：《名臣碑传琬琰之集》（下）卷二十。
3 李焘：《续资治通鉴长编》卷二百十五。
4 李焘：《续资治通鉴长编》卷二百二十。

第六章　欲毕其功于一『役』

熙宁四年（1071）

第六章 欲毕其功于一"役"

第一节 试行募役

我们在第一章讲过,差役(职役)繁重是困扰宋王朝多年的制度性疾病,即使那些反对王安石役法更革的宋朝士大夫,也都知道差役问题积弊深重。

比如,籍贯为安州的郑獬说:"安州衙前差役最为困弊,其合差役之家,类多贫苦。……虽重难了当,又无酬奖,以至全家破坏,弃卖田业,父子离散,见今有在本处乞丐者不少。……臣所亲见止于安州,访闻湖北一路类皆如此。"[1]

治平年间,苏轼在签书凤翔府判官任上,也曾致书宰相韩琦:"轼官于凤翔,见民之所最畏者,莫若衙前之役。"[2] 韩琦当然知道衙前役之苦,早在至和二年,他便上书仁宗皇帝:"州县生民之苦,无重于里正衙前。自兵兴以来,残剥尤甚,至有孀母改嫁,亲族分居,或弃田与人以免上等,或非命求死以就

---
1 郑獬:《郧溪集》卷十二《论安州差役状》。
2 苏轼:《苏轼文集》卷四十八《上韩魏公论场务书》。

单丁，规图百端，苟脱沟壑之患。殊可痛伤。"[1]指出为免差役百姓所经历的种种苦难。

司马光也在治平四年上《论衙前札子》："置乡户衙前以来，民益困乏而不敢营生，富者反不如贫，贫者不敢求富。……臣尝行于村落，见农民生具之微而问其故，皆言：'不敢为也。今欲多种一桑，多置一牛，蓄二年之粮，藏十匹之绵，邻里已目为富室，指拟以为衙前矣！况敢益田畴、葺庐舍乎？'臣闻其言怒焉伤心。"[2]

当然，差役之弊并不始于宋朝，至迟在中晚唐便已弊病丛生，如唐睿宗时，监察御史韩琬上疏说："往年两京及天下州县学生、佐史、里正、坊正，每一员阙，先拟者辄十人。顷年差人以充，犹致亡逸，即知政令风化渐以敝也。"[3]这里的佐史，是指服务于州县衙门的吏役，里正、坊正则指服务于基层社区的乡役，都属于差役范围。但自中晚唐至五代，人们仿佛对差役之苦安之若素，这又是为什么呢？

历史学家聂崇岐先生提出一个解释："唐代职役既已弊窦丛生，何以延至北宋中叶始纷纷讲求纠正？盖自唐末丧乱，举国蜩螗（纷扰不宁），人民征于泥涂炭火之中，痛苦万状，役之于民特癣疥耳。且当兵戈扰攘之秋，为政者日从事于夺地争城，又安有顾及民命之心？比宋太宗以后，区夏混一，寰宇宁谧，人民苏息之余，方知有生之乐，昔日癣疥之疾，遂被视为大病，而百僚之勇于任事者亦群思有以救治之矣。"[4]

---

1 李焘：《续资治通鉴长编》卷一百七十九。
2 黄以周等辑：《续资治通鉴长编拾补》卷一。
3 马端临：《文献通考》卷十二。
4 聂崇岐：《宋役法述》，收入聂崇岐《宋史丛考》，中华书局，1980年。

在神宗朝之前，宋政府针对衙前差役弊病的"救治"方案主要有两个：

其一，省并郡县，裁减差役。庆历年间，范仲淹执政，推行的新政之一便是减徭役。当时河南府有七万五千九百余户，却置十九个县，置县太多，以致"役蕃而民瘠"。[1] 因此，范仲淹计划"并省诸邑为十县，其所废之邑，并改为镇"，"所废公人，除归农外，有愿居公门者，送所存之邑，其所在邑中役人却可减省归农"。[2] 河南府并县完毕后，再陆续省并其他州县。

但范仲淹的这一新政遭到反对和抵制，未久便恢复原样，于是"州县既广，徭役益众"。[3] 后又有士大夫提议"裁损役人"，嘉祐年间，朝廷设立一个宽恤民力司，主持裁减差役，"自是州县力役多所裁损，凡省二万三千六百二十二人"。但职役不可能完全裁撤掉，总得有人承担。对应役的民户来说，依然苦不堪言。

其二，均役，即将摊派职役的方式改得更公平一些。如宋仁宗朝时，由于被派遣担任衙前的里正不堪重负，几至破家。韩琦提议将里正衙前改为乡户衙前，即在乡户中挑选最富有的一户充任衙前："请自今罢差里正衙前，只差乡户衙前，令转运司将逐州军见勾到里正衙前人数立为定额，令本县令佐将五等簿于一县诸乡中第一等，选一户物力最高者为之，如更差人亦仿此。"[4] 仁宗令京畿、河北、河东、陕西、京西转运司分析利弊，得到回奏称都赞同韩琦之议，于是在至和二年四月罢诸路里正

---

1 马端临：《文献通考》卷十二。
2 李焘：《续资治通鉴长编》卷一百四十三。
3 马端临：《文献通考》卷十二。下同。
4 李焘：《续资治通鉴长编》卷一百七十九。

衙前，改设乡户衙前。但乡户衙前推行二十年，又产生了司马光所说的"民益困乏而不敢营生"的严重问题。

此外，还有一些地方官在小范围试行过征收役钱给衙前发薪的实验。嘉祐年间，越州"取酒场钱给牙前之应募者，钱不足，乃俾乡户输（缴纳）钱助役"；[1] 钱公辅知明州时，也"取酒场官卖收钱，视牙前役轻重而偿以钱，悉免乡户，人皆便之"。[2]

不过，征钱助役只是个别地方的试验而已，并未成为朝廷的决策。差役积弊依然困扰着宋王朝。

治平四年，神宗即位，时任三司使韩绛上陈差役之弊，请神宗"下哀痛之诏，令中外臣庶悉具差役利害以闻"，神宗随即下诏求言。[3] 此时韩绛心中已有更革差役之弊的大体方案："差役病民最甚，宜界上农及官户、单丁、女户簿率钱（凑钱）募衙前吏，凡不可募者存乡户，则上户免服役，而游手之民得以应募有业矣。"[4]

这一方案来自成都进士李诚（与《营造法式》的作者李诫并非同一人）。嘉祐末、治平初，韩绛知成都府，李诚将他所著煌煌数千言的《平徭刍录》献给韩绛，其主旨概而言之，即"以量民之产随赋均取，还以禄愿仕于公之人，以代农役"。[5] 韩绛对李诚之议十分赞赏，说："某幸若执政，必当行之。"并赠酒以谢李诚。

之后韩绛回京，任三司使，即向神宗提议要详细讨论差役

---

1 曾巩：《南丰先生元丰类稿》卷第五十一。
2 李焘：《续资治通鉴长编》卷一百九十一。
3 黄以周等辑：《续资治通鉴长编拾补》卷一。
4 杜大珪编：《名臣碑传琬琰之集》（上）卷十《韩献肃公绛忠弼之碑》。
5 张太宁：《大宋故李隐君墓志铭》。下同。

利害，为下一步的役法改革凝聚共识。神宗诏中外访求役法利害后，李诚亦赴京，向京城士大夫游说以税代役的役法改革方案。他曾将一份《役法大要》献给司马光："民苦重役，不苦重税。但闻有因役破产者，不闻因税破产也。请增天下田税钱谷各十分之一，募人充役。仍命役重轻为三等，上等月给钱千五百、谷二斛，中下等以是为差。计雇役犹有羡余，可助经费。明公傥为言之于朝，幸而施行，公私不日皆富实矣。"[1]

但司马光对李诚这个人颇瞧不上，认为"其词孟浪，高自称誉，大率如此"，还"以其狂妄，常语于同列，以资戏笑"。对李诚的役法改革方案，司马光更是不以为意，问："衙前为何等？"

李诚说："上等。"

司马光又诘问："今夫衙前掌官物，败失者或破万金之产，彼肯顾千五百钱、两斛之谷，来应募邪？"

李诚答不上来。

司马光又说："仆（我）已去言职，君宜诣（拜访）当官者献之。"

但有意思的是，李诚的墓志铭却写道："与司马温公论议诸侯世国之事，……温公喟然叹曰：'西蜀有奇才如是耶。'其为巨人所重类此。"[2] 想来这大概是司马光的敷衍客套之词，李诚却信以为真了。他根本就不知道，在司马光的心中，他其实是一个"以资戏笑"的小丑而已。

李诚本欲在京城参加礼部试、殿试，却因突发心疾，未能

---

[1] 司马光：《涑水记闻》卷第十五。下同。
[2] 张太宁：《大宋故李隐君墓志铭》。

参加殿试即回成都——如此看来，他的精神状态可能真的有点问题。不过，他提出的以税代役、募人充役的役法改革方案，却是天才式的伟大构想。

役的本质，是国家对臣民的人身支配；服役，是最古老的臣民义务。梁启超在评述王安石募役法之历史意义时，对役的历史做了简单的考据："考差役之法，其源最古，……盖古代租税之制未备，国家财政极微，有所兴作，不得不用民力。"[1]

随着文明的进步，经济的发展，国家财政体系的建立与完备，役逐渐减少，而税逐渐增加。从服役到纳税，从差役到募役，其实就是人身支配关系走向解体的解放运动。日本汉学家宫崎市定便是从这个角度高度评价宋代募役法的："募役法与保甲法的复古相对，放弃了复古观念，体现出对新社会的预见，通过缴纳役钱的方式，人民得以从封建制度的束缚中解脱出来。"[2]

最早提出以税代役构想的宋朝人，很可能就是李诚。韩绛想将李诚的役法改革构想付诸实践，但司马光与同列"共笑且难之"，韩绛毕竟不是很有魄力之人，"意沮，乃止"。[3] 司马光坚决反对募役的态度令人困惑不解，因为早在嘉祐七年，他便在上仁宗皇帝的札子中提出："臣愚以为凡农民租税之外，宜无有所预，衙前当募人为之，以优重相补，不足则以坊郭上户为之。"[4] 不知为何很快便自食其言。

大概正是因为司马光等人持有异议，所以尽管神宗再三下

---

1 梁启超：《王安石传》第十章。
2 张呈忠：《日本近代化进程中的王安石变法研究——从海保青陵到京都学派》，《全球史评论》2019年第2期。
3 司马光：《涑水记闻》卷第十五。
4 李焘：《续资治通鉴长编》卷一百九十六。

诏要求中外臣僚详议役法，却一直议不出改革的共识。直至王安石执政，置条例司，神宗将议定役法改革方案的任务交给了条例司。条例司接手后，雷厉风行，先派程颢、王广廉、侯叔献等八人出使诸路，"相度农田水利、税赋科率、徭役利害"；又奏请神宗给诸路转运司下诏，"令各具本路农田、徭役利害闻奏，降付本司看详施行"。[1]

在详议役法的过程中，以募役代差役的思路，至少在条例司内部取得了多数支持，王安石本人也是赞成募役法的。韩绛向他介绍过李诚的建议，王安石深以为然；条例司属官李承之也提过免役之议，得到了王安石的称赞。我们不知道李承之的具体方案，估计与李诚的思路差不多。李诚的墓志铭说："士大夫得隐君（即李诚）绪余，缘饰以献，由是进擢者不可胜计。隐君首议反以疾不与，命矣！"[2]

熙宁二年十二月，条例司向神宗报告说："考众所论，独其言使民出钱雇役者，人以为便。"[3] 为博尽众议，神宗还依条例司之议，将募役法大纲发给诸路管勾官与诸路监司、州县论定。不久，条例司被裁撤，役法改革归司农寺主持。

大约熙宁三年秋，司农寺上奏神宗，提请选择若干州郡，先试点募役法：

> 昨降诏访差役利害，继命辅臣制置条目，付管勾官与监司、州县体度利害，至今未报。窃以方今州县差役尤为民事之难，而今之条约，务在除去宿弊，

---

1 徐松辑：《宋会要辑稿·食货六五》。
2 张太宁：《大宋故李隐君墓志铭》。
3 李焘：《续资治通鉴长编》卷二百二十七。下同。

> 使民乐从。然所宽优者，村乡朴蠢不能自达之穷氓（贫民）；所裁取者，乃仕宦并兼能致人语之豪户。若经制一定，即衙司县吏又皆无以施诛求巧舞之奸，故新法之行，尤所不便。逐司自降朝旨，只是泛下州县，令人具所见。官吏既不能尽知法意，抑又惑于言者之多，筑室道谋，难以成就。欲自司农申明所降条约，牒诸司相度，先自一两州为始，候其成就，即令诸州军仿视施行。其成法实便百姓者，奖之。

神宗批准了这一提议。十月左右，募役法在京东路、两浙路试行；稍后又在开封府界的开封县试行，主持开封县役法改革试点的人，是管勾开封府界常平等事赵子几。

但募役法在试点之前，已经饱受保守派士大夫抨击。苏辙在条例司当详检文字官，是最早接触到条例司拟订的募役法草案的官员之一，他早在熙宁二年八月便上书质疑役法改革："徭役之事，议者甚多：或欲使乡户助钱而官自雇人，或欲使城郭等第之民与乡户均役，或欲使品官之家与齐民并事。此三者皆见其利不见其害者也。役人之不可不用乡户，犹官吏之不可不用士人也。有田以为生，故无逃亡之忧；朴鲁而少诈，故无欺谩之患。今乃舍此不用，而用浮浪不根之人，辙恐掌财者必有盗用之奸，捕盗者必有窜逸之弊。……此徭役之说，辙所以未谕也。"[1]

我们知道，苏辙的兄长苏轼也是反对募役法的。在他看来，"自古役人，必用乡户，犹食之必用五谷，衣之必用丝麻，济

---

[1] 苏辙：《苏辙集·栾城集》卷三十五《制置三司条例司论事状（奏乞外任状附）》。

川之必用舟楫，行地之必用牛马"。¹如果我们对比一下熙宁初苏轼、苏辙针对役法改革的奏议，便会发现，这兄弟俩不但立场一致，而且反对募役的逻辑，乃至措辞也是差不多的，这说明他们的奏稿很可能是共同完成的。

苏辙称他不理解募役之说，等到十八年后，即所谓的"元祐更化"期间，复辟的旧党坚决要废除募役法，见识渐长的苏轼总算明白"衙前可雇不可差，先帝此法可守不可变"；²苏辙也站出来替募役法辩解："衙前之害，自熙宁以前，破败人家，甚如兵火，天下同苦之久矣。先帝知之，故创立免役法，……自是天下不复知有衙前之患。……所雇衙前或是浮浪，不如乡差税户可以委信。然行之十余年，浮浪之害无大败阙，不足以易乡差衙前骚扰之患。"³这个时候的苏辙，应该已经理解了。

对募役法意见更大的人是司马光。在熙宁三年二月致王安石的信函上，司马光直言"徭役自古皆从民出，介甫更欲敛民，钱雇市佣而使之"。⁴十一月，在知永兴军任上，他又给神宗上札子："今又闻议者欲令州县将诸色役人一时放罢，官为顾（雇）人祗应，却令人户均定免役钱，随二税送纳，乃至单丁、女户、客户、寺观等并令均出。若果行此法，其为害必又甚于青苗钱。"⁵

那么，募役法在试点的过程中有没有出现问题呢？旧党坚定地认为有问题，比如两浙路提点刑狱王廷老、提举常平张靓敛收助役钱七十万贯，旧党算了一下账，发现这笔钱扣除了本

---

1 苏轼：《苏轼文集》卷二十五《上神宗皇帝书》。
2 李焘：《续资治通鉴长编》卷三百九十四。
3 李焘：《续资治通鉴长编》卷三百六十九。
4 司马光：《传家集》卷六十《与王介甫书》。
5 司马光：《传家集》卷四十四《乞免永兴军路苗役钱札子》。

路一年雇佣役人的开支之外，还剩余差不多一半。但变法派也算了一下账，发现两浙路有一百四十余万户，征收役钱七十万缗，户均才五百文钱，不算聚敛。神宗问王安石该怎么处理，王安石说："提举官据合出钱数科定，朝廷以恩惠科减，于体为顺。"[1]建议神宗下诏，让两浙路退还民户一部分役钱。

府界开封县的役钱收支比例与两浙路差不多："户二万二千六百有奇，岁输钱万二千九百缗，以万二百为禄，赢其二千七百以备凶荒欠格。"[2]征收的助役钱比支出多了20%左右，这20%的盈余叫"宽剩钱"，将用于灾荒年份的募役以及推行仓法的资金。

大约熙宁三年岁末，赵子几将他在开封县试行的募役法条目报告朝廷。权知开封韩维也上奏："本府衙司投名及乡户衙前等，人数差遣不均，良民颇受其害。盖由条例繁杂，猾吏缘以舞弄。今相度减罢本府乡户衙前八百三十五人，总减重难十八万一千余缗。"[3]如果说开封县的募役实践为募役法在整个府界的试行提供了样本与经验，韩维对开封府衙前重役的裁减，客观上也为府界实施募役法打下了基础——尽管韩维并不十分支持募役法。于是熙宁四年春，赵子几所献条目经司农寺修订后，推行于开封府界。

可以说，募役法是筹划最周详、制订时间最长的一项新法，先是皇帝再三下诏，要求中外臣僚"条陈差役利害以闻"；[4]而后，

---

1 李焘：《续资治通鉴长编》卷二百二十二。
2 李焘：《续资治通鉴长编》卷二百二十七。
3 李焘：《续资治通鉴长编》卷二百十八。
4 黄以周等辑：《续资治通鉴长编拾补》卷一。

条例司又"遣使四方询访利害，而旷月弥年"；[1]在这个基础上，条例司制订出募役法大纲，分发诸路管勾官与诸路监司、州县讨论；然后先在开封县试行，试验成功才在府界试点，试点方案由司农寺根据开封县的经验修订，又经开封府、提点司集议，最后榜之诸县公示，"凡民所未便皆得自陈，此可谓详且尽矣"。

然而，哪怕方案的筹划如此详尽、周全，募役法在畿内全面推行时，开封府界辖下的东明县还是发生了一起抗议事件，给王安石带来了极大的麻烦。

第二节　私闯相府

司农寺在赵子几的条目基础上制定的开封府界募役法试行方案，其要略如下：[2]

1.开封府界畿内的乡村户，计其产业、家赀之贫富，分为五等（其中，上户又细分为甲、乙、丙、丁、戊五档，中户细分为上、中、下三档，下户也分成两档，作为征收役钱的档位，就如今天的个税，也分成不同档位）；坊郭户亦按财产多少分成十等。已分家析产者，随所析而升降其户等。

2.乡村户自四等，坊郭户自六等以下，不用缴

---

[1] 李焘：《续资治通鉴长编》卷二百二十五。下同。
[2] 据李焘《续资治通鉴长编》卷二百二十七、马端临《文献通考》卷十二整理。

纳役钱；其他户等须每年随两税缴纳。

3. 产业分布在两县以上者，上户各随县交钱，中户并为一县交钱。

4. 官户、寺观、女户、单丁户、未成丁户，以前是免服差役的特殊户，现在则要减半征收役钱，名"助役钱"。而原来需要服差役的乡村上户，也按等第出钱，名"免役钱"。

5. 以开封县的经验为参照，以县为单位，按畿内各县人口规模、职役人数确定募役经费预算，再按预算依户等分摊役钱。换言之，役钱的征收原则为"量出制入"。

6. 征收役钱时，酌情加征20%左右，作为凶年募役的储备金。

7. 招募三等以上税户代服劳役。

8. 代服劳役者根据劳役的轻重发放俸禄，俸禄的发放方式有计日、计月、计事等。

这个阶段的募役法，其政策要点是"助役"，"凡有产业物力而旧无役者，今当出钱以助役"。[1] 官府再用助役钱给代服劳役者发放薪酬，宋人习惯将这一阶段的役法称为"助役法"。三等户以上的乡户仍然要承担职役，只不过从强制的差充改为自愿的应募，从无偿改为领薪。

役钱的征收遵循累进税原则，"所宽优者，皆村乡朴蠢不能自达之穷氓；所裁取者，乃仕宦兼并能致人言之豪右"。因此，

---

[1] 马端临：《文献通考》卷十二。下同。

梁启超将募役法类比为近代"文明国之所得税":"其征收之也,以财产之高下列为等第,富者所征较重,贫者所征愈微,其尤贫者,则尽豁免之,此与今世各文明国收所得税之法正同。"[1]

募役法的试点效果很好。府界自推行"助役"新政,"开封一府罢衙前八百三十人,畿县放乡役数千","募者执役,被差者欢呼散去"。[2] 担任过开封府界咸平知县的范百禄曾对司马光说:"熙宁初,某为咸平县,役法之行,罢开封牙前数百人,而民甚悦。"[3] 显然,役法改革深受畿内乡户拥护。

唯有原来享有免役特权、如今却要出一半助役钱的官户、坊郭户及其利益代言人,对"助役"新政意见特别大。在讨论府界役法改革方案时,神宗还觉得官户出的助役钱太少了,问王安石是否能让官户多掏点钱,王安石说:"官户、坊郭,取役钱诚不多,然度时之宜,止可如此,故纷纷者少。不然,则在官者须作意坏法,造为论议;坊郭等第户,须纠合众人,打鼓截驾遮执政,恐陛下未能不为之动心。"[4]

王安石已预感到官户、坊郭户势力强大,如果让他们承担稍多一点的助役钱,势必会出现"纠合众人,打鼓截驾遮执政"的抗议,给变法带来阻力。所以在设计役法改革方案时,已对官户让了步。事实证明,王安石的担忧绝非杞人忧天。

熙宁四年三月,神宗召两府大臣于资政殿议事,参知政事冯京趁机质疑役法改革:"府界既淤田,又修差役,作保甲,

---

[1] 梁启超:《王安石传》第十章。
[2] 李焘:《续资治通鉴长编》卷二百二十七。
[3] 杜大珪等:《名臣碑传琬琰之集》(中)卷二十九《范资政百禄墓志铭》。
[4] 李焘:《续资治通鉴长编》卷二百二十三。

人极劳敝。"[1]

神宗纠正他,说"询访邻近百姓,亦皆以免役为喜。盖虽令出钱,而复其身役,无追呼刑责之虞,人自情愿故也"。

这时文彦博也说,保甲法很扰民。

神宗说:"百姓岂能知事之曲折?知计身事而已。但有实害及之则怨,有实利及之则喜。虽五百人为大保,于百姓有何实害而以为劳扰乎?"

文彦博又说:"祖宗法制具在,不须更张以失人心。"

神宗说:"更张法制,于士大夫诚多不悦,然于百姓何所不便?"

文彦博说:"为与士大夫治天下,非与百姓治天下也。"

神宗说:"士大夫岂尽以更张为非,亦自有以为当更张者。"

王安石说:"法制具在,则财用宜足,中国宜强。今皆不然,未可谓之法制具在也。"

宋末学者马端临在引述文彦博那句"为与士大夫治天下,非与百姓治天下也"之后,评论说:"潞公此论失之。盖介甫之行新法,其意勇于任怨而不为毁誉所动,然役法之行,坊郭、品官之家尽令输钱,坊场、酒税之入尽归助役,故士夫豪右不能无怨,而实则农民之利,此神宗所以有'于百姓何所不便'之说。而潞公此语与东坡所谓'凋敝太甚,厨传萧然'云者,皆介甫所指以为流俗干誉、不足恤者,是岂足以绳其偏而救其弊乎?"[2]

这次资政殿议政过后两个月,便发生了惊动朝野的县民私

---

[1] 李焘:《续资治通鉴长编》卷二百二十一。下同。
[2] 马端临:《文献通考》卷十二。下同。

闯相府请愿事件——王安石的预感成真了。五月十四日，府界东明县的数百名县民从近百里外的县城直奔京师，到开封府投诉东明县"超升等第"，敛收役钱。但开封府不受理，县民既无处可诉，便找到王安石的府邸，直闯进来，要求面见王相公，陈诉冤情。

王安石赶紧出来接见乡亲，询问他们究竟所为何事。

县民说，他们本是东明县的乡户，东明县官府为了多征收助役钱，在评定户等时给他们升了户等，比如原来是第四等户，现在却定为第三等，需要缴纳助役钱。所以，他们来请王相公评评理，如此科敛助役钱是否公正？

王安石说："此事相府不知，当与指挥不令升等。"[1] 又问："汝等来，知县知否？"

东明县民都说不知。

王安石让他们到御史台反映情况，毕竟那里才是接受臣民申诉的正式机构。但东明县民跑到御史台递状时，御史中丞杨绘却以"本台无例收接诉状"为由，拒绝受理县民的申诉，"谕令散去"。县民又守在相关官员上班的半途，"随马披告助役法不便并升超户等"。[2]

一时间，事情闹得沸沸扬扬，连神宗皇帝都被惊动了，连日给王安石发手诏，追问究竟有无"升下户入上户"之事，如有这等事，"则徒有免第四等役钱之名而无其实"。[3]

王安石跟神宗解释说：

---

[1] 李焘：《续资治通鉴长编》卷二百二十三。下同。
[2] 李焘：《续资治通鉴长编》卷二百二十四。
[3] 李焘：《续资治通鉴长编》卷二百二十三。下同。

> 以取开封、祥符两县新旧簿阅视，其减等者至多，升等者至少，盖诸县造簿等第不同，皆系官吏缓急。如开封，乃有七百户第一等，此不可不减。酸枣、东明，乃各数百户三等以上，余皆四等以下，至有三等以上役本等阙人差，又尽取于四等以上，此乃是四等中自有合为三等以上之人，而造簿不正，缘吏人受赂置之下等，及至上等无人则又不免纠取，纠取之时又可取赂，若不升降使各从其实，则徒使吏人长奸，百姓侥幸，又有偏受困苦者，非政事也。且逐等物产，皆有籍在，籍第四等以下，较其物产乃与三等同，则何不可升？升之百姓亦自无憾。

王安石调阅了府界开封县、祥符县、东明县、酸枣县的新旧"五等版簿"（即登记各户田产、男丁、物力、税役的户籍档案），发现各县旧有的"五等版簿"几乎都存在划分户等不实、"造簿不正"的问题。

北宋乡村上户所占比例，可参考熟知经济事务的张方平的说法："至于五等版籍，万户之邑，大约三等以上户不满千，此旧制任差役者也。四等以下户不啻九千，此旧制不任差役者也。"[1] 也就是说，在开封府界，三等以上的乡户每县大约有一千户。

然而，按旧版簿，开封县居然有七百户被划为一等户，显然不少民户的财产被高估了；而东明县则只有数百户被定为第三等以上，其他各户均为第四等以下。司农寺验看一部分第四

---

[1] 李焘：《续资治通鉴长编》卷二百七十七。

等户的财产,实与第三等户没什么差别,显然,他们的户等又被故意划低了。

这里的原因,据王安石的调查,是以前东明县在评估等第时,上户给造簿的吏员行贿,乞请将他们的户等划为下户,借以逃避应役。而吏员也有故意少划上户的动机,因为上户少了,应役之人不足,便有理由摊派至第四等户,而在摊派的过程中,吏员可以趁机索贿。

因此,王安石认为,推行募役法、征收助役钱的一个前提条件,就是重新评估各户财产,编制新的"五等版簿","若不升降使各从其实,则徒使吏人长奸,百姓侥幸,又有偏受困苦者,非政事也"。[1] 前些天那些闯入宰相府陈告科敛役钱不公的东明县民,很可能便是过去户等被划低、重定户等时复划为上户的地方富民。从他们胆敢成群结队闯入宰相私邸的举动来看,似乎也不大可能是没见过世面的乡村下户。

神宗则担心,府界主持募役法的官员在重新划分户等时,出于多征收助役钱的动机,很有可能会故意升高民户的等第,因而引发群体性事件。所以,他才再三给王安石发手诏,追问究竟有没有超升户等之事。

对神宗一再发手诏的举动,王安石是十分不满的,他跟神宗说:"天下事大计已定,其余责之有司,事不当则罪有司而已。今每一小事,陛下辄再三手敕质问,臣恐此体伤于丛脞,则股肱倚办于上,不得不堕也。且王公之职,论道而已。若道术不明,虽劳适足自困,无由致治;若道术明,君子小人各当其位,则无为而天下治,不须过自劳苦纷纷也。"古人常以"丛脞"形

---

1 李焘:《续资治通鉴长编》卷二百二十三。下同。

容"细碎无大略",以"股肱"比喻大臣。王安石的意思是说,皇上您一再向执政大臣发手诏过问小事,实在是"细碎无大略",股肱之臣也会因此陷于琐事而难以自拔。

神宗只好说软话:"闻得人役钱事,诚是人情便。"

王安石继续训话:"陛下以道揆事,则不窥牖见天道,不出户知天下;若不能以道揆事,但问人言,浅近之人,何足以知天下大计,其言适足沮乱人意而已。"

神宗又说:"或(有人)以为役钱事,必致建中之乱。""建中之乱"指晚唐建中年间发生的方镇造反事件。募役新政试行后,保守派士大夫危言耸听,吓唬神宗:征收役钱会导致出现动乱。

王安石说:"人言所以致此,由陛下忧畏太过,故奸人窥见圣心,敢为诳胁也。"

出于避嫌,也为了向神宗表达不满,王安石又称疾卧家,不赴中书视事。

第三节　旧党阴谋

私闯宰相府事件发生后的第三天(五月十六日),作为变法总指挥部的司农寺向神宗汇报了东明县访民的诉求:"有畿内百姓,未知新法之意,见逐乡大户言等第出助役钱多,愿依旧充役。"[1]并提议:"乞差府界提点司官分诣诸县,同造五等簿,

---

[1] 李焘:《续资治通鉴长编》卷二百二十三。下同。

升降民户。如敢将四等以下户升于三等,致人披诉,其当职官吏并从违制论,不以赦降原免。"

神宗马上批准了司农寺的提议,并且给司农寺下手诏,要求晓谕府界诸县:"如有不愿纳钱之人,除从来不当役年月,令依条认本等役,候年月至则赴官充役,更不令纳役钱。"即应该服役的乡户,可以在"缴纳免役钱"或者"不纳钱,依旧充役"两个选项中自愿选择一项。

但神宗的妥协并未能平息募役法的纷争——旧党要想的结果不是完善新法,而是叫停募役法。因此,当五月十六日手诏的内容传出来,御史中丞杨绘、御史刘挚、知谏院孙洙等人"犹以为非便,而助役之议直可罢也"。[1]

司农寺感受到前所未有的压力,同判司农寺曾布、邓绾十分惶恐,他们一面将神宗的手诏扣留不发,一面去见"卧病"在家的王安石:"助役为众所摇,不可成矣。"这时神宗也派内侍前来催促王安石出来视事。王安石意识到变法又到关键时刻,不敢再卧家,赶紧请对,并将手诏封还给神宗。

按宋制,凡朝廷正式法令,须由宰相副署、发布,皇帝的手诏、内降、御批之类,均不算正式法令,宰相是有权不予执行、缴还皇帝的,这叫"执奏"。熙宁四年,在旧党的鼓动下,神宗对变法多有动摇,一动摇便给王安石发御批,这些御批多被王安石封还,所以宋人说:"自四年以来,手批多不行矣。"

再说杨绘得悉神宗手诏被退回,立即上章弹劾司农寺:"司农寺缴还圣旨札子,岂得无罪乎?谨按舍人院缴还词头,自有故事,李大临、苏颂缴还不当,落职归班。今司农寺不闻有得

---

[1] 李焘:《续资治通鉴长编》卷二百二十四。下同。

缴还圣旨札子典故，邓绾、曾布缴还不当，沮格圣断，乞比类李大临、苏颂情理，特行降黜，而遍行此圣旨指挥于天下。"[1] 这里杨绘可能故意弄错情况：缴还神宗圣旨的人，其实不是判司农寺曾布、邓绾，而是宰相王安石。

五月十九日，杨绘又向神宗报告了御史台对东明县民私闯相府一事的调查结论，矛头还是直指司农寺：

> 退而访问，乃司农寺不依诸县元定户等，却以见管户口量等第均定助役钱数付诸县，各令管认，升降户等，别造簿籍，前农务而毕。臣窃谓凡等第升降，盖视人家产高下，须凭本县，本县须凭户长、里正，户长、里正须凭邻里，自下而上，乃得其实。今乃自司农寺先画数，令本县依数定簿，岂得民心甘服哉？……措置民事，必自州及县，岂有文移下县，州府不知之理？此乃司农寺自知所行于理未安，故不报府，直下诸县，欲其畏威不敢异议；若关京尹，或致争执，所以不顾事体如此。

御史台认为，司农寺正是导致东明县民私闯相府事件发生的罪魁祸首，因为司农寺在设计与推行开封府界的役法改革方案时，没有按照原来的"五等版籍"分配役钱，而是提出重新评定民户等第，别造簿籍；又要求府界各县"管认"募役预算，量出制入，如此一来，户等的评定岂有公平可言？况且，司农寺直接移文府界各县，不经开封府，全然不顾行政程序，简直

---

1 李焘：《续资治通鉴长编》卷二百二十三。下同。

是岂有此理!

御史刘挚非常默契地配合杨绘的进攻,于同日上书,要求停止募役法的试点,并问责司农寺:

> 昨者团结保甲,是时西边用兵,法令一出,民间惊骚,至今忧惑而未宁。今又作法,使人均出缗钱,非时升降户等,期会急迫,所以人情惶骇,无所赴诉,恐非所谓强干重内、爱人宽役之意,实由有司未能奉宣陛下大均之意,以立法度,乃为此等纷扰。臣伏愿先降指挥,告示逐县,今来新法未得施行,别听朝旨,以安众心;然后乞根究昨来承准是何条制辄有升降户等,及如何出榜依理施行所定役法。

神宗想调和司农寺与台谏官之间的矛盾,便跟王安石商量,是不是将畿内上户的登记数目裁减一些,少收点助役钱:"民供税敛已重,坊郭及官户等不须减,税户升等事更与少裁之无害。"

王安石却不愿意让步:"今取于税户固已不使过多,更过当减,但为厌人言即无当于义理。若方可取之时取之,待其凶年阙食,量彼力不足而我所收役钱有余,则特与放一料,此乃是于粒米狼戾时多取之,于食不足时则赒(救济)之,合于先王不忍人之政。朝廷制法,当内自断以义,而要久远便民而已,岂须规规恤浅近之人议论?"

接着,他又说:"陛下以为税敛甚重,以臣所见,今税敛不为重,但兼并侵牟尔,此荀悦所谓'公家之惠,优于三代;豪强之暴,酷于亡秦'。"宋人所说的"兼并",即指豪强之家。

神宗说:"此兼并所以宜摧。"

王安石给神宗泼了一点冷水："摧兼并,惟古大有为之君能之。所谓兼并者,皆豪杰有力之人,其论议足以动士大夫者也。今制法,但一切因人情所便,未足操制兼并也。然论议纷纷,陛下已不能不为之动,即欲操制兼并,则恐陛下未能胜众人纷纷也。"

募役法毫无疑问动了兼并之家的奶酪。东明县民请愿事件的发生,背后很难说没有兼并之家的操弄;而事件发生后杨绘、刘挚的发言,也很难让人相信他们是出于公心,而非为兼并代言。

且让我们来看看此事的跷蹊之处:不管是杨绘,还是刘挚,他们对东明县违规超升户等的实际操作者、知东明县贾蕃无一字谴责,连提都不提。而这个贾蕃,与旧党的关系非同寻常——他是范纯仁的妹夫(或是姐夫),与文彦博、韩维亦过从甚密,他任东明县令即因韩维的举荐,而在东明县民入京请愿之时,他又正好被枢密院选差为勾当进奏院。

更让人迷惑不解的是,贾蕃在重定东明县民的户等时,肆意"将县籍下等次第升迁者凡一千户,以就足榜内之数",全然不惧会不会激发群体性事件。[1] 县民果然群起至县衙抗议,贾蕃却"不受状,遣令入京",鼓动他们到京城请愿。[2] 这个反应太反常了——除非县民将事情闹大正是贾蕃期待看到的结果。

东明县数百名县民浩浩荡荡入京,先到开封府递诉状,但韩维拒绝受理;又跑到御史台申诉,杨绘也不受理,看起来他们似乎也期待东明县的访民将事情闹大些。

县民闯入王安石府邸请愿后,台谏官杨绘和刘挚抨击过王

---

[1] 李焘:《续资治通鉴长编》卷二百二十四。

[2] 李焘:《续资治通鉴长编》卷二百二十三。下同。

安石、司农寺、司农寺长官曾布与邓绾、管勾开封府界常平等事赵子几,唯独对超升户等的直接责任人贾蕃绝口不提。如此违反常理的做法没有问题吗?

综合种种反常事态,我们有一个合理的推测:贾蕃、杨绘、刘挚、文彦博、冯京其实已经结成反对募役法的同盟,贾蕃利用重定户等的机会,故意将东明县一千下户升为上户,目的是点燃县民对募役法的怒火,给王安石制造麻烦。如果贾蕃超升户等是迫于无奈,是司农寺量出制入的必然结果,那为何其他几县没有出现大规模的超升户等行为?

杨绘、刘挚负责煽风点火、推波助澜,使贾蕃点着的火始终烧在司农寺与募役法身上。文彦博、冯京则躲在幕后,为贾蕃提供庇护。

王安石也看出贾蕃行为的反常,提醒神宗:"知东明县贾蕃者,范仲淹女婿,好附流俗,非上所建立。近枢密院选差勾当进奏院","东明宜受状晓谕百姓,乃不受状,遭令入京,余县即无之,此意可见。"神宗亦觉得可疑,问:"贾蕃与密院官孰善?"王安石说:"臣不知也。"神宗于是让府界提点刑狱司调查贾蕃升降等第的情况。

在调查贾蕃的过程中,变法派开始了反击。赵子几通过访问,得悉贾蕃在知东明县任上劣迹斑斑——违规贷借官钱、沽市村酒、不按照法规排定保甲,更有甚者,因一名重病的贫民应对无礼,贾蕃竟然将其子上枷囚禁并加以拷打,致使其四日后死亡。赵子几将了解到的情况写成报告,向朝廷检控了贾蕃。神宗命府界提点刑狱司核查是否属实。

这下,杨绘着急了。五月廿六日,他上疏替贾蕃申辩:

> 臣不识贾蕃，不知其才与不才，但见尝被二府选差，则其人必非甚不才者。……今若东明百姓来诉，则罪知县，臣恐畿县令佐惩创其事，先威以严刑，胁以利害，俾民不敢复诉，壅塞民言，得为便乎？况陛下已诏东明等县不得升等及取情愿，若非百姓来诉，何凭有此诏乎？而反据撼知县，何也？

同日，王安石入对，向神宗提出辞职。神宗极力挽留："风俗久坏，不可猝正，事有万绪，卿如何却要去？且体念朕意，不须恤流俗纷纷。"

王安石说："臣才薄，恐误陛下属意。陛下试观前代兴王，亦有为政数年而风俗不变、纪纲不立如今者乎？"

神宗说："前代或因衰乱方生，人情迫急，为之解患释难所以易。今颓坏之俗已久，万事收敛，使就法度，则不得不难，其纷纷亦固宜，但力行不变自当改。如富弼事，向时岂有按劾？今乃案治，如此等事行之已多，人情恐渐变。"

王安石说："以臣所见，似小人未肯革面。臣愚以谓陛下诚能洞见群臣情伪，操利害以驭之，则人孰敢为邪？但朝廷之人莫敢为邪，即风俗立变，何忧纪纲不立？"委婉地指责神宗驭下无方。

六月廿二日，刘挚也上章为贾蕃辩护：

> 因畿民有诉，而苛刻之人反怒县官，意谓不能禁遏，故据撼他事，期置于法。朝廷不辨，遂与施行。……臣伏睹编敕节文，按察之司所部官属有犯，不得于官属离任后始行发摘（揭发），虽实，不复受理；

> 若犯赃私，虽离任，有人论告，或因事彰露，即依法施行。方子几之体量于其县也，蕃已得替离任矣，子几初求其事于僚佐，又诱而钩之于吏史，借令蕃有赃私，则亦不得谓之论告与因事明矣。[1]

刘挚的辩护理由是，赵子几对贾蕃的检控不合编敕规定的程序。因此，刘挚又对赵子几提出弹劾：

> 子几方以苛刻怙宠用事，务在力行司农新政，而不复顾陛下之法与陛下之民，但驱使就令，冀自收功，恐因民不服，挠动其事，是故作威以惊众，违法以案吏（**惩办官吏**），欲使畿内他邑与天下官吏畏罪避祸，闭遏其人民，使不得有言以闻于朝廷尔。……如子几领按察之任已久，当平日不闻举挝蕃事，乃于今挟情违戾敕禁，原心考察，可见险薄，伏请付吏施行。

台谏官如此不加掩饰地党同伐异，让王安石觉得太荒谬了："朝廷置言事官，正当为陛下弹劾如蕃辈。纵蕃非承望（迎合）大臣风旨故坏法，又无赃私，但其措置不才如此，亦不当选差。今既不才如此，又犯法，大臣乃选择以为可用，此乃御史所当言也。挚初不言此，乃弹击奉法之子几，以为诣刻。子几（曾经）劾王恺（韩琦的姻亲），所忤皆一时权要，其不诣可知。今营职奉公，即谓之诣刻，（贾蕃）欺罔不端，即

---

[1] 李焘：《续资治通鉴长编》卷二百二十四。下同。

以为忠纯，何以正朝廷？"

王安石甚至直言不讳地表示"杨绘不宜在言职"，要求神宗撤掉杨绘的御史中丞职务："臣事陛下即有罪，大臣、近臣理无肯蔽覆者，不必得一杨绘乃察臣所为。但如绘者使在言路，四方宣力奉法之臣，更疑畏沮坏，政令何由成？古人为国皆约七年五年必为政于天下，其施行有次第可必故也。今朝廷事为之数年，行之未几，辄复被沮坏，欲望成效，恐不可得也。"宰相直接提出撤换御史中丞，应该说，这是王安石的不得体、不识体。

迫于台谏官的压力，神宗曾给中书发御批："贾蕃可令治其不奉法之罪，其他罪勿劾。昭示四方，使知朝廷用刑公正。"

王安石说："臣亦尝责赵子几但案蕃违法坏助役事，勿治他事，子几乃云已得其罪状不敢贷，若法当治，治之固不害朝廷用刑公正也。臣于蕃辈，未尝与之计较，缘臣所为尽是国事，蕃辈附下罔上，坏得陛下国事，臣有何喜愠？且小人众多，安可一一与计较？"又说："朝廷立法，惠在弱远不知所以然之人，怨在强近能造作谗谤者，此陛下所当察。"

若按宋人野史笔记所载，神宗的这一御批被王安石纳还。[1] 换言之，对贾蕃的其他不法情事，仍要追究。

最终，贾蕃被贬为监顺安军酒税。大概因为他是庸才一个，履历上又有污点，其政治前途已完全破灭，在之后的北宋政治史上一直默默无闻，去世时职衔仅为朝议大夫，只是六品的中下层官阶。

---

1 参见李焘《续资治通鉴长编》卷二百二十四引林希《野史》。

第四节　激辩役法

贾蕃被立案调查之后，杨绘与刘挚不再纠缠东明县超升户等的事，转而攻击募役法与变法路线。

六月初五，刘挚上疏问神宗："恭惟陛下承百年太平，履大有为之会，瘝瘝人物，不次而用，至于今日，未见卓卓有功状可以补国利民仰称诏旨，而中外颇有疑焉。此何谓也？"[1] 刘挚说，原因就在朝廷"兴利于无可兴，革故于不可革"，以致"州县承望，奔命不暇，官不得守其职业，农不得安其田亩，以掊削民财为功，以兴起狂狱为才。陛下赈恤均役之意，变而为聚敛之事，陛下兴农除害之法，变而为烦扰之令"。

六月初七，杨绘亦上奏章，指出募役法存在难以克服之"五害"：

> 其一，农民惟知种田尔，而钱非出于田者也，民宁出力而惮出钱者，钱所无也。……而必责民纳钱，可乎？
>
> 其二，今若缘边州军不问土著，惟雇一切浮浪之人，万一有间谍应募，或为外夷所使，焚烧仓库或把守城门，潜为内应，此岂得不虑哉？
>
> 其三，天下之田，有一亩而税钱数十者，有一亩而税数钱者，有善田而税轻者，有恶田而税重者，今若尽以税钱为等第，得无优者转优而苦者弥苦乎？

---

[1] 李焘：《续资治通鉴长编》卷二百二十四。下同。

其四，人所以畏为耆长（职役名）者，为有不获贼之刑也，谁肯冒刑而就雇乎？

其五，仓库多至数万石，军资多至百千万缗，而使受雇浮浪之人为之，官司无由察实，有侵盗事急则逃阙，误支给，隐匿文账，然后没纳抵当，捕系保任，则罪人已去而平民被害。

因此，杨绘提请朝廷"先议防此五害，然后著为定制。仍乞诫励司农寺，无欲速就以祈恩赏；提举司毋得多取于民以自为功"。

同一日，刘挚再上书，指出"率钱助役，官自雇人"的役法改革有"十害"，比杨绘所说的"五害"还多出一倍来：

其一，天下户籍，均为五等，然十七路、三百余州军、千二百余县，凡户之虚实，役之重轻，类皆不同。今欲敛钱用等以为率，则所谓不同者非一法之所能齐；若随其田业腴瘠，因其所宜，一州一县，一乡一家各自立法，则纷错散殊，何所总统？非所谓画一者。

其二，新法患等籍之不得其实，故令品量物力，别立等第，以定钱数。然旧籍既不可信，则今之品量何以得其无失？不独骚扰生弊，亦使富者或输少，贫者或输多。

其三，上户之役数而重，故或以今之助钱为幸；下户之役简而轻，故皆以今之助钱为不幸。优富苦贫，非法之意。

其四，新法所以令品量立等，不取旧簿者，意欲多得雇钱，而患上户之寡，故临时登降升补高等，以充足配钱之数，疲匮之人，何以堪命！近日府界其事已验。

其五，岁有丰凶而役人有定数，助不可阙，则是助钱非若赋税有倚阁（**暂停**）、减放之期。

其六，夏秋二熟，农人惟有丝绢麦粟之类，而助法皆用见钱，故须随时货易，逼于期会，价必大贱。借使许今以物代钱，亦复有退拣壅滞及夤缘（**攀附**）乞索之患。

其七，两税及科买、贷责,色目已多,使常无凶灾，犹病不能了公私之费；又起庸钱，竭其所有，恐斯人无悦而愿为农者。天下户口，日当耗失，小则去为商贾、为客户、为游惰，……大则聚而为贼盗。

其八，侥幸之人又能夤缘法意，虚收大计，如近日两浙起一倍钱数，欲自以为功而使国家受聚敛之谤。

其九，乡县定差，循环相代，上等大役，至速者犹须十余年而一及之，至于下役，则动须一二十年，乃复一差。今使概出缗钱，官自召雇，盖雇直不重则不足以募，不轻则不足以给。

其十，夫役人必用乡户，盖有常产则自重，性愚实则罕欺，旧虽有替名，乡人自任其责。今既雇募，恐止得轻猾浮浪奸伪之人，则所谓帑庾（**储藏钱财、粮食的仓库**）、场务（**盐铁等专卖管理机构**）、纲运（**成批运送大宗货物**），凡所以主财者，不惟不尽心于干守，亦恐县官之物，不胜其盗用，而抵冒法令，罪狱日报。至于弓手、耆壮、承符、散从、手力、胥吏之类，职在捕察贼盗、发行文书、追督公事者，则恐遇寇有纵逸之患，因事有骚扰之奸，而舞文鬻事，无有虚日。

基于这所谓的"十害"，刘挚希望神宗马上叫停征助役钱的役法更革："助钱之法，伏望早赐睿断，一切寝议，以幸天下。夫更令创制，可以渐而不可以暴，况欲内自畿甸，外至海隅，一概率钱，可谓重敛，又欲急迫而成之，使生灵何以自全？陛下安得不谨重其事哉！"刘挚的态度比杨绘还要决绝。

杨绘、刘挚等言官对募役法乃至整个变法大业的否定，不能不让神宗的信念产生了动摇。他一面将刘挚等人的奏议发给司农寺，一面跟王安石说起正在试行的助役之法，忧心忡忡。王安石只能一再为役法改革力辩。

神宗说："无轻民事，惟艰。"这里宋神宗引用了《尚书》之语，表示君主不能轻视民众的事情，要考虑他们的艰辛。

王安石说："陛下固知有是说，然又审民事不可缓。"

神宗说："修水土诚不可缓。"

王安石说："去徭役害农亦民事也，岂特修水土乃为民事？如修水土非陛下能胜异论，则谁肯为陛下尽力？且议助役事已一年，须令转运使、提点刑狱、州县体问百姓，然后立法，法成又当晓谕百姓，无一人有异论，然后著为令，则其于民事，可谓不轻矣。"

此时，不但新法被攻讦，王安石本人还要面对旧党的政治构陷。早年王安石写过一篇《淮南杂说》，文中有两个比较大胆的见解：

其一，"鲁之郊（祭）也可乎？曰：有伊尹之志，则放其君可也；有（成）汤之仁，则绌其君可也；有周公之功，则用郊（祭）不亦可乎？"[1]

其二，"周公用天子礼乐可乎？周公之功，人臣所不能为；天子礼乐，人臣所不得用。有人臣所不能为之功，而报之以人臣所不得用之礼乐，此之谓称"。

杨绘在攻击募役法的同时，又将王安石的这篇《淮南杂说》找出来，寻章摘句，罗织罪名，上书神宗，构陷王安石别有企图：

> 臣窃见人君独享天下之奉，其势至隆也；以一人而块居深宫之中，其身至孤也。以其势之至隆，固不可不先绝乎觊觎也；以其身之至孤，固不可不深防乎危祸也。
>
> ……王安石《杂说》曰：……今王安石于君尊臣卑、重熙累盛之朝，而显然再三叮咛于伊尹放君、周公用天子礼乐之事，臣愿陛下详其文而防其志。臣言必死，罪不敢辞。

幸亏王安石生活在尚未有文字狱的时代，神宗也根本不信王安石会"心怀异志"，杨绘包藏祸心的政治构陷才未能伤及王安石分毫。

但对于杨绘论助役"五害"、刘挚论助役"十害"的奏议，王安石仍需作出正面回应，否则无以消除中外臣僚对于役法改革的疑虑。

---

[1] 赵汝愚编：《宋朝诸臣奏议》卷八十三《上神宗论王安石之文有异志》。下同。

王安石示意同知谏院兼管国子监张琥撰文反驳杨绘、刘挚，但张琥推辞了。检正中书五房公事、同判司农寺曾布自告奋勇，写了一篇数千字的驳议："臣伏见言事官屡以近日所议差役新法不便，论议纷纭，上烦圣听。臣承司农之乏，而又备官属于中书，凡御史之言，臣所预见，考其所陈，皆失利害之实，非今日所以更张之意。虽陛下睿智聪明，洞照其说，然流闻四方，使任事者选懦观望，不敢营职，而怀二沮善之人将因此汹汹，转相倡和，以疑天下之人矣。在臣之职，固不敢畏避强御、俯默而不言也。"[1]

针对杨绘、刘挚对募役法的种种质疑、抨击，曾布逐条加以批驳：

> 其一，畿内上等人户尽罢昔日衙前之役，故今之所输钱，其费十减四五；中等人户旧充弓手、手力、承符、户长之类，今使上等及坊郭、寺观、单丁、官户皆出钱以助之，故其费十减六七；下等人户尽除前日冗役，而专充壮丁，且不输一钱，故其费十减八九。言者则或以谓朝廷受聚敛之谤，或以谓凌虐赤子，此臣所未喻也。

> 其二，田里之人，困于徭役，……今输钱免役，使之安生乐业……乃所以劝其趋南亩也。言者则以谓起庸钱则人无悦为农者，小则去为客户、商贾，大则去为盗贼，此臣所未喻也。

> 其三，上户所减之费少，中、下户所减之费多。

---

[1] 李焘:《续资治通鉴长编》卷二百二十五。下同。

言者则以谓上户以为幸,下户以为不幸,此臣所未喻也。

其四,天下州县,户口多少,徭役疏数,所在各异,虽一乡村,差役轻重亦有不同者,……今量其物力,使等第输钱,逐等之中,又别为三等或五等,其为均平齐一,无以过此。言者则以谓敛钱用等,则非法所能齐,所在各自为法,二三纷错,无所总统,此臣所未喻也。

其五,昔之簿,书等第不均,不足凭用,故欲分命使者察诸县,使加刊正,庶(希望)品量升降,皆得其平。言者则以谓旧等不可信,今之品量,何以得其无失?如此则是天下之政无可为者。此臣所未喻也。

其六,提举司昨以诸县等第不实,故首立品量升降之法,……言者则以谓品量立等者,盖欲多敛雇钱,升补上等以足配钱之数。至于祥符等县,以上等人户数多减充下等,乃独掩而不言,此臣所未喻也。

其七,凡州县之役,无不可募人之理。今投名衙前半天下,未尝不主管仓库、场务、纲运官物,而承符、手力之类,旧法皆许雇人,行之久矣。惟耆长、壮丁,以今所措置最为轻役,故但轮差乡户,不复募人。言者则以谓专副雇人则失陷官物,耆长雇人则盗贼难止。又以谓近边奸细之人应募则焚烧仓库,或把守城门,此臣所未喻也。

其八,役钱之输见钱与纳斛斗,皆取民便,为法如此，亦已周矣。言者则以为纳见钱则丝绵粟麦必贱，以物代钱则有退拣乞索之害，如此则当如何而可？此臣所未喻也。

其九，昔之徭役，皆百姓所为，虽凶荒饥馑，未尝罢役。今役钱必欲稍有羡余，乃所以备凶年，为朝廷推恩蠲减之计，其余又专以兴田利、增吏禄。言者则以谓助钱非如赋税有倚阁、减放之期，臣不知衙前、弓手、手力、承符之类，亦尝倚阁减放否，此臣所未喻也。

其十，朝廷诏令与司农奏请，未尝不戒天下官吏以躬亲询访田里之人，务使人户今日输钱轻于昔时应役，则为良法，固无毫发掊敛之意。……言者则以谓吏缘法意，广收大计，然畿内募役之余，亦无几矣。两浙欲以羡余侥幸，司农欲以出剩为功，此臣所未喻也。

其十一，贾蕃为县令，……借贷官钱，沽买村酒，残民犯法，谁敢尔者！提点司见其有显过，因往治之，而又库钱数少，酒课额亏，钩考其由，皆得其状，乃编敕所谓因事彰露，或虽已去官，法所当劾者。言者则或以谓二府所选必非不才，或以谓蕃虽有赃私，乞一切不问，此臣尤所未喻也。

其十二，大约御史之言，盖多此类。如蕃之不恤民、不畏法，可谓明矣，乃以谓赵子几务力行司农之政，不复顾陛下之法与陛下之民。夫司农之政，乃陛下之政，司农与子几职当奉行而已。使子几能力行陛下之政，岂不善哉？乃欲舍蕃而治子几，此尤可怪也。

其十三，差役之法，昨看详奏请出榜施行，皆开封府与司农被旨集议，此天下所知。借使（即使）法有未善，而言者深论司农，未尝以一言及开封；又以谓司农自知所行于理未安，若关与京尹，或致争执，有碍施行，所以公然不顾，不报开封府。夫所行之法，乃京尹韩维等之所共议，借使未尝共议，今所出榜，凡于民未便，听经所属官司，开封府乃所属官司，可以受其辞诉而不可以争执乎？开封府于民事何所不预，民有所诉，斥而不受，此乃御史之所当言而言未尝及也，自非内怀邪诐之情，有所向背，则不当至此。

可以说，曾布的每一条反驳，都打在杨绘、刘挚的"七寸"上。七月初五，王安石代曾布将这份驳议呈给神宗。神宗问应如何处分。

王安石说："欲札与绘、挚，令绘、挚分析。"即要求杨绘、刘挚对曾布的驳难作出自辩。我认为王安石的这个要求并不过分，道理是越辩越明的。

参知政事冯京、王珪则认为"不当使分析"，因为"绘、挚近日别无文字"。意思是，杨绘、刘挚近日未再说什么，还是停止争论吧。

神宗说："令分析方是朝廷行遣。"

冯京、王珪说："恐复纷纷不安。"

神宗说："待分析到更相度。"

但杨绘接到札子后，并没有"分析"——估计也"分析"

不出来,只是"具录前后论助役法四奏以自辩",并提出辞职:

> 今曾布乃以"邪诐向背""诞谩欺罔""不顾陛下之法与陛下之民"为言。臣内省一心事主,未尝有所向背,实非邪诐诞谩欺罔、不顾陛下之法与陛下之民者。伏乞详臣四奏,问曾布背谁?向谁?何事欺罔?又曾布每于臣札子中绝去前后文,只摘取一句以牵就其说,乃曾布挟与王安石是亲之势,公然不顾朝廷纲纪,欲障蔽陛下言路之意可见矣。
>
> ……
>
> 布既以邪诐指臣,则必以正直自处也;布既以有所向背指臣,则必以劲特自处也。凡邪正之不可以并立,如薰莸之不可同器也。今若邪诐之人而使处中执法之地,与正直并立,岂可谓邪正之辩乎?若陛下谓臣为实有邪诐、欺罔诞谩、向背之状,即乞罢臣御史中丞,仍不当尚留侍从,宜从远贬,以清朝列。

刘挚则明确拒绝"分析":

> 臣有言责者也,是故前日采中外士民之说,敷告于陛下,今司农为荧惑之辩如此。陛下以臣言为是耶?则事尽于前奏可以复视;陛下以臣言为非耶?则贬黜之而已。虽复使臣言之,亦不过所谓十害者,是以不复条陈,不惟费辞文过,烦紊天听,而风宪之官,岂与有司较是非胜负,交口相直如市人之诟

竞者，则无乃辱陛下耳目之任哉？……

今司农欲使臣畏忌权臣，则诚臣之所不能者也。伏望陛下将臣前后所论助役章奏与司农之言，宣示二府大臣、中外百官，以考是非。若臣言有所取，则乞速罢助役，以安天下之心；若稍有欺罔，则乞重行窜逐，以谢专权之人而戒妄言者。

然后对熙宁二年以来所推行的诸项新法大加鞭挞：

二三年间，闾阎动摇，举天地之内，无一民一物得安其所者，盖自青苗之议起，而天下始有聚敛之疑，青苗之议未允而均输之法行，均输之法方扰而边鄙之谋动，边鄙之祸未艾而漳河之役作，漳河之害未平而助役之事兴。其间又求水利也，则民劳而无功；又淤田也，则费大而不效；又省并州县也，则诸路莫不强民以应令。

最后，刘挚将矛头指引向王安石：

陛下任遇辅臣如此其重，而致主之术，乃用此道，是皆大臣（**即王安石**）之误陛下，而大臣所用者误大臣也。今既颠谬乖错，败乱纲纪，知天下之不容，惧宸衷之回悟，以谓虽中外之士畏避无敢言者；然其尚敢言者，独御史有职尔，故又使司农荧惑天听，作为偏辞，令臣等分析，以摧阻风宪之体，艰梗言路，欲其忧悼苟容而缄默，或欲撩其危言从而挤逐。

刘挚没有直接说出王安石之名，而是阴阳怪气地以"权臣""专权之人"指称，这种文风在北宋台谏官的弹章中还是比较少见的——如果刘挚指名道姓说出"王安石"三个字，会受到迫害吗？不会。更令人困惑的是，宋朝的"分析"其实就是让双方进行论辩，不知刘挚究竟是根据什么逻辑推导出"分析"是"艰梗言路"之结论的。这里只能有一个解释：他之前对募役法的抨击，多半是信口雌黄，经不起"分析"。

而杨绘之所以攻击新法，除了因立场迥异、利益攸关，很可能还有私怨的因素："初，绘除中丞，安石以为绘不烛理，不可为中丞，然卒除绘。已而执政冯京漏安石语以激怒绘，缘此为憾，故毁役法以自立异，非详究法之利害本末也。"

杨绘、刘挚既不能"分析"，王安石便对神宗说："绘所奏前后反覆，今并不分析布所言子凡与蕃事。……凡人之情，为人所知，纵不能私，宜以平遇之。如绘所言，专为不平，此必有所怀也。绘知开封府元同议（助役），后来不受百姓诉状违法，何故不论开封之罪？此其不平可见。"

神宗说道："张琥以为绘罪轻于挚，挚言尤无状。"

但王安石似乎对杨绘的意见更大："挚妄作，愚而易见；绘狡诈难知，如言'为臣所引用，然不敢以私害公'，此所谓壬人，虽尧、舜所当畏难，陛下不可不察。臣向论绘烛理不明，不可为中丞，此言必漏，臣度绘当缘此为憾。"

神宗又问："如何措置？"

王安石说："此在陛下。"

七月十四日，杨绘被罢翰林学士、御史中丞，降为侍读学士，后两日改知郑州；刘挚罢馆阁校勘、监察御史里行，出监衡州盐仓。不久，变法派官员蔡确、唐坰被任命为监察御史里行,御史台暂时未除中丞,由侍御史知杂事邓绾权摄台事。至此,御史台遂为新党所控制。

而随着御史台的改组,朝堂上言官对募役法的非议也暂时平静下来。

第五节　天下免役

熙宁四年十月初一,朝廷正式颁布募役法,推行于各路州县。全国方案在开封府界试点方案的基础上做了不少调整与修订:[1]

1. 府界试点方案的政策要点是"助役",全国方案的侧重点则是"免役":"差役弊民,其罢之。使民出钱免役,立直募人。"即全民解除服差役之法律义务,改为出免役钱,由官府立价雇佣役人。所以司农寺建议:"始议出钱助民执役,今悉召募,请改助役为免役。"获神宗批准。

2. 根据"免役"的原则,朝廷特别强调:交了钱的民户,若不愿就募,即不可勉强,强迫人户服役者,将按律法处置。

3. 凡旧冗占、苦科配、赔偿之类,悉加裁禁;仓驿、

1　募役法全国方案的调整与修订据李焘《续资治通鉴长编》卷二百二十七、卷二百四十一、卷二百五十一,马端临《文献通考》卷十二,脱脱等著的《宋史》卷一百七十七整理。

场库、水陆运漕多代以军校；官员赴任或罢任，例要役人送迎，他们疲于道路，改为给官员发路费雇佣仆从，免除役人的身役。

4. 应募衙前者，须以物业为抵押；应募弓手者，须试武艺；应募典吏者，须试书计。以三年或二年一更替。

5. 天下土俗不同，职役轻重不一，民户贫富不等。大县居民多富庶，交纳役钱的负担相对较轻，招募役人也容易；偏僻小县居民多贫困，役钱负担重，也难以招人。但大县事多役繁，招募役人的雇值也要多一些；偏僻小县事简役轻，募值亦少一些。以一州一县之力，供一州一县之费，以一路之力，供一路之费，诸路因地制宜，从所便为法。

6. 人户缴纳役钱之多少，根据户等来定。各县计一岁募值及应用之数，均敷（摊派）至乡户第三或第四等；不足，再摊至第五等；坊郭户自随逐处等第均定；贫乏而无钱可交者，可免除。官户、寺观、女户等特殊户仍须减半缴纳助役钱。对退隐洛阳的富弼等退休高官，河南府亦要求他们登记户等，"令与富民均出钱"。士大夫的经济特权在王安石变法中被削弱，正是募役法备受诋毁的原因之一。

7. 应该征收的钱款，除了足够支付雇人费用，还应多收20%，以备凶年之用。但增加的部分，不得超过20%，谓之"免役宽剩钱"。

8. 坊郭户每三年、乡村户每五年重新评定户等。评定等第之时，农隙集众，稽其物业，考其贫富，察其诈伪，为之升降；若官吏上下其手、随便拔高或降低人户的户等，以违制论。

9.凡遇歉收的凶年，诸路可参考蠲放租赋之法，不待奏禀就可自行免征役钱：岁小饥，则免最下等户，中饥则免以次下户（此条为邓绾所订）。

10.本法在各州县闹市公告一个月，如果百姓没有异议就"著为令"。令下，募者执役，被差者欢呼散去。

在施行募役法的过程中，又陆陆续续增补了若干条款与配套措施：[1]

11.辅行"赎刑法"。吏民犯杖罪以下轻微罪行，若情有可原者，允许以钱赎罪，赎金用于助役。但如果不得以钱赎而赎者，监管部门要予以纠正。

12.配合仓法的施行，以免役钱给内外胥吏发放俸禄，领了薪水还索贿的，将从重处罚；各县征收的免役宽剩钱依照常平法来放贷并收息，所得将用于补贴吏人的餐钱。

13.加征"头子钱"。役钱每贯要加收五文头子钱，用于修葺官舍、添置什器、支付人力与车马等费。以前，凡公家之费有摊派到民间者，谓之"圆融"。这部分费用多少没有定数，有时候完全是临时决定

---

[1] 以下关于募役法在实施过程中增补的条款和配套措施的情况，均据李焘《续资治通鉴长编》卷二百二十七、卷二百五十一、卷二百五十三、卷二百五十四、卷二百六十七、卷三百六，马端临《文献通考》卷十二整理。

的，污吏乘机上下其手，其弊由来已久，现在开始，全部叫停。

14. 官户缴纳的助役钱本可优免一半，而后司农寺认为："州县官户多处例减免役钱，则人户出钱偏重，不为之节制，则人户经久不易。"所以又规定官方"所免须多，毋过二十千，两州两县以上有产者亦通计"，对官户优免的助役钱数作了限制。

15. 增设"给田募役法"，诸路衙差可以参照"弓箭手田"之法，分配田地，令其自行募人耕种（此法为熙宁七年吕惠卿所立，但没多久又叫停了）。

16. 实施"手实法"，类似于今天的不动产申报与登记。民众自行填报自家财产，包括名下房产的数量及性质（自住还是出租），田产的亩数及性质（自耕还是招佃），然后将财产清单上交县衙门，由县衙统一造册登记，编定户等，作为分摊役钱的准则（手实法亦为熙宁七年吕惠卿所立，次年叫停）。

17. 要求诸路编订役书（即募役编制与雇值预算），提交司农寺，由司农寺组织人进行审计，废除繁重的职役，裁撤冗员，确定需要支付的役钱，商定一年所需花费。

18. 役钱的计征方式，从按户等摊派，逐渐改为随州县习俗来定，按各户田产、物业、税钱公平分摊，"五等版簿"的作用被弱化，税钱慢慢地演变成一种财产税。

梁启超对王安石的募役法评价非常高，他说："募役法者，变当时最病民之差役制以为募役制，而令民出代役之税以充募资，实近于一种人身税，而其办法极类今文明国之所得税，荆公救时惠民之第一良政也。"¹ 近代旅美经济学家陈焕章也说："王安石制定了'免役法'，这是中国理财史上的重大革命。……雇役制是王安石建立的一项最优秀的制度，即使单独就此一项，王安石应受到所有当之无愧的赞扬。"²

然而在宋代，募役法的推行却惹恼了保守派，虽然其推广于全国之时，诋毁、抗议的声浪已经平复，但还是有一部分地方长官在自己的权力范围内抵制役法变革，比如知长葛县乐京声称"助役之法不可久行"，拒行新法。³ 京西转运、提举常平仓司饬令乐京"具析因依（原委）"，乐京却不肯。这时长葛县的上司许州亦奏称："恐京扇惑民情。"于是司农寺提议将乐京停职，另差知县。

又如知湖阳县刘蒙，在提举官召集诸县令会议，动员落实募役法之时，"独以为不便，不肯议，退而条上利害"，然后上书弹劾自己，挂冠而去。

当时，知名理学家、旧党精神领袖之一的邵雍隐居洛阳，其门生故旧多有任州县官者，"皆欲投劾而归"，⁴ 就像刘蒙那样。他们致书邵雍，征求意见。邵雍说："正贤者所当尽力之时。新法固严，能寡一分，则民受一分之赐矣，投劾何益邪！"其实就是鼓励他们留任，这样才可以运用手中之权抵制新法。

当然，也有积极推行募役法的地方官，如福建转运判官蒋

---

1 梁启超：《王安石传》第十章。
2 陈焕章：《孔门理财学》第九篇，中华书局，2010年。
3 李焘：《续资治通鉴长编》卷二百二十八。下同。
4 毕沅编：《续资治通鉴》卷第六十八。下同。

之奇。他在征收役钱时,"约僦庸费,随算钱高下均取之,民以为便";[1]不久,他转任淮南转运判官,又致书王安石:"百姓列状乞早行助役新法曰:'上推不赀之惠,下受罔极之恩。'"[2]王安石得信,写了奏章给神宗:"百姓如此,或称人情不安者妄也。"

我们实事求是地说,"人情不安"之说不一定是诬妄,因为募役法在实施过程中绝非没有问题——最大的问题就是有些地方官过多地征收役钱,如此必然会导致人情不安。募役法推行于诸路之初,朝廷下诏让各路预算助役钱数,利州路转运使李瑜"欲定四十万",转运判官鲜于侁却认为,"本路民贫,二十万足矣"。[3]二人意见不合,各自上章奏报朝廷。奏上之时,李瑜已经征收了二十多万贯役钱,而利州一路募役所需只要九万多贯。

侍御史知杂事邓绾说:"免役之法所以裕民,而官吏奉行或不明朝廷役法本意,往往多取宽剩役钱。臣恐上泽不得究宣,良法自此隳坏。今利州路转运使李瑜所为役法,本路役钱正用九万六千六百余缗,而瑜擅科钱二十三万七千一百余缗,计剩钱十四万四百缗,皆率易措置,不酌民情,不量州郡贫富,增损亡法。今所奏书皆未便,提刑周约亦同签书。请速择人代之。"神宗震怒,罢去利州路转运使李瑜、提刑官周约的差遣,提拔鲜于侁权发遣转运副使。

顺便说一下:邓绾因自言"笑骂从汝笑骂,好官我须为之",被正统士大夫描述成势利小人、厚颜无耻之徒,但究其心迹,无非是官瘾不加掩饰而已,无伤大雅;观其作为,在判司农寺

---

1 脱脱等:《宋史》卷三百四十三。
2 李焘:《续资治通鉴长编》卷二百三十六。下同。
3 李焘:《续资治通鉴长编》卷二百二十七。下同。

任上，他致力于裁减差役，完善募役法；在侍御史知杂事任上，也是秉公论事，不似杨绘、刘挚党同伐异；后来升任御史中丞，即建言："顷时（以前）御史罢免，犹除省府职司，盖厥初选用既审，则议论虽不合，人才亦不可遗。愿籍前后谏官、御史得罪者姓名，以次甄录，使于进退间与凡僚稍异，则人思竭尽矣。"[1] 建议为那些因为意见不合而被罢免的谏官、御史登记造册，以后可甄选录用，并对其加以照顾。因此，可以说也是实实在在做了好事的。旧党对邓绾的评价，可谓是极尽污蔑。

再来说募役法的另一个问题，即乡村第四等户乃至一部分第五等户也要摊派免役钱。不得不说，这是很糟糕的制度设计，就算所摊派钱数不多，对下户而言，也必然是无法承受之重负。募役法推行数年后，一些州县发生旱灾，神宗下诏蠲免受灾州县下户的免役钱："第四等以下户，应纳役钱而饥贫无以输者，委州县保明，申提举司体量诣实，于役剩钱内量分数或尽蠲之。"[2] 尽管如此，河北路的镇州、定州还是传出了"民有拆卖屋木以纳免役钱者"的消息。

神宗赶紧令河北路安抚、转运、提举司调查情况。"拆卖屋木以纳免役钱"之说实在骇人听闻，未免打击了神宗对役法改革的信心，与执政大臣说起募役法时，有些意气消沉。王安石说："百姓卖屋纳役钱，臣不能保其无此。缘以今之官吏行今之法，必多轻重不均之处，然论事有权，须考问从前差役卖屋纳役钱孰多孰少，即于役法利害灼然可见，在远或难遽见，

---

[1] 脱脱等：《宋史》卷三百二十九。
[2] 李焘：《续资治通鉴长编》卷二百五十一。下同。

但问郑（州）、滑（州），则天下事理可知矣。"

我们不能说王安石是在狡辩。他的态度是务实的，施政不能从追求完美的道德理想主义出发（如程颢、司马光那样），而应当立足于现实，权衡利害，两利相权取其重，两害相权取其轻。与变法之前的差役法相比，募役法对当时的国家、民户来说，都是利大于弊。于国而言，财政收入增加了；于民而言，差役之苦终于解脱了。这一点，不容抹杀。

之后，河北路安抚、转运、提举司果然回奏："体量得诸县去秋旱灾，以故贫下户亦有拆屋卖钱，以给己家粮及官中诸费者，非专为纳免役钱也。"

最后，我想提醒各位读者注意：一些反对王安石变法的旧党似乎总是热衷于夸大新法的问题，甚至无中生有。上一章我们讲到一件事：熙宁三年，司马光告诉神宗，募役法已成陕西之患。神宗说："助役惟行京东、两浙耳。雇人充役，越州已行矣"，至于陕西，还未试行募役法，怎么可能为患呢？[1] 再举一个例子：熙宁五年，文彦博曾说募役法实施之后，导致各地盗贼有所增加，京东路贼盗尤其多。但神宗说："然京东元未行役法。"[2] 熙宁七年京东路才施行募役法，不可能在熙宁五年就导致京东路贼盗多。今天我们评价王安石变法的得失利害，切不可只听保守派士大夫的一面之词，须多方求证。

---

[1] 李焘：《续资治通鉴长编》卷二百十五。
[2] 李焘：《续资治通鉴长编》卷二百三十九。

第七章 规模新处见新功

熙宁四年至熙宁五年（1071—1072）

第七章 规模新处见新功

第一节 太学新制

旧党对王安石变法的反对声势，有高潮，也有低谷。熙宁三年春夏是一个高潮期，主要表现为对青苗法的群起而攻之，之后抗议的气势便衰竭了；熙宁四年的夏秋又是一个高潮期，主要表现为对募役法的猛烈诋毁。此后又出现一个维持了大约一年的相对平静期。

王安石还是按他的节奏陆续推出新法。熙宁四年十月十七日，太学三舍法出台：

> 近制增广太学，益置生员，除主判官外，直讲（相当于教授）以十员为额，每二员共讲一经，委中书选差，或主判官奏举。其生员分三等：以初入学生员为外舍，不限员；自外舍升内舍，内舍升上舍。上舍以百员，内舍以二百员为限。生员各治一经，从所隶官讲授，主判官、直讲月考试，优等举业上中书。学正、学录、学谕于上舍人内逐经选二员。

如学行卓然尤异者，委主判及直讲保明，中书考察取旨除官。其有职事者，受官讫，仍旧管勾，候直讲、教授有阙，次第选充。其主判官、直讲、职事生员，并第增给食钱。[1]

太学三舍法是学校贡举法的组成部分。王安石规划的学校贡举法可以分为两个部分，一为学校制度改革，一为科举制度改革。科举制度改革即罢诸科，只保留进士科与明法新科；进士科罢试诗赋、帖经、墨义，改试经义、论、时务策；学校制度改革即逐渐以"学校取士"取代"科考取士"，三舍法便是学校取士的尝试。

按三舍法，太学（宋朝最高学府）分为外舍、内舍、上舍三个层级（相当于今天的年级），初入学的太学生为外舍生，人数不限；外舍生修完学业，积累学分靠前的学生可升入内舍，内舍生限员200人；[2] 内舍生完成学业，成绩优秀的那部分升入上舍，上舍生限员100人；上舍生中"学行卓然尤异者"，经直讲、国子监长官举荐，中书考察，可直接授官（元丰二年修订三舍法，上舍生修完学业，考试成绩上等者，直接授官；中等免礼部试；下等免解试）。

由于之前太学未曾营建校舍，只是借锡庆院西北隅的数十间廊屋作为校舍，"逼窄湫陋，生员才满三百人，即无容足之

---

[1] 李焘：《续资治通鉴长编》卷二百二十七。
[2] 今人一般都认为，高校的学分制率先施行于1872年的美国哈佛大学，清末建立的京师大学堂模仿西式大学，采用了分班教学与积分制，是为中国最早的学分制度。但实际上，北宋太学就已实行以学分为标准来考核学生的制度。

地"。[1] 十月廿八日，侍御史知杂事邓绾请求将整个锡庆院的建筑都划给太学。神宗派人调查权衡后，同意以锡庆院、朝集院、殿前都虞候廨舍作为太学上舍、内舍、外舍的讲堂及掌事人斋舍，并批准每年给国子监增加拨款四千贯。

除了增广太学编制并推行三舍法，神宗为培养军官，又于熙宁五年六月设立武学（相当于军事学院），选文武官知兵者为教授，报考者经试骑射合格，即可入学就读，"在学及三年，则具艺业保明考试，等第推恩，未及格者逾年再试"。[2]

熙宁六年四月，为培养司法官，神宗又设立律学（相当于法学院），分断案、律令两个专业，断案主修刑名之学与案例试断，律令主修法理大义。官员、举人都可以入学，考试通过即录取。朝廷又拨款一万五千贯，存于开封府界检校库生息，以助给养律学生员。

之后，宋徽宗崇宁年间（崇宁者，尊崇熙宁也），朝廷又相继设算学（相当于数学与天文学院）、书学（相当于书法学院）、画院（相当于美术学院）、医学（相当于医学院），与律学、武学一起，均隶属于国子监，构成了中国古代最为完备的专科学校体系。

国子监下的各级学校基本都实行三舍法，换言之，最优秀的那部分学生可以直接授官。我们不妨将王安石对国子监学校系统的改造视为学校取士古制的实验。在学校取士制度下，国子监直讲无疑是十分重要的角色，他们不但可以通过日常教学塑造学生的观念，还掌握着保举优秀学生除官的权力。

---

[1] 李焘：《续资治通鉴长编》卷二百二十七。
[2] 李焘：《续资治通鉴长编》卷二百三十四。

神宗与王安石当然希望通过太学的教导，培养出一批支持变法又具备真才实学的年轻官员。而达成这一目的的关键就在国子监直讲。三舍法推行次月，即熙宁四年十一月，神宗将太学的五位直讲焦千之、王汝翼、梁师孟、颜复、卢侗撤掉。之后又陆续任命曾肇、沈季长、陆佃、叶涛等人为直讲。

在被罢免的五名直讲中，焦千之、梁师孟、颜复、卢侗与欧阳修、吕公著等保守派士大夫关系密切；王汝翼虽曾任条例司检详文字官，但熙宁三年青苗法备受质疑之时，他"亦辞检详条例官"，这表明他不再认同新法，与变法派分道扬镳。[1]这些直讲在平日教学中，必定流露出否定变法的倾向。

大约熙宁四年秋，在太学的一次例行考试中，直讲颜复出了一道意味深长的策问题：如何看待"王莽、后周改法事"。[2]颜复是颜回的第四十八世孙，思想保守，他出这道策问题，意在借古讽今，制造反对王安石变法的舆论，暗示王安石就如同西汉的王莽、唐朝的武则天，最终会篡夺赵宋的江山。

据宋人林希《野史》，苏颂的儿子苏嘉恰好在太学读书，他在回答颜复的策问时，积极响应老师，极论王莽、后周改法之非；又"论时政之失"，被颜复评为优等。另一位国子监直讲苏液大概与颜复不合，便将苏嘉的文章及颜复的评价报告给了同判司农寺曾布，且说："此辈唱和，非毁时政。"曾布责备知谏院兼管国子监张琥："君为谏官、判监，岂容学官、生员非毁时政而不弹劾？"

曾布又把此事告诉了王安石。林希继续写道：王安石闻讯

1　黄以周等辑：《续资治通鉴长编拾补》卷五。
2　李焘：《续资治通鉴长编》卷二百二十八。下同。

"大怒，因更制学校事，尽逐诸学官，……令选用学官，非执政喜者不预。陆佃、黎宗孟、叶涛、曾肇、沈季长：长，介妹婿；涛，其侄婿；佃，门人；肇，布弟也。……其设三舍，皆欲引用其党耳"。需要注意的是，林希所记的王安石故事，多属污蔑诋毁，可信度极低。比如他将沈季长、叶涛、陆佃、曾肇等与王安石沾亲带故的几任直讲放在一起，给人的印象就是王安石将太学原有的直讲一逐而空，然后全部换上自己的亲信。事实却并非如此——曾肇与沈季长是熙宁五年当的直讲，陆佃是熙宁六年当的直讲，叶涛则是熙宁七年之后才当上直讲。[1]

林希又称王安石是因为出现了"颜复—苏嘉事件"才决定实行三舍法的，这更属无稽之谈。事实上，至迟在熙宁二年，王安石就已经在规划学校制度的改革了。不过，"颜复—苏嘉事件"的发生，倒真的提醒了王安石：推行三舍法后，直讲的权重增加，如何防止反对变法的直讲把持太学、制造更多反对变法的预备官员，确实是一个迫切的问题。这才有了十一月颜复等五名直讲被一起罢免之事。

"颜复—苏嘉事件"的出现，也让王安石意识到太学之"一道德"事不宜迟。所谓"一道德"，用大白话讲就是"统一思想认识"的意思。熙宁五年正月，王安石进呈中书对太学学官的考核结果，且称学官黎侁、张谔"文字佳，第（但是）不合经义"。[2]

神宗说："经术，今人人乖异，何以一道德？卿有所著可以颁行，令学者定于一。"希望把王安石的学术著作列为太学

---

[1] 参见朱铭坚《北宋太学苏嘉案考释》，香港中文大学《中国文化研究所学报》2013年1月刊。
[2] 李焘：《续资治通鉴长编》卷二百二十九。下同。

教材，以达成"一道德"的目标。

王安石："《诗》，已令陆佃、沈季长作义。"已安排陆佃、沈季长注解《诗经》。

神宗对陆、沈两名年轻人的学术造诣有点不放心："恐不能发明（有所创见）。"

王安石说："臣每与商量。"

五月，在太学生的一次例行考试后，神宗又对王安石等辅臣说："蔡确论太学试，极草草。"[1]说太学生的这次考试成绩很不理想。

冯京说："闻举人多盗王安石父子文字，试官恶其如此，故抑之。"

神宗说："要一道德。若当如此说，则安可臆说？"

王安石说："臣观佛书，乃与（儒）经合，盖理如此，则虽相去远，其合犹符节也。"

神宗说："佛，西域人，言语即异，道理何缘异？"

王安石说："臣愚以为苟合于理，虽鬼神异趣，要无以易。"

神宗说："诚如此。"

神宗与王安石的这段对话显示：君臣二人已经达成共识——在太学的教学实践中，学官解经若各有各的见解，那将莫衷一是，需要确立一个官方标准，以统一诸生的思想认识。

为此，朝廷先于熙宁五年委托太学根据史馆所藏经义编订教材，以教后生；又于熙宁六年设立经义局，对儒家经典重新编修与阐释，以王安石提举，吕惠卿、王雱同修撰，历时三年修成《周官新义》《诗经新义》《尚书新义》，合称"三经新义"，

---

[1] 李焘：《续资治通鉴长编》卷二百三十三。下同。

作为太学与地方官学的标准讲义。这便是"一道德"。

太学"一道德",也许可以避免学校出现更多潜在的变法反对派,但不可避免地又激发太学生趋炎附势之风,使对新法阿谀谄媚之徒更容易"脱颖而出"。

而且,与科考取士全凭客观的考试成绩不同,按学校取士的机制,直讲的评价是决定一名太学生能否授官的重要因素。而直讲的评价又是主观的,存在上下其手的制度空间,这又进一步鼓励了太学生对直讲的依附与迎合。

熙宁五年八月,因管勾国子监张琥等人奏称太学生叶适"累试优等",神宗赐叶适进士及第,官授试校书郎、睦州推官、郓州州学教授。[1]而按林希《野史》,"诸学官公然直取其门下生无复嫌疑,……自此士人不复安业,日以趋走权门,交结学官为事。叶适者,处之巨豪,前此斥于廷试,素以交结陆佃为之引誉,(张)琥、(李)定遂推第一,欲诱动士心,贪利慕己,于是列奏适之文章、行义卓绝,遂赐进士及第、郓州教授,又留为直讲"。

林希的《野史》不可尽信,但同时代的魏泰亦记载:"王荆公在中书,作新经义以授学者,故太学诸生,几及三千人,以至包展(扩展至)锡庆院、朝集院,尚不能容。又令判监、直讲程第(考评)诸生之业,处以上、中、下三舍,而人间传以为凡试而中上舍者,朝廷将以不次升擢。于是轻薄书生,矫饰言行,坐作虚誉,奔走公卿之门者如市矣。"[2]

太学改革的这一副作用,王安石没有想到。

---

1 李焘:《续资治通鉴长编》卷二百三十七。下同。
2 魏泰:《东轩笔录》卷之六。

第二节　王韶拓边

如果说,三舍法"一道德"是文的变法,之后陆续推出的保马法、将兵法及创设军器监等措施,则可谓武的变法。保马法于熙宁五年五月试行于开封府界,次年推行于河北、河东、陕西、京东、京西五路,"凡五路义保愿养马者,户一匹,有物力养马二匹者听,以监牧见马给之,或官与其直使自市,毋或强与"。[1] 养马户可减免一部分赋税。

熙宁六年六月,神宗下诏,置军器监于京师,总内外军器的制造,以吕惠卿、曾孝宽为第一任判监,"凡知军器利害者,听诣监陈述,于是吏民献器械法式者甚众"。[2] 在宋代,最早提出设立军器监构想的人,是王安石之子王雱。他于熙宁六年上书神宗,建议设军器监,"敛数州之所作而聚以为一处,若今钱监之比,而每监择知工事之臣,使专于其职;且募天下之良工,散为匠师于诸监,而朝廷亦当内置工官以总制其事,然后察其精窳之实,而重为赏罚,则人人各求胜,不饬而皆精矣"。[3]

熙宁七年,神宗又诏在开封府畿、京东路、京西路、河北路分兵置将,实行将兵法。"将"为军事单位,每将配置正副将领各一员,负责训练士兵,"使兵知其将,将练其士"。[4]

实施将兵法与保马法、置军器监,旨在从将士、战马、兵器三个维度进行改革,以提升宋朝军部的战斗力,而后凭借强

---

[1] 李焘:《续资治通鉴长编》卷二百四十六。
[2] 脱脱等:《宋史》卷一百九十七。
[3] 李焘:《续资治通鉴长编》卷二百四十五。
[4] 脱脱等:《宋史》卷一百八十八。

大的军事实力西夏、收复燕云故土，用王安石告诫神宗的一段话来说就是："此大事，陛下宜留意，他时兼制夏国，恢复汉、唐旧境，此乃基本。"[1]

征服西夏的路线图，简而言之，便是渐夺横山、旁取河湟。熙宁年间，宋王朝在全国置一百余名将领，其中超过三分之一设在西北沿边，战略意图非常明显。

西北拓边、经略河湟的灵魂人物，是王安石的得力亲信王韶。他于熙宁四年八月被任命为管勾秦凤路缘边安抚司兼营田、市易，高遵裕同管勾安抚司兼营田、市易，之后又任命秦凤路都监张守约同管勾。王韶的主要任务，就是主持秦凤路的市易与营田，运用市易与营田的所得息钱招纳西蕃。缘边安抚司则是为招抚洮河—青唐一带的蕃部而专门设立的一个机构。

此前，王韶曾报告朝廷："措置洮河事，止用回易息钱给招降羌人，未尝辄费官本。"[2]

枢密使文彦博不以为然："工师造屋，初必小计，冀人易于动功。及既兴作，知不可已，乃方增多。"

神宗说："屋坏，岂可不修？"

王安石说："主者善计，则自有忖度，岂至为工师所欺？"

文彦博又说："西蕃脆弱，不足收。"

王安石说："星罗结等作过，秦州乃不能捕，况有豪杰能作文法，连结党与者哉！亦岂得言其脆弱也？"

文彦博说："西人不能立文法。"

王安石说："唃厮啰、鱼角蝉乃能立文法，此已然之效也。

---

[1] 李焘：《续资治通鉴长编》卷二百三十。
[2] 李焘：《续资治通鉴长编》卷二百二十六。下同。

非徒如此，若为夏人所收，则为患大矣！"

文彦博说："西蕃不愿归夏国。"

王安石说："裕勒藏哈木见归夏国。若不愿归，则向宝之往，宜即倒戈，今乃不肯内附，何也？"王安石所说的唃厮啰、鱼角蝉、裕勒藏哈木，都是西蕃部族的领袖。

文彦博说："纵能使之内附，亦何所补？"

王安石说："以哈木归夏国，故哈木地便为生地，向宝不能深入，以扰夏人。然则西蕃属我，与属夏人，不得言无利害也。"

我们看这段对话，文彦博对招纳西蕃战略的每一处质疑，都被王安石用事实驳倒。最终，王安石说服神宗，给秦凤路市易司拨款十万贯作为本钱："仍当捐十万缗钱委之市易，令兵马事则取经略司节制，抚纳蕃部及市易司则一面施行。"

王韶果真了得，熙宁四年冬便招得俞龙珂部族归附。俞龙珂部为渭源境最大的蕃部，抚有部众十二万人，西夏与蕃部的木征都欲将其招抚。[1] 秦凤路诸将议先征讨，王韶则主张招抚，他胆略过人，带着数骑直抵俞龙珂牙帐，跟俞龙珂摊开来说，晓明利害，是夜又留宿于帐中，以示不疑。俞龙珂感其至诚，服其胆识，次日即遣人纳款，之后又率所属十二万人归宋。

十二月，中书、枢密院向神宗汇报了王韶奏俞龙珂举种内属的消息，建议授予俞龙珂殿直之衔、蕃巡检之职，并分封其部族大首领四人为族下巡检，分而治之，以防尾大不掉："既分为四头项，自此可令不复合为一，免点集（按名册征集）作过。"[2]

---

[1] 俞龙珂的势力范围，史无明载，但据陈守忠《王安石变法与熙河之役》一文考证，其应在渭源境内。该文载于《西北师大学报（社会科学版）》1980年第3期。

[2] 李焘：《续资治通鉴长编》卷二百二十八。下同。

神宗问:"如何便言举种内属?"

王安石反问:"不知如何不谓之举种内属?"

神宗说:"须点集得,方为内属。"其时俞龙珂虽说已经归附,但尚未内迁,族帐依旧分布在渭源境。故神宗有此疑问。

王安石又反问:"不知今欲如何点集?"

神宗说:"亦须便点阅见户口人数。"

王安石说:"羁縻须有渐,如何便令王韶点阅得彼户口人数!"又再三替王韶申辩。

但神宗表示:"然要须点集得,方为实利。"

王安石说:"诚如此。然今朝廷十万缗钱付王韶等蕃息,收其息以为内属人禄赐,非有伤财劳民之事。就令三五年间未可点集,亦终为我羁縻,免更有创立文法为边陲之患,亦自有利无害。若如王韶本谋,即终当为吾民,不患不可点集也。韶本谋欲以官致首领,以蕃勇敢招其强人。其强人服于下,首领附于上,则余人不患不为我用。然此事恐须少待岁月,乃见成效耳。"

文彦博说:"分却俞龙珂族下人作四头项,恐俞龙珂不肯。"又说:"未须与殿直与军主,恐见得力蕃官觖望(因不满意而怨恨)生事。"

王安石反问:"分为四头项,既责任王韶,韶必有斟酌,朝廷何由遥度?不知蕃官如何便敢觖望?"

文彦博说:"俞龙珂等并不为用却与官,既为用者如何不觖望?"

神宗说:"事体有大小,如木征作刺史,董毡作节度使,何尝为用?蕃官亦岂可觖望?"

王安石说:"秦州蕃官如令修已见作殿直,不知有多少族帐？朝廷除与俞龙珂、旺奇巴官，于令修已何事，便敢觊望？"令修已、旺奇巴都是已经归附的蕃部首领。

文彦博又说："如韩绛厚蕃兵，便致汉兵作过。"他说的是前不久发生的"庆州兵变"。

神宗说："此事不类。"依王安石之议，授予俞龙珂官职。次年五月，俞龙珂赴阙朝觐，自谓："平生闻包中丞拯，朝廷忠臣，某既归汉，乞姓包。"[1] 神宗遂从其请，赐姓包，名顺。

正当招纳蕃部渐有起色之际，王韶却与他的上司——判秦州兼秦凤路经略安抚使郭逵闹了矛盾。郭逵认为王韶"措置多所乖方"，王韶则称郭逵"欲招纳之功归己，阴沮坏边事"。[2] 王安石力劝神宗"用韶帅秦，徙逵他处"。[3] 神宗不同意："韶轻易（轻率），如兰山族（熙州部族）才来请料钱，便言举属内附。"

王安石说："韶但急于见知，故不为高远。若肯就招纳，即言内属，亦不为过。考其前后计事，乃无遗策。于众人窥伺倾侧之中能立事，不可谓无气略。"

神宗说："且更待其有功。"

神宗虽不同意让王韶主政秦州，但已打算将郭逵调走，以知郑州吕公弼代替郭逵："公弼易驱策，委以韶事，必尽心。"王安石亦称"公弼可用"。

这项人事调整的诏令尚未颁发，大约熙宁五年正月，郭逵却向神宗检举王韶滥用、侵吞市易钱。神宗一面令秦凤路经略司审计王韶所用市易钱，一面下诏让秦凤缘边安抚司"别支钱

---

[1] 李焘：《续资治通鉴长编》卷二百三十三。
[2] 李焘：《续资治通鉴长编》卷二百三十。
[3] 李焘：《续资治通鉴长编》卷二百二十九。下同。

招纳蕃部"。[1]这两份诏令应该不是王安石签发的,因为他得悉后曾质问神宗:"此何故也?"

神宗说:"人言市易司并无利息,但虚立蕃部姓名支破(支付),恐久远如萧注事连蛮夷,不可根究,不如明以数万缗给之。"

王安石说:"中才商贾得二十万缗本钱,便能致息,王韶岂不能干运(运筹干办)?不知谁为陛下言此,此必无之理。市易有高遵裕同领,陛下又欲差张守约,其管勾使臣非一人,财物非王韶独专,韶何缘作得奸欺?若作得奸欺事,亦何难根究?"

神宗说:"朝廷初不疑韶,欲令分晓,免人谤议耳。"

王安石说:"人谤议何可免,陛下苟知其无他,即谤议何伤?……如臣愚见,以为假令韶妄用市易钱,苟能济一方大事,亦在所容忍;况又无此,不须预有猜疑。"

对王韶的遭遇,王安石是愤愤不平的:"今韶不过以二三分心力经营边事,却以七八分精神照管防备人沮害,此边事所以难集。"[2]

但一事未了,一事又生。二月初,两府又接到郭逵的奏报,称木征来信控告王韶违背约定,威胁要倒向董毡,联手来巡边:"木征遣人来告:'王韶元与我呪誓(赌咒发誓),约不取渭源城一带地及青唐盐井,今乃潜以官职诱我人,谋夺我地,我力不能校,即往投董毡,结连蕃部来巡边。'若木征果来巡边,拒之则违王韶呪誓,纵之则前所招纳蕃部必为木征夺去。臣智议昏愚,无能裁处,乞朝廷详酌指挥。"[3]

在讨论这封奏报的御前会议上,王安石气愤地说:"木征

---

[1] 李焘:《续资治通鉴长编》卷二百三十。下同。
[2] 李焘:《续资治通鉴长编》卷二百三十三。
[3] 李焘:《续资治通鉴长编》卷二百三十。下同。

为河州刺史,郭逵为宣徽使、秦凤路经略安抚使。统押弹制木征乃逵职事。木征有一语来,便称昏愚无能裁处,若知无能,何不早辞?"

文彦博替郭逵辩解:"朝廷专任郭逵,方可以责此。"

王安石说:"何尝不专任?逵作经略安抚使,王韶招纳蕃部,于逵职事有何害?"

神宗也认为,"制御木征,正是郭逵事任,如何不可责办?"

文彦博又说:"若木征果来,须与力争,力争则须兴兵。"

王安石说:"以天下之大,若果合兴兵,亦有所不得已。"

谈到用兵,文彦博又认为:"兵出无名,事乃不成。古人用兵须有名。"

王安石反驳:"今所以难于用兵,自为纪纲未立,基本未安,非为兵出无名。如木征是河州刺史,朝廷自招纳生羌,又不侵彼疆境,却称'我告董毡去,我结连蕃部去',此岂河州刺史所当言?"

吴充说:"木征端为侵彼疆境,故云尔。"

神宗说:"王韶所招纳并非木征疆界。"

吴充又说:"恐渐次侵及之。"

文彦博说:"自古用兵非得已,今若能服契丹、夏国乃善,至于木征,不足校计。"

王安石说:"今所以招纳生羌者,正欲临夏国,使首尾顾惮,然后折服耳。"

神宗附和说:"此所谓图大于细,为难于易。"

这次御前会议过后,王安石又告诉神宗:"郭逵有智计,若摇扇沮坏王韶,即其事必难推究,恐非但韶事不成,缘此更开边隙。陛下若欲委郭逵,则不如罢王韶,专任郭逵;如以王韶未可废,即须王韶势力足以自济,不为中外牵制沮坏乃可。"

神宗说:"须专委王韶。"

于是,熙宁五年二月十六日,知郑州吕公弼移判秦州,判秦州郭逵移判渭州,知渭州蔡挺则擢为枢密副使。

但郭逵在离开秦州之前,又告了王韶一状:"闻王韶招俞龙珂,甚屈辱。"神宗对执政团队说:"韶所奏,乃与逵不同。"王安石说:"宜令逵具屈辱实状以闻。"

其后,郭逵发来"分析韶招俞龙珂事"的报告。神宗看了,说:"却无屈辱,候差官勘王韶事,一处令勘。"

神宗所说的"差官勘王韶事",指朝廷对王韶是否挪用市易钱一事的调查。秦凤路经略司在审计市易钱时,逮捕了缘边安抚司的属员元瓘,将之关入秦州监狱,试图从他身上问出王韶是否擅用市易钱。王韶不信任秦凤路经略司,申请另外差官审讯。郭逵随之报告说:"王韶初乞经略司磨勘(调查)市易钱,今又乞别差官磨勘,盖有欺弊。"[1]

神宗表示:"韶力争如此,或未必有奸。"

吴充却说:"若无欺弊,因何自乞磨勘又奏乞罢磨勘?"

王安石替王韶辩护:"此事未可便疑其有奸。自乞磨勘者,似是无欺弊,后为经略司捃摭尽追捕勾当人,恐摇动人情,所以乞别差官根究,亦未曾乞不磨勘也。"

最后,神宗拍板:"此事有无,根究自见,虽迟亦无害。"于是,四月初二,神宗命枢密院宣敕库检用条例官杜纯前往秦州,调查王韶有无挪用官钱。

但王韶对杜纯的调查很不配合,只说:"元瓘称臣见欠瓘

---

[1] 李焘:《续资治通鉴长编》卷二百三十一。下同。

钱二百六十贯未归着,若勘得是侵盗,只乞以功赎过,贷臣死。"[1]元瓘本是商人,后投靠王韶效用。时中书有札子,要求"元瓘不得于市易司勾当",王韶却让元瓘改名仲通,依旧主管市易事。[2]郭逵知道元瓘违旨勾当,便将其逮捕入狱。杜纯到达秦州后,又欲召王韶部将王君万提审。王韶以"有紧切事,已遣君万入蕃勾当"为由,拒绝配合交人。

杜纯便把王韶的这些举动奏报朝廷,并说他"出纳官钱不明",又弹劾王韶"讨杀奄东蕃部""生事邀功"。[3]

神宗见奏,说:"文历(账册)差互,韶或不免。(郭逵、杜纯)初疑韶为侵盗耳,韶亦必不至侵盗九十余贯钱。"认为王韶可能账目上有一些小问题,但不至于贪污90余贯钱。

王安石说:"韶讨杀蕃部,于纯所勘事初无与。纯本枢密院属官,久知枢密院恶韶,观望利害,辄敢诬奏,其情意可见,今当别遣人推鞠。"王安石认为杜纯为了讨好枢密院,而在王韶的罪状上再加一笔。

神宗以为然。

恰好此时杜纯因父亲去世,解官丁忧,神宗便任命御史蔡确接手调查王韶擅用市易钱一事。

王韶却没有心思应付朝廷的调查,眼下他最关心的事是尽快攻克木征之姻亲、俞龙珂之兄——瞎药所占领并且拒不归附的武胜军(今甘肃临洮县)。

五月,神宗批准将古渭寨改为通远军,即升为州级建制,割秦州四寨隶属通远军,以王韶兼知军。"通远"的军名意味

---

[1] 李焘:《续资治通鉴长编》卷二百三十四。
[2] 李焘:《续资治通鉴长编》卷二百四十。同。
[3] 李焘:《续资治通鉴长编》卷二百三十四。下同。

深长，宣告宋王朝进军熙河的号角自此吹响。其实也不仅是"进军"，更准确地说，是经略，是"以文化天下"，因为神宗在王安石的建议下，还批准在通远军兴建蕃学，令蕃部子弟入学。

同月，因俞龙珂等部族内附，王韶向神宗进呈所降蕃部版图，并奏："已拓地千二百里，招附三十余万口。"王安石兴奋地说："韶如此诚善。今三十万众若能渐以文法调驭，非久遂成汉人，缘此本皆汉人故也。……蕃部既得为汉人，蕃部贱土贵货，汉人得与蕃部交易，即汉得土，蕃部得货，两各得所欲而田畴垦、货殖通。蕃汉为一，自然易以调驭。"[1]

神宗提出"木征须早翦除"。

王安石说："岂但木征，董毡、夏国皆在我所措置而已。"

在王安石的规划里，不仅仅是要翦除木征，董毡、西夏这些势力都需要处理。对此，神宗询问："边将谁能办此，王韶能否？"王安石表示："此事非王韶、高遵裕不能办也。"

而对于讨伐木征，神宗又有疑问："西人敢来助否？"[2]王安石说："元昊、谅祚或敢来，今决不敢也。"

七月，王韶进筑渭源城，这是招纳俞龙珂部的成果之一。渭源城之北即是王韶要攻取的武胜军。

八月，身为文官的王韶亲披战甲，领兵攻夺武胜军东南三十里外的抹邦山，欲从抹邦山越过竹牛岭，奇袭武胜军。据守抹邦山的羌兵居高临下，占尽地利，进攻的宋朝士兵略有情怯，王韶身先士卒，拔剑说："兵置死地，敢言退者斩！"[3]众将士冒死进击，终于攻下抹邦山，获首领器甲，一时"洮西大震"。

1　李焘：《续资治通鉴长编》卷二百三十三。下同。
2　李焘：《续资治通鉴长编》卷二百三十六。下同。
3　李焘：《续资治通鉴长编》卷二百三十七。下同。

木征闻讯，渡过洮河，驰援抹邦山羌部。王韶令部将景思立率兵在竹牛岭之南虚张声势，布为疑兵，牵制木征的兵力；自己则亲率一支奇兵，从竹牛岭东谷小路急行军，突袭武胜城。瞎药猝不及防，只好弃城而走，羌部大首领出降。

之后，王韶又在巩令城（今甘肃临潭县北）击败木征，木征之弟结吴延征举其族二千余人出降。木征既败，瞎药无可倚仗，只好往宋营投降（其后获赐姓包，名约）。武胜军一役，王韶展现出智勇双全的军事天赋，算无遗策，胆识过人。

捷报发至京师，王安石十分高兴："洮西必为内地，武胜更移市易，即必为都会，洮河据夏国上游，足以制其死命。"

神宗也大喜过望，下诏改武胜军为镇洮军，并督促尽快修筑城池："镇洮军修城，令于未冻以前毕工，如役人少，速以官钱募人，仍多方招抚未归顺蕃部，早令安帖。"枢密副使蔡挺请征召成、陇等州义勇助修镇洮城。王安石说："西事甫定，人初得休息，闻镇洮之役，固已忧疑，恐不免调发。……只合令就近和雇人，虽蕃部亦不可雇，宁弃十数万贯钱，不可令百姓劳扰。"

王安石又给王韶写信，交代事宜："城成之后，想当分置市易务，为番巡检大作廨宇，募蕃汉有力人，假以官本，置坊列肆，使番汉官私两利，则其守必易，其集附必速矣。"[1] 不久，神宗即下诏让镇洮军设立市易司，并赐钱帛五十万作为启动资金。

九月，神宗又依三司使薛向之议，命令在镇洮军、通远军各设折博务，并拨款十五万贯给通远军、七万贯给镇洮军，作为折博务的本钱。折博务是设于沿边的官营商业机构，负责采购军需物资。内地商人贩运物资至沿边，卖给折博务，折博务

---

1 王安石：《临川先生文集》卷第七十三《与王子醇书四》。

则付给商人相应价值（含利润）的茶盐钞引（一种金融证券）。

十月初，神宗另给秦凤路缘边安抚司拨款一万贯，在镇洮军建佛寺，赐寺名"大威德禅院"。[1] 可以看出来，宋王朝对沿边的开发，绝非单靠军事征服，而是致力于经济与文化层面的整合发展。

十月下旬，朝廷升镇洮军为熙州，以"镇洮"为节度军额，划熙州、河州、洮州（今甘肃临潭县）、岷州（今甘肃岷县）、通远军，建为一路，曰"熙河路"，置马步军都总管、经略安抚使。此时，河州、洮州、岷州还在木征控制之下，王安石却建议将它们纳入熙河路，用意很明显："示河州人以必取，即人心自折，不复首鼠，木征无由结合奸党。"

王韶收复熙州有功，当然要厚赏。神宗问王安石："王韶当与何官？"王安石说："韶更迟一二年亦当除待制，不如早除，令其势重易使人，于经制边事尤便。"神宗遂以王韶为龙图阁待制，任熙河路都总管、经略安抚使，兼知熙州。他的同事高遵裕也升任知通远军，兼权熙河路总管。

诚如王安石所料，王韶发起熙州之役，西夏并不敢出兵相助西蕃，只在九月给延州送文牒表达抗议："王韶筑城堡，侵夺旧属夏国蕃部。"[2]

神宗说："西人何敢如此？"令枢密院回牒。

王安石说："一困敝小国，乃敢先自违越，加不直于我，所以报之不当逊屈。"

冯京说："恐助木征以兵，必不敢公然入寇（进犯）。"

---

1 李焘：《续资治通鉴长编》卷二百三十九。下同。
2 李焘：《续资治通鉴长编》卷二百三十八。下同。

王安石说:"方事未集之时,不能早助木征;今木征已败散,洮西人争附我,乃始助木征,其无谋可知。"

与仁宗朝宝元—康定年间的宋夏形势相比,熙宁五年的宋王朝,已经完全扭转了战略被动的局面,王安石对西夏的态度也强硬起来。熙州既已收复,下一个目标便是收服木征,克复河、洮、岷三州。吴充却不赞成攻取河湟,提议说:"宜委王韶招诱木征,以城还之,授以官爵,令自守岷、洮,领部族长为外臣,不必留兵绝塞,列置郡县,屈力费财。"[1]神宗不以为然。

那么,王韶能擒捉木征、收复河洮岷地区吗?我们以后再讲。

这里有一件事需要补叙清楚:十一月,蔡确对王韶擅用市易钱一事的调查有了结果——王韶并无侵吞市易钱。判渭州郭逵的指控不实,他最终落宣徽南院使,徙知潞州;杜纯推勘失实,虽已回乡丁忧,亦贬降官职;王韶也坐"违朝旨与元瓘改名,及状内虚妄",罚铜八斤。[2]

第三节　北境有变?

北宋时期,宋王朝要面对的对手,不只是西夏,还有辽国。

若说西夏只是弹丸之地、蕞尔小邦,与宋王朝不是一个量级;辽国则是体量庞大的草原帝国,与宋王朝并称南北朝,双方国力相当,又是宿敌。宋朝念念不忘收复五代时被后晋割让

---

[1] 李焘:《续资治通鉴长编》卷二三三十七。
[2] 李焘:《续资治通鉴长编》卷二百四十。

出去的燕云地区，辽朝想夺回五代时被后周收复的关南之地。所以，宋朝立国后要北伐，辽朝要南征，双方时有征战。直到宋真宗景德元年（1004），宋辽订立"澶渊之盟"，才实现和平。

按"澶渊之盟"，宋辽约为兄弟之国，相互承认领土占有现状，搁置领土争端，停止在边境增建军事设施。宋朝经济发达，每年援助辽国绢二十万匹、银十万两，"以风土之宜，助军旅之费"，史称"岁币"。[1] 自"澶渊之盟"签订至熙宁五年，宋辽差不多已有七十年未发生军事冲突了。但在宋仁宗庆历二年，因宋王朝与西夏陷入军事对峙中，辽国趁火打劫，向宋朝索讨关南之地，经艰难谈判，宋朝最后不得不同意再加银、绢各十万，岁币总数增加至五十万。

对神宗与王安石来说，这是深刻的历史教训。他们最不愿意看到的事情便是：在王韶拓边正有起色之时，朝廷与辽朝之间的关系横生变故，以致妨害经略河湟之大业。

熙宁五年，王安石担心的宋辽变故似乎又要发生了。四月，知雄州（今河北雄县）兼河北沿边安抚使张利一奏报朝廷："北界有七八千骑过拒马河"，入"两属地"。[2]

所谓"两属地"，是指宋辽边境河北路地段的一片特殊区域，包括横跨拒马河两岸的雄州容城县、归信县（大致在今河北雄县、容城县一带）。宋朝与辽朝都宣称对"两属地"拥有主权与治权，有点类似于现代国际社会中的"共管地"。生活在"两属地"的居民叫"两输户"，他们须同时向宋朝与辽朝纳税、服役。"两属地"是非军事区，按惯例，宋朝士兵不进入拒马河北岸，

---

[1] 李焘：《续资治通鉴长编》卷五十八。
[2] 李焘：《续资治通鉴长编》卷二百三十二。

辽朝军队也不进入拒马河南岸。如今契丹骑兵过河，进入南岸的容城县、归信县，这是一个很不寻常的信号。

神宗赶紧下诏让河北沿边安抚司了解情况。为什么突然之间宋辽边境的气氛变得如此紧张呢？原来，事端是缘界河巡检都监赵用挑起的：契丹渔民经常入拒马河捕鱼，大约四月初，捕鱼的辽人抢了界河司的虎头船，赵用即"纵兵过河追捕交射，越北界十余里，至焚其庐舍，拆取鱼梁网罟，夺其鱼、船"。[1]

神宗派去了解内情的使者回报："南北通好久，但缘赵用起衅，若罪之则无事矣。"[2] 神宗便将赵用逮捕治罪。不久后，契丹聚兵边境，结连珠等寨，连亘四十里，又造浮桥，如欲渡河，然后邀宋朝边臣会议。知瀛州孙永遣人至辽营，说："边吏冒禁已系狱矣，何至是耶？"辽军将领说："若罪人已治，能以醪糒（酒水粮食）犒师，则当归。"孙永便让霸州（今河北霸州）犒军，契丹果然退兵。

契丹虽退兵，却时时差人过河。大约五月底、六月初，张利一又奏请朝廷："北界差兵过拒马河巡，欲候其来，即遣官引兵驱逐，示之以强，彼乃帖服。"[3]

王安石不同意："恐不宜如此。"

神宗也有担忧，说："彼兵直过河，距雄州城下数里，不驱逐非便。"

王安石说："雄州亦自创添弓手过北界巡，即彼兵来未为大过。今戎主非有倔强，但疆吏生事，正须静以待之，若争小故，恐害大计。就令彼巡兵到雄州城下，必未敢攻围雄州。若我都

---

[1] 李焘：《续资治通鉴长编》卷二百三十六。

[2] 李焘：《续资治通鉴长编》卷二百四十三。下同。

[3] 李焘：《续资治通鉴长编》卷二百三十四。下同。

不计较，而彼辄有卤（掳）掠侵犯，即曲在彼，我有何所害？"

王安石欲息事宁人，但六月十七日，张利一却奏报："辽人修城隍，点阅甲兵，必有奸谋，宜先事为备。"

神宗说："彼或为自防之计。"王安石也说："诚如此。无事而使人疑之，殆（危险）也。……惟静以待之，彼将自定也。"

君臣二人都认为契丹是在为设防自卫，如果宋方严阵以待，反而会横生枝节，让辽国怀疑宋政府真的有意开边隙。最终，神宗还是采纳了王安石的建议，于六月廿八日下诏：雄州可移牒诘问契丹，"未宜轻出人马以开边隙"。

雄州方面很快又奏报："有两逃军报北界，云南朝欲以九月十日发兵二十万取燕京，契丹见聚兵二十万防托。"[1]情报一个比一个生猛。

不过，执政团队都不相信辽国会聚兵二十万："契丹仓卒点集二十万亦难，必无此理。"

王安石说："契丹已聚兵二十万，未必然；然疑我侵取其地，因搜阅点集，恐或有之。盖闻朝廷经略即不能无疑，又为逃军所误，则宜其儆备（警戒防备）也。"

为了打消契丹的疑虑，王安石提议撤掉雄州的乡巡弓手："朝廷但见边吏奏北界差巡马过来生事，北界亦必但见边吏奏南朝添差乡巡弓手生事"，"乡巡弓手实无所济，但有骚扰，若都罢，边界自静"。

神宗被王安石说服，于七月十一日下诏："雄州归信、容城县弓级，自今无故不得乡巡，免致骚扰人户。遇探报有北界巡马至拒马河，即委县官相度人数，部押弓手以理约拦（阻止）。"

---

[1] 李焘：《续资治通鉴长编》卷二百三十五。下同。

但文彦博与冯京都反对下这道诏令,将圣旨缴回。

恰好此时,孙永发来报告,也称"北人苦乡巡弓手,故增巡马;若罢乡巡,则巡马势自当止"。神宗这才重新下诏,命令归信、容城二县尽罢乡巡弓手。

乡巡弓手一事刚了,契丹方面却又移牒雄州,抗议雄州方面"修馆驿作箭窗、女墙、敌楼生事"。七月十九日,枢密院将此事报告神宗。

王安石也说:"此诚生事。"神宗表示,雄州所造的不是敌楼、箭窗这种军事设施。

王安石说:"纵非敌楼、箭窗,不知馆驿创立四角砲台,又作女墙及墙窗何用?若依自来修盖,有何所阙?"

若依"澶渊之盟","所有两朝城池,并可依旧存守,淘壕完葺,一切如常,即不得创筑城隍,开拔河道",宋朝单方面在雄州修建箭窗、女墙、敌楼,算是违背了双方盟约。[1]于是,神宗令雄州将擅建的防御工事拆掉。

但闰七月初九,张利一又奏报朝廷:"雄州与北界商量减乡巡弓手,令彼罢巡马,事方有涯,忽奉朝旨依孙永所奏,令抽罢乡巡弓手。北人既见怯弱,即自侵陵,自抽罢后,巡马过河人数比前后人数最多,恐渐须移口铺(哨所),占两属地。"[2]

神宗问辅臣:"若遂移口铺来占地,则如之何?"

王安石说:"我所以待之已尽,彼有强横非理,即我有辞矣,自可与之必争。"

神宗说:"争之不从奈何?"

---

[1] 李焘:《续资治通鉴长编》卷五十八。
[2] 李焘:《续资治通鉴长编》卷二百三十六。下同。

王安石说:"彼若未肯渝盟,即我有辞,彼无不服之理。彼若有意渝盟,不知用乡巡弓手能止其渝盟否?"

冯京却说:"且示以争占,即息其窥觑之心,缘契丹自来窥觑两属人户,要占为己田地。"

王安石问神宗:"陛下以为契丹所以争校者,为陵蔑中国耶,为中国陵蔑之也?"问皇帝契丹如此举动是为了凌侮宋朝,还是为了防范被宋朝凌侮。

神宗回答:"自来(历来)契丹要陵蔑中国。"

王安石说:"不然。陛下即位以来,未有失德,虽未能强中国,修政事,如先王之时,然亦未至便可陵蔑。所以契丹修城、蓄谷,为守备之计,乃是恐中国陵蔑之故也。若陛下计契丹之情如此,即所以应契丹者当以柔静而已。……契丹主即位已二十年,其性情可见,固非全不顾义理,务为强梁者也。然则,陛下以柔静待契丹,乃所以服之也。"

但文彦博、冯京又说:"两属地从来如此互相争占。"

王安石说:"为中国边吏与契丹边吏所见略相同故也。若中国边吏变旧态以应之,则彼所以应我亦当不同,不知契丹所以纷纷如此者为何事?"

神宗说:"为赵用入界。"

吴充说:"已枷勘赵用,然契丹犹不止。"

王安石说:"已枷勘赵用,故契丹但以巡马过河,应我添乡巡弓手。若不然,即契丹何惮而不以兵马过河报赵用放火杀人也?"

神宗又说:"张利一与孙永已相矛盾,难共事。"

王安石说:"利一本生事,致契丹纷纷如此。今朝廷既毁拆利一所修馆驿,又罢乡巡弓手,利一与孙永所争皆不用,即利一必不肯了边事,留之雄州不便。"

神宗问:"利一如此有何利?"

王安石说:"(若)自今边事不了,即利一归咎于朝廷用孙永之言,利一从来争议,乃不见其不当。若自今边事了,则是利一所争议皆不当,永所奏皆当,此即利一利害。利一言议罢巡兵事方有涯,不知陛下见得奏报事果有涯否?"

文彦博说:"张利一岂敢如此?"

王安石说:"人臣敢如此者甚众,缘陛下威灵未能使奸邪有畏惮,即人人皆敢纵其忿欲之私,非但利一敢如此也。"

神宗说:"利一生事,又不能弹压赵用,皆有罪。"决定将张利一换掉。闰七月十三日,神宗下诏:以文州防御使冯行己知雄州,在冯行己到任之前,雄州军政暂由张利一留守。

但在如何应对契丹的骑兵过河这件事上,王安石与文彦博一直各执己见。文彦博认为"宜即添乡巡弓手以应之",王安石却说:"却(还)添弓手,即是从前体面(做法)。从前如此行之,固未能致彼渝盟,然欲以此望其不以巡马过河,即恐亦未能也。巡马过河与不过,既无利害,姑待张利一去后如何。"神宗同意他的看法。

这时,知太原府刘庠向神宗报告了一个情报:"探报北界欲用兵力移口铺于拒马河南十五里安置。"

王安石宽慰神宗:"此事不足烦圣虑。契丹主即位几二十年,所为详审,必不肯无故生事。昨赵用过河烧屋,朝廷即枷勘赵用,停替张利一,修馆驿过当,即行拆毁,乡巡弓手亦为之罢,如此而犹欲移置口铺侵陵中国,非大狂妄,不肯如此。就令其失计如此,陛下不用遽与之争,徐因使人譬晓,彼亦当悔悟;若不悔悟,即是全不晓道理,不识利害,又何足惮?契丹苟务卑辞厚礼以安我而兼并夏国,陛下乃当忧惧,为其有深谋故也。"

为什么王安石一再主张以柔静待契丹?他是搞绥靖主义吗?不是的,王安石的主张出自对经略西夏、宜安抚契丹使其勿横生枝节的清醒认识:"臣窃观方今四夷,南方事不足计议,惟西方宜悉意经略,方其国弱主幼,又无纪律,时不可失。经略西方则当善遇北方(辽国),勿使其有疑心,缘四夷中强大未易兼制者,惟北方而已。臣愿陛下于薄物细故,勿与之校,务厚加恩礼,谨守誓约而已。"

八月初一,朝廷又接到张利一"乞牒北界理会(交涉)巡马过河事"的边报。[1] 枢密院认为,应该如张利一所请,令雄州移牒辽国涿州(今河北涿州),抗议辽人巡马过河,否则契丹必会得寸进尺,如庆历年间将口铺移至"两属地"的银城坊。

王安石说:"银城坊地为北界所取,却至今空费文字往来,不知如此终能胜契丹否。"

吴充说:"不如此,恐如诸路奏报,必移口铺过河来,复如银城坊时事。"

王安石问:"银城坊是几年占却?"

文彦博说:"庆历中。"

王安石说:"今日与庆历中异,恐必不敢来占地。"

文彦博说:"何以异?"

王安石说:"庆历中,要关南十县,与三十万然后止。今日恐未敢来求地,度陛下亦未肯与三十万物,以此知与庆历中事异。"

神宗折中说:"牒去必不济事,然且令边吏理会亦无妨。"

---

[1] 李焘:《续资治通鉴长编》卷二百三十七。下同。

王安石坚持不用移牒,神宗则认为移牒也无妨,最后决定以"婉顺"的文字牒问契丹巡马过河之事。

辽国涿州很快给雄州复牒。八月初六,王安石报告神宗:"雄州缴进涿州牒,牒语甚激切,皆由张利一牒涿州所言非理,故致彼如此。又利一非理侵侮北界事极多。"例如张利一曾在牒中告诫北界,称"两属地"是南朝地,这才导致契丹巡马过河,称是北朝地。

文彦博却说:"北人称将礼物来白沟驿送纳,元书内云'交割',今辄云'送纳',边臣自当理会。"按"澶渊之盟"的双方誓书,宋朝给予辽朝岁币,在雄州白沟驿交割,但契丹边吏坚称是"送纳"岁币,宋朝边臣不忿,便有了争执。

王安石说:"当时但为争'献''纳'字,今'送纳'与'交割'亦何校?"王安石说的是一桩旧事:庆历年间,因辽国索要关南之地,两国重新谈判,宋朝许增岁币,辽国主却要求在誓书写明"纳岁币"或"献岁币"。宋朝谈判代表富弼据理力争,誓死不从。最终,宋朝给辽朝的誓书不写"纳"字,辽朝给宋朝誓书却写了"纳"字。[1]

所以参知政事王珪说:"元书有'纳'字。"[2]

王安石说:"既有'纳'字,今'送'字又是平语,何理会之有?"

文彦博说:"如此不理会,则必来移口铺矣。"

王安石说:"待彼移口铺,别理会。"即到时再作理会。但文彦博仍然坚持现在就处理。

---

[1] 关于宋辽庆历谈判,可参见吴钩《宋仁宗:共治时代》第七章。
[2] 李焘:《续资治通鉴长编》卷二百三十七。下同。

退朝后，王安石单独留下进言："'交割'与'送纳'无所校，陛下不须令边臣争此，臣保契丹无他。若出上策，即契丹移口铺，陛下亦不须问。若出中策，即待移口铺，然后与计校未晚。若纵边臣生事，臣恐以争桑之小衅，成交战之大患。"坚持不必跟契丹斤斤计较。

王安石甚至有点怀疑张利一故意夸大边境危情："闻利一近奏巡马百余人过河亦非实，边人语谓之'卖险'，使人撰造报探，恐动朝廷，欲朝廷留再任故也。"神宗遂命入内供奉官、勾当御药院李舜举往雄州调查具体情况。

那么，王安石的息事宁人，能换来契丹的让步吗？

八月廿一日，雄州奏报："契丹巡马又过河。"枢密院说，契丹的举动必是"将添置口铺"。王安石则认为，辽方添置口铺的可能性很低："若契丹有谋，不应如此纷纭。以契丹之大，乃区区争雄州一口铺地，是何计策？"

神宗还是担心契丹会移口铺入"两属地"。王安石说："契丹大情可见，必未肯渝盟。陛下欲经略四夷，即须讨论所施先后。……陛下若能经略夏国，即不须与契丹争口铺，契丹必不敢移口铺；若不能如此，虽力争口铺，恐未能免其陵傲。"

神宗总算有些安心："若能讨荡夏国，契丹可知不敢。"

但九月初一，雄州又奏报"北界欲以兵来立口铺"。[1]称辽国方面打算挟武力进逼，以图设立哨所。此时，枢密院的文彦博、蔡挺都主张："欲候其来，必争，令拆却。"

神宗说："拆却若不休，即须用兵，如何？"

蔡挺说："不得已须用兵。"

---

1 李焘：《续资治通鉴长编》卷二百三十八。下同。

神宗忧心忡忡，问：："彼如此，何意也？"

王安石说："或是见陛下即位以来经略边事，以为更数十年之后，中国安强，有窥幽燕之计，即契丹无以枝梧（抵挡），不如及未强之时先扰中国，以为绝迟则祸大，绝速则祸小，故欲绝中国，外连夏人以扰我。"

神宗担心辽国的意图不在此，王安石说："敌国事岂易知，苟有一人计议如此，而其主以为然，则遂有此事矣。"

神宗又问："何以应之？"

王安石说："今河北未有以应，契丹未宜轻绝和好。若彼忿激及示强而动，即我但以宽柔徐缓应之，责以累世盟誓信义，彼虽至顽，当少沮；少沮，即侵陵之计当少缓；因其少缓，我得以修备。……以臣所见，口铺事不足计，惟修守备为急切。苟能修攻守之备，可以待契丹，即虽并雄州不问，未为失计。若不务急修攻守之备，乃汲汲争口铺，是为失计。"事情发展到这种地步，王安石也认为应该在军事上有所准备，但他仍不主张直接与辽国方面撕破脸。

文彦博却提出：由枢密院牒涿州，要求辽方拆除庆历年间设于银城坊的哨所。其他执政官也认为应当如此，"示以必争，旧口铺犹欲拆毁，即必不敢更立新口铺也"。

唯独王安石不同意这么做，认为知雄州已经换人，辽国正在观察宋朝的举动，如果此前我方真宣称"两属地"是宋方所有，如今又严词要求辽国拆除口铺，那就是有意生事了："契丹欲移口铺，其事有无未可知。如果有之，缘张利一生事，故如此。今罢却利一，差冯行己，行己到后，正是北人观其举措之时。若有依前妄占两属地，称是南界所管，又令拆庆历五口铺，即与张利一生事无异，何由使契丹帖息？"

神宗认为："冯行已初至，正是爱惜人情之时，又恐更生契丹疑惑，遂至交兵。"

文彦博说："交兵何妨？"

王安石说："河北未有备，如何交兵无妨？"

文彦博说："自养兵修备到今日，如何却无备？"

神宗却说："朕实见兵未可用，与契丹交兵未得。"

文彦博说："契丹若移口铺，侵陵我，如何不争？"

王安石则认为如果朝廷有远谋，那么即使契丹一时占据了雄州，宋朝也要为了长远的利益而暂时隐忍："朝廷若有远谋，即契丹占却雄州，亦未须争，要我终有以胜之而已。"

但文彦博却强硬地说："彼占吾地，如何不争？占雄州亦不争，相次占瀛州又不争。四郊多垒，卿大夫之辱！"

在对待契丹巡马过河、似欲设哨所一事上，文彦博的态度如同一名鹰派，与他平日的温和形象大相径庭。王安石知道他是为了阻挠王韶拓边，"如文彦博，岂是奋不顾身以抗契丹者，而实激怒陛下与契丹争细故，乃欲起事以挠熙河而已，陛下安可与此辈谋事，言国家之利？"[1]

九月中旬，前往雄州调查的内侍李舜举带回了报告："探得契丹无移口铺意，乡巡弓手扰害百姓，百姓恐，故间牒北界有巡马事，今已罢乡巡。又雄州屡移牒北界，令约束巡兵乞觅饮食，巡兵亦不敢扰边民，边民甚安。"[2] 王安石的猜测得到了证实。

神宗说："此皆张利一生事。"随后将张利一降职为达州刺史、卫州钤辖。

---

[1] 李焘：《续资治通鉴长编》卷二百六十三。
[2] 李焘：《续资治通鉴长编》卷二百三十八。下同。

北方边境恢复平静，宋王朝才得以专心开拓西方、经略河湟。

第四节 重商主义

正当西北边关云水激荡之时，熙宁五年十月，宋朝京城来了一位外国客人——来自东洋日本国的僧人成寻。

成寻，日本平安时代后期的一名天台宗僧人，自少年时便倾慕中国的佛学成就，立下往中国佛教圣地巡礼朝拜的宏愿。

熙宁三年，即日本延久二年，成寻向天皇申请赴宋："某性虽愚鲁，见贤思齐，巡礼之情，岁月久矣。"[1]但大宰府迟迟没有批准。已过花甲之年的成寻等不及了，决定私渡出海。熙宁五年三月十九日，成寻率七名弟子，乘坐宋朝商人之船，离开日本，在海上颠簸了十来天，于四月初四抵达宋朝的明州。

然后，成寻一行奔赴杭州，四月十四日进入杭州城。在杭州客店歇息了十余天，四月廿六日，成寻向杭州州衙提交了申请参拜天台山的申文。五月初三，杭州官府签发了批准成寻前往台州参拜天台山的公文。五月十三日，成寻到达天台山国清寺，计划在国清寺安住三年。

六月，成寻又向朝廷提出前往五台山参拜的申请。闰七月，成寻接到台州帖，获准赴阙。于是，成寻等八人，领取了朝廷下发的盘缠，并经转运司和沿路州军照管，前往京师。

八月六日，成寻一行从国清寺启程，由水路入京，于十月

---

[1] [日]三善为康：《朝野群载》卷第二十《圣人度唐》。

十二日抵达东京城下。次日，在御药院与客省的安排下，入住太平兴国传法院。十月廿一日，传法院告知成寻：已获准于次日朝见皇帝。廿二日一大早，成寻入宫觐见，他给神宗进献的礼物有"银香炉，木樻子、白琉璃、五香、水精、紫檀、琥珀所饰念珠，及青色织物绫"，神宗也给成寻一行丰厚的赏赐，并批准他往五台山参拜。[1]

十一月初一，成寻与弟子自京城出发，前往五台山。一路上，宋政府给予了其周全的照应。十二月廿六日，成寻一行自五台山返回京师，寓居传法院。次年二月，成寻的五位弟子回国；四月，成寻与留下来的两名弟子离京，回天台山国清寺修行。自此，成寻一直留在中国，直至元丰四年圆寂。

在未获日本天皇批准的情况下，成寻之所以能私渡茫茫大海来到中国，这得益于宋日之间繁忙的民间商贸往来，乘搭宋朝商船渡海并不困难；成寻识汉字，却不会讲中国话，之所以在异国他乡能顺利地与官府打交道，与宋人交流，也离不开一位名叫陈咏的宋朝海商的协助。

陈咏，明州商人，多次赴日本经商。治平二年，他在日本做买卖时认识了成寻。熙宁二年，陈咏从日本贩运硫黄至杭州货卖，自此在苏州、杭州两地往返做生意。成寻一行到达明州后，没有直接向明州官府提交申文，而是辗转前往杭州，可能是与陈咏约好了在杭州会合。

熙宁五年四月廿日，陈咏在杭州抱剑营张三客店见到了成寻，被成寻聘为通事（翻译）。成寻与宋人的交流，都由陈咏翻译；与宋朝官方的文书往来，亦由陈咏授受。有意思的是，

---

[1] 脱脱等：《宋史》卷四百九十一。

在成寻的影响下,熙宁六年,陈咏在明州剃度为僧,皈依佛门,成为成寻的一名弟子。

成寻访宋只是熙宁五年的一件小事,我之所以要讲述这件小事,是因为从成寻访宋的过程中,我们可以看到宋朝的开放性:每一年,都有无数的宋朝海商从密州、杭州、明州、泉州、广州等港口城市扬帆出海,满载丝绸、茶叶、陶瓷、金属工艺品等商货,驶往朝鲜半岛、日本列岛、南洋群岛、印度半岛、波斯湾乃至非洲东海岸贩卖,陈咏只是其中一员而已;也有无数海外蕃商满载香药、珍珠、犀角、象牙等蕃货,越过茫茫大海,前来宋朝做生意。宋政府非常欢迎蕃商的到来,就如欢迎日僧成寻。不管是文化交流,还是商贸往来,宋朝都乐见其成;对海外贸易,宋政府尤其重视,因为政府可以从繁荣的海外贸易中抽税。

早在熙宁二年九月,神宗便批准以发运使薛向兼提举江淮、两浙、荆湖、福建、广南等路之银铜铅锡坑冶、市舶事务,并赐薛向手诏,勉励他积极开拓海外贸易:"东南利国之大,舶商亦居其一焉。昔钱(指吴越政权)、刘(指南汉政权)窃据浙、广,内足自富,外足抗中国者,亦由笼海商得术也。卿宜创法讲求,不惟岁获厚利,兼使外藩辐辏中国,亦壮观一事也。"[1]

熙宁—元丰变法期间,宋政府的市舶收入达到北宋时期的最高峰。史载,"皇祐中,(市舶)总岁入象(牙)犀(角)、珠玉、香药之类,其数五十三万有余。至治平中,又增十万"。[2]那么,熙宁年间的市舶岁入又是多少呢?据现代学者的统计研究,熙

---

[1] 黄以周等辑:《续资治通鉴长编拾补》卷五。
[2] 脱脱等:《宋史》卷一百八十六。

宁十年的市舶岁入达到了二百万贯。[1]每年二百万贯的市舶收入是什么概念？不妨与数百年后的明朝后期比较一下，晚明政府每年从月港贸易（明政府只开放漳州的月港作为对外贸易的港口）中征收的引税、水饷、陆饷、加增饷等，合计不过二三万两银，只是宋朝市舶岁入的一个零头。

不过，与宋王朝每年从国内贸易中抽到的商税相比，二百万贯的市舶岁入还是少了些。我们来看一下宋朝商税岁入："至道中，岁入税课钱四百万贯；天禧末，增八百四万贯"，"皇祐中，岁课缗钱七百八十六万三千九百"；[2]熙宁年间的商税收入也是800万贯左右。需要补充说明的是，这里的商税，指的是宋政府从一般商业交易中收取的过税（相当于流通税，税率为2%）与住税（相当于消费税，税率为3%），不含酒税、盐课、茶榷等专卖收入。

宋政府已经有意识地将课税的重点从农田税、人头税转移到工商税上，在全国各地设立了大量商税机构，香港岭南大学历史系教授刘光临用一组统计数字来说明宋政府对商税的重视："北宋熙宁十年（1077）的商税总额约为770万贯，相当于700多万两白银，这个总值是明代万历二十七年（1599）所有钞关收入的22倍，也超过晚明所有间接税的收入。学者不会因此认为北宋贸易规模是晚明的22倍。宋代以后税务机构不健全，才是导致包括商税在内的间接税征收数额急剧下降的直接原因。熙宁十年的税务、税场有2060处之多，到清中叶乾隆年间向商品征收流通税的税务机构只有34处，其落后之

---

1 参见章深《熙丰变法时期的海外贸易》，《河北学刊》1992年第5期。
2 脱脱等：《宋史》卷一百八十六。

甚不言自明。这种局面直到晚清19世纪才加以扭转。"[1]

尽管宋政府的商税收入远超之前的汉唐、之后的明清，但王安石不会满足于每年从市场上收取七八百万贯的商税，他希望政府更加积极、深切地介入商业活动，从中赚取厚利。王安石的计划是：

1. 政府在京师设立市易司（又称"在京市易务"），置监官二员、提举官一员、勾当公事官一员。

2. 召在京诸行铺、牙人来担当市易务的行人（**市易务的加盟店**）、牙人（**市易务的交易中介**），充行人者须提供自己所有或借他人产业、金银作为抵押，并五人以上结为一保，相互担保。

3. 贩运商物至京师的客商，若货物滞销，"愿卖入官者，许至务中投卖"；然后，市易务召行人和牙人看货、议价，凡行人愿意收购的货物，市易务均先支现钱向客商购买，再赊卖给行人。[2]

4. 行人如果愿意购买政府抛售的官物，也允许向市易务赊买。

5. 凡向市易务赊买货物，"相度立一限或两限送纳价钱，若半年纳即出息一分，一年纳即出息二分"，即可选择半年内还款，或者一年内还款，半年期利息为10%，一年期利息为20%。

6. 以上交易均"不得抑勒"，即不允许强买强卖，

---

[1] 刘光临：《传统中国如何对流通商品征税——关于宋代和晚清商税征收的比较研究》，《台大历史学报》2013年12月第52期。
[2] 李焘：《续资治通鉴长编》卷二百三十一。下同。

交易须凭情愿。

7.行人暂时不愿收购的客商之货物,如果方便"收蓄变转",市易务也可先收购下来,再择时卖出,但"不得过取利息"。

8.三司诸库务需要的政府用品,若能比之前的科买"省官私烦费",也可委托市易务"一就收买"。

这便是王安石变法中的市易法。熙宁五年三月廿六日,王安石领导的中书向神宗提交了设立市易务、施行青苗法的申请:"古者通有无、权贵贱以平物价,所以抑兼并也。去古既远,上无法以制之,而富商大室得以乘时射利,出纳敛散之权一切不归公上,今若不革,其弊将深。欲在京置市易务。"

神宗批准了奏请,下诏:"天下商旅物货至京,多为兼并之家所困,往往折阅(贱卖亏本)失业。至于行铺、稗贩,亦为(兼并之家)取利,致多穷窘。宜出内藏库钱帛,选官于京师置市易务,其条约委三司本司详定以闻。"随后,神宗又批准以户部判官吕嘉问提举在京市易务,并赐内藏库钱一百万贯,作为在京市易务的本钱,其余合用交钞及折博物,也让三司提供。

据说设立市易机构的构想是一个叫魏继宗的平民率先提出来的,大约熙宁五年三月初,他向朝廷进言:

京师百货所居,市无常价,贵贱相倾,或倍本数,富人大姓皆得乘伺缓急,擅开合敛散之权。当其商旅并至而物来于非时,则明抑其价,使极贱而后争出私蓄以收之;及舟车不继而京师物少,民有所必取,则往往闭塞蓄藏,待其价昂贵而后售,至取数倍之息。

以此，外之商旅无所牟利，而不愿行于途；内之小民日愈朘削，而不聊生。……

今榷货务自近岁以来，钱货实多余积，而典领之官但拘常制，不务以变易平均为事。宜假所积钱别置常平市易司，择通财之官以任其责，仍求良贾为之辅，使审知市物之贵贱，贱则少增价取之，令不至伤商；贵则少损价出之，令不至害民。出入不失其平，因得取余息以给公上，则市物不至于腾踊，而开合敛散之权不移于富民，商旅以通，黎民以遂，国用以足矣。

也就是说，京城的商品价格波动大，富商大贾常在货源丰富时压低物价大量收购，待其稀缺后再将货物放出，高价售卖，让外来的商人贱卖货物，无所盈利，平民则必须高价购买，民不聊生。因此，他建议，设置常平市易司，找懂理财之人主持，让优秀的商人加盟，物价低时以较高价格买入，保护外来商人；物价高时将货物放出平抑物价，有利于百姓，也促进商业繁荣。

其实，在魏继宗上书之前，王韶早已在秦凤路设立市易司，京师市易务可能是仿照沿边市易司设置的。

市易法体现了一种重商主义的施政倾向：政府进入市场，充当大商人，与商贾分利（后面我们会专章详述市易法）。所以，马端临在介绍宋代的均输、市易、和买制度时，忍不住发出一声感叹："噫！古人之立法，恶商贾之趋末而欲抑之；后人之立法，妒商贾之获利而欲分之。"[1]

---

1 马端临：《文献通考》卷二十。

今天有一些评论者往往据此认为，王安石变法的性质就是积极推行官营工商业，排挤民间工商业。应该说，王安石确实试图建立一个强大的官营工商业体系，但他的设想是让官营企业作为一个市场主体参与到商业活动中，分巨商大贾之利权，而非以官营经济垄断市场、取代民间工商业。

在古代，官方垄断经营色彩最突出的便是官榷制了，但王安石对官榷制的态度始终是比较冷淡的。宋代的禁榷主要有榷茶、榷盐、榷酒、榷铜、榷铁等。对榷茶，王安石早年便明确表示反对："国家罢榷茶之法，而使民得自贩，于方今实为便，于古义实为宜，而有非之者，盖聚敛之臣，将尽财利于毫末之间，而不知与之为取之过也。……以今之势，虽未能尽罢榷货，而能缓其一，亦所以示上之恤民之深而兴治之渐也。"[1] 执政之时，王安石政府虽然扩大了官营工商业的规模，却从未改变以自由贸易为特征的嘉祐茶法，神宗曾让辅臣畅言茶法之弊，王安石说："榷茶所获利无多。"[2]

王安石还放开了铜禁（后文详论）；神宗欲榷铁，王安石亦不同意，说"榷法不宜太多"；[3] 熙丰时期的盐法也大体上维持官榷与通商并行的做法。

也是在熙丰变法期间，宋政府还以"扑买"的方式将大量官营企业的经营权承包出去。而且，不管是建立市易务，还是推行扑买制，王安石领导的宋朝政府都最大程度地利用了市场机制。

---

1 王安石：《临川先生文集》卷第七十《议茶法》。
2 李焘：《续资治通鉴长编》卷二百二十。
3 陈瓘：《四明尊尧集》卷五，转引自漆侠《宋代经济史》第二十二章，中华书局，2009年。

扑买，又叫买扑，是流行于宋代的一种产权承包方式。扑，有博弈、竞争之意；买，即买卖、交易；合起来，就是竞价买卖的意思，类似于现代的拍卖、竞标。最常见的是酒坊、酒场经营权的扑买。由于酒在宋代属于专卖商品，各州县均设有酒务酿酒、坊场卖酒。熙宁五年，产权承包经营的模式遍行天下，神宗下诏："天下州县酒务，不以课额高下，并以租额纽算净利钱数，许有家业人召保买扑。"[1] 将天下各州县的酒坊、酒场经营权都拍卖出去。

宋朝扑买坊场有一套成熟、严密的程序：

1. 对待拍卖的坊场经营权进行估价，通常取拍卖前若干年该酒坊的年营业收入的中位数。
2. 在热闹处张贴公示，召人承买。
3. 有意承买者，可在政府估价的基础上填写自己愿意出的竞买价与投标时间，在限期内（通常为三个月）密封投状。
4. 投标时间截止后，官方当众开拆竞投者的标书，"取看价最高人给与"，即出价最高之人中标。[2]
5. 公示评标的结果，"于榜内晓示百姓知委"。
6. 若公示无人有异议，政府即与中标人订立合同，在承包期限内（通常以三年为一届，期满即重新招标），中标人享有明确的义务、权利——义务是必须按时纳足酒税，权利是中标人的经营权受政府保护。

1　李焘：《续资治通鉴长编》卷二百三十。
2　李焘：《续资治通鉴长编》卷二百十八。下同。

7. 若中标之人临时反悔，政府将处以罚款，比如罚没其所出竞买价的10%，"拆封日，见得着价最高合行承买，却称不愿买者，依已降指挥，以所着价十分追罚一分入官"。[1]

8. 若限期之内无人竞拍，即为流标。第一次流标，宋政府通常会调低标底，重新公告招标；若再流标，再一次调低标底，公告招标；若前后多次流标，标底调减50%以上，需向提刑司备案；如果调减80%还是无人承买，该坊场申请停闭。[2]

对比今日，我们可以发现，宋朝的买扑程序跟现代的招投标制度几乎没什么两样。

酒业的扑买并非始于神宗朝，却是在熙宁变法时期最为兴盛，这跟募役法的推进有直接关系。推行募役法之前，宋政府曾将一部分坊场承包给衙前，以弥补乡户因服衙前役而受到的经济损失："衙前役于公，悉多赔费，随其多寡，酬以酒务，使取酿利，补其劳费。然吏因缘诛求，衙前至破产逃亡，酿利不足以偿，公私困敝。"[3] 募役法推行后，衙前都可以领薪水了，于是承包给衙前的坊场待本届年限到后，即收回经营权，再召人扑买。拍卖所得，一部分用于支付役人、吏人的薪水，一部分封存起来，作为财政储备。

宋政府不但将扑买制用于酒坊经营权的招投标，盐井、茶园、墟市、河渡、坑冶，甚至祠庙，都拍卖过经营权，允许商

---

[1] 徐松辑：《宋会要辑稿·食货五》。
[2] 参见李焘《续资治通鉴长编》卷四百四十六。
[3] 李焘：《续资治通鉴长编》卷二百十七。

民扑买。这么做自然是为了增加财政收入。不过,祠庙的买扑让神宗震怒,并发下手批:"司农寺鬻天下祠庙,辱国黩神,此为甚者,可速令更不施行。其司农寺官吏,令开封府劾之。"[1]

值得一说的还有坑冶(金属矿藏的开采与冶炼)的扑买:"依熙丰法,(金银坑场)召百姓采取,自备物料烹炼。十分为率,官收二分,其八分许坑户自便货卖。"[2] 这便是诞生于王安石变法时期的坑冶业"二八抽分"制:政府将坑冶的采炼权承包给坑户,采出矿物,官府征收20%作为实物税,其余80%由坑户自行处理。这一制度,无疑可以最大程度地激发坑户的采矿热情。

宋神宗朝可谓中国历史上(除了晚清)政府开矿最积极、坑冶业最兴旺的时期。生活在仁宗时代的李觏曾经写道:"山高者鲜不凿,土深者鲜不掘,失职之民、漏网之奸昼夜合作,足蹈重泉而不忧于陷,首戴川泽而不虞于压。矿石云涌,炉炭之焰,未之有熄。一泥一沙,蔑遗利矣。"[3] 这段话如果用来描述神宗时代的坑冶业,其实更合适。

熙宁五年,广南东路的韶州岑水矿山"聚浮浪至十余万,所收铜已患无本钱可买"。[4] 由于铜是制造铜钱的重要材料,宋王朝将铜列为禁榷品,不允许私人交易,岑水矿山采炼出来的原铜,均由政府购买,但岑水铜场的产量太大了,以致广南路官府缺乏足够的本钱收购。

宋政府积极开采铜矿的主要目的是铸造铜钱,因此,盛产铜矿的地方,通常都设置有铸钱监。神宗朝,天下各路共设有

---

1 李焘:《续资治通鉴长编》卷二百七十七。
2 徐松辑:《宋会要辑稿·食货三四》。
3 李觏:《直讲李先生文集》卷之十六《富国策第三》。
4 李焘:《续资治通鉴长编》卷二百四十。

十七个铜钱监,其中十一个是熙宁六年之后增设的。[1]可以说,熙丰变法时期正是中国历史上政府铸钱最积极、铸钱量最大的时段,按宋人沈括的统计,"国朝初平江南,岁铸七万贯;自后稍增广,至天圣中,岁铸一百余万贯;庆历间,至三百万贯;熙宁六年以后,岁铸铜、铁钱六百余万贯",其中铜钱五百余万贯。[2]

一年铸钱五六百万贯是什么概念?不妨与其他王朝比较一下:唐时,铸钱数最多为一年32万贯,寻常年份仅铸数万贯至十几万贯不等;明王朝对铸钱的态度更加消极,按刘光临先生的统计,"明代政府从1368至1572年这200年总计铸造铜钱400(万)—600万贯,只是北宋熙宁变法期间一年的铸币量";[3]按黄仁宇先生的估算,宋朝"两年的铸钱数,就要超过四百年后朱明全朝代二百七十六年所铸之总和"。[4]

铜矿的积极开发、铜钱的大量铸造,再加上铁钱、交子以及盐钞、茶引、度牒、见钱公据等有价证券的投放,货币充盈于市场,促使王安石下决心放开铜禁、钱禁。

之前,宋政府为保证铜钱的充足供应,一直实行铜禁、钱禁,即禁止民间交易原铜、铜器,禁止商民将铜钱携带出境,违者重罚,最高刑罚是死刑。熙宁七年,王安石将这两条禁令都解除了,允许商民携带铜钱出境,"但每贯量收税钱而已";允许民间交易原铜、铜器:"诸不产铜、铅、锡地分,铜、铅、锡

---

[1] 参见高聪明《宋代货币与货币流通研究》第三章,河北大学出版社,2000年。
[2] 沈括:《梦溪笔谈》卷之十二。
[3] 刘光临:《明代通货问题研究——对明代货币经济规模和结构的初步估计》,《中国经济史研究》2011年第1期。
[4] 黄仁宇:《赫逊河畔谈中国历史·王安石变法》。

官自出卖，许通商贩，及听以铜、铅、锡或鍮石铸造器用卖买。仍并免税。"[1]

要说王安石解除铜、钱禁的目的，还是为了增加财政收入。商民若带铜钱出境，须按贯百（钱币数量）纳税；民间交易铜器，尽管免税，但官府手里有大量原铜，也可造铜器销售。熙宁三年，王安石与条例司属官苏辙讨论过官卖铜器。苏辙说："旧一日铸（钱）八九百耳，近岁务多以求利，今一日千三四百矣。熙宁初止此，闻后又增仅二千矣。钱日滥恶，故盗铸日多，今但稍复旧，法渐正矣。"王安石却说："何必铸钱？古人以铜为器皿，精而能久，善于瓷漆。今河东铜器，其价极高，若官勿铸钱而铸器，其利比钱甚厚。"[2] 实际上，熙丰变法之时，宋政府对铸钱、铸铜器都充满热情。

铁的产量也在熙丰年间达到顶峰。按美国汉学家郝若贝（Robert Hartwell）的估算，元丰年间，铁的年生产规模达到7.5万—15万吨，"北宋的矿和炼铁厂所产的铁，很可能比十九世纪以前中国历史中的任何时期都要多"；[3] 国内宋史研究大家漆侠先生认同郝若贝的判断，并认为"把宋代铁产量提在15万吨上下，或许更能够接近实际情况"，[4] 经济史学者葛金芳教授也估算"宋代全年用铁在15万吨上下"。[5] 年产铁15万吨是什么概念？跟近代西欧比较一下：1640年英格兰和威尔士的铁产

1　张方平：《乐全集》卷二十六《论钱禁铜法事》及所附《熙宁编敕》条文。
2　苏辙：《龙川略志》第三《与王介甫论青苗盐法铸钱利害》。
3　[美]罗伯特·哈特威尔（或译为郝若贝）：《北宋时期中国铁煤工业的革命》，《中国史研究动态》1981年第5期。
4　漆侠：《宋代经济史》第十三章，中华书局，2009年。
5　葛金芳、顾蓉：《从原始工业化进程看宋代资本主义萌芽的产生》，《社会学研究》1994年第6期。

量为3万吨，18世纪初整个欧洲（包括俄国的欧洲部分）的铁总产量为14.5万—18万吨。

宋代铁产量的激增，得益于煤矿的开发与燃煤的应用。金属冶炼需要耗费大量的燃料，如果以木柴、木炭为燃料，势必难以为继；而使用煤为燃料，则可以获得更大的热能，提高冶铁的效率，使铁的大规模产生成为可能。

让我们举一个例子：徐州的利国监，"自古为铁官、商贾所聚"，"地既产精铁，而民皆善锻"，但长年的冶炼导致当地出现严重的燃料短缺。[1]直至元丰初，知徐州苏轼派人寻找新的能源，终于在本州西南部的白土镇勘探到煤矿，不但一举解决了燃料危机，还扩大了铁的产能。几年后，宋政府又在徐州新置宝丰监，"岁铸钱三十万缗"。[2]

苏轼写了一首诗和一段小序，记录徐州发现煤矿这件事："彭城（徐州）旧无石炭。元丰元年（1078）十二月，始遣人访获于州之西南白土镇之北，以冶铁作兵，犀利胜常云。"[3]

石炭

君不见前年雨雪行人断，城中居民风裂骭。

湿薪半束抱衾裯，日暮敲门无处换。

岂料山中有遗宝，磊落如䃔万车炭。

流膏迸液无人知，阵阵腥风自吹散。

根苗一发浩无际，万人鼓舞千人看。

投泥泼水愈光明，烁玉流金见精悍。

1　苏轼：《苏轼文集》卷二十六《徐州上皇帝书》。
2　李焘：《续资治通鉴长编》卷三百三十四。
3　苏轼：《苏轼诗集》卷十七《石炭》（并引）。下同。

南山栗林渐可息，北山顽矿何劳锻。

为君铸作百链刀，要斩长鲸为万段。

诗中的"石炭"，便是煤。北宋时，河东路、河北路、陕西路均已发现煤矿。20 世纪 50 年代末，考古学者在河南鹤壁发掘出一个宋代的大型煤矿：矿井为圆形竖井，直径约 2.5 米，深约 46 米；井下有 4 条巷道，全长 500 余米；巷道通往 8 个采煤区，最远的采煤区距井口约 100 米；另设有排水井、排水工具。这个煤矿的开采规模与 20 世纪 60 年代鹤壁市中新煤矿的开采范围差不多。[1] 一千年就有这么大规模的煤矿开采，令人惊奇。

从北方诸路煤矿挖出来的煤，不但供应当地的金属冶炼业、铸造业、陶瓷烧制业，还通过水路源源不断地运至京师，作为市民的日用燃料。所以，北宋中后期开封市民日常取暖、烹饪所用燃料，主要是煤，而不是木柴、木炭，经历过南北宋之变的庄绰回忆说："昔汴都数百万家，尽仰石炭，无一家燃薪者。"[2]

这一"尽仰石炭"的燃料变革是从熙宁年间开始的。[3] 熙宁之前，京师市民只能使用木柴、木炭，燃料严重短缺，以致冬季常有市民冻死。熙宁以降，随着石炭的广泛使用，京师的燃料短缺情况才得到极大的改善。而市民之所以能够用上石炭，当然离不开神宗时代对煤矿的积极开发。

---

1 参见河南省文化局文物工作队《河南鹤壁市古煤矿遗址调查简报》，《考古》1960 年第 3 期。

2 庄绰：《鸡肋编》卷中。

3 参见许惠民、黄淳《北宋时期开封的燃料问题——宋代能源问题研究之二》，《云南社会科学》1988 年第 6 期。

国家积极勘探、开采金属矿、煤矿，铸造钱币，跟兴修水利、开垦农田一样，都是向大自然索要财富，用王安石的话来说，就是"富其家者资之国，富其国者资之天下，欲富天下，则资之天地"；而政府兴致勃勃地发展海外贸易、推行市易法、扑买模式遍天下，亦不失为"民不加赋而国用饶"之一法。相比之下，司马光所说的"天地所生货财百物，止有此数，不在民间则在公家"，何其浅薄。

宋史研究大家邓广铭先生曾高度评价王安石的理财思想，同时又指出其不足：

> "资之天地"，即开发大自然所涵蕴的财富。然而也为当时的知识水平所局限，王安石所能认识到的存在于大自然中的潜在财富，也只能是限制在农业以及一部分与农业资源（如水利和垦辟等）有关的项目中，凡超出这一界限之外的，即使是对于久已萌生的、属于低水平的工业范围内的一些事项，则是其时其地的任何人，包括科学知识比较多的沈括在内，所不可能设想到的（例如造纸、制丝绸、采矿等行业，在宋代只是任其自然演进，政府却不予过问，更不做任何投入以促使其发展）。[1]

我认为，邓广铭的这个评价是有失公允的。通过前面的考察，我们可以发现，熙丰年间宋政府在工商业、采矿业、制造业方面的作为，也是可圈可点的，并不是"任其自然演进，政

---

[1] 邓广铭：《北宋政治改革家王安石》第三章，生活·读书·新知三联书店，2007年。

府却不予过问"。

现在,我们总结一下:从治平四年至熙宁五年,神宗即位已有整整五个年头,王安石执政也差不多有四年。这四年来,从均输法到市易法,新法依次试点、推行,变法的广度与深度持续推进,其中最重要的五项新法都已付诸实行。市易法出台之后,王安石对神宗说:

> 陛下即位五年,更张改造者数千百事,而为书具,为法立,而为利者何其多也。就其多而求其法最大、其效最晚、其议论最多者,五事也:一曰和戎,二曰青苗,三曰免役,四曰保甲,五曰市易。
>
> 今青唐、洮、河幅员三千余里,举戎羌之众二十万献其地,因为熟户,则和戎之策已效矣。昔之贫者举息之于豪民,今之贫者举息之于官,官薄其息而民救其乏,则青苗之令已行矣。惟免役也、保甲也、市易也,此三者,有大利害焉。得其人而行之,则为大利,非其人而行之,则为大害;缓而图之,则为大利,急而成之,则为大害。[1]

王安石似乎意识到,变法"欲速则不达",应当得人而后行,徐徐而图之。可是,留给他的时间足够吗?

---

[1] 王安石:《临川先生文集》卷第四十一《上五事札子》。

吴钩说宋

宋神宗与王安石

变法时代[下]

吴钩 著

广西师范大学出版社
·桂林·

第八章 山鸟无端劝我归

熙宁五年至熙宁八年（1072—1075）

第八章 山鸟无端劝我归

第一节 宰相执意劾李评

熙宁五年上半年是旧党的低潮期，然而，对新法抗议声势的些许衰竭，并不意味着王安石不会受到抨击。这一年的正月廿一日，司天监一个名叫亢瑛的天文官上书神宗，称"天久阴，星失度，宜罢免王安石，于西北召拜宰相"，[1]并从王安石的姓名、署字、京师童谣三个方面指证王安石必将给大宋带来祸变，又请求宣问南京留台张方平、西京留台司马光，禀告太皇太后。

神宗将亢瑛的疏状批付中书。出于避嫌，王安石立即告假待罪。冯京等执政官以亢瑛中伤大臣，建议将其押送英州编管。神宗认为这一处罚太轻了，批令刺配英州牢城。据林希《野史》，亢瑛还被施以黥刑，行刑之时大呼："瑛为百官所言，冀国家改政事以消变，乃为朝廷忠谋，何罪而黥乎？使瑛言不验，虽腰斩以谢众，亦未晚。"

为什么亢瑛攻击王安石会受到这么严厉的处罚？从他的观

---

[1] 李焘：《续资治通鉴长编》卷二百二十九。下同。

点不难推断，其政治立场倾向于保守派——他请神宗"于西北召拜宰相"，当时身在西北方位的大臣有谁？判大名府韩琦，判南京留司御史台张方平，判永兴军曾公亮，以及隐居西京洛阳的富弼、司马光，都是旧党领袖。不过，亢瑛之所以被治罪，却不是因为他的保守立场，而是与他的身份有关。他是司天监的天文官，属于伎术官序列，而宋王朝是不允许伎术官过问政治的，特别是那些被认为有能力窥见天意的天文官，过问政治更是大忌。假如亢瑛是台谏官，那么他即使以更加激切的文字抨击王安石与新法，也顶多被贬谪，而不会受到如此严重的处罚。

林希《野史》称亢瑛上书后，王安石"大怒，（将其）送英州编管。既行，又追而大黥其面，隶牢城，枷项而遭之"。这个指控是不实的，"送英州编管"是冯京等人初拟的处罚意见，"黥其面，隶牢城"则是神宗的定罪，王安石没有参与。再说，亢瑛只是一名小小的伎术官，王安石犯不着与他一般见识。

但熙宁五年夏，王安石却跟一个叫李评的阁门使、枢密都承旨较起劲来。

阁门使掌朝会游幸，大宴引赞，引接百官朝见，相当于皇家的接待部部长；枢密都承旨则是枢密院的事务官，类似于枢密院的办公室主任。按理说，这两个职位都不会与王安石发生什么冲突。问题是，李评这个人"天资刻薄，在阁门及枢密院招权（弄权）不忌，多布耳目"，[1] 而他"所闻外事，大小悉以闻，然而遭评诋毁者不少矣"。[2] 所以，中外大小臣僚都很讨厌李评，只是敢怒不敢言，"虽执政亦不敢少斥其非，往往阴赞

---

1 李焘：《续资治通鉴长编》卷二百三十三。
2 李焘：《续资治通鉴长编》卷二百三十五。下同。

其美，结以自固，谏官、御史未尝有一言及评"。

为何？因为李评与神宗关系亲密，他们自幼相识，又是亲戚。深宫中的皇帝是孤独的，没什么朋友，而李评就是神宗的朋友。每次两府奏事，神宗总是将李评留下来，"独与语逾刻，上色未尝不欢也"。李评聪明伶俐，懂得逗神宗开心，更重要的是，他还及时向皇帝报告搜集到的情报，是神宗了解宫墙之外信息的耳目。

厌恶李评的大臣不少，其中包括王安石，因为李评经常在神宗面前抨击新法，极言募役法不便，又以危言论保甲法。在王安石看来，如果李评只是普通的阁门使、枢密都承旨，那没什么，但他是皇帝的亲信、耳目，这么频繁地在神宗面前说新法的坏话，万一神宗被说动了，后果将不堪设想。

对李评爱打小报告的行径，王安石也非常看不惯。一日，神宗问王安石朝中某事，王安石反问："陛下从谁得之？"[1] 神宗说："卿何必问所从来？"王安石说："陛下与他人为密，而独隐于臣，岂君臣推心之道乎？"神宗只好承认："得之李评。"王安石因此非常厌恶李评。

恰好这个时候，李评落下了一个把柄。熙宁五年初，他受神宗委托，制订同天节（神宗寿辰）新礼仪，但新仪"错乱不可用"，所以四月初十的寿宴之上，负责宴会礼仪的阁门吏人贾祐、马仲良没有采用新仪，而是按旧仪安排贺寿臣僚的座次。[2]事后李评却以"不遵新制"为由，要求将贾祐、马仲良二人开除。王安石反对这一处分，具奏："评所定自不明，而辄妄加他人

---

[1] 司马光：《涑水记闻》卷第十六。下同。
[2] 李焘：《续资治通鉴长编》卷二百三十三。下同。

以非罪（强加之罪）。"神宗认为这是小事，不必深究，李评与贾祐、马仲良俱放罪，即认为三人均有过错，不过可免于追究。

而据《林希》野史，李评恃宠而骄，在神宗面前哭诉他对阁门吏的论列并无不当，并数落起王安石的不是来："此小事，非阁门罪，安石欲沮辱臣尔，陛下每有所黜，即安石多方党蔽，黜者反进擢。安石有所怒，陛下虽明知其无过，安石必欲加罪，如臣是也。"[1]

神宗被他说动，批示中书：李评并无过错，责在阁门吏，贾祐、马仲良罢去差遣。但五月十三日，这一御批被王安石封还："阁门官吏无罪，评所论列诚不当，贾祐、马仲良差遣不应罢。"[2]

神宗替李评辩解："评所定仪制于旧仪制固未尝增损，非新仪制不明。阁门吏既见相传坐图与仪制坐图差互不同，自合申请，乃一面用相传坐图贴定，评劾之不为不当。"不过皇帝还是退了一步，下诏免于追究阁门吏的罪过。

王安石却不让步，坚持认为责任在李评。

神宗又说："若新仪制果不明，亦非独评罪。"

王安石说："中书但言新仪制不明，固未尝专罪李评。所定仪制既如此不明，乃妄劾阁门官吏，此则评之罪也。"

神宗说："评固有罪，然亦未可姑（暂且）罪评也。"

王安石见神宗一心要袒护李评，便于五月十五日，以生病为由，向神宗请辞相位："久劳乏，近又疾病，恐职事有隳败，累陛下知人之明。"

神宗问他："卿岂所怀有不尽，当为朕尽言之，朕何尝违卿，

---

[1] 李焘：《续资治通鉴长编》卷二百三十五。
[2] 李焘：《续资治通鉴长编》卷二百三十三。下同。

或是为李评否？"

王安石说："臣非为此也。自二月已来，即欲自言，若得一二年在外休息，陛下不以臣为无用，臣亦不敢言劳。"

神宗则再三挽留，并请王安石千万不要提交辞呈，以免引起外界猜疑："卿有何病，必有所谓，但为朕尽言。天下事方有绪，卿若去，如何了？卿所以为朕用者，非为爵禄，但以怀道术可以泽民，不当自埋没，使人不被其泽而已。朕所以用卿，亦岂有他？天生聪明，所以乂民（使百姓安定），相与尽其道以乂民而已，非以为功名也。自古君臣如卿与朕相知极少，岂与近世君臣相类？……朕顽鄙初未有知，自卿在翰林，始得闻道德之说，心稍开悟。卿，朕师臣也，断不许卿出外。且休著文字，徒使四方闻之，或生观望，疑朕与卿君臣间有隙，朕于卿岂他人能间！"

王安石说："臣领圣旨，未敢入文字，候一二日再乞对。"

神宗说："勿如此，终不许卿去。外人顾望，恐害事。"

数日后，王安石再次说起李评之事，他奏道："评所修仪制大率乖缪，难以责阁门一一申明。今不申明尚有罪，元修仪制乖缪岂可得无罪？"[1]

神宗说："此小事，已降指挥。"

王安石说："此小事，然陛下三降手诏，当是疑臣于此事不直，有所左右。臣备位大臣，当为陛下分别枉直，若亲为陛下左右小人所欺，不能自直，即难以安职。若陛下谓为欺，使去此位，固无所复议；若未许臣去位，即当容臣辩正，以中书所奏下阁门，令中外知事枉直。"

---

[1] 李焘：《续资治通鉴长编》卷二百三十四。下同。

为了安抚王安石，神宗只好在六月十一日下诏：今后紫宸殿上寿，亲王、宗室、驸马都尉"并依故事赴坐"。换言之，李评所定之新礼仪作废。

但王安石没有罢休，非要逐走李评不可，他又指控李评"欺害政事"。原来，不久前，李评擅自改动了枢密副使蔡挺签署的文书，神宗令李评"戒厉"，相当于给了他一个"行政警告处分"。李评在神宗面前哭诉，辩解道："吏未尝明言已经枢密副使更定，故辄用己意改易数十字，实有卤（鲁）莽之罪。"神宗听信了，批示枢密院："评本心实无他，但于职事不敢苟且，理宜矜假"，可免罪。王安石称李评"欺害政事"，说的便是这事。

神宗说："评自言不知。"李评称自己并不知道文书已经枢密副使审定。

王安石反驳道："奏章有枢密院使副押字，岂得言不知？人尽以为吏畏评，不敢证评。"

神宗还是不当回事，说："就令改，亦何妨？若有差失，评有罪。"

王安石说："名分有上下，如臣为参知政事，众以为过当。然曾公亮所批判，臣但有不著字，与公亮反覆论可否，岂敢改公亮文字？臣若改公亮文字，即左右攻臣者必众，陛下必极以为臣不可。臣职任于公亮乃是等夷（级别相同），如李评乃是（枢）密院吏人，若为事关李评便可改抹，即贴房亦可改枢密使文字，如此即岂有上下？陛下若为李评可倚仗，不如便以李评为枢密使。且评所改文字，非特蔡挺文字，从前所改至多，评乃以为不知，此其为欺甚矣。陛下要推问，是非不难见。"

过了一段时间，神宗又为李评辩解："评所改，皆非使副签署者。昨改蔡挺文字，则吏人状谓评果不知。"

王安石说:"吏人状安可为据?大臣尚畏评中伤,不敢与校,何况吏人,岂敢证评不直?"

神宗又说:"人中伤评者却多,如御史言评与吴充结亲,评与充乃不成亲。"

王安石说:"御史言事诚疏略,又非特此一事。……今评欺罔状明甚,陛下但推鞫,即评虽巧说,亦必不能自蔽。"

因为王安石的不依不饶,神宗只好同意审讯李评:"此诚有罪,令送宣徽院取勘。"不久,神宗又批示:"(李评)若不罢去,事必愈多,烦费推求,何日穷已(己)?可令评更不管勾阁门事,余悉放罪。"即叫停对李评的追究,只撤去其管勾阁门的职务,但也不做其他处罚。

六月廿一日、廿二日,王安石连上札子,请辞相位。廿三日入对,又当面向神宗辞职,表示自己身患疾病,又因任相已久,招惹了不少怨恨:"疲疾不任劳剧,兼任事久,积中外怨恶多。又人情容有壅塞,暂令臣辞位,既少纾中外怨恶,又上下或有壅塞,陛下可以察知。若察知臣不为邪,异时复驱策,臣所不敢辞也。"

神宗让他仔细道来:"卿从来岂畏人怨恶者?人情有何壅塞?卿心别有所怀,何不道?"

王安石表示:我想说的都写在辞职奏札上了。

神宗猜测:"得非为李评事?"

王安石说:"臣所怀具如奏状所陈,非有他也。"

神宗再三强调自己对王安石的信任,他说:"卿无乃谓朕有疑心?朕自知制诰知卿,属以天下事,如吕诲比卿少正卯、卢杞(二者皆有恶名),朕固知卿,不为诲所惑,岂更有人能惑朕者?朕于卿断无疑心,即不须如此。"

王安石却不领情："臣平生操行本不为人所疑，在仁宗朝知制诰，只一次上殿，与大臣又无党。及蒙陛下拔擢，曾未及一两月，初未曾有施为，吕诲乃便以方卢杞，就令臣所存如杞，亦须有所施为，其罪状明白，乃可比杞。今既未有一事，便以比杞，此不待陛下聪明然后可知其妄。若任事久，疑似之迹多，而谗诬之人，才或过于吕诲，即臣未敢保陛下无疑也。"

神宗又说："吕公著与卿交游至相善，然言韩琦必以兵讨君侧恶人，朕亦不为公著所惑。"

王安石说："公著此言，亦非特陛下聪明然后可辨；明明在上，岂有如此之理！"

神宗再次强调他与王安石的君臣情谊，恳请王安石留下继续效力："周公为成王所疑，故逃居东，及成王不疑则归周。纵朕于卿有疑，今既相见无疑，卿亦可止。"又说："如亢瑛至微贱，尚敢言卿，上下何由壅塞？卿不须虑此。"

王安石却坚持辞职，神宗则继续慰留。最后，王安石说："日旰（日暮），不敢久劳圣体，容别具奏至中书。"告退后又写札子请辞。神宗令内侍冯宗道将札子送还给王安石，并带去御笔手诏："卿已许朕，何故又入？以卿素守，岂可食言也？"王安石再次写札子乞退，神宗只好令阁门等处俱"不许收接安石文字"。

六月廿四日，神宗又让内侍李舜举召王安石入内相见。王安石却请李舜举将他的辞呈转交神宗。李舜举哪敢答应？

次日，即六月廿五日，王安石自己带着辞呈入对。神宗坚决不肯读他的辞呈，还给王安石："朕自得卿文字，累日惶惑，卿且念朕如此。"

六月廿六日，王安石再次入见，说："陛下不许臣去，臣不敢固违圣旨，然臣实病，若更黾勉半年不可强，即须至再烦圣听。"我勉强再干半年吧，到时候皇上再考虑让我走。

神宗说："卿许朕就职甚善，如何却半年后又乞出？且勿如此。"

王安石一再称病辞职，病只是托词，实则是抗议神宗对幸臣近侍的宠信："陛下方尊宠倚信李评，臣当避位。"[1]

神宗只好解释说："朕未尝尊宠倚信评也，但阁门、枢密院籍评检点簿书而已。"

王安石则摆明与李评势不两立的态度，表示我与李评，两人只能留一人，他说："臣备位大臣，案治小臣诞谩罪状明白，小臣任事如故，臣反受诘责，诚难以安职，惟罢臣则评自可不免阁门勾当。"

神宗只能选择王安石，于七月廿一日下诏，让李评出知保州。

王安石坚持辞职，还有更深一层的原因——抗议神宗用耳目监视大臣："陛下好察细务，诚由聪明有余，然恐不能不于大略却有所遗。"[2]

神宗却反复申明自己对他的信任，"朕于卿君臣之分，宁有纤毫疑贰乎？"

神宗对王安石到底有无猜忌之心？我觉得是没有的。我们来看一件事。

李评被逐后，编修三司敕条例删定官郭逢原上疏，以十分夸张的修辞吹捧王安石："臣窃观自周文、武以还，盛德有为之主固无如陛下，而怀道之士由孔、孟而后如王安石者，亦未

---

[1] 李焘：《续资治通鉴长编》卷二百三十五。下同。
[2] 李焘：《续资治通鉴长编》卷二百三十四。下同。

之有也。"[1] 随后又笔锋一转，批评神宗对王安石还不够尊崇："臣尝闻陛下固以师臣待安石矣，而使之自五鼓趋朝仆仆然，北面而亟拜，奔走庭陛，侍立左右，躬奏章牍，一切与冗僚胥吏无别，古者待师臣之礼，未闻有是。陛下兴治补弊，跨越百王，而遇师臣之礼，未极优异，尚守君臣之常分，此臣之所未喻也。"

然后，郭逢原提出两条建议：一、对王安石"特设殊礼，事无纤悉，必咨而后行"；二、"废去枢府，并归中书"，一切大政专委之王安石。

最后，郭逢原说："自李评罢去，天下有志之士咸相欣庆，愿陛下以古语为朝夕警戒，早因此时推崇尊德乐道之义。"

神宗看了疏章，尽管不是很高兴，但也没有因此给郭逢原穿小鞋，也没对王安石设防。

王安石并非贪恋权位之人。熙宁五年秋，他的权势可谓如日中天，却怀念起家乡金陵的花园来，因而写诗遣怀：

怀府园

槐阴过雨尽新秋，盆底看云映水流。
忽忆小金山下路，绿蘋稀处看游鲦。[2]

宦海的浮沉、官场的争斗，也许让王安石产生了厌倦之情，生出了"不如归去"之心。所以，当他举头望明月，想到的是"明月何时照我还"；[3] 侧耳听山鸟啾啁，想到的是"山鸟无端劝

---

1 李焘：《续资治通鉴长编》卷二百三十五。下同。
2 王安石：《临川先生文集》卷第二十八《怀府园》。
3 王安石：《临川先生文集》卷第二十九《泊船瓜洲》。

我归"。[1]他一再向神宗请辞,也不完全是李评的缘故,还有一个非常单纯的原因——思念家乡的平静生活。

第二节 唐坰狂骂王安石

继司天监亢瑛之后,熙宁五年春夏,判大名府韩琦的属官、管勾北京国子监王岩叟也上疏抨击王安石,措辞的火药味特别浓厚:

> 王安石,性非忠良,心不遒道,徒能著空文而欺世,谈高致以要君,可谓借凤羽翰以文枭音者矣。人以为凤,臣以为枭。天下皆知陛下所存则是求治之心,而安石所为乃召乱之本。陛下以腹心委安石,而安石不以腹心事陛下。自求死党,据满要津。司农曰布(曾布),强悍而险刻;中丞曰绾(邓绾),善柔而阴谀;曰向(薛向),剥下附上;曰起(沈起),很深;曰绛(韩绛),苛佞;曰绎(韩绎)、曰琥(张琥),险回忮忌;曰定(李定)、曰秩(常秩),藏奸包愿;曰坰(唐坰)、曰确(蔡确),狂诞轻狡;曰惇(章惇)、曰将(许将),阿谀辩巧;曰宣官昉(程昉),暴横凶忍,荼毒一方,威焰所向,人莫敢指;曰唯惠卿(吕惠卿),奸邪之才,又冠其党,虽持丧家居,而中外

---

[1] 王安石:《临川先生文集》卷第三十一《后殿牡丹未开》。

畏之犹若在朝。其下蜮狐山鬼，夜号窟居，以恐动人者，处处皆是，不足一一为陛下道也。[1]

王岩叟，人如其名，是一个极其顽固的旧党中人，虽然熙宁年间他的年纪并不算老。与之前韩琦、司马光、吕公著等人对新法的批判相比，王岩叟对王安石的抨击具有两个鲜明特点：

其一，一上来就是人身攻击，无限上纲上线，直接对王安石诛心；而韩琦等人对新法的批判尽管未必公允，毕竟还是"对事不对人"。

其二，首次列出一份所谓的王安石"死党"名单，将王安石诬为朋党领袖。后来王岩叟这批人得势，立刻便施展故智，弄出两份黑名单：王安石亲党、蔡确亲党，打入另册，榜之朝堂，开创了北宋时期以朋党整治政治对手的先河。

不过熙宁五年，王岩叟还人微言轻，掀不起风浪。

但八月，王安石遇到了一次疾风骤雨般的弹劾，发起者正是王安石一手提携、被王岩叟视为王氏"死党"之一的唐坰。我们以前讲过，唐坰以扬言"青苗不行，宜斩大臣异议者一二人"而引起神宗与王安石的注意，之后经邓绾举荐，任御史、谏官。谁也想不到，这个唐坰知谏院才半年，居然当面捅了恩主王安石一刀。

林希《野史》对这件事有十分详细的描述：八月廿六日，百官赴垂拱殿早朝，向神宗行礼后告退，再分班上殿奏事。第一班上殿的是两府执政大臣，他们刚欲奏事，谏官唐坰突然称有重大事情需面圣奏告。从来没有一名官员会这么唐突地越次

---

[1] 赵汝愚编：《宋朝诸臣奏议》卷一百十六《上神宗论王安石》。

请对，所以殿中大臣皆惊诧，神宗也一脸愕然，遣阁门使告知唐坰，让他他日再请对。

唐坰不肯，坚请上殿。神宗指示：等与大臣议事毕，再到后殿入对。唐坰却说："臣所言者，请与大臣面辩。"[1]神宗让阁门使再三传谕，唐坰伏地不起，坚请现在就上殿。神宗无奈，只好准许他入殿。

唐坰行至御座前，徐徐从袖中抽出一卷文轴，从容展开，准备开始念，但神宗说："疏留此，卿姑退。"

唐坰说："臣所言皆大臣不法，请对陛下一一陈之。"于是将笏插在腰带上，展开疏章，目视王安石，朗声说："王安石近御座前听札子！"

唐坰这个架势把王安石搞蒙了，一时回不过神来，迟迟不肯走上前。唐坰便呵斥道："陛下前犹敢如此倨慢，在外可知。"

王安石悚然，往前踏出数步。

唐坰这才大声宣读札子，内容全是对王安石及新法的严厉抨击，罗列了王安石的罪状六十余条，其大略为："安石专作祸福，布等表里擅权，倾震中外，引用亲党，以及阿谀无行小人；布在要地，为己耳目，天下但知惮安石威权，不知有陛下。新法烦苛，刻剥万端，天下困苦，即将危亡。今大臣外则韩琦，内则文彦博、冯京等，明知如此，惮安石不敢言。陛下深居九重，无由得知。王珪备位政府，曲事安石，无异厮仆。"

唐坰读到这里，盯着王珪看。王珪"惭惧，俯首退缩"。

唐坰继续读下去："元绛（时任权知开封府）、薛向（时任三司使）典领省府，安石颐指气使，无异家奴。台官张商英

---

[1] 李焘：《续资治通鉴长编》卷二百三十七。下同。

等弹奏,未尝言及安石党,此乃安石鹰犬,非陛下耳目也。"

他每念完王安石的一条罪状,就指着王安石说:"请陛下宣谕安石,臣所言虚耶,实耶?"

神宗多次出言制止,唐坰却"慷慨自若,略不退慑"。殿中侍臣、卫士皆相顾失色,如此勇猛的谏官,如此火爆的场面,他们哪曾见过?

唐坰读毕札子,又指着御座对神宗说:"陛下即不听臣言,不得久居此座。"颇有恐吓的意味。说罢,便再拜而出。

退至殿庐,见到御史中丞邓绾,唐坰作揖行礼,说:"某蒙公荐引,不敢负德。"然后上马出内东门,扬长而去,至永宁院待罪。

看着唐坰离去的背影,垂拱殿内君臣面面相觑,作声不得。半晌,神宗才顾左右问唐坰怎么敢这样。

王安石说:"此小儿风狂,又为小人所使,不足怪也。"

后来神宗又问了一次唐坰怎么做出这种事。王安石回答:"臣待罪执政岁久,无所补助,数致人言。比已尝乞避位,未蒙许可,若臣不获辞,萦烦圣听,未有穷已。"

神宗说:"此皆朕不能调一天下,辨察小人,故致此,卿何足以此介意!朕以卿为无欲,专以生民为意,故委任卿。坰小人,何故如此,此必有说。"神宗认为背后必定有什么人教唆唐坰。

那么,为什么一贯支持变法的唐坰会突然翻脸,以如此激烈的方式攻击王安石呢?宋人有各种说法。

按林希《野史》,唐坰本就是一个轻狂之徒,就任谏职后,见邓绾等人"碌碌如庸奴",心里很是瞧不起,欲自立门户,打响名头。所以,自三月入谏院至秋,他连上二十余疏论时事,但所言却得不到神宗与王安石的响应,这才决意在大殿上当面斥责王安石。

唐坰的勇莽做派,与唐门的家风传承不无关系。唐家三代担任言职,均以敢言著称,唐坰的祖父唐肃、父亲唐询、叔父唐介、兄长唐淑问,再加上唐坰本人,人称唐门"五豸"。豸,即獬豸,传说中的神兽,相传它能分辨是非曲直,识别善恶忠奸,古人习惯将司法官、台谏官比喻为獬豸。

昔日,唐介任御史,为抗议仁宗擢任张贵妃之叔张尧佐为宣徽使、节度使,鼓动全台御史上殿找仁宗理论,不获批准,便上疏抨击宰相文彦博:"昨除张尧佐宣徽、节度使,臣累论奏,面奉德音,谓是中书进拟,以此知非陛下本意。盖彦博奸谋迎合,显用尧佐,阴结贵妃,外陷陛下有私于后宫之名,内实自为谋身之计。"[1]仁宗见唐介把张贵妃拖入朝堂纷争,大怒,要贬窜唐介。唐介从容将奏疏读完,说:"臣忠义愤激,虽鼎镬不避,敢辞贬窜。"还质问文彦博:"彦博宜自省,即有之,不可隐于上前。"

唐介之举尽管激怒了仁宗,却一举成名,誉满天下。唐坰面斥王安石,很难说没有受唐介昔日壮举的激励。

但唐坰如此攻击王安石恐怕还有一个原因——唐坰本为王安石一手提拔,但后来王安石发现此人实在过于轻佻,不堪重用,便跟神宗说唐坰"别无用处"。[2]这句话很可能泄漏出去,让唐坰知道了,因而对王安石由敬生恨。神宗便是这么怀疑的,他问王安石:"卿曾言坰别无用处,或缘此言泄漏否?"冯京

---

1 李焘:《续资治通鉴长编》卷一百七十一。下同。
2 李焘:《续资治通鉴长编》卷二百三十七。下同。

却插话说："臣素曾奏唐坰轻脱，不可用。"我也讲过这种话，为什么他没有攻击我？言外之意，问题还是出在王安石身上。

后来王安石了解到，唐坰的确是受人诳惑才如此突然发作的——有人将王安石欲调走唐坰的信息故意泄露出去，激怒唐坰。这个诳惑者正是冯京。

而按另一份宋人笔记，唐坰是受了算卦先生费孝先的蛊惑。费孝先给唐坰作卦影："画一人，衣金紫，持弓箭，射落一鸡。"[1] 唐坰看了很高兴，说："持弓者我也，王丞相生于辛酉，即鸡也。必因我射而去位，则我亦从而贵矣。"次日即上殿弹劾王安石。

唐坰折辱大臣，被处分是免不了的。据林希《野史》，唐坰上殿之前，向前宰相曾公亮借了三百贯钱——曾公亮是唐坰的姨丈，熙宁五年六月刚致仕，居京养老，唐坰自谓此番面折大臣，必会诛窜，便找姨丈借钱，留给妻儿，并留书与妻子诀别："且死，即以是为生。"[2] 看来他是抱着赴死之心弹劾王安石的。

那么，唐坰将会受到什么处罚呢？

八月廿七日，中书向神宗进呈对唐坰的处分意见：贬唐坰为潮州别驾，韶州安置。安置，指押送某地，监视居住，具有刑事处罚的性质。不过，王安石表示，"坰素狂，不足深责"。又说："黜谏官非美事，止令还故官。"在获王安石提携之前，唐坰的职务是监大名府仓草场，"令还故官"即贬为监当官，属于行政处分。

于是八月廿八日，神宗下诏："坰越次以前，率尔（轻率）求对，妄肆诬诋，邻于猖狂，殆必设奇诡以沽直，矫经常而骇俗，

---

[1] 江少虞：《宋朝事实类苑》卷第四十八。下同。
[2] 李焘：《续资治通鉴长编》卷二百三十七。下同。

非所以称朕奖擢责任之意,可责授评事、监广州军资库。其论宰臣王安石疏留中。"宋人的野史说,唐坰闻诏,长叹一声:"射落之鸡,乃我也。"[1]

唐坰因抨击大臣而被贬谪,这可把曾公亮急坏了——他非常后悔将钱借给了唐坰,赶紧叫人到唐家讨债,"督索甚急,尽得而后已"。[2]

倒是邓绾颇讲义气,上书替唐坰求情,并自劾:"臣初但见坰文雅,推荐之,今朝廷将远行窜谪,乃臣荐举之罪,不足深责。坰清贫累重,乞圣慈宽矜之,置近地,治臣荐举不当之罪,以示中外。"但神宗没治他的罪。

神宗虽然贬黜了唐坰,却未深责。而且,他对唐坰的勇气还是很佩服的——他问奏事的薛向:"昨日唐坰所言,卿知之否?"薛向说:"臣不知其详。"神宗感叹说:"昨日前殿是何火色!"赞赏之情,溢于言表。

也是在熙宁五年前后,王安石成了教坊伶人表演滑稽戏时拿来开涮的对象。宋代流行滑稽戏,表演滑稽戏的艺人经常会拿当朝高官调侃,被讽刺过的宋朝官员比比皆是,不独王安石一人。可以说,讥讽高官与时务正是宋朝滑稽戏的保留节目,是一种惯例和传统。王安石变法争议那么大,更是不可能躲过教坊伶人的毒舌。

熙宁年间,京师教坊有一个叫丁仙现的著名伶人,人称"丁大使",特别喜欢拿王安石开涮。王安石每颁行一项新法,丁仙现总是"于戏场中乃便作为嘲诨,肆其诮难,辄有为人笑传"。[3]

---

[1] 江少虞:《宋朝事实类苑》卷第四十八。
[2] 李焘:《续资治通鉴长编》卷二百三十七。下同。
[3] 蔡絛:《铁围山丛谈》卷第三。下同。

王安石虽然感到不堪,却也无可奈何。当时台谏官抨击新法,多被黜降,后来者便缄口不言,而"以君相之威权而不能有所帖服者,独一教坊使丁仙现尔",所以京师有民谚曰:"台官不如伶官。"

丁仙现究竟怎么嘲讽王安石,因文献佚失,现已不得而知。不过,宋人笔记中有一则讲述丁仙现讥诮侯叔献兴水利的佚事,可作为参照。侯叔献是执行王安石农田水利法的得力干将,这一新法的措施包括引汴水淤田、疏浚汴河、引汴水入于蔡河以通舟运,等等,旧党认为这些都是劳民伤财之举。一日,教坊表演杂剧,丁仙现在剧中先饰演一名道士,自称"善出神",能神游天外。[1] 有人问他看见了什么。答曰:"近曾出神至大罗,见玉皇殿上有一人披金紫,孰视之,乃本朝韩侍中(韩琦)也。手捧一物,窃问旁立者,云:'韩侍中献国家金枝玉叶万世不绝图。'"接着,他又饰演一僧人,自称"善入定",亦能神游天地。人又问他看到了什么。答:"近入定到地狱,见阎罗殿侧,有一人衣绯垂鱼,细视之,乃判都水监侯工部也。手中亦擎一物。窃问左右,云:'为奈何水浅献图,欲别开河道耳。'"

侯工部,即侯叔献。丁仙现讽刺他兴水利以图恩赏。其时,侯叔献去世未久,丁仙现又暗讽他恶有恶报,死后下地狱。想来丁教坊使对王安石的嘲讽,也不会嘴下留情。

---

[1] 彭乘辑:《续墨客挥犀》卷五。下同。

第三节　宣德门下马风波

唐坰对王安石的抨击看起来猛烈，但杀伤力微不足道，毋宁说，那更像是唐坰的个人行为艺术，就如伶人的滑稽戏表演，于王安石何伤？但数个月后，熙宁六年元宵节发生的一件事，却显示出王安石的处境已有些微妙。

元宵节是宋朝一年中最热闹、最盛大的节日，宫廷、官府、民间都要张挂花灯，从正月十四日至正月十八日，连续五夜放灯。《东京梦华录》对北宋京师元宵放灯的盛况有精彩描述：皇城外御街，万灯齐亮，"金碧相射，锦绣交辉"；御街两廊，每天都有文娱表演，诸如魔术、杂技、说唱、歌舞、杂剧、蹴鞠、猴戏，等等，"奇巧百端，日新耳目"；宣德门楼的两个朵楼，"各挂灯球一枚，约方圆丈余，内燃椽烛（大烛）"；楼下宣德门广场早已搭好一个大露台，各种艺人在露台上表演相扑、蹴鞠及其他百戏；"诸坊巷、马行，诸香药铺席、茶坊、酒肆，灯烛各出新奇"，灯品之多，让人目不暇接；"万街千巷，尽皆繁盛浩闹"。[1]

放灯期间，皇帝照例要择日登上皇城的宣德门，观赏广场上的花灯及文娱演出，以示普天同庆、与民同乐。宰执大臣亦随驾赏灯。熙宁六年正月十四日，王安石随驾赏花灯、百戏，按惯例乘马入宣德门，准备在门内下马，一如往年。

谁知这一次，王安石的马刚踏入宣德门，手执骨朵（一种古兵器）的皇城亲事官（皇家侍卫）便过来喝止：随驾人

---

[1] 孟元老：《东京梦华录》卷之六。

员在门外下马，不得骑马入宣德门。马夫猝不及防，未能及时勒住缰绳，马势不止。入内都知张茂则大声叱止，并且"目亲事官执其驭者而殴之"，以眼神示意侍卫殴打王安石的坐骑与马夫。[1]

堂堂宰相，竟然被内侍拦住，要求下马，马一时收势不住，马夫即被侍卫殴打，这是王安石从未遇到过的事。王安石的随从不服气，跟张茂则理论："相公马有何不可？"张茂则说："相公亦人臣，岂可如此？得无为王莽者乎！"

发生在宣德门的这一起下马事件极不寻常，因为往年元宵节王安石随驾赏灯，都是乘马入宣德门，于门内下马的，从来没有人阻拦过，也从来没有人告诉他必须在门外下马。所以，他跟神宗说："臣初执政，即未尝于宣德门外下马，且宣德门内下马，非自臣始，臣随曾公亮从驾，亦如此。"

神宗也说："朕为亲王时，位在宰相下，亦于门内下马，不知何故乃如此。"

王安石怀疑张茂则与侍卫是受了什么人的指使，才故意让他难堪："臣疑亲从官习见从来事体，于执政未必敢如此，今敢如此，当有阴使令之。都缘臣居常遇事多抗争曲直，臣所以如此者，乃为义故，岂敢以私事肆为骄骞不逊？恐奸人欲以此激怒臣，冀臣不胜忿，因中伤臣以为不逊。"

王安石的怀疑并非杯弓蛇影。按林希《野史》，神宗游后苑，向内侍问起王安石之事，内侍皆"伏地叩头流涕"，说："今祖宗之法扫地无遗，安石所行，害民虐物。臣等知言出必取祸，不敢不言，愿陛下出安石，臣等亦乞远流海外，以示非敢害宰

---

[1] 李焘：《续资治通鉴长编》卷二百四十二。下同。

相而为身谋。"也就是说，这群内侍也是反对王安石变法的。

但问题是，内侍不同于保守派士大夫，为什么也会如此强烈地反对王安石变法呢？有两个可能：第一，王安石变法损害了他们的切身利益；第二，有人指使他们向神宗控诉变法。

考虑到王安石变法基本未涉及内侍制度，按理说应该不会触及宦官的利益，但朝中有人给王安石使绊子、树敌——文彦博"在枢密院，进拟内臣官职，多违条妄与。及同中书进呈，则必妄引条欲沮抑，事非一端，其情盖欲阴激怒近习，使归怨于中书"。[1] 所以，不少内侍都对王安石有意见。

内侍受人指使的可能性也很大。谁能指使内侍呢？皇族与后族的嫌疑是最大的，因为熙宁变法已经触犯了宗室与外戚的特权。王安石曾毫不客气地裁减宗室的恩数，赵氏宗室对此意见很大，曾有宗室子弟拦住王安石的马陈状哭诉："均是宗庙子孙，且告相公看祖宗面。"[2] 王安石却厉声说："祖宗亲尽，亦须祧迁（把隔了几代的祖宗神主迁入远祖之庙），何况贤辈！"

熙宁五年八月，神宗又与大臣议裁减"荫补恩幸"。[3] 王安石表示，裁减荫补恩幸应当从亲贵开始。于是神宗下诏，对太皇太后、皇太后"推恩稍为限数"。文彦博主导的枢密院趁机"投隙以间"，王安石却"率属争之"，很难说不会因此得罪了太皇太后。而在宣德门下马事件中，那个示意侍卫殴打王安石马夫的张茂则，恰恰就是曹太皇太后的心腹。

下马事件发生后，王安石忍气吞声，没有奏陈神宗，也没

---

1 李焘：《续资治通鉴长编》卷二百三十一。
2 陆游：《老学庵笔记》卷二。下同。
3 李焘：《续资治通鉴长编》卷二百三十七。下同。

有替自己申辩,而是回去检索文书,希望找到有关在宣德门内外上下马的规定,却一无所获,看来朝廷并未就此问题立法。审问皇城司的吏人,也称"宣德门即无两府臣僚上下马条贯"。[1]

那么,按"自来体例"(即不成文的惯例)呢?王安石自己的经历是:"自备位两府以来,上元节从驾,并于宣德门西偏门内下马,门卫未尝禁止,独本年闭拒不许入,而随以挝击";询问冯京,却称"忘之,记得亦有在门外下马时";而文彦博更是扬言他"从来只于门外下马"。

王安石牒问皇城司,皇城巡检指挥使毕潜等人辩称:"自来合于宣德门外下马。"但另一个机构——中书行首司的王冕等人却提交了内容正好相反的说法:"自来从驾观灯,两府臣僚并于宣德门西偏门内下马,却于左升龙门出。"并有嘉祐八年、熙宁四年的行首司日记为证。

王安石还了解到,熙宁六年正月十四日当晚,中书的属官温齐古曾在无意间听到看棚的堂吏说起一事:"'守门人自相与言,击宰相马,马惊致伤损,罪岂小?'一员僚曰:'我岂不解此,但上面逼得紧,将奈何!'"如此说来,似乎确实有人指使宣德门侍卫殴打王安石的马。温齐古将此事报告给王珪,王珪又告诉了王安石。王安石去问温齐古,温齐古却担心惹祸上身,推说自己已经不记得此看棚堂吏的姓名。

王安石这才给神宗上札子,请神宗指定一个部门议定宣德门上下马条例:"自来两府臣僚下马有常处,而今来皇城司与中书行首司所称各异,理须根究,乞付所司定夺,使人有所遵守。"王安石当然希望将宣德门下马事件彻查清楚,但此事可

---

[1] 李焘:《续资治通鉴长编》卷二百四十二。下同。

能牵涉到内廷，便不好明言。

神宗下诏让开封府调查。经开封府判官梁彦明、推官陈忱审理，几名打伤王安石坐骑与马夫的侍卫被打了板子，还有一名勾当御药院内侍被罢免。

但开封府法官的裁决和做法却被御史蔡确质疑，他认为侍卫的做法是分内之事："宿卫之士，拱卫人主而已，宰相下马非其处，卫士所应呵也。而开封府观望宰相，反用不应为之法，杖卫士者十人，自是以后，卫士孰敢守其职哉？"蔡确还发现，有一个叫阮睿的侍卫，未曾参与殴打，也被开封府打了板子。因此，蔡确对开封府的法官发起弹劾："开封府官吏曲意迎奉大臣之家，望特加重贬。"二月初三，梁彦明、陈忱以"不察虚实"的罪名被各罚铜十斤。

蔡确本是新党中人，为何对王安石落井下石？宋人笔记称，蔡确是投机分子、势利小人，因揣知神宗"有厌安石意"，才刻意与王安石划清界限。野史笔记的话不可全信，因为熙宁六年神宗还很倚重王安石，看不出有厌烦的意思。但从蔡确的表现，我们可以确信一点：变法派内部并非"铁板一块"。

宣德门侍卫究竟受了何人指使，王安石也不敢深究下去了，他给神宗上札子说："至于禁门中卫之人，既见元无条贯，遂有止约，亦无深罪，伏乞圣慈详酌，特加矜恕。干冒天威，臣无任惶惧之至。"又以病为由告假十天，恳请卸下机要事务。

神宗却不允许："卿每求罢，朕寝食不安。朕必有待遇卿不至处，且恕朕。岂宣德门事否？"

王安石说："臣所以辩宣德门事，正恐小人更以臣为骄僭，事既明白，又复何言。"

神宗说："令仔细推究，实无人使。"

王安石说："臣初岂能无疑，既已推究，复何所疑。"

神宗说："卿如此，必是以朕终不能有成功，久留无补，所以决去。"

王安石说："陛下圣德日跻，非臣所能仰望。后来贤俊自有足用者，臣久妨贤路，又病，所以求罢，非有他。"

神宗再次表示，如今朝中之事需要多多仰赖王安石。但王安石依然不肯松口。

神宗又说："卿频求出，于四方观听不美。"

王安石解释道："臣前所以求罢，皆以陛下因事有疑心，义不敢不求罢。今求罢真以病故，非有他。且古今事异，久任事，积怨怒众，一旦有负败，亦累陛下知人之明。且又病，若昧冒（恋栈），必致旷败。"

神宗再四劝慰，王安石还是坚持辞职。最后，神宗召王安石之子王雱再三问劳，又让冯京和王珪去一再劝说，王安石这才复入中书视事。

宣德门下马事件的发生，说明王安石的处境已有点不妙——尽管神宗还是一如既往地倚重他，但变法已触动了权贵的切身利益，反对变法的势力扩展至皇亲国戚，王安石需要面对的阻力必将比之前更大，他还能继续推进变法吗？

不过，熙宁六年的王安石也迎来了人生的巅峰时刻。这个巅峰时刻是王韶拓边创造出来的。

这年春，王韶领大军出征，先后攻克河州香子城（后改名"宁河寨"，今甘肃和政县）、河诺城（今甘肃广河县），兵临河州城下。木征遁走，其妻被王韶生擒。但不久，木征又夺回河州城，王韶退守熙州。

到了八月，王韶率部穿过露骨山（位于今甘肃渭源县城西南部），进入洮州界。露骨山径崎岖难行，不能骑马，只能下马步行。熙河路走马承受李元凯奏报朝廷："王韶自露骨山过，一日至五七下马步行。"[1]

神宗不知王韶路径，十分担忧："韶不当如此罢敝兵甲（使士兵疲劳困乏）。"

王安石安慰他："韶颇有计虑，举动必不妄。"

王安石其实已知王韶的用意：兵行险着，攻洮州所不备。果然，王韶一入洮州界，即破木征之弟巴毡角部族。

木征闻讯十分惊恐，他留下党羽驻守河州城，自己率精兵潜行跟踪王韶，想伺机袭击。王韶的部将提议：不如趁机攻取河州城。王韶却认为不妥："兵抵城下，木征必为外应"，一旦内外夹击，官兵危矣。

此时他心里已有计谋，于是秘密分兵，遣景思立攻河州，自己率兵掉头，迎击木征，寻其所在，与其决战，将其击败，然后直抵河州城下。守城的蕃将还以为是木征归来，待王韶大军杀到，才发现不是木征，只好出城投降。至此，河州"诸羌皆降"。木征失去河州，投奔西蕃。

王韶复得河州，吸取了上次河州城得而复失的教训，立即命人整修城池，并一鼓作气，乘胜进攻宕州（今甘肃宕昌县），打通洮河两地的通道，然后兵入岷州（今甘肃岷县）、叠州（今甘肃迭部县），当地蕃部闻风而降，"皆相继诣军中，以城听命"。[2]

王韶这次行军，"凡五十有四日，涉千八百里，复州五"，

---

[1] 李焘：《续资治通鉴长编》卷二百四十六。下同。
[2] 李焘：《续资治通鉴长编》卷二百四十七。下同。

拓地二千里。胜利来得特别不易，因为洮、岷、叠、宕诸州连接青唐高山，"林木翳荟交道，狭阻不可行"，王韶为开辟行军之路，先遣人伐木，以重兵驻守谷口，自己率领大兵孤军深入。在捷报传出之前，边关流言四起，"人皆传韶已全师覆没"。神宗忧心如焚。

及至王韶克复五州的捷报送达朝廷，京师一下子沸腾了。自宋真宗朝以来，君臣多少年未闻边关大捷的消息了！拓边熙河，无疑是王韶的不世功业，也是王安石一手成就的荣耀。十月十二日，王安石等执政大臣以"修复熙、洮、岷、叠、宕等州，幅员二千余里，斩获不顺蕃部万九千余人，招抚小大蕃族三十余万帐，各已降附"，上表称贺。

神宗大喜，解下腰间玉带赐给王安石，并派内侍李舜举传谕："洮河之举，小大并疑，惟卿启迪，迄有成功。今解朕所御带赐卿，以旌卿功。"这一玉带不是寻常之物，为真宗朝西夏国主赵德明所进贡，神宗用它来褒奖王安石经略河湟之功，也许寄托着来日平定西夏的深意。

王安石拜谢后坚决推辞赏赐："陛下拔王韶于疏远之中，恢复一方，臣与二三执政奉承圣旨而已，不敢独当此赐。"

神宗又令李舜举谕旨："群疑方作，朕亦欲中止，非卿助朕，此功不成。赐卿带以传遗子孙，表朕与卿君臣一时相遇之美也。"

王安石这才收下玉带。这条玉带也成了王氏的传家宝，直至南宋初，王氏后人还珍藏着。绍兴中，王家又将它献给宋廷，乃复入禁中。

宰臣上表称贺当天，神宗御紫宸殿，接受群臣朝贺。王安石与蔡挺、王珪等同僚也赋诗唱和，庆祝熙河大捷。这是王安石一生最辉煌的一刻。

王韶拓边有功，晋升为端明殿学士兼龙图阁学士、左谏议大夫，仍知熙州。不过此时熙河局势仍未稳定：木征盘踞于西蕃，青唐主董毡因宋王朝拓边熙河，亦坐立不安，遣部将鬼章多次骚扰、诱胁河州属蕃，又袭杀河州的采木军士。

熙宁七年二月，鬼章诱知河州景思立决战于踏白城（今甘肃临夏西北部）。此役，景思立战死，河州城被围。

其时，王韶因赴阙入觐，正自京师返回熙州，走到陕西兴平县时，闻景思立兵败踏白城，大急，一路疾驰，回到熙州。边报也急送朝廷，报告踏白城败讯，且奏"木征、鬼章大兵转入岷州"。[1] 朝野震惊，枢密副使吴充提议弃岷州，冯京亦附和。王安石却对王珪说："彼师已老，必难涉险远攻，岷州保亡虑。"

又有"论者"借此机会，扬言朝廷应该放弃经略河湟。神宗因"京师风霾、旱灾相仍"，本已焦头烂额，听到景思立全军覆没的消息、议弃河湟的流言，更是连饭都吃不下。[2] 他赶紧派了中使至熙州，告诫王韶"驻熙州，持重勿出"。

熙州诸将却请王韶驰援河州。王韶说："贼所以围河州者，恃有外援也。今知救至，必设伏以待我。且彼新胜，气甚锐，未可与争锋，不若出其不意，以攻其所恃。"三月，王韶率兵出熙州，渡洮河，进兵宁河寨，然后分遣诸将入南山（积石山），扫荡鬼章后方。鬼章恐断南山归道，遂拔寨遁去，只留余党守踏白城。四月，王韶借山谷行军，突然出现在踏白城西，杀退鬼章留守之余党，夺回踏白城。然后，王韶一面遣将领兵入踏白城，葬祭阵亡将士，一面挥师西进，连破西蕃堡寨，北至黄河，

---

1 李焘：《续资治通鉴长编》卷二百五十一。下同。
2 李焘：《续资治通鉴长编》卷二百五十二。下同。

西至南山，而后才回军至河州。

经此一役，王韶纵横洮西，神出鬼没，大破西蕃，前后获蕃部牛羊八万余头。木征率酋长八十余人，前往王韶的行营投降。

捷报送至京师，神宗大喜，赐王韶手诏褒谕："将在军，君命有所不受。宁河之行，卿得之矣。"又批付中书："熙河路自恢复以来，征伐馈饷，人颇劳苦。今木征已降，边事宁息，宜曲赦本路。"

六月，王韶押木征及其家眷至阙，神宗赐木征姓赵名思忠，任命为荣州团练使。十二月，王韶以降木征立奇功，擢为枢密副使。至此，宋王朝经略河湟的战略，可以说取得了阶段性的胜利。

只是这个时候，王安石已经罢相了。

第四节　旱情压倒王相公

导致王安石罢相的直接原因，是异常的气候。

从熙宁六年夏季开始，宋王朝遇上了一场旷日持久的干旱天气，多地滴雨不下，旱灾的报告从各个州郡驰报朝廷。现代气象史学者的研究也佐证了旱情的严重性：1073年（即熙宁六年），宋王朝发生旱情的地方多达19处，其中大旱3处；而到了1074年（熙宁七年），出现大旱的地方激增至32处；

1075年（熙宁八年）发生旱情的也有35处，其中大旱8处。[1]换言之，从熙宁六年至八年，老天爷连续旱了三年。

神宗心急如焚，忧形于色，多次"以旱避正殿，减常膳"，[2]且自熙宁六年五月起，几乎每个月都要下诏命辅臣"祈雨于郊庙、社稷"，并一再令受灾州郡的长官择祠庙祈求雨霖。[3]

祈雨是古代王朝应对旱灾的惯常做法，因此，官方祈雨的次数直接反映了旱情的严重程度。宋史研究者发现，北宋时期，由皇帝下诏举行的祈雨活动，"平均每年不足1次"，"较密集的祈雨活动出现在宋神宗熙宁七年前后，熙宁六年4次，七年10次，八年5次"。[4]

这些常规的祈雨活动似乎并未感动上苍，于是京师出现了一种"蜥蜴祈雨法"。其法："令坊巷各以大瓮贮水，插柳枝，泛蜴蜥（蜥蜴），使青衣小儿环绕呼曰：'蜥蜴、蜥蜴，兴云吐雾。降雨滂沱，放汝归去。'"[5]由于旱情令人心焦，开封府催促各坊巷祈雨甚急，但民间一下子捉不到那么多蜥蜴，只好滥竽充数，"以蝎虎（壁虎）代之"。蝎虎不识水性，"入水即死"，祈雨的小儿便悄悄改了祷词："冤苦冤苦，我是蝎虎。似恁昏昏，怎得甘雨？"这则佚事读来令人发笑，但身处旱灾之中的宋人却是笑不出来的。

宋王朝原本很重视水力作坊建设，但凡有激流的地方，官府或富家往往都会兴修水砣、水碾、水碓，用于磨面、磨茶，

---

1 参见曾雄生《北宋熙宁七年的天人之际——社会生态史的一个案例》，《南开学报（哲学社会科学版）》2008年第2期。
2 李焘：《续资治通鉴长编》卷二百五十一。
3 李焘：《续资治通鉴长编》卷二百四十六。
4 曾雄生：《北宋熙宁七年的天人之际——社会生态史的一个案例》。
5 彭乘辑：《墨客挥犀》卷三。下同。

恰如神宗时代的一首诗歌所描写："激水为硙嘉陵民，构高穴深良苦辛。十里之间凡共此，麦入面出无虚人。彼氓居险所产薄，世世食此江之滨。朝廷遣使兴水利，嗟尔平轮与侧轮。"[1]诗歌讲述官府在嘉陵江边建造了一间大型水力磨面作坊，生意十分兴隆。然而，熙宁六年五月，旱情之下，神宗只能下诏限制修建水力作坊："诸创置水硙、碾、硙，有妨灌溉民田者，以违制论，不以去官、赦降原免。官司容纵准此。"[2]

古人认为，灾异乃是上天不满人间君臣的施政而发出的警告。熙宁年间出现的旱情持续这么长的时间，太不寻常了。因此，时人相信，这必定是政事有阙的体现。而熙宁年间最大的政事，就是王安石变法。王安石宣称久旱只是天数，当时一个叫张颙的官员公然反驳他："今天下困于苗、役、市易，民口嗷嗷，又屡起大狱。亢旱之灾，当由变法所致。若亟复祖宗旧章，雨立至矣，何专归之邮（数）耶？"[3]王安石闻言不悦。

而对旧党来说，久旱的反常天气给他们创造了一个攻击变法的绝佳时机。熙宁七年三月，翰林学士承旨韩维奏对延和殿。神宗满脸忧愁地问他："久不雨，朕夙夜焦劳，奈何？"[4]

韩维说："陛下忧闵旱灾，损膳避殿，此乃举行故事，恐不足以应天变。《书》曰：'惟先格王（端正心念），正厥事（再修正不当行为）。'愿陛下痛自责己，下诏广求直言，以开壅蔽；大发恩令，有所蠲放，以和人情。"

1　文同：《丹渊集》卷十七《水硙》。
2　徐松辑：《宋会要辑稿·食货八》。
3　《全宋文》卷一○二九《宋故中散大夫致仕上轻车都尉南阳县开国伯食邑八百户赐紫金鱼袋张公墓志铭（并序）》。
4　李焘：《续资治通鉴长编》卷二百五十一。下同。

数日后，韩维又进言："近日畿内诸县，督索青苗钱甚急，往往鞭挞取足，至伐桑为薪以易钱货，旱灾之际，重罹此苦。夫动甲兵，危士民，匮财用于荒夷之地，朝廷处之不疑，行之甚锐；至于蠲除租税，宽裕逋负（拖欠赋税）以救愁苦之良民，则迟迟而不肯发。望陛下自奋英断行之，过而养人，犹愈于过而杀人也。"

神宗感悟，令韩维起草诏书。三月廿八日，神宗下诏求言，这道诏书即出自韩维手笔：

> 朕涉道日浅，暗于致治，政失厥中，以干阴阳之和。乃自冬迄今，旱暵为虐，四海之内，被灾者广。间诏有司，损常膳，避正殿，冀以塞责消变，历月滋久，未蒙休应。嗷嗷下民，大命近止，中夜以兴，震悸靡宁（不安），永惟（深思）其咎，未知攸出。意者（恐怕是）朕之听纳不得于理欤？狱讼非其情欤？赋敛失其节欤？忠谋谠言郁于上闻，而阿谀壅蔽以成其私者众欤？何嘉气（瑞气）之久不效也？应中外文武臣僚，并许实封言朝政阙失，朕将亲览，考求其当，以辅政理。

毫无疑问，这封求言诏的发布，给王安石带来了巨大的压力。诏书称"赋敛失其节"，"阿谀壅蔽以成其私者众"，显然有所指，虽未点名，但中外臣僚一看就知道是在说王安石身边的变法派。史实称"诏出，人情大悦"，大悦的人应该是保守派。

在西京洛阳编修《资治通鉴》的司马光读了求言诏，备受鼓舞，忍不住给神宗上疏，煌煌数千言，其要旨就是废止新法，以答天谴：

> 臣伏读诏书，喜极以泣，……方今朝政阙失，其大者有六而已：一曰广散青苗钱，使民负债日重，而县官无所得；二曰免上户之役，敛下户之钱，以养浮浪之人；三曰置市易司，与细民争利，而实耗散官物；四曰中国未治而侵扰四夷，得少失多；五曰团结保甲，教习凶器以疲扰农民；六曰信狂狡之人，妄兴水利，劳民费财。若其他琐琐米盐之事，皆不足为陛下道也。……臣窃闻陛下以旱暵之故，避殿撤膳，其焦劳至矣，而民终不预本泽，不若罢此六者，立有溥博之德，及于四海也。[1]

知青州滕甫也上书说："新法害民者，陛下既知之矣。但下一手诏，应熙宁二年以来所行新法，有不便悉罢，则民气和而天意解矣。"

在天威的加持下，旧党对新法的进攻获得了前所未有的火力，神宗的立场不可避免地出现了动摇，"每辅臣进见，未尝不叹息恳恻，欲尽罢保甲、方田等事"。

王安石宽慰他："水旱常数，尧、汤所不免。陛下即位以来，累年丰稔，今旱暵虽逢，但当益修人事，以应天灾，不足贻圣虑耳。"

但神宗无法宽心："此岂细故？朕今所以恐惧如此者，正为人事有所未修也。"

---

[1] 李焘：《续资治通鉴长编》卷二百五十二。下同。

四月初二，神宗给受灾各路分发手诏："编排保甲、方田造簿、淤田及应有见差夫处并权罢，候农隙丰熟日别奏取旨。"皇帝直接以手诏的方式暂停一部分新法，显示神宗对王安石领导的政府已经产生了不信任感。

促使神宗下决心暂罢新法的人，其实并不是司马光或滕甫，而是京城的一名监当官——监安上门郑侠。

郑侠是王安石在金陵讲学时的学生，高中进士后任光州司法参军，熙宁五年正月秩满赴阙，王安石勉励他"试法官"，郑侠以"未尝习法"为由推辞了。[1] 王安石又问他在地方有何见闻，郑侠说："青苗、免役、保甲、市易数事，与边鄙用兵，在侠心不能无区区也。"大概正因为不认同变法，郑侠才不愿意依王安石之言"试法官"，宁愿接受监安上门的差遣。

熙宁六年三月，朝廷设立修经局，王安石爱惜郑侠之才，委托侄婿黎东美拜访郑侠，请他出任修经局检讨，协助编修经义。但郑侠又拒绝了，并表示如果真想让他有所成就，那么就听听他的意见："读书无几，不足以辱检讨。所以来，求执经相君门下耳。而相君发言持论，无非以官爵为先，所以待士者亦浅矣。果欲援侠而成就之，取其所献利民便物之事，行其一二，使进而无愧，不亦善乎？"他所说的"所献利民便物之事"，指之前致书王安石指陈青苗、免役、市易、保甲之弊的书信。但王安石没有回复他。

由于政见上的严重分歧，郑侠与老师王安石渐行渐远。监安上门虽然是地位低下的监当官，但对郑侠来说，却是可以近距离体察民间疾苦的位置。按元人所修《宋史》的记载，"是时，

---

[1] 脱脱等：《宋史》卷三百二十一。下同。

免役法出，民商咸以为苦"（这里《宋史》将免行法误记为免役法了）。特别是熙宁六年七月以来，天无滴雨，人无生意，"东北流民，每风沙霾曀，扶携塞道，羸瘠愁苦，身无完衣。并城民买麻糁麦麸，合米为糜，或茹木实草根，至身被锁械，而负瓦楬木，卖以偿官，累累不绝"。这些景象，郑侠也一定看到了。

于是，他决定给神宗上书。宋时，内廷接收外间文书的渠道，主要有四个：1. 登闻鼓院、检院；2. 都进奏院；3. 阁门；4. 通进、银台司。登闻鼓院和登闻检院，负责受理天下士民的上书；都进奏院负责接收地方政府、地方官员的奏状与案牍；阁门司负责接收在京百司、文武官员的文书；通进、银台司与阁门功能大致相同，可接收紧急章疏，比阁门更为高效，二司由同一长官领导，可以视为一个机构的两个部门，所以宋人又习惯将银台司与通进司合称"通进银台司"。

郑侠是在京官员，按惯例，他应通过阁门司进呈奏状，但阁门司不知何故，不接受郑侠的状子。郑侠知道，紧急文字可直接通过通进银台司送入禁中，于是，他便诈称有急要事须上报皇帝，于熙宁七年三月廿六日在安上门发马递，将奏状投入通进银台司。通进银台司所承接的文书分为常规与紧急两类，紧急文字由马递、急脚递传送，由马递送达的紧急文字，通进银台司不得留滞，必须第一时间送入禁中。

其时，通进银台司的长官恰好是翰林学士承旨韩维，他看到郑侠呈递上来的文书上明说："奏为密急事。所有侠擅发马递之罪，仍乞奏勘，甘伏重罪不辞。"[1] 便立刻将郑侠的奏状进呈神宗。在奏状中，郑侠告诉神宗：

---

[1] 郑侠：《西塘先生文集》卷第一《三月二十六日以后所行事目》。

> 去年大蝗，秋冬亢旱，以至今春不雨，麦苗干枯，黍、粟、麻、豆皆不及种，五谷踊贵，民情忧惶，十九惧死，逃移南北，困苦道路。方春斩伐，竭泽而渔，大营官钱，小购升米，草木鱼鳖，亦莫生遂（生长）。外敌轻肆，敢侮君国，皆由中外之臣，辅佐陛下不以道，以至于此。……臣伏愿陛下开仓廪以赈贫乏，诸有司掊敛不道之政，一切罢去，庶几早召和气，上应天心，调阴阳，降雨露，以延天下苍生垂死之命，而固宗社万万年无疆之祉。[1]

为让神宗真切看到宫墙之外的凄凉景况，郑侠还将他在京城安上门之所见绘成一卷图画，取名《流民图》，随奏状一起进呈：

> 谨以安上门逐日所见，绘为一图，百不一及，但经圣明眼目，不必多见，已可咨嗟（叹息）涕泣，使人伤心，而况于千万里之外哉？谨随状呈奏。如陛下观臣之图，行臣之言，自今已往至于十日不雨，乞斩臣于宣德门外，以正欺君慢天之罪。如少有所济，亦乞正臣越分言事之刑。

图像远比文字更具视觉冲击力。神宗"反覆观图，长吁数四，……是夕，寝不能寐"。[2]随后又下诏命，"青苗、免役权息（暂

---

1 李焘：《续资治通鉴长编》卷二百五十二。下同。
2 脱脱等：《宋史》卷三百二十一。下同。

时停止）追呼，方田、保甲并罢，凡十有八事"。

尽管郑侠的《流民图》打动了神宗，但他所言确实谈不上是紧急事，且擅发马递是法律明文禁止的犯罪行为，因此，与郑侠奏状送入禁中的同时，郑侠本人也被送往开封府问罪。不过郑侠早已将个人安危置之度外，又上书："天旱由王安石所致，若罢安石，天必雨。"[1]说来也真凑巧，四月初四晚，京师终于下起了雨，初五又是一日一夜的大雨。

初六日早朝，群臣贺雨，神宗将郑侠的奏状及《流民图》出示给辅臣观阅，并问王安石："识侠否？"[2]王安石说："尝从臣学。"接着又恳请辞职，但神宗没有同意。退朝后，王安石又再三上表请辞相位。

这是王安石执政以来最艰难的时刻。要求罢免王安石相位的人，可不仅仅是区区郑侠，还有神宗之弟、亲王赵颢，神宗母后、皇太后高氏，神宗祖母、太皇太后曹氏。

赵颢、高太后、曹太皇太后都是旧党的同情者，都不满王安石变法。神宗曾在禁中与赵颢捶丸（一种流行于宋代、类似高尔夫球的体育运动），问"欲赌何物"，赵颢说："臣不赌别物，若赢时，只告罢了青苗法。"[3]

熙宁七年天下久旱，百姓困苦，更是坐实了旧党对变法的负面想象。一日，赵颢陪同神宗前往太皇太后宫中问候起居，曹太皇太后问神宗："吾闻民间甚苦青苗、助役钱，盍（何不）罢之？"[4]

---

1 李焘：《续资治通鉴长编》卷二百五十四。
2 李焘：《续资治通鉴长编》卷二百五十二。下同。
3 丁传靖辑：《宋人轶事汇编》卷三。
4 李焘：《续资治通鉴长编》卷二百五十二。下同。

神宗说："此以利民，非苦之也。"

曹太皇太后又说："王安石诚有才学，然怨之者甚众。上欲保全，不若暂出之于外，岁余复召可也。"

神宗说："群臣中，惟安石能横身为国家当事耳。"

这时赵颢说："太皇太后之言，至言也。陛下不可不思。"

神宗变色道："是我败坏天下耶？汝自为之！"

赵颢给吓哭了，说："何至是也？"

大家不欢而散。

他日，曹太皇太后与高太后又涕泪横流地对神宗说起新法的不便，还说："王安石变乱天下。"此时神宗也"疑新法不便"，陪着垂泪。不久，便发生了郑侠进《流民图》事件，王安石也屡上表求去。之前王安石请辞，或有要挟神宗的用意，但这一次，他是真的迫于压力，不得不辞职了。

王安石辞职，可急坏了吕惠卿、邓绾、吕嘉问、张琥等变法派官员。在此关键时刻，若王安石离朝，恐怕新法也会被叫停，新党也可能会被放逐。为了留住王安石，吕惠卿使人以化名投书登闻鼓院，请皇帝慰留王安石。

神宗虽然对变法的立场有些动摇，但也仅仅是动摇而已，还不至于否定变法，更没有逐走王安石的意思。所以，不用吕惠卿化名投书，神宗自己就会极力挽留王安石。但这一回王安石去意已决："臣今日伏蒙陛下令吕惠卿宣道圣旨，又令冯宗道随赐手诏，趣（促）令复位。眷顾之厚，非臣杀身所能上报。然臣不才，无补时事。……伏望哀怜匹夫之志有不可夺，早赐处分。"[1]

---

[1] 王安石：《临川先生文集》卷第四十四《乞解机务札子六道》。

神宗又以手诏告诉王安石，"欲处以师傅之官，留京师"。[1] 王安石还是坚持离朝。最后神宗只好批准他的辞呈："继得卿奏，以义所难处，欲得便郡休息。朕深体卿意，更不欲再三邀卿之留，已降制命，除卿知江宁，庶安心休息，以适所欲。朕体卿之诚，至矣，卿宜有以报之。手札具存，无或食言，从此浩然长往也。"

神宗之所以批准王安石辞职，还有一个原因——王安石向他承诺："苟异时陛下未赐弃绝，而臣犬马之力尚足以效，则岂宜背负恩德，长自绝于圣时哉？"[2] 这是君臣之间的约定，因此神宗才会在手诏上说"手札具存，无或食言"。

对王安石来说，个人的进退毁誉并不重要，他不计较；他所在意者，是新法的存废。人可以离朝，但新法不可罢。所以，他愿意用自己的罢相来平息众怒。而罢相之前，他先向神宗推荐韩绛接替自己，担任宰相；又举荐吕惠卿任参知政事。韩绛、吕惠卿都是变法派，由他们执政，新法就不会夭折。

四月十九日，王安石罢平章事，知江宁府，仍享受宰相的待遇。同日，韩绛拜相，吕惠卿任参知政事。请注意，王安石罢相、知江宁府，这并不是贬谪。历史作家易中天说王安石是"被贬为江宁知府"，大概是因为不太了解宋朝的官制。[3] 宋时，平章事、知府（知州）均为差遣，本身并无品阶高低之分。宰相罢平章事，出知州郡，或者从州郡召回拜相，在宋朝十分常见，况且王安石还继续保留宰相的待遇。

罢相制书一出，吕嘉问、张琥忍不住扶着王安石哭泣。王

---

1 李焘：《续资治通鉴长编》卷二百五十二。下同。
2 王安石：《临川先生文集》卷第四十四《谢手诏训谕札子》。
3 易中天：《王安石变法》第一章，浙江文艺出版社，2017年。

安石反而安慰他们："已荐吕惠卿矣。"[1] 从维护新法的角度来说，吕惠卿果然没有让王安石失望，一年后王安石复相，神宗告诉他："自卿去后，小人极纷纭，独赖吕惠卿主张而已。"[2] 时人称吕惠卿为"护法善神"，又称韩绛为"传法沙门"，这里的"法"，指王安石变法。[3]

在王安石罢相之际，神宗对变法已逐渐恢复信心。四月廿二日，他颁发了一道信号十分明显的诏书：

> 朕嘉先王之法，泽于当时而传于后世，可谓盛矣。故夙兴夜寐，八年于兹，度时之宜，造为法令，布之四方，皆稽古先王，参考群策而断自朕志。已行之效，固亦可见。而其间当职之吏，有不能奉承，乃私出己见，妄为更益，或以苛刻为名，或以因循为得，使吾元元之民，未尽蒙泽。
>
> 虽然，朕终不以吏或违法之故，辄为之废法，要当博谋广听，案违法者而深治之。间有未安，考察修完，期底（*希望达到*）至当。士大夫其务奉承之，以称朕意。无或狃于故常，以戾吾法。敢有弗率（*不遵从*），必罚而不赦。

这道诏书的发布，宣告旧党欲借旱灾推翻新法的企图破产了。神宗在诏书上明言：新法乃"断自朕志"（*即并非王安石擅改旧法*），实是便民的良法，只不过是当职之吏在执行过

---

1 徐自明：《宋宰辅编年录校补》卷之八。
2 李焘：《续资治通鉴长编》卷二百六十一。
3 李焘：《续资治通鉴长编》卷二百五十二。下同。

程中出了一些问题，问题出在执行之人，不在新法本身，解决问题的方法只能是"案违法者而深治之"，而不是"辄为之废法"。

是什么促使神宗皇帝坚定了变法的决心？有两个人发挥了重要作用：一个是吕惠卿，他十分担心中外臣僚因看到王安石罢相而竞言新法不便，便先行给诸路监司、郡守写信，向他们晓明利害，又奏请神宗降诏，申明变法是"国是"，毫无动摇之意；另一个是王韶，他在四月破西蕃、降木征，捷报传来，神宗十分振奋，变法派亦趁机请神宗坚守新法。当然，王安石的罢相也替神宗卸掉了很大压力。

倒是王韶闻知王安石罢相，深感不安，大有疑虑。神宗又以手诏盼咐王安石，让他开解王韶："王韶闻卿解机务，颇不安职。继有奸人诈韶云，朝廷已有命废熙河，徙帅治秦。韶愈忧惑，朕虽已降手敕开谕，卿可特致书安慰之。"

王安石于是写信宽慰王韶："木征内附，熙河无复可虞矣。唯当省冗费，理财谷，为经久之计而已。上以公功信积著，虚怀委任。疆场之事，非复异论所能摇沮。公当展意，思有以报上，余无可疑者也。某久旷职事，加以疲病，不能自支，幸蒙恩怜，得释重负。然相去弥远，不胜惓惓。唯为国自爱，幸甚。"[1]

五月初，王安石离京，乘舟由汴河赴江宁，将京城中的是是非非抛于脑后。时值初夏，入夜，汴河上凉风习习，王安石心有所感，写了一首小诗，流露出退隐江湖的心意：

---

[1] 王安石：《临川先生文集》卷第七十三《与王子醇书四》。

夏夜舟中颇凉因有所感（节录）

未秋轻病骨，微曙浣愁肠。

坚我江湖意，滔滔兴不忘。[1]

第五节　变法派起郑侠狱

相传吕惠卿拜参知政事当日，"京师大风霾，黄土翳席逾寸"。[2] 于是，郑侠再次上书，攻击吕惠卿："天宝之乱，国忠已诛，贵妃未戮，人谓贼本尚在。今安石虽去，而惠卿复用事，虽不同，势岂少异？盖安石本为惠卿所误，以至于此。既已觉知，仍复遂非。以相拔援，其实表里自相胶固。夫岂念宗庙社稷之重？且惠卿能终无背安石耶？"[3] 神宗看了奏状，但没理他。

郑侠又上书攻击吕嘉问，力攻市易法之非；批评王韶拓边，"力言边兵不已为大不祥，其言反复累十余纸，皆细书密行"。执政的吕惠卿等人不希望看到郑侠一再上书诋毁新法，便催促开封府尽快治郑侠擅发马递之罪。

六月十三日，郑侠案结案定判："罚铜十斤，放。奉圣旨，依奏仍特免勒停，……候郊礼过，授一广南、福建差遣出京。"[4] 郑侠擅发马递，只被罚铜十斤，应该说判得很轻了，这应是韩维从中斡旋、神宗亦不欲深罪之故。

1　王安石：《临川先生文集》卷第十六《夏夜舟中颇凉因有所感》。
2　李焘：《续资治通鉴长编》卷二百五十二。
3　郑侠：《西塘先生文集》附录《宋景定建康志介夫传》。下同。
4　郑侠：《西塘先生文集》卷第一《三月二十六日以后所行事目》。

郑侠却不安分，在京等候差遣之时，仍然不停上书，攻讦大臣、非议时政，称"安石作新法为民害，惠卿朋党奸邪，壅蔽聪明。独冯京立异，敢与安石校。请黜惠卿，用京为相"。[1] 又称"禁中有被甲登殿（诟骂）等事，愿陛下登宣德门宣示臣庶。臣之所言是邪，乞惩戢近臣，毋得公肆欺诞以危社稷；所言非邪，乞斩臣于众人之前，以塞流言汹汹之路"。[2] 言辞越来越激切。

他大约有些绘画的天分（否则也绘不出《流民图》），又取唐朝三位贤臣魏征、姚崇、宋璟之事迹，画成图并题《正直君子社稷之臣事业图》；取唐朝三名佞臣李林甫、杨国忠、卢杞之事迹，画成《邪曲小人容悦之臣事业图迹》，还将彼时在位臣僚"欺君误国之事"与"暗合林甫辈"之人，一并绘入《邪曲小人容悦之臣事业图迹》，其中便有吕惠卿。

吕惠卿可不是省油的灯，得悉郑侠一再攻击自己，勃然大怒，以"谤国"为由要求深究郑侠。十一月初六，郑侠被勒停（停职），追毁出身以来文字（开除官籍），送汀州编管，次日即押送出京师。

但郑侠刚刚行至陈州时，便被权审官西院主簿舒亶带着一帮官差截住，要求搜查郑侠囊中文字，结果搜出谏疏二帙，"皆先朝名臣奏稿，及韩（琦）、范（镇）、司马（光）等所言新法不便事"。舒亶即押郑侠返回京城，投入御史台狱。

这是怎么回事？

原来，郑侠离京不久，吕惠卿入对，提醒神宗注意郑侠奏状中一处十分可疑的问题："侠书言青苗、免役、流民等事，

1　李焘：《续资治通鉴长编》卷二百五十四。
2　李焘：《续资治通鉴长编》卷二百五十九。下同。

此众所共知也；若言禁中有人被甲登殿诟骂，此禁中事，侠安从知此？"

神宗也觉得奇怪："郑侠一小官，如青苗、免役等事，容于道路闻之，至如被甲登殿、禁中君臣对面言之，何闻之速且详？"

吕惠卿说："侠前后所言，皆冯京手录禁中事，使王安国持示导之使言也。"

吕惠卿所说的王安国，乃是王安石的胞弟，政见却与兄长对立，如同政敌，"常非其兄所为"。[1] 熙宁年间，王安国赴阙，神宗召对，问："卿兄秉政，外论谓何？"[2] 王安国答："恨知人不明，聚敛太急尔。"神宗听了，"默然不悦"。

王安国对兄长最倚重的吕惠卿尤其看不惯。有一次，王安石偶然读到晏殊的香艳小词，笑问安国："为宰相而作小词，可乎？"[3] 王安国答："彼亦偶然自喜而为尔，顾其事业岂止如是耶！"其时吕惠卿亦在旁，插话说："为政必先放郑声（禁止靡靡之音），况自为之乎？"王安国则正色道："放郑声，不若远佞人也。""放郑声，远佞人"出自《论语》，王安国以此讥讽吕惠卿是"佞人"。吕惠卿当然听得出来，自此与王安国失和。

所以，我们可以看到：王安石兄弟跟吕惠卿的关系非常不一样，王安石与吕惠卿亲密如师生，王安国与吕惠卿却相互厌恶如仇敌。

不过，对王安石、王安国这对兄弟的政见对立，我们也不必惊讶，因为熙丰变法时期，政见对立的亲兄弟（或亲友）并不鲜见。王安石的另外两个胞弟王安礼与王安上，政治立场也

---

1 司马光：《涑水记闻》卷第十六。
2 脱脱等：《宋史》卷三百二十七。下同。
3 魏泰：《东轩笔录》卷之五。下同。

是更接近旧党，王安礼不参与变法，而与兄长刻意保持距离，王安上对朝廷新政时事亦多有不满，而与苏轼交游；韩绛与韩维是一对兄弟，韩绛支持王安石变法，韩维却对新法不以为然；曾巩与曾布是兄弟，曾巩对王安石变法持异议，曾布却是变法阵营的一员骁将；李承之与李肃之亦是兄弟，李承之是新法的倡导者与执行官，李肃之则对新法颇有微词："自是朝廷以常平、助役扰州县耳。"[1]我们前面提到的杜纯，也与王安石关系不好，他的亲弟杜纮却"谄事宰相王安石"，"兄弟异心，众所共悉"。[2]前面我们还讲过孔文仲应制举御试，在策对上极言新法不便，因此被罢归故官，其弟孔平仲却写诗赞颂新法，获得王安石的举荐；吕公弼、吕公著兄弟不满变法，但他们的从孙吕嘉问是王安石的忠实追随者；曾公亮是保守派，他的儿子曾孝宽却是变法派。

还有，新党中的李清臣是旧党韩琦的侄女婿；旧党中的刘攽，经常出言讽刺王安石变法，但同时又与王安石、苏轼保持着友谊；苏轼常诋毁新法，但与推行新法的章惇又是莫逆之交（晚年才失和）；"苏门四学士"之一的黄庭坚很反感新法，但他的堂妹却嫁给了变法派新秀徐禧，而且黄庭坚对徐禧的评价非常高——徐禧死后，黄庭坚为他撰写祭文，称赞他"文足经邦，武足定难"；[3]文彦博与蔡确是亲家，蔡确为变法阵营的中坚，文彦博却是反对变法的元老；蔡确与冯京也有姻亲关系，而冯京是新法的反对者；王安石与吴充也属姻亲，但吴充"虽与安石连姻，而心不善其所为，数为帝言政事不便"，然而，吴充

---

1 李焘：《续资治通鉴长编》卷二百三十一。
2 李焘：《续资治通鉴长编》卷三百八十三。
3 丁传靖辑：《宋人轶事汇编》卷十一。

之子吴安持又是王安石的得力助手；[1] 黄庆基是王安石的表弟，却对变法颇不以为然："荆公执政时，深欲引用，以论议不改，沈隐至此"；[2] 更令人意想不到的是，王安石与最早抨击他的吕诲也有间接的姻亲关系，王安石之女嫁吴充次子吴安持，吕诲之女则嫁吴充长子吴安诗，而吴安持与吴安诗这对兄弟也是分属变法派与保守派。

也就是说，神宗朝新党与旧党的分化，主要并不是基于私人情感、私人关系，而是因为彼此对公共治理的见解存在差异。这一点，与其他王朝的朋党现象完全不同。

神宗听了吕惠卿的说法，也认为很可能就是冯京向郑侠提供了朝堂与宫禁的隐秘信息。十一月十一日早朝，冯京留身奏事，神宗便问他："卿，大臣，知朝廷有不便事，何惜自言，乃委令郑侠入文字？缘小官论列朝廷大事，理自不顺，略行贬窜，物论甚不然。"[3] 冯京一听大惊，慌忙说："臣与郑侠素不相识。"

当时，侍御史知杂事张琥听说冯京曾向郑侠借书，又赠送郑侠钱米，立即对冯京提起弹劾："京，大臣，与侠交通有迹，而敢面谩云不识。又侠所言朝廷机密事，非京告教，何得闻此？"

神宗便将张琥的弹章出示给冯京，冯京说："实不识，乞下所司辨。"要求将郑侠"追回对证，使虚实有归"。

张琥也说："侠自言京为之主。按京身为辅弼，政事有所未便，自当廷议可否，岂宜怀贰，阴结小人？若京实无此，侠当坐诬大臣之罪。侠虽逐，而京之事状未明，乞追侠付狱穷治。"

神宗遂下诏，交御史台调查郑侠有无交通冯京一事。冯京

---

1 脱脱等：《宋史》卷三百一十二。
2 李焘：《续资治通鉴长编》卷四百六十八。
3 李焘：《续资治通鉴长编》卷二百五十九。下同。

提出异议："侠事因琥案劾，则御史官属不得无嫌，且朝廷不过欲见臣与侠有无往还问遗实迹耳，乞治于他司，或遣官就御史台根究。"冯京的申诉是有道理的，所以神宗又诏知制诰兼知谏院邓润甫与御史台共同推究。

于是，张琥命舒亶前往陈州，将郑侠带回御史台，接受审讯。狱官要求郑侠坦白交代，列出与之交通者的名单。郑侠供出数人：权发遣户部副使王克臣、判登闻检院丁讽、内殿崇班杨永芳、御史台吏杨忠信、登闻检院吏孔仲卿、抚州进士吴无至，以及王安国。

王克臣与郑侠有旧，郑侠被逐，王克臣送了他三十两银子。吴无至是郑侠门人，郑侠因擅发马递解职，解职后的上书都是遣吴无至到登闻检院投递，而投递时，判登闻检院丁讽总是感叹说："当今台谏不言，郑监门乃能屡入文字邪！"他又告诉吴无至：冯参政再三称赞郑监门。孔仲卿也是郑侠门人，应该向郑侠透露过登闻检院的一些内部消息。

但郑侠听到的重大信息，其实来自御史台吏杨忠信与内殿崇班杨永芳。郑侠任监安上门时，杨忠信前来拜访，说："御史台职在谏争，皆缄口不言。足下一监门尔，乃上书不已，是言责在监门而台中无人也。"又从怀中取出两帙谏疏，送给郑侠："以此为正人助。"这便是后来舒亶从郑侠行囊中搜出来的司马光等人抨击新法的文字。杨永芳则是郑侠的邻居，他不满变法，经常跟郑侠说一些"新法不便""大臣诬罔"之类的朝堂隐情。

王安国与郑侠应该相识已久，因为郑侠是王安石门人，不可能不识王安国。他的政见又与安国接近，所以素相亲厚。郑侠擅发马递之后，一日于太庙街行走，正好碰见骑马路过的王安国。王安国在马上举鞭，向郑侠行礼说："贤可谓独立不惧。"

并随郑侠至其居所小坐、交谈。

他向郑侠借阅三月廿六日所上奏状草稿，但郑侠不肯。

王安国说："能言之者，子也；能揄扬、流布于人者，我也。子必以其草示我。"但郑侠推说草稿烧掉了。

王安国说："亦见阁下与家兄书，家兄主张太过，虽安国之言亦不见听，况阁下乎？"

郑侠感叹说："不意丞相一旦为小人所误，以至于此。"

王安国说："是何为小人所误！家兄所见不同，自以为人臣子，不当避四海九州之怨，使四海九州之怨尽归于己，方是臣子尽忠于国家。"

郑侠说："未闻尧、舜在上，夔、契（尧舜时代的两位贤臣）在下，而有四海九州之怨。"王安国以为然。

因为跟郑侠有这层交集，王安国亦被召来问话。一开始，王安国不肯承认与郑侠有来往，法官便让郑侠出来对质。郑侠对王安国说："凡对制使，不当有隐，口所言者，安得讳之邪？天地神祇、宗庙社稷、日月星辰、五岳四渎之灵，皆在左右，学士欲谁欺？"王安国这才承认。

主审官邓润甫欲问出郑侠与冯京的来往情况，丁讽供称："尝见京语及侠，京称侠文辞甚佳，小臣不易敢尔"，实不知冯京与郑侠是不是有往来。郑侠却一直坚称与冯京并不相识。狱吏取来冯家登记来访宾客名单的门历检视，发现上面也没有郑侠的名字。

为深探郑侠供词，定冯京之罪，御史台迟迟不愿结案。神宗却不欲枝蔓，于十二月廿三日下诏，催促御史台尽快结案。张琥回奏："侠事连京，理须考实，而证左（证人）有所畏望，未肯尽情通说。勘司又被旨催迫，无缘穷究。况侠毁斥朝政，姗骂大臣，非有所恃，安敢如此？若不推见事情，明正国典，则小人朋比，何以禁止？乞令尽理根究。"

次年，即熙宁八年正月，郑侠之狱才审理完毕。御史中丞邓绾与主审官邓润甫联名上奏神宗："侠肆意谤讪朝廷，议罪投之远方，此人臣之所共嫉。克臣以戚里（指帝王外戚，王克臣之子为驸马都尉）受国厚恩，知侠国之所弃，而资给之。安国以下士擢置文馆，而奖激狂妄，非毁其兄。及永芳、忠信等传言惑众，尤为可恶。虽犯在赦前，及元非朝旨推究之人，据其情状，不可不惩。"

御史台又认为：冯京身为执政大臣，政有阙失，未尽规谏，反而阳奉阴违，倡为浮议，岂是大臣之体？而"国有刑人（指郑侠）"，冯京却"启导奖进，阴为主宰"，"左（佐）证具存，情焉廋匿？"[1]

正月初七，神宗下诏，对郑侠案涉案官吏作出处分：冯京保留官阶，但罢去参知政事职务，出知亳州；王克臣、杨永芳各追一官，即降官阶；丁讽贬为监无为军酒税；杨忠信、孔仲卿、吴无至一并被判杖刑、编管；王安国被开除官籍，放归田里。

郑侠呢？若按吕惠卿的意思，郑侠罪大恶极，当处以死刑。但神宗说："侠所言非为身也，忠诚亦可念，岂宜深罪？"[2] 最后还是维持开除官籍、送外地编管的原判，只把编管地点从汀州改为更偏远的英州。

王安国既贬，神宗派人前往江宁安慰王安石。王安石忍不住对着使者流泪，他与安国虽政见对立，但毕竟是亲兄弟。

---

1 徐自明：《宋宰辅编年录校补》卷之八。
2 李焘：《续资治通鉴长编》卷二百五十九。

宋人笔记称，郑侠狱是吕惠卿主使制造出来的，吕氏"起郑侠狱，事连荆公之弟安国，罪至追勒"，其意在倾轧王安石，因为吕惠卿图拜相，不希望王安石回朝。[1] 但野史笔记就如今天的网络段子，道听途说、捕风捉影、以讹传讹的居多，可信度极低。尤其是邵雍之子邵伯温，简直造谣、传谣成性，他的《邵氏闻见录》可谓北宋的"谣言集"。"倾轧王安石"之说即出自《邵氏闻见录》，属于毫无根据的"阴谋论"。

尽管吕惠卿颇有机心，并非敦厚之人，但说他主使制造了郑侠狱却没有证据。发起郑侠狱的人，与其说是吕惠卿，不如说是邓绾、张琥、邓润甫等变法派台谏官。当然，吕惠卿是想深罪郑侠的，其用意或可说是"项庄舞剑，意在沛公"，但这个"沛公"并非王安石，而是冯京。王安国只不过是受郑侠案牵连，被殃及了。而吕惠卿之所以欲扳倒冯京，是因为他们同为参知政事，意见却多有不合，常有争执；且冯京多次暗中阻挠变法，给变法派制造麻烦，比如熙宁四年的杨绘攻募役法事件，熙宁五年的唐坰怒骂王安石事件，熙宁七年的郑侠上书事件，幕后隐隐约约都有冯京煽风点火、推波助澜的小动作。

---

[1] 邵伯温：《邵氏闻见录》卷第九。

第九章 官营市易以利趋

熙宁五年至熙宁八年(1072—1075)

第九章 官营市易以利趋

第一节 十一世纪"托拉斯"

自熙宁五年至七年王安石罢相，这三年间，受非议最多的一项新法就是市易法。在这一章，我们就来讲讲市易法及其面临的挑战。

熙宁五年三月，在京市易务设立。在设立之初，它是一个编制不大的商业中介机构，只设监官二人、提举官一人、勾当公事官一人，以及若干加盟的在京行人、牙人。它的启动资金只有一百万贯，主营业务是为客商与京师行人搭建一个交易平台，并为行人提供收购商货的贷款；副营业务则有三项：向行人赊卖官物，替三司采购政府用品，以及收蓄转卖一部分货物。从后三种业务来看，在京市易务又如一个商品批发公司。

市易务作为一个交易平台，其运作方式是：凡客商（卖方）贩运货物到京师，可前往市易务投卖；然后，由市易务召加盟的铺商（买方）前来看货，铺商若看中某种货物，即可向市易务借支现金买货，而不用先投入本钱，半年或一年后再将本息还给市易务，半年的利息10%，一年的利息20%。客商与铺商若选择在市易务这个平台上交易，则三方都可得利：客商可以立即收到现款（由市易务代付），而避免被拖欠；铺商可以无本赊买货物（由市易务代付），但需向市易务支付利息；市易务可获得利息收入。

今天电商平台的营运模式，走的不就是当年王安石设市易务的思路？一家电商平台就如一个市易务，吸引网店（卖方）与消费者（买方）来交易，消费者在这里购物，可以选择信用支付，即由平台垫付购物款，待收货后再偿还给平台，当然，平台可能会收取手续费（或曰利息）。整个运行模式跟宋朝的市易务是一样的。

作为一个商品批发公司，市易务一般不参与琐碎的零售活动，而是以赊卖的形式向零售商供货，从中赚取年利率20%的利息。这一经营模式可以概括为"官本商营"。华裔历史学者黄仁宇称"市易法不能集中于批发业务，以致执行者自己成为零售商，到街上去卖果卖冰，甚至'卖梳朴即梳朴贵，卖脂麻则脂麻贵'，为神宗亲自谴责"，实是读史不细，受了保守派对变法之不实指控的误导。[1]

市易务还有平抑城市物价的职能，在物价过低时，市易务以略高于市价购买；在物价过高时，又以略低于市价出售："朝廷设市易司于京师，以售四方之货，常低昂（升降起伏）其价，使高于兼并之家，低于倍蓰（数倍）之直，而官不失二分之息，则商贾自然无滞矣。"[2] 如此，则可削弱大商人囤积货物、操纵物价的能力。至少从设置市易务的初衷来说，是存有平抑物价、

---

1 黄仁宇：《赫逊河畔谈中国历史·王安石变法》。
2 魏泰：《东轩笔录》卷之四。

抑制兼并的意图的，设计思路显然来自常平仓制度，所以魏继宗将他设想的市易机构取名为常平市易司。

为方便没有本钱的小商户进货，市易务批发货物通常采取赊卖的方式。从市易务进货的小商户不用给现金，而是挂账，然后在半年或一年内还款并支付利息。所谓"官不失二分之息"，指的就是赊购货物的年息。

不过，市易务作为一个商业机构，当它运转起来之后，必然会自然而然地遵循商业逻辑。这个逻辑就是追逐利润："率皆贱以买，贵以卖，广收赢余。"[1] 这也是市易法深受诟病的地方。

而且，在追逐利润的驱动之下，市易务的组织规模与经营业务迅速扩张，而不再仅仅是一个交易平台，或一个商品批发公司。

熙宁五年七月五日，市易务与榷货务合署，以市易务为上界，以榷货务为下界；七月十四日，在京商税院、杂卖场、杂买务也一并隶属于市易务。市易务三月底才成立，至七月初，不足四个月的时间，便合并了榷货务、商税院、杂卖场、杂买务四个官营商业机构，组织规模一下子扩张了好几倍。

杂买务，"掌和市（官府按价向民间购买实物）百物，凡宫禁、官府所需，以时供纳"；杂卖场，"掌受内外币余之物（营造用料的剩余部分），计直以待出货，或准折（变卖折价）支用"。[2] 由于市易务的业务包括赊卖官物、采购政府用品，将杂买务与杂卖场兼并进来，算是顺理成章的事。

至于都商税院，"掌收京城商旅之算，以输于左藏"，是京

---

1 徐松辑：《宋会要辑稿·食货三七》。
2 脱脱等：《宋史》卷一百六十五。下同。

城的商税征收部门，它并入市易务，意味着市易务获得了在京城征收商税的权力，这也为未来市易务开征免行钱与市例钱搭好了组织构架。

榷货务则掌茶、盐等物的专卖，并发行盐钞、茶引、见钱交引、空名度牒等有价证券，兑付便钱、关子、交引等票据。它与市易务合并，意味着市易务获得了从事专卖与金融业务的资格。

熙宁六年十二月，京师的市易机构又兼并了抵当所："市易司市利钱（即市例钱）量留支用外，十万贯并送抵当所出息，准备支充吏禄。其抵当所令都提举市易统辖。"[1] 我们以前讲过，抵当所本是开封府检校库设立的放贷机构，现在它从检校库独立出来，划归市易机构管辖，称"市易抵当"。也就是说，市易机构的业务又扩展到抵押贷款领域。

市易抵当提供给市民的贷款品种十分丰富，比如"开封祥符县给散（发放）民钱，有出息抵当银绢、米麦、缓急、丧葬之目，如此七八种"，保守派士大夫对此忧心忡忡："小民无知，但见官中给钱，无不愿请，积累数多，实送纳不得。"[2] 市易抵当的利息为半年期10%，一年期20%，与民间高利贷相比，可以说是低息贷款，所以十分受商民欢迎。

元丰年间，朝廷考虑到"抵当之法，才行于畿邑，外邑殊未施行"，[3] 又批准给诸路拨款作为抵当本钱，在各州县设立市易抵当所，设置原则是"诸路各量闲要州、县，兴置市易抵当，

---

1 徐松辑：《宋会要辑稿·职官二七》。
2 李焘：《续资治通鉴长编》卷二百五十二。
3 徐松辑：《宋会要辑稿·职官二七》。

僻小县分不可兴置处，不置"。[1]换言之，凡商业稍繁盛的城市，基本上都设立了市易抵当机构，即建成一个覆盖面很大的城市金融网络。

市易机构的贷款与赊卖业务，主要采用"立保赊钱"与"抵当赊钱"两种方式。宋人说："市易旧法，听人赊钱，以田宅或金银为抵当。无抵当者，三人相保（互相担保）则给之，皆出息十分之二，过期不输息，外每月更罚钱百分之二。"[2]换成现在的说法，即贷款有抵押（或赊卖）与担保（或赊卖）两种，利息都是20%，逾期不还要罚款2%。

随着放贷与赊卖业务的急速发展，债务繁忙，市易机构又成立了专门催理欠款的部门，并招收专员。在京城，"市易催索钱物，凡用七十人，每人各置私名（私自雇佣助手）不下十人。掌簿籍行文书，凡用三十余人，每人各置贴写（抄录文书的人员）不下五人，共约一千余人"。[3]

另一方面，在京市易务成立后，宋政府又陆续在熙州、河州、秦州、岷州、兰州、永兴军、瀛州、黔州等沿边州郡，以及大名府、河南府、苏州、常州、杭州、楚州、越州、福州、广州等商业重镇设置市易务。熙宁六年十月，宋政府将在京市易务改称"都提举市易司"，把诸州市易务划隶于都提举市易司。[4]熙宁八年二月，都提举市易司又提请"许本司移用钱物，度人物要会处，分诸路监官置局，随土地所产，商旅所聚，与货之滞于民者，

1　李焘：《续资治通鉴长编》卷三百五十六。
2　李焘：《续资治通鉴长编》卷二百九十六。
3　李焘：《续资治通鉴长编》卷三百八十三。
4　宋代史料经常把"市易务"与"市易司"混用。为避免混淆，我们将熙宁六年十月之前的京师市易机构称为"在京市易务"或简称"市易务"，将熙宁六年十月之后的京师市易机构称为"都提举市易司"或简称"市易司"。

皆可收敛",神宗批准。[1] 换言之,都提举市易司不但统辖诸州市易司,而且在商旅聚集的要会处设立分支,开展商贸业务。

至此,市易司发展成为一个庞大的官营商业组织,内部分成几个系统:汇兑系统、赊卖系统、借贷系统、贩易系统、和买系统、征税系统、理欠系统、簿籍会计系统;拥有资产1500万贯(约占财政岁入的1/6,不含榷货务的资产);其分支机构(包括设于沿边与商业重镇的地方市易司、设于各州县市镇的抵当所和抵当局)遍布天下;所涉业务非常广泛,包括一般贸易、禁榷品贸易、边境贸易、长途贩易、舶来品收购、坑冶开发、政府购买、市例钱与免行钱征收、有息存款、抵押贷款,等等。[2]

梁启超认为,"市易务实一银行也","青苗与市易二法,皆与今世银行所营之业相近。青苗则农业银行之性质也,市易则商业银行之性质也"。[3] 马寅初则将市易法类比为"性质与今日之工商银行同"的金融组织,"同时亦为货物之流通机关"。[4] 应该说,马寅初的概括更准确一些,因为在市易法的整个组织构架中,与商业银行接近的只是都提举市易司辖下的市易抵当所。

毋宁说,都提举市易司更像是一个超大规模的集团公司,其中在京市易上界是贸易公司总部,诸州市易司及设于要会处的局是分公司;市易下界则是发行与兑付有价证券的机构;抵当所是市易司旗下的商业银行,其营业点遍布各州县市镇。单

---

1 李焘:《续资治通鉴长编》卷二百六十。
2 参见杨师群论文《北宋市易务及其官商业务活动》,《中州学刊》1990年第5期。
3 梁启超:《王安石传》第十章。
4 转引自张世明《王安石变法对美国经济法律制度的影响》,《中华读书报》2020年5月20日。

就在京市易务的人数而言，除了提举官、监官、勾当公事官及吏人，还有大量加盟商人、牙人，总人数"决不会下于数千人"，"令人讶异不浅"。[1] 若加上地方的市易机构，整个市易系统的工作人员无疑数以万计。毫不夸张地说，宋朝的都提举市易司堪称十一世纪最大的商业"托拉斯"，也是中国历史上绝无仅有的超级商业组织。

第二节　政府购买的创新

在市易司开展的诸项业务中，有一项特别值得我们关注，就是"政府购买"。现代国家的政府消费品基本上都是通过招标采购的方式获得，古代则不然，主要是靠向民间无偿征收。这是古今政府的一大区别。

晚唐开始出现从征用向购买转化的趋势，我们应该都读过唐朝白居易的一首诗：

卖炭翁

卖炭翁，伐薪烧炭南山中。
满面尘灰烟火色，两鬓苍苍十指黑。
卖炭得钱何所营？身上衣裳口中食。
可怜身上衣正单，心忧炭贱愿天寒。
夜来城外一尺雪，晓驾炭车辗冰辙。

---

[1] 杨师群：《北宋市易务及其官商业务活动》，《中州学刊》1990年第5期。

牛困人饥日已高，市南门外泥中歇。
翩翩两骑来是谁？黄衣使者白衫儿。
手把文书口称敕，回车叱牛牵向北。
一车炭，千余斤，宫使驱将惜不得。
半匹红纱一丈绫，系向牛头充炭直。[1]

人们习惯于认为这首诗反映了唐朝的宫市对老百姓的盘剥，但以大历史的眼光来看，宫市的出现却是历史性的进步，它意味着宫廷消费品的获得不是靠无偿征用，而是要掏钱购买，尽管交易过程有些不公平。

入宋，市场购买成为宫廷与政府取得消费品的主要渠道，用宋人周行己的话说："物出于民，钱出于官。天下租税，常十之四，而籴常十之六。与夫供奉之物、器用之具，凡所欲得者，必以钱贸易而后可。"[2] 而负责采购宫廷、政府消费品的部门，便是三司与杂买务。采购的方式有二：或由杂买务向在京诸商行订购；或由三司摊派给诸路，"三司视库务所积丰约，下其数诸路。诸路度风土所宜及民产厚薄而率买，谓之科率。诸路用度非素蓄（平时所蓄积）者，亦科率于民"。[3] 不管是杂买务向京师诸行订购，还是诸路机关采购自地方，往往都是强制性的购买行为，所以宋人称之为"科买""科率"。

而负有满足政府科买需求之义务的市场组织，是京师与地方的工商行会，宋人叫"团行"："市肆谓之'团行'者，盖因官府回买（购买）而立此名，不以物之大小，皆置为团行；虽

---

1 郭茂倩编：《乐府诗集》卷第九十九。
2 周行己：《浮沚集》卷一。
3 李焘：《续资治通鉴长编》卷一百六。

医卜工役,亦有差使,则与当行同也。"[1] 团行包括"团"和"行",比如在南宋临安府,"有名为'团'者,如城西花团、泥路青果团、后市街柑子团、浑水闸鳖团。又有名为'行'者,如官巷方梳行、销金行、冠子行、城北鱼行、城东蟹行、姜行、菱行、北猪行、候潮门外南猪行、南土北土门菜行、坝子桥鲜鱼行、横河头布行、鸡鹅行"。"团"与"行"都是工商业组织,只是叫法不同而已。

此外,还有各种"作":"如碾玉作、钻卷作、篦刀作、腰带作、金银打鈒作、裹贴作、铺翠作、裱褙作、装銮作、油作、木作、砖瓦作、泥水作、石作、竹作、漆作、钉铰作、箍桶作、裁缝作、修香浇烛作、打纸作、冥器等作分。""作"是宋代的手工业行会组织,也归入团行中。

一般来说,城市里的铺商、手工业作坊都要加入团行,走街串巷的小商贩则通常游离于团行之外,宋人说的"行人""行户",就是指加入团行的铺商、手工业作坊经营者。各团行都有主事之人,叫"行头""行首"。

官府每有科买需求,即摊派给各个团行,这叫"下行",例如羊肉多少斤,由肉行供应,水果多少筐,由果子行供应。团行的行头、行首接到官府科买任务后,又将任务分解给本行各行户,张家铺子供应多少斤,李家铺子供应多少斤,限期交足。行户按时祗应官府的科买,叫"当行",是一种应役义务。官府往往还会在当行的行户中指定一人作为临时的负责人,若未能完成本次科买任务,则唯此人是问。

尽管科买带有强制性,但既然称为"买",就意味着它不是无偿的征用,而是需要付钱的交易。不过在王安石变法之前,

---

[1] 吴自牧:《梦粱录》卷十三。下同。

宋政府向团行科买宫廷与政府消费品，并不是按市价付钱，而是根据"时估"确立交易价。

时估制度来自唐朝，唐政府设立市令一职掌管市场交易，市上百货的价格均由市令设定：每旬市令要对各种商品的价格作出评估，根据质量的优劣确定上、中、下三等时价，这个定价过程就叫"时估"。宋朝继承了时估制度——每旬的最后一天，开封府与各州县都要召集当地各行的商人代表，评估下一旬的商品销售价格，并登记成表格，逐级上报，汇总于三司存档。不过，宋代的时估与唐朝的已有质的不同：首先，评估物价的人不再是政府官员，而是各行业的商界领袖；更重要的是，各行作出的估价并不等于商品交易的市场价，而是一种基于批发价的参考价。时估之外，自有市价，市价如何，取决于市场。那么时估有何作用？主要是作为政府购买的价格。

由于官府科买的时估价格往往低于市价，搬运科买物品的成本也由行户负担，而且，科买之时，吏人少不了要刁难、勒索行人（在推行仓法之前，吏人无常禄，唯靠取贿为生），所以，应役当行的行户苦不堪言。除了祗应科买，行户还要替官府制造手工制品、验看官物质量、鉴定官物价值，等等。这些义务称为"行役"，正如役法改革之前的乡村户需要服差役，经商的坊郭户也要承担行役。

当然，宋代团行的出现并不仅仅是为了应付行役，团行还具有垄断本行业市场、维护本行业利益、约束本行业成员的功能。例如，贩运果子的客商运一批新鲜果子到京城，必须先投放到果子行，然后通过果子行的平台，将果子批发给各铺户。这也是铺商要加入团行的原因。团行中的巨商有能力操控本行商品价格、当行应役时又能避重就轻，属于工商行会制度下的既得利益者。但对于团行中的中小商户来说，行役是他们的沉重负担。

差役制度已经改革，行役制度何时变更？

熙宁五年，在京市易务成立后，承担了一部分政府购买。十二月，提举官吕嘉问向神宗提了一个申请："上供荐席（垫席）、黄芦之数六十色，凡百余州，不胜科扰，乞计钱数，从本务召人承揽，以便民也。"[1] 神宗批准，下诏"罢诸路上供科买"。从这里，我们可以发现市易务的政府购买采取了一种全新的方式——"召人承揽"。它完全不同于之前的科买，而跟今天通行的政府采购招标制度十分相似。首先，市易务向三司承包了垫席、黄芦等上供物的采购项目；然后，市易务通过"召人承揽"，将这一采购项目发包给诸路的供货商。这个过程，宋人称为"揽买"。

揽买的制度并不是市易务天才地设计出来的，而是来自先前的经验与实践。早在熙宁三年，主持变法的条例司便试行过上供羊肉的揽买。宋代上层社会流行吃羊肉，宫廷与政府每年都要消耗大量羊肉。宋政府并不养羊，羊的获得主要靠科买与博买，但科买给产羊区的百姓造成了沉重负担："诸路科买上供羊，民间供备几倍。"[2] 博买则主要通过向辽国购买，尽管不会骚扰百姓，但也存在问题：官府跟辽国买来的契丹羊，一路赶到京师，"皆瘦恶耗死"。

条例司便委派一位叫程博文的官员改革上供羊购买制度。程博文采用的改革方案就是揽买："募屠户，以产业抵当，召

---

1 李焘：《续资治通鉴长编》卷二百四十一。下同。
2 李焘：《续资治通鉴长编》卷二百十一。下同。

人保任，官豫（预）给钱，以时日限口数、斤重供羊。"揽买的效果非常好，不但"人多乐从，得以充足岁计"，而且"裁省冗费凡十之四，人甚以为便"。

不过，熙宁五年的政府购买制度改革只针对诸路上供物的科买，京师诸行还是要祗应杂买务的科率，这个负担十分沉重，因为"官司上下须索，无虑十倍以上"，以致"诸行陪纳猥多"，一次应役，就要倒贴一大笔钱，而"赍操输送之费"尚未计算在内，以致每有科买任务摊派下来，总有铺户关门逃走。[1]

熙宁六年四月，京师的肉行铺户徐中正等人因受不了科买之扰，向市易务提出申请，表示愿意向市易务交纳"免行役钱"，换取应役义务的解除："乞出免行役钱，更不以肉供诸处。"市易务报告了神宗，神宗下诏："提举在京市易务及开封府司录司同详定诸行利害以闻。"市易务即成立了一个详定行户利害条贯所（以下简称"详定所"），负责评估行役改革的利弊。详定官则是吕嘉问、吴安持。

五月，详定所向中书报告："据行人徐中正等状，屠户中下户二十六户，每年共出免行钱六百贯文赴官，更不供逐处肉。今据众行人状，定到下项中户一十三户，共出钱四百贯文，一年十二月分，乞逐月送纳，每户纳钱二贯七十文；下户一十三户，共出钱二百贯文，一年十二月分，乞逐月送纳，每户纳钱一贯二百九十文。"[2] 即肉行中户每户月纳钱2070文，下户月纳钱1290文，以求解除承担官府关于肉类的科买任务。报告获得神宗批准。于是免行法开始试行，京师肉行成为宋王朝第一

---

1 李焘：《续资治通鉴长编》卷二百四十四。下同。
2 李焘：《续资治通鉴长编》卷二百四十五。

个以纳免行钱代替服行役的行业。

八月,详定所又奏请:"乞约诸行利入厚薄纳免行钱,以禄吏(给吏发薪)与免行户祗应。"[1] 即将免行法推广至京师其他行业。而行户是否纳钱代役,则以自愿为原则:"召免行人户问其情。愿,即令出钱;若不愿,即令依旧供行(役)。"[2]

行役制度更革后,行户按"等第纳钱,免充行役",[3] 宫廷、政府用品的买卖与造作则不再摊派给各个团行,而是委托市易司"召人承揽"。这个时候,市易司既充当了承包商的角色,向政府承包了宫廷、政府用品的采购业务;同时又是发包商,通过招标的方式将宫廷、政府用品的采购发包给供货商。

这便是市易务(通过详定所)征收免行钱的由来。它背后隐藏着一个历史性的变迁:行役制度的消亡与政府购买的革新。

市易务还获得了征收市例钱的授权。以前,税吏在收取商税时,通常都会加收10%左右的手续费,作为他们的酬劳。这是一种惯例、陋规,由于没有明文规定,税吏容易上下其手。现在市易务将陋规合法化、规范化,把市例钱列为商税的附加税,并规定了6%的征收标准:"纳税钱一百文,别取客人事例钱(即市例钱)六文。"[4] 而征收来的市例钱与免行钱,将用于支付吏人的薪俸。

自从实行免行法、罢科买后,原来的时估制度也失去了存在的意义。不过宋政府喜欢"旧瓶装新酒",也特别擅长在旧制度上推陈出新。我们前面说过,都提举市易司在沿边州郡、

---

1 李焘:《续资治通鉴长编》卷二百四十六。
2 李焘:《续资治通鉴长编》卷二百五十一。
3 李焘:《续资治通鉴长编》卷三百五十四。
4 马端临:《文献通考》卷十四。

商业重镇及其他要会处均设有分支机构，它们的主营业务之一就是赊卖物货。当地商人向市易务赊买商货，"半年出息一分，一年以上出二分"。[1]

商人卖出的价钱要高于赊买价，才有利可图。但现实的困境是："所在物价增减，难以期定，而一州、一县价所增减，相去亦必不甚远，则或积而难售。所在州县物价不同，又不能遍知。"一州一县之内，物价增减的空间都十分有限，而其他州县的物价又无从得知，所以商人从市易务赊买到货物之后，难以销售营利，失去了向市易务赊货的兴趣，市易务陷入积货难售的困境。

如果能想出一种办法，让商人遍知各地物价呢？天然存在的地区性差价肯定会吸引商人积极赊买货物、贩运于各地。元丰年间，尚书省向神宗提了一个建议：

> 今若每旬令一路州军估定物价，报提举司，提举司（通）报辖下州，州下所属，榜募人出抵当或见钱，市易司收息一分至二分，令商人自卖，则官已收二分之息，而又有余利以资贩者，则商贾流通，货无湮滞，税额敷羡（足够有余），物价常平。

尚书省的这个建议说：各路提举司何不利用原有的时估机制，将本路各地的时估数据下发至各州县，由各州县衙门每旬贴榜公布？这样，商人便可以预知未来十天各个地方的商品参考价，自会抢先恐后地向市易务赊买货物，贩至各处取利；这样，

---

[1] 李焘:《续资治通鉴长编》卷三百四十五。下同。

市易务便可以通过赊卖货物获得年利率为20%的利息,商人也可以利用地区性差价获得利润。继而,商业得以发展,财政得以增收。

神宗批准了这一建议,"诏具为令"。

我们不能不承认,宋政府对于市场经济仿佛具有一种天赋的领悟力。但对于旧党来说,政府这种汲汲营营的行为是需要批判的。

第三节 堂堂官司卖果子?

王安石行市易法的目的有二,一是抑兼并,削弱大商人对市场的操控能力,同时为中小商人提供支持;二是分商人之利,增加财政收入。后世批评王安石市易法的学者多认为,这两个目标是相互冲突的,政府可以完成其中的任何一个,但无法同时达成两个。可王安石不这么认为。他相信通过政府"看得见的手",可以在限制兼并的同时,"取余息以给公上"。

不管王安石能不能达成他的目标,有一点是可以确定的:市易法的两个目标都会招致强烈的反对意见——前者触犯了权贵的利益,后者挑战了士大夫的正统观念。

熙宁五年三月,神宗批准设立在京市易务,并委三司详定市易条例;四月,三司向神宗提交了由在京市易务起草的《市易十三条》,其中有一条是这么规定的:"兼并之家,较固(垄断)

取利,有害新法,令市易务觉察申三司,按置以法。"[1] 神宗批示:"减去此条,余悉可之。"

神宗为什么要删掉这条针对兼并之家的警告性条款呢?也许是不希望引起京城豪户的恐慌,也许是不想看到有司借故扰民。皇帝的做法受到一部分士大夫的赞美,比如御史刘孝孙说:"于此见陛下宽仁爱民之至。"并提出"宜约束市易务"。

王安石却对刘孝孙的说法很不以为然,认为这反而会让兼并之家察觉到皇帝的忌惮,继而勾连内外,攻击市易法。他表示:"孝孙称颂此事,以为圣政。臣愚窃谓此乃是圣政之阙。天付陛下九州四海,固将使陛下抑豪强、伸贫弱,使贫富均受其利,非当有所畏忌不敢也。较固法,是有律已来行用,今但申明所以为均,均无贫,盖孔子之言,于圣政有何害?陛下不欲行此,此兼并有以窥见陛下于权制豪强有所不敢,故内连近习,外惑言事官,使之腾口也。"

神宗解释自己删掉此条的意思,说:"已有律,自可施行,故不须立条。"

王安石说:"虽有律,未尝行,又未尝委官司振举(整顿),须先申明,使兼并知所避。"

神宗说:"若但设法倾之,即兼并自不能为害。"[2] 所谓"设法倾之",意思是说,朝廷可以想办法让民间的兼并之家相竞争、相掣肘,这样他们便难以勾结起来垄断市场。

王安石说:"若不敢明立法令,但设法相倾,即是纸铺孙家所为。孙乃百姓,制百姓不得,止当如此,岂有天下主亦为

---

1 李焘:《续资治通鉴长编》卷二百三十二。下同。
2 李焘:《续资治通鉴长编》卷二百十三。

孙家所为也？"[1]认为国家应当明立法令，禁止兼并之家垄断市场、牟取暴利，而非无所作为，毕竟政府不同于民间豪富，政府有立法权，有能力建立更公平的市场秩序。

君臣的这段对话显示，在市易法推行之初，他们的意见出现了分歧。对市易法的政策效果，神宗也一直心存疑虑，四月廿七日，他跟王安石说："新法行，故油贵。"

王安石回答说："以理论之，必无此。当是市人未喻耳。"

退朝后，王安石命人取来时估记录及油店户的账册阅视，发现油价确实未涨。次日早朝，他报告神宗："油未尝增价也。"又说："茶笼行人状称新法便民。……茶笼行人乃晓此，朝廷岂不可喻此事？"

神宗的疑虑暂时打消，但自市易法推行，京城中流言不断，一再打击着皇帝对新法的信心。闰七月初九，神宗又以手批问王安石："闻市易买卖极苛细，市人籍籍怨谤，以为官司浸淫尽收天下之货自作经营。可指挥，令只依魏继宗元擘画施行。"[2]

当日王安石留身请对，说："陛下所闻必有事实，乞宣示。"

神宗告诉他："闻（市易务）榷货卖冰，致民卖雪都不售。"

王安石说："卖冰乃四园苑，非市易务。"四园苑，指管辖京师四大皇家林苑（玉津园、瑞圣园、宜春苑、琼林苑）的提点在京四园苑所，其职责本为种植蔬菜林木、修饰亭台楼阁，但熙宁五年，提点在京四园苑所又在琼林苑凿井藏冰，冰块除供宫廷、政府使用，也投放于市场销售。可见王安石说的是实情。

神宗又说："又闻买梳朴即梳朴贵，买脂麻即脂麻贵。"

---

1 李焘：《续资治通鉴长编》卷二百三十二。下同。
2 李焘：《续资治通鉴长编》卷二百三十六。下同。

王安石说:"今年西京及南京等处水脂麻不熟,自当贵,岂可责市易司?若买即致物贵,即诸物当尽贵,何故脂麻独贵?"

至于"梳朴贵",王安石解释说:"卖梳朴者,为兼并所抑,久留京师,乃至经待漏乞指挥(跑到百官等候上朝的待漏院找王安石申诉)。臣谕令自经市易务,此事非中(书)所管。寻问吕嘉问,才买梳朴,兼并即欲依新法占买,嘉问乃悉俵与近下梳铺,此所以通利商贾,抑兼并,榷估市井。元立法意政为此,不知更有何事?"

神宗又说:"又闻(市易务)立赏钱捉人不来市易司买卖。"

王安石说:"此事尤可知其妄。吕嘉问连日或数日辄一至臣处为事。初,臣要见施行次第,若有榜如此,臣无容不知;若不出榜,如何胁得商贾?果有此事,则是臣欲以聚敛误陛下,相与为蔽欺。陛下当知臣素行不至此污下,若臣不如此,即无缘有此事。"

神宗说:"卿固不如此,但恐所使令未体朝廷意,更须审察。"

王安石说:"此事皆有迹,容臣根究勘会,别具闻奏。吕嘉问见今买卖,亦辄取问客旅、牙行人,自来买卖与今来市易务买卖利害何如,各令供状,即见行新法利害。既有文状,即事皆可覆案。陛下未能昭然,即不妨覆案。"

对于种种市易法引起的不便,王安石一一解答,他不可能欺君,所以我们可以肯定地说:神宗听到的所谓市易法的负面消息,基本都是谣言。是什么人在造谣呢?王安石认为,是利益受损的兼并之家:

今修市易法,即兼并之家,以至自来开店停客之人并牙人,又皆失职(失业)。兼并之家,如茶一行,自来有十余户。若客人将茶到京，即先馈献设燕（宴），乞为定价，此十余户所买茶更不敢取利，但得为定高价，即于下户倍取利以偿其费。今立市易法，即此十余户与下户买卖均一，此十余户所以不便新法、造谤议也。臣昨但见取得茶行人状如此，余行户盖皆如此。然问茶税，两月以来倍增，即商旅获利可知。

也就是说，变法导致许多既得利益者利益受损，例如实施仓法令看管仓库的吏人失去索贿的机会，实施市易法则让原来操控市场的大商人失去定价权。王安石举了一个例子：京师茶业市场，向来由茶行中的十余个巨商控制，客商贩茶入京，必须先设宴款待他们，卖给他们的茶叶也不敢赚什么钱，只有这样，这十余个茶行大佬才会允许客商将茶叶高价卖给茶行的一般铺户。在京市易务成立后，市易务成为团行之外的一大交易平台，客商可以通过市易务的平台与京城茶叶铺户达成交易，茶行那十余个大佬就失去了茶叶的定价权，也就是丧失了获取暴利的机会，所以他们对市易法恨之入骨，捏造了不少谣言。

九月廿一日，陕西华州突然发生地震，少华山崩塌，据知华州吕大防的报告，山崩后，"其下平地东西五里、南北十里，溃散坼裂，涌起堆阜，各高数丈，长若堤岸，至陷居民六社凡数百户，林木庐舍亦无存者"。[1] 消息传至京师，枢密使文彦博扬言：市易务差人卖果子，触怒了老天爷，这才导致少华山崩塌。

十月十二日，神宗对王安石说："文彦博称市易司不当差官自卖果实，致华州山崩。"

---

[1] 李焘：《续资治通鉴长编》卷二百三十九。下同。

王安石澄清:"官未尝自卖果实也。"又说:"华州山崩,臣不知天意为何。若有意,必为小人发,不为君子。"

神宗叹息:"人臣多不忠信。"意思是说,当今小人当道,才致使天意震怒。

王安石却说:"陛下勿怪人臣不忠信也。……陛下能为尧、舜、禹、汤、文、武所为,即群臣自当同心同德;若与汉元帝、唐德宗同道,即不须怪人臣多乖戾不忠信也。此事陛下但当自反而已。"

王安石否认市易务自卖果子,文彦博却不相信此解释,他上书告诉神宗,说这是他亲眼所见:"臣近因赴相国寺行香,见市易(司)于御街东廊置义子(摊子)数十间,前后积累果实,逐日差官就彼监卖,分取牙利。"[1]对市易司这种"与民争利"的行为,文彦博表示深恶痛绝:"果瓜之微,锥刀是竞,竭泽专利,所得无几,徒损大国之体,只敛小民之怨。……伏乞严敕有司,趣(促)令停罢,使毫末余利均及下民,惠泽分沾,必召和气。"

于是十一月十二日,神宗又找王安石商量:"市易(司)卖果实,审有之,即太繁细,令罢之如何?"[2]

王安石先向神宗解释了所谓的"官卖果实"是怎么一回事:

> 市易司但以细民上为官司科买所困,下为兼并取息所苦,自投状乞借官钱,出息;行仓法,供纳官果实。自立法已来,贩者比旧皆即得见钱,行人比旧官司、兼并所费十减八九,官中又得好果实供

---

1 赵汝愚编:《宋朝诸臣奏议》卷一百十六《上神宗论市易》。下同。
2 李焘:《续资治通鉴长编》卷二百四十。下同。

应，此皆逐人所供状及案验事实如此。每年行人为供官不给，辄走却数家，每纠一人入行，辄诉讼不已。今自立法数月以来，乃有情愿投行人，则是官司利便可知。止是此等皆贫民无抵当，故本务差人逐日收受合纳官钱，初未尝官卖果实也。

也就是说，因不堪官府科买之勒索、兼并之家剥削，京师果子行的小商户到市易务投状，请求加盟市易务，通过市易平台赊购果子贩卖，他们愿意向市易务支付利息，并以新鲜果子供官。这一合作模式达成了"三赢"：贩运果子入京的客商得以第一时间收到现钱（由市易务代付），京师果子行得以免本赊购果子（市易务代付了货款），市易务则可以收取利息及有新鲜果子供官。只是小商户没有抵押物，市易务这才每日差人到果子铺收取利息钱，并不是文彦博所说的"差官监卖，分取牙利"。

王安石又说："陛下谓其繁细，有伤国体，臣愚窃谓不然。今设官监酒，一升亦卖，设官监商税，一钱亦税，岂非细碎？人不以为非者，习见故也。……市易务勾当官乃取贾人为之，固为其所事烦细故也，岂可责市易务勾当官不为大人之事？臣以谓不当任烦细者，乃大人之事。如陛下朝夕检察市易务事，乃似烦细，非帝王大体，此乃《书》所谓'元首丛脞'也。"

"元首丛脞"语出《尚书》："元首丛脞哉，股肱惰哉，万事堕哉！"其训义，司马光是这么阐释的："丛脞，细碎无大略。明主好要，暗主好详。主好要则百事详，主好详则百事荒。君既不知治要，躬亲细务，则大臣无所事事，皆解体不为用。万事非一人可治，故皆堕坏。"[1]认为水平高的皇帝应着眼于大事、要事，水平差的皇帝才事事过问。王安石与司马光虽是政敌，但对于治道的理解却所见略同。

听了王安石的埋怨，神宗又表示想免掉小商户的利息，他说："买得果实，诚比旧极佳，行人亦极便，但行人皆贫弊，宜与除放息钱。"[2]

王安石却不认可，他说："行人比旧已各苏息（恢复生机），可以存活，何须除放息钱？……今诸司吏禄极有不足，乃令乞觅（索贿）为生，不乞觅即不能自存，乞觅又犯刑法。若除放息钱，何如以所收息钱增此辈禄？"

在王安石的变法规划中，仓法是至关重要的一环，它是神宗高度认可的良法，也是吏治职业化、专业化、现代化的必经之路。但给吏人发薪水需要巨大的财政投入，而老旧的财政系统掏不出钱来，只能以青苗法、募役法、市易法的一部分收益来配合仓法的施行。

十一月十三日，王安石向神宗进呈内东门及诸殿吏人名单，提出要给这些人加薪："从来诸司皆取赂于果子行人，今行人岁入市易务息钱，几至万缗，欲与此辈增禄。"

神宗说："诸殿无事，惟东门司事繁，当与增禄。"

王安石说："如入内内侍省吏人亦当与增禄，盖自修宗室条制，所减货赂甚多故也。"

过了一段时间，王安石又请增三司吏人薪水。按王安石的设想，"天下吏人当尽为之赋禄"。[3]神宗也深以为然，只是担心

---

[1] 司马光：《稽古录》卷四。
[2] 李焘：《续资治通鉴长编》卷二百四十。下同。
[3] 李焘：《续资治通鉴长编》卷二百四十二。下同。

钱不够。王安石则认为不必担忧："初，市易行仓法，用万八千缗，以故收市例钱九万缗，方以次修法，市例所收未有纪极（穷尽），……止京东及成都两路岁收已一百万缗，即吏禄不患少可知。"

但是，由于受流言困扰，市易法进展缓慢，对此王安石颇有怨言，认为皇帝干预太多："市易务如果子行人事，才立得七行法，如此类甚众，但以陛下检察太苛，故使臣畏缩不敢经制。臣以谓陛下不当扰之使惰惰因循，令细民受弊也。"[1]

王安石又手录《周礼》记载的"廛人（税收机构）、泉府（贸易与金融机构）事"送给神宗："此周公所为也。"

神宗表示，周公的良政，现在无法执行的还少吗？

王安石说："固有未能行者。若行之而便于公私，不知有何不可，而乃变易以从流俗所见？"

经过王安石的解释，神宗对市易务卖果子一事总算释然，但文彦博不满意，又于熙宁六年正月初七激切上书，质问为何此前禀告的事至今无消息，并再次反对官府"与民争利"："臣近言市易司于御街东廊设义子，差官监卖果实，分取牙利，损大国之体，敛小民之怨，乞行寝罢。至今涉旬，未闻施行，亦不蒙询诘，未审圣意以为何如？……臣窃虑陛下以其事小，故不足恤，而臣愚以谓所损甚大，决不可为。……凡衣冠之家（权贵缙绅之家）罔利于市，缙绅清议众所不容，岂有堂堂大国，皇皇谋利，而不为物论所非者乎？斯乃龙（垄）断之事，孟轲耻之，臣亦耻之。"[2]

---

[1] 李焘：《续资治通鉴长编》卷二百四十。下同。
[2] 赵汝愚编：《宋朝诸臣奏议》卷一百十六《上神宗论市易（第二状）》。

王安石再次解释官府并非为利，而是希望将百姓从政府科买、巨商剥削中解放出来，他说："陛下近岁放百姓贷粮至二百万，支十斗全粮给军，一岁增费亦计数十万缗，以至添选人俸、增吏禄、给押纲使臣所费又有百万缗，天下愚智孰不共知陛下不殖货利？岂有所费如此，而乃于果实收数千缗息以规利者？直以细民久困于官中需索，又为兼并所苦，故为立法耳。"[1]

于是，神宗没有理睬文彦博的意见。

文彦博郁郁不得志，屡次请辞。此时，王韶又收复熙河，王安石成就拓边之功，让对开边一直持异议的文彦博更是郁闷，便极力求去，终于在四月廿六日罢枢密使，出判河阳。文彦博这一走，朝中又少了一名重量级的旧党领袖，参知政事冯京遂隐然成为反对王安石变法的宗主。

第四节　争端又起免行钱

如前所述，熙宁六年，市易法向纵深推进，触及行役制度，于是五月，作为市易法配套改革的免行法试行于京师肉行；十月，在京市易务升级为都提举市易司；十二月，都提举市易司兼并了抵当所。

一如既往，变法触发了无数流言。市易司的业务之一是赊卖物货，有流言称市易司强卖欠债人的物产来还债："市易（司）

---

[1] 李焘：《续资治通鉴长编》卷二百四十二。

赊物后抵当纳欠不足,乃令私下买所赊人物者偿欠。"[1]官府派人调查,却发现原来是三司（而非市易司）向酒户赊卖糯米,酒户无法按时偿还,三司即追逮多人。

市易司的另一项业务是抵押贷款,于是又有流言说市易抵当所导致很多人破产并入狱:"百姓为贷市易抵当所钱,多没产及枷锢者。"神宗问王安石是否确有其事。

王安石却认为,百姓从官府贷款,到期理应还本付息,还不了当然应该变卖抵押物以偿还,并表示官府已经大量免除欠息,"议者"却视而不见:"自置市易以来,有六户卖抵当纳欠钱,然四人以欠三司钱或以他事折欠故卖产。……若请官钱不立供抵保法,即理不可行；若供抵当,即本备违欠出卖偿官；若不许出卖偿欠,即亦理不可行。两年之间,而卖产偿欠及枷锢催欠,止于如此,乃无足怪。今天下三年一郊,所放欠至一百余万贯,即其卖产偿欠及枷锢催理多少可知。然议者何以不言,陛下何以不怪而问之？"

神宗又说:"人言卖产极多枷锢,乃至无人可监守。"

王安石反问神宗如确有此事,为何不让人调查清楚,如无,又为何要容忍此等谣言:"人言必知卖产主名及见枷锢人所在,陛下何不宣示言者姓名,付所司推问？若实有之,市易司蔽匿不言,即罪固不可轻断；若实无此而妄言,不知陛下含容此人于政事何补？"

神宗疑惑,为何那么多人说市易法不便。

王安石表示,这些人的攻击对象其实是他与吕嘉问:"文彦博之徒,言朝廷不合言利,此乃为臣而发。其余左右近习诬

---

[1] 李焘:《续资治通鉴长编》卷二百五十一。下同。

罔市易,即以吕嘉问首(守)公奉法,与内藏库、内东门司、都知、押班、御药争曲直,其事皆经论奏。又嘉问每事欲尽理,与三司、开封府屡争职事,虽未尝不直,然众怨由此起。"

在舆论发酵中推波助澜的,估计还有冯京与郑侠。市易司想在成都设立分支,已派人评估在成都府置市易务的利害,坊间便传言:设市易务将会招致成都民变。冯京提醒神宗:"曩时(以前)西川因榷买物,致王小波之乱,故今颇以市易为言。"[1] 尽管王安石担保"市易必不能致蜀人为变",但神宗最终还是叫停了成都市易务的筹备。

更多的流言指向免行法。

熙宁六年十二月初,御史盛陶上言攻击吕嘉问征收过多免行钱:"昨吴安持请民输钱免行,都提举市易吕嘉问被诏与府司官详定利害,而嘉问过为苛察,牢取微利,虽稍排定,所费之外,掊敛过多。乞应免行钱更加均定,惟给行人常费之外,其余中下户并与蠲放。"[2]

差不多也是这个时候,监安上门郑侠致书王安石,直言免行法扰民,连非行人也要强令出钱:"今者令细民并相纠告(检举揭发),不以旧曾系行籍、但持一物而卖于市者,莫不出免行钱,至于(卖)麻鞋、头发、茶坊、小铺,皆朝夕营营以急升米束柴而不赡者,今无不勒出钱以为免行,则彼旧非在行,何免之有?何以为宽民之力哉?"[3] 又在王安石侄婿黎东美面前细陈免行法的种种弊端,请他转达王安石。但王安石没有回应他。

---

1 李焘:《续资治通鉴长编》卷二百四十九。下同。
2 李焘:《续资治通鉴长编》卷二百四十八。
3 郑侠:《西塘先生文集》卷六《上王荆公书》。

郑侠又称免行法刚刚实施，就有指令要求所有商户加入团行并缴纳免行钱："随有指挥：'元不系行之人，不得在街市卖易，与纳免行钱人争利；仰各自诣官投充行人，纳免行钱，方得在市卖易；不赴官自投行者有罪，告者有赏。'此指挥行凡十余日之间，京师如街市提瓶者，必投充茶行；负水担粥以至（卖）麻鞋、头发之属，无敢不投行者。适因献丞相书，言及是；又黎东美之前得仔细陈述，相次闻已有指挥：些少擎负贩卖者免投行。然已逾万缗之数。"[1]

此时适逢天下大旱，生民困苦，神宗忧心如焚，对包括市易法在内的新法都产生了怀疑，他叫停在成都设市易务，原因亦是"天旱民饥，欲且省事"。[2] 听到有关免行法实施乱象的流言，神宗更是焦虑万分。

熙宁七年三月十六日，早朝议事，神宗问辅臣："纳免行钱如何？或云提汤瓶人亦令出钱，有之乎？""提汤瓶人"指提着茶瓶走街串巷卖茶水的小贩。

王安石说："若有之，必经中书指挥，中书实无此文字。"

冯京却阴恻恻地说："闻后来如此细碎事都罢矣。"

王安石直接反驳："冯京同签书中书文字，皆所亲见，如何却言闻？不知先来如何细碎收钱？后来如何都罢？若据臣所见，即从初措置如此，非后来方不收细碎事，不知冯京何所凭据有此奏对？其言'提汤瓶亦令出钱'必有人，陛下何故不宣示，付所司考实？"

王安石为自己的一片苦心得不到理解反遭诋毁而悲愤，他

---

[1] 郑侠：《西塘先生文集》卷一《免行钱事》。
[2] 李焘：《续资治通鉴长编》卷二百五十一。下同。

说："市易司非吕嘉问，孰敢守法不避左右近习？非臣，孰敢为嘉问辩明以忤近习？且市易事亦颇为劳费精神，正以不欲背负所学，为天下立法故也。若每每忤圣意，而又召致近习谗毁，乃作扰害百姓之事，不知臣欲以此何为？以为名则不善，以为利则无获。陛下试察臣所以区区为此者何意？"

神宗又问：那为什么士大夫都说不便呢？

王安石回答："士大夫或不快朝廷政事，或与近习相为表里。今大小之臣，与近习相表里者极有，陛下不察尔。"

那么，免行法推行之时，市易司究竟有没有要求提瓶卖茶的小贩也必须投充行人、缴纳免行钱呢？郑侠言之凿凿，王安石信誓旦旦，谁的话更可信？我选择相信王安石。因为中书若有"提汤瓶亦令出钱"的指挥发给市易司，冯京必定会拿出来作为指控王安石的罪证。但冯京拿不出来。

王安石称保守派士大夫与内廷近侍同声相应、诋毁市易法，却是有证据的，有两件事可佐证。

第一，神宗皇后向氏的父亲向经，"自来影占行人"，利用行役谋利。实施免行新法后，行户不再承担行役，向家失去了"影占行人"的名目，特权被收回。向经很不高兴，向市易司抗议，但市易司提举官吕嘉问没理他。

第二，太皇太后曹氏的胞弟曹佾向木商"赊买木植不还钱"，负责修葺曹佾宅的内侍却以曹佾宅干当人的名义，向开封府控告市易司强买曹家订购的木材。开封府叫来客商讯问，客商否认，说："但有曹侍中已赊买过木植不还钱，即无曹侍中已定木植，却卖与市易司。"

这两件事说明市易法（含免行法）的施行已触动了皇亲国戚的既得利益，他们鼓动神宗身边的近侍诋毁市易法，是完全可以想象的。正是因为听了左右之人的诽谤，神宗对市易法一直很不放心。

三月廿一日，神宗又问王安石："取免行钱太重，人情咨怨，至出不逊之言，卿还闻否？"

王安石再次强调，免行钱交与不交全凭自愿，并无强迫之意，何来人情咨怨？他说："前御史盛陶亦言。此臣曾奏请令陶计会市易司，召免行人户问其情。愿，即令出钱；若不愿，即令依旧供行。如此则不须更听浮说。"

神宗又说："如此问不得。见说匹帛行旧有手下抱缊角人，今亦尽收入行。""抱缊角人"当指在匹帛行贩卖旧布料的小商贩。

王安石说："此事臣所未曾勘会，恐未必有也。法固有不及处，须因事修改，乃全无害。若果有害，惟当立法限定钱数，不许更增足矣。"

神宗再次提起市易务"与民争利"："市易，如米麦之类能平价便民，固好；其他细微须害细民，缘市易务既零卖，即民间零卖不得。"

王安石不认可："此事亦不然。细民必资于大姓，大姓取利厚，故细民收利薄。今官收利薄，即细民自得利，岂有害细民之理？"

神宗又说："近臣以至后族无不言不便，何也？两宫乃至泣下，忧京师乱起，以为天旱更失人心如此。"

王安石对神宗说了向经与曹佾之事，然后问："陛下试观此两事，即后族何缘不结造语言？"

这时，冯京说："行人初闻人说'不投状有罪'，便争投状。后来见投状出钱细碎，却多不收。"

王安石指出冯京的话于理不通，他说："京师行人尽狡猾者，如何并不计经久利害，但闻人说遂争投状乎？"

冯京答："人皆如此言。"

王安石说："凡士大夫不逞，以冯京为归，故冯京独闻此言。臣未尝闻此言也。"

神宗又说："见说中书亦尝案问市易事。"

王安石说："案问非一，然终不见市易有违法害民事，所以奏对敢保任其无他。"

神宗又表示，那些免行钱不多的行户不如就免收吧。

王安石说："若一一根究见人情便否，然后陛下特蠲除下户，岂非人所甚愿者？"

神宗说："善。"

之后，神宗依中书之议，豁免京师贫下行人名下一万贯免行钱，并免征二十文以下的市例钱。

三月廿二日，王安石报告神宗："已令吕嘉问等具析如圣旨所谕事，仍乞陛下择可信内臣，令躬亲体问行户。如有不同，即乞降付中书推见指实。"

神宗又提出减省行人所纳免行钱。王安石说："下户已自减省不少，若更减省，不知却令何人出钱给吏禄？"

神宗说："除吏禄钱外减省。"

王安石说："如此固善，然谓免行钱非人愿、扰人，即非事实。"

神宗说："京师人素优幸，分外优饶之亦不妨。"

王安石说："如此，即是陛下聪明为左右所蔽，实未知京城百姓疾苦。臣曾雇一洗濯妇人，自言有儿能作饼，缘行例重，无钱赔费，开张不得。未出免行以前，大抵如此，其为官司困扰百端，陛下乃以为优幸，今尽为除去。如此事却赋吏禄，禁以重法，令不得横扰，乃反为不如未立法以前，盖陛下为左右所蔽，故有所不察尔。"

为什么王安石如此肯定京师的行役改革没有强制行为？因为变法秉承的原则是"自愿"，这是王安石的自觉，他说："凡使人从事，须其情愿，乃可长久。"[1]而且，京师的市易变法包括行役改革是在王安石的亲自监督下进行的，吕嘉问几乎每天都要向王安石汇报工作。若市易司有强制商民加入团行、缴纳免行钱的行为，王安石自信他是能够知道的。

但神宗也不能全听王安石的。为查清免行法是否存在强迫纳钱、扰民等问题，神宗下令让吕嘉问与详定所向朝廷提交考察该法对行户而言利弊何在的文书报告，具体分析何以如此征收免行钱，回应中外对免行法的质疑。同时，神宗还下诏成立一个"体问行户利害所"（以下简称"体问所"），以韩维领衔，核查详定所的报告是否属实。

不久，王安石进呈吕嘉问与详定所提交的报告文书，说："此皆百姓情愿，不如人言致咨怨也。"[2]

神宗说："韩维极言此不便，且云：虽取得案牍看详亦无补。"

王安石表示，韩维都这么说了，那我们可以让孙永与他一起，把各行的业内人士叫过来就具体问题具体询问。

神宗觉得有道理，便在三月廿四日下诏："翰林学士承旨韩维、知开封府孙永据详定行户利害所供行户投行事，追集行人体问，诣实利害以闻。"

四月初三，神宗又下诏："已差韩维、孙永参问行人出钱

---

[1] 李焘：《续资治通鉴长编》卷二百六十二。
[2] 李焘：《续资治通鉴长编》卷二百五十一。下同。

免行利害，可令元详定官吕嘉问、吴安持同取问。"[1]

但韩维与孙永认为，吕嘉问的参与可能会导致调查无法公正进行："嘉问乃元详定官，不惟议论不同，兼虑行人以嘉问是元详定官，及见提举市易行户事多相关，不敢尽情供析。望且令臣等体问，所冀得尽事理。"

神宗同意由韩维、孙永独立探问。

详定所提交的报告说：

> 朝廷所以许民间输直免行者，盖人情无不欲安居乐业而厌于追扰，若一切罢去，则无人祗应。又公人禄廪素薄，不免有求于行人，非重法不能禁。以薄俸申重法，则法有时而不行；县官（朝廷）为给，则三司经费无穷。今取于民薄，而公人各知自重，不敢冒法，此所以使上下交济，臣等推行之本意也。
>
> 议者乃谓既知行役重，当为除去，不可敛钱。此殆不然，民未尝不畏吏，方其以行役触罪苦，虽欲出钱，亦不可得。今公人之禄可谓厚矣，然窃闻未比昔日于民间所得之半。今本司收免行钱，计所入，尚不足以偿朝廷因行户事增录（禄）行仓法处料钱，则不惟公人不得如向来诛求之半，而民间所出又未及增禄之半。以此推穷，孰便孰不便，较然可见。[2]

神宗将详定所的报告发给体问所。体问所随即上奏："糠

---

1 李焘：《续资治通鉴长编》卷二百五十二。下同。
2 李焘：《续资治通鉴长编》卷二百五十一。下同。

米等行乞不纳钱，依旧祗应。"

详定所于是又上章回应：

> 臣等窃知近日体问所勾集行人，内有言情愿祗应。议者乃谓行人既欲祗应仍旧，则从前不愿纳钱可知。此又不然，缘本所未置局立法以前，三司等处未尽行仓法，虽杂买务未支一色见钱，官司置买公用及供家之物，承例行下时估，虽无添减，亦须逐旬供申。又官物不限多少，并差行人看验。自免行后来买卖造作，不得下行看估，委自市（易）司，如此之类甚多，无非自来骚扰。今若许以官司依旧行仓法，除去自来烦扰却与免出钱，仍旧祗应，则行人孰不为便者？然恐非朝廷委维等体问之意。

为说明问题，详定所还举了一个例子："昨米行有'当旬头'（祗应官府科买糯米的临时负责人）曹赟者，以（官府）须索糯米五百石不能供，至雉经（自缢）以死。"改征免行钱、豁除行役之后，这种人间惨剧才不复闻。

详定所、体问所，哪一个说的更接近事实呢？

第五节　曾布追劾市易司

在韩维、孙永受命体问免行法之时，神宗还指示新任三司使曾布调查市易司与吕嘉问是否有违法行为。

市易司提举官吕嘉问被多人检举"掊敛过多""欺罔朝廷"，王安石替他辩护，说吕嘉问屡次因公事得罪一众官司衙门，根本不可能在这些机构的眼皮底下做欺罔朝廷之事："吕嘉问典领市易司，与开封、三司据法争职事，三司、开封皆所不悦。又以职事犯忤都知、押班、御药非一事，陛下试思吕嘉问如此何意？……且既与内外众人乖违如此，不知如何却作得欺罔事？凡作欺罔，即先须交结陛下左右，外缔朋党，然后能遏塞人论议，不知如吕嘉问所为，能遏塞人论议否？"[1]但神宗终究不信。

三月二十日晚上，神宗突然派人给曾布送去一份手札："闻市易务日近（近日）收买货物，有违朝廷元初立法本意，颇妨细民经营，众语喧哗，不以为便，致有出不逊语者，卿必知之，可详具奏。"

神宗为什么选中曾布？因为曾布与吕嘉问关系不好，不可能替吕嘉问掩盖其不法行为。吕嘉问这个人，不知是少年轻狂，还是挟王安石之势，竟敢与三司争权，从不将三司使薛向放在眼里，常出言陵慢。王安石称吕嘉问敢与"三司据法争职事"，说的便是此事。但这种举动在反对者看来，却是"市易本隶三司，而嘉问气焰日盛"。之后曾布接替薛向任三司使，"素知嘉问骄恣，怀不能平"。

接到神宗的手札，曾布窃喜，次日即召魏继宗过来询问。魏继宗就是那位在熙宁五年初上书朝廷，建议设立市易司的布衣。市易务成立后，魏继宗被辟为监官。他与曾布的关系也很密切，熙宁七年正月，曾布领命察访河北西路，即举魏继宗为

---

[1] 李焘：《续资治通鉴长编》卷二百五十一。下同。

属官。魏继宗告诉曾布:"市易主者榷固掊克,皆不如初议,都邑之人不胜其怨。"

四月廿三日,曾布带着魏继宗去见王安石,说了市易司的情况。王安石责备魏继宗:"事诚如此,何故未尝以告安石?"

魏继宗说:"提举(吕嘉问)日在相公左右,何敢及此。"

王安石默然。

曾布又对他说:"布翌日当对,欲悉以此白上。"

王安石说可以。

次日,大臣分班上崇政殿奏事。宰相王安石首班上殿,神宗问他:"曾布言市易不便,知否?"

王安石说:"知之。"

神宗说:"布言如何?"

王安石说:"布今上殿,必自言。"

随后曾布入对,具奏闻于魏继宗之言,且说市易司贱买贵卖,实在是以官府的身份行豪绅剥削之举:"嘉问等务多收息以干赏(求取赏赐),凡商旅所有,必卖于市易,或市肆所无,必买于市易。而本务率皆贱买贵卖,重入轻出,广收赢余,诚如继宗所言,则是挟官府而为兼并之事也。"

神宗接过曾布札子,"览之矍然,喜见于色"。[1]这个表情实在是意味深长。为什么神宗会"喜见于色",我觉得有两个合理的解释:第一,神宗一直怀疑市易司有问题,如今自己的猜测得到证实,不免有些得色;第二,宋人称王安石"得君之初,与主上若朋友,一言不合己志,必面折之,反覆诘难,使人主伏弱乃已",现在神宗看到了不必向王安石"伏弱"的机会,

---

[1] 马永卿:《元城语录解》卷上。下同。

内心有点兴奋。

所以，他连连追问曾布，王安石是否知道此事。

曾布据实以对，但也说："事未经覆案，未见虚实。"[1]

神宗说："朕久已闻之，虽未经覆案，思过半矣。"将曾布的札子留于榻后。

曾布又说："所召问行人，往往涕咽。陛下以久旱焦劳，诚垂意于此，足以致雨。"

神宗说："必欲考见实状，非卿莫可。"

曾布曰："臣虽罢软，不敢不尽力。"

神宗说："如此，则却取札子付中书。"

当日大臣奏事完毕，王安石留身，对神宗说："市易事，臣每日考察，恐不致如言者，陛下但勿仓卒，容臣一一推究，陛下更加覆验，自见曲直。若陛下为众毁所摇，临事仓卒，即上下协力，承望为欺，恐致忠良受枉。"

神宗说："布言此，何故？"

王安石说："布与嘉问不相足，争互牒事亦可见。"

神宗说："布或缘与卿素亲厚，故如此。"

王安石说："臣不敢逆料人情，但依实考验事情，要见曲直而已。"

是夜，神宗又批问王安石："恐嘉问实欺罔，非布私忿移怒。"

王安石具奏，表示不同意神宗的看法。神宗对市易法的质疑态度让他感到悲凉："向者，开封、祥符两县人三日拥门，求请常平钱不得，而朝廷之上方争论抑配（强行摊派）不已，陛下亦疑其事，乃即位之初也。今陛下即位已久，言市易事乃

---

1 李焘：《续资治通鉴长编》卷二百五十一。下同。

复如此，足以观风俗之如故也。"

神宗下诏设立"根究市易务利害所"（以下简称"根究所"），由翰林学士、判司农寺吕惠卿与曾布共同领衔，再次调查市易司是否真的扰民："同根究市易务不便事，诣实以闻。"

于是，在熙宁七年这个干旱的暮春初夏时节，有两组针对吕嘉问的调查同时展开，一组是韩维、孙永的体问所对免行法施行情况的体问，另一组就是吕惠卿、曾布的根究所对市易司是否有不法事的查究。

有人告诉曾布："中书每以不便事诘嘉问，嘉问未尝不巧为蔽欺，至于案牍往往藏匿改易，如不惩革此弊，虽根究无以见其实。"曾布还听闻吕嘉问让胥吏把文书带回家去隐藏或修改，便赶紧上奏神宗，建议重金悬赏，鼓励知情者告密。神宗次日就批复："依奏，付三司施行。"

当天，三月廿六日，曾布将重金悬赏的榜文贴到吕嘉问居所的墙壁上。榜文上盖着皇帝的御宝。

三月廿七日，吕惠卿至三司，召问魏继宗及行户，他们都一口坚称市易司搜括商民。吕惠卿又将魏继宗带回自己的官舍，诘问他为何会被曾布举荐任察访司属官？还再三诱胁魏继宗反诬曾布，但魏继宗不从，反而将吕惠卿的做法告知曾布。

当晚，吕惠卿派遣其弟吕温卿秘密到访王安石家，报告曾布张榜之事，且说："行人辞如一，不可不急治继宗，若继宗对语小差（稍有误差），则事必可变。"

三月廿八日，吕惠卿以有急事为由，请求独对。同日，曾布亦将魏继宗受吕惠卿诱胁一事入奏神宗。

继而，中书也报告神宗："三司承内降，当申中书覆奏取旨，乃擅出榜。欲按治。"曾布越过中书，直接秉承皇命张贴皇榜；

神宗绕开中书，直接以手批指挥三司，从程序来说，都是违背当时之制度、惯例的。

神宗只好下诏："其元批依奏指挥更不施行，榜仍缴纳中书"，三司官吏"特释罪"。曾布上书抗议，认为三司无罪："三司奏请御批，例不覆奏，且三司尝申知中书，虑无罪可放。"神宗又认可了曾布的意见。前后诏令不一，神宗似乎有点乱了。

神宗其实对市易法还是疑虑未消。四月初三，中书奏事完毕，神宗又提起市易法的利害，他说："朝廷所以设此者，本欲为平准之法以便民，周官泉府之事是也。今正尔相反，使中平之民如此失业，不可不修完其法也。"[1] 所以，他希望曾布能根究到市易司违法的"实锤"。

恰好这个时候，三司在审计市易司旗下抵当所的出纳数目时，发现了一个问题：杂买务向内藏库支借了1350贯，委托抵当所放贷生息，按市易抵当条例，一年利息所得不得超过300贯（即年利率20%左右），但一年下来，杂买务却拿到利息1700余贯，这么多的息钱是从哪里来的？难道不是搜刮商民所得吗？

四月初六，神宗诏令曾布、吕惠卿查清楚此事。根究所调查后才知道，那1700余贯原来并非利息，而是"本息共收数也"，扣除了本钱1350贯，一年收息300余贯，尽管偏高了，但还不算离谱。

而对市易司的查究，吕惠卿与曾布各执一词。吕惠卿奏："奉诏与曾布同根究市易事，勾集行人照证，而有臣未到以前布所取状（即行户的审讯笔录），臣恐当再行审覆，乞下开封府暂

---

[1] 李焘：《续资治通鉴长编》卷二百五十二。下同。

追赴臣处供析，即更不禁系。"要求由他重新讯问行户。神宗批复："可令布、惠卿一处取问，所贵不致互有辞说。"

二人每三五日一次奏对，向神宗汇报调查进度。四月十七日，曾布入对延和殿，提交了一份市易司搜刮商民的报告：市易司垄断了京城的糯米市场，将糯米贷给酒户，收取丰厚利息；吕嘉问差官前往湖南贩茶、陕西贩盐、两浙贩纱；吕嘉问奏称熙宁六年收息八十余万……

神宗指着报告中的"糯米收虚息事"说："此事极分明。"

曾布说："前后所陈事理，无不明白，圣意无不晓然，今独以此事为分明，则其他殆未明矣。"

神宗默然。

曾布又说："臣以谓如此政事，书之简牍，不独唐、虞、三代所无，历观秦、汉以来，衰乱之世，恐未之有也。"

神宗只是含笑点头，而后又对曾布说："惠卿不免共事，不可与之喧争，于朝廷观听为失体。"

两日后，即四月十九日，王安石罢相，吕惠卿除参知政事。王安石的罢相卸掉了神宗之前所承受的巨大压力，使他对变法的疑虑渐消。

四月廿五日，中书奏事完毕，神宗又论及免行法利害，说："今日之法，但当使百姓出钱轻如往日，便是良法。"显示皇帝对市易法的态度发生了微妙变化。

在此之前，神宗已发上批："见根究市易司事，可催促结绝。"

吕惠卿奏："近与曾布同根究市易事，其间虽有异同，亦已见利害大情，乃有无违法。臣蒙恩命（指除参知政事），见辞免，难同根究，乞令中书尽取公案，以异同情节逐一比对进呈。"

神宗于是下诏："应根究文字，尽纳中书。"

曾布又向神宗进呈一份"比较治平二年、熙宁六年收支钱物数"的报告，意欲证明自王安石变法以来，财政开支一年比一年增多，赤字一年比一年严重。这份报告也一并送到中书。

五月，神宗依中书之请，下诏在军器监置狱，复核曾布对市易司的根究是否有误。负责复核的人是知制诰章惇、枢密都承旨曾孝宽。

中书户房也奉吕惠卿之命，核查了自治平至熙宁六年的财赋收支之数，结果与曾布的报告出入甚大。经仔细核对，发现是曾布算错了一笔账，将一笔财政转移误当成支出。

曾布是聪明人，显然察觉到了事情正在起变化。在入对时，他对神宗说，已经自知"朝夕窜黜，自尔必无繇（无由）复望清光"。[1]

神宗宽慰他："卿为三司，案所部违法有何罪？"

曾布说："陛下以为无罪，不知中书之意如何。况臣尝自言与章惇有隙，今乃以惇治狱，其意可见。"

神宗说："有曾孝宽在，事既付狱，未必不直。"

曾布说："臣与惠卿争论职事，今惠卿已秉政，势倾中外，虽使臣为狱官，亦未必敢以臣为直，以惠卿为曲。然臣为翰林学士、三司使，地亲职重莫如；臣所陈之事，皎如日月，然而不得伸于朝廷，孤远之士何所望于陛下。都邑之下，人情讻讻，怨嗟沸腾，达于圣听，然而不得伸于朝廷，海隅苍生何所望于陛下。臣得罪窜谪，何所敢辞，至干（于）去就，亦不系朝廷轻重，但恐中外之士，以臣为戒，自此议论无敢与执政不同者尔。"抱怨称以自己的职位，所提异议都没有得到重视，反而

---

[1] 李焘：《续资治通鉴长编》卷二百五十三。下同。

可能落得个被贬的下场,以后还有谁敢提异议呢?

神宗慰劳之:"卿不须如此。"

这次奏对之后,曾布不再请求面圣,等候朝廷贬谪。

八月,章惇、曾孝宽对市易司事的复核有了结果。据他们的调查报告,杂买务委抵当所放贷生息而多纳息钱,但吕嘉问未能察觉,负有失察之责;曾布当初在三司召问行户,三司吏人教唆行户"添饰词",而曾布亦不察,误信了行户添油加醋的描述,"不应奏而奏"。[1]

御史台推直官塞周辅还弹劾曾布"奏事诈不实",指曾布之前提交的"比较治平二年、熙宁六年收支钱物数"报告数据有误,"所陈治平财赋,有内藏库钱九十六万缗,当于收数内除豁,布乃于支数除之。……意欲明朝廷支费多于前日,致财用阙乏,收入之数不足为出"。

八月十七日,神宗对曾布、吕嘉问等人作出处分:曾布落翰林学士、罢三司使,贬知饶州;吕嘉问罢都提举市易司,出知常州;魏继宗追一官,勒令停职。

熙宁七年冬,体问所与详定所就免行钱问题的纷争也有了结果:详定所收免行钱并无违法情节,韩维与孙永"体问纳免行钱利害不当"。[2] 二人也因此受处分:孙永罢知开封府,改任宫观官;韩维落馆职,出知河阳。

熙宁八年二月十一日,吕嘉问、吴安持以及详定所的其他官员、吏人得到朝廷嘉奖,原因是"详定行户免行法成"。[3] 看来,神宗对免行法最终还是认可的。

---

1 李焘:《续资治通鉴长编》卷二百五十五。下同。
2 李焘:《续资治通鉴长编》卷二百五十七。
3 李焘:《续资治通鉴长编》卷二百六十。下同。

同一日，神宗复拜知江宁府王安石为平章事、昭文馆大学士，次日即遣勾当御药院刘有方持诏前往江宁召王安石。《续资治通鉴长编》称"安石不辞，倍道（以加倍的速度赶路）赴阙"，《邵氏闻见录》称"公不辞，自金陵溯流七日至阙"，嘲讽王安石热衷于权力，重返朝廷心切。但事实是，王安石两次上表辞免，因神宗均不批准，这才于三月初一离开金陵赴阙，十余天后抵达京师。

三月廿七日，王安石入对，即向神宗举荐吕嘉问复提举市易司："陛下必欲修市易法，则须却令嘉问领市易。"[1]

神宗说："恐吴安持忌其来，又复失安持心。"吕嘉问罢知州郡后，由王安石女婿吴安持出任市易司提举官，故神宗有此顾虑。

王安石说："臣以女嫁安持，固当为其审处。今市易事重，须嘉问与协力乃可济，不然他时有一阙失，必更上烦圣虑。"

四月，吕嘉问复提举市易司，王安石对神宗解释："臣与嘉问亲厚，非有他，但与议市易而已。"[2]

王安石对吕嘉问赞赏有加，以致多年之后曾布这么评论："安石平生交游多暌乖（反目），独与嘉问始终，故称之太过。"[3] 但我认为，王安石对吕嘉问的称赞并不是基于私人关系，而是出于公心——若论私人关系，他应该与曾布更亲厚，因为曾家是王安石的母系亲戚，而吕嘉问却是政敌吕公著的从孙。

对分道扬镳的曾布，王安石一直心存芥蒂。熙宁八年十月，神宗以手札问王安石："或言卿欲拟奏召曾布赴阙，复任以事，

---

1 李焘：《续资治通鉴长编》卷二百六十一。下同。
2 李焘：《续资治通鉴长编》卷二百六十二。
3 李焘：《续资治通鉴长编》卷五百十八。

未知信否，可密具奏。"¹王安石回复："陛下无以其刀笔小才，忘其滔天大恶。"坚持不召曾布。

从熙宁七年"根究市易"一事来看，曾布颇有投机之嫌，因为市易司初建之时，他参与其中。时人也是这么看的："市易之建，布实同之，既而揣上意疑市易有弊，遂急治嘉问。会吕惠卿与布有隙，乘此挤布，而议者亦不直布。"²在当时的"议者"看来，曾布被贬，是投机失败，并不值得同情。

而吕嘉问当无严重违法行为。神宗之前听说的诸如市易司"颇妨细民经营，众语喧哗"、详定所"取免行钱太重，人情咨怨"之类的流言，应该是别有用心之人捏造、散布的，并无实据。试想，熙宁七年春夏，神宗成立了两个相互独立的调查组——韩维与孙永主持的体问所、曾布与吕惠卿主持的根究所，在同一时间分别对市易司展开调查，最后还经章惇、曾孝宽复核，可以说，这是拿着放大镜找问题了。何况吕嘉问得罪了不少权贵，王安石又已罢相，如果市易司真有什么把柄落在别人手里，恐怕是掩盖不了的。

不过，我们绝不能说，市易法不存在问题，比如贷款业务中的"立保赊钱法"就存在重大隐患，在推行的过程中产生了严重后果："贪人及无赖子弟，多取官货，不能偿，积息罚愈滋，囚系督责，徒存虚数，实不可得。"³一帮市井无赖结保赊贷钱物，挥霍一空，由于无抵押，市易司追不回债款。

所以元丰二年（1079）正月初，时任都提举市易司王居卿提议："以田宅、金帛抵当者，减其息；无抵当徒相保者，不复给。

1　李焘：《续资治通鉴长编》卷二百七十一。下同。
2　李焘：《续资治通鉴长编》卷二百五十五。
3　李焘：《续资治通鉴长编》卷二百九十六。下同。

自元丰二年正月七日以前，本息之外所负罚钱悉蠲之，凡数十万缗；负本息者，延期半年。"神宗采纳了这一建议，下诏罢"立保赊钱法"，"已出钱立输限，如半年内输本息足者，蠲其出限罚息钱"，"自今用产业抵当者，并拘留契书，岁收息一分半"。

又如，免行钱的缴纳虽按行户等第，物力多者所出免行钱亦多，物力少者所出免行钱亦少，但官府要求贫下行户每月缴纳几文、几十文的免行钱，于贫户而言仍然是负担，于国家财政而言也无补，甚是无谓。元丰三年，王居卿给神宗算了一下账："今且以杂贩破铁、小贩绳索等贫下行人，共八千六百五十四人，月纳自一百以下至三文二文，计岁纳钱四千三百余缗。其所出至微，犹常不足。故贫者私不足以养，公不足以输。"[1]因此，他建议对月纳一百文以下的贫下户免收免行钱，获神宗批准。

我也相信，市易司在开展抵押贷款、政府购买、贸迁货物等业务的过程中，不可能完全不出问题。毕竟，世间没有无弊之法。但是，我们评价市易法之利害（评价其他新法亦然），不可仅凭文彦博、冯京、郑侠等反对派的指控，须多加辨析、多方求证，因为旧党中人对王安石变法的攻讦，习惯于危言耸听、夸大其词，乃至捏造事实，以讹传讹。

那么，市易司作为一个不惮于言利的商业机构，它的经营业绩如何呢？元符年间，曾布说："市易用千五百万本钱，得息钱九百万，失陷者乃七百八十万，徒作一大事，一无所得，复行之何益？"[2]说市易收息与损失相抵，一无所得。但曾布与市易司有过节，他的话难免情绪化。

---

1 李焘：《续资治通鉴长编》卷三百八。
2 李焘：《续资治通鉴长编》卷五百六。

元祐元年（1086），苏辙给京师的市易司算了一下账："市易本钱，前后诸处拨到，共计一千二百二十六万余贯；中间拨还内藏库等处，共计五百三十万余贯；朝廷支使过，共计三百八十四万余贯；即今诸场务见在，共计三百五十三万余贯。将此三项已支、见在计算，已是还足本钱。"[1] 结余四十一万贯，似乎赢利不多。但苏辙漏计了不少项目，比如京师多个政府部门委托抵当所放贷的息钱，地方市易司的收入，存入封桩库的市易息钱，朝廷豁免的息钱，用于支付吏禄的支出，等等。

就京师市易司的收入来看：熙宁七年，"提举市易司奏，市易二年收息钱九十六万余缗"，即熙宁七年前，在京市易司平均每年赢利四十八万贯；[2]

熙宁八年十月，"提举市易司，自去年四月至今收息钱、市例钱百万二千六百七十余缗"，[3] 京师每年收市例钱约九万贯，[4] 扣除了市例钱，在京市易司在一年半时间内，收息钱约九十万贯；

熙宁九年，"市易务收息钱、市利钱总百三十三万二千余缗"，扣除了市例钱，一年息钱收入达一百二十余万贯；[5]

熙宁十年，京师市易收息"一百四十三万三百五十一贯四百一十二文"，息钱收入高达一百四十余万贯；[6]

元丰二年，"市易务去年八月至今年七月，收息钱、市利

1　李焘：《续资治通鉴长编》卷三百八十三。
2　李焘：《续资治通鉴长编》卷二百五十五。
3　李焘：《续资治通鉴长编》卷二百六十九。
4　参见李焘《续资治通鉴长编》卷二百四十二："初，市易行仓法，用万八千缗，以故收市例钱九万缗。"
5　李焘：《续资治通鉴长编》卷二百七十七。
6　徐松辑：《宋会要辑稿·食货三七》。

钱总百三十三万余缗",与熙宁九年差不多。[1]

元丰三年以后的逐年市易息钱不详。而从熙宁五年至元丰二年,在京市易司年均赢利约一百万贯,地方市易司的收入尚未计算在内。这么看来,市易法还是给宋政府带来了相当可观的财政收入增量。曾布的说法显然是不实之词。

最后,还有一个问题值得我们留意:熙宁七年市易法面对的压力,与之前青苗法、募役法所受到的攻击并不一样。昔日对青苗法、募役法的非议主要来自台谏群体,而在熙宁七年,除了御史盛陶曾抨击吕嘉问"牟取微利",御史台与谏院对市易法基本上保持沉默,反对市易法的声音主要是以密集的流言方式扰动宋神宗。这说明变法派已控制了台谏,换言之,台谏官差不多被驯服了,很少跟政府唱反调、非议新法了。

按理说,这应该是变法派的利好,但吊诡的是,恰恰在新党与旧党权力失衡的情况下,变法派内部发生了分裂,首先是曾布与吕嘉问内讧;而后,王安石亦与韩绛生隙,与王韶失和,更与吕惠卿交恶。

---

[1] 李焘:《续资治通鉴长编》卷三百一,并参见杨师群论文《北宋市易务及其官商业务活动》。

第十章 难弭朝端谤箧书

熙宁八年至熙宁十年（1075—1077）

第一节　宗室谋逆

王安石罢相不及一年，神宗便复召他赴阙，拜为首相，这是为何？宋人笔记热衷于用"阴谋论"来解释：

> 王介甫罢相守金陵，吕吉父（吕惠卿）参知政事，起郑侠狱，欲害介甫。先罢王平甫（王安国），放归田野。王、吕由是为深仇。又起李逢狱，以李士宁，介甫布衣之旧，以宝刀遗宗室世居事，欲陷介甫。会朝廷再起介甫作相，韩子华（韩绛）为次相，急令介甫赴召，其事遂缓。故介甫星夜来朝，而得解焉。[1]

惠卿入参政，有射羿之意，而一时之士见其得君，谓可以倾夺荆公矣，遂更朋附之，既而邓绾、邓润

---

[1] 王铚：《默记》卷上。

甫枉状废王安国,而李逢之狱又挟李士宁以撼荆公。[1]

荆公后以观文殿大学士知金陵,乃荐吕惠卿为参知政事。惠卿既得位,遂叛荆公,……起李逢狱,事连李士宁;士宁者,蓬州人,有道术,荆公居丧金陵,与之同处数年,意欲并中荆公也。又起郑侠狱,事连荆公之弟安国,罪至追勒。惠卿求害荆公者无所不至,神宗悟,急召荆公。公不辞,自金陵溯流七日至阙,复拜昭文相,惠卿以本官出知陈州。李逢之狱遂解。[2]

王安石既罢相,以韩绛代己,吕惠卿参知政事,持其法度,时谓绛为"传法沙门",惠卿为"护法善神"。惠卿既得志,起李逢狱,捕李士宁,欲以危安石,绛惶恐,恳上复召安石。[3]

这些成书于后王安石时代的野史笔记众口一词,言之凿凿地宣称:熙宁七年王安石罢相后,参知政事吕惠卿野心勃勃,得陇望蜀,意欲问鼎相位,不希望王安石被召回,因而相继起郑侠狱、李逢狱,试图倾轧王安石。这一阴谋被神宗、韩绛发觉,于是急召王安石入京。

然而,前面我们已经讲过,变法派严治郑侠,其实是想拉冯京下马,只是在深究郑侠案的过程中,发现王安国附和郑侠,

---

1 魏泰:《东轩笔录》卷之五。
2 邵伯温:《邵氏闻见录》卷第九。
3 李焘:《续资治通鉴长编》卷二百六十引吴开《漫堂随笔》。

"同非新法""非毁其兄",这才将王安国一并法办了。[1]"同非新法""非毁其兄"的罪名,恰好说明惩处王安国是为了维护王安石与新法,而非陷害。

至于李逢狱,更是与吕惠卿没半点关系。李逢,出身于官宦之家,祖父李昌龄是太宗朝的参知政事,父亲李虞卿官至陕西提点刑狱,堂姑嫁范仲淹,姐妹嫁王陶、滕甫,所以李逢与范纯仁为表兄弟,又是王陶、滕甫的大舅子。但李逢本人却没什么出息,只是一名小小的县主簿,想必他自以为怀才不遇,胸中有一股愤慨之气郁结不散,未免满腹牢骚、愤世嫉俗,非但看不惯时政,连老婆都被他久弃在外,他又喜欢谈论天象变异、国家吉凶之事,整个人有点儿神经兮兮。

熙宁八年,李逢闲居徐州彭城县。有一个叫朱唐的布衣,平日里与李逢交游,听李逢说了不少不该说的话,便向彭城县衙告发李逢谋反,但知县陈惕不受理诉状;朱唐又跑到徐州衙门举报,知州傅尧俞也没有立案。也许当时的士大夫都对朱唐的告密行径很鄙夷,所以才不理他。

哪知这个朱唐轴得很,不屈不挠,又告到京东路提刑司。提点刑狱王庭筠总算受理了这个案子,在沂州设狱审问李逢,之后得出初步结论,并上报朝廷:李逢确实有"谤讟朝政,或有指斥之语及妄说休咎(吉凶)"的言论,但"无结构之迹",不能认定为谋逆;李逢认罪,"自言缘情理深重,乞法外编配";举报人朱唐诬告他人,也请朝廷处罚。

神宗看了王庭筠的报告,疑心京东路提刑司对此案的审讯未得实情,便派遣权御史台推直官蹇周辅前往徐州核实李逢案。

---

1 李焘:《续资治通鉴长编》卷二百五十九。下同。

此时为熙宁八年正月十七日。

为什么神宗对李逢案有点神经过敏呢？可能与李逢的家族有关。李逢的祖父李昌龄曾卷入一起政变案：至道末，太宗大渐，内侍王继恩与参知政事李昌龄、知制诰胡旦谋立楚王赵元佐，但这一阴谋被宰相吕端挫败；之后太子赵恒继位，是为宋真宗，李昌龄因为交结王继恩而被贬谪。

坊间传言，李昌龄欲拥立太祖之孙赵惟吉，因为相传太祖皇陵覆土时，司天监天文官苗昌裔引负责监督陵墓修建的内侍王继恩登山巅周览形势，并说："太祖之后，当再有天下。"[1] 王继恩记住了这句话。所以，当太宗大渐，王继恩即勾结参知政事李昌龄、同知枢密院事赵镕、知制诰胡旦、布衣潘阆"谋立太祖之孙惟吉"。

虽然传言有误——因为王继恩、李昌龄所谋立者，其实是太宗长子赵元佐，并非太祖之孙赵惟吉，但是，天文官苗昌裔那句"太祖之后，当再有天下"的预言，却一直在京师坊间隐秘流传，神宗应该也听说过。[2] 李逢平日好妄谈天象吉凶，是不是也与这个预言有关呢？神宗无法放心，决定彻查清楚。

神宗派出的蹇周辅是一名能吏，史书称其"善于讯鞫（审讯），钩索微隐，皆用智得情"。[3] 他一到徐州，果然很快便查出一条关键线索：李逢曾出入宗室子弟赵世居的府邸，与赵世居妄论天象变异、国家吉凶。

---

1 王明清：《挥麈录》余话卷之一。下同。
2 据李心传《建炎以来系年要录》卷四，北宋靖康末年，汴京失守，太祖后裔赵子崧起兵勤王，因闻听"太祖之后，当再有天下"的谶言，欲与康王赵构争帝王，传檄四方，语颇不逊。
3 脱脱等：《宋史》卷三百二十九。

李逢不过是一名小官僚，即便真有什么谋逆之念，也决不能成事。赵世居就不一样了，他是太祖后裔，赵德芳之曾孙，官拜右羽林军大将军、秀州团练使，而昔日苗昌裔的预言言犹在耳；更何况，赵世居还热衷于交际，"颇好文学，结交士大夫，有名称"。[1] 宋王朝对宗室设防甚密，要求他们深居简出，禁止随意与外人交往，出入宫宅需登记，月终汇总上报。赵世居喜结交士大夫，从宋朝宗法的角度来说，无疑是犯禁的。这样一位天潢贵胄被发现与李逢案有涉，案子的性质一下子变得严重起来。

三月初二，神宗委派知制诰沈括、同知谏院范百禄赴御史台，与御史中丞邓绾一起调查赵世居、李逢等案。赵世居立即被逮捕入狱。随后，神宗还悬赏通缉赵世居案应逮之人，"告获一人，赏钱三百千"。[2]

三月初四，中书报告神宗："沂州鞫李逢等反逆，结构有端，而本路提点刑狱王庭筠等先奏逢无大逆谋，告人妄希赏，显不当。"神宗批复："并劾庭筠，先冲替（贬降官职）；见鞫李逢等，更切研穷，旋具情节奏知，仍速具告发当酬奖人数以闻。"可怜的王庭筠竟被吓得"自缢而死"。

经过一番审问，赵世居被挖出一连串可疑之迹：

1. 赵世居平日好"纳匪人，论兵挟谶，访天文变异，伺国家休咎"。[3] 这里的匪人，指翰林医官刘育、将作监主簿张靖、武举进士郝士宣、进士李侗、余

---

[1] 李焘：《续资治通鉴长编》卷二百五十九。
[2] 李焘：《续资治通鉴长编》卷二百六十一。下同。
[3] 李焘：《续资治通鉴长编》卷二百六十二。

姚县主簿李逢,他们"结谋不轨",挟图谶之书摇惑赵世居。

2. 赵世居家中收藏有《攻守图术》一部,得于内臣张宗礼。

3. 赵世居家还藏有《星辰行度图》,为司天监学生秦彪所赠。

4. 河中府观察推官徐革亦与赵世居交游,称赞赵世居貌似太祖。

5. 赵世居家中有一把"钑龙刀",为道士李士宁所赠。赠刀之时,李士宁还对赵世居说:"非公不可当此。"[1]

6. 十七八年前,李士宁给赵世居之母祝寿,献诗云:"耿邓忠勋后,门连坤日荣。"[2]诗中似有将赵母比喻为后族之意。赵世居大喜,"赂遗甚厚"。[3]

这个李士宁正是王安石的故交。庆历二年,王安石在京城会灵观与李士宁相识,之后二人过从甚密,相传治平年间王安石在金陵丁忧,曾与李士宁同处数年;王安石拜相,李士宁又应邀居"东府且半岁,日与其子弟游"。[4]野史笔记之所以宣称吕惠卿起李逢狱、捕李士宁、阻王安石复相,大概便是因为李士宁与王安石有旧。

然而,李逢狱起之时,谁也想不到居然牵涉到赵世居,更

---

[1] 脱脱等:《宋史》卷三百三十四。
[2] 李焘:《续资治通鉴长编》卷二百六十四。
[3] 李焘:《续资治通鉴长编》卷二百五十九。
[4] 司马光:《涑水记闻》卷第十六。

不可能预知李士宁也会受牵连，难道吕惠卿有未卜先知之能？明显不可能。事实上，要求深究李逢案的旨意来自神宗，与吕惠卿无关。

由于李逢、赵世居事涉谋逆，非同小可，他们的交游圈也被查了个底朝天，很多人都受到牵连，接受讯问。这里面，有天章阁待制刘瑾，他与赵世居书简往还频繁，且在信中说了"不容居内"之类的话；[1]有翰林侍读学士滕甫，他是李逢的妹婿，亦与赵世居交往；有集贤校理许安世，李士宁赠赵世居的"錽龙刀"，即来自许安世；有大理评事王巩，他是徐革的朋友，见徐革在书信中称赞赵世居貌似太祖，却劝徐革焚毁文书；有驸马王诜，他曾到睦亲宅拜见赵世居。

王安石因与李士宁是故交，现在李士宁卷入赵世居谋逆大案，他也惶恐不安。倘若李士宁供词稍涉及自己，他便是跳进黄河也洗不清了。何况，王安石厉行新法多年，得罪了那么多人，难保没有政敌要借李士宁案捅他一刀。

确实有人欲借李士宁之罪，牵连王安石。这个人不是吕惠卿，而是受命审讯赵世居案的范百禄。

范百禄，范镇的侄子，司马光的好友，对王安石变法十分反感。若说他有意构陷王安石，那倒不至于，但不希望王安石继续执政的想法必定是有的。而李士宁案正好让旧党看到了迫使王安石引咎辞职的大好机会。

范百禄讯问李士宁：你写诗赠赵世居之母，称赞其家为"耿邓忠勋后，门连坤日荣"，语气狂悖，是何居心？

李士宁辩解说：此诗非我所撰，乃是录自仁宗御集，是仁

---

1 李焘：《续资治通鉴长编》卷二百六十三。

宗皇帝赐曹后兄长曹傅的挽词，我录赠赵世居之母，有何不可？

范百禄又诘问李士宁赠诗之意。李士宁说："彼乃太祖之后，帝子王孙是甚差事？"[1]

范百禄让李士宁供认蛊惑赵世居图谋不轨的犯罪事实，但李士宁坚决不认。讯问赵世居与李逢，他们也供称李士宁对谋逆之事并不知情。

但范百禄还是认定李士宁赠诗荧惑赵世居，居心叵测，"以致不轨之祸"。他的看法被权监察御史里行徐禧驳斥："岂有人十七八年前率意作诗，便欲加罪？"

徐禧也是赵世居谋逆案的主审法官。神宗原本任命沈括与范百禄、邓绾共同审理赵世居案，但不久后沈括奉命出使辽国，神宗便改派徐禧接替沈括，担任赵世居案的主审法官之一。徐禧参与审讯后，即与范百禄发生争执。

徐禧反对深罪李士宁，范百禄却坚持治李士宁死罪，于是徐禧拒绝在李士宁案卷宗上签字，并上奏神宗另遣人来审理："士宁赠诗未为狂悖，彼乱人挟借解释，何所不至？而百禄之意以为士宁尝在王安石门下，擅增损案牍，必欲锻炼附致妖言死罪，追勒引谕，屡通屡却。夫挟大臣故旧以枉陛下之法，与借人死命以增己之疑者，相去几何？臣皆不忍行此。乞免签书，差公平官结勘。"神宗便遣内侍李舜举、冯宗道来审问李士宁。

范百禄也上书神宗，指徐禧行事前后反复，是为了讨好王安石："士宁诙诡诞谩，惑世乱俗，终身隐匿，一旦显败，此王制之所必诛，而不以听者也。向士宁未到时，禧尝谓臣曰：'若士宁罪不至死，禧须奏乞诛之。'及见本人，何遽翻覆如此！

---

[1] 李焘：《续资治通鉴长编》卷二百六十四。下同。

臣窃谓禧之所存，固非仁于士宁，其意必欲承此间隙，收恩掠美，使执政大臣爱己而恶人耳！禧，御史，而敢昌言于朝，挟诈罔上，此风浸长，陛下将何恃耶？"

范百禄还说："今案牍分明，囚人尚在，请据禧章治其虚实，如臣果有迫勒引谕、屡通屡却、锻炼附致之状，则臣甘从放弃，不齿士论。若臣实无之，而禧率尔言，则是怀邪党奸，不惮欺罔，以误朝听，以媚大臣，恐不足以当陛下耳目风宪之任。"

二人针锋相对，徐禧指控范百禄构陷李士宁死罪，意在倾轧王安石；范百禄则抨击徐禧替罪人说话，以讨好执政大臣。哪一个说的更有理？神宗交代龙图阁待制曾孝宽、侍御史知杂事张琥综核徐禧、范百禄提交的李士宁案相关奏章，"劾理曲者以闻"。

范百禄奏状所说的"执政大臣"，虽未指名道姓，但显然是指王安石。神宗担心王安石对范百禄有意见，便跟他解释："百禄意亦无他，兼未结案，禧遽入文字，似有意倾百禄。人心难知，朕虽见禧晓事，然岂保其心？"

王安石说："如此，则百禄素行忠信，必能上体圣意；禧必为邪，有所党附。"

神宗听出王安石话中有话，又宽慰道："士宁更有罪，于卿何损？况今所坐，并无他。"

王安石说："士宁纵谋反，陛下以为臣罪，臣敢不伏辜（服罪）！然内省实无由知，亦无可悔恨。然初闻士宁坐狱，臣实恐惧。自陛下即位以来，未尝勘得一狱正当，臣言非诬，皆可验覆也。今士宁坐狱，语言之间稍加增损，臣便有难明之罪。既而自以揣心无他，横为憸邪诬陷，此亦有命，用此自安。然陛下以为人心难知，亦不至此，若素行君子必不为小人，素行小人岂有复为君子？"竟称神宗自即位以来没有一桩案件审理得当，而神宗亦不以为忤。

神宗认为王安石可能在暗指曾布之事，便说："如曾布，卿亦岂意其如此？"

王安石说："曾布性行，臣所谙知。方臣未荐用时，极非毁时事，臣以其才可使，故收之。及后宣力（效力），臣倾心遇之，冀其遂为君子，非敢保其性行有素也。布且如此，陛下岂可不知其故？若陛下以一德遇群臣，布知利害所在，必不至此，陛下岂可不思？"竟指曾布的投机取巧，根源在于神宗自己立场不坚定。

过了几天，王安石入对，为自己之前的言辞道歉，并表示皇帝不应该马上就范、徐二人之事表态："昨臣论奏范百禄、徐禧事，不顾上下礼节，犯陛下颜色者，诚激于事君之义也。……陛下于徐禧等事，何须遽有适莫（偏好）？此两人相讼，自当有曲直。陛下有适莫，小人承望，便于曲直有所挠。曲直有所挠，即害朝廷政事。臣备位执政，政者，正也，今曲直有所挠，即害臣职事，此臣所以不免犯颜论奏。如向时曾布事，臣屡奏力争，愿陛下勿仓卒，仓卒即上下承望，所推事皆失实。陛下不听，不知后来事果如何？"

对受李逢、赵世居案牵连的其他人员，王安石也主张从宽处置。

神宗提到涉案的天章阁待制刘瑾："刘瑾与世居往还书简比（滕）甫更多，有'不容居内'之语。"[1]

王安石说："'不容居内'是何意？不知谓陛下不能容，或

---

[1] 李焘：《续资治通鉴长编》卷二百六十三。下同。

谓执政不能容，或谓简汰（筛选）不容，皆不可知，亦未可深罪瑾也。"

神宗说："闻说瑾甚惧朝廷放弃（流放、贬黜）。"

王安石说："宗室如此事，近世未有，瑾自宜恐惧。"

神宗又提到大理评事王巩："巩情不佳。"

王安石说："巩情亦无甚可恶。"

神宗说："巩见徐革言世居似太祖，反劝令焚毁文书。"

王安石说："杜甫赠汉中王瑀诗云'虬须似太宗'，与此何异？令烧毁文书，文书若烧毁，即于法无罪。既与之交游，劝令避法禁，亦有何罪？罪止是不合入宫邸耳。"

神宗又问该如何处置赵世居一案。

王安石说："世居当行法，其妻及男女宜宽贷，除属籍可也。今此一事，既重责监司，厚购告者，恐开后人诬告干赏，官司避罪，将有横被祸者。愿陛下自此深加省察。方今风俗，不惮枉杀人命、陷人家族以自营者甚众。"非常担忧鼓励告密会坏了社会风气。

神宗说："事诚不可偏重也。"

闰四月廿一日，赵世居狱结案；五月十七日，李逢狱结案。两案中，所有被裁定参与谋逆的犯人都受到严酷的惩罚：赵世居被赐死，其子孙免于死罪，但被开除宗室之籍，"隶开封府官舍监镣，给衣食；妻女、子妇、孙女"都强令出家；李逢、徐革、刘育凌迟处死；郝士宣、张靖、李侗腰斩；他们的家属也都受牵连。

受牵连但未参与谋逆之人，因王安石从中斡旋，得以从宽处理：秦彪与李士宁被杖脊，送往湖南编管；王巩被追两官（追夺两个官阶）、勒停（停职）；刘瑾与滕甫落职（削夺馆职）；

傅尧俞因知徐州时不受理朱唐告李逢谋逆案，依法当绞，但适逢大赦，于是只被追一官、落职；陈惕被追两官、勒停；许安世被降一官，贬谪出外；王诜被罚铜三十斤。因滕甫诋毁新法，王安石很讨厌他，称他是"奸慝小人"，"陛下若废弃之于田里，乃是陟降（升降）上合帝心"，但在定罪时，王安石并没有落井下石，而是主张对"刘瑾、滕甫凡坐此事者，皆从轻比焉"。[1]

之后，曾孝宽、张琥对徐禧、范百禄互劾的调查也有了结论：范百禄被裁定"与徐禧争李士宁狱，……辞有不实"。[2]七月十二日，范百禄受到处分：追一官，落职，监宿州盐酒税务。

从徐禧与范百禄的互劾，我们可以看出：吕惠卿绝无可能起李逢狱以倾轧王安石，因为徐禧正是公认的"吕党"。保守派台谏官蔡承禧说："惠卿弄权自恣，朋比欺国，如章惇、李定、徐禧之徒，皆为死党。"[3]变法派台谏官邓绾亦有"吕惠卿党人徐禧"的说法，[4]连神宗也说："徐禧论事，其意渐可见，大率怀吕惠卿之恩。"[5]如果吕惠卿想通过李士宁案阻止王安石复相，他的死党徐禧又怎么可能极力替李士宁辩护？

那这谣言的源头在哪里？来自元祐元年（1086）苏辙的一份奏疏："始安石罢相，以执政荐惠卿。既以得位，恐安石复用，遂起王安国、李士宁之狱，以促（阻）其归。安石觉之，被召即起，迭相攻击，期致死地。"[6]苏辙与王安石、吕惠卿有宿怨，所以不惜捏造事实，将王、吕描述成"狗咬狗"的小人。

1　王铚：《默记》卷上。
2　李焘：《续资治通鉴长编》卷二百六十六。
3　毕沅编：《续资治通鉴》第七十一。
4　李焘：《续资治通鉴长编》卷二百七十五。
5　李焘：《续资治通鉴长编》卷三百二十六。
6　苏辙：《苏辙集·栾城集》卷三十八《乞诛窜吕惠卿状》。

事实上，熙宁八年春，王安石复相之初，与吕惠卿之间的关系还是很融洽的。三月廿七日，王安石入对，神宗告诉他："自卿去后，小人极纷纭，独赖吕惠卿主张而已。"又称赞吕惠卿几兄弟十分难得。王安石说："诸兄弟皆不可得。和卿（吕惠卿之弟）者，臣初不知其人，昨送臣至陈留，道中与语，极晓时事。"[1] 一年前王安石罢相，正是吕和卿一路相送，直送至陈留县才分手。

神宗之所以召王安石回朝复相，大可不必用"阴谋论"来解释。原因可能很简单：熙宁七年初夏，王安石罢相之时，神宗与他有过复相的约定，如今差不多一年过去了，随着冯京离朝、郑侠被远贬，针对王安石与新法的抗议声势又逐渐平静下去，因此神宗觉得，召回王安石的时机成熟了。王安石一回朝，神宗便对他说："小人渐定，卿且可以有为。"

还有一个原因：熙宁八年，神宗遇到了一个十分棘手的难题，需要王安石来解决。这个难题便是"宋辽划界"。按辽方提出的划界方案，大片宋朝的土地将会被划给辽国，神宗不想割地，又不敢断然拒绝辽方的无理要求，怎么办？

第二节　宋辽划界

之前我们曾经讲过，熙宁五年，宋辽边境发生了一点小摩擦：宋方在雄州修建箭窗、敌楼等防御工事，添弓手过北界巡

1　李焘：《续资治通鉴长编》卷二百六十一。下同。

逻；辽方则频频派巡马过河。因王安石将战略重心放在经略河湟上，不欲北方生事，所以宋政府以息事宁人的态度对待宋辽纷争：主动拆去新修的防御工事，撤掉乡巡弓手，以息辽人之疑。宋辽边境终于平静了一年。

但熙宁六年岁末，边关又传来辽国欲争蔚、应、朔三州地界的情报。神宗毕竟年轻，才二十六岁，一听契丹欲索地，便十分担忧。王安石宽慰他："契丹无足忧，彼境内盗贼尚不能禁捕，何敢与中国为敌？且彼受坐厚赂（指岁币），有何急切，乃自取危殆？"[1]

熙宁七年二月，又传契丹将遣使者萧禧前来索地，神宗又问王安石："契丹若坚要两属地，奈何？"[2]

王安石说："若如此，即不可许。"

神宗问：若契丹不罢休，该如何是好？

王安石答："不已，亦未须力争，但遣使徐以道理与之辩而已。"

神宗又问："若遽交兵，奈何？"

王安石说："必不至如此。"

神宗追问："然则奈何？"

王安石说："以人情计之，不宜便至如此，契丹亦人尔。"

王安石认为，契丹定然不敢轻易起兵，因为这对他们并无好处。如果对方硬要索地，我方可以据理力争。其时冯京尚未罢参知政事，他也认为道理是在宋朝这边的。

神宗却搬出宋太祖灭南唐的旧事："江南李氏何尝理曲？

---

[1] 李焘：《续资治通鉴长编》卷二百四十八。
[2] 李焘：《续资治通鉴长编》卷二百五十。下同。

为太祖所灭。"

王安石指出己方的优势，再次强调不必过于忧虑："今地非不广，人非不众，财谷非少，若与柴世宗、太宗同道，即何至为李氏？若独与李氏同忧，即必是计议国事犹有未尽尔。不然，即以今日土地、人民、财力，无畏契丹之理。"

辽主耶律洪基果然遣萧禧前来致书。三月十九日，神宗在崇政殿接见萧禧。当时，宰执多以为萧禧此来，必是索取关南之地。只有王安石不这么认为："敌情诚难知。然契丹果如此，非得计（得当的计策），恐不至此。此不过以我用兵于他夷，或渐见轻侮，故生事遣使，示存旧态而已。既示存旧态而已，则必不敢大段非理干求，亦虑激成我怒，别致衅隙也。"[1]他认为契丹只是见宋朝用兵西部，便趁机生事，彰显存在感，但旨在维持现状，并不敢提出过分的要求。

及拆开萧禧带来的信函一看，果如王安石所料。信中，辽主首先抗议宋朝蔚、应、朔三州守边之人"妄图功赏，深越封陲""辄有侵扰"，在辽属地界"营修戍垒""不顾睦邻之大体"；然后，辽主要求：对宋方侵占建造的设施，双方"合差官员同共检照，早令毁撤"，划定疆界。

辽方此番向宋方提出交涉的争议地界，位于宋辽边境河东路地段。这一带多是山地、丘陵，没有河流之类的天然分界线，为避免守边将士发生直接冲突，宋辽在缺乏明显分界标志物的边境地带留出纵深数里至数十里的缓冲区，称为"禁地"或"两不耕地"，类似今天的非军事区。

但缓冲区设立以来，由于缺乏一条清晰可见的边境线，宋

---

[1] 李焘：《续资治通鉴长编》卷二百五十一。下同。

辽双方又都试图多占两不耕地，所以河东地区经常发生边界纠纷。但辽朝指责宋朝侵占地界是不公正的，因为"澶渊之盟"订立后，双方已达成按实际控制线划界的默契，蔚、应、朔三州争议地界一直控制在宋朝手里，只是辽国现在又不肯承认了。

神宗见契丹所争之地并非重要的关南十县，只是河东疆界，便松了一口气，对萧禧说："此细事，疆吏可了，何须遣使？待令一职官往彼计会，北朝一职官对定，如何？"

萧禧表示同意。神宗又问他还有什么事。

萧禧说："雄州展托关城（指在城门外造一圈城墙作为主城门），违誓书。"

神宗说："誓书但云不得创筑城池，未尝禁展托。然此亦细事，要令拆去亦可。"

萧禧说："北朝只欲南朝久远不违誓书。"

神宗说："若北朝能长保盟好，极为美事。"又问萧禧还有什么事。

萧禧说："无他事也。"

熙宁七年三月十九日的这场会谈还算愉快。三月廿五日，神宗委派权判三司开拆司刘忱、知忻州萧士元、检详枢密院兵房文字吕大忠为宋朝谈判代表，与辽方谈判代表萧素、梁颖在河东路边境会面，商量地界划分。双方谈判期间，王安石亦罢相，归江宁故里。

但刘忱等人与辽方的谈判从一开始便陷入僵局。宋方主张按实际控制线划界，这也符合"澶渊之盟"的精神；但辽方不同意，坚持按分水岭划界。但若以分水岭为界，宋方将要退出一部分占领的疆土，这是吕大忠、刘忱等宋臣不能接受的。

我们来看看双方无法达成共识的争议地界，主要有四块：[1]

1. 蔚州（今河北蔚县）地段，宋朝原本以秦王台、古长城为界，若按北人说的以分水岭为界，那么争议面积在七里以上。

2. 朔州（今山西朔州）地段，以前已经定好以黄嵬大山北脚为界，今若按北人说的以黄嵬大山分水岭为界，那么争议面积南北大约三十里。

3. 武州（今山西神池县）地段，宋朝以烽火铺为界，若按北人说的以瓦窑坞分水岭为界，那么争议面积南北在十里以上。

4. 应州（今山西应县）地段，宋朝以长连城为界，若按北人说的以水峪内分水岭为界，争议面积南北十七八里。

由于谈判双方各持己见，所以谈了一年，也未能谈出结果。这便是神宗面临的难题。

熙宁八年三月，辽主又遣萧禧使宋致书。这一次，辽主的语气有些强硬："近览所司之奏陈，载详兹事之缕细，谓刘忱等虽曾会议，未见准依，自夏及冬，以日逮月，或假他故，或饰虚言，殊无了绝之期，止有迁延之意。若非再凭缄幅，更遣使人，实虞诡曲以相蒙，罔罄端倪而具达。"谴责宋朝在谈判中一直以各种理由拖延，要求加快谈判进度。看得出来，契丹方面已经有些不耐烦了。此时，王安石已复相，但尚未抵达京师，

---

[1] 争议地段及面积参考李焘《续资治通鉴长编》卷二百六十一。

还在从江宁赴阙的路上。

王安石抵京不久,即于四月初二与神宗讨论契丹事。

王安石说:"契丹无足忧者,萧禧来是何细事!而陛下连开天章、召执政,又括配车牛驴骡,广籴河北刍粮,扰扰之形见于江、淮之间,即河北、京东可知,契丹何缘不知?臣却恐契丹有以窥我,要求无已。"[1]认为皇帝对辽国来使一事有些反应过度,又是召开重要会议,又是调配车马粮食,如果契丹得悉这些动作反而会要求不断。

神宗说明自己焦虑的原因:"今中国未有以当契丹,须至如此。"

王安石指出,正是因为无法抵挡契丹,才不宜向敌人示弱,如此只会招致入侵:"凡卑而骄之,能而示之不能者,将以致敌也。今未欲致敌,岂宜卑而骄之,示以不能?且契丹四分五裂之国,岂能大举以为我害?方未欲举动,故且当保和尔。"

神宗说:"契丹岂可易也?以柴世宗之武,所胜者乃以彼睡王时故也。"睡王是指辽穆宗,此人在即位之初平定叛乱后,觉得帝位已无忧,遂大肆享乐,通宵达旦,白天则睡大觉,将政事放诸脑后。

王安石认为皇帝不应该太把辽国当回事,否则只会助长对方的野心,最终招来兵祸:"陛下非睡王,契丹主非柴世宗,则陛下何为忧之太过?忧之太过,则沮怯之形见于外,是沮中国而生外敌之气也。"又说:"外敌强则事之,弱则兼之,敌则交之。宜交而事之则纳侮(招致侮慢),纳侮而不能堪则争,争则启难,故曰示弱太甚,召兵之道也。"

---

[1] 李焘:《续资治通鉴长编》卷二百六十二。下同。

数日后，神宗又召执政团队商议如何应对辽国。他忧心忡忡地表示："景德中，只为不能守（指景德年间宋辽签订"澶渊之盟"）。庆历西事，亦如此患（指庆历年间宋辽再谈判，宋增岁币）。"

参知政事吕惠卿认为不能让萧禧得逞，否则将会得陇望蜀、永无宁日："臣观今日国势，虽未可征，若比景德、庆历，则必可以守矣。今萧禧以颜色来动吾国，遂取地去，归必受重赏，则彼国人谁不愿起事以侵侮我！既得河东，又取关南，天下至大，岂能自立？"

神宗担忧不割地的话，对方就真的起兵了。

吕惠卿也认为辽国不敢轻举妄动："未闻以千里畏人者。契丹虽东有辽，西有夏国，非不欲取，顾不能尔。董毡在夏国之侧，亦不能取。盖取人国，人亦欲取其国，敌人岂不虑利害？澶渊之役，闻定州才有二三万人，澶州有二万人，所以敌敢如此。今有二十万正兵，又有保甲，恐（契丹）未敢深入也。"

枢密副使吴充也说："周世宗一旅之众，犹与之抗。"

神宗还是不放心："五代之国，乃盗贼之大者，所以不惜。今日兴事，须是万全，岂可不畏？"

吕惠卿劝神宗，身为皇帝不能太过怯弱。但神宗担心万一辽国起兵，不知谁人可用："契丹亦何足畏，但谁办得用兵？"

吕惠卿说："陛下能使天下之民以为契丹可伐，恐必有敢为陛下用兵者。陛下平日虑事见千百年，人所不能，至于所以待敌人，实移圣度。"委婉地表示在辽国来使索地这事上，神宗不应如此过虑。

王安石则鼓励神宗："陛下昨日言周世宗以睡王不恤国事，故能胜之。然睡王如此，不过取得三关。陛下今日政事，岂可反比睡王，何至遽畏之？立国必有形势，若形势为人所窥，即不可立矣。就令强盖堡铺如治平中，亦不至起兵。"他认为就算是像治平年间那样修盖堡铺，对方也不敢起兵。

神宗说："此事数与吕惠卿论之，如此则不须畏。"

闰四月初三，神宗召辅臣议事，又提及宋辽划界之争。王安石再次强调不可示弱："我不可示彼以惮事之形，示以惮事之形，乃所以速寇也。"[1]

神宗说："彼必不肯已，则如何？"

王安石说："譬如强盗在门，若不顾惜家赀，则当委之而去；若未肯委之而去，则但当抵敌而已，更有何商量？臣料契丹君臣有何智略，无足畏者。"

从君臣关于此事的数次对话，不难看出，王安石反对割地给契丹。他对宋辽划界的态度可以概括为两点：一、不可向辽国示弱，要据理力争，料契丹不敢举兵；二、就算契丹举兵，也不用怕。神宗尽管表示"如此则不须畏"，但内心还是有些忧惧，所以又派中使带着手诏去拜访韩琦、富弼、文彦博、曾公亮四位老臣，请他们出出主意。

韩琦当时正判相州。他认为契丹此番寻衅，全是因为朝廷近年来的施政引起了契丹的疑心，因此，他又借机将王安石的拓边战略以及青苗法、募役法、市易法抨击一通；最后，韩琦建议派使臣回访辽国厚抚之，并割让争议地界：

> 臣愚，今为陛下计，谓宜遣使报聘（派使臣回访辽国），优致礼币，开示大信，达以至诚，具言

---

[1] 李焘：《续资治通鉴长编》卷二百六十三。下同。

朝廷向来兴作，乃修备之常，与北朝通好之久，自古所无，岂有他意，恐为谍者之误耳。且疆土素定，当如旧界，请命边吏退近者侵占之地，不可持此造端，欲隳祖宗累世之好，永敦信约，两绝嫌疑。望陛下将契丹所疑之事，……因而罢去，以释彼疑。[1]

富弼已致仕，居西京洛阳。他对辽国来争地界的分析与韩琦差不多："绥州、啰兀城、熙河始初兴举，便传闻云朝廷后必复灵夏，平贺兰，既又大传有人上平燕之策，此说尤盛"，北人有疑，因而才"先期造衅"。富弼也建议朝廷以诚待北人，"纳污含垢，且求安静"：

> 臣窃谓，因横使（契丹使者）之来，且可选人以其疑我者数事开怀谕之云："朝廷凡所为武备，乃中国常事，非愿外兴征伐。……"朝廷更有可说诸事，但尽说之，须令释然无惑，乃一助也。横使如不纳，即遣报聘者于辽主前具道此意，庶几一听，必有所益。缘彼大借（依赖）朝廷岁与，方成国计，既有顾藉之心，岂无安静之欲？只以欵疑未释，遂成倔强。若与开解明白，必肯回心向化，凡百蒂芥，尽可脱落。

不过富弼反对弃地："盖彼固婪贪，后患弥大。彼曲我直，事甚明白，且宜以理辩折，未易可许。"[2]

---

1 李焘：《续资治通鉴长编》卷二百六十二。下同。
2 李焘：《续资治通鉴长编》卷二百七十六。

至于文彦博与曾公亮，他们的主张都比韩琦强硬。文彦博的意思是对方若要来犯，那要打就打："若敌人不计曲直利害，敢萌犯顺之心，朝廷固已严于预备之要，足食足兵，坚完城堡，保全人民，以战则胜，以守则固，止此而已。"[1] 曾公亮也差不多是这个态度："今者中国所以待敌人者，既极包容矣，若其生事不已，不使知惧，臣恐未易驯服。控制之柄，无使倒持，北敌知中国之不可窥，奸谋亦自息矣。"

对韩琦的主张，王安石极不以为然，直说："琦再经大变（指拥立英宗、神宗继位），于朝廷可谓有功。陛下以礼遇之可也，若与之计国事，此所谓'启宠纳侮'。"[2]

不过神宗对划界的态度似乎更接近韩琦。三月，他派沈括出使辽国，"等到北朝日，将本朝前后边臣见凭用照证文字，一一闻达北朝，令知本末"。[3] 这次使辽，沈括在枢密院检索了大量档案文书，抄录了多份可证明争议地界归属的文书，并让随行属吏熟读。临行前，神宗指示沈括：黄嵬山地界，早在仁宗朝时已经与辽国官员检视过，并标出了四周的界限；天池庙地界，亦有辽国顺义军公牒承认其归属于宋朝宁化军，无可商议；其他争议地段，允许以分水岭为界。

沈括到达辽国后，辽人向他索要黄嵬山与天池庙地界，沈括据理力争，并出示多份证照文书："黄嵬专有两朝差官立定界至文字，及有顺义军累次公牒，并特指说黄嵬大山脚下为界。天池又有开泰五年顺义军牒，特指说系属宁化军地分。并是北

---

1 李焘：《续资治通鉴长编》卷二百六十二。下同。
2 李焘：《续资治通鉴长编》卷二百六十三。
3 李焘：《续资治通鉴长编》卷二百六十二。

朝文字,理道分白,怎生改移?"[1]沈括又反问辽方:"不委（不知）北朝以分水岭为界,以何文字照证?"辽方却拿不出证据文书。

沈括在辽国,与辽方会谈六次,向辽方展示了黄嵬山与天池庙地界无可争议的主权归属:"凡六会,敌人环而听者千辈,知不可夺,遂舍黄嵬而以天池请。"

也是在三月,神宗又命天章阁待制韩缜、枢密副都承旨张诚一乘驿往河东,与辽人"会识地界,速结绝以闻"。[2]不过,划界的进展十分缓慢。七月,韩缜将刚绘制出来的河东缘边山川、地形、堡铺图画送呈御览。神宗下诏,对一部分地段的划界作了让步:"其白草铺,西接古长城,先从北与之议,毋得过分画地界。其古长城以北弓箭手地,听割移。"[3]

对割地,神宗大约有几分惭愧,跟王安石解释说:"度未能争,虽更非理,亦未免应副（应付）。"

王安石说:"诚以力未能争,尤难每事应副,国不竞亦陵（国力不振即为人所欺凌）故也。若长彼谋臣猛将之气,则中国将有不可忍之事矣。"对朝廷这次示弱可能导致的后果很是忧虑。

韩缜与辽方代表的划界工作,一直到熙宁末年才算结束,而在此之前,王安石已第二次罢相归江宁。宋辽两国的划界结果,按宋史学者的研究,宋朝对三片争议土地"作了有利于辽的调整；其中面积大的纵深十余里,小的纵深数里";而对面积最大的黄嵬山北麓与天池庙地界,"截止沈括使辽,北宋并

---

1 李焘:《续资治通鉴长编》卷二百六十五。下同。
2 李焘:《续资治通鉴长编》卷二百六十一。
3 李焘:《续资治通鉴长编》卷二百六十六。下同。

未放弃。在此以后的边境划界过程中,亦未见有割让的记载"。[1]

如此看来,这次宋辽划界,宋朝放弃了数十里的领地。但在宋人笔记中,却有王安石弃地五百里、七百里之说:

> 熙宁七年春,契丹遣泛使萧禧来言:"代北对境有侵地,请遣使同分画。"……时王荆公再入相,曰:"将欲取之,必固与之也。"以笔画其地图,命天章阁待制韩公缜奉使,举与之,盖东西弃地五百余里云。韩公承荆公风旨,视刘公(刘忱)、吕公(吕大忠)有愧也,议者为朝廷惜之。呜呼,祖宗故地,孰敢以尺寸不入《王会图》哉!荆公轻以畀邻国,又建'以与为取'之论,使帝忽韩、富二公之言不用,至后世奸臣以伐燕为神宗遗意,卒致天下之乱,荆公之罪,可胜数哉![2]

> 熙宁七年,辽主洪基遣泛使萧禧来言河东地界未决。八年再来,必欲以代州(即辽之朔州)天池分水岭为界。诏询于故相文彦博、富弼、韩琦、曾公亮以可与及不可许之状,皆以为不可。王安石当国,言曰:"将欲取之,必固与之。"于是诏不论有无照验,摽拨与之。往时界于黄嵬山麓,我可以下瞰其应、朔、武三州,既以岭与之,虏遂反瞰忻、代,凡东西失地七百里。案庆历中,虏求关南十县,朝廷方以西

---

1 李之勤:《熙宁年间宋辽河东边界交涉研究——王安石弃地数百里说质疑》,《山西大学学报(哲学社会科学版)》1980年第1期。
2 邵伯温:《邵氏闻见录》卷第四。

夏为虑，犹不过增岁币以塞其欲，至于土地，尺寸弗与。熙宁之兵力胜于曩时，而用萧禧坚坐都亭之故，轻弃疆场设险要害之处。安石果于大言，其实无词以却之也。[1]

韩琦主张向辽国"退近者侵占之地"，到了轻浮文人的笔下，却摇身变成反对弃地的诤士、智者；王安石明明白白跟神宗说过不可割地："若如此，即不可许。"却被文人野史诬为将祖宗故地"轻以畀邻国"。什么叫颠倒黑白？什么叫血口喷人？什么叫睁着眼睛说瞎话？什么叫栽赃？这就是了。

而这个"王安石力主弃地"的谣言，与所谓的"吕惠卿挟李士宁案以倾轧王安石"之说一样，可追溯的最早记录同样出自苏辙之手笔。元符年间，苏辙在回忆录中说：

> 予从张安道（张方平）判南都。闻契丹遣泛使求河东界上地，宰相王安石谓咫尺地不足惜，朝廷方置河北诸将，后取之不难。及北使至，上亲临轩，喻之曰："此小事，即指挥边吏分画。"使者出，告人曰："上许我矣。"有司欲与之辩，卒莫能得。[2]

事实却是，熙宁七年吕大忠、刘忱在河东与辽方谈判划界之时，王安石已罢相居江宁；熙宁八年至十年韩缜与辽方的划界谈判，则直接由神宗指挥，其间王安石虽已复相，却长期以

---

1 洪迈：《容斋五笔》卷一。
2 苏辙：《龙川略志》第四。

疾居家，未理朝政（由此还引来吕惠卿的误会），随后（熙宁九年十月）又罢相；而在朝之日，王安石每次与神宗论及划界之事，都是提醒、勉励神宗不可向辽国示弱。他怎么可能主张割地予契丹？

另外，所谓"弃地五百里""弃地七百里"也是明显的夸大其词，神宗虽然在划界时作出让步，但让出去的地界不可能是五百里、七百里，面积最大的争议地界黄嵬山并没有割让，但邵伯温等反对王安石的文人却言之凿凿地称割出去了。他们刻意夸大熙宁弃地的规模，无非是要抹黑王安石，将他钉在历史的耻辱柱上。

苏辙在记述王安石于熙宁划界之时力主弃地的谣言时，用了"闻"字。这一细节表明，苏辙的记述来自道听途说。当时，应该确有传言声称王安石讲过"咫尺地不足惜""后取之不难"之类的话。

那么王安石讲过吗？讲过。熙宁五年九月，在一次御前会议中，王安石说："朝廷若有远谋，即契丹占却雄州，亦未须争，要我终有以胜之而已。"[1] 但是，王安石讲这话的背景是：朝廷正用兵于河湟，知雄州张利一却在宋辽边境生事，引契丹巡马过河，枢密使文彦博扬言与辽国交兵，王安石不欲与契丹争细故，影响收复河湟之大业，因而才用过头话反驳文彦博。实际上，当时宋辽之间并没有发生领土纠纷。等到熙宁七年二月，传辽使萧禧前来索地，王安石便明确跟神宗说："若如此，即不可许。"

苏辙却将王安石熙宁五年讲的话掐头去尾，改头换面，删掉背景，然后放入熙宁七年"契丹遣泛使求河东界上地"的事

---

1 李焘：《续资治通鉴长编》卷二百三十八。

件中，之后邵伯温之徒又添油加醋，终于让王安石背上了弃地数百里的黑锅。

第三节　交趾来犯

熙宁五年，王安石对周边形势有一个基本判断："臣窃观方今四夷，南方事不足计议，惟西方宜悉意经略，方其国弱主幼，又无纪律，时不可失。经略西方则当善遇北方，勿使其有疑心，缘四夷中强大未易兼制者，惟北方而已。"[1]但几年过去，形势已大变。

北方，契丹疑心已起，于是有索地、划界之交涉。

西方，王韶先后收复熙、河、洮、岷诸州，河湟拓边的战略布局取得阶段性成果，王韶亦入朝任枢密副使。但是，后王韶时代的熙河地区还有两大问题尚未解决：一是财政匮乏，一是局势不稳。

先说第一个问题。宋政府既然在熙河一带设置州郡，遣官统治，就要承担起治理的成本。但宋时熙河是半游牧半农耕之地，经济落后，又新归宋朝，基本没什么赋税可收。熙宁八年冬，权发遣熙河路经略司高遵裕向朝廷报告了熙河的财政困境："本路新复，未有租税之助，而所在仓廪空虚，商人绝迹，转运司计置不行。"[2]刚从枢密副使升任枢密使的吴充也说："熙河展置，

1　李焘：《续资治通鉴长编》卷二百三十六。
2　李焘：《续资治通鉴长编》卷二百七十一。

今且四年，经略虽定，然军食一切犹仰东州。转车挽运，则人力不给；置场和籴，则猾民得以乘时要价，以困公上。二者之患，其弊在于未有土地之入。"[1]

宋政府拓边之初，曾在熙河设蕃学，但由于财政窘迫，蕃学不得不于熙宁八年解散："熙河路兵食、吏俸日告阙乏，而蕃学之设冗费为甚，无补边计，可令罢之，其教授令赴阙，蕃部弟子放逐便。"

那么，为维持熙河路的兵食、吏俸以及其他公共开支，宋政府每年要给熙河拨款多少呢？元丰末年，韩维上疏："朝廷自得熙河之地，岁费缗钱五六百万，后得兰州，又费百万以上。所得愈多，所费益广，拓地之无利，亦已明矣。"[2]但我们要记住一点：北宋旧党在抨击王安石变法时说的每一句话，都可能是夸大其词的。

韩维称熙河路每年花掉了朝廷五六百万贯，也是不实之词。我们来看真实的数字：元丰年间，神宗诏"每岁赐钱二百万缗，付熙河兰会路（扩展后的熙河路）边防财用司充经费"，每年只拨款两百万；[3]元祐年间，朝廷对熙河路、兰会路的用度作了审计，审计结果是自熙宁七年以后，熙河每年"实费计三百六十八万三千四百八十二贯"，其中可"裁减除豁，共约计一百八十九万七千二百余贯"。[4]换言之，维持熙河路的治理每年两百万贯就够了。

熙河路的财政匮乏问题，到宦官李宪主政熙河后才得以缓

---

1 李焘：《续资治通鉴长编》卷二百七十。下同。
2 李焘：《续资治通鉴长编》卷三百六十。
3 李焘：《续资治通鉴长编》卷三百五十。
4 朱弁：《曲洧旧闻》卷六。

解,这是因为在熙宁十年,朝廷考虑到"熙河用度不足,仰度支供亿",专门在熙河成立了一个"经制熙河路边防财用司"(下简称"财用司"),由入内都知李宪总领其事。[1] 元丰二年(1079),财用司决定从十个方面开拓熙河路的财政收入:[2]

1. 接管熙、河、岷三州及通远军的官员职田;
2. 接管熙、河、岷三州及通远军的公使醋坊;
3. 接管岷州盐官镇、通远军盐川寨的两个盐场;
4. 在凤翔府增置市易务,与熙河路原有的五个市易务统筹起来经营;
5. 本路州军每年都派官置场收购粮食,遇谷价贵即卖出赚取差价;
6. 市易务各增监官一人,并主持收购粮食事务,裁减冗余人手;
7. 在岷州置钱监,通远军威远寨的钱监改铸铜钱;
8. 将秦凤路坑冶业务拨属财用司;
9. 在岷州等地置立牧养十监,开展牧养牛羊等业务;招募人户耕种营田;
10. 遇急乞依茶场司例,许权差待阙得替官勾当。

元丰三年(1080),熙河财用司向朝廷报告了置司以来的实际收入:"元丰元年,四十一万四千六百二十六贯石;二年,六十八万四千九十九贯石。"[3] 也就是说,在"本路新复,未有租

---

1 李焘:《续资治通鉴长编》卷二百八十六。
2 据李焘《续资治通鉴长编》卷二百九十六整理。
3 李焘:《续资治通鉴长编》卷三百二。

税之助"的情况下，熙河财用司通过经营醋、盐、矿冶、农业、畜牧、边境贸易等，为宋政府经略熙河路解决了一部分经费问题。

再来说第二个问题。截至熙宁七年，王韶收复熙、河、洮、岷、叠、宕六州，蕃部首领俞龙珂、木征先后归顺。然而，宋政府对熙河路的控制还是比较脆弱的，青唐主董毡尚未归顺入贡，时常招诱内附的洮西蕃部叛宋，他麾下的西蕃首领鬼章、冷鸡朴更是一再侵扰岷州、河州，威胁着王韶拓边的成果。

熙宁九年（1076）六月，边境甚至传出"夏国欲用十二万人取熙河"的情报，神宗急问王安石该如何处置。[1]王安石说："熙河城必非一日可拔，夏国纵无后顾，不知十二万人守熙河几日？自来夏国大举，罕能及二十，熙河虽乏粮，亦皆有半年以来枝梧（支撑），恐无足忧者。且夏国非急迫，安肯出此？出此则绝岁赐，致诸路攻扰，有何所利？"王安石的判断是对的，西夏果然没有大举进攻熙河。但熙河局势尚未稳定，却是宋王朝必须面对的现实。

这个问题，也是在李宪主政熙河任内才得以解决。熙宁九年十二月，鬼章领兵攻岷州，占据了岷州东八十里处的铁城。神宗命李宪乘驿急赴熙州，跟秦凤路、熙河路的经略司一起商量如何处置边事，并下诏："宪至，军前一应将官等，并听宪指挥。"[2]不过，在李宪抵达熙河之前，知岷州种谔已奇袭铁城，大败鬼章。

次年，即熙宁十年春，因冷鸡朴又诱蕃部扰边，李宪集合六万大军，进讨西蕃六逋宗、讲珠等城堡。归宋的俞龙珂、木

---

[1] 李焘：《续资治通鉴长编》卷二百七十六。下同。
[2] 李焘：《续资治通鉴长编》卷二百七十九。

征也随宋师出征。这一役，宋师大获全胜，"斩首万级，获其大酋冷鸡朴，羌族十万七千帐内附，威震洮西"。[1]此役之后，董毡大惧，请罪入贡。鬼章亦接受宋朝招抚，封廓州刺史。宋王朝对熙河一带特别是洮河之南的统治，这才稳固下来。

在李宪、种谔与青唐的鬼章、冷鸡朴激战于西边之时，宋王朝在南边也在进行一场战争，且更为惨烈。熙宁五年王安石还以为"南方事不足计议"，不想短短几年过去，南方已将宋王朝拉入战场。

王安石所说的"南方"，是指交趾。

熙宁八年十一月，交趾突然大集兵丁，分两路入侵宋境：以水路攻钦州（今广西钦州）、廉州（今广西合浦）；以陆路攻邕州（今广西南宁）。十一月二十日，交趾兵攻陷钦州；三日后又陷廉州；十二月初十，兵围邕州；次年（熙宁九年）正月廿三日，破邕州，知邕州苏缄战死。

为什么交趾会突袭宋朝？宋人认为问题出在两任广南西路经略使沈起、刘彝身上："初，沈起经略广西，妄言被旨谋讨交趾，又擅抚纳恩靖州（当为"恩情州"）侬善美，及于融、宜州疆置城寨，杀人以千数，交人震扰。诏以刘彝代起，冀使招辑之，而彝乃更妄意朝廷有攻取谋，欲以钩奇立异为功，始遣官入溪峒，点集土丁为保伍，授以阵图，使岁时肄习；继命指使因督盐运之海滨集舟师，寓教水战，故时交人与州县贸易，一切禁止之。"[2]这两人打着朝廷要征讨交趾的旗号在边境生事，引发交趾疑虑，认为宋王朝图谋安南旧郡，这才先下手为强。

---

1 脱脱等：《宋史》卷三百五十。
2 李焘：《续资治通鉴长编》卷二百七十一。

北宋旧党甚至将沈起、刘彝的惹是生非归咎于王安石，比如苏轼就声称：

> 熙宁以来，王安石用事，始求边功，构隙四夷。王韶以熙河进，章惇以五溪用（指章惇平定荆湖"诸蛮"），熊本以泸夷奋（指熊本平定川峡夷叛），沈起、刘彝闻而效之，结怨交蛮，兵连祸结，死者数十万人，苏缄一家，坐受屠灭。至今二广疮痍未复，先帝始欲戮此二人，以谢天下。而王安石等曲加庇护，得全首领，已为至幸。[1]

邵伯温也说：

> 是时王荆公已有宠，劝帝用兵以威四夷。初是用王韶取熙河，以断西夏右臂；又欲取灵武，以断大辽右臂；又结高丽起兵，欲图大辽；又用章惇为察访使，以取湖北夔峡之蛮；又用刘彝知桂州（今广西桂林）、沈起为广西路安抚使，以窥交趾。二人不密，造战舰于富良江上，交趾侦知，先浮海载兵陷廉州，又破邕州，杀守臣苏缄，屠其城，掠生口而去。[2]

旧党陈瓘甚至一口咬定沈起是受王安石之命挑衅交趾：

1　苏轼：《苏轼文集》卷二十七《缴进沈起词头状》。
2　邵伯温：《邵氏闻见录》卷第五。

> （王安石）七年执政而四作边事，神考（神宗）垂拱仰成，任其所为，事成则归功于安石，事不成则引咎于己。……广西之事，沈起亦受旨于安石，及其败也，神考掩护中书生事之过，曲从安石，贷起之死，而亦未尝责安石也。……沈起引惹蛮事，致令交趾犯边，围陷邕州，钦、廉失守，生事者起，人皆知之，造谋者安石，人不尽知也。[1]

王安石真的为了图谋安南而授意沈起积极备战吗？不。这其实又是旧党对王安石的厚诬。熙宁五年，王安石跟神宗说"南方事不足计议"，显然，当时宋政府并没有经略安南的计划。

熙宁六年，交趾的部族首领刘纪有意投奔宋朝。沈起建议朝廷接纳，神宗问辅臣，宰执都认为"未可许刘纪，许刘纪，交趾必争"。[2] 神宗说："交趾可了，但恐沈起了不得。"王安石说："起自以为易了，然兵事至难，诚恐起未易了。"可见此时宋政府也没有与交趾交兵的打算。

熙宁七年，因沈起擅自令都巡检薛举招诱交趾恩情州首领侬善美，神宗很生气，批示中书处置生事的沈起："熙河方用兵未息，而沈起又于南方干赏妄作，引惹蛮事，若不早为平治，则必滋长为中国巨患，实不可忽。宜速议罢起，治其擅招纳之罪，以安中外。"[3] 朝廷于是罢沈起，以刘彝知桂州，兼经略广南西路。神宗还发手诏给广西边臣，要求不可轻举妄动："累据广西经略司奏，探报交趾聚兵欲犯省地。深虑边臣不量彼已轻

---

[1] 李焘：《续资治通鉴长编》卷二百四十四。
[2] 李焘：《续资治通鉴长编》卷二百四十七。下同。
[3] 李焘：《续资治通鉴长编》卷二百五十一。下同。

出兵，远离城寨迎敌，宜速指挥苏缄，如蛮人敢直来侵犯邕州，仰按兵固守，无得贪功轻敌。"这个时候，宋政府仍然不希望与交趾发生军事冲突。

熙宁八年十一月，朝廷还给刘彝下诏："毋得止绝安南和市。"[1] 其时交趾已进兵攻钦、廉、邕三州，只是边报尚未送达京师。可以看出，交趾兵犯境，宋王朝是猝不及防的，因为神宗与宋政府并未准备与交趾打仗。

熙宁九年正月，得悉交趾犯境的消息后，神宗大怒，发手诏要求中书严惩妄生边事的沈起："沈起昨在广西，妄传密受朝廷意旨，经略讨交州。……沈起可贷死，削夺在身官爵，送远恶州军编管。"[2]

中书、枢密院又奏请同时问责刘彝："刘彝亦相继生事，请罢屯扎兵，致所招之人未堪使；并造战船，止绝交趾人卖买；不许与苏缄相见商量边事，及不为收接文字，令疑惧为变。事恐不独起，而（刘彝）亦有可疑者。"随后刘彝亦被开除官籍，送涪州编管。

以上史实足以说明，从熙宁五年至熙宁八年，宋王朝并没有进图安南的战略打算，将交趾侵边归罪于王安石的拓边计划，是旧党泼到变法派身上的又一盆脏水。

旧党领袖司马光更是暗示交趾侵边的祸根是王安石变法：

> 时交趾所破城邑，即为露布（写有文字、用以通报四方的帛制旗子），榜之衢路，言："所部之民

---

1 李焘：《续资治通鉴长编》卷二百七十。
2 李焘：《续资治通鉴长编》卷二百七十二。下同。

叛如中国者，官吏容受庇匿。我遣使诉于桂管，不报；又遣使泛海诉于广州，亦不报。故我帅兵追捕亡叛者。……"又言："桂管点阅峒兵，明言又见讨伐。"又言："中国作青苗、助役之法，穷困生民，我今出师，欲相拯济。"[1]

司马光之所以抄录交趾人露布上美化侵略的口号，无非是想否定王安石变法：大家看呀，王安石的新法已经惹得天怒人怨了，连交趾人都看不下去了。但明白人都看得出来，所谓的"中国作青苗、助役之法，穷困生民，我今出师，欲相拯济"云云，不过是交趾举兵的借口罢了。司马光真的相信交趾发兵是为了拯救宋人于水深火热之中吗？

得悉交趾举兵之后，神宗与王安石倒确实下决心进取安南。熙宁八年十二月，神宗任命知延州赵卨为安南道行营马步军都总管、经略招讨使兼广南西路安抚使，李宪任副官，领兵征讨交趾。

但赵卨与李宪还未启程就闹了矛盾，二人争论不休。王安石本来就反对宦官领兵，便主张罢李宪："中人监军，唐叔世（衰世）弊事，不可踵。"[2]

神宗问赵卨："若宪不行，谁可代宪？"

赵卨说："逵老（擅长）边事。"逵，即赵卨的老上司、判太原府郭逵。

神宗又说："卿统帅，令副之，奈何？"

第十章 难弭朝端谤箧书

---

[1] 司马光：《涑水记闻》卷第十三。
[2] 李焘：《续资治通鉴长编》卷二百七十三。下同。

赵禼说："为国集事，安问正副？臣愿为裨赞（辅助）。"

王安石并不喜欢郭逵，但因枢密使吴充也力荐郭逵，便没有反对。于是熙宁九年二月，神宗改命郭逵为征讨交趾的主帅，赵禼副之。李宪则派往西部主政熙河。

宋朝与交趾既已交兵，王安石遂主张趁机取安南旧郡，认为交趾"必可取"；吴充不同意，称交趾"得之无益"；神宗的立场倾向于王安石，给郭逵等人发手诏："交州平日，依内地列置州县。"

但神宗与王安石低估了交趾的战斗力。当初邕州被围的边报刚送达京城，王安石说："邕州城坚，必不可破。"神宗听了，放心下来，谁知不久却传来邕州陷落的消息，君臣震惊。神宗欲召两府大臣于天章阁开会，王安石说："如此，则闻愈彰，不若止就东府。"

开会之时，王安石"忧沮形于辞色"。枢密副使王韶说："公居此尚尔，况居边徼徼者乎！愿少安重以镇物情。"让他不要那么焦虑，以免人心惶惶。

王安石说："使公往，能办之乎？"

王韶说："若朝廷应副（安排），何为不能办？"

假如真由王韶领兵南征，不知结局又是如何。

郭逵统率的大军在七月才抵达桂州，此时交趾兵已经从宋境撤走，来自北方的宋朝士兵尚未与交趾交手，就因水土不服，未能适应南方瘴疠之地，先病倒了一大片，单熙宁九年九月上旬，便"死病近四五千人"。[1]

十二月十一日，郭逵方举兵出界；十日后，兵至交趾富

---

[1] 李焘：《续资治通鉴长编》卷二百七十八。

良江畔，对岸即是交州。在富良江，宋师与交趾军对峙、交战四十日。按宋朝文献的记载，富良江一役，宋师大捷，"杀其大将洪真太子，擒左郎将阮根"，在混乱中掉入江中的交趾兵"不可胜数，水为之三日不流"，交趾李朝君主李乾德大惧，"奉表诣军门乞降"。[1] 而按对方的文献记述，则是交趾大败宋师："王（李乾德）命阮常杰（李朝将领李常杰）领水军拒之，昭文、宏真二侯皆溺死如月江，两军相持月余，常杰知宋军力困，夜渡江袭击，大破之。宋兵死者什五六，遂退取广源州。"[2]

有一点是可以确定的：郭逵未能渡过富良江，无奈退师；神宗欲于安南"依内地列置州县"的设想亦未能如愿。

郭逵之所以退走，主要是因为"粮道不继，瘴毒日甚，十万之众死亡十九"。[3] 郭逵自己也无心恋战，跟诸将说："吾不能覆贼巢、俘乾德以报朝廷，天也。愿以一身活十余万人命。"[4] 遂接受李乾德降表，于熙宁十年春班师退兵。

自熙宁八年至熙宁十年，这三年间，宋王朝可谓三面受敌：南边，有交趾入侵；西边，鬼章与冷鸡朴不时侵扰；北方，契丹虎视眈眈，企图割掉更多的宋朝疆土。南方战火的燃起，更是让北人蠢蠢欲动，"欲乘时牵制"，在划界时"展转邀索不已"。[5]

在这三年里，王安石成了一名"背锅侠"。赵世居谋逆案发，王安石差点因李士宁而受牵连；朝廷与辽国谈判划界，王安石被诬"弃地七百里"；交趾来犯，王安石又被诬为结怨交趾人

1　李焘：《续资治通鉴长编》卷二百七十九。
2　佚名：《越史略》卷二。
3　魏泰：《东轩笔录》卷之八。
4　李焘：《续资治通鉴长编》卷二百七十九。
5　李焘：《续资治通鉴长编》卷二百七十六。

的罪魁祸首——但更让王安石伤心的,恐怕还是与昔日同道的交恶。

第四节　变法派的分裂(上)

熙宁八年二月王安石复相之后,两府执政官分别为:首相王安石,次相韩绛,参知政事王珪、吕惠卿,枢密使吴充,枢密副使王韶。除了吴充的政见倾向于旧党、王珪的立场模棱两可之外,其他执政官都属于变法派,而且,王韶、吕惠卿、韩绛还是王安石的密友。但是,密友之间很快便产生了嫌隙。

第一个与王安石闹别扭的密友是韩绛。

韩绛与吕惠卿不合,密奏神宗召回王安石,欲以王安石阻吕惠卿问鼎相位。但王安石回朝不久,便与韩绛发生争执。时为熙宁八年五月。

事情要从一个叫刘佐的监当官说起。刘佐,本为京师商人,市易法推行后被宋政府聘为市易司监官,后因犯错被免职,但接替他的监官"不知买卖次第",导致市易司息钱不及以前,市易司便提议将刘佐召回来,王安石也有此意,并且还想让他监市易司。[1]但韩绛坚决不同意,认为刘佐刚受处分,不可安排差遣。

王安石认为:"市易务自来举官不拘条制,且七八万贯场务须付之能者。"

---

[1] 李焘:《续资治通鉴长编》卷二百六十四。下同。

韩绛不同意，认为"如此则废法"。

神宗折中，说："且令勾当，候合受差遣，方许理任如何？"

韩绛还是认为不可，甚至以辞去相位威胁："如此，则宰相不可为。"

神宗愕然："兹小事，何必尔！"

韩绛说："小事尚弗能争，况大事乎？"

王安石又说：刘佐虽受处分，"然无避事（逃避职事）之罪，此何足深责？"说到这里，王安石提起一件旧事：昔日杜纯在秦州调查王韶擅用市易钱一事，因推勘失实而被贬官降职，"如杜纯欺罔如此，亦是冲替事理重，韩绛亦不候合受差遣，便奏差在会计司，此与差刘佐亦何异？若比刘佐，则纯为罪重，情理难恕"。指当初杜纯调查王韶案失实被处分后，你韩绛也是将他安排在会计司，这跟现在安排刘佐暂时勾当市易司有何区别？

韩绛坚持说："刘佐违条贯甚多，不合奏举。"又说："臣若不去，又是一冯京。"

王安石说："韩绛用心必与冯京不同，但此一事所见与臣异尔。"

韩绛坚持求去。

王安石说："绛若能以去就之义守职，臣亦何敢忘义，屈而从绛！且须论道理，未须言去就。"随即谈了一通任用刘佐的道理："佐前有绩效，方今理财不可缓。"

但韩绛表示：我也当过三司使，没见理财问题有多么不可缓。

王安石用一个实例证明韩绛说错了：韩绛任三司使时，"郑州枷栲百姓，令贱卖产以给军赏，大臣、近臣乃或贱买民产，此韩绛所见"。

韩绛又改口："其时诚是阙乏，然小人喻于利，不可用。"

坚持认为不可用刘佐。

王安石说:"市易务若不喻于利,如何勾当?且今不喻于义,又不喻于利,然尚居位自如;况喻于利,如何可废!"

这次争论之后,韩绛郁郁不乐。五月十八日,韩绛又请辞,并称疾不出。王安石向神宗提议罢刘佐,勉慰韩绛就位:"此监当小臣若固争,致绛去位,臣所不敢安也。"神宗从之,罢了刘佐,并遣中使持手札慰谕韩绛,韩绛这才复起,回中书视事。

但王安石与韩绛的关系就此破裂,已无法修补,两人之后又发生了一些争执。五月廿八日,王安石独奏事,神宗又说起是否要罢了韩绛,因为韩绛总在添乱:"卿任事无助,极不易。韩绛须令去,不然,煽动小人,若无已,大害政事。"王安石却坚定地挽留韩绛,称"请待其复旅拒(违命不出),黜之未晚"。

八月廿一日,因韩绛多次称疾请辞,神宗批准他罢相,出知许州。

差不多也是这个时候,王安石与吕惠卿之间的友谊亦出现裂痕。我们不知道两人生隙的具体时间点,也许五月廿七日御史蔡承禧弹劾"吕升卿招权慢上,并及吕惠卿"是一条导火线。

吕升卿为吕惠卿之弟,时任崇政殿说书,同管勾国子监兼同修撰经义。蔡承禧弹劾他"经学纰缪(荒谬),不当教国子,且挟惠卿之势,崇建亲党,轻傲犯法,招权慢上";还指控吕升卿以前做过一件荒唐事:"太山(泰山)有祖宗御制碑,升卿勒石其上。"[1] 蔡承禧说,这个吕升卿,竟然在真宗皇帝立于泰山的御制碑上刻字——大概就如今天的好事者游名胜古迹,在

---

[1] 李焘:《续资治通鉴长编》卷二百六十五。

上面刻了"到此一游"几个字。

蔡承禧的弹章是直接交给中书的,中书应及时进呈神宗。五月廿七日早朝,吕惠卿说:"承禧言升卿事连臣。"[1] 神宗说:"同进呈,无害。"吕惠卿又请求将御史的弹章发给吕升卿,让其自辩。神宗同意了,并下诏让京东路转运司核实吕升卿所镌刻文字的泰山石碑究竟是不是祖宗御制碑。

次日,吕惠卿即告假居家。这也是宋朝的一项惯例:执政大臣及其亲属若受台谏官弹劾,当居家待罪,以避嫌疑。王安石独自入对,神宗称"惠卿不济事,非助卿者也"。[2]

其时,神宗对吕惠卿已心生不满。此前几次早朝,他都当着宰执的面,称赞王安石"独无私"。弦外之音,是暗示吕惠卿"有私"。

听到神宗直言"惠卿不济事",王安石有些惊讶,问:"不知惠卿有何事不可于意?"

神宗说:"忌能、好胜、不公。如沈括、李承之虽皆非佳士,如卿则不废其所长,惠卿即每事必言其非,如括言分水岭事,乃极怒括。"

王安石替吕惠卿辩护:"惠卿于括恐非忌能,如括反覆,人人所知,真是壬人(巧言谄媚、不行正道者),陛下当畏而远之,虽有能,然不可亲近。惠卿屡为陛下言之,非不忠,陛下宜察此。"

神宗又说:"大抵兄弟总好胜、忌能,前留身极毁练亨甫。亨甫颇机警晓事,观惠卿兄弟,但才能过己便忌嫉。"神宗所

---

[1] 李焘:《续资治通鉴长编》卷二百六十六。下同。
[2] 李焘:《续资治通鉴长编》卷二百六十四。下同。

说的练亨甫，是一名年轻的变法派，时任中书习学公事，相当于中书实习生，与王安石之子王雱关系亲密。

王安石也承认吕升卿在自己面前抨击过练亨甫："升卿等亦屡为臣言练亨甫，臣亦屡劝彼，令勿如此逆欲废人，但见彼作奸明白，则正论自不容。若于未有事时，但疑其将为恶，遽废弃，恐无此理。"不过，他又为吕升卿辩解："承禧言升卿乃相忿恶。在升卿亦无他，但不免轻肆，往往闲论议及承禧，故致其如此。不然，则承禧所弹何至如此深切。"

王安石还劝神宗不要因小事而冷落吕惠卿："人才如惠卿，陛下不宜以纤介（细小的嫌隙）见于辞色，使其不安。"

神宗不知此话何解，王安石便说："如对惠卿数称臣独无适莫，独无私，则惠卿何敢安位？国家所赖，恐不宜如此遇之。"

神宗听了，有些不好意思，便交代王安石"敦勉惠卿就位"。

王安石却说："此在陛下。陛下不加恩礼，臣虽敦勉，何补也？"

不久，吕升卿针对台谏之弹劾的自辩文字出来，王安石进呈神宗，说："据分析事实，亦无他。"

神宗又说："闻承禧尝往见升卿，升卿拒不见。"

王安石说："升卿致人怨诽，但如此类，余亦无他。"

神宗又说："承禧言升卿言，令惠卿坚卧十日，朝廷自逐台官，果否？"

王安石说："果如此，承禧何自知之？此必妄说耳。"

君臣又说起吕升卿镌刻泰山石碑的荒唐事。王安石说："昨将碑本（拓片）来，石文多残阙，当是古碑。"[1]

---

[1] 李焘：《续资治通鉴长编》卷二百六十五。下同。

神宗说："升卿无他，然古碑又何用镌勒！大抵后生不更事耳。"

其后京东路转运司发来调查报告，吕升卿所刻石碑果然并非真宗御制碑。

六月，王安石生了一场大病，多日未到中书办公。吕惠卿以为王安石是故意托病不出，十分不满，忍不住向神宗发牢骚：原本希望王安石"来勠力时事，却屡称病不治事，积事以委臣，臣恐将来致倾败，臣预其责"。

神宗派了御医到王家诊视，并以手书告诉王安石："吕惠卿甚怪卿不为升卿辩事，言卿前为人所诬，极力为卿辩，今己为人所诬，卿无一言。朕说与，极为卿兄弟解释。（惠卿）又疑小人陷害。朕问是谁，乃云在侧，似疑练亨甫。深疑练亨甫何也？"

王安石说："亨甫，臣所不保。然惠卿兄弟无故沮抑亨甫，臣劝之勿如此，恐反为其所害。亨甫陷害惠卿，臣所不知。然亨甫实未见其阙（过失），而惠卿兄弟多方疾恶之，实为过当，大抵惠卿兄弟好逆料人将为奸。"

神宗说："亨甫实机警。此必有小人交斗（拨弄是非）其间，小人须斥去，不然害及国事。"

王安石说："不知谁为小人？"

神宗说："必曾旼也。"神宗所说的曾旼，是吕惠卿的亲信，任提举修撰经义所检讨。

王安石说："陛下何以疑其然？"

神宗说："料其必如此。修经义了，即与在外差遣。"

因为被御史弹劾"经学纰缪，不当教国子"，吕升卿即按惯例，向神宗请辞管勾国子监的职务。七月廿三日，神宗批准了吕升卿的辞呈，罢去其管勾国子监的差遣。蔡承禧还要求一并解除吕升卿的经筵职事，但神宗没同意。

蔡承禧的这次弹劾，致使吕氏兄弟对王安石产生了极大的误解，认为是王安石的亲信练亨甫从中作梗，指使蔡承禧诋毁吕升卿，以攻击吕惠卿。因此，吕家兄弟对王安石意见很大。

吕惠卿一再上表请求补外，以免与王安石同处中书。神宗再三慰留，问："无事而数求去，何也？"[1]

吕惠卿说："陈力就列，不能者止。臣自度不能，所以求止，无他，愿遂臣请。"

神宗说："卿为参知政事，天下事责不在卿一人，何必尔！"

吕惠卿说："顷（之前）安石之去，一时乏人，所以受命不辞。安石复来，理当决去。但蒙陛下宣谕再三，所以盘礴（逗留）至今。"

神宗劝他：王安石复相，你们正好可以协力同心，怎么就提出要辞职呢？

吕惠卿反映王安石如今总是请假不办公："安石之来，一切托疾不视事，与昔日异。前此安石为陛下建立庶政，千里复来，乃反如此，不知欲以遗之何人？"

神宗说："安石必须见天下有可为之理，乃肯复来。"

吕惠卿说："然必是至此有不如所见，故不安其位。盖亦缘臣在此，陛下意与安石协力者多，其听不一，故不安。朝廷事可以无臣，而不可无安石，此臣所以求去也。"表示怀疑王安石不上班是因为自己。

神宗说："安石必不忌卿。"

---

[1] 李焘：《续资治通鉴长编》卷二百六十六。下同。

吕惠卿说："安石于臣何忌！但陛下初用安石，以其势孤助之，故每事易。今日陛下以谓安石之助多节之，故每事难就，则臣之在朝廷所补者少，而所害者多，不若遂臣之去。陛下一听安石，天下之治可成也。今使大臣有所不得尽，非国家之福。"

神宗说："有官守者，不得其守则去。安石必不肯苟且灭裂（敷衍）。"

吕惠卿："惟其欲去，所以苟且灭裂。……固未能责其不尽也。陛下但致一以听安石，殚其学术，则臣虽去，犹在朝也。"

神宗问："安石学术莫了得天下事否？"

吕惠卿说："然。"

神宗说："卿但参贰（辅佐），责不尽在卿。"

吕惠卿说："此臣所以可去也。臣之所陈皆国家事，而在臣之私，又有往来其间者，不去恐为天下笑。"

神宗再次挽留吕惠卿："终不令卿去，且但至中书。"

吕惠卿顿首说："臣不敢奉诏。"然后退出。

此时吕惠卿虽然猜疑王安石，坚决求去，但言语间对王安石还是很尊重的，只是委婉地说他们意见不合，难以共事，自己愿意让贤。不过神宗还是不希望吕惠卿离开，派了内侍到吕家劝慰，又封还吕惠卿辞职的札子，并交代银台司不要接吕惠卿辞职的文字。

大致在七月底、八月初，吕惠卿才重新出来办公，但他与王安石愈发不协，意见多相抵牾。吕惠卿于熙宁七年推出的给田募役法、手实法，王安石均不赞成；王安石欲罢陕西交子、增发盐钞，因成本太高而又罢河北运米，改由市易司向民间订购，但吕惠卿均反对；对成天围着王安石、王雱转的练亨甫，吕惠卿十分厌恶；而对吕惠卿一手提拔的曾旼，王安石也很反感。

如果说，这仅仅是政见不合，尚不至于公然翻脸，九月发生的一件事，终于让吕惠卿与王安石撕破脸皮。这件事跟修经义有关。我们以前讲过，为实现教育的"一道德"，宋政府于熙宁六年设立经义局编修经义，以王安石提举，吕惠卿、王雱同修撰，参与编修的还有吕升卿、曾旼等人。熙宁八年六月，王安石新撰的《周官新义》与吕惠卿、王雱修撰的《诗经新义》《尚书新义》完稿付梓，颁行于太学。对参与修经义的人员，神宗都给予了奖励、赏赐。

这本是王氏父子的荣耀，然而，王安石却发现，王雱所修《诗经新义》多处被篡改，以致有训诂不通之处。王安石很生气，派人转告吕惠卿：《诗经新义》"勿卖，须得削去"。[1] 吕惠卿大惑不解，叫吕升卿去问王安石究竟是怎么回事。王安石怒道：经义局改《诗经新义》不当，"安石为文岂如此？贤兄亦不至如此，此曾旼所为，训诂亦不识"。

九月十二日，王安石又给神宗上札子，请求停止刊行经义局版本《诗经新义》，采用王雱修撰、王安石订正的旧本：

> 臣子雱奉诏撰进《诗义》，臣以当备圣览，故一一经臣手，乃敢奏御。及设官置局有所改定，臣以文辞义理当与人共，故不敢专守己见为是，既承诏颁行，学者颇谓有所未安（阐释还不太准确）。窃惟陛下欲以经术造成人才，而臣职董（主持）其事，苟在臣所见小有未尽，义难依违。所有经局改定诸篇，谨录新旧本进呈。内虽旧本，今亦小有删改，并于

---

[1] 李焘：《续资治通鉴长编》卷二百六十八。下同。

新本略论所以当删复之意。如合圣旨，乞降指挥，其《诗序》用吕升卿所解，《诗义》依旧本颁行。

王安石的做法让吕惠卿大为恼火，也上札子辩解：经义局编修《诗经新义》之初，"每数篇已，即送安石详定，一句一字如有未安，必加点窜（修改、润饰）"；王安石罢相归江宁，"又送详定，签贴凿书"；等王安石复相回京，则"令检讨官以续所撰《义》历呈安石。其余，臣于中书与安石面读，皆有修改去处，经局草卷宜尚有存，检讨官僚今多在此，皆可验问"。

吕惠卿的意思是，经义局对王雱初稿的修改，都经王安石一一过目，何以现在反赖我与升卿、曾旼擅改文字？"安石未毫，何至废忘，而其言如此，谁不骇闻？"他胸中堆积的对王安石的不满，终于抑制不住爆发出来。

神宗宽慰他："安石无他意。经义只为三二十处训诂未安，今更不动《序》，只用旧《义》，亦无害。"

吕惠卿无法接受，他说："置局修撰非一日，今既皆不可用，而转官受赐，于理何安？臣亦当夺官。"

神宗说："岂有此理！"

吕惠卿说："然纵朝廷不夺臣官，臣何面目？"

神宗说："卿不须去位。"

但吕惠卿还是说："臣岂可以居此！"

过了几天，九月十六日，吕惠卿向神宗呈交了一份列举他与王安石种种不协的事目，指责王安石"听谗纳潜，每日只被吕嘉问、练亨甫几个围合了"。又请假在家，不赴中书办公。吕升卿亦在神宗面前攻讦王安石。至此，吕家兄弟与王安石公开决裂。

九月廿二日，御史中丞邓绾上章指控吕惠卿兄弟与前知华亭县张若济勾结营私："若济先知华亭县，参知政事吕惠卿及其诸弟与之密熟，托若济使县吏王利用借富民朱庠等六家钱四千余缗，于部内置田，利用管勾催收租课等事。"

张若济是一个胆大妄为的贪官，他在知华亭县任上收受贿赂、强夺民田、冒功请赏，劣迹斑斑。但他后台硬，知华亭县任满，经两浙转运使王廷老、张靓举荐，升任秀州通判。接任知华亭县的人叫上官汲，张若济怀疑他会揭发自己的劣迹，竟然找了一个借口，将上官汲关入大牢。上官汲的妻子高氏是一位顽强的女子，不屈不挠替丈夫鸣冤，一直告到登闻鼓院。

恰好这个时候，新任的知华亭县邵奇也举报张若济强夺民田等三十余事，两浙提点刑狱卢秉也在调查张若济贪赃枉法的行为。张若济这才慌了，给他的老熟人——将作监主簿郑膺送了五万贯，请他入京帮忙疏通关系。郑膺是吕惠卿之舅，人称"郑六舅"。经他出面打点，张若济被轻判，只追三官、勒停，送衡州编管。

但上官汲之妻不依不饶，诉讼不已，告到御史台。邓绾欲扳倒吕惠卿，接到上官汲妻子的诉状，大喜，立刻上章弹劾吕惠卿与张若济交结。相传邓绾是受王雱的指使，才借张若济案攻击吕惠卿。

御史中丞弹劾执政大臣，非同小可。神宗立即让司农寺主簿王古，于两浙路秀州华亭县置狱，重新审理张若济的罪行。但同时他也降诏宽慰吕惠卿，让他少安毋躁："方遣使考绾言信诞（真假），明卿事枉直，于是非未辨之际，不宜示之不较，以实言者之诬。"

九月廿六日，吕惠卿上章自辩，并请求尽快调查，还他清白：

"臣以谒告（请假）家居，宰臣王安石遣堂吏赍（送）御史中丞邓绾章示臣，言臣丁忧日与张若济交结贪浊事，已得旨送王古根究，诣实闻奏。臣今具绾条列所言事，乞赐看详。事在外者，令所差官依已得指挥根究；在内者，令中书下所司，各依臣所奏具因依，开排月日进呈，免使臣久遭诬罔。"神宗遂下诏让检正中书礼房公事徐禧、内侍冯宗道会同王古，在秀州成立一个根究公事所，彻查张若济案。

御史蔡承禧又接连上书，抨击吕惠卿"任意自专""弄权自恣""朋比窃弄国赏""侮文罔上，坏陛下宪法""欺国家、私亲党"，等等，一口气列举了吕惠卿二十一桩罪行，又称"惠卿之所为，有滔天之恶，而无抑畏之心，发口则欺君，执笔则玩法，秉心则立党结朋，移步则肆奸作伪"。[1]

传闻蔡承禧弹劾吕惠卿是欲迎合王安石，但蔡氏矢口否认："臣尝论吕惠卿恣横不法，前疏固已详矣。风闻或以为臣希王安石之旨而弹击惠卿。……然臣之与安石议论不同者，故自不一，若沈起、李定、沈季长、徐禧之类，皆陛下知臣之不与安石同也。假使臣悦于躁进，如惠卿之心，臣亦不至于希王安石之旨。"[2] 平心而论，蔡承禧不可能迎合王安石，因为他是忠诚的保守派，对王安石变法是极不以为然的。

事情闹到这个地步，吕惠卿显然无法在朝廷立足了。十月初二，神宗给吕惠卿发手诏："朕不次拔擢，俾预政机，而乃不能以公灭私，为国司直，阿蔽所与，屈挠典刑，言者交攻，深骇朕听。可守本官知陈州。"[3]

---

1 李焘：《续资治通鉴长编》卷二百六十九。
2 李焘：《续资治通鉴长编》卷二百八十。
3 李焘：《续资治通鉴长编》卷二百六十九。

变法派的这场内讧，以吕惠卿被逐而暂时告一段落。但事情还没有结束。

第五节 变法派的分裂（下）

吕惠卿离朝之后，王韶与王安石的关系亦出现嫌隙，原因是熙宁八年十二月，有商人举报熙州籴场拖欠粮食交易费用。神宗命都提举市易司勾当公事孙迥调查。次年四月，孙迥查出：熙州籴场自熙宁八年十一月至熙宁九年正月，共拖欠商人四万一千三百六十余贯；熙河路总管王君万等三十二人拖欠熙、河两州结籴（结籴指预领货款，承包粮食购买）十四万三百六十余缗、银三百余两；知熙州高遵裕曾与王君万借请籴边储钱，违法交易。朝廷马上派权提点开封府界诸县镇公事蔡确乘驿前往熙河路，审查此案。

王韶也许是出于爱护昔日部将的考虑，反对急治熙河结籴纠纷："熙河宜且静候年岁，不然有疏失。"[1]

神宗却说："治作过官吏，使来者不敢复然，省浮费，实边备，乃所以使熙河无疏失也。"

王安石也主张严肃审查熙河结籴案："今按作过官吏及浮浪之人，于熙河安危何所系？若扰蕃部，不抚结使向汉，则熙河危，若使犯法官吏知恐惧，浮浪人不敢往，乃所以静熙河。"

此案审查多时，最终，高遵裕与王君万被贬官，王君万更

---

1 李焘:《续资治通鉴长编》卷二百七十五。下同。

是被抄没家产,"以偿所贷结籴钱"。[1]

大概是受了严治熙河结籴案的刺激,王韶极力攻击吕嘉问,甚至把旱灾归咎于他:"昔桑弘羊为汉武帝笼天下之利,是时卜式(西汉大臣)乞烹弘羊以致雨。今市易务衰剥民利,十倍弘羊,而比来官吏失于奉行者多至黜免。今之大旱皆由吕嘉问作法害人,以致和气不召,臣乞烹嘉问以谢天下,宜甘泽之可致也。"[2]

也因此,王安石与王韶失和。王韶甚至疑心自己有朝一日会受王安石迫害。熙宁九年五月十四日,神宗告诉王安石:"王韶疑卿迫之,力求去,恐复如吕惠卿。韶幸无他,冀后尚有可任使,卿宜勉留之。"[3]王安石说:"韶缓急足用,诚亦豪杰之士。"但他们之间的裂痕已无法弥合。

如果说王韶与王安石之间只是"失和",君子绝交,不出恶声;那么吕惠卿与王安石的关系,恐怕只能用"恶化"来形容了,已经开始恶语相向。

前面我们讲到,熙宁八年九月底,御史中丞邓绾弹劾吕惠卿兄弟交结张若济,在华亭县强借富民钱购田放租,以权谋私。神宗派王古、徐禧、冯宗道三人一起调查此事。十二月初,案子尚未查出结果,吕惠卿之弟吕升卿便先被贬为监无为军酒税。

说起来,这其实是吕升卿自找的,因为他做了两件蠢事:

第一件事,他跟神宗说:新科进士李籍是一个不识字的白丁。进士居然目不识丁,这还了得?中书赶紧调出李籍的卷子,却发现李籍的文笔不错,至少是合格的。神宗便让吕升卿解释

---

[1] 李焘:《续资治通鉴长编》卷二百九十九。
[2] 魏泰:《东轩笔录》卷之六。
[3] 李焘:《续资治通鉴长编》卷二百七十五。下同。

是怎么回事。吕升卿说:"不识字者,犹言不别菽麦也。"[1]这就是诡辩了。所以大理寺裁定吕升卿"对制不以实,追两官"。

第二件事,吕升卿向神宗举报"练亨甫以秽德为王雱所昵",且说:"陛下不信,臣有老母,敢以为誓。"将老母拿来发毒誓,这是很不可思议的。于是御史上书弹劾:"王安国非议其兄,吕惠卿谓之不悌,放归田里。今升卿对陛下亲诅其母,比安国不既重乎!"所以吕升卿又被重责。

根究公事所对吕惠卿是否涉张若济案的调查却迟迟没有结果。吕惠卿自辩说:他并无托张若济借钱买田放租之事,弟弟吕温卿丁父忧居秀州时,曾向富人家贷钱购买田产,但其时他方护丧归葬泉州,并不知情,且温卿早已偿还贷款。

根究公事所查了大半年,仍未能问出吕惠卿本人涉案的"实锤"。熙宁九年五月,邓绾上疏指责徐禧以及协助办案的三司吏人尹政徇私枉法:"今闻吕惠卿党人徐禧、尹政等庇护,不究情实,又全无体访惠卿等其他罪恶,中外失望,嗟愤不平。"[2]

蔡承禧也说:"朝廷差官体量,所差官虽欲掩覆,而事皆有迹,然勘司皆不研究情实,致难论法。"神宗遂派查案高手蹇周辅前往秀州,成立推勘院,复查吕惠卿—张若济案。

吕惠卿提出抗议,认为蹇周辅是邓绾的同乡,要求他避嫌:"往者邓绾言,臣丁忧日托张若济贷部内钱。闻推究所穷究首尾,七月乃毕。今朝廷复差蹇周辅推鞫,其初遣使之指,事本缘臣,臣事既明,更为何人置勘?周辅乃绾乡人,尝为御史推直官,不惟有嫌,于法亦碍,乞别选官置院。"[3]

---

[1] 李焘:《续资治通鉴长编》卷二百七十一。下同。
[2] 李焘:《续资治通鉴长编》卷二百七十五。下同。
[3] 李焘:《续资治通鉴长编》卷二百七十六。下同。

神宗接到吕惠卿奏状时，已是六月初。他向王安石征询意见。

王安石不接受吕惠卿的抗议，他说："徐禧本惠卿所荐，自布衣不旋踵为美官，尹政亦惠卿与章惇所荐擢，因何不言恐人疑其不尽？今乃言周辅不可用，不知周辅有何嫌？"

神宗说："惠卿言绾已是罪人，难更用其言。"

王安石说："绾为言事官，纵不实，无罪。"

神宗说："绾言借钱事亦已有不实。"

王安石说："绾以根究为未实，即未见其为罪。况言事官许风闻，言者自有主名，安可遽以罪绾？"

神宗说："惠卿言观宰臣气焰，必欲致臣于死。"

王安石于是建议改派人审理此案。神宗有些为难，不愿意换掉蹇周辅。王安石便表示那就再加一人。神宗同意了，委派一个叫李竦的提刑官与蹇周辅一同审理。

哪知在蹇周辅、李竦开始审理此案时，绝顶聪明的王雱竟然做了一件愚不可及的蠢事。

王雱对吕惠卿恨之入骨（也许是因为自己撰写的经义被吕惠卿篡改，也许是要替叔叔王安国出一口气），为坐实吕惠卿的罪名，他切责练亨甫、吕嘉问二人赶紧想法子。练亨甫、吕嘉问想出了一个馊主意："取邓绾等所条惠卿事，杂他书下制狱。"即把邓绾对吕惠卿的弹劾状当成中书的正式文件下发推勘院，指导蹇周辅办案。吕嘉问时任检正中书五房公事，练亨甫是中书户房习学公事，要在中书下发推勘院的公文中挟带点私货，那还不容易？

但中书有一个堂吏，是吕惠卿的亲信，发现了吕嘉问的小动作，急忙给吕惠卿报信。吕惠卿的心凉透了，以为是王安石欲置他于死地，于是愤然上书，前后有几十页，在自辩的同时，也奋力诋毁王安石:"绾等入奏,中书出敕,如出一口";"今中书乃用罪人绾等之诬辞,出降敕命";"安石矫诬敕命,以令勘官";"安石尽弃素学而隆尚纵横之末数,以为奇术,以至潜诉(诬陷)胁持,蔽贤党奸,移怒行狠,犯命矫令,罔上要君。凡此数恶,力行于年岁之间,莫不备具,虽古之失志倒行而逆施者,殆不如此。平日闻望,一旦扫地,不知安石何苦而为此也"。

若按苏辙、邵伯温的说法,吕惠卿还将昔日王安石写给他的私人信件上交神宗,上面有王安石交代他的私话,一曰"无使齐年知",齐年指冯京,意为这件事不要让冯京知道;一曰"无使上知",意为不要让皇上知道。[1] 王安石"由是得罪",神宗开始对他产生不满。[2]

但这件事也是不实传言,因为元祐年间,陆佃参与修《神宗实录》,曾上书请求内廷降出熙宁九年吕惠卿所缴的王安石私信,以确证王安石是否说过"无使上知"。后内廷降出王安石书信,"果无此语,止是嘱惠卿言练亨甫可用,故惠卿奏之"。[3]

神宗将吕惠卿的奏状出示给王安石看。王安石愕然,说,中书不可能这么做。回家问儿子王雱,王雱说了实情,王安石大怒,将儿子痛责了一顿。随后,又以"误带出御史中丞等疏内因依(原委),下两浙制勘院"为由,处分了吕嘉问等中书属官。[4]

只是这时候,王雱已经病重,受了父亲的责骂,更是"忿恚增剧",病情加重。过了十几天,六月廿五日,王雱便病逝了,

---

1 邵伯温:《邵氏闻见录》卷第九。
2 苏辙:《苏辙集·栾城集》卷三十八《乞诛窜吕惠卿状》。
3 李焘:《续资治通鉴长编》卷二百七十八。
4 李焘:《续资治通鉴长编》卷二百七十六。下同。

年仅三十三岁。

王雱是王安石一直引以为傲的长子，自幼聪慧，是一位天才式的人物。十三岁时，他听秦州士卒谈熙河的蕃部，立即发表意见："此可抚而有也。使夏人得之，则吾敌强而边受患博矣。"[1] 其后王韶拓边的战略，与此如出一辙。二十二岁中进士，官授旌德县尉，但没去上任。三十岁前，已完成《老子训传》《庄子注》《佛经义解》《南华真经新传》《孟子解》《诗经新义》《尚书新义》等学术著作，可谓对释、道、儒三家学说都有深入的研究。他还写了数十篇纵论时事的策论，军器监之设，即是他首倡。他又工于诗词，传世的词作尽管不多，却写得清婉宜人，不输北宋第一流的词人。

王安石对王雱的期待也很高。相传王安石曾与女婿蔡卞聊天，说起亲族中的年轻才俊："天不生才且奈何！是孰可继吾执国柄者乎？"[2] 说着，扳起手指计算："独儿子也。"即指王雱。在王安石心目中，王雱是可以当宰相的人才。《宋史》称王雱"气豪，睥睨一世，不能作小官"，他确实有资格这么骄傲。[3]

不过，在邵伯温笔下，王雱又被描述成性情乖戾的刻薄小人："雱者字元泽，性险恶，凡荆公所为不近人情者皆雱所教。"[4] 邵伯温还讲了一个事例：一日盛暑，王安石与程颢在府中论事，王雱披头散发，光着脚，"手携妇人冠以出"，问父亲所谈何事。

王安石说："以新法数为人沮，与程君议。"

王雱又开两腿坐下来，说："枭韩琦、富弼之头于市，则

1　周辉：《清波杂志校注》卷第七。
2　蔡絛：《铁围山丛谈》卷第三。下同。
3　脱脱等：《宋史》卷三百二十七。
4　邵伯温：《邵氏闻见录》卷第十一。下同。

新法行矣。"

王安石教训他："儿误矣。"

程颢正色说："方与参政论国事，子弟不可预，姑退。"

考虑到邵伯温造谣成性，凡涉王安石的记述近乎谤书，他讲述的这起王雱轶事也是全然不可信的，这里面有一个破绽：程颢于熙宁二年三月入条例司；四月出使，巡察各路农田、水利、赋役；八月召为御史。他与王安石有机会在王家议政的时间，只能是在三四月，不大可能是盛暑时节。

不过，王雱倾轧吕惠卿的手段确实太不厚道了，也难怪会被人抹黑。他的荒唐做法，让父亲王安石深感惭愧；而王雱带着羞愤离世，又让王安石悔恨、自责。

现在，王安石已心灰意冷。他再四向神宗乞解机务，但神宗不允，又拒绝接收他的辞呈，他只好致书王珪，请王珪奏对时"曲为开陈"，让神宗允许他辞职："伏惟明公，方佐佑大政，上为朝廷公论，下及僚友私计，谓宜少垂念虑，特赐敷陈。某既不获通章表，所恃在明公一言而已。心之精微，书不能传，惟加悯察，幸甚。"[1]

熙宁九年十月廿三日，神宗终于批准王安石辞职，以镇南军节度使、同平章事的使相荣衔出判江宁府。离职之前，王安石做了宰相任上的最后一项决定——奏请神宗罢免御史中丞邓绾、中书户房习学公事练亨甫：

> 臣久以疾病忧伤，不接人事，以故众人所传议论多所不知。昨日方闻御史中丞邓绾尝为臣子弟营

---

[1] 王安石：《临川先生文集》卷第七十三《与参政王禹玉书》。

官及荐臣子婿可用，又为臣求赐第宅。绾为国司直，职当纠察官邪，使知分守，不相干越，乃与宰臣乞恩，极为伤辱国体。……亨甫身在中书习学公事，兼臣屡尝说与须避嫌疑，勿与言事官子弟交通。今审知所闻，即岂可令执法在论思之地（指台谏），亨甫亦不当留备宰属（宰相的属员）。乞以臣所奏付外，处以典刑。[1]

十月初五，邓绾落翰林学士职，罢御史中丞，出知虢州，御史中丞之职由知谏院邓润甫接任；十月初九，练亨甫被贬为漳州军事判官。

王安石罢相后的次年正月，张若济案亦结案：张若济被杖脊刺面，配沙门岛；郑膺押柳州编管；吕温卿撤职；其他涉案人员也各有责罚。吕惠卿则被裁定与案子无涉。

按野史笔记的记载，熙宁末，神宗对王安石已经生厌，王安石是被神宗赶走的："王安石再相，上意颇厌之，事多不从。"一日御前议事，神宗回头久之，然后才转头对王安石说："闻相公欲去多时。"

王安石仓皇回答："欲去久矣，陛下坚留，所以不敢遂去。"退出之后，他便立即上书请辞。

女婿吴安持前来拜见，王安石问他："今日有何新事？"

吴安持说："适闻有旨，未得闭汴口。"汴口未关闭，意味着汴河还可以通航，王安石可乘船离开京城。所以王安石说："是欲我去也。"数日后遂罢相。

---

[1] 李焘：《续资治通鉴长编》卷二百七十八。下同。

王安石既去，吕嘉问入对，神宗问："曾得安石书否？"

吕嘉问答："近亦得安石书，闻陛下不许安石久去，亦不敢作安居计。"

神宗说："是则为吕惠卿所卖，有何面目复见朕耶？"

这个故事说得有鼻子有眼，可惜却是旧党支持者编造出来的，目的无非是说明神宗早已与王安石分道扬镳。事实上，熙宁九年，王安石多次请辞，神宗都不同意。二月初七，因王安石坚持卸去机务，神宗还下诏让管勾中书的使臣"不得令王安石家属行李出府"。[1]

六月初，神宗御批停罢发行"折二钱"（一枚铜钱当两文行用的大钱），王安石不同意，多次抗议，甚至发了脾气："朝廷每举一事，定为浮言所移，如此何事可为？"[2] 退朝后即称疾不出。神宗派人传谕劝慰："朕无间于卿，天日可鉴，何遽如此？"

儿子王雱病逝后，王安石心如死灰，执意辞位，神宗还是迟迟没有同意，直至十月底，才批准了辞呈。

王安石第二次罢相的原因没那么复杂，不必扯什么君相勾心斗角的"阴谋论"。最主要的缘故如其罢相制书所言："俄属伯鱼之逝，遽兴王导之悲。"[3] 这两个典故均指丧子之痛。爱子王雱的突然去世，让王安石受到沉重打击，再也无心过问政事。

获准辞政之后，王安石去了一趟定力院（京师知名寺院），拜佛还愿，并写了一首诗表达当时的心情：

---

1 李焘：《续资治通鉴长编》卷二百七十三。
2 司马光：《涑水记闻》卷第十六。下同。
3 佚名：《宋大诏令集》卷第六十九《王安石罢相拜太傅镇南军节度同中书门下平章事判江宁府制》。

出定力院作

江上悠悠不见人，十年尘垢梦中身。

殷勤为解丁香结，放出枝间自在春。[1]

自熙宁元年春应神宗之召入京，至熙宁九年冬罢相，一晃差不多过去十年。回首前尘往事，恍如一梦，如今梦醒，得以远离纷扰的朝堂，王安石的心底突然有一种"终于解脱了"的感受。

1　王安石：《临川先生文集》卷第三十四《出定力院作》。

第十一章 熙丰之际多诏狱

熙宁十年至元丰二年(1077—1079)

第十一章 熙丰之际多诏狱

第一节 浚川狱

熙宁末，因王安石罢相，神宗对执政团队进行了改组。枢密使吴充、参知政事王珪双双拜相，翰林学士元绛擢任参知政事，冯京召回任知枢密院事，枢密都承旨曾孝宽升签书枢密院事，王韶仍旧为枢密副使（不过他在熙宁十年二月便出知洪州了）。

新的执政团队中，吴充与冯京是保守派，王珪是骑墙派，元绛和曾孝宽是追随王安石的变法派，王韶同样是变法派，但晚年却对新法颇有异议。应该说，这是一届兼用新旧党人的政府，变法派与保守派分布比较均衡。

神宗为什么选择吴充接王安石的班？宋人有两种说法。一种是神宗自己看中了吴充的稳健作风："充性谨密，在西府数乘间言（非议）安石政事不便。上以其中立无私，故相之。"[1] 一种是王安石临去前举荐吴充代己："王荆公与吴冲卿同年同

---

[1] 李焘：《续资治通鉴长编》卷二百七十八。

岁，又修婚姻之好。熙宁间，越两制旧人三十余辈，超用为三司使、枢密副使。又荐代己为相。"[1]

但王安石看走眼了，吴充入主中书后，即计划变更王安石的新法。为此，他奏请神宗召回司马光、吕公著、韩维、苏颂等人，又举荐孙觉、李常、程颢等十数人，"皆安石所斥退者"；[2] 还在神宗面前"力言荆公家兄弟不和事"，以阻抑王安石再度复出，因为神宗最看重兄弟和睦，若知道王家兄弟不和，对王安石的好感难免要大打折扣。[3]

神宗拜吴充为相，仿佛给了旧党一个信号：朝廷可能要改弦易辙了。熙宁十年，在洛阳默默观察时局的司马光给吴充写了一封信，提出开言路、废新法的殷殷期待：

> 以光不敢忘知己之心，知相公必不轻孤于明主也。窃见国家自行新法以来，中外恟恟，人无愚智，咸知其非。……相公今日救天下之急，保国家之安，更无所与让矣。
>
> 救急保安之道，苟不罢青苗、免役、保甲、市易之息、征伐之谋，而欲求其成效，是犹恶汤之沸而益薪鼓橐，欲适鄢郢而北辕疾驱也，所求必不果矣。欲去此五者，而不先别利害，以寤（启悟）人主之心，则五者不可得而去矣。欲寤人主之心，而不先开言路，则人主之心不可得而寤矣。[4]

---

[1] 丁传靖辑：《宋人轶事汇编》卷十一。
[2] 李焘：《续资治通鉴长编》卷二百八十六。
[3] 丁传靖辑：《宋人轶事汇编》卷十一。
[4] 李焘：《续资治通鉴长编》卷二百八十六。

不仅仅是吴充"于新法颇更张",王珪也以为风向要变了,便附和吴充,对他的更张之议每每签字同意。[1]但他很快就被御史彭汝砺弹劾:"向者王安石行新法,王珪从而和之;今吴充变行新法,王珪亦从而和之。若昨是则今非,今是则昨非矣。乞令珪分析。"王珪吓得从此"力主新法不肯变"。

时任三司使沈括也投书吴充,"密条役法之不便政事者"。吴充"得之,袖以呈上(秘密呈交给神宗)",神宗下诏让司农寺分析评估。[2]侍御史知杂事蔡确随即对沈括提起弹劾,指他在巴结新执政官:"括为侍从近臣,既见朝廷法令有所未便,不明上章疏,而但于执政处阴献其说;……朝廷新政规画巨细,括莫不预,其于役法,讲之固熟,如轻役之不用差法,括前日不以为非,而今日不以为是者,其意固不难晓,盖自王安石罢相,括恐大臣于法令有所改易,故潜纳此说,以窥伺其意;为附纳之资尔。"[3]由于受到蔡确弹劾,沈括只好于熙宁十年七月罢三司使,出知宣州。

蔡确还对吴充的更张提出抗议,指其按己之喜好骤改新法,会令百姓无所适从:"曹参与萧何有隙,至参相汉,一遵何约束。且法,陛下所建立,一人协相而成之,一人挟怨而坏之,民何所措手足乎!"[4]

熙宁十年岁末还发生了一件颇有象征意味的事——神宗下诏,宣布次年正月初一启用新年号"元丰",以熙宁十一年为元丰元年。改元,是不是意味着朝廷将要告别王安石时代、放

---

1 司马光:《涑水记闻》卷第十六。下同。
2 徐自明:《宋宰辅编年录》卷之八。下同。
3 李焘:《续资治通鉴长编》卷二百八十三。
4 李焘:《续资治通鉴长编》卷二百九十八。

弃那场以"熙宁"为名的变法呢?

总而言之,熙宁末、元丰初,随着王安石的离朝、吴充的拜相、一部分旧党中人的起复,变法的形势变得有点微妙。

在这样的历史背景下,熙丰之际出现了好几起诏狱(指皇帝下诏特设"专案组"进行调查的案子),它们既受时局影响,又深刻地影响了时局。从中可以看出神宗时代的治理风格。

首先是浚川狱。

熙宁十年五月廿一日,神宗下诏:派侍御史知杂事蔡确、知谏院黄履一起立案调查"疏浚黄河利害异同,理曲不实之人,劾罪以闻"。[1]

要讲清楚这个案子的来龙去脉,得从多年前宋政府对黄河河道淤积问题的治理说起。我们都知道,黄河是一条泥沙俱下的浊河,水中淤泥沉积,将河床越垫越高,使它成为一条危险的地上悬河;泥沙还导致河道严重淤塞,经常性发生决口、改道,给生活在中下游的人们带来无穷灾难。

宋政府几乎每年都在治河,但受限于当时的技术,始终没有办法彻底解决黄河的淤积问题,治河似乎成了瞎折腾。于是,有一部分保守的士大夫产生了消极无为的思想,主张顺其自然,认为黄河要决口就让它决口,要改道就让它改道,非人力所能干预。比如欧阳修就认为,"开河如放火,不开如失火。与其劳人,不如勿开"。[2] 文彦博也认为,"河久不开,不出于东,则出于西,利害一也。今大发夫开治,徙东徙西,何利之有?"[3] 王安石却赞成积极治河,他的设想是,"治之使行地中,则有利而无害"。

---

[1] 李焘:《续资治通鉴长编》卷二百八十二。
[2] 脱脱等:《宋史》卷九十二。
[3] 李焘:《续资治通鉴长编》卷二百十四。下同。

因王安石热衷于修建水利工程，保守派士大夫编排了不少段子来冷嘲热讽。例如，有一次，好友刘攽前来拜访王安石，恰好座中有人献策："梁山泊决而涸之，可得良田万余顷，但未择得便利之地贮其水耳。"[1] 王安石倾首沉思，良久说："然。安得处所贮许多水乎？"刘攽大声说："别穿（再凿）一梁山泊，则足以贮此水矣。"王安石应该感受到了其中的讽刺，便笑了笑。

坊间还传言王安石知江宁府时，泄掉玄武湖之水，废湖为田，"使贫困饥人尽得螺蚌鱼虾之饶，此目下之利。水退之后，济贫民，假以官牛、官种，又明年之计也"。[2] 最早记录此事的文献是南宋景定年间所修的《景定建康志》，其记录依据为一篇据传是王安石写的《湖田疏》。《景定建康志》对王安石的"废湖为田"持批判立场："田出谷麦，所利者小；湖关形势，所利者大。"然而，那篇《湖田疏》明显是托名的伪文，玄武湖早在真宗朝的天禧年间便已严重淤积，"废湖为田"是一个自然的、渐进的过程，并非王安石刻意泄水为田。[3]

这些讽刺性小故事和伪文的出现，说明了两点：一、王安石对水利建设的确很有热情；二、保守派对王安石的热情嗤之以鼻。在疏浚黄河这件事上，双方的态度同样如此。

大约熙宁六年，候选官员李公义向朝廷进献疏浚河道的"扬泥车法"："用铁数斤为爪形，以绳系舟尾而沉之水，篙工急棹，乘流相继而下，一再过，水已深数尺。"[4] 内侍黄怀信认为铁爪太轻，不能沉于水底，便在李公义方案的基础上加以改进，

1　司马光：《涑水记闻》卷第十五。下同。
2　周应合：《景定建康志》卷之十八。下同。
3　参见邢国政、梁庆华论文《〈湖田疏〉非王安石所作》，《江海学刊》1989年第2期。
4　脱脱等：《宋史》卷九十二。

"造浚川耙。其法：以巨木长八尺，齿长二尺，列于木下如耙状，以石压之；两旁系大絙，两端碇大船，相距八十步，各用牛车绞之，去来挠荡泥沙，已又移船而浚之"。[1]简单地说，就是用浚川耙来回搅起水底的泥沙，利用流水将泥沙一点一点带往入海口。以今天的眼光来看，浚川耙多多少少有点疏浚河道淤积的作用，但效果不会太好。

不过王安石对浚川耙十分感兴趣，让黄怀信"凿直河七里试之，以观其效"。测试的效果似乎不错："怀信用船二十二只，四时辰浚河深三尺至四尺四寸，水既趋之，因又宣刷，一日之间又增深一尺。"

王安石大喜，奏请神宗扩大试验范围，且说："自此更不须计工开浚，但制百千枚耙，永无浅淀也。"获神宗批准。

王安石又让提举大名府界金堤范子渊会同该路通判、知县，试用浚川耙疏浚二股河（黄河下游的支流），但通判、知县皆称"其法不可用"。[2]王安石坚持要范子渊试试。范子渊试后回奏称浚川耙法果善。王安石问他："浚川耙法甚善，何故顷言其不可用？"范子渊说："此诚善法，但当时同官议不合耳。"

于是，熙宁七年四月，宋政府成立了疏浚黄河的机构——浚川司——由范子渊为都大提举，李公义为勾当公事，负责浚通黄河河道。熙宁八年夏，浚川司开始疏浚黄河，自北京大名府河段开始疏浚，一直浚至入海口，"令水行地中"。[3]浚川司原计划用船三百只，浚川耙三百副，但最终压缩为"用船五十只、

---

1 李焘：《续资治通鉴长编》卷二百四十八。下同。
2 李焘：《续资治通鉴长编》卷二百五十二。下同。
3 李焘：《续资治通鉴长编》卷二百七十七。

铁爪（即浚川耙）五十副、役兵四百人"。[1]

熙宁九年九月，中书报告神宗，疏浚工程已经有一年多，应该派人去实地视察，看看效果到底如何："先差范子渊提举疏浚黄河，……今已一年有余，未尝案验，欲令都水监遣官检覆。兼子渊疏浚所亦恐用人船官属太多，皆未尝案验，欲令都水监遣官就覆验，可与不可裁减，以闻。"[2]

都水监覆验后，回奏：因二股河水浅淤塞，导致大名府新堤的黄河水在许家港漫散，经过用浚川耙于二股河上下疏浚，终于"夺过水势"，使漫散的河水回到二股河的河道中；而且，河水退去后，又得"民田数万顷，尽成膏腴"。[3]因此，都水监奏请嘉奖范子渊等人。

与此同时，从大名府那边传来另一种说法："大名府河每岁夏水涨，则自许家港溢出，及秋水落，还复故道，皆在大堤之内"，意思是河水退去并非范子渊浚河之功。而且，以浚川耙浚河其实没什么效果，因为"水深则耙不能及底，虚曳去来；木浅则齿碍沙泥，曳之不动，卒乃反齿向上而曳之。……故天下皆指浚川耙为儿戏"。[4]

王安石对都水监的调查报告起了疑心，其时范子渊刚好任外都水监丞（外都水监是都水监派驻澶州的机构），难说都水监不会维护自家人。所以，王安石要求都水监发公文给河北安抚司、转运使司，请它们保奏，有地方监司的保奏，方可表彰范子渊等人。

---

1 李焘：《续资治通鉴长编》卷二百六十四。
2 李焘：《续资治通鉴长编》卷二百七十七。
3 李焘：《续资治通鉴长编》卷二百七十八。
4 李焘：《续资治通鉴长编》卷二百七十九。下同。

当时，文彦博判大名府，兼任河北安抚使，他本来就反对劳师动众疏浚黄河，自然不肯保奏。他的理由有二：其一，"臣详浚川司所浚河事始末，尽在水底，深浅固难详验"；其二，"疏浚过处，其河水去年却依旧泛溢，淹浸民田；兼次年不曾用耙，后亦水退，即河水长落，决不由耙之疏浚。虽濒河至愚之人，悉皆晓知"。

神宗只好命知制诰熊本与都水监主簿陈佑甫、河北转运副使陈知俭一起去视察，看看黄河到底疏浚成什么样。此时为熙宁九年十二月初一，王安石已罢相。熊本等人调查后，上奏表示支持文彦博的意见，请求废止疏浚黄河工程："议者皆谓此河之兴，有费无利，而又生公私之患。臣近准敕命躬亲按视，其利害之实，诚如议者所论，……其利害子细（详情），臣已同陈知俭等具状奏闻外，所有都大提举疏浚河司公事，仍乞先次废罢。"[1]

范子渊闻讯大惊，赶紧上殿奏对："熊本、陈佑甫意谓王安石出，文彦博必将入相，附会其意，以浚川耙为不便。臣闻本奉使按事，乃诣彦博纳拜，从彦博饮食，佑甫、知俭皆预焉，及屏人私语。今所奏必不公。且观彦博之意，非止言浚川耙而已。陛下一听其言，天下言新法不便者必蜂起，陛下所立之法大坏矣。"

王安石罢相后，形势确实变得微妙，保守派跃跃欲试，所以神宗被范子渊说动，这才有熙宁十年五月蔡确、黄履奉旨一起调查浚川狱，定夺熊本与范子渊是非。

蔡确是一名心狠手辣的酷吏，他查浚川狱，"逮证佐二百

---

[1] 李焘：《续资治通鉴长编》卷二百八十二。下同。

余人，狱久不决"。[1]神宗又派内侍冯宗道前往监督审问。蔡确让范子渊用浚川耙疏浚汴河，由冯宗道测量水深。测量的结果是，经过疏浚，河底"有深于旧者，有为泥沙所淤，更浅于旧者，有不增不减者，大率三分各居其一"。[2]也就是说，从整体来看，浚川耙疏浚河道的效果是不明显的。

恰好这个时候（熙宁十年九月），黄河郑州段的荥泽埽出现堵塞，河堤将溃，朝廷赶紧派判都水监俞充前往治河。俞充让人马上用浚川耙疏导荥泽埽河道。随着淤积的泥沙被挠荡、冲走，堰塞的情况大为缓解，荥泽埽的河堤保住了，没有发生决口。俞充便报告朝廷："河欲决，赖用浚川耙疏导得完。"也就是说，从局部来看，浚川耙还是可以有效疏通河道的某一处淤塞的。

随后，蔡确也发回浚川狱的调查报告：熊本、陈佑甫、陈知俭奉命视察浚河的情况，最后却上报不实——疏浚二股河后，河水退回河道，确实得地二万二千三百顷，但熊本等人没有据实上报；而且，按法，"非因公事不得赴州郡酒食"，熊本却"违法赴彦博会"。[3]范子渊所称浚河退地虽然属实，却夸大退田的数目，"以二年数误并为一年奏上"。

元丰元年正月，神宗对浚川狱相关责任人作出处分：熊本落知制诰，贬送饶州居住；陈佑甫贬为颍州团练推官；陈知俭降一个官阶、降职；范子渊降一个官阶，差遣依旧；文彦博免于追究。

在这起诏狱里，由王安石牵头的黄河疏浚工程，被质疑劳

1　李焘：《续资治通鉴长编》卷二百八十三。
2　李焘：《续资治通鉴长编》卷二百八十四。下同。
3　李焘：《续资治通鉴长编》卷二百八十七。下同。

民伤财却无甚效果。但从最终的处理结果来看，神宗并不愿意看到王安石变法的成果被挑战。

第二节　相州狱

浚川狱刚落幕，紧接着又出了一起诏狱——相州狱。

元丰元年闰正月，神宗下诏在御史台设狱，审理一起涉及大理寺法官是否接受请托、妨碍司法公正的案子。这个案子是由发生在相州的一宗旧案引发的，故称"相州狱"。

现在，让我们先将相州旧案交代清楚。韩琦判相州期间（熙宁六年至熙宁八年），相州有一个劫盗团伙，盗魁是师父，另有二人是徒弟。有一次，这个劫盗团伙在抢劫一户人家时被邻里发现，后被驱散。盗魁愤恨，告诫徒弟："自今劫人，有救者，先杀之。"[1]

过了一段时间，这个劫盗团伙又去抢劫另一户人家。户主是个单身老妪，三盗将她缚起，严刑拷打，逼她交出财物。老妪哀号，邻居闻声不忍，便过去劝说劫盗。盗魁的徒弟却在一怒之下，将那多管闲事的邻人刺死。

后来，相州官府将三名劫盗抓获。按照法律，强盗"不得财，徒二年；……伤人者，绞；杀人者，斩。……杀伤奴婢亦同。虽非财主，但因盗杀伤，皆是"。[2] 法官判三名劫盗死罪，经上

---

[1] 李焘：《续资治通鉴长编》卷二百八十七。下同。
[2] 窦仪等：《宋刑统·贼盗律》。

级法司核准，三名劫盗被执行死刑。

过了几年，一位名叫周清的中书刑房堂后官在检查卷宗时，发现相州旧案的判决存在一个问题：熙宁年间有立法，"凡杀人，虽已死，其为从者被执，虽经拷掠，若能先引服（认罪），皆从按问欲举律减一等"。[1]意思是，犯杀人罪行者，如果是从犯，在被捕后若能主动招供，就可按自首处理，刑责减一等。本案中，盗魁曾命徒弟"有救者，先杀之"，可知盗魁应为此案首犯，动手杀人的两个徒弟只是执行师父的命令，应为从犯。而且他们被捕后，"至狱先引服"，属于按问自首。依熙宁新法，刑罚应当减等。相州却判他们死刑，而刑部没有驳正，"皆为失入人死罪"，都有轻罪重判的嫌疑。

所以，周清对相州旧案提出驳正，要求以"失入人死罪"对原审法官问责。

我们看史书，会发现，人们为使受冤屈的良民获得平反而呼吁、奔走之事并不鲜见，相比之下，替"枉死"的强盗讨回公道则显得很不寻常。我们也经常听到一种说法：为坏人的合法权利辩护，就是为所有人的权利辩护。对周清驳正相州旧案，我们不妨也这么理解。不过，从个人动机来说，周清未必有多高尚——熙宁年间，王安石立了一条新规："若刑房能较审刑（院）、大理（寺）、刑部断狱违法得当者，一事迁一官。"周清计较相州三劫盗案的判决，很可能只是为了积累自己的声望与官资。

因中书刑房对相州旧案提出驳正，神宗便按程序将案子交给大理寺审核。大理寺负责审核的详断官窦苹、详议官周孝恭

---

1 李焘：《续资治通鉴长编》卷二百八十七。下同。

却认可相州方面的判决："魁言'有救者，先杀之'，谓执兵仗来斗者也。今邻人以好言劝之，非救也。其徒自出己意，手杀人，不可为从，相州断是。"

窦苹、周孝恭还向周清的上司——检正中书刑房公事刘奉世征求意见。刘奉世暗示自己没有异议："君为法官，自图之，何必相示？"二人说："然则不可为失入。"刘奉世说："君自当依法，此岂必欲君为失入邪？"窦苹、周孝恭遂裁定相州的判决没有问题。

但周清不认可，再次提出驳正。于是案子又按程序交刑部复核。这一次，刑部支持周清的驳正。大理寺不服，与刑部争论不休。

正当此时，负责刺探京城臣民不法行为的皇城司向神宗报告：相州的司法官潘开带着财物来到京师，向大理寺法官行贿三千贯。

原来，当年审理相州劫杀案的司法官陈安民听说周清翻出旧案驳正，担心被问责，便赶赴京师，"历抵（登门拜访）亲识求救"。他还给潘开写信："尔宜自来照管法司。"潘开便带了一笔钱来到京城，准备去大理寺打点。恰好有一个叫高在等的相州人在司农寺任职，他与潘开相识，看中了潘开带来的财货，便说自己认识大理寺的法官，此事可包在他身上。潘开便将钱交给他，托他找大理寺的官员照应。但不知哪里出了纰漏，这宗不法交易被皇城司知道了。

贿赂法官，妨碍司法公正，这还了得！神宗立即指示开封府调查潘开行贿一事。

开封府审讯了潘开及相关证人，发现潘开带来的财物并未送到大理寺法官手里，而是被高在等与几个中书刑房的吏员瓜分了，大理寺的法官都说从来没见过潘开这个人，所谓"赍三千余缗赂大理（寺）"只是谣传。开封府也找不到潘开行贿大理寺的证据，只发现一封陈安民写给潘开的书信。

其时，侍御史知杂事蔡确刚审完浚川狱，转任知谏院兼判司农寺。他密奏神宗：给潘开写信的陈安民背景不简单，是权三司使李承之的亲戚，其外甥文及甫既是文彦博之子，又是宰相吴充的女婿，"事连大臣，非开封（府）可了"。这里面的牵扯太多，而且牵连到大臣，恐怕开封府无法秉公处理，因此，神宗在元丰元年闰正月下诏，把案子交给御史台审理："近降相州吏人于法寺请求失入（人）死罪刑名事。缘开封府刑狱与法寺日有相干，深恐上下忌碍，不尽情推劾，致奸赃之吏得以幸免，宜移送御史台。"

御史台审了一个多月，所得供状与开封府的审讯结论差不多。宰相王珪便提请派蔡确赴御史台一同审理此案。

蔡确一到御史台，立即将大理寺法官窦苹、周孝恭等逮捕入狱，"枷缚暴于日中"，其他涉案人士也一并下狱。被关入御史台大牢的人，"饮食、旋溷（大小便）共在一室，置大盆于前，凡馈食者，羹饭饼饵悉投其中，以杓匀搅，分饲之如犬豕，置不问"。[1] 士大夫哪受得了这般羞辱与虐待？于是纷纷招供。

窦苹交代说，之前审议相州案时，自己曾说过："陈安民是李待制亲，谁敢妄定翻他文字？"李待制就是天章阁待制、权三司使李承之。

蔡确又提审了陈安民，先"置枷于前"恫吓一番，再"问之"。陈安民胆子比较小，立马便招供了："尝请求文及甫，及

---

1 李焘：《续资治通鉴长编》卷二百八十九。下同。

甫云已白丞相，甚垂意（关心）。"丞相，指吴充。

蔡确得到陈安民的供词，大喜，约御史中丞邓润甫一起上殿指吴充"受赇枉法"。邓润甫自称"未敢上殿"，并劝告蔡确不要贸然惊动皇帝。

次日，邓润甫却在经筵上告诉神宗："相州狱事甚冤，大理（寺）实未尝纳赂，而蔡确深探其狱，枝蔓不已。窦苹等皆朝士，榜掠身无完肤，皆衔冤自诬。乞早结正。"参与审理的权监察御史里行上官均也说，窦苹等人受到刑讯逼供。神宗听了，"甚骇异"。

第二天，蔡确终究按捺不住，来见神宗，准备汇报陈安民供认不讳、宰相吴充涉嫌受请托一事。但行至殿门时，被告知皇帝拒绝接见，"使人止之，不得前"。随后，蔡确接到神宗手诏："闻御史台勘相州法司，颇失直。遣知谏院黄履、勾当御药院李舜举，据见禁人款状（犯人供词）引问，证验有无不同，结罪保明以闻。"时为元丰元年四月初三。

黄履、李舜举奉诏至御史台法庭，与邓润甫、蔡确等坐于帘后，"引囚于前，读示款状，令实则书实，虚则陈冤"。这是宋代刑事审判的一道程序，叫"录问"。录问时，若犯人翻供，案子必须推倒重来，将原来的法官换掉，由另外的法官重组法庭，重新审理，这叫"翻异别勘"。凡刑案未经录问，不可判决；即使作出了判决，也不能生效；如果生效，即以司法官枉法论处。

这次录问，周孝恭、潘开等三十余人都没有翻供，只有窦苹一个人喊冤，称原供状内"十有八事皆虚"。不过，黄履、李舜举验看他的身体，发现"拷掠之痕则无之"，显然他并未受到严重的刑讯逼供，邓润甫之前所说的"榜掠身无完肤"，看来是不实之词。原来，邓润甫有一天夜里在御史台听到"拷掠囚声",以为是窦苹等人被刑讯逼供,其实是御史台在讯问其他案子的犯人。邓润甫弄错了。

黄履、李舜举录问完毕,回去向神宗皇帝报告,说除了窦苹,其他人都没有翻供,而窦苹身上也不见拷掠之痕。宋神宗开始对邓润甫生出几分不满,认为他奏事不实。

这时,上官均又上书说:"臣自与蔡确同鞫相州狱逾两月,观其持法刻深(严酷),言不及仁,穷治诘问,不考情实,以必得奸弊为事;……夫大理、审刑,法令所系,所以持天下之平。若官司挟情轻重其手,此固人臣之所同嫉,朝廷之所宜深治也。……臣欲乞别差端厚明良之臣,移司勘劾,庶几推见本末,义不纵奸,仁不滥罚,有以副朝廷用刑之意。"认为蔡确审案过于苛刻,失于公正,希望换人来主审。

神宗依言,又委派黄履与另一位监察御史里行黄廉赴御史台复核相州狱,仍旧派遣李舜举监勘。黄廉等人核实后,没提出什么异议。

蔡确趁机进言:"润甫不悦推见陈安民请求执政情节",有意替其开脱,上次黄履、李舜举录问时,"润甫与均于聚厅引问罪人处,犹敢对使者交口纷纭,意欲开诱罪人翻异,而罪人了无异辞,履及舜举备见。案润甫等附下罔上,情状明白"。

神宗也认为邓润甫、上官均欺罔,于四月十二日以"奏事不实,奉宪失中,言涉诋欺,内怀顾避"为由,罢了邓润甫的御史中丞之职;以"不务审克(察实),苟为朋附,俾加阅实,不知所言"为由,罢了上官均的权监察御史里行之职;蔡确则接任御史中丞,继续主审相州狱。

这一回,蔡确逮捕了陈安民的外甥文及甫。文及甫害怕,便供认了曾将大理寺复核相州案一事禀告其岳父吴充,吴充允诺会关注此事。这与陈安民的供词一致。文及甫还供称，曾嘱托吴安持过问相州案。吴安持即吴充之子，王安石女婿。

蔡确又逮捕了刘奉世，并恫吓他：大理寺的法官已供认受了你的指示行事，你还不认罪？刘奉世疑惧之下，供出自己是受了吴安持的嘱托。说起来，刘奉世与吴家渊源匪浅，刘氏原供职于枢密院，时任枢密使正是吴充，吴充拜相后，奏请将刘奉世调入中书刑房，任检正公事一职。

蔡确将目标锁定在宰相公子吴安持身上，奏请将之逮捕讯问。但神宗顾及吴充的身份，没有批准，只是让御史台遣人到吴家讯问。但吴安持大概担心自己也会被捕入狱，在接受讯问时主动供认曾交代过刘奉世帮忙。

受相州案牵连而被蔡确传唤的，还有权三司使李承之、三司副使韩忠彦。最后，李承之被认定与案子无关，韩忠彦则可能介入了相州狱。相州劫杀案案发之时，正好是韩忠彦之父韩琦任知州，相州劫杀案的判决，是需要知州签字才可以宣判的。换言之，如果相州案的判决存在失入人罪的问题，韩琦也难辞其咎。但韩琦已于熙宁八年去世，想来韩忠彦应是出于维护父亲声誉之心，以某种方式过问了相州案的复核。

审讯至此，蔡确认为案情已经水落石出，便给神宗呈交了结案报告：经查，陈安民在任相州签书判官时，主审三劫盗杀人一案，判决失当，失入人死罪；又因害怕旧案被驳正，便向外甥文及甫请托。文及甫受陈安民之请，又转托于他的大舅子、吴充之子吴安持。吴安持受托，嘱咐跟吴家关系密切的中书刑房检正公事刘奉世帮忙。刘奉世则暗示大理寺法官裁定相州旧案不存在失入人死罪。大理寺法官窦苹、周孝恭受刘奉世指示，遂认定相州案的原判没有过错，驳回周清的第一次驳正。

元丰元年六月十九日，宋神宗下诏，对涉案官员分别作出处分：陈安民因失入人死罪，又企图妨碍司法公正，"追一官，勒停，展三期叙"，即追夺一个官阶，勒令停职，延迟磨勘期九年（意味着九年内不得升迁）；文及甫"冲替（降职）"；吴安持"追一官，免勒停，冲替"；刘奉世"落直史馆，免勒停，监陈州粮料院"；窦苹"追一官，勒停"；周孝恭"冲替"；韩忠彦"赎铜十斤"，相当于课罚金。[1]

周清呢，因驳正相州案有功，官阶晋升一级。

这个处分结果公布后，蔡确还不满意，多次率领御史面圣抗议，称对吴安持的惩罚太轻了。蔡确之所以盯着吴安持不放，自然意在其父吴充。吴充实际上并未过问相州案，但事情毕竟牵连到他的家人，按宋朝惯例，他唯有"上表乞罢相及阖门待罪"。神宗遣中使劝慰，并下诏让他出来处理公务。

对蔡确的穷追不舍，宋神宗也有些反感，反问蔡确："子弟为亲识请托，不得已而应之，此亦常事，何足深罪？卿辈但欲共攻吴充去之，此何意也？"并将蔡确等人的奏札退了回去。几位御史这才停止攻击。

但吴充很快又遇到一件麻烦事。元丰年间，朝廷追究征伐交趾失利之责，权发遣邕州事周沃因督粮不力、馈军失期，被郭逵上奏弹劾，后被贬知阳谷县。周沃在谢表上揭发郭逵当年领兵征交趾时，有言者提议长驱直入，郭逵却止兵不前，并且"示人以执政尺牍，欲言者沮谋"。[2] 同知谏院张璪（原名张琥，元丰元年改名）要求彻查清楚。

---

1 李焘：《续资治通鉴长编》卷二百九十。下同。
2 李焘：《续资治通鉴长编》卷二百九十九。

第十一章　熙丰之际多诏狱

郭逵拿出来的正是吴充的书信。时传吴充曾致书郭逵，让其不要进兵安南，郭逵承望吴充风旨，才止步于富良江。神宗令御史台设狱劾调查此事，"人皆为充惧"，最后查得，吴充致信郭逵"但劝逵以经久省便，非止其进兵也"。[1] 吴充虽未受责备，却忧畏成疾，于元丰三年三月罢相，不久便病逝了。

第三节 弑母案

就在相州狱刚刚结案之际，京城突然又发生了一宗大案。

元丰元年六月底，前国子监博士、前知太湖县陈世儒家中的一名逃婢跑到开封府鸣冤，称自己受到陈世儒虐待，并揭发了陈家发生的一起骇人听闻的命案：陈世儒与其妻李氏指使婢女毒死陈母张氏。

张氏确实刚刚去世，陈世儒还因此从知太湖县任上解官，回京丁忧。但谁也想不到，张氏竟是被儿子、儿媳合谋毒杀的。

知开封府苏颂马上让军巡院（开封府常设法院之一）审理此案。经法医检验，陈母果有中毒迹象，更吓人的是，其脑后还钉着一根致命的大铁钉，死于谋杀是毫无疑问的。

那么，到底是谁谋杀了她？据逃婢指控，主使杀人的是陈世儒的妻子李氏，动手杀人的则是陈家的奴婢阿高、阿张等人。开封府当即缉拿李氏与众婢讯问，审出杀人经过：陈世儒之母张氏是一名悍妇，年轻时曾将婢女折磨致死。世儒之妻李氏与

---

[1] 李焘：《续资治通鉴长编》卷三百三。

这个可怕的家婆一贯不合，一日便暗示家中婢女："本官（指陈世儒）若丁忧，汝辈要嫁底为好嫁，要钱底与之钱。"[1] 诸婢心领神会，想要让陈世儒丁忧，当然只能让张氏死去，于是便"以药毒之，不死，夜持钉陷其脑骨"，杀死了张氏。[2]

开封府法官认为，杀人凶手为诸婢女，依法当判处极刑；李氏虽有大逆之语，但毕竟并未"明言使杀姑，法不至死"。[3] 至于陈世儒本人，被认为对此不知情，未受追究。知府苏颂便按此判决上报大理寺、刑部复核，却被大理寺、刑部驳回重审。

此时京城已经流言四起，一些小道消息说：开封府有意包庇弑母凶手陈世儒与李氏。之所以有这样的流言传出，与陈世儒夫妇的家世有关。陈世儒的父亲是仁宗朝宰相陈执中，虽已故去，但门生故吏仍在朝中；李氏的父亲是前知开封府李中师，母亲吕氏则是另一位仁宗朝宰相吕夷简的孙女，而吕夷简之子吕公弼、吕公著都是当朝大臣，吕公著刚于元丰元年九月拜为同知枢密院事。陈世儒夫妇拥有如此显赫的身世，谁敢保证他们不会动用关系走后门，干预司法？

事实上，案发之后，李氏预感大事不妙，早已跑去央求她的母亲吕氏："幸告端明公（吕公著）为祝（嘱）苏尹（苏颂），得即讯于家。"[4] 让母亲赶快找吕公著，请他出面跟开封府知府苏颂说情，不要逮捕她，在家问话即可。吕氏哪能见死不救？连夜至吕公著居所，请他帮忙说情。但吕公著拒绝了："不可，比相州狱止坐请求耳，逮系者数百人。况此，岂可干人耶？"

1　黎靖德编：《朱子语类》卷第一百三十。
2　李焘：《续资治通鉴长编》卷三百。
3　脱脱等：《宋史》卷三百四十。
4　李焘：《续资治通鉴长编》卷三百三。下同。

表示前段时间朝廷查处相州案，抓了几百名请托的人，况且这种事我避嫌尚来不及，岂可插手？吕氏只好"涕泣而退"。

但吕公著本人没有插手，难保吕家的其他人不会出面请托。因此，舆论紧紧盯住开封府审案是完全有必要的。

深宫中的神宗也听到了外间流言，召见苏颂给出指示："此人伦大恶，当穷竟。"[1]苏颂答道："事在有司，臣固不敢言宽，亦不敢谕之使重。"表明了他坚持不偏不倚对待此案、不干预法庭审判的立场。

但苏颂这么表态未久，便因为另一个案子受到台谏官弹劾。

原来，开封府下辖祥符县知县孙纯升任梓州路提举常平官，大概是需要一笔盘缠，便向大相国寺住持行亲借钱。行亲是孙纯的故交，他挪用寺中公款"常住钱"一百贯，借给孙纯。结果这事被相国寺僧人宗梵发觉，宗梵跑到开封府控告住持行亲"辄持百千出，疑有奸"。[2]但苏颂不受理这一诉讼，称"宗梵告非干己事，不当治。钱隶常住，非官给，无（触犯）贷贷法"。并以诬告为由，将宗梵打了一顿板子，打发回去。孙纯听说宗梵检控，便赶紧将钱还给了行亲。

御史舒亶得悉此事，立即上疏弹劾苏颂包庇孙纯。因为寺庙的常住钱包含了政府拨款，属于公款，按照大宋法律，官员私自借用公款，"贷贷之人各合有罪"。苏颂的做法，明显是故纵孙纯。而且，听说孙纯还是近臣之亲，京城有近臣给他透露了行亲被告的消息，让他赶快还上借款。

神宗一听，震怒，下令调查苏颂。最终查实，苏颂贬知濠州，

1　脱脱等：《宋史》卷三百四十。下同。
2　李焘：《续资治通鉴长编》卷二百九十三。下同。

由翰林学士许将权发遣开封府,接替苏颂。这是元丰元年十一月前后发生的事情。

但不久又发生了"太学案",许将受到牵连,被罢去开封府长官的职务。以前我们讲过,自从推行三舍法之后,太学出现了轻薄书生奔走公卿之门、学官上下为奸赃接受请托行欺罔之事的现象。元丰元年十二月,一位叫虞蕃的太学生因未能取得解额,愤然上书神宗:"太学讲官不公,校试诸生,升补有私验。且陛下辨色(天色将明之际)视朝,而讲官赴太学常以巳(九点到十一点)入而午出;陛下日揽万机,经筵劝讲,尚不数年而《诗》毕,今讲官讲《周礼》七年,才及四卷。"[1]

神宗于是下诏让开封府彻查太学不公之事。许将认为虞蕃诬告,但虞蕃不服,继续上诉,于是案件交到御史台。经御史中丞蔡确、御史何正臣、舒亶彻查,发现虞蕃所告属实,且有多名高官卷入此案,包括参知政事元绛、权发遣开封府许将、判国子监沈季长等,他们的子弟都参与了太学请托。最终,元绛于元丰二年五月罢参知政事,由御史中丞蔡确接任;其他涉案官员也都被追责,"诸生坐决杖编管者数十,而士子奔竞之风少挫矣"。[2]

开封府的这些办案不良记录,让人很难相信它会秉公审理陈世儒案。元丰二年正月,御史黄廉向神宗提出,开封府对张氏被杀一案"所鞠不尽",且一直"不劾正世儒知情",不能再让他审下去了。[3]宋神宗于是下诏:"陈世儒母被害事送大理寺。"[4]

---

1 李焘:《续资治通鉴长编》卷二百九十五。
2 魏泰:《东轩笔录》卷之六。
3 李焘:《续资治通鉴长编》卷三百三。
4 李焘:《续资治通鉴长编》卷二百九十六。

具体负责审讯的法官为知大理寺少卿蹇周辅,大理寺丞叶武、贾种民。

经过三四个月的审讯,贾种民等法官相信:陈世儒对母亲张氏被害一事并非不知情,而是默许,因为陈世儒这个人脑子不怎么好使,又"不乐为外官",所以默许妻子李氏"讽诸婢欲谋杀张,欲以忧去"。[1] 他与母亲之间似乎也没有多深的感情,因为张氏生下世儒未久,陈执中便去世了,张氏即出家为尼。世儒成年后迎回张氏,但他与妻子李氏"事之不谨"。李氏则犯有教唆奴婢杀死主母的恶逆重罪。但是,由于"世儒妻母因缘请求",开封府军巡院"元勘官改易情节,变移首从",为陈世儒夫妇脱罪。[2]

至此,大理寺对陈世儒母被害案的审讯分为两条线:其一,核实陈世儒与李氏指使弑母的实情;其二,彻查到底是哪些人插手了陈世儒案,企图妨碍司法公正。

第一条线的查证比较容易,毕竟证人俱在;第二条线则牵涉甚广,事连大臣。宋神宗便批示:"世儒夫妇无紧切照证,自可结正以闻。"调查的重点放在第二条线。

不过,第一条线要结案并不顺利,因为李氏屡屡翻供。按照宋朝司法"翻异别勘"的制度,在一起刑案的审讯过程中,如果嫌犯变词翻供,就必须更换一批法官重新审讯。这是一项旨在防止冤案的自动申诉复审机制。为了维持"翻异别勘"之制,宋政府不得不建立起一个繁复的司法系统,并忍受低下的司法效率。元丰二年五月,李氏在录问时又喊冤,神宗便委任司勋

---

1 李焘:《续资治通鉴长编》卷三百。下同。
2 李焘:《续资治通鉴长编》卷二百九十七。下同。

郎中李立之、太常博士路昌衡重审陈世儒狱。

第二条线的调查则取得了突破。贾种民提审李氏："亦尝有嘱于官司乎？"[1] 你是不是请托了什么人向开封府打了招呼？李氏供称，曾求母亲吕氏请吕公著出面帮忙，但吕公著没有答应。贾种民又逮捕了吕氏讯问，吕氏"对如李辞"。

但法官贾种民为了构陷吕公著，居然篡改了吕氏与李氏的供词，向神宗汇报称，"公著尝许之，而公著子希绩、希纯皆与闻"，说吕公著答应过问陈世儒案，他的儿子吕希绩、吕希纯也参与了进来。

神宗并不相信吕公著会插手此案，他派遣御史黄颜前往大理寺监治。黄颜看出贾种民的险恶用心，"知狱皆诬枉，不可就，而畏避不敢言，未几，托疾去"。之后神宗又派御史何正臣"监讯"，何正臣"至大理，而狱益炽"。

吕公著的侄子吕希亚、陈世儒的连襟晏靖都因涉案被逮捕入狱，另一名与吕家交好的官宦子弟庞元英也被传唤到大理寺问话。吕希亚与晏靖供认曾向苏颂询问陈世儒案，庞元英也承认之前曾向苏颂打听案情，苏颂"但言其情状极丑恶，刑名未可知"。[2] 大理寺立即派人到濠州审问苏颂。

八月十七日，宋神宗大概意识到大理寺的贾种民有"欲蔓其狱"的问题，便下诏将陈世儒案移送御史台审理。新任御史中丞李定奏请将苏颂从濠州带回御史台受审。这个李定，正是苏颂的死对头。我们应该记得，九年前，熙宁三年，宋神宗与王安石准备将李定提拔进御史台，结果皇帝的词头被时任知制

---

1 李焘：《续资治通鉴长编》卷三百三。下同。
2 李焘：《续资治通鉴长编》卷三百二。下同。

诰苏颂三番四次封还。现在李定会不会趁机公报私仇、将苏颂往死里整呢?

九月,苏颂被押回御史台大狱。狱吏告诉他:"君素长者,必以亲旧之情不能违,速自言,毋重困辱。"苏颂说:"诬人以死不可为,若自诬(自行承认妄加于己的不实之词)以得罪,虽甚重,不敢避。"遂手书数百言付狱吏,将罪过揽到自己身上。

神宗皇帝看了苏颂的供状,感觉有异,便"诏御史求实状"。审案的御史反复审问苏颂,苏颂坚称并无其他人参与请托,一切罪责由他承担。御史又讯问大理寺法吏:之前所得的吕公著请托之词是怎么回事?大理寺法吏词穷,这才吐露实情:"此大理丞贾种民增减其辞为之也。今其藁(底稿)尚在。"御史看了供词原始记录,才知道贾种民捏词构陷之事。

此时,陈世儒狱第一条线的审理终于有了确切的结果:陈世儒与妻子李氏合谋指使婢女谋杀陈母的恶逆罪被查实。李氏多次翻供,"凡三易狱,始得实"。[1] 九月十二日,大理寺对陈世儒弑母案作出终审判决,并得到神宗的批准:按恶逆重罪,陈世儒、李氏以及参与杀人的十几个婢女被处死刑。

第二条线的调查还在进行中。吕公著的女婿及两名婢女也被逮捕,吕家除了吕公著,其他人暂时禁止入朝觐见。吕公著为了避嫌,"避位待辨于家"。[2] 神宗几次遣内侍慰问,催他复位,吕公著都不敢出来。

十一月廿七日,李定向神宗报告了御史台的调查结果:"公著实未尝请求,特尝因垂拱退朝,颂与众从官泛言陈氏事,公

---

[1] 李焘:《续资治通鉴长编》卷三百。
[2] 李焘:《续资治通鉴长编》卷三百三。下同。

著亦预闻尔。"次日,神宗派御史舒亶"以定等所奏,就问公著于家"。吕公著说:"臣审闻此于法固无害,第(但)实不预闻,不敢妄对以欺君尔。"

十二月初五,李定又奏:"被系者讫无所承,且皆无佐验。"于是神宗下诏停止调查,终结此案,释放受牵连之人,并遣中使告谕吕公著:"狱事已解,可亟入就职。"吕公著:"吾身备辅弼,既被吏议矣,虽无事,安可以复在位?"请辞同知枢密院。神宗封还辞呈,令吕公著入对,"敦谕弥切",吕公著这才回枢密院视事。

李定随即对大理寺丞贾种民等人发起弹劾。神宗诏,贾种民"以擅更狱辞下御史台劾治"。一个月后,元丰三年正月,由陈世儒案衍生出来的贾种民案审结。陈世儒案第二条线的涉案人员也得到了相应的处分:苏颂罢知濠州,因其在知开封府任上,对庞元英、吕希亚、晏靖等人泄露案情,违反了司法的纪律;庞元英因打听案情,免职;吕希亚与晏靖亦以同样理由一并降职。

贾种民坐构陷吕公著之罪,被撤去大理寺丞之职;另一名大理寺丞叶武协同审理陈世儒案,却没有察觉贾种民"增移事节",也被撤职;知大理卿事崔台符,知大理少卿蹇周辅、杨汲因为未能举察贾种民借此案株连他人的行为,各罚铜十斤;御史何正臣监勘失职,亦罚铜十斤。

在这起案中,我们发现,李定并没有因个人恩怨而罗织苏颂的罪名,也没有因为吕公著属于旧党而故意构陷。恰恰相反,最后裁定"(吕)公著实未尝请求",还其清白的终审法官,正是李定;对借审案之机陷害吕公著、苏颂的贾种民提起弹劾的台谏官,也是李定。

第四节 乌台诗案（上）

苏颂入御史台狱时，隔壁牢房正关着一位大名鼎鼎的犯人——苏轼。苏颂后来回忆说："己未九月，予赴鞫御史，而子瞻先已被系。予昼居三院东阁，而子瞻在知杂南庑，才隔一垣，不得通音息。因作诗四篇，以为异日相遇一噱之资耳。"[1]

苏轼为什么也被关入了御史台狱？

导火索是一篇谢表。按宋朝惯例，官员接受一项任命后，要向皇帝上表谢恩，表上通常都是套话。元丰二年暮春，苏轼赴任湖州太守，到任后照例进谢表。这本是例行公事，但苏轼却在谢表上发了牢骚：

> 伏念臣性资顽鄙，名迹堙微。议论阔疏，文学浅陋。凡人必有一得，而臣独无寸长。荷先帝之误恩，擢置三馆；蒙陛下之过听，付以两州。非不欲痛自激昂，少酬恩造。而才分所局，有过无功；法令具存，虽勤何补。罪固多矣，臣犹知之。……知其愚不适时，难以追陪新进；察其老不生事，或能牧养小民。[2]

苏轼谢表所说的"新进"，是指那些拥护变法、受到重用的少壮派。不说别人，就说苏轼的同年（同为嘉祐二年进士），那些追随王安石变法的人，一个个都成了高官：王韶官至枢密

---

[1] 苏颂：《苏魏公文集》卷十。
[2] 苏轼：《苏轼文集》卷二十三《湖州谢上表》。

副使；吕惠卿当过参知政事；邓绾当过御史中丞；章惇与苏轼本来也是同年，因耻于名次居侄儿章衡之下，拒绝了任官资格，两年后才入仕，资历比苏轼略低，但熙宁八年章惇已是三司使；还有蔡确，与苏轼同龄，晚两年入仕，如今是参知政事。苏轼讽刺他们热衷于生事、趋炎附势。

相比之下，学富五车、才高八斗的苏轼却从未担任过要职，熙宁四年才通判杭州。对此，苏轼是满腹牢骚的，他在致亲友的私信中说："上批出，与知州差遣。中书不可。初除颍倅（颍州通判），拟入，上又批出，故改倅杭（杭州通判）。杭倅亦知州资历，但不欲弟作郡，恐不奉行新法耳。此来若非圣主保全，则齑粉久矣。知幸！知幸！"[1]认为自己反对新法，因而受王安石猜忌排挤，若非神宗庇护，还会受到迫害。

自熙宁四年通判杭州后，苏轼在地方上辗转多年，先后任过密州、徐州、湖州的知州。这期间，苏轼写了大量讥讽新法与新党的诗歌。

譬如熙宁六年，在杭州通判任上，苏轼写诗《戏子由》寄给弟弟苏辙与驸马王诜，诗中说："读书万卷不读律，致君尧舜知无术。"[2]苏轼自述这两句诗的含义："是时朝廷新兴律学，轼意非之。以谓法律不足以致君于尧舜，今时又专用法律而忘诗书，故言我读万卷书，不读法律，盖闻法律之中无致君尧舜之术也。"

同一年又写诗《山村》："杖藜裹饭去匆匆，过眼青钱转手空。赢得儿童语音好，一年强半在城中。"讽刺正在推行的青

---

1 苏轼：《苏轼文集·苏轼佚文汇编》卷四《与堂兄三首》。
2 朋九万：《东坡乌台诗案》。下同。

苗法、募役法:"意言百姓虽得青苗钱,立便于城中浮费使却;又言乡村之人,一度两度夏秋税,又数度请纳和预买钱,今此更添青苗助役钱,因此庄家子弟,多在城中,不着次第,但学得城中语音而已,以讥讽朝廷新法青苗助役不便。"

又作诗《八月十五日观潮作》:"吴儿生长狎涛渊,冒利忘生不自怜。东海若知明主意,应教斥卤变桑田。"从字面上看,此诗不过是说"弄潮之人,贪官中利物,致其间有溺而死者,故朝旨禁断",但苏轼作此诗另有深意:"轼谓主上好兴水利,不知利少而害多,言'东海若知明主意,应教斥卤变桑田',言此事之必不可成,讥讽朝廷水利之难成也。"

熙宁八年知密州任上,苏轼写诗送友人刘述:"君王有意诛骄虏,椎破铜山铸铜虎。联翩三十七将军,走马西来各开府。"讽刺朝廷的拓边战略:"是时,朝廷遣使诸路点检军器及置三十七将官,轼将谓今上有意征讨胡虏,以讥讽朝廷,诸路遣使及置将官,张皇不便。"

熙宁十年知徐州任上,苏轼写诗赠祈雨成功的李清臣:"半年不雨坐龙慵,但怨天公不怨龙。今年一雨何足道,龙神社鬼各言功。"此诗亦有深意:"本因龙神慵懒不行雨,却使人心怨天公,以讥讽大臣不任职,不能燮理阴阳,却使人怨天子。以天公比天子,以龙神社鬼比执政大臣及百执事。"

元丰元年,苏轼写诗和友人黄庭坚古韵:"嘉谷卧风雨,莨莠登我场。陈前谩方寸,玉食惨无光。"诗中的"莨莠",指拥护变法的新进小人,"以讥今之小人胜君子,如莨莠之阙夺嘉谷"。

这些诗句的寓意并非苏轼政敌的穿凿附会,苏轼本人是供认不讳的。可以说,熙宁—元丰期间宋政府推行的每一项新法,几乎都被苏轼写诗嘲讽过。从这里我们也可以看出"乌台诗案"之前苏轼诗歌的风格,黄庭坚称"东坡文章妙天下,其短处在好骂"。[1] 其实苏轼前期诗歌的特点也是"好骂",恰如宋代诗评家严羽所言:"其末流甚者,叫噪怒张,殊乖忠厚之风,殆以骂詈为诗。"[2]

苏轼将他的政治讽刺诗寄给友人分享,还收录入诗集《苏子瞻学士钱塘集》《元丰续添苏子瞻学士钱塘集》,雕印出版,却不知危险之将近。他在《湖州谢上表》中自谓"愚不适时,难以追陪新进""老不生事,或能牧养小民",文意与其政治讽刺诗是一脉相承的:"轼谓馆职多年,未蒙不次进用,故言'荷先帝之误恩,擢置三馆;蒙陛下之过听,付以两州',又见朝廷近日进用之人,多是少年,及与轼议论不合,故言'愚不适时,难以追陪新进',以讥讽朝廷进用之人,多是循时迎合。"[3]

苏轼自言王安石欲陷害他,"若非圣主保全,则齑粉久矣"云云,但王安石执政之时,苏轼写了那么多暗讽新法的诗歌,甚至在诗中将王安石比作汉代的王莽、董卓,王安石有没有因此治罪苏轼?没有。苏轼还是按资序升迁,王安石只不过是不同意授予他要职而已。

等到王安石罢相后的元丰二年,苏轼的厄运才降临。五月廿七日,因为苏轼在谢表上暗讽新进小人好生事,御史何正臣率先对苏轼提出弹劾:[4]

---

1 黄庭坚:《豫章黄先生文集》第十九。
2 严羽:《沧浪诗话校释》。
3 朋九万:《东坡乌台诗案》。
4 朋九万在《东坡乌台诗案》中,把何正臣误刻为"何大正",上札子时间记为"元丰二年三月二十七日",但苏轼元丰二年四月才到任湖州上谢表,何正臣不可能在三月见到苏轼谢表,所以三月当为五月之误刻。

> 臣伏见祠部员外郎、直史馆、知湖州苏轼谢上表，其中有言："愚不识时，难以追陪新进；老不生事，或能牧养小民。"愚弄朝廷，妄自尊大，宣传中外，孰不叹惊！……今法度未完，风俗未一，正宜大明诛赏，以示天下。如轼之恶，可以止而勿治乎？[1]

不过神宗没有对何正臣的札子作出反应。七月初二，另一名御史舒亶再上札子，以更猛的火力抨击苏轼：

> 臣伏见知湖州苏轼，近谢上表，有讥切时事之言。流俗翕然，争相传诵；忠义之士，无不愤惋。且陛下自新美法度以来，异论之人，固不为少。然其大，不过文乱事实，造作谤说，以为摇夺沮坏之计；其次，又不过腹非背毁，行察坐伺，以幸天下之无成功而已。至于包藏祸心，怨望其上，讪讟慢骂而无复人臣之节者，未有如轼也。

为证明苏轼"包藏祸心"，舒亶随札子附上收集来的苏轼诗集《元丰续添苏子瞻学士钱塘集》，逐条指出各诗的讥讽之意：

> 盖陛下发钱以本业贫民，则曰："赢得儿童语音好，一年强半在城中"；陛下明法以课试郡吏，则曰："读书万卷不读律，致君尧舜知无术"；陛下兴水利，则曰："东海若知明主意，应教斥卤变桑田"；陛下

---

[1] 朋九万：《东坡乌台诗案》。下同。

谨盐禁，则曰："岂是闻韶解忘味，迩来三月食无盐。"其他触物即事，应口所言，无一不以讥谤为主。小则镂板，大则刻石，传播中外，自以为能。其尤甚者，至远引衰汉梁窦专朝之士，杂取小说燕蝠争晨昏之语，旁属（诽谤）大臣而缘以指斥乘舆（指责皇帝），盖可谓大不恭矣。

同日，国子博士李宜之则进呈苏轼的一篇旧文，寻章摘句，指控苏轼有不臣之心：

> 撰《灵壁张氏园亭记》，内有一节，称："古之君子不必仕，不必不仕；必仕则忘其身，必不仕则忘其君。"宜之看详上件文字，义理不顺：言"不必仕"，是教天下之人必无进之心，以乱取士之法；又轼言"必不仕则忘其君"，是教天下之人无尊君之义，亏大忠之节。……天下之人，仕与不仕，不敢忘其君，而独轼有"必不仕则忘其君"之意，是废为臣之道。

御史中丞李定所上札子更是杀气腾腾，直斥苏轼犯有四大"可废之罪"：

> 1. 轼先腾（激起）沮毁之论，陛下稍置之不问，容其改过。轼怙终不悔，其恶已著。此一可废也。
> 2. 陛下所以俟（等待）轼（悔过自新）者可谓尽，而傲悖之语，日闻中外。此二可废也。
> 3. 轼所为文辞，虽不中理，亦足以鼓动流俗，

所谓言伪而辨;当官侮慢,不循陛下之法,操心顽愎,不服陛下之化,所谓行伪而坚。言伪而辨,行伪而坚,先王之法当诛。此三可废也。

4.轼读史传,岂不知事君有礼、讪上有诛?……陛下修明政事,怨不用己,遂一切毁之,以为非是。此四可废也。

相传沈括也曾告密苏轼写诗讥政。时在元丰二年之前,沈括察访两浙,苏轼通判杭州,二人是故交,便在杭州把酒论旧,沈括求苏轼"手录近诗一通",回朝却将苏诗"签帖以进,云词皆讪怼","其后,李定、舒亶论轼诗置狱,实本于括云"。[1] 此事记于王铚《元祐补录》,此外再无其他史料可佐证,李焘在转述《元祐补录》记载时还特别注明:"此事附注,当考详,恐年月先后差池不合。"[2] 换言之,李焘发现王铚的记载有时间上的不合理之处,所以注明只是转录,有待考证。

但这个"沈括构陷苏东坡"的故事经著名作家余秋雨写入散文《苏东坡突围》之后,广为流传,几成铁案。从历史研究的角度来看,王铚的记载是不可靠的,因为不管是流传下来的苏轼案原始档案——朋九万辑录的《东坡乌台诗案》——还是苏轼本人事后对乌台诗案的追述,都无一字涉及沈括。

可以确信的是,对苏轼提出检控的有四个人:言官李定、舒亶、何正臣与国子博士李宜之。在李定上弹疏次日,即七月初三,神宗将御史弹劾苏轼的前后四状以及苏轼诗集《元丰续

---

1 李焘:《续资治通鉴长编》卷三百一所附录王铚《元祐补录》。
2 李焘:《续资治通鉴长编》卷三百一。

添苏子瞻学士钱塘集》批付中书，要求"送御史台根勘"，并任命知谏院张璪、御史中丞李定负责审问治罪。[1]

从程序正义的角度来看，由李定审理苏轼案是存在严重问题的，因为弹劾苏轼者是李定，再由李定来审案，相当于李定既当检察官又当法官。这违背了宋朝的司法回避原则。我们应该记得，熙宁七年，侍御史知杂事张琥弹劾参知政事冯京勾结郑侠，神宗下诏让御史台调查，冯京马上提出异议："侠事因琥案劾，则御史官属不得无嫌，且朝廷不过欲见臣与侠有无往还问遗实迹耳，乞治于他司，或遣官就御史台根究。"如今神宗任命李定审理苏轼案，却没人替苏轼鸣不平。

又次日，即七月初四，神宗批示："令御史台选牒朝臣一员乘驿追摄。"[2]即要求御史台派人带回苏轼。于是，御史台便派了太常博士皇甫僎（一说为皇甫遵）带着两名属员，疾驰湖州押苏轼赴御史台受审。

在皇甫僎出发之前，苏轼的好友、驸马王诜已经密遣人向苏辙报信，苏辙时任南京应天府（今河南商丘）签书判官，离京城不远。苏辙得讯，又派人快马加鞭赶往湖州，所以，皇甫僎尚未抵达湖州，苏轼就已经知道自己惹了大麻烦，逮人的官差正在路上。

七月廿八日，皇甫僎一行果然杀到，"径入州廨，具靴袍，秉笏立庭下。二台卒夹侍，白衣青巾，顾盼狞恶。人心汹汹不可测"。[3]

苏轼十分害怕，不敢出来，在后堂与通判祖无颇商议怎么办。

---

1 朋九万：《东坡乌台诗案》。
2 李焘：《续资治通鉴长编》卷二百九十九。
3 孔平仲：《孔氏谈苑》卷一《苏轼以吟诗下吏》。下同。

祖无颇说:"事至于此,无可奈何,须出见之。"

苏轼问,该穿什么衣服去见皇甫僎。他"自以为得罪,不可以朝服"见人。

祖无颇说:"未知罪名,当以朝服见也。"

苏轼遂穿戴好靴袍,持笏出见。皇甫僎一言不发,一副高深莫测的样子,"人心益疑惧"。

苏轼说:"轼自来殄恼朝廷多,今日必是赐死。死固不辞,乞归与家人诀别。"

皇甫僎这才开口说话:"不至如此。"

祖无颇比较镇定,上前说:"太博(太常博士)必有被受文字。"请皇甫僎出示逮捕苏轼的文件。等皇甫僎取出台牒,祖无颇一看,"只是寻常追摄行遣耳"。

皇甫僎催着苏轼上路,"即时出城登舟"。船经太湖,因船舵损坏,便停下来维修。据宋人笔记,"是夕,风涛颃洞(水势汹涌),月色如昼",苏轼自忖:"仓卒被拉去,事不可测,必是下吏所连逮者多,如闭目窒身入水,顷刻间耳。"[1]但最终未能自杀成功。苏轼后来回忆说:朝廷派悍吏"就湖州追摄,如捕寇贼。臣即与妻子诀别,留书与弟辙,处置后事,自期必死。过扬子江,便欲自投江中,而吏卒监守不果"。[2]

八月十八日,皇甫僎押苏轼抵京,关进御史台大牢。这便是北宋乌台诗案的开篇。汉代时,由于御史台多植柏树,柏树招来了很多乌鸦,故后人以"柏台""乌台"代指御史台。

不久后,苏颂受陈世儒案牵连,亦被投入御史台大牢,关

---

1 孔平仲:《孔氏谈苑》卷一《皇甫僎深刻》。
2 苏轼:《苏轼文集》卷三十二《杭州召还乞郡状》。

在苏轼隔壁。严格来说,此时苏轼并不是罪犯,而是接受调查的犯罪嫌疑人。按古时的司法制度,证人、干连人、嫌疑人都要暂时收监,以便讯问。

讯问苏轼的法吏很不尊重士大夫,为取得苏轼认罪的口供,大肆辱骂。关在隔壁的苏颂有诗云:"遥怜北户吴兴守,诟辱通宵不忍闻。"[1]并自注:"所劾歌诗有非所宜言,颇闻镌诘之语。"这里说的便是苏轼被诘问、叱骂的情景。不过,看守苏轼的狱卒倒是挺客气的,有一名狱卒"仁而有礼,事子瞻甚谨。每夕,必燃汤为子瞻濯足"。[2]

但苏轼初入牢狱,将事情想得非常严重,"忧在必死"。[3]宋人笔记说,苏轼已经做好了自尽的准备:将自己常服的青金丹收集起来,藏在狱中隐秘处,打算一旦得知朝廷判他死罪,便一并服下自尽。这些青金丹有微毒,过量服用可致死。多年后苏轼的自述亦承认有自杀的想法:"到狱,即欲不食求死",只是后来"觉知先帝(指宋神宗)无意杀臣,故复留残喘"。

苏轼又写好遗书(诗二首),托那名待他很好的狱卒收好,死后交给他弟弟苏辙。那狱卒说:"学士必不至如此。"[4]苏轼说:"使轼万一获免,则无所恨;如其不免而此诗不达,则目不瞑矣。"狱卒只好接过苏轼遗书,藏于枕内。诗曰:"圣主如天万物春,小臣愚暗自亡身。百年未满先偿债,十口无归更累人。是处青山可埋骨,他年夜雨独伤神。与君世世为兄弟,更结人间未了

---

1 周必大:《二老堂诗话》。下同。
2 孔平仲:《孔氏谈苑》卷一《皇甫僎深刻》。
3 苏轼:《苏轼文集》卷三十二《杭州召还乞郡状》。下同。
4 孔平仲:《孔氏谈苑》卷一《皇甫僎深刻》。下同。

因。"¹ 相传"神宗见而怜之，遂得出狱"。这当然只是民间文人的浅薄想象而已。

苏轼又与前来探监的长子苏迈约好：如果没什么事情，"送食惟菜与肉"；如听到什么不好的消息，"则撤二物而送鱼"。² 有一日，苏迈有事外出，委托一亲戚代送牢饭，但仓促间忘了说清楚他与父亲的密约，结果这名亲戚送了一尾鱼给苏轼。苏轼一见，"大骇，自知不免"，写了一封遗书给弟弟苏辙："余以事系御史狱，狱吏稍见侵（欺凌），自度不能堪，死狱中，不得一见吾子由。"

其后苏轼出狱，在致友人章惇的书信上深刻忏悔："轼昔年粗亦受知于圣主，使少循理安分，岂有今日？追思所犯，真无义理，与病狂之人蹈河入海者无异。方其病作，不自觉知，亦穷命所迫，似有物使。及至狂定之日，但有惭耳。"³

坦率地说，如此惶恐的苏大学士，与我们想象中乐观、豁达的东坡先生的形象有点不合。神宗一朝，特别是王安石罢相之后，法制趋严，屡兴诏狱，风气日薄，政治氛围不复仁宗朝的宽厚。因事入狱的士大夫不止苏轼一人，比如与苏轼差不多同时入御史台狱的苏颂。苏颂在狱中的表现可谓豪迈，拍着胸膛说："诬人以死不可为，若自诬以得罪，虽甚重，不敢避。"⁴ 还写了好几首颇具黑色幽默的诗歌。像苏轼那样惶惶不可终日的，多少有些不可思议。毒舌的王夫之甚至不屑地说："观苏子瞻乌台诗案，其远谪穷荒，诚自取之矣。而抑不能昂首舒吭以一鸣，

---

1 蒋一葵编：《尧山堂外纪》卷五十二。下同。
2 王世贞：《苏长公外纪》卷四上。下同。
3 苏轼：《苏轼文集》卷四十九《与章子厚参政书二首》。
4 李焘：《续资治通鉴长编》卷三百二。

三木（木制刑具）加身，则曰'圣主如天万物春'，可耻孰甚焉！"[1]

我毫无苛责苏轼的意思，更没有责备苏轼不够勇敢的权利。苏轼的恐惧是人之常情，无损于他的历史地位。我只是想说，宋人在笔记中再三写下苏轼系狱之际的惶恐与悲情，也许是为了渲染苏轼处境之危难、变法派之险恶吧。

那么，在乌台诗案中，苏轼是不是真的面临杀头的危险呢？

第五节　乌台诗案（中）

从御史对苏轼的弹词来看，显然是杀气腾腾的，似乎必欲置苏轼于死地。比如何正臣说，周成王时，"人有小罪，非眚，乃惟终……有厥罪小，乃不可不杀"，意思是，犯的虽然是小罪，但不是因为过失，或是惯犯，就不可不杀；[2] 李定说，"昔者尧不诛四凶，至舜则流放窜殛之，盖其恶始见于天下也"，暗示苏轼可流放。[3] 舒亶亦检控苏轼"指斥乘舆，盖可谓大不恭矣"，这是非常严重的指控："指斥乘舆，臣民之大禁，至死者斩，而旁知不告者，犹得徒一年半，所以申天子之尊于海内。"[4]

不过，危言耸听、杀气腾腾也算是宋代台谏官的常见文风了，不独对苏轼如此，王陶攻击韩琦，吕诲攻击王安石，不也是这个画风？如果我们去找宋朝台谏官弹劾政府官员的奏疏来

1　王夫之：《船山全书·夕堂永日绪论内编》。
2　陈戍国校注：《尚书》，岳麓书社，2019年。
3　李焘：《续资治通鉴长编》卷二百九十九。
4　吕祖谦编：《宋文鉴》卷一百二十九。

看，就会发现里面充斥着大量上纲上线、喊打喊杀的激切之词，这是宋朝政治弹劾的特点，是宋代台谏官说话的习惯，不可等同于司法起诉书的控罪。

令人不齿的是李宜之对苏轼的抨击。此人非任言职，却抢着攻击朝臣，而且一出手就是政治构陷，指斥苏轼"教天下之人无尊君之义"。

相传宰相王珪亦构陷苏轼有不臣之心——苏轼入御史台狱，"神宗本无意深罪"，一日，宰相王珪告诉神宗："苏轼于陛下有不臣意。"[1]

神宗愕然说："轼固有罪，然于朕不应至是，卿何以知之？"

王珪举苏轼《双桧》诗句"根到九泉无曲处，岁间惟有蛰龙知"，说："陛下飞龙在天，轼以为不知己，而求知地下之蛰龙，非不臣而何？"

王珪这个解诗手法可与李宜之相媲美。幸亏宋神宗并不糊涂，说道："诗人之词，安可如此论？彼自咏桧，何预朕事？"王珪一时语塞。

这个故事还有另一个版本——乌台诗案过后，苏轼贬谪黄州，神宗怜之，欲起用，王珪阻挠："轼尝有'此心惟有蛰龙知'之句，陛下龙飞在天而不敬，乃反欲求蛰龙乎？"[2]

时任副宰相章惇反驳王珪："龙者，非独人君，人臣皆可以言龙也。"

神宗也说："自古称龙者多矣，如荀氏八龙，孔明卧龙，岂人君也。"

---

[1] 叶梦得：《石林诗话》卷上。下同。
[2] 王巩：《闻见近录》。下同。

退朝后,章惇诘问王珪:"相公乃欲覆人之家族耶?"

王珪将责任推到舒亶身上:"舒亶言尔。"

章惇骂道:"亶之唾,亦可食乎!"意即舒亶吐出来的唾沫,你也要吞下去吗?

一个故事有不同版本,说明那很可能是文人之间的讹传,不可尽信。

文人笔记还称,御史台在审理乌台诗案时,准备办成"指斥乘舆"罪:"李定、舒亶、何正臣杂治之。侵之甚急,欲加以指斥之罪";[1]"李定、何正臣劾其事,以指斥论,谓苏曰:'学士素有名节,何不与他招了?'苏曰:'轼为人臣,不敢萌此心,却未知何人造此意?'"[2]但这类记载同样缺乏可信度。

从宋人朋九万收集的乌台诗案卷宗材料来看,御史台主审官对苏轼的审问并未涉及"指斥乘舆",也没有纠缠于李宜之的指控,而是采信了苏轼的自辩:"撰《宿州灵壁镇张氏兰皋园记》即无讥讽。"[3]

御史台主审官的鞫问重点,是查清苏轼究竟写了哪些"讥讽朝廷,及谤讪中外臣僚"的诗歌,并寄给了哪些人,"意图众人传看"。也就是说,乌台诗案进入检法定罪环节后,御史台对苏轼的司法检控,跟杀气腾腾的政治弹劾还是有很大区别的。

八月十八日,苏轼到狱,两日后开始接受讯问。对于写诗"讥讽朝廷,及谤讪中外臣僚"的控罪,苏轼并不承认,只供称"除《山村》诗外,其余文字并无干涉时事"。随后,在廿四日的讯问中,

---

1 孔平仲:《孔氏谈苑》卷一《皇甫僎深刻》。
2 孙升:《孙公谈圃》卷上。
3 朋九万:《东坡乌台诗案》。下同。

苏轼称"别无讥讽嘲咏诗赋""不曾与(亲友)文字往还"。

但八月三十日,苏轼却改变口风,供认"自来与人有诗赋往还人数姓名",并承认"前后供析语言因依等不同去处,委是忘记,误有供通,即非讳避。轼有此罪愆,甘伏朝典"。

为什么苏轼会突然供认不讳?一些研究者认为,是因为忍受不了刑讯逼供。[1]但这只是猜测,没有任何证据显示苏轼受了刑讯。关押在苏轼隔壁间的苏颂也只是说苏轼受到"诟辱""镌诘",并没有提及"拷打"之类。苏轼事后追述狱中经历:"到狱,即欲不食求死。而先帝遣使就狱,有所约敕,故狱吏不敢别加非横。"[2] 狱吏既然"不敢别加非横",就不可能对苏轼动刑。

苏轼的招供,更有可能是因为主审官向他申明了"坦白从宽、抗拒从严"的原则,并出示了有力的证据,包括镂板发行的《元丰续添苏子瞻学士钱塘集》。

在苏轼供认后,神宗批示:"见勘治苏轼公事,应内外文武官,曾与苏轼交往,以文字讥讽政事,该取会验问看若干人闻奏。"[3]于是,御史台开始逮捕、讯问那些卷入乌台诗案者,共有三十多人受牵连,其中包括王诜、王巩、苏辙、李清臣、张方平、黄庭坚、范镇、司马光、孙觉、李常、刘挚、钱公辅、王安上等,他们都接收过苏轼的讥讽诗文。苏轼供认说:"其人等与轼意相同,即是与朝廷新法时事不合,及多是朝廷不甚进用之人,轼所以将讥讽文字,寄与如后。"

除了李清臣与王安上,接收苏轼讥讽文字者基本都是旧党

---

[1] 参见戴建国《"东坡乌台诗案"诸问题再考析》,《福建师范大学学报(哲学社会科学版)》2019年第3期。
[2] 苏轼:《苏轼文集》卷三十二《杭州召还乞郡状》。
[3] 朋九万:《东坡乌台诗案》。下同。

中人。李清臣之所以被卷进来，是因为熙宁十年他任国史院编修官，苏轼送了几幅名画，希望李氏将自己早年进呈仁宗皇帝的二十五篇策论载入国史。此外，苏轼还送了几首讽刺朝政的诗歌给李清臣。

王安上是王安石的胞弟，元丰元年，他在知滕县任上收下苏轼撰写的一篇《滕县公堂记》，因而受牵连，因为苏轼"此记大率讥讽朝廷，新法已来，减削公使钱，裁损当直公人，不许修造屋宇，故所在官舍，例皆坏陋也"。

王诜则是御史台诏狱的重点调查对象，因为他是驸马都尉，神宗的妹夫，身份特殊，而宋王朝对宗室、外戚的交游是有严格限制的。苏轼与王诜往来密切，不但诗酒唱和，且往来文字中不乏讥讽朝廷的诗文，所以主审官重点调查了苏轼、王诜的交往。结果发现，王诜与苏轼之间可能存在不正当的利益输送，比如苏轼赠送王诜名画；王诜送苏轼茶、药、纸笔、墨砚、官酒；苏轼向王诜借钱三百贯，"自后未曾归还"；王诜又应苏轼之请，替苏轼的僧人朋友求得师号、紫衣。而王巩则充当了苏轼、王诜钱物往来的中间人。

御史台将查得的苏、王钱物往来情况详细记入供状，很有可能主审官对苏轼追加了一项新的罪状：入己赃罪。

在御史台诏狱查办苏轼诗案的时候，朝中一些正直的臣僚也开始营救苏轼。李焘在《续资治通鉴长编》中说"轼既下狱，众危之，莫敢正言者"，其实并不准确。[1] 当时出言救援苏轼的臣僚并不少。宰相吴充是其中的一位。

一日神宗召对，吴充问皇帝："魏武帝何如人？"

---

1 李焘：《续资治通鉴长编》卷三百一。下同。

神宗说:"何足道!"

吴充说:"陛下动以尧、舜为法,薄魏武固宜。然魏武猜忌如此,犹能容祢衡。陛下以尧、舜为法,而不能容一苏轼,何也?"祢衡是东汉末年名士,颇看不起、厌恶曹操,对曹操多有狂言。

神宗惊道:"朕无他意,止欲召他对狱,考核是非尔,行将放出也。"

王安石之弟、直舍人院王安礼亦乘机向神宗进言:"自古大度之君,不以语言谪人。按轼文士,本以才自奋,谓爵位可立取,顾碌碌如此,其中不能无觖望(因不满意而怨恨)。今一旦致于法,恐后世谓不能容才,愿陛下无(毋)庸竟(追究)其狱。"

神宗说:"朕固不深谴,特欲申言者路耳,行为卿贳(赦免)之。"又告诫王安礼:"第去,勿漏言。轼前贾(招惹)怨于众,恐言者缘轼以害卿也。"

王安礼上殿前,在殿庐碰见御史中丞李定,便问他苏轼处境是否还好。李定说:"轼与金陵丞相论事不合,公幸毋营解,人将以为党。"

但王安礼还是在神宗面前替苏轼说情。

据传闲居金陵的王安石也给神宗写信:"岂有圣世而杀才士者乎?"[1]

变法派中坚章惇亦劝神宗宽容苏轼:"轼十九擢进士第,二十三应直言极谏科,擢为第一。仁宗皇帝得轼,以为一代之宝,今反置在图圄,臣恐后世以谓陛下听谀言而恶讦直也。"

---

[1] 周紫芝:《太仓稊米集》卷四十九。下同。

连深宫中的曹太皇太后也被惊动。一日，曹太后见神宗面有忧色，便问他："官家何事数日不怿？"[1]

神宗说："更张数事未就绪，有苏轼者，辄加谤讪，至形于文字。"

曹太后问："得非轼、辙乎？"

神宗惊诧说："娘娘何以闻之？"

曹太后说："吾尝记仁宗皇帝策试制举人罢，归喜而言曰：'朕今日得二文士，谓苏轼、苏辙也。然吾老矣，虑不能用，将以遗后人，不亦可乎！'"

说到这里，曹太后又泣问："二人安在？"

神宗告知苏轼正被关在牢里呢。

当时，曹太后年迈患病，神宗想通过大赦天下来为祖母祈福，但太后说："不须赦天下凶恶，但放了苏轼足矣。"[2]

与苏家过从甚密的老臣张方平、范镇对苏轼的入狱也没有袖手旁观，"皆上书救之"。张方平的奏疏写得很深刻，申明了一项来自历史与传统的言论保护原则：

> 自夫子删《诗》，取诸讽刺，以为言之者足以戒。故诗人之作，其甚者以至指斥当世之事，语涉谤黩不恭，亦未闻见收而下狱也。……今轼但以文辞为罪，非大过恶，臣恐付之狴牢，罪有不测。惟陛下圣度，免其禁系，以全始终之赐，虽重加谴谪，敢不甘心！[3]

---

1 丁传靖辑：《宋人轶事汇编》卷十二。下同。
2 陈鹄：《西塘集耆旧续闻》卷二。
3 李焘：《续资治通鉴长编》卷三百一。

张方平年岁已高，赋闲于应天府南京，便委托应天府递送奏疏，但"府官不敢受"，又叫儿子张恕"持至登闻鼓院投进"，但张恕"素愚懦，徘徊不敢投"，因而这份奏疏未送达神宗手里。[1]其后苏轼出狱，见到张方平奏疏副本，"吐舌色动久之。人问其故，东坡不答"。苏辙解释说：幸亏安道先生的札子未能呈上去，否则只怕是要激怒官家。

闻者追问原因。苏辙说："东坡何罪，独以名太高，与朝廷争胜耳；今安道之疏乃云：其文学实天下之奇才也。独不激人主之怒乎？"

又有人问：那为了救苏东坡，又该怎么说呢？

苏辙说："但言本朝未尝杀士大夫，今乃开端，则是杀士大夫自陛下始，而后世子孙因而杀贤士大夫，必援陛下以为例。神宗好名而畏议，疑可以止之。"

苏辙当然更是不遗余力地拯救兄长。他给神宗上书，说愿意纳还官职替苏轼赎罪："臣欲乞纳在身官，以赎兄轼，非敢望末减其罪，但得免下狱死为幸。兄轼所犯，若显有文字，必不敢拒抗不承，以重得罪。若蒙陛下哀怜，赦其万死，使得出于牢狱，则死而复生，宜何以报！臣愿与兄轼，洗心改过，粉骨报效，惟陛下所使，死而后已。"[2]但神宗似乎没理他。这无疑加深了苏辙的担忧，一直以为神宗可能要杀苏轼，直至兄长出狱，仍心有余悸。我总觉得苏轼、苏辙兄弟虚惊一场，有些过虑了。我们看神宗与臣僚的对话，便知道他并无诛杀苏轼之心，苏轼有惊无险，死不了。

---

1 胡仔：《苕溪渔隐丛话》卷第三十。下同。
2 苏辙：《苏辙集·栾城集》卷三十五《为兄轼下狱上书》。

就算神宗起了杀心，恐怕也不敢真杀了苏轼，因为宋朝君主的权力受到一项宪制性的约束，即太祖皇帝传下来的一份秘密誓约：赵氏子孙不得诛杀言事的士大夫。

相传这份誓约勒刻在一块石碑上，石碑立于太庙寝殿之夹室内，平日里"用销金黄幔蔽之，门钥封闭甚严"，谁也不知道上面写了什么。[1]只有新君嗣位，入太庙拜谒祖宗神位之后，方才要进入夹室，揭开黄幔，恭读誓词。北宋末靖康之变，太庙"门皆洞开，人得纵观"，才看到誓碑真容，上面勒刻誓词三行：

一云：柴氏子孙，有罪不得加刑，纵犯谋逆，止于狱内赐尽，不得市曹刑戮，亦不得连坐支属。

一云：不得杀士大夫及上书言事人。

一云：子孙有渝此誓者，天必殛之。

有人怀疑誓碑为南宋文人所捏造，毕竟北宋的史料从未提到誓碑。不过，即使誓碑存疑，"不得杀士大夫及上书言事人"的誓约却是确实存在的。最有力的证据来自宋臣曹勋的自述。靖康末年，徽宗、钦宗二帝被金人所掳，曹勋随他们北狩，受徽宗嘱托国事。不久后，曹勋逃回南方，向高宗进了一道札子，里面提到："（宋徽宗）又语臣曰：归可奏上，艺祖有约，藏于太庙，誓不诛大臣、言官，违者不祥。故七祖相袭，未尝辄易。每念靖康年中诛罚为甚，今日之祸，虽不止此，然要当知而戒焉。"[2]

---

1 陆楫编：《古今说海》卷一百二十五。下同。
2 曹勋：《松隐文集》卷二十六《前十事》。

这份誓约，与其说是太祖遗诏，不如说是宋朝皇室与上天之间的立约，只有从立约的视角来看誓约，我们才能更准确地把握这份文件的意义——赵宋的君主如果违背誓约，则"天必殛之"。在"天"受到人间敬畏的时代，这样的誓约具有比一般遗诏更大的约束力，只不过今人已受过理性启蒙，难以想象古人对"天"的敬畏。

苏轼不知道有这么一份誓约，神宗却是知道的。

第六节　乌台诗案（下）

苏轼乌台诗案审了三个多月，于十一月廿八日走完推勘的程序。案子进入录问程序。十一月三十日，神宗派权发运三司度支副使陈睦为录问官，前往御史台录问。苏轼如果翻供，案子将重新审理，但苏轼在录问时，"别无翻异"。于是，御史台以类似于公诉人的身份，将苏轼一案移送大理寺，由大理寺判罪。

这里体现了宋代司法的一项原则：鞫谳分司。即一起刑事案的"鞫"（审讯推勘）与"谳"（检法定罪）由两个不同的法官或法司独立进行，在推勘与检法这两道程序之间，还必须插入录问的程序。而且，推勘官、录问官、检法官三者之间不得存在亲嫌关系，不得事先商议案情。宋政府建立这套鞫谳分司制度，目的是防范司法腐败与法官滥用权力："狱司推鞫，法司检断，各有司存，所以防奸也。"[1]

---

[1] 黄淮、杨士奇等编：《历代名臣奏议》卷之二百十七《奏推司不得与法司议事札子》。

御史台在提交给大理寺的乌台诗案《根勘结按状》上，列出了已经查明的苏轼的四条罪状：

1. 苏轼与驸马王诜存在不正当的钱物往来。

2. 苏轼在上皇帝谢表中诋毁朝廷。

3. 苏轼作诗赋等文字"讥讽朝廷，及谤讪中外臣僚"，并寄送王诜等友人，甚至镂板印行。

4. 苏轼到御史台接受审问时，"累次虚妄不实供通"。[1]

不过，大理寺在检法定罪时，并没有认定苏轼的第一条罪状，也许大理寺认为苏轼与王诜之间的钱物往来属于正常范围内的人情交往，不是"入己赃罪"；也许大理寺是按"据状鞫狱"的司法原则拒绝了御史台的追加罪名，因为《宋刑统·断狱律》规定："诸鞫狱者，皆须依所告状鞫之。若于本状之外别求他罪者，以故入人罪论。"

御史台对苏轼的第二、第三与第四项控罪，则得到大理寺的认定。

大约十二月中旬，大理寺对苏轼案作出裁决：

1. "准敕，臣僚不得因上表称谢，妄有诋毁"，不过宋朝法律未为这一行为指定刑名，大理寺将其归为"不应为"，"准律不应为事理，重者杖八十断，合杖八十私罪"。

2. 苏轼"作诗赋及诸般文字寄送王诜等，致有镂板印行，各系讥讽朝廷，及谤讪中外臣僚。准敕，作匿名文字，嘲讪朝政，及中外臣僚，徒二年"。

3. 苏轼"到台累次虚妄不实供通，准律，别制下问按推，报上不以实，徒一年；未奏，减一等（审讯记录尚未上奏，

---

[1] 朋九万：《东坡乌台诗案》。下同。

苏轼已改口招供，故可减等），合杖一百"。

4. 从八月三十日开始，苏轼"便具因依招通"，属于"按问欲举自首"，可减刑："准《刑统》，犯罪按问欲举而自首，减二等。合比附。"苏轼作匿名文字谤讪朝政及中外臣僚，本当徒二年（即上述第2点），比附减等后，只徒一年。

5. 综上合计，苏轼应处"徒二年"之刑。

6. 士大夫有以官抵刑的特权："准律，犯私罪，以官当徒者，九品以上，一官当徒一年"，苏轼可用"夺官"的方式抵换刑罚，折算下来，便是追夺两个官阶，勒令停职。

7. 苏轼所犯各事的时间均逢神宗大赦，"会赦当原"，苏轼应该免罪释放。[1]

这便是大理寺对苏轼案作出的裁决意见。换言之，御史台抓了苏轼，辛辛苦苦审了三四个月，移送大理寺定罪时，大理寺却裁定：苏轼之罪应该徒二年，但以官换刑后，他应该被追夺两个官阶，勒令停职，又因适逢大赦，最后原罪可免，当庭释放。

讲到这里，我要特别说明：时任知大理卿事、坚持判苏轼免罪的官员，叫崔台符，是一位明法科出身的变法派法官，王安石的追随者。我们还记得熙宁初的"阿云狱"之争吗？在那场司法大争论中，王安石坚持谋杀已伤的行为适用自首减刑之法，"举朝以为非"，崔台符却举手加额，说："数百年误用刑名，今乃得正。"[2]因此得到王安石赏识、重用。

苏轼虽然没有直接参与"阿云狱"之争，但他显然是站在

---

1 毕沅编：《续资治通鉴》卷第七十四。
2 脱脱等：《宋史》卷三百五十五。

王安石的反对者一边的。他的好友蔡冠卿时任知大理少卿，屡与王安石议刑名不合，是"阿云狱"刑名之争中极力反对王安石的大理寺司法官之一。熙宁三年，蔡冠卿因为失入人死罪（未决）而被贬知饶州，苏轼写诗相赠："怜君独守廷尉法，晚岁却理鄱阳桅。"[1] 将蔡氏出守小郡的原因归为"屡与朝廷争议刑法，以致不进用"，暗示是受了王安石的打击报复。[2] 苏轼此诗，可以用"颠倒黑白"来形容。

而对崔台符，因为他是新党中人，苏轼、苏辙兄弟都给予了恶评。在"元祐更化"期间，旧党执政，苏轼将崔台符与吕惠卿、李定、蔡确等人列在一块，归入应当斥逐的小人名单；苏辙则宣称崔台符昔日主政刑部，"所断刑狱，冤枉过半"。[3] 不知在苏辙看来，崔台符对乌台诗案的裁断算不算冤枉？

铁一般的事实是，崔台符并没有在乌台诗案中对政敌苏轼落井下石，而是严格依据法律，裁定苏轼免罪释放，维护了苏轼的合法权利。而那些平日与苏轼一唱一和的保守派士大夫，除了与苏家世代交往的三朝元老范镇、张方平，几乎无一人站出来替苏轼辩解。

大理寺对苏轼案的判决公布后，御史中丞李定立即提出异议，要求将他贬窜远方，剥夺从政资格：

> 轼起于草野垢贱之余，朝廷待以郎官馆职，不为不厚，所宜忠信正直，思所以报上之施，而乃怨未显用，肆意纵言，讥讽时政。自熙宁以来，陛下

---

1 苏轼：《苏轼诗集》卷六《送蔡冠卿知饶州》。
2 朋九万：《东坡乌台诗案》。
3 苏辙：《苏辙集·栾城集》卷四十《再言杜纮状》。

> 所造法度，悉以为非。古之议令者，犹有死而无赦，况轼所著文字，讪上惑众，岂徒议令之比？轼之奸慝，今已具服。不屏之远方则乱俗，再使之从政则坏法。伏乞特行废绝，以释天下之惑。[1]

御史舒亶则对卷入乌台诗案的驸马王诜提出弹劾：

> 驸马都尉王诜，收受轼讥讽朝政文字及遗轼钱物，并与王巩往还，漏泄禁中语。窃以轼之怨望、诋讪君父，盖虽行路犹所讳闻，而诜恬有轼言，不以上报，既乃阴通货赂，密与燕游。至若巩者，向连逆党（指赵世居案），已坐废停。诜于此时同丽论议，而不自省惧，尚相关通。案诜受国厚恩，列在近戚，而朋比匪人，志趣如此，原情议罪，实不容诛，乞不以赦论。

由于御史台的强烈抗议，案子移送审刑院复核。审刑院顶住御史台的压力，维持了大理寺的判决。

元丰二年十二月廿六日，神宗发下御批："某人（即苏轼）依断，特责授检校水部员外郎，充黄州团练副使，本州安置。"[2] 团练副使本为唐时设立的军职，宋代沿置，改为不负责具体事务的闲职，一般用于安置贬谪的官员。出自神宗旨意的这一最终裁决包含了两层意思：第一，"'依断'表明皇帝认可司法机

---

1 李焘：《续资治通鉴长编》卷三百一。下同。
2 苏轼：《重编东坡先生外集》卷第八十六所录乌台诗案判词。

构对苏轼'当徒二年,会赦当原'的判决,本应'原免释放'";第二,"特责"又显示神宗皇帝"也许考虑到此案的政治影响,或者御史台的不满情绪",于是运用君主的特权,对苏轼作出了酌情处理。[1]

在"特责"苏轼的同时,那些收受苏轼讥讽朝政文字的官员亦被问责,其中以王诜、苏辙、王巩受到的责罚最重:王诜被追两官,勒停;苏辙贬监筠州盐酒税务;王巩贬监宾州盐酒务,"令开封府差人押出门,趣赴任"。[2]他们被重罚的一个重要原因,是漏泄御史台追捕苏轼的消息。至于其他人,则被罚铜二十斤、三十斤不等。

乌台诗案至此落幕。

乌台诗案是文字狱吗?从李定、舒亶对苏轼杀气腾腾的攻讦来看,确实很像是文字狱。但是,当乌台诗案进入司法程序后,御史台对苏轼的司法控罪要比之前的政治弹劾克制得多,不再上纲上线、喊打喊杀,而是在当时的法律框架下按律判决苏轼的违法行为,司法上对于苏轼的指控只是普通罪名;而且,法官没有捏造事实构陷苏轼,提交大理寺的苏轼罪状都有确证而非深文周纳;整个制勘的过程亦严格遵守宋朝司法的程序;大理寺更是严格依照法律对苏轼作出免罪的判决。

在宋代,士大夫上书言事,哪怕用词激切,通常都不会获罪。但是,作匿名文字嘲讽朝政则被视为是居心不良的行径,因此法律禁止臣民投匿名书。苏轼写诗讥讽朝廷并故意传播开去,被比附为法律禁止的"作匿名文字"。按现代社会的准则,"作

---

[1] 朱刚:《"乌台诗案"的审与判——从审刑院本〈乌台诗案〉说起》,《北京大学学报(哲学社会科学版)》2018年第6期。
[2] 李焘:《续资治通鉴长编》卷三百一。

匿名文字"当然属于言论自由的范畴，不过一千年前的宋人尚无此观念，这一点应当承认。但从乌台诗案的审查和判决过程来看，它不像是文字狱，而是一起寻常的法律案。

乌台诗案并不是孤立的一宗案子，它只是熙丰之际诸多诏狱中的一起。宋末人马端临观察到一个很有意思的现象——"诏狱盛于熙丰之间"。[1] 特别是熙宁十年至元丰二年这三年间，密集发生了多起诏狱：浚川狱、相州狱、太学狱、周沃狱、陈世儒狱、僧宗梵狱、乌台诗案……

这里固然有党争的因素——不管是浚河狱、相州狱，还是陈世儒案、乌台诗案，背后都可以看到变法派与保守派明争暗斗的身影，但党争因素不足以解释为何"诏狱盛于熙丰"。熙丰诏狱的盛行，与神宗时代的施政风格有关。[2]

比较一下仁宗朝与神宗朝，我们会发现：仁宗时代更注意礼优士大夫，更愿意顾全士大夫的尊严与特权——那时虽然也有诏狱，但很少见，士大夫能不下狱就不用下狱，能不对簿公堂就不必对簿公堂，颇有古风。用苏颂的话来说："臣等闻古者，命夫命妇不亲坐狱，盖不使始尝贵者与徒隶辩讼，所以养廉耻而崇礼节也。"[3] 儒家倡导的"刑不上大夫"，也是这个意思。

到了神宗时代，风气为之一变，神宗更倾向于用司法的方式来处理士大夫的违法行为。熙宁五年，有官员被控"逾滥"（私生活不检点），神宗诏设狱调查，冯京引用贾谊之语"当养人臣以廉耻"，不赞成逮捕士大夫下狱。神宗却说："所谓'刑不

---

[1] 马端临：《文献通考》卷一百六十七。
[2] 参见戴建国《熙丰诏狱与北宋政治》，《上海师范大学学报（哲学社会科学版）》2013年第1期。
[3] 苏颂：《苏魏公文集》卷十七《同两制论祖无择对狱》。

上大夫'者，既刑，即不可使复为大夫。贾谊所言恐非是。"[1]
你看，神宗对"刑不上大夫"的理解非常有意思。也许可以这么说：神宗的理念更具"王子犯法，与庶民同罪"的近代色彩。

---

[1] 李焘：《续资治通鉴长编》卷二百三十四。

第十二章 欲绘清明上河图

元丰元年至元丰七年（1078—1084）

第十二章 欲绘清明上河图

第一节 修城与清汴

神宗朝的变法可以分成两个阶段：熙宁变法与元丰变法。熙宁变法是王安石主导的；元丰时期王安石已经远离权力中心，退隐江宁，变法是神宗亲自主持的。

变法是由皇帝还是由宰相主持，所产生的政治效应大不相同。在君主制时代，相权不具神圣性，宰相可以被问责，可以被弹劾，可以被罢免，可以被更替。由宰相主持变法，变法便是可以自由批评的政府决策，对变法的任何批评都不会危及君主的权威。我们看熙宁时期，王安石简直就是一个箭垛，反感变法的人随时都可以将他们的怒火之箭射向王安石。反对派批评王安石时，神宗的地位是超然的，不用担心君主的权威会受到挑战，他可以居中调停、仲裁变法派与保守派的纷争——这也是君权的功能之一。

而当皇帝主持变法，变法便与皇权捆绑在一起了，任何对变法的质疑都可能会被认为是在挑战皇帝的权威。在批评者与皇帝之间，缺了一个箭垛。君主制下，君权是神圣而不容挑战的，因此，不管是神宗本人，还是支持变法的士大夫，都倾向于通过诏狱来治挑战者的罪。早在王安石执政时期，苏轼已经将新法讥讽了无数遍，但神宗从不以为忤，这是因为王安石承担了骂名。待王安石罢相，神宗亲自主持变法，那些刺耳的抨击声便直接奔向皇帝，这个时候，神宗便无法从容地看待苏轼的讽刺诗了。这便是乌台诗案发生的历史背景。

为什么熙丰之际多诏狱？马端临的解释是："盖柄国之权臣，借此以威缙绅。"[1] 但熙宁末至元丰年间，柄国的基本并非权臣：吴充、王珪都不是强势宰相。吴充欲变更新法，却有心无力，以致被讥"心正而力不足，知不可而不能勇退"；[2] 王珪更是碌碌无为，无所建树，人称"三旨宰相"，因为他每日"上殿进呈，云'取圣旨'；上可否讫，又云'领圣旨'；既退，谕禀事者，云'已得圣旨'"，基本就是一个外界与皇帝之间的传声筒。[3] 我认为，变法由皇帝亲自主持，才是诏狱盛行的根本原因。

元丰变法与熙宁变法还有一个不同点：熙宁是新法的创立期，元丰是新法的守成期，几乎所有的新法都是在熙宁年间出台的，元丰年间基本上不再推出新的变法举措，只是继续执行熙宁新法而已，这可能跟元丰政府是弱势政府、元丰宰相（吴充与王珪）是弱势宰相有关。时人说："禹玉（王珪）自熙宁中拜相，神宗聪明睿智以临臣下，新法百度已就，禹玉无所建明，但守成而已。"

不过，有两项熙宁时期未能完成的大工程，都在元丰年间完成了。其一是修完都城城墙，其二是引洛水入汴河。

1　马端临：《文献通考》卷六十三。
2　李焘：《续资治通鉴长编》卷三百三。
3　李焘：《续资治通鉴长编》卷三百五十六。下同。

第十二章 欲绘清明上河图

熙宁八年八月廿一日，王安石还在位，神宗给中书发御批，提出修完都城城墙之议："都城久失修治，熙宁之初，虽尝设官缮完，费工以数十万计。今遣人视之，乃颓圮如故，若非选官总领，旷日持久，不能就绪，可差入内东头供奉官宋用臣提辖修完，有当申请事条具以闻。"[1]

神宗御批的背景是这样的：东京城的外城墙因年久失修，不少地方已经坍塌，熙宁初朝廷曾派人整修，但因工程浩大，财政不堪重负，反对者众，那次修缮草草了事，很快又颓圮如故。直至熙宁八年，神宗才重新下诏修筑城墙。宋政府特别成立了一个"修完京城所"，以内侍宋用臣提辖，主持修城。

但修城的消息刚传出，御史蔡承禧便上疏反对："访闻近日朝旨欲修新城，外议喧传，以为日役万兵，财用所糜，其数不少。……以陛下之德，何啻金城汤池之固？而乃过计（过虑）以为此，外议纷纷，臣所未喻。"[2]

但神宗似乎没理睬蔡承禧的意见，修城工程于熙宁八年九月初七兴工，在宋用臣的指挥下按计划推进。宋用臣是神宗朝继程昉之后又一个工程师型宦官。他调动万名厢兵修城，并通过发行度牒筹集"修完都城诸门瓦木工直之费"，"财力皆不出于民"；还创造性地使用"机轮"运土，节省了大量人力成本，修城用度比预算节省了十分之三。[3]

元丰元年十月，修城工程完工，历时三年整。重修后的东京外城墙，周长五十里百六十步，高四丈，广五丈九尺，并筑有敌楼、瓮城、壕堑等防御工事。神宗命知制诰李清臣撰《重

1　李焘：《续资治通鉴长编》卷二百六十七。
2　李焘：《续资治通鉴长编》卷二百六十八。
3　李焘：《续资治通鉴长编》卷二百九十四、卷二百九十三。

修都城记》，刻石于南薰门。

修城工程竣工后，修完京城所继续保留，负责对都城公共建筑进行维护与修筑。但在不惮于言利的熙丰变法时代，修完京城所很快就发展成营利性的经济部门：元丰二年九月，修完京城所申请"赁官地创屋，与民为面市，收其租"。[1] 经开封府评估分析、神宗批准后，修完京城所在城西、城东的公地上建造了一批商铺，租给磨户及卖熟食的商户经营面粉业，形成"面市一条街"，宋政府每年从面市收租大约十二万贯。

之后，神宗又将注意力投向穿城而过的汴河。元丰二年二月，神宗命宋用臣"案视导洛通汴利害以闻"，也就是评估引洛水入汴河是否可行。[2] 这正是王安石欲做却来不及做的一项大工程。

汴河是北宋最重要的水运线，北接黄河，南连江淮，承担着往京师输送百物的重任："首受黄河之口，属于淮、泗。每岁自春及冬，常于河口均调水势，止深六尺，以通行重载为准。岁漕江、淮、湖、浙米数百万，及至东南之产，百物众宝，不可胜计。又下西山之薪炭，以输京师之粟，以振河北之急，内外仰给焉。故于诸水，莫此为重。"[3] 汴水贯穿东京城，自外城西水门入城，流经州桥、相国寺，自东南方向出东水门，流往江淮。

但由于汴水来自黄河，河水浑浊，泥沙俱下，沉积于河床，河道特别容易淤塞，必须经常疏浚。宋初，汴河每年疏浚一次，相传"汴河旧底有石板、石人，以记其地里。每岁兴夫，开导

---

[1] 李焘：《续资治通鉴长编》卷三百。
[2] 李焘：《续资治通鉴长编》卷二百九十六。
[3] 脱脱等：《宋史》卷九十三。

至石板、石人以为则。岁有常役，民未尝病之，而水行地中"。[1]但浚河需要投入大量人力、物力成本，每年疏浚一次难以为继，于是真宗朝改为三年一次；仁宗朝之后，"治沟洫之工渐弛，邑官徒带空名，而汴渠至有二十年不浚，岁岁堙淀"，以致河床越堆越高，汴河变成了地上悬河，东水门外，"河底皆高出堤外平地一丈二尺余，自汴堤下瞰民居，如在深谷"。[2]

每年冬季枯水期，汴河淤塞水浅，难以航行；而且，黄河上的冰凌通过汴口（汴河与黄河连接之口）冲入汴河，会对汴河的船只、堤岸、桥梁造成破坏。所以每年十月左右（冬至前三十日），宋政府干脆关闭汴口，停止航运，直到次年春（清明节前后）才重开。因此，一年三百六十余日，汴河的通航时间才二百余日，航运资源得不到最大程度的利用，非常可惜。

而且，汴口每年启闭，要投入大规模的人力物力，"辄调数州之民，劳费不赀"。[3]且黄河又经常改道，"向背不常，故河口岁易；易则度地形，相水势，为口以逆之"。另外，开汴口还非常危险，"役者多溺死"。

神宗与王安石决心驯服这条坏脾气的汴河。

熙宁四年，宋政府在孤柏岭下开訾家口，打算将其作为永久性的汴口，但仅过几年，便因黄河改道，訾家口失去效用。

熙宁六年，神宗又依王安石之议，下诏："今冬不闭汴口，令造筏截浮凌。"[4]试行冬季不关闭汴口，但以失败告终。例如熙宁八年十一月，"汴水凌牌拥遏（阻塞）京城中"，神宗只好发

---

1 王巩：《闻见近录》。
2 沈括：《梦溪笔谈》卷之二十五。
3 脱脱等：《宋史》卷九十三。下同。
4 李焘：《续资治通鉴长编》卷二百四十八。

出批示,派人赶往"汴口监督,连夜闭塞"。[1]

熙宁八年十二月,宋政府对汴河进行了一次大规模疏浚,"自南京至泗州,一概疏深三尺至五尺"。[2]但是,只要汴水接自浑浊的黄河,河道便不可能没有泥沙,迟早会再度淤塞。

也是在熙宁年间,朝廷讨论了绕开黄河、引洛水入汴河的方案。洛水,流于黄河之南,发源于陕西,于荥阳县广武山北麓注入黄河,水流清澈。若能导洛通汴,便可一举解决汴河易淤的问题。

宋政府曾派人勘探洛水至汴河的地形,分析导洛通汴的可行性,却发现黄河紧贴着广武山北麓奔流,如果要引洛水入汴河,必须沿广武山开凿引水渠。以一千年前的技术,这是异常艰巨的工程,所以导洛通汴的计划很快就搁浅了。

直至熙宁十年七月,黄河荥阳段发生改道,往北退出七里嫩滩。也就是说,在黄河与广武山之间,形成了一片宽约数里的退滩,正好可以用来开挖引水渠,借此引洛水入汴。导洛通汴最大的天然障碍消失了。

于是,元丰元年五月,便有官员向神宗提议:"汴河口岁岁闭塞,又修堤防劳费,一岁通漕才二百余日。往时数有人建议引洛水入汴,患黄河啮广武山,须凿山岭十五丈至十丈以通汴渠,功大不可为。自去年七月,黄河暴涨异于常年,水落而河稍北去,距广武山麓有七里远者,退滩高阔,可凿为渠,引水入汴,为万世之利。"[3]

六月,权都水监丞范子渊也上奏:"乞于汜水镇北门导洛

---

1 李焘:《续资治通鉴长编》卷二百七十。
2 李焘:《续资治通鉴长编》卷二百七十一。
3 李焘:《续资治通鉴长编》卷二百九十七。

水入于汴为清汴通漕,以省开闭汴口功费。"[1] 他还提了一个引水方案:[2]

1. 除了洛水,荥阳县还有氾水、索水,也可引入汴河,"合三水积其广深,得二千一百三十六尺,视今汴流尚赢九百七十四尺"。
2. 倘若水量仍然不足,"则旁堤为塘,渗取河水","堤两旁沟湖陂泺皆可引以为助"。
3. 每百里设置一道木闸,以约束水势。
4. 禁止在伊河、洛河上游私自取水。
5. 自巩县神尾山至土家堤,修筑四十七里的大堤,以防止黄河外溢。
6. 自巩县沙谷口至河阴县十里店,凿五十二里的长渠,借此将洛水引入汴河。
7. 工程总计用工(一工为一人一日的工作量)三百五十七万有余。

神宗对引洛入汴工程十分重视,不过此时因重修外城墙的工程尚未完工,神宗不想仓促开辟第二条战线,所以手批"候来年取旨"。[3]

当年十月,修城工程完工,神宗不等来年了,先派范子渊实地勘探引洛工程所在地势。十二月初六,范子渊回奏:"奉诏相视导洛通汴,自今河阴县西十里签河处步量至洛口,地形

---

1 李焘:《续资治通鉴长编》卷二百九十。
2 据李焘《续资治通鉴长编》卷二百九十七整理。
3 李焘:《续资治通鉴长编》卷二百九十。

西高东下,可以行水,乞差知水事臣僚再案视。"[1]

神宗遂派直学士院安焘、入内都知张茂则前往评估。第二年,即元丰二年正月,安焘等人向神宗提交了评估报告,逐一否定了范子渊认为引洛入汴方案可行的理由:[2]

1. 索水在汴口下四十里,不可引;且洛、汜二水,积其广深才得二百六十余尺,不足用。

2. 以渗水塘引接大河,缓则填淤,急则冲决。

3. 置木闸也可能因为地势高低不平,难以达到约束水势的目的。

4. 洛水只有西京分引入城,下流还归洛河,禁止取水的命令行之无益。

5. 黄河距广武山仅有一两里,南岸的退滩八成是泥沙,坚土部分连二成都没有,如果在这上面凿河筑堤,到了夏天洛水内溢,黄河外涨,那这新凿河渠便有腹背之患。新堤一决,新河势必填淤,那三百五十余万工都做了无用功。

但神宗认为范子渊的方案不可行,不代表引洛入汴工程不可行,于是又在二月命宋用臣去实地考察分析导洛通汴方案的可行性。

三月,宋用臣回朝报告神宗:引洛入汴是行得通的。他在范子渊方案的基础上作了改良,提出一个更完善的引水方案:

---

1 李焘:《续资治通鉴长编》卷二百九十五。
2 据李焘《续资治通鉴长编》卷二百九十七整理。下同。

1. 自巩县任村沙谷口至汴口，开渠五十里，引伊、洛二水入汴河。

2. 引水渠每二十里就设置一道束水（约束水流的工程设施），束水用刍楗（堵塞河堤决口的竹木土石等材料）制作，以约束湍急的水势。

3. 以古索河的水为源，在房家、黄家、孟王陂及三十六陂等地势高的地方，积水为塘，若遇旱年洛水不足，就可以决以入河。

4. 在古索河设置斗门（泄洪闸），若雨季古索河等暴涨，就可以魏楼、荥泽、孔固三个斗门泄洪。

5. 在洛河旧口设置水㳍（水闸），连通黄河，以泄伊水、洛水暴涨的水势。

6. 通过上述水㳍、斗门、水塘、束水等设施的调节，使汴河水势平缓，保持一丈的水深，以通漕运。

7. 从汜水关北开始，开五百步长的河渠，连接黄河，并在中间设置水闸，启闭以通黄、汴二河的船筏。

8. 预计整个工程用工为九十万七千有余。

神宗批准了宋用臣的引水方案，并成立"导洛通汴司"，任命宋用臣为都大提举导洛通汴司，主持引水工程。因为洛水清澈，导洛通汴工程又称"清汴"。

四月，清汴工程兴工。神宗"遣礼官祭告"，并下诏："如河道侵民冢墓，量给钱令迁避，无主者官为瘞（掩埋）之。"[1]

---

[1] 徐松辑：《宋会要辑稿·方域一六》。

六月，清汴工程大功告成，总共用时四十五日。

七月初二，汴口关闭，切断来自黄河的水流，导洛水入汴。

次年六月，参知政事章惇进呈《导洛通汴记》，神宗诏以《元丰导洛记》为名，刻石立于洛口庙。

清汴之后，"波流平缓，两堤平直，溯行者道里兼倍，官舟既无激射之虞"；[1]且河水较之前清澈得多，大大延缓了淤积速度，河道二十年不必疏浚；且冬季亦不用关闭汴口，汴水"四时行流不绝，遇冬凌结，即督责沿河官吏，打拨通流，并无壅遏"。[2]于是，从此"江、淮扁舟，四时上下，昼夜不绝，至今（绍圣年间）公私便之"。[3]

导洛通汴司也继续保留，但更名为汴河堤岸司，负责维护汴河及堤岸。同修完京城所一样，汴河堤岸司很快也发展成一个营利性的经济部门，业务包括商铺租赁、水磨作业、茶场交易、沿汴船渡，以及花果场、冰雪窖、菜园、京城猪羊圈、东西面市、垛麻场、肉行的经营，等等。

其中特别值得一说的是水磨业务。水磨，即利用水力驱动磨轮的机械设备。宋初设有水磨务，用水磨磨面，以供内廷使用。但在元丰年间，水磨务被废置，宫廷日常食用的面粉主要来自市场采购。与此同时，一种商业性的官营水磨茶作坊在京城兴起。水磨茶，是指用水磨研磨出来的茶叶末。宋代流行点茶，点茶要用茶末，茶末越细越好，烹茶方式类似现在的日本抹茶，日本抹茶便是从宋朝的点茶演化而来。

东京城内外河道纵横，包括汴河在内的河流不仅可以用于

---

1 李焘：《续资治通鉴长编》卷二百九十七。
2 黄以周等辑：《续资治通鉴长编拾补》卷十二。
3 李焘：《续资治通鉴长编》卷二百九十七。

农业灌溉与交通航运,宋政府与民间富商还热衷于利用水流建造水磨坊,用于磨茶或磨面。元丰时期出现的水磨茶作坊与北宋前期的水磨务是性质完全不同的两个部门:水磨务是自给自足的皇家磨面机构,水磨茶作坊则是对外营业的官营磨茶工厂。汴河堤岸司还计划在京城通津门外的汴河上"置水磨百盘",获得神宗的批准。[1]中国历史上,再没有哪个王朝像宋政府这样对水力机械的运用及其商业化表现出如此热切的兴趣了。

由于水磨研茶要比用人力、畜力拉磨高效,且磨出来的茶末非常细腻,所以深受茶铺与市民的欢迎。据汴河堤岸司报告,"自兴置水磨后,其内外茶铺人户各家,免雇召人工、养饲头口(骡、马、驴、牛等大牲畜)诸般浮费,及不入末豆、荷叶杂物之类和茶,委有利息。其民间皆得真茶食用,若比自来所买铺户私磨绞和伪茶,其价亦贱。兼贩茶客人亦免民间赊欠钱物,赴本司入中茶货,便请见钱,再行兴贩,甚有利润。沿路往来所收商税不少"。[2]意思是,在汴河堤岸司大力发展水磨茶生产之前,京城内外的茶铺基本都是用人力或畜力研磨茶叶,成本较大,须在茶叶中掺入豆末、荷叶等杂物,才有足够的利润。而贩运茶货的客商将茶叶卖给京师的茶铺时,通常只能采取赊卖的交易方式,因而被茶铺拖欠货款。汴河堤岸司兴建大量水磨作坊后,这些问题都迎刃而解:客商将茶货贩卖给水磨作坊,可以用现钱结算,不会被拖欠货款;茶铺向水磨作坊批发研磨好的茶末,不再需要雇工人或饲养畜力,降低了生产成本,因而也不需要在茶末中掺入杂物;消费者也可以用比较实惠的价

1　李焘:《续资治通鉴长编》卷三百三十三。
2　李焘:《续资治通鉴长编》卷三百四十六。

格购买到真茶。茶叶市场的繁荣还让政府收到更多的商税。

元丰元年的修完都城与元丰二年的引洛入汴，不由得让人产生了一个有趣猜想：传世的张择端《清明上河图》很可能创作于元丰之前的熙宁年间，而非绘于主流观点所认定的宋徽宗朝。[1]

张择端《清明上河图》描绘的，正是清明时节京师东水门（上善门）一带的上河景象，而"清明上河"则是清汴工程之前的一项习惯。因为冬季汴口关闭，汴河停航，等来年春暖花开才重新开河。于是，到了每年清明这天，"发运司岁发头运粮纲入汴"，这天之后，汴河千帆竞发，一派繁忙。[2] 这便是北宋"清明上河"的由来。

元丰二年清汴成功，因洛水清澈，汴河不再淤浅，神宗便下诏将开河时间从清明时节提早至二月初一。当年冬季，汴水通流不绝，所以元丰三年正月，三司又提议："今自去冬汴水通行，不必以二月为限。"从此，汴河一年四季均可航运，"清明上河"这个颇具仪式性的动作失去意义。到北宋末，写《东京梦华录》的孟元老已完全不提清明日与上河的关系了。

此外，张择端所绘《清明上河图》中的东京外城墙是坍塌的，城门之内亦未建瓮城，汴河上未见一口水磨，这正是元丰之前东京城的真实写照。元丰元年之后，城墙已修建完整，且建造了瓮城，东水门外的汴河上也设置了不少水磨。如果《清明上

---

[1] 曹星原、刘和平、张显运等学者都认为《清明上河图》绘于宋神宗时期，详见曹星原著作《同舟共济：〈清明上河图〉与北宋社会的冲突妥协》，刘和平文章《从风格演化到王安石变法——〈清明上河图〉与11世纪北宋宫廷绘画》，张显运文章《〈清明上河图〉创作时间新论》。

[2] 李焘：《续资治通鉴长编》卷三百二。下同。

河图》创作于元丰之后，这幅写实主义神品应该不会画出一段颓圮的城墙，也不会聚焦于"清明上河"，而是大概率会画出瓮城与水磨。

画面的其他细节也显示《清明上河图》不大可能创作于宋徽宗时期。比如，据研究者统计，《清明上河图》出现的驴有49头，马只有21匹。[1] 宋朝前期，京师中马匹极少见，但自熙宁五年实行保马法，京城的马逐渐多了起来，到了徽宗朝，京城人的日常交通已普遍使用马匹，多名生活于北宋后期的宋人的记录可证："京师人多赁马出入"；[2] "寻常出街市干事，稍似路远倦行，逐坊巷桥市，自有假赁鞍马者，不过百钱"；[3] "京师赁驴，途之人相逢，无非驴也。熙宁以来，皆乘马也。"[4] 《清明上河图》中有骑马者，有骑驴者，但马比驴少，反映的更像是熙宁年间的情形。[5]

再比如，元祐中，御史方蒙提议在汴河堤岸修建防护墙，防止行人掉下水去："今汴堤修筑坚全，且无车牛泞淖，故途人乐行于其上。然而汴流迅急，坠者不救。……欲望降指挥，京城沿汴南北两岸，下至泗州，应系人马所行汴岸，令河清兵士并流修墙，以防人跌马惊之患。"[6] 这个提议得到朝廷批准。于是，从此人们行走于堤岸，遂"免淹溺之患"。但《清明上河图》中的河岸并无防护墙，所绘显然是元祐之前的汴河。

综上所述，张择端《清明上河图》绘于宋神宗熙宁后期的

---

1 参见张显运《〈清明上河图〉创作时间新论》，《史林》2012年第6期。
2 魏泰：《东轩笔录》卷之九。
3 孟元老：《东京梦华录》卷之四。
4 王得臣：《麈史》卷下。
5 参见张显运论文《〈清明上河图〉创作时间新论》。
6 王明清《挥麈录》后录卷之七。下同。

第十二章　欲绘清明上河图

可能性是很大的。有研究者提出，《清明上河图》的创作时间应该是熙宁十年，因为图画所表现的内容是"针对郑侠对神宗皇帝批评的回复，也是对市易法的辩护和说明"；"从神宗处理事情的方式看，《清明上河图》有可能是神宗授意下对《流民图》不指明的回应。作品不动声色地表现了东京的百姓在清明时节的富足祥和之情，而非潦倒贫困之窘境。也或者《清明上河图》是由某个揣摩透了神宗心思的大臣令人所作，以讨神宗欢心。无论如何，十分关注自己'上善'形象的神宗，在一系列上善措施实施之后的熙宁十年，终于松了口气，那一片对变法批评的声音渐渐弱了下去"。[1]

第二节 议礼与改制

不管《清明上河图》是不是神宗授意画出来的，作为一名欲大有为、在位已十载、刚过而立之年的君主，神宗显然渴望创造一幅描绘大宋盛治的"清明上河图"，不是用画笔，而是用君主的权力与威望。

儒家经典说，"国之大事，惟祀与戎""礼乐征伐，自天子出"。[2] 按宋人的观念，"礼乐征伐大事出于一人（指君主），自余细务委任大臣百司"。[3] 神宗要亲手创造的"清明上河图"，也

---

1 [加] 曹星原：《同舟共济：〈清明上河图〉与北宋社会的冲突妥协》第8章，浙江大学出版社，2012年。
2 章如愚编：《群书考索》别集卷之十、卷之八。
3 李焘：《续资治通鉴长编》卷七十六。

是从祀与戎、礼乐与征伐开始。

我们今天说起宋神宗朝，马上会想到熙丰变法，其实与变法同时展开的还有熙丰变礼，只是留意的人甚少。与熙丰变法一样，熙丰变礼也可以分为熙宁与元丰两个阶段，其变革的侧重点是不同的。

熙宁二年春，王安石设立制置三司条例司。当年十二月，条例司提议编订《南郊式》："三司岁计及南郊之费皆可编为定式。乞差官置局，与使副等编修。"[1] 熙宁五年，《南郊式》编订完成。这是一部对南郊大礼的礼仪细节及预算进行规范的法律。之后，宋政府又编修了《明堂式》与《祫享式》两部祭礼标准。

不过，熙宁年间编订《南郊式》《明堂式》等，着眼点是礼仪后面的预算，比如制订出南郊赏赐的标准，以免滥支无度。套用欧阳修的说法，三代以下，治出于二，一曰政，一曰礼。熙宁制礼实际上是从"政"的角度处理"礼"的问题，至于礼乐本身的意义，并不重视。也因此，《南郊式》的编修由条例司主持。

熙宁末，礼乐的意义才引起神宗的重点关注。熙宁十年十二月，知谏院黄履上言："近因陪侍郊祭，窃观礼乐之用，以今准古，有未合者。盖自秦至于周，文章残缺，有不可考故也。然臣闻礼者，义之实也。协诸义而协，则礼虽先王未之有，犹可以义起，况因其有而正之乎？伏望命有司并群祀考正其大略，而归之情文相称。"[2] 认为现在礼乐制度与古代的有不相符合之处，建议让有关官员考正祭祀典礼，使其与古时相符合。神

---

[1] 徐松辑：《宋会要辑稿·职官五》。
[2] 李焘：《续资治通鉴长编》卷二百八十六。

宗即下诏让黄履与礼院官研究，并于次年（元丰元年）二月设置一个"详定礼文所"，主持礼制改革。

从元丰元年至元丰六年（1083），详定礼文所讨论、修订了南郊祭天、北郊祀地、明堂大飨、荐飨景灵宫、祭祀太庙、奉祀五岳四渎的坛壝、神位、大驾、舆辇、仗卫、仪物、仪注、祭品、用乐等礼仪标准。这些议礼成果都汇编成册，成为国家礼制的一部分。元丰三年闰九月，详定礼文所奏请神宗："前后礼文，欲编类上进，副在有司，以备承用。"[1] 于元丰五年（1082）四月成书。元丰七年（1084）六月，尚书礼部又上奏："熙宁以来，礼文制作足以垂法万世，宜下太常委博士接续修纂，以备讨阅。"[2] 奏获批准，至元祐初才编纂完毕。

神宗是一位不尚虚文、比较务实的皇帝，熙宁变法的每一项都是关乎国计民生的实务。为什么进入元丰后，他要将更多的精力放在礼文制作上呢？相对于政而言，礼显然是务虚的，属于虚文。原因也许是，元丰年间新法已成，神宗需要考虑更多的是基础性的制度建设，以期建成他理想中的治理秩序——儒家塑造出来的"三代之治"，而礼制即构成"三代之治"的重要一环。正是在这一背景下，神宗成了宋王朝第一位大规模制礼的君主，在他之后，第二位热衷于制礼的宋朝皇帝便是徽宗了。

我想指出的是，这种对礼文制作的热情是与宋朝的立制传统相背离的。让我们来看一个小例子：宋太祖黄袍加身之后，初入太庙祭祖，见太庙内所陈列的"笾豆簠簋"都是一些自己

---

[1] 李焘：《续资治通鉴长编》卷三百九。
[2] 王应麟：《玉海》卷六十九。

从未见过的家伙，便问左右"此何等物也？"[1] 左右回答说，这些都是古时传下来的用于祭祀的礼器。太祖说："吾祖宗宁识此？"并命人将这些"笾豆簠簋"撤走，用寻常食物作祭品。宋太祖出身于草莽，对传统礼制的繁文缛节，打心底是不以为然的。

但很快赵匡胤又觉得自己的做法不妥，认为"古礼亦不可废也"。他命人复设"笾豆簠簋"，遵照古礼完成了宗庙之祭。祭毕又交代左右："却设向来礼器，俾儒士行礼。"此时，太常寺的礼官说："案唐天宝中享太庙，礼料外，每室加常食一牙盘。五代以来，遂废其礼。今请如唐故事。"宋太祖也同意了。

而在元丰变礼期间，因礼官认为"享太庙宜自用古制"，牙盘献食不合古礼，于是牙盘又被撤去。[2] 从中，我们可以体会神宗与太祖对礼乐态度的差异：太祖对礼乐不求甚解，但愿意遵循先例，对前代留下来的制度，他并不打算推倒重来，而是在既有制度上作局部改良；神宗则不然，他希望考究礼乐的因革，删除前代添加的谬误，恢复古礼，并系统性改造他所继承的制度。

神宗的这种倾向也体现在元丰改官制上。

说起北宋元丰之前的官制，我们的第一印象就是杂乱无章，如同一团乱麻，这里头，既有唐朝的正式制度，又有晚唐—五代胡乱添加的制度，还有赵宋自己补充进来的制度，全部混合在一起。

元丰之前北宋官制的杂乱，首先体现为政府部门的设置重复，政出多门，比如兵部之上有枢密院，户部的财权划归三司，吏部之外设审官院，刑部之外设审刑院，礼部之外设太常礼院。

第十二章　欲绘清明上河图

1　李焘：《续资治通鉴长编》卷九。下同。
2　李焘：《续资治通鉴长编》卷三百十八。

难怪清代学者王士禛这么评价宋代官制：

> 宋初至元丰以前，官制最为繁猥。六部九寺皆为空官，特以寄禄秩、序班位，而别以他官判职事。如兵部事归枢密院，户部、工部归三司。设审官院、三班院、流内铨，判吏部之事。设判礼部、判贡院，判礼部之事。设判审刑院及详议官，判刑部之事。……他如太常归判司礼院，太仆归群牧司，鸿胪归客省之类。官自官，职自职，名实舛互。[1]

元丰之前北宋官制的杂乱，其次表现在官职的名目繁多、名实不合，有官、有职、有差遣。官指三省六部、九寺五监等机关的正官，比如尚书、侍郎、郎中、员外郎、卿、少卿，等等；职为馆职，包括殿学士、诸阁学士、直学士、待制，等等，是一种荣衔；差遣则是朝廷临时委任的实际职务，常以"判""知""监""管勾""提举""提点""签书"等动词开头，如知开封府、监酒税、提点刑狱司、提举常平司、签书枢密院事，等等。三者功能不同，"官以寓禄秩、叙位著，职以待文学之选，而差遣以治内外之事。其次又有阶、有勋、有爵"。[2]

在这样的官制下，一名刑部尚书，实际上并非真是刑部的长官，他既不用到刑部上班，也不管刑部之事，仅仅享受刑部尚书的品级与俸禄待遇；真正主持刑部事务的官员，叫判刑部、同判刑部，属于差遣。马端临在《文献通考》中这么描述宋初

---

[1] 王士禛：《池北偶谈》卷三。
[2] 马端临：《文献通考》卷四十七。下同。

至元丰年间的官制：

> 宋朝设官之制，名号、品秩一切袭用唐旧。然三师、三公不常置，宰相不专用三省长官，……台、省、寺、监，官无定员，无专职，悉皆出入分莅庶务。故三省、六曹、二十四司，互以他官典领，虽有正官，非别敕不治本司事，事之所寄，十七二三。故中书令、侍中、尚书令不与朝政；侍郎、给事不领省职；左右谏议无言责；而起居郎、起居舍人不执记事之笔；中书常阙舍人，门下罕除常侍；补阙、拾遗改为司谏、正言，而非特旨供职亦不任谏诤；至于仆射、尚书、丞郎、郎中、员外，居其官不知其职者，十常七八。

宋王朝这套官制的形成，与宋太祖的立制思路有很大关系。宋太祖接手的制度如乱麻，三省六部旧制、使职差遣制、各路军阀设立的私制交织在一起，良莠莫辨。太祖的做法既不是完全推倒唐—五代乱糟糟的政制，另起炉灶，重新设计一套全新的制度；也不是因循承袭既有制度，萧规曹随；而是承认既成事实，沿用唐—五代形成的整体制度框架，并在内部作局部、渐进之改良。

唐朝的经典政治制度体现在《唐六典》中。这部法典规划了一个完整而齐全的国家治理制度体系：三省、六部、九寺、五监，权责分明。但中唐之后，这套经典官制已为临时差遣所动摇，"省、部、寺、监之官备员而已，无所职掌，别领内外任使，而省、部、寺、监别设主判官名",本官与职事出现分离。[1]宋太祖立国,官制袭用唐制,发展出官与差遣两套系统,官相当于职称,差遣相当于职务。

面对如此紊乱的北宋前期官制,有强迫症的人恐怕要抓狂。所以,不少追求整齐美感的宋人都批评过本朝官制,比如司马光说:"今之所谓官者,古之爵也;所谓差遣者,古之官也。官以任能,爵以畴功。今官爵混淆,品秩紊乱,名实不副,员数滥溢,是以官吏愈多,而万事益废。"[2]

元丰二年五月,知制诰李清臣首议更改官制:"本朝官制踵袭前代陈迹,不究其实,与经舛戾,与古不合,官与职不相准,差遣与官职又不相准,其阶、勋、爵、食邑、实封、章服、品秩、俸给、班位,各为轻重后先,皆不相准。乞诏有司讲求本末,渐加厘正,以成一代之法。"[3]

神宗本人也不满意眼前这套官制。宋人说他"喜观《唐六典》",慨然欲更官制、正官名。[4]早在熙宁末,神宗已安排馆阁官校订《唐六典》;元丰三年六月,神宗以《唐六典》摹本赐群臣,并告谕王珪等宰臣:"朕欲仿《唐六典》,酌古今之宜,修改官制。"于是朝廷专门成立了一个"详定官制所",主持官制改革。

元丰三年九月,详定官制所向神宗提交了议改官制的第一个方案《以阶易官寄禄新格》。按这一方案,朝廷建立一套新的官阶系统,用于评定官员的官阶、禄秩,谓之"寄禄官",从一品为开府仪同三司、特进;正二品为金紫光禄大夫、银青

---

1 章如愚编:《群书考索》后集卷之二十一。
2 司马光:《传家集》卷二十一《十二等分职任差遣札子》。
3 李焘:《续资治通鉴长编》卷二百九十八。
4 章如愚编:《群书考索》后集卷之四。下同。

光禄大夫；从九品为承务郎，一共有九品二十四阶。而原来所领用来"寓禄秩"、无关职事的本官，如六部尚书、侍郎、给事中、谏议大夫等，不再作为寄禄的空官。这个环节的改革，叫"以阶易官"。

元丰五年二月，详定官制所编定议改官制的第二个方案《三省枢密院六曹条例》，并由神宗颁布施行。《条例》以《唐六典》为蓝本，恢复以三省、六部、九寺、五监为正式的政府机关，同时将中书门下、三司、审刑院、审官院等平行机构裁撤掉（《唐六典》未载的枢密院则保留）；恢复以台、省、寺、监之官实典职事，使之名实相符，称为"职事官"，同时停止使用平章事、同平章事、参知政事、判大理寺、判刑部等旧有的差遣名目（地方官系统除外）。

也就是说，元丰改制前，一个宋朝官员的官职主要构成是"本官—差遣"；改制后则变成"寄禄官—职事官"，寄禄官代表品阶、禄秩，职事官代表职务。按宋朝任官惯例，凡品阶较低的官员获授较高级别的差遣，称为"试""权发遣"；而品秩高者出任级别较低的差遣，则称为"判"。例如，某位宰相出任知府、知州，一般叫"判某州（府）"；八品官担任知州，则通常叫"权发遣某州事"。这一本官与差遣相对分离的机制在元丰改制后仍然保留：官员授予职事官以寄禄官品阶为基准，若寄禄官比职事官高一品以上，则在职事官前加一"行"字，若寄禄官比职事官低一品，则加一"守"字，若低二品以下，则加一"试"字。

元丰改制前，宋朝的权力中枢为"中书门下—枢密院"，改制后则为"三省—枢密院"，三省指中书省、门下省、尚书省，其权职分配如下：

> 中书省面奉宣旨事，别以黄纸，书中书令、侍郎、舍人宣奉行讫，录送门下省为画黄；受批降若覆请得旨，及入熟状得画事，别以黄纸，亦书宣奉行讫，录送门下省为录黄。枢密院准此，惟以白纸录送，面得旨者为录白，批奏得画者为画旨。
>
> 门下省被受录黄、画黄、录白、画旨，皆留为底，详校无舛，缴奏得画，以黄纸书，侍中、侍郎、给事中省审读讫，录送尚书省施行。……诸称奏者：有法式，上门下省；无法式，上中书省。……边防、禁军事，并上枢密院。[1]

按《唐六典》，三省的长官为中书令、侍中、尚书令，这些是法定的宰相，但元丰改制并没有完全恢复《唐六典》的制度设计，中书令、侍中、尚书令空缺不置，而以尚书左仆射兼门下侍郎，为首相；以尚书右仆射兼中书侍郎，为次相；以门下侍郎、中书侍郎、尚书左右丞为副相。也就是说，三省的执政官是二正四副的编制。

改制后的第一任三省执政官分别是：首相王珪（守尚书左仆射兼门下侍郎）、次相蔡确（守尚书右仆射兼中书侍郎）、副相章惇（守门下侍郎）、张璪（守中书侍郎）、蒲宗孟（守尚书左丞）、王安礼（守尚书右丞）。

新一届三省成员还包括：试吏部尚书李清臣、守吏部侍郎苏颂（管左曹）、试吏部侍郎何正臣，试户部尚书安焘、守户部侍郎李定、试户部侍郎陈安石，守刑部侍郎崔台符，试兵部

---

[1] 李焘：《续资治通鉴长编》卷三百二十三。

侍郎许将，守礼部侍郎谢景温，试工部侍郎熊本，试给事中舒亶（门下省），试中书舍人曾巩、赵彦若、陆佃（中书省）。

广义的元丰改制还包括御史台的改革。改制后，御史台以御史中丞为长官，设侍御史一员，为副长官；殿中侍御史二员，为言事御史，负责纠绳官邪、规谏君主；御史台内又设六察司，置监察御史三员（后增为六员），分察六部、寺监。至于三省、枢密院，则由御史台长官及言事御史弹纠；罢置侍御史知杂事、监察御史里行。

改制后的第一任御史中丞人选，神宗原本属意司马光。他对辅臣说："官制将行，欲取新旧人两用之。"[1]又说："御史大夫非司马光不可。"

蔡确反对："国是方定，愿少迟之。"国是，指维持熙丰变法的路线。

王珪亦附和蔡确。神宗遂没有召还司马光，以徐禧试御史中丞。不过未久徐禧便改任给事中，由舒亶担任御史中丞。

元丰五年五月初一，新官制正式实行（御史台的机构改革在元丰三年就开始了，至元丰七年才完成）。

由于推行新官制，朝参制度也随之作出调整。我们以前讲过，宋朝的朝参制度也如官制一样有着重复、累赘的问题，既有继承自唐朝的常朝，凡不管政事的朝臣，每日都要赴文德殿参拜，但君主通常并不出席，会上也不议政，只有礼仪的性质；又有宋初仿照晚唐创立的早朝，君主每日或隔日在垂拱殿听政，宰执及管理政事的重要官员分班上殿奏事，这是君臣议政的机制；还有沿用五代惯例的"五日大起居"，每隔五日，文武百

---

1 李焘：《续资治通鉴长编》卷三百五十。下同。

官赴内殿朝拜君主，也属于礼仪性质。新官制施行后，这套重复的朝参旧制也被新的朝参制度所取代。

新制度将在京官员按官阶高低分为四等：第一等为"日参官"，即三省、枢密院的重要行政官员及御史中丞，他们每日早朝都要赴垂拱殿参见君主、参与议政；第二等为"六参官"，即三省一般行政官、御史台官、各寺监的长官与副官，他们须每五天一赴紫宸殿参见君主，一个月朝参六次；第三等为"两参官"，即在京中下层官员有差遣者，他们须于每月朔、望日赴紫宸殿朝拜；第四等为"月参官"，即其余无差遣的京官，他们每月只有一次参见君主的机会。

与旧官制相比，新官制条理清晰，机构设置删繁就简，减少了重叠；职事官循名责实，不再名实不符；三省权力分配的设计尤其精妙："中书省取旨，门下省覆奏，尚书省施行。"[1] 换成现在的说法，就是中书省负责决策，门下省负责审核，尚书省负责执行。三权分置，深得分权与制衡之要，看起来很美。

然而，这种按照经典精心设计出来，而不是在复杂的治理中演生出来的制度，显然是理想化的，当它付诸实践时，必定会产生各种不适应。比如，若严格按"中书省取旨，门下省覆奏，尚书省施行"走程序，行政效率必然十分低下。早在唐朝，三省制便因效率低下而演变成权力集中的中书门下制。

果然，元丰新官制推行不及一个月，神宗便发现问题："自颁行官制以来，内外大小诸司及创被差命之人，凡有申禀公事，日告留滞，比之旧中书稽延数倍，众皆有不办事之忧。未知留

---

[1] 李焘：《续资治通鉴长编》卷三百二十七。

滞处所,可速根研裁议,早令快便,大率止似旧中书遣发可也。"[1]由于新官制造成"命令稽缓",神宗与辅臣议事时,流露出"颇悔改官制"的意思。在元丰改制中受益的蔡确赶紧表示:"新官制置禄,比旧月省俸钱二万余贯。"神宗这才打消叫停新官制的念头。

将新旧官制放在一起比较,旧官制还有一个优点:中书门下平章事(宰相)、参知政事(副宰相)都是差遣,与个人的资历、品秩没有直接关系,特别是参知政事,中书舍人(正五品)以上即具任职资格,因此,一名五品官阶的士大夫只要有能力、魄力,哪怕资历比较浅,也可以被任命为参知政事,获得整全性的、可比肩宰相的执政权。换句话说,官与差遣分离的机制为那些年轻力富、敢于作为的官员进入高层提供了一个制度性的通道。领导庆历新政的范仲淹、主持熙宁变法的王安石,都是以参知政事的身份执政,这不是巧合,而是差遣制之开放性与灵活性的体现。康有为提过一个论点:"宋官制最善",因为宋官制的特点是官与差遣相分离,"奇才之士,爵位不贵也得差遣以自申;元老之臣,事权虽谢而有爵位以尊显。岂非两得之道哉?"[2]

元丰改制后,尽管保留着"行、守、试"的机制,寄禄官较低者可以获得较高的职事官,但副宰相的权力不再是整全性的,而是按职权被分割成中书侍郎、门下侍郎、尚书左右丞,已然不同于参知政事。假如北宋一开始便实行三省制,恐怕就没有范仲淹领导的庆历新政、王安石主持的熙宁变法了。

---

1 李焘:《续资治通鉴长编》卷三百二十六。下同。
2 康有为:《康南海官制议》,收入沈云龙主编《近代中国史料丛刊》续编第四辑,文海出版社,1992年。

至于说新官制条理分明，我并不认为那是优点，正如我不认为杂乱无章是旧官制的缺陷。打个比方，《唐六典》好比是唐朝的长安城，宛如棋盘，整齐划一，井然有序，却未必宜居——因为长安城是设计出来的；元丰之前的北宋官制，则如同当时的东京城，杂乱无序，但又一派繁华，恰似《清明上河图》所展现的那样——因为东京城是生长出来的。

第三节　五路伐西夏

在神宗投身于礼乐制作的元丰年间，宋王朝也迎来了一个征伐西夏的历史性机会。祀与戎，礼乐与征伐，这两项帝王事业仿佛都等着神宗来完成。

神宗是一位有恢复汉唐旧疆之志的宋朝皇帝，克复西夏是他的夙愿，他支持王韶开边，当然意不仅在河湟，而是将河湟拓边当成整个经略西夏战略的一部分。西夏若征服，下一步则是收复被辽国占领的燕云故地。对宋王朝来说，这似乎是一个不切实际的幻想，但王安石的变法让神宗看到了实现梦想的可能。

变法之前，朝廷的财政状况捉襟见肘、入不敷出；变法十年，财政已有可观的盈余。元丰初年，新法行之久，"储积赢羡"；元丰三年，神宗在崇政殿后设二十四库，作为战略储备库，用于储藏新法带来的财政盈余，如常平钱、青苗钱、买扑坊场钱、免役宽剩钱等,称"元丰库"。[1]"凡钱帛之隶诸司,非度支所主,输之,数益广,又以待非常之用焉",这个"非常之用",便是指作为收复故土的战略物资。神宗又亲作库铭:"昔在前朝,狨犹孔炽,嗟余小子,其承厥志。"表达了打压党项、收复中原故土之志。

恰好元丰四年春,西夏发生政变,给宋王朝送来一个出兵干预的理由。西夏国主赵秉常与宋神宗同一年(1067)继位,不过秉常即位时才七岁,朝政由太后梁氏、国相梁乙埋把持。至元丰四年,秉常二十一岁,已经成年,有了自己的主意,他喜欢汉礼,"下令国中悉去蕃仪,复行汉礼"。[2]但梁太后、梁乙埋认为不便,相继劝秉常,秉常不听。西夏有一个叫李清的将军,说动秉常以河南地归还宋王朝,梁太后知悉,大怒,诱杀了李清,囚秉常于兴州木寨,隔绝与外界的通信。于是,西夏国内流言四起,小道消息称国主已为国母所杀。秉常旧时亲党及诸酋闻讯,纷纷拥兵自保。

四月,探得情报的权鄜延路马军副都总管种谔第一时间奏报朝廷,并建议趁乱出兵:"近谍报:……梁相公与叔母共谋,作燕会召秉常。酒中,秉常醉起,于后园被害,其妻子及从者近百人皆即时继遭屠戮。臣窃谓贼杀君长,国人莫不嫌恶,羌人遽然有此上下叛乱之变,诚天亡之时也。宜乘此时大兴王师,以问其罪。……乘其君长未定,仓猝之间,大兵直捣兴(兴庆府,西夏都城)、灵(灵州,西夏陪都),覆其巢穴,则河南、河北可以传檄而定。"[3]

---

1 李焘:《续资治通鉴长编》卷三百三十。下同。
2 吴广成:《西夏书事校证》卷二十四。
3 李焘:《续资治通鉴长编》卷三百十二。下同。

第十二章 欲绘清明上河图

神宗赶紧命令泾原、秦凤、环庆、熙河、河东经略司"速选、委边吏侦实以闻",最后探得秉常实际上并未遭到杀害,只是被囚禁;又派入内副都知王中正赶往鄜延、环庆路"体量经制边事"。

六月,种谔赴阙入对,拍着胸脯对皇帝说:"夏国无人,秉常孺子,臣往提其臂而来耳。"[1] 神宗大为振奋,决意西征,任命种谔为鄜延路经略安抚副使,赐以金带,又赐银万两,作为招纳之用。

随后,宋廷定下举河东、鄜延、环庆、泾原、熙河五路大兵,分三路进伐西夏的战术。河东、鄜延两路兵马从东北路进攻,其中河东兵六万,由王中正统率,自麟州出,攻西夏之夏州(今陕西靖边)、宥州(今内蒙古鄂尔多斯),然后直捣灵州(今宁夏灵武);鄜延兵九万,由种谔率领,出绥德,至夏州与王中正会师,然后合攻兴州,即西夏都城兴庆府(今宁夏银川)。

环庆、泾原两路兵马从北路进攻,其中环庆兵八万,由环庆路经略使高遵裕统率,出庆州(今甘肃庆阳),攻西夏清远军(今甘肃环县北),然后直趋灵州;泾原兵五万,由泾原路总管刘昌祚率领,听高遵裕节制,沿葫芦河北上,至灵州与高遵裕会师,然后合攻兴州。

熙河路则联合西蕃,由宦官李宪统率,从西北路出兵进攻西夏,先取兰州(今甘肃兰州),然后相机行事,或往东攻会州,与宋军会师,或北上渡过黄河,直取甘州(今甘肃张掖)、凉州(今甘肃武威),使西夏腹背受敌。

---

1 李焘:《续资治通鉴长编》卷三百十三。

第十二章 欲绘清明上河图

五路军马出师伐夏的时间是八九月，其中熙河路与西蕃约定在八月十五日联合出兵，其余四路约定在九月廿三日出兵。但种谔等人有些着急，奏请八月初八出师。神宗没有同意，批复："沈括（时为鄜延路经略安抚使）等已奏定九月吉日，兼诸路差发将兵、军器并未齐集，令种谔等未得轻易出兵，悉依前诏。"[1] 但种谔已经从绥德城出兵，且在边界击败一股西夏兵。朝廷急忙命令种谔还师延州，并以"轻出"为由命种谔听王中正节制。

八月十五日，李宪率领十万汉蕃联军自熙州出师，剑指兰州，拉开元丰五路伐夏的大幕。之后，环庆、泾原、河东、鄜延各路相继出兵。朝廷发下正式文书，告谕西夏：

> 忽奸臣之擅命，致弱主之被囚。迫移问其端倪，辄自堕于信约，暴驱兵众，直犯塞防，在神理之莫容，因人情之共愤。方切拯民之念，宜兴问罪之师，已遣将臣，诸道并进。其先在夏国主左右并鬼名诸部族同心之人，并许军前拔身自归，及其余首领能相率效顺，共诛国仇，随功大小，爵禄赏赐，各倍常科，许依旧土地住坐，子孙世世常享安荣。[2]

此番五路伐夏，是自太宗朝后宋师第一次大举攻伐西夏，标志着宋王朝对西夏的战略、战术均已从被动防御转为主动出击。

---

1 李焘：《续资治通鉴长编》卷三百十五。
2 李焘：《续资治通鉴长编》卷三百十六。下同。

八月廿三日，李宪破西使城（今甘肃定西县南）；八月廿六日，宋师驻汝遮谷（今甘肃榆中县苑川河谷）；九月初二，攻占兰州古城。我们发现，宋神宗朝的宦官中出了好几个杰出人才，如水利工程专家程昉、宋用臣，李宪则是继王韶之后又一名出色的军事帅才，可以说，河湟拓边战略的施行，一靠王韶，二靠李宪。可惜的是，王韶晚年似乎有点精神失常，在五路伐夏前夕（元丰四年六月）病逝于洪州。

克复兰州后，李宪给神宗发回报告："兰州古城东西约六百余步，南北约三百余步。大兵自西市新城约百五十余里将至金城，有天涧五六重，仅通人马。自夏贼败衄之后，所至部族皆降附，今招纳已多，若不筑城，无以固降羌之心。"李宪建议先筑兰州城，并以兰州为帅府，以镇洮为列郡，将熙河路扩展为熙河兰会路。这个提议获得神宗的支持。当时会州（今甘肃靖远县）尚为西夏控制，宋政府以会州列入熙河兰会路，表明对会州志在必得。

因修筑城池，李宪在兰州逗留了十余日。神宗心急，给李宪发诏书，催促他赶紧出兵："李宪兰州驻兵逾十日矣，虽兴版筑，安置戍垒，皆委官可办，固不须留连大军主领。今总两路蕃汉兵夫十余万众，才入贼境百余里，便欲苟止，乃正犯画一拘束。可限指挥到，火急部分诸将，迤逦进兵，或东上至灵州与诸路合，或北渡河以趋凉州。激昂士气，乘时奋功，勿为迟疑，自贻咎悔。"

李宪遂东上与诸路会师。他一路攻破西夏各地要塞，直取天都山（今宁夏海原县境内）。十一月初七，宋师挺进西夏国主修建在天都山的行宫南牟宫。天都山距灵州已不远，"东去灵武数舍，非久必与泾原、环庆之师合尔"。[1]然而，此时围攻灵州的泾原、环庆兵却溃败而归，神宗只好命李宪率军退守兰州。

九月廿三日，环庆路的高遵裕如期自庆州发兵，但他行军缓慢，十月十三日才自环州（今甘肃环县）向西夏进军，十七日过横山，驻扎于清远军。与此同时，刘昌祚亦率泾原兵沿葫芦河北上，以神臂弓大破西夏兵，直逼灵州。

十一月初一，刘昌祚比高遵裕早一步抵达灵州城下。高遵裕听探子说刘昌祚已破灵州城，担心被他抢了头功，赶忙上奏朝廷："臣遣昌祚进攻，拔灵州城。"等赶到灵州城下，才发现刘昌祚并未攻城，大怒，斩了探子。

他又问刘昌祚："灵州何如？"

刘昌祚说："畴昔（往日）即欲取之，以幕府在后，故止，城不足拔也。"

刘昌祚的意见是，先打下屯聚着西夏援兵的东关镇："东关在城东三十里，旁直兴州渡口，平时自是要害，今复保聚，若乘此急击之，外援既歼，孤城当自下。"

但高遵裕不听，决意攻灵州城："吾夜以万人负土平垒，黎明入之矣。"

谁知灵州城城墙坚固，又高达三丈，而泾原、环庆军缺乏攻城器械，围城十八日仍未能攻下，此时粮草已难以为继。高遵裕只好叫人对着城头大呼："汝何不速降？"守城的西夏兵应道："我未尝叛，亦未尝战，何谓降也？"

泾原钤辖种诊（种谔之弟）致书高遵裕："顿兵攻坚，兵

---

[1] 李焘：《续资治通鉴长编》卷三百十九。下同。

法所忌，而食且尽，吾营布列稻塍，若贼决河水灌之，吾其鱼矣。请归屯清远，通粮道以听命。"高遵裕不以为然。十一月十九日，西夏人果然决开黄河七级渠，引水灌宋师，被淹的泾原、环庆兵纷纷投降。高遵裕对种诊说："听公言活两路生灵，得罪死无所恨。"[1] 仓皇败走。

东北路的王中正与种谔却未能攻至灵州。九月廿三日，王中正兵发麟州，打出"臣中正代皇帝亲征"的旗号。[2] 行军数里，至边境白草平，即回奏"已入夏界"。之后又"留屯九日不进"。十月初二，王中正才自白草平引兵西行，一路走走停停。

也是在九月廿三日，种谔率鄜延兵自绥德城出塞；次日，兵围西夏米脂寨（今陕西米脂县），连攻三日未能破寨，士卒皆有疲困之色。正当这个时候，西夏八万援兵自无定河出，前来救援。种谔腹背受敌，情急之下，一面命人堵住寨门，不让米脂寨的西夏兵出来；一面在无定河川口设伏，截击西夏援军，将八万西夏援军杀了个措手不及。

杀退援军后，种谔再折回攻米脂寨。十月初四，米脂寨守将请降，种谔与士兵约法："入城敢杀人及盗者斩。"[3] 遂得米脂寨。

捷书送至御前，神宗喜动颜色，遣中使传谕种谔："昨以卿急于灭贼，恐或妄进，为一方忧，故俾听王中正节制。今乃能首挫贼锋，功先诸路，朕甚嘉之。中正节制指挥，更不施行。其战胜兵员并与特支钱，将官等各传宣抚问。"

十月初十，种谔又破石州城（今陕西横山县东北）。十月

---

1 李焘：《续资治通鉴长编》卷三百二十。
2 李焘：《续资治通鉴长编》卷三百十六。下同。
3 李焘：《续资治通鉴长编》卷三百十七。下同。

十三日，行军至横山下的神堆驿，与王中正部队相遇。种谔已得旨不用再受王中正节制，也就懒得拜见他，径自引兵取夏州。十月十五日入夏州，次日又入银州（今陕西米脂县、佳县一带）。

等王中正赶到夏州时，已经是十月十七日，夏州早已被种谔所破，王中正部下诸将担心没有战功，便请求转攻宥州。十月二十日，王中正入宥州，但此时这里已是一座空城，城中只有居民五百余家，王中正竟下令杀人，以冒战功。五路大帅中，高遵裕只是颟顸自大，王中正则是人渣一个，所部士卒也"最无纪律，亦无战功，惟入宥州纵火；又自尊大，侮辱官吏，不恤士卒，冻饿死者最甚"。[1]

尽管种谔、王中正先后取得夏州、银州、宥州等城池，却都遇到一个致命的问题：粮草不继。"三军无食，皆号泣不行"，饿死、冻死、逃亡的士卒不计其数。[2]

十一月廿三日，神宗只好命令种谔、王中正、高遵裕退兵，各还本路，"安养士气，缮治器甲，葺补衣装，俟稍近春暖再出讨"。

神宗趁着西夏内讧之机，遣五路大军征伐，本欲一举拿下西夏灵州、兴州，不想折损几万兵马，最终无功而返。从这个角度来说，元丰四年五路伐夏是失败的。失败的重要原因是孤军深入，粮草不继。

宋王朝举兵前夕，西夏梁太后探知消息，问策于廷。诸将中的少壮派都跃跃欲试，要与宋师一战。一名老将则建议："不须拒之，但坚壁清野，纵其深入，聚劲兵兴、灵，而以轻骑抄

---

1 李焘：《续资治通鉴长编》卷三百二十一。
2 李焘：《续资治通鉴长编》卷三百二十。下同。

其馈运，诸军无食，可不战困也。"¹ 梁太后采纳了这一策略。结果证明，姜还是老的辣，"坚壁清野，纵其深入"的策略是有效的。

不过，我们也不能说宋王朝一无所获。李宪克复兰州，将熙河路的版图拓展至黄河边、天都山下；种谔收复米脂寨、银州城，占领了打通横山的军事要塞，都是元丰伐夏时取得的战果，不容抹杀。

第四节　神宗的遗憾

五路伐夏无功而返，神宗并不甘心。元丰四年十二月，神宗下诏："将来再讨西贼，自泾原、环庆择便路趋灵州，当于兵行之道两旁，筑城堡约十五处，置守具，积粮草。已差李承之为陕西路都转运使兼提举泾原、环庆路军须等事，其以陕西诸州军钱物及所出物，并鄜延、环庆、泾原、秦凤路分到诸司钱物移用计置修筑。"² 显然，神宗是准备再次征伐西夏的。

元丰五年夏，神宗又令鄜延路经略安抚使沈括、副使种谔提交制夏战略。五月廿六日，沈括、种谔向神宗提交了"尽城横山"的战略——在横山地区建造一串城寨，占尽山界，以战养战之余，还可修战备，等西夏放松警惕时出兵突袭："山界既归于我，则所出之粟可以养精兵数万，得敌之牧地，可以蕃战马，盐池可以来四方之商旅，铁冶可以益兵器、置钱监，以

1　吴广成：《西夏书事校证》卷二十五。
2　李焘：《续资治通鉴长编》卷三百二十一。

省山南之漕运。……山界既城，则下瞰灵武，不过数程，纵使坚守，必有时而懈。缘边修战备，积军食，明斥堠，待其弛备，发洮河之舟以塞大河，下横山之卒捣其不意，此一举可覆也。"[1]

神宗认为沈括、种谔这个计划事关重大，朝廷未知利害之详，于是派给事中徐禧、内侍李舜举赴鄜延路审议。之所以派徐禧到边关，是因为徐禧"号能治边"。

徐禧是支持"尽城横山"的，但在城寨的选址问题上与种谔发生了争执。按种谔的意见，第一座城池应该建在银州旧城址上："兴功当自银州始。其次，迁宿州于乌延，又其次，修夏州。三郡鼎峙，则横山之地已囊括其中。"[2]

徐禧坚决反对种谔的方案，主张将新城建在银州旧城二十五里外的永乐埭（大约在今陕西横山县内）："银州故城形势不便，当迁筑于永乐埭上。盖银州虽据明堂川、无定河之会，而城东南已为河水所吞，其西北又阻天堑，实不如永乐之形势险要。"

沈括原是种谔的支持者，但徐禧到达鄜延路后，沈括却转变立场，附和徐禧之议。所以神宗最终选择了徐禧的方案，命徐禧与鄜延路诸将筑永乐城。

种谔不服气，向徐禧竭力陈说"城永乐非计"。[3]他是将门出身，一生纵横沙场，而徐禧是文官一个，虽好议边事，却毫无军旅经验，何处适合修筑城寨，种谔的眼光无疑更专业。

但徐禧的职务是鄜延路计议官，有权节制种谔。种谔的不服气让徐禧十分恼火，他变色说："君独不畏死乎？敢毁成事！"

1　李焘：《续资治通鉴长编》卷三百二十六。下同。
2　李焘：《续资治通鉴长编》卷三百二十八。下同。
3　李焘：《续资治通鉴长编》卷三百二十九。下同。

种谔坚持自己的意见，答道："城之必败，败则死；拒节制，亦死。死于此，犹愈于丧国师而沦异域也。"

徐禧知种谔不可屈，奏称种谔"跋扈异议，不可与偕行"。神宗乃下诏让种谔守延州，由徐禧与沈括共同主持修城，"而谋画进止，禧实专决，括与同而已"。

永乐城建了半个月，于元丰五年九月初六建成，朝廷赐名"银川寨"。按徐禧的描述，永乐城距银州旧城二十五里，距米脂寨五十里，城前濒临无定河，"地形险固，三面阻崖，表里山河，气象雄壮"，听起来好像是一个险要之地。但沈括后来说：永乐城"路险而远，胜不能相维，败不足相救，非战守之利也"。[1] 然而，当初选址时，沈括却附和徐禧，未有异议。

西夏得悉永乐城建成，发兵三十万奔横山，想要夺取。探子多次向徐禧报告西夏兵的动向，徐禧却大言不惭："贼若大至，是吾立功之秋也。"[2] 他还怕沈括分了他的功劳，对沈括说："城略已就矣，当与存中（沈括）归延州。"九月初七，徐禧就与沈括、李舜举回米脂寨，留鄜延路总管曲珍驻守永乐城。

当天，数十万西夏兵出现在无定河对岸，觇望永乐城。曲珍赶紧遣人报告徐禧。徐禧说："黠羌敢送死乎！"又对沈括说："存中大帅，不可轻出，仆与李常侍上所遣，宜亟行。"

沈括提议撤走永乐城的将士，将空城送给西夏兵："吾众才三万，贼杂集之兵数十万，岂易当也？不如委永乐以困之。"

但徐禧坚决不同意，与李舜举引兵二万五千人回永乐城迎敌。李舜举本不欲往，徐禧非要他一同前去。

---

1 李焘：《续资治通鉴长编》卷三百二十八。
2 李焘：《续资治通鉴长编》卷三百二十九。下同。

九月初八,徐禧、李舜举复入永乐城。曲珍劝徐禧与李舜举先撤退:"闻贼兵甚众,给事与敕使宜退处内塞,檄诸将督战可也。"

徐禧笑道:"曲侯老将,乃尔怯耶?"

次日,西夏兵围城。城中诸将提议趁着敌兵阵脚未稳,大军尚未汇集,出奇兵突袭。效忠宋王朝的蕃官高永能言辞尤切:"羌性轻率,出不意而辄加之笞叱,则气折不能害人。若持疑不断,纵其跳梁,将无所不至。今先至者皆精兵,急与战破之,则骇散,后虽有重兵,亦不敢跬步进,此常势也。尘埃障天,必数十万之众,使俱集,则众寡不支,大事去矣!"徐禧却气定神闲,捋着胡须跟高永能说:"尔何知!王师不鼓不成列。"

西夏先遣骑兵五万攻城。徐禧命曲珍领兵出战,自己则手持黄旗、剑,坐于城头督战,最后却看着曲珍败退城中。曲珍又提议速攻西夏留守后方的老幼部众:"兵败矣!敌人当我者皆其精锐,前军胜而惰,在后者皆老稚,公可速出,潜师逾西山,绕出其后,击其老稚,敌众必乱,此攻心法也。"但徐禧还是不同意,紧闭城门不出。

米脂寨的沈括领兵驰援永乐城,却在无定河被西夏兵所阻。西夏又派游骑进犯米脂寨,沈括只好退守绥德城。此时,又有羌部首领趁火打劫,率八万人突袭绥德城。沈括手下只有一万兵卒可用,唯有集中兵力抵御叛变的羌部,放弃救援永乐城:"永乐之胜败,未系边势之重轻。绥德,国之门户,失绥德则延州为敌所逼,胜败未知,关中必震。此大机会也,宁释永乐而救绥德。"

延州城中兵力更弱,只有"病羸怯懦兵四千"。守将种谔既与徐禧生隙,闻永乐城被围,便据城观望,托名"竭死力守护延州",没有前去救援。

于是,徐禧困守孤城。永乐城临近无定河,城中却无水井,徐禧命人挖了三口井,出水只够将领饮用,"士卒渴死者大半,至绞马粪而饮之"。徐禧每日在怀里塞两个烧饼,往来巡城,引弓射击敌人,困了就枕着士兵的大腿假寐。

永乐城被围十日,诸将绝饮三日,唯徐禧、李舜举尚有两壶水。九月二十日,忽闻西夏人在城下高喊:"汉人何不降?无水已三日矣。"

徐禧扬了扬手中水壶,说:"无水,此何物也?"

西夏人笑道:"止于此矣。"

是夜,天降暴雨,西夏兵发起急攻,城中士卒又饿又累,无力拒敌。夜半时分,永乐城破,曲珍突围逃脱,徐禧与李舜举俱死,一万二千三百余名士兵皆陷没。李舜举临死前,撕裂衣襟写下一句话:"臣死无所恨,愿朝廷勿轻此敌。"至于徐禧的死,可以用"自作自受""不作不死"来形容,黄庭坚称赞徐禧"文足经邦,武足定难",简直就是笑话。

永乐城之败,给神宗的打击非常沉重。当他看到沈括急递来的奏报,"涕泣悲愤,为之不食。早朝,对辅臣恸哭,莫敢仰视"。[1] 反对拓边的保守派士大夫添油加醋地说,神宗的身体也被永乐城一役的失败打垮了:"神宗锐意欲取横山,盖得横山,则可据高以临彼。然取横山之要,又在永乐。故永乐之城,夏人以死争之,我师大败。神宗闻丧师大恸,圣躬由是不豫";[2] "报夜至,帝早朝当宁恸哭,宰执不敢仰视。……既又谓宰执曰:'自

---

1 李焘:《续资治通鉴长编》卷三百三十。
2 黎靖德编:《朱子语类》卷第一百三十三。

今更不用兵，与卿等共享太平。'然帝从此郁郁不乐，以至大渐。呜呼痛哉！"[1]

元丰五年神宗的确大病一场，但与永乐城之败没什么关系，因为神宗得病的时间是九月初一，九月十三日康复；而永乐城被破是在九月二十日，败报送达御前则是十月初一，其时神宗已经痊愈。不过，神宗确实被永乐城大败的消息打击到怀疑人生，叹息说："永乐之举，无一人言其不可者。"[2]

西夏方面则因永乐城大捷而士气高涨，"扬言必欲复得去年所失之地而后已"，包括夺回兰州城。当年十月廿五日，有西夏兵五十余人，隔着黄河对兰州城喊话："我夏国已胜鄜延路兵，俟河冻即至兰州。"[3]

元丰六年二月，西夏果然发兵数十万突袭兰州，几乎攻破西城门。知兰州李浩闭城据守，熙河兰会路钤辖王文郁请求出击。

李浩说："城中骑兵不满数百，安可战？"[4]

王文郁说："贼众我寡，正当折其锋，以安众心，然后可守。"

另一名守将说："奉诏令守不令战，必欲启关，当奏劾。"

王文郁说："今披城而出，以一当千，势有万死，岂畏劾哉！况守则无必固之势，战则有可乘之机。"坚请不已，李浩只好同意。

王文郁乃招募死士百余人，趁着夜色，悄悄从城上悬缒而下，持短兵杀入敌营。西夏兵猝不及防，"惊溃，争渡河，溺

---

1 邵伯温：《邵氏闻见录》卷第五。
2 李焘：《续资治通鉴长编》卷三百三十。下同。
3 李焘：《续资治通鉴长编》卷三百三十一。
4 李焘：《续资治通鉴长编》卷三百三十三。下同。

死者甚众"。王文郁抓了一批俘虏，押入城中。被挫了锐气的西夏兵攻城不下，只好退走。

之后，西夏又于元丰六年三月、五月、八月多次进犯兰州，但均被宋朝守将击退。元丰七年正月，西夏又对兰州发起一场更大规模的进攻："步骑号八十万围兰州，意在必取，督众急攻，矢如雨雹，云梯革洞，百道并进，凡十昼夜。"[1]但由于宋朝早有防备，西夏兵再次铩羽而归。此次受挫之后，西夏才停止对兰州的大规模武力争夺。

神宗也从永乐城之败的阴影中走了出来，谋划新的伐夏方略。元丰七年十月，神宗给熙河兰会路经略安抚制置使李宪发手诏，诏中提出了具体的方案："今若于四五月间，乘贼人马未健，加之无点集备我之际，预于黄河西上，以兰州营造为名，广置排筏，克期（按期）放下，造成浮桥，以本路预集选士、健骑数万人，一发前去荡除枭穴，纵不能擒戮大憝，亦足以残破其国，使终不能自立。未知其计如何，宜密谋于心，具可否，令至亲谨密之人亲书奏来，无或少有泄露。"[2]元祐士大夫及其支持者为了塑造一个"悔过"的神宗形象，称永乐城之役过后，神宗"始知边臣不可信，亦厌兵事，无意西伐矣"。[3]这个说法显然是不合史实的。

元祐士大夫还捏造了神宗后悔变法的故事："臣闻先帝末年，亦自深悔已行之事，但未暇改耳。元祐初改，正追述先帝美意而已。"[4]这是元祐中苏辙说的一段话。而事实上，神宗一直

---

1 陈均:《九朝编年备要》卷二十一。
2 李焘:《续资治通鉴长编》卷三百四十九。
3 李焘:《续资治通鉴长编》卷三百三十。
4 李焘:《续资治通鉴长编》卷四百八十四。

在维护新法，不容有人诋毁。

元丰五年三月，提举江南西路常平等事刘谊上书朝廷，批评新法："伏思陛下所立新法，本以为民。为民有倍称之息，故与之贷钱；为民有破产之患，故与之免役；为民无联属之任，故教保伍；为民有积货之不售，故设市易。皆良法也。行之数年，天下讼之，法弊而民病，色色有之。其于役法尤甚，臣请试言其甚者。朝廷立一法使民出钱，而害法者十，臣请逐言之。"[1] 后面罗列了募役法的十大害处。

已经很久没有人这么猛烈抨击役法改革了。神宗看得火起，批示："刘谊职在奉行法度，既有所见，自合公心陈露。辄敢张皇上书，惟举一二偏僻不齐之事，意欲概坏大法，公肆诞谩，上惑朝廷，外摇众听，宜加显黜，以儆在位。"刘谊遂被停职。

而元丰六年七月，太学外舍生周邦彦献《汴都赋》，神宗读后，十分欣喜，于次年三月下诏，特擢周邦彦为试太学正。为什么这篇诗赋会深深打动神宗？仅仅是因为周邦彦的文笔华美吗？非也非也。是因为《汴都赋》以诗的语言赞美了熙丰新法。

> 顾中国之阛阓（**市肆**），丛贽币而为市，议轻重以奠贾，正行列而平肆。竭五都之环富，备九州之货贿，何朝满而夕除，盖趋赢而去匮。萃驵侩（**经纪人**）于五均（**管理市场物价的官员**），扰贩夫于百隧（**纵横交错的市道**），次先后而置叙，迁有无而化滞。抑强贾之乘时，摧素封（**巨富**）之专利，售无诡物（假

---

[1] 李焘：《续资治通鉴长编》卷三百二十四。下同。

货），陈无窳器（劣质品）。[1]

——这是对市易法的赞美。

丰廪贯廥（仓库），既多且富。永丰万盈，广储折中，顺成富国，星列而棋布。其中则有元山之禾，清流之稻，中原之菽，利高之黍，利下之稌（稻子）；有虋（赤梁粟）有芑（白梁粟），有秠（一皮二粒的黑黍）有秬（黑黍），千箱所运，亿庾（满仓）所露。入既伙而委积，食不给而红腐（变成腐烂的陈米）。

——这是对均输法的赞美。

导河通洛，引宜禾之清源，塞擘华之浑浊，麾广堤而节暴，纡直行而杀虐。其流舒舒，经炎凉而靡涸。于是自淮而南，邦国之所仰，百姓之所输，金谷财帛，岁时常调；舳舻相衔，千里不绝。越舲吴艚，官艘贾舶，闽讴楚语，风帆雨楫。联翩方载（指大地），钲鼓镗鎝（泛指乐声），人安以舒，国赋应节。

——这是对农田水利法的赞美。

周邦彦的《汴都赋》可谓文字版《清明上河图》，写出了神宗皇帝孜孜以求的盛治气象。如果说熙宁末，神宗需要一幅《清明上河图》来替新法辩解，消除郑侠《流民图》的消极影响；那么元丰末，神宗也需要一篇《汴都赋》来为熙丰变法作总结陈词。

---

[1] 吕祖谦编：《宋文鉴》卷七《汴都赋》。下同。

不过，在读《汴都赋》时，神宗也许会感到一些遗憾：可惜西夏未平、燕云未复，要不然，《汴都赋》还会再添上浓墨重彩的一笔。

第十二章 欲绘清明上河图

第十三章　忽忽光阴况晚年

元丰七年至元丰八年（1084—1085）

第十三章 忽忽光阴况晚年

第一节 只与邻僧约往还

元丰七年，王安石在金陵已经隐居了九年。

九年前（熙宁九年），王安石第二次罢相，以尚书左仆射、同中书门下平章事、镇南军节度使的职衔判江宁府。按宋制，"以节度使兼中书令，或侍中，或中书门下平章事，皆谓之使相，以待勋贤故老及宰相久次罢政者"，是挂名的宰相。[1] 王安石的差遣为判江宁府，同时领有镇南军节度使、同中书门下平章事的职衔，属于使相，地位之尊等同于宰相。

王安石一再上表，请辞使相的头衔："伏望皇帝陛下追还涣号（恩旨），俯徇愚衷，许守本官，退依先垄（祖坟）。"[2] 神宗都没有批准。离京之前，君臣还有过最后一次谈话。王安石请神宗批准他辞去判江宁府的差遣："俟到江宁，须至上烦圣虑，乞以本官外除一宫观差遣，于江宁养疾。"[3] 神宗还是没有同意，

---

1 马端临：《文献通考》卷六十四。
2 王安石：《临川先生文集》卷第五十七《辞免使相判江宁府表》。
3 王安石：《临川先生文集》卷第四十四《乞宫观札子》。下同。

劝他不要这样。

到达金陵后，熙宁十年正月，王安石又向神宗上《乞宫观表》《乞宫观札子》，请辞使相之衔、判江宁府之差，乞任宫观官的闲职。他秉国之时，曾设想增置宫观官，以厚禄闲官安置反对派，现在他自己也想领一个宫观闲职了却余生。但神宗不希望王安石赋闲，派中使冯宗道带着手诏到江宁，宣谕不允所请。王安石在表达感激的同时，再上第二份《乞宫观表》《乞宫观札子》，且不赴江宁府衙上班，以示辞职的决心。

三月，神宗委托提举江南路常平司的长官传旨，谕令王安石赴江宁府衙办公。王安石却上第三份《乞宫观表》《乞宫观札子》。

神宗又遣内侍梁从政带着诏书到江宁，敦谕王安石出来办公。王安石则上第四份《乞宫观札子》，继续请辞判江宁府之差。梁从政因此在金陵逗留数月，不敢回京。

神宗为慰留王安石，"特降诏书，不允所乞，仍断来章"，表示不再接受王安石的辞呈。王安石则上了第五份《乞宫观札子》。

六月，神宗终于依王安石之请，免去其判江宁府的职务，改以使相的身份领集禧宫使，居金陵。别人辞官，未免有些失落，王安石却有一种"无官一身轻"的欣喜。严格来说，王安石当然不是"无官"，他还领有一个尊贵的职称：使相。但使相的荣衔不是王安石想要的，于是他又上札子请辞，只愿意以尚书左仆射的本官领宫观。

神宗不允，王安石再上辞呈。神宗还是不允，王安石则再四请辞。

从晚年王安石的身上，仿佛又看到了他少年时坚决辞官的固执，但其前后心态却全然不同。少年王安石心高气傲，虽然坚辞美官，胸中却激荡着儒家的入世精神。赏识他的欧阳修曾经赠诗勉励："翰林风月三千首，吏部文章二百年。老去自知心尚在，后来谁与子争先。"[1]"翰林风月"指李白，"吏部文章"指韩愈，欧阳修以李白、韩愈的成就期许王安石。王安石回了欧阳修一首诗："欲传道义心犹壮，强学文章力已穷。他日若能窥孟子，终身何敢望韩公。"以孟子自期，似乎对韩愈、李白之流颇"不屑为"。

然而，晚年王安石却心如死灰，不问世事，不复有"窥孟子"之雄心壮志，倒是对佛理、老庄之学产生了兴趣。他好像砌了一堵墙，横在自己与红尘俗世之间，只留了一扇门给高僧大德，恰如他晚年写的一首诗所描述：

与北山道人

莳果蔬泉带浅山，柴门虽设要常关。
别开小径连松路，只与邻僧约往还。[2]

隐居金陵期间，王安石与当地的僧人、处士成了好朋友，《与北山道人》诗中的"北山道人"，便是他在金陵结识的僧人。他晚年写的诗歌也多了一份禅味，看到钟山上的浮云，便写下诗句："云从钟山起，却入钟山去。借问山中人，云今在何处。"[3]而年轻时，他看见杭州飞来峰的浮云，写下的诗歌却是："飞来山上千寻塔，闻说鸡鸣见日升。不畏浮云遮望眼，只缘身在

---

1 佚名：《蓬轩类记》卷三。下同。
2 王安石：《临川先生文集》卷第三十《与北山道人》。
3 王安石：《临川先生文集》卷第三《即事二首》。

最高层。"[1] 他晚年的研究兴趣也转向佛学，撰写了《华严经解》《楞严经疏解》《金刚经注》《维摩诘经注》等经书。他又购置大批荒熟田（年产量达三百多石），捐给钟山的太平兴国寺收年租，作为寺院的常住钱，为去世的父母及儿子王雱攒功德。

他的生活也如山僧一样简朴，居住的地方叫"半山园"，名字听起来像是半山豪宅，实际上很简陋。拜访过半山园的友人魏泰说：半山园位于金陵南门外七里，距钟山亦七里，其地"四无人家，其宅仅蔽风雨，又不设垣墙，望之若逆旅之舍。有劝筑垣墙，（王安石）辄不答"。[2] 王安石在诗中说"柴门虽设要常关"，但他的半山园连围墙都没有。

平日若无事，王安石便骑着毛驴出门游山玩水，他的性子"不耐静坐，非卧即行。……畜一驴，每食罢，必日一至钟山。……往往至日昃（日暮）乃归，率以为常"。[3]

以前王家还养有一匹马，是神宗赏赐的名驹，跟随王安石多年。元丰二年，这匹马老死了，王安石便不再用马，买了一头毛驴代步，从来不坐轿子。[4] 这也是北宋士大夫的习惯，"南渡以前，士大夫皆不甚用轿，如王荆公、伊川皆云'不以人代畜'。朝士皆乘马。或有老病，朝廷赐令乘轿，犹力辞后受"。[4] 王安石晚年体衰多病，友人劝他出门乘轿，他却正色说："自古王公虽不道，未尝敢以人代畜也。"[5] 包括王安石在内的北宋士人不愿意乘轿，是因为他们认为，轿子"以人代畜"，是对人之尊

---

1 王安石：《临川先生文集》卷第三十四《登飞来峰》。
2 魏泰：《东轩笔录》卷之十二。
3 叶梦得：《避暑录话》卷上。
4 黎靖德编：《朱子语类》卷第一百二十八。
5 邵伯温：《邵氏闻见录》卷第十一。

严的侮辱。他们不允许自己将他人当成牲口来使用。

王安石每次出门，通常都由一名牵卒牵着毛驴而行。有人问王安石今天准备去哪，他说："若牵卒在前，听牵卒。若牵卒在后，即听驴矣。"[1]漫无目的地游览，若行至某处，王安石"欲止，即止，或坐松石之下，或田野耕凿之家，或入寺随行"。

出门前，王安石用布囊"盛饼十数枚"，作为这一天的干粮。每次食罢，余下的送给牵卒吃，若还有剩余，"即饲驴矣"。山野间若有乡亲送来食物，王安石也大大方方接过来吃，从不嫌弃。

王安石从不摆退休宰相的架子。有一日，他"幅巾杖屦，独游山寺"，碰见数名文人在山寺中"盛谈文史，词辩纷然"。[2]王安石静静地坐着听他们高谈阔论。其中有一人突然问他："亦知书否？"王安石唯唯而已。那人又问姓名。王安石说："安石姓王。"众人惶恐，"惭俯而去"。

有时候，王安石也会乘舟入金陵城逛逛。元丰七年，他的弟弟王安礼出知江宁。一日，王安石在城中行走，听见前面排衙喝道之声，发觉是知府王安礼出行。王安石不欲与兄弟见面，闪入街边一户人家躲避。那户人家的女主人是名老媪，谈话时自言得了疟疾，问王安石是否有药。巧的是，王安石身上带了药，便掏出来送给她。老媪回赠麻线一缕："相公可将归与相婆也。"[3]王安石笑着收了下来。

王安石家雇有一名出身农家的吴姓佣人，每日帮着洒扫半山园。一次，吴佣在扫地时，风吹落了王安石挂在墙上的一顶

---

1 王巩：《甲申闻见二录补遗》。下同。
2 刘斧：《青琐高议》后集卷之二。下同。
3 丁传靖辑：《宋人轶事汇编》卷十。

旧幞头（帽子），吴佣捡起来挂回墙上。王安石看见了，便取下幞头送给他："乞汝归遗父。"[1] 数日后，王安石问起幞头，吴佣说："父村老，无用，货于市中。尝卖得钱三百金供父，感相公之赐也。"

王安石听了，连连叹息，叫了一名仆人带上现钱，前往市中赎回幞头，并交代他如果卖掉了，就不用管了。幸亏那幞头比较旧，无人看中，商家尚未转售出去，因而得以按原价赎回。王安石取出一把小刀，将幞头的巾脚挑开，露出金灿灿的颜色，"粲然黄金也"。原来，这幞头是早年神宗赏赐的禁中之物，巾脚内包裹着金丝。吴佣看得目瞪口呆，十分后悔。但王安石随后又把幞头送给了他。

对政治上的是是非非，王安石不再有兴趣过问，甚至避之不及。还记得提举江南西路常平等事的刘谊吗？元丰五年，他因上书朝廷诋毁新法而被停职，之后到金陵游览，还特来拜访王安石，劝他再起，"稍更新法之不便于民者"。[2] 王安石回绝了，他说："起于不得已，盖将有行；老而无能为，云胡不止。"

次年，即元丰六年，是大礼之年，朝廷要举行南郊祭天大典，天子亲郊。神宗召王安石在郊祀时陪位，王安石却具表以疾病未愈为由，乞免赴阙南郊陪位。三年前的明堂大飨礼，神宗也曾召王安石陪位，王安石亦乞免。元祐党人陈师锡称神宗"元丰之亲政，安石屏弃金陵凡十载，终身不复召用"，以此说明王安石已经被神宗厌弃。[3] 事实却是王安石自己心灰意懒，不肯复出，两次托病谢绝了神宗之召。

---

1 张邦基：《墨庄漫录》卷一。下同。
2 王铚：《四六话》上。下同。
3 吕祖谦编：《宋文鉴》卷一百二十《与陈莹中书》。

第十三章 忽忽光阴况晚年

元丰七年春，王安石真的生了一场大病，两日无法说话，不省人事。神宗派了御医前来救治，才苏醒过来。苏醒后，王安石写信告诉女婿蔡卞："风疾暴作，心虽明了，口不能言。"[1] 五月，神宗批准蔡卞休假一个月，到江宁府探视王安石，并委托蔡卞"传宣抚问，谕以调养"。[2]

这场大病过后，王安石做了一个决定，将居住的半山园捐献出来建佛寺，为神宗皇帝祝福祈寿。神宗同意了他的申请，并给佛寺赐额"报宁禅寺"。之后王安石在城中租房居住，不再造屋。

若按野史的说法，王安石捐半山园建佛寺，是为了给儿子王雱超度："安石爱其子雱，雱性险恶，安石在政府，凡所为不近人情者，雱实使之。既死，安石哀悼，久而不忘。尝恍惚见雱荷铁枷如重囚状，遂请以园屋为僧寺，盖为雱求救于佛也。"[3] 这一说法的来源是邵伯温的《邵氏闻见录》，极不可信，因为王安石在上神宗札子中已经说得很清楚："以臣今所居江宁府上元县园屋为僧寺一所，永远祝延圣寿。"[4] 圣寿，即神宗之寿。

不过，王安石晚年意气消沉，与王雱不幸去世确实大有关联，那毕竟是他最得意的儿子。王安石育有二子，长子王雱早慧，次子王旁却不成器。王旁身体一直不太好，娶庞氏为妻，逾年生下一子，谁知王旁却因为儿子长得不像自己，就欲杀之，这个可怜的孩子后来给吓死了。王旁又日日与妻子吵闹，不得安宁。王安石可怜庞氏，替她物色了一名夫婿，让她改嫁。

---

1 朱熹辑：《三朝名臣言行录》卷第六之二《丞相荆国王文公安石》。
2 王安石：《临川先生文集》卷第五十九《给蔡卞假传宣抚问谢表》。
3 李焘：《续资治通鉴长编》卷三百四十六。
4 王安石：《临川先生文集》卷第四十三《乞以所居园屋为僧寺并乞赐额札子》。

从这件轶事,也可看出北宋社会风气与王安石观念之开明。王安石向来主张妇人可再嫁,为此还受到了理学家的批判,如张载说:"介甫直谓妇人得再嫁,岂有是理?"[1]但理学在宋代并未得势,只是一个不太受欢迎的学派而已。

第二节 从公已觉十年迟

王安石执政之时,先后与不少好友、同僚反目成仇,退隐金陵之后,却与他们中的几位修复了关系。

例如孙觉,他是王安石的昔日好友,后因反对青苗法而翻脸。元丰元年十二月,孙觉被任命为福州太守,赴任途中过江宁拜访了王安石,二人相谈甚欢,"从容累夕"。[2]

元丰三年春,另一位从前的政敌王巩也来访,他是苏轼的好友,也是新法的反对者。据苏辙说,"昔熙宁之初,宰臣王安石用事,屡欲用巩。巩自知守正不合,拒而不从"。[3]所谓"守正不合",无非是不认同变法的意思。元丰二年年底,王巩因受苏轼乌台诗案牵连,被贬为监宾州盐酒务;次年春,王巩自开封至贬所,途经高邮、池州,特过金陵拜谒了王安石。

元丰六年春,曾布之兄曾巩持母丧过江宁,并在这里病倒了。王安石每日都来探视,他与曾巩本是同乡、亲戚、好友,后因政见不合而彼此疏远,不复来往,但晚年又握手言欢。

---

1 《钦定礼记义疏》卷三十八。
2 脱脱等:《宋史》卷三百四十四。
3 苏辙:《苏辙集·栾城集》卷四十六《荐王巩札子》。

张舜民也是新法的反对者,他在王安石主持变法之时,曾上书抨击新法:"裕民所以穷民,强内所以弱内,辟国所以蹙国(使国家困窘)。以堂堂之天下,而与小民争利,可耻也。"[1] 元丰年间,张舜民被边帅高遵裕辟为机宜文字官,宋师五路伐夏失利之后,朝廷追究失败的责任,张舜民亦被贬为监郴州酒税。元丰六年秋,张舜民自汴抵郴,一路游山玩水,经过江宁时,也拜访了王安石,并相约游览了钟山。

元丰七年,与王安石有宿怨的滕甫出知湖州,湖州邻近金陵,滕甫乃约友人王莘一起过江宁拜访王安石。三人在钟山相聚,临别之际,王安石还留言赠滕甫、王莘:"立德、广量、行惠,非特为两公别后之戒,安石亦终身所行之者也。"[2] 王莘却说:"以某所见,前二语则相公诚允蹈之。但末后之言,相公在位时,行青苗、免役之法于天下,未审如何?"王安石听了,"默然不应"。

此前一年,曾经"化友为敌"的吕公著知扬州。王安石与他也重归于好,给他写了信,意甚惓惓,还约好在扬州会面,只是因为吕公著很快就被朝廷召回,二人未能见上面。据宋人田昼的讲述,王安石晚年曾对子侄说:"吾昔好交游甚多,皆以国事相绝。今居闲,复欲作书相问。"[3] 以王安石致书吕公著之事相考,田昼之言或不诬。但记述此事的邵伯温添油加醋,说王安石"屡欲下笔作书,辄长叹而止,意若有所愧也",这就是诬词了,其意在编排王安石后悔变法的情节,以抹黑熙宁新法。

在所有曾经失和、反目的昔日好友中,王安石与吕惠卿的

---

1 脱脱等:《宋史》卷三百四十七。
2 王明清:《挥麈录》后录卷之七。下同。
3 邵伯温:《邵氏闻见录》卷第十二。下同。

冲突是最强烈的，公然撕破了脸皮。随着两人相继离开权力中枢，时过境迁，彼此胸中的芥蒂也渐消。元丰五年五月，吕惠卿给王安石写了一封信，主动言和："以言乎昔，则一朝之过，不足害平生之欢。以言乎今，则八年之间，亦将随数化之改。内省凉薄，尚无细故之嫌；仰揆高明，夫何旧恶之念。"[1]并含蓄地表达了想与王安石会面的心意。

王安石给吕惠卿复信："与公同心，以至异意，皆缘国事，岂有他哉？同朝纷纷，公独助我，则我何憾于公？人或言公，吾无预焉，则公亦何尤于我？"意思是说，他对吕惠卿并无私怨，以前只是存在政见方面的分歧而已，如今不必挂怀。不过王安石委婉地谢绝了会面的提议："公以壮烈，方进为于圣世；而某薾然衰疾，将待尽于山林。趣舍异事，则相以湿，不如相忘之愈也。"表达了"相濡以沫，不如相忘于江湖"之意。

之后，王、吕互有书信往来，互致问候，言谈甚欢。他们还互赠礼物，吕惠卿给王安石寄了"海物"，王安石则表示"村落无物将意，粟二笼驰献"，给吕惠卿快递了两笼粟。[2] 看来二人已经冰释前嫌。邵伯温称王安石晚年居钟山，平日多写"福建子"三字，"福建子"即指吕惠卿，"盖悔恨于吕惠卿者，恨为惠卿所陷，悔为惠卿所误也"。[3] 此说当为不实之诬。

与晚年王安石达成和解的人还有一直看不惯王氏的苏轼，他们"相逢一笑泯恩仇"的故事为宋人笔记津津乐道。

元丰二年苏轼因乌台诗案被贬谪黄州，在黄州一待就是四年多。神宗欲起复苏轼修国史，但宰相王珪认为不妥。元丰七

---

1 魏泰：《东轩笔录》卷之十四。下同。
2 王安石：《临川先生文集·临川集补遗·再答吕吉甫书》。
3 邵伯温：《邵氏闻见录》卷第十二。

年正月，神宗给三省发手札，称"苏轼黜居思咎，阅岁滋深，人才实难，不忍终弃"，决定移苏轼为汝州团练副使。[1]不久后，他又应苏轼的申请，许其于常州居住。常州恰好在江宁府之邻。四月，苏轼离开黄州赴常州，沿途拜访朋友、游览山水，走得很慢，七月才抵达金陵。在金陵，苏轼拜会了王安石。

关于王、苏会面的情景，宋人笔记有绘声绘色、仿佛亲临其境的描述。由于作者多站在反对变法的立场上叙事，带有明显的"踩王捧苏"色彩，其记述的真实性未免要打一个折扣。

据一则宋人笔记，王安石一见到苏轼，十分欣喜："好个翰林学士，某久以此奉待。"[2]但此时苏轼尚未拜翰林学士，王安石对苏轼不可能有此称呼。

而按另一则宋人笔记，苏轼舟过金陵，王安石"野服乘驴谒于舟次"。[3]苏轼"不冠而迎"，作揖道："轼今日敢以野服见大丞相。"

王安石笑道："礼为我辈设哉！"

苏轼说："轼亦自知相公门下用轼不著。"

王安石一时语塞，乃提议同游钟山。

这则记载也十分可疑，王安石毕竟大苏轼一辈，怎么可能跑到江边拜见小辈？

《邵氏闻见录》则载，二人游览钟山时，苏轼说："某欲有言于公。"[4]

王安石"色动"，以为苏轼欲辩旧事，却听苏轼说："某所

第十三章　忽忽光阴况晚年

1　李焘：《续资治通鉴长编》卷三百四十二。
2　陈师道：《后山谈丛》卷六。
3　朱弁：《曲洧旧闻》卷五。下同。
4　邵伯温：《邵氏闻见录》卷第十二。下同。

言者,天下事也。"

王安石这才"色定",说:"姑言之。"

苏轼说:"大兵大狱,汉、唐灭亡之兆。祖宗以仁厚治天下,正欲革此。今西方用兵,连年不解,东南数起大狱,公独无一言以救之乎?"苏轼所言"西方用兵",指元丰五路伐夏;"东南大狱"指熙丰之际出现的诏狱。

王安石听了,举两指示意苏轼:"二事皆惠卿启之,某在外安敢言?"其实五路伐夏、熙丰诏狱均与吕惠卿无关,王安石绝无可能这么说。

苏轼又说:"固也,然在朝则言,在外则不言,事君之常礼耳。上所以待公者非常礼,公所以事上者岂可以常礼乎?"

王安石厉声说:"某须说。"既而又说:"出在安石口,入在子瞻耳。"

两人在钟山上谈得十分投机,仿佛是多年知己。最后,王安石告诉苏轼:"人须是知行一不义,杀一不辜,得天下弗为,乃可。"

苏轼说:"今之君子争减半年磨勘,虽杀人亦为之。"

王安石"笑而不言"。

编著《王荆公年谱考略》的清代学者蔡上翔认为,邵伯温对王安石的描述严重脸谱化,极不可信:"不料《邵氏闻见录》'大兵大狱'之说,又出其语言状外貌,如'介甫色动''介甫色定''介甫举手两指''介甫厉声',殆如村庸搬演杂剧,净丑登场,丑态毕出。呜呼!鄙矣,悖矣!"[1]

现在我们要抛开宋人笔记厚此薄彼的文学性叙事,以两位

---

[1] 蔡上翔编:《王荆公年谱考略》卷之二十三。

当事人本人的互动文字为据，重建王安石与苏轼钟山之会的真实情景。

应该说，元丰七年秋，王、苏的这次会面是十分愉快的，他们共游钟山，互有诗歌唱和，相谈甚欢，但话题可能未涉时政，因为说这个会令双方都尴尬。跟王安石沾亲带故的蔡絛说，苏轼与王安石游金陵，"尽论古昔文字，闲即俱味禅悦"，他们所论话题是佛理。[1] 这个记载是可信的。苏轼在致友人滕甫的书信上说过："某到此，时见荆公，甚喜，时诵诗说佛也。"[2] 这并不奇怪，王安石晚年沉溺于佛老之说，而苏轼对释道亦深感兴趣、颇有研究，佛理正是他们的共同话题。

他们还讨论了另一个共同话题——诗歌。对苏轼的文学才情，王安石是一直都承认的，据说金陵相会后，王安石更是由衷赞叹："不知更几百年，方有如此人物！"[3] 苏轼则写诗表达了对王安石的敬仰之情："骑驴渺渺入荒陂，想见先生未病时。劝我试求三亩宅，从公已觉十年迟。"[4] 可谓相见恨晚、惺惺相惜。

因为与苏轼相处得很是愉快，王安石便劝其不如在金陵购房住下。苏轼亦自称正有此意，苏诗所言"劝我试求三亩宅，从公已觉十年迟"，说的便是这回事。不过，据说由于一时找不到合适的房屋，苏轼与王安石结邻而居的计划只好作罢，在江宁盘桓了一段时间后，便告别王安石，离开金陵，过真州。

在真州，苏轼又给王安石致信：

---

1 蔡絛：《西清诗话》卷上。
2 苏轼：《苏轼文集》卷五十一《与滕达道六十八首（三十八）》。
3 蔡絛：《西清诗话》卷上。
4 苏轼：《苏轼诗集》卷二十四《次荆公韵四绝（其三）》。

> 某顿首再拜特进大观文相公执事。某近者经由，屡获请见，存抚教诲，恩意甚厚。别来切计台候万福。某始欲买田金陵，庶几得陪杖履，老于钟山之下。既已不遂，今仪真一住，又已二十日，日以求田为事，然成否未可知也。若幸而成，扁舟往来，见公不难矣。[1]

在这封信中，苏轼还向王安石推荐了他的门生秦观，并委婉地请王安石向朝廷举荐秦观：

> 向屡言高邮进士秦观太虚，公亦粗知其人，今得其诗文数十首，拜呈。词格高下，固已无逃于左右，独其行义修饬，才敏过人，有志于忠义者，某请以身任之。此外，博综史传，通晓佛书，讲习医药，明练法律，若此类，未易以一二数也。才难之叹，古今共之，如观等辈，实不易得。愿公少借齿牙，使增重于世，其他无所望也。

也许这才是苏轼过金陵拜见王安石的真正目的。苏轼写过一篇《成都圣像藏记》，元丰三年，有人将此记的手抄本送给王安石，王安石读后击节赞叹。消息传到黄州，苏轼也很高兴，那时即萌生了请王安石荐引秦观的想法，他与友人计议此事："知荆公见称经藏文，是未离妄语也，便蒙印可，何哉？《圆觉经》纸示及，得暇为写下卷，令公择写上卷。秦太虚维扬胜士，固

---

[1] 苏轼：《苏轼文集》卷五十《与王荆公二首》。下同。

知公喜之，无乃亦可令荆公一见之欤？"[1]

难怪有研究者提出："苏轼过江宁拜访王安石的真正目的是什么？难道真的如论者所说，为了畅叙'友谊'、表达对王安石的'仰慕''尊敬'和'向往'吗？是想在江宁求田问舍、与王安石卜邻而共老钟山吗？显然都不是。苏轼此行的真正目的就是要借王安石之口推荐秦观。"[2] 王安石"约苏轼'卜居秦淮'的心意是真诚的，但苏轼本人却根本无此打算，除了借荆公之齿牙推荐秦观，其他皆属虚与周旋"。

王安石似乎也看出了苏轼的用意，复信说："承诲喻累幅，知尚盘桓江北，俯仰逾月，岂胜感怅。得秦君诗，手不能舍。"随后笔锋一转："然闻秦君尝学至言妙道，无乃笑我与公嗜好过乎？"[3] 巧妙地谢绝了苏轼的要求。

此后，苏轼似未再致书王安石。倒是在王安石去世后，江宁府幕职官周穜上书朝廷，提议以王安石配享神宗庙廷，苏轼却极力反对，多次上章诋毁，并要求治周穜之罪："昔王安石在仁宗、英宗朝，矫诈百端，妄窃大名，咸以为可用，惟韩琦独识其奸，终不肯进。使琦不去位，安石何由得志？"[4] "窃以安石平生所为，是非邪正，中外具知，难逃圣鉴。先帝盖亦知之，故置之闲散，终不复用。"这个时候，苏大学士可能忘记了自己所写的"从公已觉十年迟"。

对王安石来说，自己执政之时，确实与苏轼、吕惠卿、吕公著、滕甫等人都闹过矛盾，但为什么会失和乃至反目，并不

1　苏轼：《苏轼文集》卷四十九《答李琮书》。
2　阎笑非：《试谈苏轼与王安石的关系》，《齐齐哈尔师范学院学报》1990年第6期。下同。
3　王安石：《临川先生文集》卷第七十三《回苏子瞻简》。
4　苏轼：《苏轼文集》卷二十九《论周穜擅议配享自劾札子二首》。下同。

是私人恩怨所致,而是基于政见分歧。"他可能有过许多敌人,但未必有一个私敌",这句话也可以用来形容王安石的一生。

第三节　独乐园中老居士

王安石退隐江宁时,他的老朋友、政治对手、旧党精神领袖司马光正隐居于洛阳。从熙宁四年至元丰八年,司马光在洛阳一住就是十五年。

刚至洛阳时,司马光的职务为判西京留司御史台,是清闲的分司官;熙宁六年改为提举西京嵩山崇福宫,是更加清闲的宫观官。他的实际职务是修撰《资治通鉴》。为了方便司马光修书,神宗同意将书局迁往西京,配置给书局的属员也随之赴洛阳工作。

跟王安石一样,司马光在洛阳过着十分简朴的生活。他自号"迂叟",住的地方叫"独乐园",建造于熙宁六年,是一个小小的园林,园内建有"读书堂""浇花亭""弄水种竹轩""见山台""钓鱼庵""采药圃"名字听起来充满诗情画意,其实都是简陋的建筑。李清照父亲李格非撰写的《洛阳名园记》描述说,独乐园"卑小不可与他园班。其曰'读书堂'者,数十椽屋;'浇花亭'者,益小;'弄水种竹轩'者,尤小;'见山台'者,高不过寻丈;曰'钓鱼庵''采药圃'者,又特结竹杪,落蕃蔓系为之尔"。[1]

---

[1] 陶宗仪等编:《说郛三种·说郛一百卷》卷第二十六《洛阳名园记》。

第十三章 忽忽光阴况晚年

为什么叫独乐园呢？司马光自己解释："或咎（有人责问）迂叟曰：'吾闻君子所乐必与人共之，今吾子独取足于己，不以及人，其可乎？'迂叟谢曰：'叟愚，何得比君子？自乐恐不足，安能及人？况叟之所乐者，薄陋鄙野，皆世之所弃也，虽推以与人，人且不取，岂得强之乎？必也有人肯同此乐，则再拜而献之矣，安敢专之乎！'"[1] 独乐园的命名，其实就是司马光想表达他的遗世独立、"满朝皆醉我独醒"的姿态。

不过司马光并不寂寞。熙丰年间的洛阳，汇聚了多名旧党中人，富弼、鲜于侁、吕公著、范纯仁、邵雍、程颢等反对变法的保守派士大夫都居住于此，他们都是司马光的同道与朋友。元丰五年，文彦博来到洛阳任西京留守，洛阳的保守派士大夫群体更是多了一名热情的聚会召集人。

居洛士大夫中，文彦博、富弼的年岁最大，元丰五年富弼七十九岁，文彦博七十七岁，他们的资格也最老，都是三朝元老。富弼很早就退隐洛阳，但他不喜交际，不爱出风头，当不了聚会召集人。文彦博则喜交游，图享乐，好排场，到洛阳未久，便"悉聚洛中士大夫贤而老自逸者，于韩公（富弼）第置酒相乐，凡十二人"，又约好定期聚会，诗酒唱酬。[2] 时人称之为"洛阳耆英会"。

文彦博还请画师将耆英会全部成员绘入《洛阳耆英会图》，共有十三人。耆英会首次聚会只有十二人，何以绘于图画却多出一人？原来，当时留守北京大名府的另一名老臣王拱辰听说文彦博在洛阳组织了一个耆英会，也致信要求加入，虽然他远

---

1 吕祖谦编：《宋文鉴》卷七十九《独乐园记》。
2 王辟之：《渑水燕谈录》卷四。

在大名府，不能亲身参与聚会，但耆英会还是给他留了位置。

耆英会十三人中，司马光年龄最小，六十四岁，小了一辈，本不敢参加耆英会，但他名气大，隐然是保守派的精神领袖，被文彦博硬拉着入会，并欣然撰写了《洛阳耆英会序》。

不过，尽管司马光与文彦博政见相近，终究性情不合（他与王安石却是政见不合，性情相投），因而并不乐意参加文彦博召集的聚会。元丰六年，司马光自己成立了一个"真率会"，成员也是居洛耆老，才六七人，"相与会于城中之名园古寺，且为之约：果实不过五物，肴膳不过五品，酒则无算，以俭则易供，简则易继也"。[1]

文彦博听到消息，提出也要参加真率会，"附名于其间"。司马光认为文彦博为西京留守，身份显贵，不适合加入，便婉拒了。谁知文彦博"伺其会，戒厨中具盛馔，直为往造焉"，强行加入聚餐。司马光半开玩笑说："俗却此会矣。"但人家都上门来了，也不好赶走，只能请文彦博入席，"相与欢饮，夜分而散"。过后，司马光跟人说："吾知不合放此老入来。"

除了与老朋友聚会，司马光平日深居简出，不理世务。与王安石一样，他是一个私生活十分无趣的人，但王安石过得随意，他过得刻意。如果说，王安石的无趣是来自天性，司马光的无趣则出于修身的道德自觉。

宋时洛阳的元宵节，户户张灯结彩，夜夜游人如织，非常热闹，恰如文彦博游洛阳夜市所见："列肆千灯争闪烁，长廊万蕊斗鲜妍。交驰翠幰新罗绮，迎献芳尊细管弦。"[2] 有一年元

---

1 吕希哲：《吕氏杂记》卷下。下同。
2 文彦博：《潞公文集》卷七《游花市示之珍（慕容）》。

宵节，司马夫人想出门观赏花灯，司马光说："家内点灯，何必出看？"[1]夫人说："兼欲看游人。"司马光说："某是鬼耶！"意思是说，你要看人，看我就行了。

可惜司马夫人在元丰五年正月便病逝了。同年秋天，司马光自己也大病一场，"语涩，疑为中风"。[2]司马光的头脑倒是很清醒，担心自己一病不起，便亲手写了一篇《遗表》，藏于卧室，并嘱咐儿子司马康：一旦自己过世，便将《遗表》转交范纯仁、范祖禹，托他们呈交给神宗皇帝。

在这篇《遗表》中，司马光以近乎失态的语气怒骂王安石：

> 伏惟皇帝陛下天纵睿哲，烛物精敏，践祚以来，锐志求治，图任奇杰，恢张洪业，得王安石委而信之，不复疑贰，听其言从其计。……安石既愚且愎，不知择祖宗之令典，合天下之嘉谋，以启迪聪明，佐佑丕烈（**大功业**）。乃足已自是，谓古今之人皆莫己如。有人与之同则喜，与之异则怒。喜则数年之间援引登青云，怒则黜逐摈斥，终身沉草莱。

接着，司马光以同样激愤的笔调抨击新法：

> 然后逞其胸臆，变乱旧章，兴害除利，舍是取非。其尤病民伤国者，略举四条，其一曰青苗钱，……其二曰免役钱，……其三曰保甲，……四曰市易，……

---

1 丁传靖辑：《宋人轶事汇编》卷十一。下同。
2 司马光：《传家集》卷十七《遗表》。下同。

凡此四者，皆逆人情、违物理，天下非之，莫之肯从，安石乃以峻法驱之。彼十恶盗贼，累更赦令，犹得宽除；独违新法者，不以赦降去官原免，是其所犯重于十恶盗贼也。安石苟欲遂其狠心，无顾治体，此其厉阶（祸端）至今为梗也。

最后，司马光请求神宗"罢苗役、废保甲，以宽农民；除市易、绝称贷，以惠工商；斥退聚敛之臣，褒显循良之吏"，如此，"则臣没胜于存，死荣于生，瞑目九泉，无所复恨矣"。

但神宗没有机会读到这篇《遗表》，因为司马光的身体一天一天好了，反倒是正值壮年的神宗身子越来越衰弱。

司马光盼望在有生之年得到神宗的召见，这样，他便可以向皇帝一吐心声，痛陈新法之害，死而无憾。他在神宗去世后回忆说："臣之所言，正为新法，若不可动，臣尚何言？自是闭口，不敢复预朝廷论议十有一年矣。然每睹生民之愁怨，忧社稷之阽危，于中夜之间，一念及此，未尝不失声拊心也。葵藿之志，犹望先帝一赐召对，访以外事，得吐心极言，退就斧钺，死无所憾。"[1]

但神宗一直没有召见他。元丰五年九月，司马光第三任提举崇福宫即将届满（一任为三十个月），还是未获神宗召对。作为一位矜持的士大夫，他不能自请赴阙，那样有邀宠之嫌。他只好通过西京留守文彦博的奏状乞请继续担任闲官，以便修完《资治通鉴》："提举崇福宫司马光昨以编修《资治通鉴》，非积岁月未可成书，累乞闲官，以便修述。今再任将满，欲乞

---

[1] 李焘：《续资治通鉴长编》卷三百五十五。

更许再任,庶不妨编修。"[1]神宗从之,并批示"再任满三十个月,不候替人,发来赴阙"。换言之,神宗跟司马光约好了:三十个月后,君臣京师相见。

元丰七年,在司马光第四任宫观官将要任满之前,煌煌三百万字、三百五十余卷的《资治通鉴》终于完稿了。自治平三年置局编纂,到元丰七年成书,历时十九年。

十一月,司马光进呈《资治通鉴》,并上表:"先奉敕编集历代君臣事迹,又奉圣旨赐名《资治通鉴》,今已了毕者。……臣今筋骸癯瘁,目视昏近,齿牙无几,神识衰耗,目前所为,旋踵遗忘。臣之精力,尽于此书。伏望陛下宽其妄作之诛,察其愿忠之意,以清闲之燕,时赐省览,监前世之兴衰,考当今之得失,嘉善矜恶,取得舍非,足以懋稽古之盛德,跻无前之至治。"[2]

神宗看了《资治通鉴》,赞叹说:"贤于荀悦《汉纪》远矣。"[3]还交代宰相王珪、蔡确:"当略降出,不可久留。"要求三省尽快将《资治通鉴》镂板刊印。

十二月初三,神宗又降诏奖谕司马光:"史学之废久矣,纪次无法,论议不明,岂足以示惩劝,明久远哉?卿博学多闻,贯穿古今,上自晚周,下迄五代,发挥缀辑,成一家之书,褒贬去取,有所据依。省阅以还,良深嘉叹!今赐卿银绢、对衣、腰带、鞍辔马,具如别录,至可领也。故兹奖谕,想宜知悉。冬寒,卿比平安好。遣书,指不多及。"[4]

---

1 李焘:《续资治通鉴长编》卷三百二十九。下同。
2 司马光:《传家集》卷十七《进〈资治通鉴〉表》。
3 邵博:《邵氏闻见后录》卷第二十一。下同。
4 《御选古文渊鉴》卷四十二《资治通鉴序》。

次年，即元丰八年，是司马光第四任提举崇福宫任满之年。二月，司马光上书神宗，申请改任西京分司官："臣前后提举崇福宫，已经四任，坐享俸给，全无所掌。今复有求丐，实自愧心。窃见西京留司御史台及国子监，比于宫观，粗有职业。伏望圣慈俯加矜察，特于上件两处差遣内除授一任，庶使窃禄庇身，以养残年。"[1]但司马光的奏状又特意提到："臣先于元丰五年九月二十六日受敕提举西京嵩山崇福宫，候满三十个月，不候替人，发来赴阙，至今月此任当满。"似乎是在提醒神宗：咱们的三十个月之约快到了，陛下您可别忘了。

但司马光等来的却是一个晴天霹雳：神宗皇帝驾崩了！

第四节　神宗的最后岁月

自元丰五年九月大病之后，神宗的身体似乎未能完全康复，元丰七年九月又病倒了，发病的时间刚好是秋宴之际。

按宋朝惯例，每年的春秋两季，朝廷会择日举行国宴，宴请群臣。元丰七年九月秋宴日，席间神宗"方举酒，手缓，盏倾覆，酒沾御袍"，秋宴亦草草而终。[2]从症状来看，应该是突发性的心脑血管疾病。当时，京师坊间正流行一首《侧金盏曲》，有司认为不祥，干脆禁唱这首歌。

这次神宗差不多又病了十日才痊愈，病愈后开始有了立储

---

[1] 司马光：《传家集》卷四十五《再乞西京留台状》。下同。
[2] 陆游：《家世旧闻》卷上。

的想法，对辅臣说："来春建储，其以司马光及吕公著为师保。"[1]打算请司马光与吕公著担任皇太子的老师。

但来春——元丰八年正月初三，神宗却再次卧病不起。三省、枢密院执政官到皇城内东门，请求入禁中问候圣体，获准于福宁殿东寝阁面见神宗。自此，神宗一直未能御殿理事，只能躺在福宁殿东寝阁接见大臣。王珪等辅臣非常担心皇帝的病情，每日都至福宁殿问疾。

正月二十日，神宗的病情有所好转，以手书传谕王珪等："自今可间日入问。"[2] 不必每天都入内问疾。王珪等辅臣也很高兴，对神宗说："圣体向安，御殿有期，臣等不胜欣喜。"神宗欣然点头。

由于身体似乎好了起来，神宗也起床走路，谁知正月廿三日，神宗因多走了几步路，出了一身汗，感染风寒，病情又加重了。

二月十七日深夜，京师礼部贡院突然发生火灾，烧死了四十余人。三天后，二月二十日，神宗的第五女又夭折了，年方七岁。这些不幸的事故仿佛是不祥之兆。神宗的病情更重了。

二月廿九日，三省、枢密院执政官入内问疾，王珪说："皇子延安郡王来春出阁，愿早建东宫。"神宗已经说不出话来，只能微微点头。王珪又奏："乞皇太后权同听政，候康复日依旧。"神宗也"亦顾视肯首"。

三月初一，宰臣又入内东门问候。皇太后高氏垂帘接见了大臣，九岁的皇子赵佣立于帘外。高太后说："皇子精俊好学，

---

1 李焘：《续资治通鉴长编》卷三百五十。
2 李焘：《续资治通鉴长编》卷三百五十一。下同。

已诵《论语》七卷，略不好弄（爱好游戏），止是好学书。自皇帝服药，手写佛经二卷祈福。"[1]

朝廷当日宣制：立赵佣为皇太子，改名赵煦。又以神宗的名义下诏："军国事并皇太后权同处分，俟康复日依旧。"

但神宗等不到康复之日了。元丰八年三月初五，正是清明日，神宗崩于福宁殿，年仅三十八岁。宰臣王珪宣读遗制：皇太子赵煦于枢前即皇帝位（是为宋哲宗）；尊皇太后高氏为太皇太后，皇后向氏为皇太后，德妃朱氏（赵煦生母）为皇太妃；"应军国事并太皇太后权同处分，依章献明肃皇后（宋真宗皇后刘娥）故事"。[2]

宋神宗时代自此结束。

史官这么评价宋神宗：

> 上浚哲仁孝，自在藩邸（藩王的府邸），一无所嗜好，而独刻意于学问。微旨奥义，从容自得，虽老师宿儒莫敢望。尝以谓先王之迹熄灭，时君世主祖述不及三代，其施为卑陋，不足法。
>
> 自初嗣服（继承帝位），慨然思以其所学远者大者措之于天下，见历世之弊，欲变通之。患流俗蒙蔽，以在位之臣无足与计者，一见王安石，即知其可用，遂任以政，而不夺于谗邪之口。立政造令，悉法先王。典谟所载，《风》《雅》所歌。实稽之以决事，操之以验物。其所建立，非近世所习见，故皆言令不便。

---

[1] 李焘：《续资治通鉴长编》卷三百五十二。下同。
[2] 李焘：《续资治通鉴长编》卷三百五十三。下同。

上取成于心理之所在，无复回邅（**曲折**），去壬人而国是定，修政事而财用理，损资格以任贤使能，核名实以彰善瘅恶。天下扩然大变。

当是时，韩琦、富弼、曾公亮、欧阳修、吕公著、司马光、吕诲与苏轼、苏辙之徒，群起而非之，以本业赈贷（**青苗法**）为取利，以出泉（**钱**）而禄庶人之在官者（**募役法**）为横赋，以修泉府之政（**市易法**）为侵商贾，以遣使道主意为扰民，以求弊更法为变常，以君臣相与为失威福之柄。上舍己从众，以理反覆谕琦等，而光、诲、轼、辙之徒终迷不反，遂疏不用。

然闻一善，优容开纳，言者虽甚狂忤，不以为罪，博采兼听，惟恐不及。故拔王韶于片言，尽复河湟故地。数年间百度修举，吏习而民安之。乃什伍丁壮，教以武事，追比、闾、族、党（**基层组织**）之制（**保甲法**）；兴置学校，迪以经术，复乡举里选之法（**学校贡举法**）。亹亹乎向三代之盛矣。惜乎志业未就而遽上宾（**去世**），譬犹四时之运，方睹春夏之敷荣，而未及夫秋冬之成物也。

其事两宫（**太皇太后曹氏、皇太后高氏**），竭尽诚志，有匹夫不能为者；友爱二弟（**赵颢、赵頵**），尽家人之欢，累请居外第，终不许。则其正心诚意，修身齐家，文足以经纬，武足以震服。御众之宽，临政之勤，操势利而坐制万里之外。前世帝王有一于此为甚盛德，而上兼有之。呜呼，圣矣哉！

这一评价出自新党之史笔，虽有溢美，但其对神宗君德的概括基本属实——即便用苛刻的眼光去看神宗，他的品行都经得起挑剔。他对祖母、母亲孝顺；对弟弟友悌；不贪美色；不图安逸；待士大夫彬彬有礼，对大臣尤其优礼之，哪怕他内心并不赞同他们的政见，在礼节上也会给予足够的敬重。他对韩琦，对富弼，对司马光，均是如此。

神宗也是仁厚之君，尽管他没有像宋仁宗那样以仁君的形象留于青史。我们从一件小事便可以看出他的善心：元丰二年五月初六，君臣于垂拱殿议事，神宗的御衣上有一只虫子，自衣襟沿爬至御巾，神宗将它拂之于地，"视之，乃行虫，其虫善入人耳"。[1] 但神宗却说："此飞虫也。"神宗为什么要撒谎？"盖虑治及执侍者而掩之"，担心服侍的人会受到处罚。因为如果是行虫爬到皇帝的衣服上，侍者难逃其咎；如果是飞虫飞落身上，则非人力之过。读这则记载，会让我们很容易联想到发生在宋仁宗身上的一件轶事——有一日，禁中进膳，饭中有沙石，仁宗的牙齿被硌到了，但他没有声张，反而交代嫔御："切勿语人朕曾食之，此死罪也。"[2]

神宗还有一点也与仁宗比较接近，那就是谦逊的品格。至高无上的权力并没有让他变得傲慢、狂妄。有一回，神宗与程颢论人才，神宗说："朕未之见也。"[3] 程颢立即质问："陛下奈何轻天下士？"神宗给训得一愣一愣的，耸然说："朕不敢，朕不敢。"

熙宁八年，神宗看到王安石撰写的《周官新义》《诗经新义》《尚书新义》序言有"称颂上德，以文王为比"之语，

---

1 李焘：《续资治通鉴长编》卷二百九十八。下同。
2 朱熹编：《二程外书》卷十二。
3 朱熹编：《二程外书》卷六。下同。

深感不安,给王安石发手批,要求撤下这些文字:"得卿所上《三经义序》,其发明圣人作经大旨,岂复有加!然望于朕者,何其过欤!责难之义,在卿固所宜,著传于四方,贻之后世,使夫有识考朕所学所知,及乎行事之实,重不德之甚,岂胜道哉!恐非为上为德之义也。其过情之言,可速删去,重为修定,庶付有司早得以时颁行。"[1]

当年六月,王安石进呈《三经义序》正式文本,神宗又说:"以朕比文王,恐为天下后世笑。卿言当为人法,恐如此非是。"

王安石说:"称颂上德,以为比于文王,诚无所愧。"

神宗说:"《关雎》,文王之诗,皆文王盛德。周世世修德,莫如文王,朕如何可比?"坚持要删去将他比作周文王的说法。对帝王来说,能够保持这样的谦逊与自知之明,真的难能可贵。

神宗为今人所诟病者,是认为他强化了宋王朝的皇权专制,破坏了仁宗时代形成的共治体制。[2]这个指控似乎是有道理的,因为多名宋人都观察到:神宗时代,代表君主意志的内批突然多了起来。例如,富弼说:"臣闻内外之事,多出陛下亲批。"[3]司马光也说:"今陛下好于禁中出手诏指挥外事。"[4]南宋楼钥亦说:"祖宗累朝未尝轻以御笔处分外事,神宗作兴,凡事多出圣裁,虽边徼细故,亦烦亲洒。"[5]今人的研究也证明了宋人的观察是准确的,据学者统计,从治平四年到熙宁十年,神宗发出的内批多达1346道;从《续资治通鉴长编》引用的内批与手

---

[1] 李焘:《续资治通鉴长编》卷二百六十五。下同。
[2] 参见李裕民《从王安石变法的实施途径看变法的消极影响》,《陕西师范大学学报(哲学社会科学版)》2006年第6期。
[3] 佚名:《群书会元截江网》卷十八。
[4] 司马光:《传家集》卷四十三《上体要疏》。
[5] 楼钥:《攻媿集》卷二十二《雷雪应诏条具封事》。

诏来看，神宗所发达1260道，而前面五帝合计才109道。[1]

神宗喜以内批、手诏指挥政事，这是事实。他甚至曾下诏要求"自今内批指挥并作奉圣旨施行"。[2] 不过，若因此断言神宗破坏了君主与士大夫共治天下的体制，则是言过其实。

宋王朝形成的权力架构，既不是"虚君共和"，也不是"皇权专制"，而是君权与相权相制相维，形成嵌合体。君主的诏敕须由宰相副署，方得生效；宰相的政令也须君主批准，才可发出。神宗的内批并不是正式的诏令，或者说，它只是君主与宰相沟通意见的内部文书。神宗内批的表述，通常带有"宜""可"之类的措辞，表明内批只代表君主个人的决策建议，因此，神宗朝内批的盛行，与其说反映了皇权专制的强化，不如说，这是神宗皇帝热衷于主动参与政治决策的表现，而不像之前的仁宗皇帝习惯于被动行使批准权或否决权。

对于皇帝的决策建议，理论上，宰相是可以提出异议的；事实上，神宗也的确有一部分内批被宰相否决。熙宁元年十二月，宋廷立法重申了一项宪制："自今内批指挥事，俟次日覆奏行下。"覆奏的程序保障了宰相拥有驳回内批的权力。

在这样的权力架构下，神宗的君权是有限度的，"快意事更做不得一件"便是神宗的自我感慨。我们来看宋人笔记中记录的一件轶事：

> 神宗时，以陕西用兵失利，内批出令斩一漕臣。
> 明日，宰相蔡确奏事。上曰："昨日批出斩某人，已

---

1 参见李裕民论文《从王安石变法的实施途径看变法的消极影响》。
2 佚名：《宋史全文》卷十一。下同。

行否？"确曰："方欲奏知。"上曰："此人可疑？"确曰："祖宗以来，未尝杀士人。臣等不欲自陛下始。"上沉吟久之，曰："可与刺面，配远恶处。"门下侍郎（章）惇曰："如此，即不若杀之。"上曰："何故？"曰："士可杀不可辱。"上声色俱厉曰："快意事更做不得一件！"惇曰："如此快意事，不做得也好。"[1]

也就是说，神宗发内批要求处死一名对陕西用兵失利负有责任的转运使（漕官），却被宰相蔡确以覆奏否决掉。他感叹自己作为皇帝，却做不得一件快意事，还要被副宰相章惇怼回去。而在宋朝诸帝中，神宗算是比较强势的一位了。

我曾经撰文阐述神宗"快意事更做不得一件"的故事。有朋友反问我：故事中，那个漕官是生是死，就看皇帝与大臣的博弈结果，而不是"以法律为准绳，以事实为依据"——这不正是人治吗？这个反问很有力。不过，我们要注意一点：宋人笔记往往带有浓厚的演绎成分，前面这个神宗欲斩漕官的故事也是如此。我们需找出故事的原型，以原型为根据来分析宋朝政制。

这则神宗轶事提到"宰相蔡确"，查蔡确执政的时间，为元丰二年至元祐元年；轶事又称"陕西用兵失利"，那么故事的背景要么是元丰四年的五路伐夏，要么是元丰五年的永乐城之役。但检索正史，未见神宗当时有批示斩某转运使的内降指挥，倒是元丰六年发生的一件事让神宗发出了"朕平生未尝作快意事"的感叹。

---

[1] 陶宗仪等编：《说郛三种·说郛一百卷》卷第四十八。

当年四月初六，抗夏名将种谔病逝于延州。十几天后，四月廿一日，神宗发现种谔弥留之时给朝廷发了多份奏状，这是非常奇怪的事："鄜延路经略使种谔四月辛亥卒。病笃之际，必神识昏愦，前死数日，陈奏尤多，未知出于何人裁处。"[1]于是下诏让陕西转运副使、权鄜延路经略司范纯粹查清楚到底是怎么回事。

五月，范纯粹回奏："今体量得种谔未死以前奏请，皆是徐勋裁处。"[2] 徐勋是鄜延路经略司的管勾机宜文字官，为种谔的幕僚，竟然冒用主帅种谔之名给朝廷发送奏状。

神宗震怒。早朝时，他对辅臣说："朕通夕不寐，思与卿等相见。种谔死鄜延，其属有徐勋者盗用经略司印，调发兵马，奏举官吏，几何而不为乱也！可命所在斩之。"[3]

尚书右丞王安礼说："矫用印宜若有罪。当帅臣新亡，其处报机急，容有前期草定而未发者，一旦用之，以追成其志；与夫窃发于平时，以规其私者则有间（区别）矣。愿下于理，以从吏议。"认为徐勋是否有罪，应由大理寺来裁决。

神宗问他："卿独安取此？岂以勋文吏（文官）故，且大臣有荐之者，而善为之地？然则韩存宝何罪？"他所说的韩存宝乃宋朝将领，元丰四年受命征讨泸州蛮，因"出师逗挠，遇贼不击，杀戮降附，招纵首恶"，而被以军法处死。[4] 神宗心里可能是不愿意判韩存宝死刑的，所以才拿他来说事。

王安礼说："臣不识徐勋，而存宝之罪所未谕也，陛下以

---

1 李焘：《续资治通鉴长编》卷三百三十四。
2 李焘：《续资治通鉴长编》卷三百三十五。
3 李焘：《续资治通鉴长编》卷三百三十八。下同。
4 李焘：《续资治通鉴长编》卷三百十四。

存宝为非罪而就戮,则如勋者,尚可效尤耶?"[1]

神宗叹息说:"朕平生未尝作快意事,如卿兄安石不斩沈起,至今有遗恨。"沈起被认为是挑动熙宁八年交趾与宋朝爆发战争的罪人,神宗恨不得斩了他,却未能如愿,所以才有"平生未尝作快意事"之叹。

门下侍郎章惇这时回了神宗一句:"快意事岂宜作?"

元丰六年神宗与王安礼、章惇的对话情景,与宋人笔记中的神宗欲斩漕官轶事何其相似。我相信,前者正是后者的故事原型。

尽管神宗很想杀了徐勋,但他不能凭自己的好恶爱憎处死一个人。徐勋究竟有何罪行,当负什么罪责,须走司法的程序。神宗遂派御史张汝贤、入内供奉麦文昞至延州置狱,查办徐勋一案。

神宗还不放心,又要求三省给张汝贤发敕令:"敢出勋罪者,以重论之。"

王安礼说:"臣欲有所请,愿于诏语'出'字下增一'入'字,则于文为完。"将敕令的措辞改为"敢出入勋罪者,以重论之",表明朝廷的态度不偏不倚,既禁止罗织徐勋之罪,也不准放纵徐勋之责。

最后查实:徐勋在种谔患病后,以其名义撰写奏状,奏举鄜延路几名文武官员,并擅自使用鄜延路经略司的官印,给奏状盖了章,发给朝廷。经大理寺检法定谳,徐勋被处以"除名"的责罚,即开除公职。蔡确知道神宗对这个判决不满意,鼓动神宗将徐勋"投诸荒裔",即流放偏远险恶之地。王安礼说:"陛

---

[1] 李焘:《续资治通鉴长编》卷三百三十八。下同。

下察知勋情，付之于法，而确有此举，不过乘陛下前日之怒耳。"最终徐勋受到的惩罚就是"除名"。

我之所以要不胜其烦地考据神宗"快意事更做不得一件"的故事原型，是想说明，尽管宋神宗是一位欲大有为、相对强势、热衷于以内批指挥政事、积极介入政府决策过程的君主，但在他统治的时代，君主与士大夫共治天下、君权与相权相制相维的政体并未受到破坏。这是我们理解宋神宗与王安石变法需要注意的一个地方。

第五节　司马光急急回朝

神宗英年早逝的消息传出，不管是江宁的王安石，还是洛阳的司马光，都意识到一个带有宋神宗烙印的时代就要结束了。

王安石给神宗写了两首挽词，一首赞颂了皇帝的励精图治："一变前无古，三登岁有秋"；另一首表达了自己的悲伤与哀思："老臣他日泪，湖海想遗衣。"[1] 不过，他的心情似乎很快就平静下来，四月十一日，他手书一幅《楞严经旨要》，并在跋中题了一首小诗："霜筠雪竹钟山寺，投老归欤寄此生。"[2]

可是，王安石的内心真的波澜不兴吗？一名在王家执役的老兵说："相公每日只在书院读书，时时以手抚床而叹。人莫喻其意。"[3] 也许他的内心是焦灼的。一日昼寝，他梦见一人经过

1　王安石：《临川先生文集》卷第三十五《神宗皇帝挽辞二首》。
2　魏泰：《临汉隐居诗话校注》卷二。
3　丁传靖辑：《宋人轶事汇编》卷十。下同。

寝室,身着古衣冠,貌甚伟壮,自称:"我桀也。"与王安石争论治道,"反复百余语不相下",激辩到最后,王安石惊醒,发现自己"汗流被体"。醒后又作了一首小诗,有"尧桀是非常入梦,因知余习未能忘"之句。

对于治天下之事,王安石到底未能忘情。但他终究不想再涉足政坛了,哪怕已经预感到朝堂将会发生天翻地覆的变化。

王安石的老朋友、老对手司马光却跃跃欲试,想以给大行皇帝奔丧的理由申请赴阙,但又避嫌不敢。之后,他又听说韩维、孙固等人都已经在京城聚集,程颢也劝他入京,复又心动,遂马上动身,同时向太皇太后上了一份奏状:

> 奉讳之初,即欲号哭奔走,径诣京师,奉望梓宫,展臣子之诚万分之一;又念国朝故事,如昭厚二陵,未尝有近臣奔丧之例,加以前已乞留台国子监,未奉进止,彷徨疑虑,不敢辄行。今窃闻观文殿学士孙固、资政殿学士韩维已至阙下,臣方自咎,责不敢宁居,已于今月十七日起离西京,欲乞亦赴阙廷,随百官班入临(进宫哭吊)。[1]

司马光为什么急着赴阙?给神宗奔丧只是台面上的理由,实际的原因当然是他预感到改天换地的时机到了,不可错过。

一到京师,司马光发现自己成了红人。宋人笔记说:"温公元丰末来京师,都人叠足聚观,即以相公目之,马至于不能

---

[1] 司马光:《传家集》卷四十五《乞奔神宗皇帝丧状》。

行。"[1]他拜谒宰相（大约是王珪）于私第，"市人登楼骑屋窥瞰"，相府随从欲制止，市人说："吾非望尔君，所欲识者司马相公之风采耳！"呵叱不退，将屋顶的瓦片都踩破了。

据说司马光入朝觐见太皇太后、哲宗皇帝之时，卫士看到他，皆以手加额，说："此司马相公也。"[2]都人也簇拥着他，大声恳求其留京："公无归洛，留相天子，活百姓！"司马光大惧，很快就上辞表，然后返回洛阳。

太皇太后听到了传言，派了内侍梁惟简到洛阳慰问，并咨询司马光"所当先者"，即当下最急切的事务是什么。司马遂于三月三十日上疏，建议皇帝下诏向广大臣民求言：

> 臣愚以为，今日所宜先者，莫若明下诏书，广开言路，不以有官无官之人，应有知朝廷阙失及民间疾苦者，并许进实封状，尽情极言。仍颁下诸路州、军，于所在要闹处出榜晓示，在京则于鼓院、检院投下，委主判官画时进入，在外则于州、军投下，委长吏即日附递奏闻。皆不得取责副本，强有抑退。

不久，四月十四日，司马光被任命为知陈州。在赴任前，司马光又上疏："臣一夫之愚，不能周知天下之务，近曾上奏，乞下诏书，开言路，伏望圣慈早赐施行。"[3]

五月初三，朝廷依司马光之议，以宋哲宗的名义下诏求言：

---

1 丁传靖辑：《宋人轶事汇编》卷十一。下同。
2 李焘：《续资治通鉴长编》卷三百五十三。下同。
3 李焘：《续资治通鉴长编》卷三百五十四。

> 盖闻为治之要，纳谏为先，朕思闻谠言（正直之言），虚己以听。凡内外之臣，有能以正论启沃（开导、辅佐君王）者，岂特受之而已，固且不爱高爵厚禄，以奖其忠。设其言不当于理，不切于事，虽拂心逆耳，亦将欣然容之，无所拒也。若乃阴有所怀，犯非其分，或煽摇机事之重，或迎合已行之令，上则观望朝廷之意以侥幸希进，下则炫惑流俗之情以干取虚誉，审出于此而不惩艾，必能乱俗害治。然则黜罚之行，是亦不得已也。顾以即政之初，恐群臣未能遍晓，凡列位之士，宜悉此心，务自竭尽，朝政阙失，当悉献所闻，以辅不逮。宜令御史台出榜朝堂。[1]

这道诏书一方面鼓励百官直言朝政阙失，另一方面又对六种言论作出限制：一、阴有所怀；二、犯非其分；三、煽摇机事之重；四、迎合已行之令；五、观望朝廷之意以侥幸希进；六、炫惑流俗之情以干取虚誉。这个设限很可能出自当时尚控制着执政系统的变法派。

在下诏求言同日，太皇太后又召新知陈州司马光过阙入见。司马光到阙，未入对，先上疏，表达了对五月初三求言诏中的种种限制的不满：

> 窃见诏书始末之言，固尽善矣；中间有云："若乃阴有所怀，……审出于此而不惩艾，必能乱俗害治。

---

[1] 李焘：《续资治通鉴长编》卷三百五十六。下同。

然则黜罚之行,是亦不得已也。"臣闻明主推心以待其下,而无所疑忌,忠臣竭诚以事其上,而无所畏避,故情无不通,言无不尽。今诏书求谏而逆以六事防之,臣以为人臣惟不上言,上言则皆可以六事罪之矣。

在奏疏的最后,司马光对太皇太后说:"伏望圣明,于诏书中删去中间一节,如臣三月三十日所奏,颁布天下。使天下之人晓然知陛下务在求谏,无拒谏之心,各尽所怀,不忧黜罚。如此,则中外之事,远近之情,如指诸掌矣。"

太皇太后给司马光发手诏:"已降指挥,除卿门下侍郎,切要与卿商量军国政事,早来所奏,备悉卿意。再降诏开言路,俟卿供职施行。"[1] 司马光几番推辞,太皇太后始终不批准。五月廿六日,司马光终于接下新的任命状,就任门下侍郎,即副宰相;原门下侍郎章惇转任知枢密院。

空出来的知陈州一职,则于六月十四日由韩维接替。韩维亦上书批评五月初三的求言诏:

古之求言者,必曰"毋有所讳",又曰"毋悼(恐惧)后患",今则多设防禁,又以黜罚惧之,是使人有所讳而悼后患也。古之为民者,宣之使言,下至道路刍荛(草野之人),亦见收采。今则出榜止于朝堂,降诏不及诸道,既乖古义,亦非旧体。恐非所以推广圣德,普及于遐远(遥远之地),开辟言路,不间于幽侧(隐僻之处)也。此事若不改正,臣深恐自今

---

[1] 司马光:《传家集》卷四十七《辞门下侍郎第二札子》附注。

圣聪渐成壅蔽！[1]

太皇太后闻奏，又留韩维任经筵官兼侍读。可以看出来，太皇太后是一个立场明显倾向于旧党的皇权代理人。

同日，司马光再次上书：

> 臣愚欲望圣慈下学士院别草诏书，除去中间一节，务在勤求谠言，使之尽忠竭诚，无有所讳。仍乞遍颁天下，在京，于尚书省前及马行街出榜；在外，诸州、府、军、监各于要闹处晓示。不以有官无官之人，应有知朝政阙失及民间疾苦者，并许进实封状言事。……其所论至当者，当用其言而显其身；其是非相半者，舍短取长；其言无可采，事不可行者，亦当矜容，不可加罪。

六月廿五日，太皇太后以哲宗皇帝的名义重新下诏求言：

> 永惟古之王者即政之始，必明目达聪，以防壅蔽，敷求谠言，以辅不逮，然后物情遍以上闻，利泽得以下究。《诗》不云乎，"访予落止（周成王初即位，便向大臣请教治国之道）"。此成王所以求助，而群臣所以进戒，上下交儆，以遂文武之功，朕甚慕焉！应中外臣僚及民庶，并许实封直言朝政阙失，民间疾苦。在京于登闻鼓、检院投进，在外于所属州、军，

---

1 李焘：《续资治通鉴长编》卷三百五十七。下同。

驿置以闻。朕将亲览，以考求其中而施行之。

新的求言诏书采纳了司马光的意见，删去"若乃阴有所怀，……黜罚之行，是亦不得已也"的说法，不再对臣僚、民庶的进言设限。

为什么司马光复出后要做的第一件事是极力要求朝廷放开言路，下诏求言，鼓励大家站出来议论朝政阙失？我们不必自作多情地认为司马光是一位言论自由的拥护者。他的目的，无非是要发出改弦易辙的信号，动员舆论，制造革除新法的声势，再顺理成章地将王安石的新法一举废除。在后面所谓"元祐更化"的过程中，我们可以清晰地看到司马光的这一"良苦用心"。

终章　元祐谏纸今最重

元丰八年至元祐八年(1085—1093)

终章 元祐谏纸今最重

第一节 更化前夕

元丰八年六月廿五日，宋廷重新下诏求言。次日，资政殿大学士兼侍读吕公著应太皇太后手诏咨询，连上了两道札子。

第一道札子的要旨是请太皇太后做好废除新法的规划：

> 自王安石秉政，变易旧法，群臣有论其非者，便指以为沮坏法度，必加废斥。自是青苗、免役之法行而夺民之财尽，保甲、保马之法行而用民之力竭，市易、茶盐之法行而夺民之利悉，若此之类甚众。今陛下既已深知其弊，至公独断，不为众论所惑，则更张之际，当须有术，不在仓促。[1]

第二道札子的要旨是向太皇太后引荐保守派士大夫：

---

[1] 李焘：《续资治通鉴长编》卷三百五十七。下同。

乞陛下广开言路，登用正人，此最为当今急务。臣尚虑陛下深居九重，未能尽知人才，辄敢冒陈愚见，以助收采。臣伏睹秘书少监孙觉，方正有学识，可以充谏议大夫或给事中。直龙图阁范纯仁，劲挺有风力，可充谏议大夫或户部右曹侍郎，使议青苗、免役、市易等法。礼部侍郎李常，清直有守，可备御史中丞。吏部郎中刘挚，资性端厚，可充侍御史。承议郎苏辙、新授察官王岩叟，并有才气，可充谏官或言事御史。

废除新法与起用旧党，正是司马光在神宗去世后积极活动的两大目标，也是他倡议广开言路的用意。所以，当太皇太后将吕公著的札子批付司马光，让他详定"所陈更张利害，有无兼济之才"时，司马光随即上章，表示完全赞同吕公著的意见："公著所陈，与臣所欲言者，正相符合。盖由天下之人，皆欲如此，臣与公著但具众心奏闻耳。……伏望陛下察公著所陈，参以臣所上实封奏状，若与之同者，断志行之，勿复有疑，臣见太平之功，不日可见矣。"

但实际上，司马光与吕公著尽管反对新法的立场相近，方法却大不相同，吕公著主张有序、渐进地更革新法之弊，"更张之际，当须有术，不在仓促"；司马光却主张一举将新法彻底废掉："若凡百措置，率由旧章，但使政事悉如熙宁之初，则民物熙熙，海内太平，更无余事矣。议者必曰：'革弊不可仓猝，当徐徐有渐。'此何异使医治疾而曰勿使遽愈，且勿除其根原使尽也。"[1]司马光所说的"议者",多么像吕公著;而吕公著提醒太皇太后"不为众论所惑",这里的"众论",恐怕也包括被司马光鼓动起来的要求尽罢新法的舆论。

吕公著已经向太皇太后提交了一份人才名单,司马光也不能落后,也举荐了一批年轻才俊:刘挚、赵彦若、傅尧俞、范纯仁、唐淑问、范祖禹,"此六人者,皆臣素所熟知,节操坚正,虽不敢言遽当大任,若使之或处台谏,或侍讲读,必有裨益"。[2]还有,吕大防、王存、李常、孙觉、胡宗愈、韩宗道、梁焘、赵君锡、王岩叟、晏知止、范纯礼、苏轼、苏辙、朱光庭,这十几位"或以行义,或以文学,皆为众所推伏"。其实都是反对王安石变法的保守派。

这两份名单上的保守派人士陆续受到重用。七月初六,孙觉被任命为右谏议大夫兼侍讲,赐三品服,同日,吕公著拜尚书左丞;九月,刘挚获任侍御史,不久又升御史中丞;次年(元祐元年)二月,监察御史王岩叟擢为左司谏;九月,梁焘升任右谏议大夫。

眼看着保守派接二连三地被安排进政府与台谏这两个最重要的权力系统,变法派必定充满危机感。其时,在执政团队中,变法派仍然占多数,左仆射兼门下侍郎蔡确、右仆射兼中书侍郎韩缜、知枢密院章惇、同知枢密院安焘、中书侍郎张璪、尚书右丞李清臣,都属于变法派阵营。他们当然不希望看到言路被保守派把持,但台谏官例由皇帝亲擢,执政官无权干预,所以变法派只能干着急。元丰八年十月初,太

---

1 李焘:《续资治通鉴长编》卷三百六十三。
2 李焘:《续资治通鉴长编》卷三百五十七。下同。

皇太后计划任命范纯仁、范祖禹等人为谏官，变法派终于找到了一个反对的理由。

原来，太皇太后给两府发中旨，拟拜范纯仁为左谏议大夫、唐淑问为左司谏、朱光庭为左正言、苏辙为右司谏、范祖禹为右正言，请三省、枢密院共同进呈任命札子。奏对时，太皇太后问："此五人何如？"[1]

执政（估计是吕公著）回答："协外望。"意思是，外界都认同朝廷对他们的任命。

但知枢密院章惇却指，谏官按惯例应由两制官向皇帝举奏，如今却直接从内廷指定，不合祖制："故事，谏官皆令两制以上奏举，然后执政进拟。今除目（除授官吏的文书）从中出，臣不知陛下从何知之，得非左右所荐，此门不可浸启。"

太皇太后说："此皆大臣所荐，非左右也。"

章惇说："大臣当明扬，何以密荐？"

随后，章惇指出范祖禹与吕公著为姻亲，范纯仁与韩缜、司马光为姻亲，理当避嫌，不可担任台谏官："台谏所以纠绳执政之不法，故事，执政初除，亲戚及所举之人见为台谏官，皆徙他官。今皇帝幼冲，太皇太后同听万机，当动循故事，不可违祖宗法。"

司马光被章惇将了一军，只好说："纯仁、祖禹作谏官，诚协众望，不可以臣故妨贤者进，臣宁避位。"

章惇说："缜、光、公著必不至有私，万一他日有奸臣执政，援此为例，引亲戚及所举者居台谏，蔽塞聪明，非国之福。纯仁、祖禹请除他官，仍令两制以上各得奏举。"

---

1 李焘：《续资治通鉴长编》卷三百六十。下同。

太皇太后不得不同意改任范纯仁、范祖禹其他职务，但唐淑问、朱光庭、苏辙三人的任命如故。所以，台谏系统依然为保守派占据。

保守派控制台谏系统后，开始运用制度性的监察权与言事权，对新法发起猛烈的进攻。元丰八年九月，监察御史王岩叟以自己亲眼所见为据，上疏批判新法："臣昨在河北为知县，奉行青苗、免役、保甲之法，亲见其害，至深至悉，非若他人泛泛而知之也。"[1]

但青苗、免役、保甲之法到底有何深害，王岩叟语焉不详，只恳请太皇太后"奋然独断"，废尽新法，"则天下之大体无事，陛下高枕而卧矣"。他还补充说："如执论者以青苗、免役遽罢之，恐国用不足，则乞陛下问以治平、嘉祐之前，国用何以不阙？"这就是睁着眼睛说瞎话了，因为治平、嘉祐以前，宋朝的财政状况窘迫是士大夫有目共睹的，哪怕是强烈反对王安石变法的张方平、司马光等人，也不敢否认这一事实。

在王岩叟上疏之前，宋政府已经叫停一部分新法，包括废罢设于州县、镇寨的市易务与抵当所，罢征免行钱、恢复行役；终止执行方田均税法；停设青苗法的放贷指标；减免募役法的宽剩钱；解散军器监兵匠、民工；停止保甲的日常军事训练；裁撤一部分铸钱监；等等。

十一月，司马光还促成朝廷下诏："强盗按问欲举自首者，不用减等。"[2] 这道诏书意味着熙宁年间王安石在审议阿云案时确立的敕文"谋杀已伤，按问欲举，自首，从谋杀减二等论"

---

1 李焘：《续资治通鉴长编》卷三百五十九。下同。
2 李焘：《续资治通鉴长编》卷三百六十一。

被司马光推翻了。有些网文说司马光执政后重审阿云案,终于"以谋杀亲夫的罪名将阿云逮捕并斩首示众"云云,这当然是捏造,历史上绝无此事。司马光上台后,并没有重审阿云案,更没有诛杀阿云,只是推翻了王安石的"自首减刑"条款而已。

不过,司马光的确是重刑主义者,在他的主导下,刑法及刑事司法趋于严苛。保守派修史,称"元祐初,丞相光当国,天下死刑减往时少半,非盛德者孰能之",这实是大谎言。[1] 刑部侍郎范百禄曾用一组死刑犯的数据来反驳司马光的重刑主义:"熙宁岁二三千或千有奇,元丰岁一二千有奇,或不及千,元祐岁四五千或二千有奇。"司马光执政后,被判死刑的人数居然暴增了一倍以上。

尽管元丰末年朝廷已经废止多项熙丰之政,但保守派并没有满足,他们的目标是完全废罢新法。

很快,元丰八年便结束了。新年的正月初一,哲宗下诏宣布改元,新年号为"元祐",以元丰九年为元祐元年(1086)。

新君继位,于次年改元,这是宋朝的惯例,不过哲宗皇帝的新年号"元祐",还是带有特别的政治含义:

> 元祐之政,谓元丰之法不便,即复嘉祐之法以救之。然不可尽变,大率新、旧二法并用,贵其便于民也。议者乃云:"对钩行法。"朝士善谑乃云:"岂独法令然,至于年号,亦对钩矣。"然谑戏之谈亦有味,

---

[1] 李焘:《续资治通鉴长编》卷三百五十八。下同。

此可见当时改元意。[1]

如果真能"新、旧二法并用",所谓的"元祐更化"倒不失为一场温和的政治改良运动。但事实却非如此。由司马光与保守派言官主导的元祐之政,既彻底抛弃了积极进取的熙丰新法,又全无嘉祐时期的宽厚从容,反而开启了恶化的朋党之争。

其时,有温和之人以"三年无改于父之道"为由,提议不妨对元丰之法采取渐进式的改良,"稍损其甚者",但司马光慨然争之:"先帝之法,其善者,虽百世不可变也。若安石、惠卿等所建,为天下害、非先帝本意者,改之,当如救焚拯溺,犹恐不及。……况太皇太后以母改子,非子改父。"[2]

于是"众议乃定"。司马光与台谏官带领着宋王朝头也不回地走上了激进、极端的"元祐更化"之路。

第二节 废新复旧

"元祐更化"期间,王安石的政治遗产被迅速清理,青苗法、募役法、市易法、给吏人赋禄的仓法、导洛入汴工程、官营水磨茶、省并州县等重要新法先后被废罢。

第一项被保守派废除的新法是方田均税法,元丰八年十月

---

1 李焘:《续资治通鉴长编》卷三百六十四。
2 苏轼:《苏轼文集》卷十六《司马温公行状》。下同。

即诏罢。方田均税法触动的是兼并之家的利益，保守派急不可耐地废掉它，很难让人相信他们不是兼并之家的利益代表。

而最终被元祐党人保留下来的一项新法是保甲法。如果说，王安石变法的总体方向是借重市场机制（例如市易法）、弱化人身束缚（例如募役法），符合近代化的历史演进趋势，那么保甲法却是强化了人身控制，与近代化的方向背道而驰。元祐党人尽罢其他新法，却保留保甲法，恰恰反映了"元祐更化"的反近代化性质。

当然，元祐党人内部对废罢新法也存在意见分歧。这种分歧在商议罢去募役法与青苗法的过程中暴露出来了。

司马光是坚决要废除募役法的人。在他看来，"自古以来，徭役皆出于民，今一旦变之，未见其利也"。[1]不但未见其利，还有大害。这次朝廷大开言路，凡上书投状说到役法的，"无有不言免役之害者，足知其为天下之公患无疑也"（这里司马光撒谎了，后来谎言被章惇戳破）。[2]因此，"当今法度，所宜最先更张者，莫如免役钱。不惟刻剥贫民，使不聊生，又雇得四方无赖浮民，使供百役，官不得力。为今日之计，莫若尽罢免役钱，依旧差役"。[3]

完全支持司马光废除募役法的人有时任监察御史王岩叟、侍御史刘挚，他们都主张停止征收免役钱，恢复熙宁之前的差役旧法。

王岩叟想象了以往差役旧法推行时的脉脉温情："昔者差法行时，乡民之被差为役者皆自役，曰应当门户。人人保家处身，

---

1 司马光：《传家集》卷四十四《乞免永兴军路苗役钱札子》。
2 李焘：《续资治通鉴长编》卷三百六十五。
3 李焘：《续资治通鉴长编》卷三百六十四。下同。

有重惜意，莫不择子弟之良者以佐公。倚之以干则办，倚之以财则不欺，缓急之间，得所借赖。雇法一行，其名既贱，其人遂轻，弃身应募，例多市井浇浮之群小，罕复乡间笃实之编民。"完全忘记了昔日差役制度造成多少役户家破人亡。

刘挚则想象了天下万民欢迎差役旧法的美妙情景："命（指废免役、复差役的敕命）既下，中外人情鼓舞欢喜，皆谓此一事为害最大，从来百姓日夕延望，今陛下一旦行之，救其困苦，天下幸甚。"[1]因此，恢复差役旧法简直易如反掌："王安石作此法（指募役法）以害天下、违人情，犹能行之；今圣恩革其弊以救天下、顺人情，则行之岂有难也？在陛下主张力行不变而已。"

什么叫纸上谈兵、向壁虚构？就是刘挚与王岩叟这个样子了。

对司马光的恢复差役旧法方案持保留意见的保守派士大夫，有给事中范纯仁、中书舍人范百禄。范纯仁刚奉诏从西陲庆州返回，听说司马光欲废募役法、恢复差役旧法，感觉不妥："法（指募役法）固有不便，然亦有不可暴革，盖治道惟去太甚者耳。"

他素与司马光亲厚，便坦诚地跟司马光提了意见，认为役法的更革应当缓议，不可操之过急，"此法但缓行而熟议则不扰，急行而疏略则扰"，不如先试点，"先行于一州，候见其利害可否，渐推之一路，庶民不骚扰而法可久行"。

但司马光"弗听也"，范纯仁唯有一声叹息："是又一王介甫矣！"随后，他给司马光致信："公既知纯仁不欲速，而示

---

1 李焘：《续资治通鉴长编》卷三百六十七。下同。

之以益坚之削,盖欲使知其罪而默默耳。默默何难?人人皆能。不止能默,亦可赞公使公喜,而自容于门下,何用犯公怒而喋喋也?若果如此,则是纯仁不若少年合介甫求早富贵也,何用白首强颜于此媚公求合哉!"如此肺腑之言,司马光的反应依然是"弗听也"。

范百禄更是不赞成废除募役法,只支持针对募役法的弊端作出改良。他对司马光说:"熙宁初,百禄为咸平县,役法之行,罢开封府衙前数百人,而民甚悦。其后有司求羡余,务刻剥,为法之害。今第减出钱之数以宽民可也。"但司马光不从。

元祐元年正月廿二日,司马光向太皇太后、哲宗进呈《乞罢免役钱依旧差役札子》,正式提出他的役法更革方案:[1]

一、皇帝直接降下敕命,天下的免役钱尽数罢免。

二、各县依照熙宁元年以前的职役人数,根据"五等丁产簿"向役户摊派差役。

三、诸州所差之役人,如果愿意自行服役的,就继续服役;不愿自行服役的,可以自行雇人代服,其雇钱多少,私下商量。

四、若所雇人逃亡,即勒令服役者另雇他人;如果所雇人偷走官家之物,则勒令服役者赔偿。

五、向官户、僧道、寺观、单丁、女户等有屋业每月收入达到十五贯的,庄田中一年收入粮食达到百石以上的,按其家产等第征收助役钱,以补助衙前重役。

---

[1] 司马光的役法更革方案据李焘《续资治通鉴长编》卷三百六十五整理。

司马光在进呈札子前曾让范纯仁看过奏稿，范纯仁认为这个方案过于疏略，推行下去必定扰民。司马光却不以为然。太皇太后见了札子，拿不定主意，于二月初三降付三省，让三省执政官讨论方案是否可行。三省的变法派自知大势已去，不敢明着反对司马光的方案，只能以虚与委蛇的方式应付。宰相蔡确认为"此大事也，当与枢密院共之"，将枢密院也拉了进来。[1]

二月初五，三省与枢密院聚厅讨论司马光的恢复差役旧法方案。知枢密院章惇事后回忆商议的过程，说：

> 臣以此事不属枢密院，又自去秋以来，直至今春，司马光止与三省商议，枢密本不预闻，兼札子止降付三省，御封亦止付三省，未委（不知）三省初四日进呈，因何乞与枢密院同进呈？况役事利害，所系至大，臣素不与议论，何由考究？札子中所言利害本末，臣初五日与三省聚厅处曾言，若同进呈，须且留此文字，仔细看详三五日。时韩缜云："司马光文字岂敢住滞，来日（次日）便须进呈。"既不曾素与议论，又不曾细看文字，其间利害，断未敢措词。其于进呈，止同共开展，至于可否，但决之三省，臣实不知。[2]

听起来，仿佛是蔡确将一块烫手山芋抛给了章惇，章惇只

---

1 李焘：《续资治通鉴长编》卷三百六十五。
2 李焘：《续资治通鉴长编》卷三百六十七。

好硬着头皮接过来。变法派执政官不敢否决司马光的方案，但也不愿意违心赞成，所以两府的聚厅商议只能议出一个折中的结果。

三省、枢密院于二月初六联合向哲宗皇帝（实际上是太皇太后）提交司马光《乞罢免役钱依旧差役札子》的录文——意味着执政的变法派同意将司马光的札子当成两府的公文进呈取旨。

但录文特别注明了司马光之名——表明录文只代表司马光个人的意见，并非两府共识，两府只是共同进呈而已。

皇帝（实际上是太皇太后）"画可"、降出后，两府于二月初七签发的正式敕令，也是前面抄录司马光的札子并署司马光姓名，后面只注明"奉圣旨依奏"五字，完全不提政府的意见——明眼人一看就知道，恢复差役的敕令是完全出自司马光之意，获太皇太后（以哲宗皇帝的名义）批准，其他执政官只不过是"奉旨"而已。

远在金陵的王安石闻知司马光废罢免役之法，愕然失声："亦罢至此乎？"[1] 良久，又说："此法终不可罢。安石与先帝议之二年乃行，无不曲尽。"

废免役、复差役的大纲既定，接下来便是由户部制订实施细则。于是，司马光谕令户部尚书曾布对其方案进行完善，但曾布推辞了："免役一事，法令纤悉，皆出己手，遽自改易，义不可为。"[2] 曾布因此不能见容于保守派，于闰二月被罢户部尚书，出知太原府。

---

1 陈均：《九朝编年备要》卷二十二。下同。
2 黄以周等辑：《续资治通鉴长编拾补》卷九。

朝中控制言路的保守派少壮对变法派执政官的折中做法也大为不满。二月十六日，右司谏苏辙上章指责变法派居心叵测："臣窃观司马光前件札子条陈差役事件，大纲已得允当，然其间不免疏略及小有差误，执政大臣岂有不知？若公心共济，即合据光所请，推行大意，修完小节，然后行下。今但备录札子，前坐光姓名，后坐圣旨依奏，其意可知。"[1]

苏辙对役法更革的立场很有意思。一开始，他完全赞同恢复差役旧法："臣窃料此事既行，民间鼓舞相庆，如饥得食，如旱得雨，比之去年罢导洛、市易、盐铁等事，其喜十倍。"[2] 这也符合他的一贯立场。早在熙宁初，他便断言"役人之不可不用乡户，犹官吏之不可不用士人也"，因而极力反对王安石的募役法。

对差役的恢复，苏辙考虑得比司马光更周全，他预见到了即将到来的批判："今中外用事臣僚，多因新法进用，既见朝廷革去宿弊，心不自安，必因差役之始，民间小有不便，指以为言，眩惑圣聪，败乱仁政。"[3] 所以，他才对两府敕令的含糊其词感到愤怒，认为那是变法派故意给司马光下套。他提醒皇帝要慎防可能出现的批评言论："自今以往，其必有人借中外异同之论，以摇动大议。臣愿陛下但思祖宗以来，差役法行，民间有何患害？近岁既行免役，民间之敝，耳目厌闻，即差役可行，免役可罢，不待思虑而决矣！"

然而，十几天后，二月廿八日，苏辙却一改旧态，上章建议缓改役法："臣窃惟自罢差役，至今近二十年，乍此施行，

---

1 李焘：《续资治通鉴长编》卷三百六十六。
2 苏辙：《苏辙集·栾城集》卷三十六《论罢免役钱行差役法状（十六日）》。
3 李焘：《续资治通鉴长编》卷三百六十六。下同。

吏民皆未习惯。兼差役之法，关涉众事，根牙盘错，行之徐缓，乃得详审。若不穷究首尾，匆遽便行，但恐既行之后，别生诸弊。"[1]

之后，苏辙频频批评差役之弊，比如当年五月，他上札子称："今朝廷既已复行差役，除见议衙前差募未有成法外，其余耆壮、户长、弓手、散从官役一切定差。贪官暴吏私窃以此相贺。何者？市井之人，应募充役，家力既非富厚，生长习见官司，官吏虽欲侵渔，无所措手。今耕稼之民，性如麋鹿，一入州县，已自慑怖。而况家有田业，求无不应，自非廉吏，谁不动心？"[2]

晚年苏辙在撰写兄长苏轼的墓志铭时，更是直言"君实（司马光）为人，忠信有余而才智不足，知免役之害而不知其利，欲一切以差役代之"。[3]

为什么苏辙对更革役法的立场突然之间发生这么大的变化？我猜测与其兄长苏轼有关。

苏轼原来也是王安石募役法的反对者，曾宣称："自古役人，必用乡户，犹食之必用五谷，衣之必用丝麻，济川之必用舟楫，行地之必用牛马，虽其间或有以他物充代，然终非天下所可常行。"

但在经历乌台诗案后，苏轼对自己以往"逢新法必反"的心态有了反思。谪居黄州期间，苏轼曾在致好友滕甫的信函上坦言自己过去的言论多有差谬之处："某欲面见一言者，盖谓吾侪（吾辈）新法之初，辄守偏见，至有异同之论。虽此心耿

---

1 李焘：《续资治通鉴长编》卷三百六十七。
2 李焘：《续资治通鉴长编》卷三百七十八。
3 苏辙：《苏辙集·栾城后集》卷二十二《亡兄子瞻端明墓志铭》。

耿，归于忧国，而所言差谬，少有中理者。"[1]他对募役法也不再一味反对，而是承认差役、募役各有利弊。

元丰八年十二月苏轼草就《论给田募役状》，提出以田招人代役的设想，亦即吕惠卿主政时实行过的募役方案。不过苏轼尚未将奏状进呈朝廷，苏辙也尚未读到，不知道兄长对募役法的看法已转变。元祐元年二月廿八日，苏轼上《论给田募役状》，此时苏辙应该已看过奏状，这才赶紧调整自己的立场，上书建议缓行差役之法。你当然可以认为苏轼、苏辙兄弟情深，但若说苏辙的役法之论出于公心，那就未免有些自欺欺人了。

三月，苏轼回朝，任中书舍人。七月，苏轼又上奏状，"论衙前一役，只当招募，不当定差"，并且私下向司马光表达了意见："免役法弊当改，但不当于雇役实费之外多取民钱。若量出为入，无多取民钱，则亦足以利民。"[2]但司马光一点也听不进去。苏轼忍不住说："昔韩魏公刺陕西义勇（即在陕西强行征发民兵），公为谏官，争之甚力，魏公不乐，公亦不顾。轼昔闻公道其详，岂今日作相，不许轼尽言耶？"司马光不悦。最终两人不欢而散。回到寓所，苏轼因受不了司马光倔犟的牛脾气，连呼："司马牛！司马牛！"[3]将司马光比喻为牛。

不过，元祐初苏家兄弟虽对司马光的恢复差役方案颇不以为然，但在公开场合还是十分注意维护司马光的。特别是苏辙，

---

[1] 苏轼：《苏轼文集》卷五十一《与滕达道六十八首（八）》。苏轼此信写于何时，学界存在争议，有人认为写于元丰八年，有人认为写于元祐元年。本文采纳宋史学者曾枣庄先生的意见，认为苏轼此信写于贬官黄州期间。具体论证参见曾枣庄《苏轼〈与滕达道书〉是"忏悔书"吗？》，《文学评论》1980年第4期。
[2] 李焘：《续资治通鉴长编》卷三百八十二。下同。
[3] 蔡絛：《铁围山丛谈》卷第三。

他心里很清楚，自己与司马光的分歧只是内部矛盾，与变法派之间的纷争才是势不两立的敌我之战。

闰二月初二，苏辙对王安石姻亲、蔡确族人、龙图阁待制、权知开封府蔡京发起严厉弹劾，原因你可能想不到——因为蔡京忠实地执行了司马光的恢复差役方案。

我们知道，二月初，司马光奏请恢复差役旧法，得旨依奏。蔡京接到两府敕令后，即饬令府界开封县、祥符县按熙宁以前旧役人数，限五日内差一千余人充役，并第一时间完成了恢复差役的任务。之后，蔡京到宰相府向司马光汇报工作，司马光非常高兴，说道："使人人如待制，何患法之不行！"[1]但议者却多称蔡京是在迎合司马光，因而颇不齿其行径。

苏辙却认为，蔡京的问题不在于迎合司马光，而在于居心不良——如此积极地执行恢复差役的政策，是"故意扰民，以坏成法"，要陷司马光于不义。[2]所以，苏辙要求罢去蔡京权知开封府的职务，"怀私之人，窃据首善之地，四方瞻望，何所取法？"

苏辙显然已看出司马光的役法更革方案存在严重缺陷，忠实执行下去只会扰民。但他不能质疑司马光，只能将板子打到忠实执行司马光路线的蔡京身上。

变法派执政官章惇也看出司马光方案的缺陷了，他对司马光可就不那么客气了。

二月廿九日，章惇突然上奏状，说他反复细看司马光乞恢复差役的札子后，发现其中错漏颇多，故条陈于后。必须承认，

---

1 李焘：《续资治通鉴长编》卷三百六十七。
2 李焘：《续资治通鉴长编》卷三百六十八。下同。

章惇所陈的每一条都切中司马光的要害。用朱熹的话来说，"章子厚与温公争役法，虽子厚悖慢无礼，诸公争排之，然据子厚说底却是。温公之说，前后自不相照应，被他一一捉住病痛，敲点出来"。[1]

我们转述章惇所陈的其中几点：

第一，司马光的前后说法互相矛盾。司马光正月初三曾上札子，极陈"上户以差役为便，以出免役钱为害"；后又在正月十七日所上札子内称"免役钱虽于下户困苦，而上户优便"。[2] 章惇问道："旬日之间，两入札子，而所言上户利害正相反，未审因何违戾乃尔？"

第二，司马光说所收建言都在陈说募役法之不便为假。司马光曾称："臣民封事言民间疾苦，所降出者约数十章，无有不言免役之害，足知其为天下之公患无疑。"但当章惇仔细翻看这些臣民封事，却发现"言免役不便者固多，然其间言免役之法为便者，亦自不少"。所以章惇指出："司马光以其所言异己，不为签出，盖非人人皆言免役为害，事理分明。"

第三，司马光要求按照熙宁以前的标准定差的做法根本不可行。司马光的札子称"其诸色役人，并依熙宁元年以前旧法人数，委本县令、佐，亲自揭五等丁产簿定差"。章惇认为，"此一节尤为疏略，全然不可施行。且如熙宁元年役人数目甚多，后来屡经裁减，三分去一，今来岂可悉依旧数定差？"

第四，司马光叱骂募役法害民这一点严重失实。司马光曾称"下户出免役钱，驱迫贫民，剥肤椎髓，弱者转死沟壑，强

---

1 黎靖德编：《朱子语类》卷第一百三十。
2 李焘：《续资治通鉴长编》卷三百六十七。下同。

者聚为盗贼","民间求钱纳官,至于拆屋、伐桑以卖薪,杀牛以卖肉"。章惇指出,司马光"其言太过。凡近下人户诚是不愿纳,然自行法以来十五年余,未闻民间因纳免役钱有如此事",只是元丰年间因攻伐西夏,"科率及科买军器、物料、牛皮、筋角,极为骚扰",陕西民间出现拆屋、伐桑以应付军供,但这并非役法所致。他总结:"大抵光所论事,亦多过当。"

据称章惇还在太皇太后帘前与司马光争论役法时出言不逊,直接对司马光说:"他日安能奉陪吃剑!"[1]章惇口齿犀利,得理不饶人,辩论起来,司马光经常被说得狼狈不堪,只好托双方的共同好友苏轼私下斡旋,请章惇嘴下留情。

不过,在奏状中,章惇还是表达得十分克制,并表明自己并不是反对朝廷正在进行的役法更革,只是指出司马光札子内存在"抵牾事节而已","至于见行役法,今日自合更改修完,但缘差役、免役,各有利害,要在讲求措置之方,使之尽善"。[2]

尽管章惇小心翼翼,避免给人一种有意与"元祐更化"路线唱反调的印象,但他还是立即受到了台谏官的攻击。

新任御史中丞刘挚说:"臣窃闻令(指恢复差役的敕令)下之后,奸邪之人论说纷纷,造作浮言,意欲摇动其事,不知陛下察其然乎?"暗示章惇是奸邪。

右正言王觌说:"司马光从初乞行差役札子,系三省及枢密札子施行,为大臣当其时不能尽忠进说,乃待其既已施行之后,方有论列,欲以彰司马光之短,见己之长于天下而已。……

---

[1] 李焘:《续资治通鉴长编》卷三百七十。
[2] 李焘:《续资治通鉴长编》卷三百六十七。下同。

光之论事，虽或有所短，不害为君子。惇之论事，虽时有所长，宁免为小人？……惇之奸邪欺罔，著闻有素。于此役法一事，尤见其处心积虑，欲以倾光，而不顾其有伤于国体、有误于陛下也。"[1]直接将章惇定义为奸邪。

倒是尚书左丞吕公著比较务实，提议朝廷差官详细分析役法的利弊："今章惇所上文字，虽其言亦有可取，然大率出于不平之气，专欲求胜，不顾朝廷命令大体。早来都堂三省、枢密院会议，章惇、安焘大假不通商量。况役法元不属枢密院，若如此论议不一，必是难得平允。望宸衷详酌，或选差近臣三数人，专切详定闻奏。"[2]

太皇太后依吕公著之议，下诏设立"详定役法所"：

> 门下侍郎司马光近奏建明役法大意已善，缘关涉事众，尚虑其间未得尽备，及继有执政论奏、臣僚上言。役法利害，若不精加考究，何以成万世良法？宜差资政殿大学士兼侍读韩维、吏部尚书吕大防、工部尚书孙永、给事中兼侍读范纯仁专切详定以闻。仍将逐项文字抄录，付韩维等。

之后苏轼回朝，也加入这个详定役法所，但由于苏轼倾向于保留免役新法，与其他保守派意见不合，所议屡遭反驳，遂向太皇太后递交辞呈："轼前后所论役法事，轼已自知疏缪，决难施行，所有是否，更无可定夺。乞只依前降指挥行下。轼

---

1 李焘：《续资治通鉴长编》卷三百六十六。
2 李焘：《续资治通鉴长编》卷三百六十七。下同。

自今日以后,更不敢赴详定所签书公事,伏乞早赐施行。"[1]

但详定役法所分析了好几年,终元祐之年,也未能定出一个多数人都认可的方案——激进的保守派台谏官根本就容不下任何异议。元祐三年(1088)苏轼的回忆反映了这种情况:"臣与故相司马光虽贤愚不同,而交契最厚。光既大用,臣亦骤迁,在于人情,岂肯异论。但以光所建差役一事,臣实以为未便,不免力争,而台谏诸人皆希合光意,以求进用。及光既没,则又妄意陛下以为主光之言,结党横身,以排异论,有言不便,约共攻之。"[2]

有意思的是,苏轼比较认同募役法,却对青苗法深恶痛绝。

元祐元年闰二月初八,朝廷下旨:各路罢置提举官,地方常平钱(青苗钱)委托提点刑狱司主管,"依旧常平仓法"。[3]但四月廿六日,中书省又发布敕令,将"旧常平法"解释为青苗法,允许地方俵散青苗钱。原来,新任同知枢密院范纯仁"以国用不足,建请复散青苗钱",这一建议获得三省支持。[4]司马光当时请假在家,没有机会反对,遂有四月廿六日的敕令。

中书省的敕文一出,御史中丞刘挚、监察御史上官均、左司谏王岩叟、右司谏苏辙、左正言朱光庭、右正言王觌纷纷上书抗议。苏辙表示:"青苗之害民,朝廷之所患也。罢而不尽,废而复讲,使天下之人疑朝廷眷眷于求利,此臣之所深惜也。"[5]

---

1 李焘:《续资治通鉴长编》卷三百八十二。
2 李焘:《续资治通鉴长编》卷四百五。
3 李焘:《续资治通鉴长编》卷三百六十八。
4 李焘:《续资治通鉴长编》卷三百八十四。
5 李焘:《续资治通鉴长编》卷三百七十九。

司马光赶紧上札子，请朝廷出台诏书"约束州县抑配青苗钱"。[1] 太皇太后"从之"，但诏书发至中书省时，却被中书舍人苏轼封还。元丰改官制之后，凡诏敕，须经门下省的给事中审核、签字（称"书读"），中书省的中书舍人宣行、签字（称"书行"），宰执副署，方可生效。苏轼拒绝书行，理由是青苗法祸民二十年，应该彻底废除，而不能仅仅禁止强行摊派，"熙宁之法本不许抑配，而其害至此。今虽复禁其抑配，其害故在也"。

司马光恍然大悟，请入对，极言青苗法之害，要求停止俵散青苗钱。说到激动处，司马光扔下一句狠话："不知是何奸邪劝陛下复行此事！"范纯仁给吓得"失色却立不敢言"。

八月，青苗法被废除。

那么，几乎废尽新法的"元祐更化"是不是给国家和人民带来了福祉呢？不妨听听保守派自己的说法。元祐三年闰十二月，御史中丞李常向朝廷反映："先帝以人吏无禄，为不足以责其廉，遂重其罚而禄之。今台省寺监人吏，无虑二千四百余人，百司库务，又二千三四百人，岁费钱斛举数十万。当时利源指以充吏禄者，实无一在，至侵县官常费以足之。"[2] 新法被废很快就导致国家财政出现缺口，连吏人的工资都发不出了，只好侵占官衙的办公经费。

次年，即元祐四年（1089）三月，李常又跟宋哲宗说："陛下即位之初，采纳群言，念岁岁输钱为非农人之事，又不供力役，以为非古道，一切罢之，复行差法。方诏旨初下，愚民未知被差之为害，臣于是时亦未能尽知其如此，四远之人，盖尝欢呼

---

1 李焘：《续资治通鉴长编》卷三百八十四。下同。
2 李焘：《续资治通鉴长编》卷四百十九。

而相庆矣。行之既久，始觉其患有加于向日，何也？"[1]坦言发现恢复差役法后，情况比行募役法之时更糟了。要知道，李常早年可是极力反对王安石变法的。

十二月，另一名保守派台谏官梁焘也说："臣近论奏事，以方今商旅不行，国家财用匮乏，乞讲求祖宗之法，通商广财。"[2]看来，元祐党人对王安石重商主义的摒弃，不但未能创造商业繁荣，反而造成了"商旅不行"的景况。

第三节　割地求和

熙丰之政不仅指王安石变法，还包括经略西北的战略。元祐之时，这一战略也遭到质疑和否定，连宋王朝在对夏战争中取得的土地也被保守派当成导致西夏生事、耗费国库的负资产，例如韩维便说："臣窃见先帝时大兴甲兵，西讨夏国，始以问罪为名，既而收其地，遂致夏人有辞，违失恭顺。"[3]

元丰八年十月，韩维率先提出弃地之议："陛下诚能于此时特降明诏，尽以向者王师所得土地还赐夏国，则其君长荷陛下之恩意，人民感朝廷之惠泽。"

这一提议很快就获得门下侍郎司马光的附和。元祐元年二月初三，司马光建议朝廷："废米脂、义合、浮图、葭芦、吴堡、安疆等寨，令延、庆二州，悉加毁撤，除省地外，元系夏国旧

---

[1] 李焘：《续资治通鉴长编》卷四百二十四。
[2] 李焘：《续资治通鉴长编》卷四百三十六。
[3] 李焘：《续资治通鉴长编》卷三百六十。下同。

日之境，并以还之。"[1]

不过，同知枢密院安焘以及另一位保守派执政官吕公著都反对弃地，执政团队未能就弃守问题达成共识。当太皇太后召执政团队宣问对夏决策时，便出现"执政奏议未决"的局面。[2]尚书右丞李清臣提议："窃见吕大防、范纯仁皆久在西塞，今并依京阙，其人明审详练，为众所称。欲望特降圣旨，问以手札，使条具边计及新立城寨可守可弃果决之策。"

二月十七日，太皇太后依李清臣之议，以实封手诏询问吕大防及范纯仁："如向者所得边地，虽建立城寨，亦虑孤僻，不易应援。弃之则弱国威，守之则终恐戎人在念。卿久住西塞，深晓边情。当此宜罄嘉谋，辅予忧劳。可条具边计合如何措置，向去如何守御，亲书实封闻奏。"

吕大防反对弃地："元昊既得甘凉，遂有窥陇蜀之志，后缘唃氏中强，无以进取。今青唐乖乱，其势渐分，若中国又失洮兰之土，则他日陇蜀之患，不可不豫为之防。"

范纯仁赞成弃地，但又认为土地不可白送西夏，而是要换回永乐城之役中失陷的人口："向来所得边地，虽是建立城寨，其间实有孤僻、不易应援供饷之处，留之则戎人必须在念，边事难息。若却换得陷蕃生灵，不惟无损国体，兼和气充塞天地，陛下圣德超越古今，为中国无穷之利矣。"他的想法代表了传统士大夫秉持的一种十分可贵的价值观：人比土地更加珍贵。

司马光认为只有弃地方能和戎的思路，未免过于天真、迂腐。所以，他也未能说服太皇太后，朝廷迟迟没有按他的意思

---

[1] 李焘：《续资治通鉴长编》卷三百六十五。
[2] 李焘：《续资治通鉴长编》卷三百六十六。下同。

主动下诏归还土地给西夏。

一转眼到了六月，西夏派了使者入贡。宋朝君臣预料使者此番到阙，必定会提出土地索求。司马光大急，对朝廷不采纳他的建议大发牢骚："臣在病假，不得面论，人心不同，为众所夺。日复一日，迁延至今，敌先遣使来，直求侵地，指陈兵端，辞意侵慢，前所议诏书已不可下矣。既失此机会，即日使者至，应答亦难。若悉从其所请，则彼益骄而无厌，若悉拒而不从，则边患由此而起。"[1]

怎么办？司马光还是认为应该弃地："宁为百姓屈己，少从所请，以纾边患。"他打了一个比方："以小喻大，譬如甲夺乙田，未请而与之，胜于请而后与，若更请而不与，则彼必兴斗讼矣。此是非利害，明若白黑。"

司马光又把文彦博拉进来，以佐证自己的意见可行，他说："伏望陛下决自圣志，勿听浮言，为兆民计。文彦博辅佐四朝，熟知敌情，此可谓军国重事，愿陛下询彦博以决之。"

此时文彦博刚回朝拜平章军国重事，是朝中资格最老的元老级人物。在对夏问题上，他成了司马光最重要的支持者，不但赞成割让米脂等寨，而且提出熙、河、兰三州都应该放弃，理由是：

> 臣以所议地界不出二理，其一论义理曲直，其一计利害大小。所谓论义理曲直者，出兵取其地土，皆边臣希功赏，欺罔朝廷，为国生事，取怨外夷。今若推朝廷恩信，因秉常诉求而赐与之，有以怀服

---

[1] 李焘：《续资治通鉴长编》卷三百八十。下同。

外夷之心，光大朝廷之德。所谓计利害大小者，今所得堡寨并兰、会，并荒徼沙漠之地，本无城邑人烟，惟是朝廷创筑城垒，屯兵戍守，岁费百万以上，困竭中国生民膏血，以奉无用之地，但恐不能支久，却须自弃。[1]

也就是说，文彦博认为：从道理上讲，征讨西夏是边将为求功赏刻意为之，令双方失和，归还可怀柔西夏；从利益上讲，拓边得不偿失，因为守住所得之地耗费巨大，且难以为继。

台谏官也加入了讨论，他们中的大多数意见一致，都认为弃地方能和戎。右司谏苏辙说："今西使已到，窃闻执政大臣弃守之论，尚未坚决。……今若又不许，遣其来使徒手而归，一失此机，必为后悔。彼若点集兵马，屯聚境上，许之，则畏兵而与，不复为恩；不许，则边衅一开，祸难无已。间不容发，正在此时，不可失也。"[2]

左司谏王岩叟说："国家未开拓以前，惟以信义为重，蛮夷之心不敢轻侮，故边患少；边患少，故民力纾；民力纾，故人心安；人心安，故兵威强；所以能坐制边徼而不自敝。开边以来，以有限之财，供无穷之费，贪无用之地，民力已困而不可支，人心已危而不可保，兵威已沮而不可恃，不于此时修复信义，为天下休息计，尚可固执，更增后日之患乎？"

御史中丞刘挚说："臣愚不佞，独谓用兵以终守其地，诚难保也。弃地而使不为患，臣虽老矣，愿保没齿不见边境之忧。"

---

1 李焘：《续资治通鉴长编》卷三百八十一。
2 李焘：《续资治通鉴长编》卷三百八十二。下同。

只有少数保守派士大夫反对弃地,例如殿中侍御史林旦,他说:"西戎贪黠,侥幸干请,要须以义折之,使语塞心沮,然后有畏慑,不敢肆其狂慢;岂宜先自示弱,而苟欲厌其心乎?……古者敌国争尺寸之地,至竭帑縻战而不悔,此等事故不足以为法,然以古校今,理亦可见。且以积年经营之功,因其一请而与之,似亦太率易也。"

不管是主守,还是主弃,只要言之成理,都可以理解。可苏辙的态度却不可理喻:一方面,他主张将"举兰州及安疆、米脂等五寨地弃而与之";另一方面,他又对在宋辽划界谈判中让地的韩缜痛加谴责:"缜昔奉使定契丹地界,举祖宗山河七百余里以资敌国,坐使中华之俗,陷没契丹。敌人得乘高以瞰并(州)、代(州),朝廷虽有劲兵良将,无所复施。"[1]还诬蔑王安石主张割地给契丹。在元祐党人中,苏辙大约可算是政治品质最恶劣的,连站在保守派一边的朱熹都认为苏辙"虽名简静,而实阴险"。[2]

保守派士大夫不但在西夏人并没有提出领土诉求的情况下主动提议割地,而且在叙述本朝对夏战争历史时,刻意"讳胜而言败",包括严重夸大永乐城一役宋师的伤亡数字;对元丰五路伐夏只强调无功而返,避而不提宋师收复疆土;对熙宁末李宪在六逋宗大败西蕃的事实回避不谈。总之,我们今天读宋代保守派士大夫叙述的宋夏关系史,会发现他们对败绩津津乐道,对胜仗语焉不详。这种"长他人志气,灭自己威风"的叙事风格十分奇特。

---

1 李焘:《续资治通鉴长编》卷三百六十八。
2 朱熹:《晦庵集》卷四十一《答程允夫》。

讽刺的是，西夏不给宋朝面子。七月初八，西夏使者在延和殿觐见哲宗皇帝，竟然当面数落大行皇帝神宗："神宗自知错。"[1]哲宗"起立变色，怒"。西夏使者的强硬态度，显然是受了宋廷保守派之绥靖意见的激励。试想一下，使者尚未提出领土交涉，宋廷大臣已先建言归还土地，这是一种怎样的精神？

尽管夏使在御前出言无状，但两府议事时，主弃的意见还是占了上风。文彦博"欲举熙河一路弃之"，刚升任右仆射的吕公著不同意，认为熙河乃"先朝所取，皆中国旧境，而兰州乃西蕃地，非先属夏人。今天子嗣守先帝境土，岂宜轻以予人？"

被派往边境考察措置熙河兰会路经制财用事的孙路、穆衍也发回报告，反对放弃兰州："兰州弃则熙州危，熙河弃则关中摇动。唐自失河湟，吐蕃、回鹘一有不顺，则警及国门，逮今二百余年，非先帝英武，其孰能克复？今一旦委之，无厌之欲，恐不足以止寇，徒滋后患尔。"

又有主张弃地者（应该是司马光）表示："如窃人之财，既为所执，犹不与之可乎？"同知枢密院安焘愤然说："自灵武以东，皆中国故地，先帝兴问罪之师而复之，何乃借谕如是！"士大夫将朝廷的开疆拓土比喻为"窃人之财"而不获罪，大概也只有宋朝了。

与安焘并任同知枢密院的范纯仁重提"以所得夏国地土，换易陷蕃人口"的主张，并补充说："臣欲乞别许夏国每还到汉人一名，赐地之外，更特支绢十匹，则夏人贪利，必肯尽数交换。不过捐中国缣帛数万，可以换易人口数千，则陛下好生

---

1 李焘：《续资治通鉴长编》卷三百八十二。下同。

之德,超绝古今,足以感动华夷,永为万世之法。"

文彦博与司马光极力主张弃地,其他人难以将其说服。讨论到最后,主弃派总算同意不弃兰州,只割让葭芦、米脂、浮图、安疆四寨,以换回战时被俘虏至西夏的军民。两府既议定,朝廷便降诏答复西夏:"其元丰四年用兵所得城寨,除元系中国及西蕃旧地外,候送到陷没人口,当委边臣勘会分画给赐。"[1]

朝廷还采纳范纯仁之议,承诺西夏人,每归还一名宋人,另外赐绢十匹:

> 永乐城将吏兵夫等,昨因尽忠固守,力屈就擒,众多生齿,沦于异境。念其流落,每用恻然。虽已诏汝发遣,当给赐可还之地,然念城初失守,众即散亡,或为部落所匿藏,或为主者所转鬻,非设购募,恐有所遗。汝可深体朕意,仔细访求发遣,当据送到者,每人别赐绢十匹,命官已上,加优赐以给所得之家。[2]

大宋文明之所以令人心动,其一便体现在此。

尽管宋王朝有意退让,宋夏边境却不得安宁。刘挚声称只要割地,他敢担保边境无忧。现实却狠狠打了他的脸。元祐元年七月,西夏国主赵秉常忧愤而死,年二十六岁,其三岁的儿子乾顺继位,国政由权臣梁乙逋控制。梁氏为"擅权立威","以

---

[1] 李焘:《续资治通鉴长编》卷三百九十。
[2] 李焘:《续资治通鉴长编》卷三百八十二。

为若边塞无事，则奸谋不成，故辄敢犯边，以请地为名"。[1]

元祐二年（1087）八月，梁乙逋以兰州城、塞门寨未列入归还名单为由，发兵攻打宋朝三川寨，被宋师击退；九月，西夏又攻泾原路，为曲珍所败；次年四月，攻塞门寨，被赵卨击败；……从元祐二年至四年，西夏多次扰边，欲夺宋土，都无功而返。[2]

元祐四年六月，西夏才遣使入贡，请求以宋朝欲归还的四寨换兰州、塞门寨。宋王朝没有应允，只答应以四寨换陷蕃军民："其永乐陷没人口，……候将来送还。到日，……仍将葭芦、米脂、浮图、安疆四寨约一日给赐。"[3] 最后，双方商定了交换四寨与人口的时间。

十一月，西夏送回一百五十五名在永乐城之役中俘获的宋朝军民，宋朝则向西夏归还葭芦、米脂、浮图、安疆四寨。这些归来的陷蕃人口，原来是军人并且愿意继续从军的，可加入禁军或厢军；不愿从军者，放归故里；原来是平民的，亦放归原籍；均赐衣食、盘缠。

而在交割四寨时，宋夏双方又为具体的划界事宜陷入争执。元祐五年（1090）九月，西夏又发兵攻打兰州城附近的质孤、胜如二堡。情报传至朝廷，新任御史中丞苏辙对西夏无一言谴责，反而对修建驻守质孤、胜如二堡的熙河将佐范育、种谊、种朴痛加指斥："范育以措置边事乖方，召还为户部侍郎，赏罚倒置，乞行责降；仍乞罢种谊、种朴本路差遣，更择熙河帅臣，

---

1 李焘：《续资治通鉴长编》卷四百四。
2 关于西夏屡次扰边的情形，可参见李华瑞《论宋哲宗元祐时期对西夏的政策》，《中州学刊》1998年第6期。
3 李焘：《续资治通鉴长编》卷四百二十九。

使之怀柔异类，谨修边备。"[1]

次年，元祐六年（1091）七月，三省、枢密院集会商议熙河路划界事务。此时苏辙已擢任尚书右丞，仍然主张放弃质孤、胜如二堡。原来赞成弃地的王岩叟时任签书枢密院事，在目睹弃地未能和戎的事实之后，他改变立场，反对舍弃质孤、胜如："二堡利害系在熙兰。熙兰一路既危，关中未得安枕，今日之事不可不谨重。"[2] 两府执政无法就弃守达成共识。

已经外放、出知太原府兼河东路经略使的范纯仁，听闻熙河划界之议久久未决，上奏催促朝廷尽快弃地："臣与司马光陈弃寨之策，为陛下议地大计，以示轻地爱人之德。今将蓄疑败谋，复留两堡之地，将再起事端，以招后患。希诏边臣速令分画。"[3]

谁知范纯仁的奏章刚上，西夏又进犯麟、府二州。在血的教训之前，范纯仁承认自己御戎失策，累章自劾。哲宗说："何罪之有。"范纯仁坚持："非将吏失律，乃臣之罪也。人君赏罚必信，不可为老臣屈。"遂移知河南府。但范纯仁认为朝廷对自己的处分太轻，又上章称："昨以御戎失策，累章待罪，蒙恩罢帅，移知河南府，窃恐未厌公议，望再行黜责。"[4] 于是又降官阶。不愧是一条汉子。

范纯仁之弟范纯粹原本也是主弃派，元祐元年他任环庆路经略使，曾上奏说："所争之地未弃，则边衅无时而可除也。"[5]

---

1 李焘：《续资治通鉴长编》卷四百四十五。
2 李焘：《续资治通鉴长编》卷四百五十八。
3 李焘：《续资治通鉴长编》卷四百六十五。下同。
4 李焘：《续资治通鉴长编》卷四百六十八。
5 李焘：《续资治通鉴长编》卷三百七十二。

但到了元祐六年，他已清醒过来，说："臣窃惟元祐以来，朝廷之所以御夏人、处边画者，莫非以礼义为本，以恩信为先。虽彼屡肆跳梁，边民被害，而一切容贷，期于息兵。然六七年间，戍边之卒未尝减损，金谷之费未尝省羡，备御之计未尝简弛，彼乃愈益猖狂，边患滋甚，固宜朝廷之改图也。"[1]

继范纯粹之后出任环庆路经略使的官员名为章楶，文官出身，与章惇同宗。元祐六年，他在环庆路经略使任上提出新的御夏之策："夏嗜利畏威，不有惩艾，边不得休息。宜稍取其土疆，如古削地之制，以固吾圉。然后诸路出兵，择据要害，不一再举，势将自蹙矣。"[2] 自此，一位可媲美王韶的北宋帅才踏上经略西北的历史舞台。

从范氏兄弟的立场转变，到章楶的上场，表明元祐党人弃地乞和的御夏路线是完全失败的。

第四节　清算新党

元丰末元祐初，司马光念兹在兹者，是废新法、复旧法，但他毕竟是厚道之人，对变法派没打算赶尽杀绝。控制了言路的保守派少壮就不一样了，他们不但要尽废新法，还要尽逐新党。

当时，执政的变法派有左仆射蔡确、右仆射韩缜、知枢密

---

[1] 李焘：《续资治通鉴长编》卷四百六十六。
[2] 脱脱等：《宋史》卷三百二十八。

院章惇、同知枢密院安焘、中书侍郎张璪、尚书右丞李清臣。最早受到台谏官攻击的是蔡确、韩缜、章惇三人。元年八年十二月，左正言朱光庭上章，将蔡确、韩缜、章惇斥为"三奸"，将司马光、范纯仁、韩维誉为"三贤"，乞请太皇太后"特出宸断，退三奸于外以清百辟，进三贤于内以赞万机，则自然朝纲不紊，圣化得行，太平之风，自兹始矣"。[1]

有意思的是，韩维、韩缜是一对兄弟。兄弟政见互异，分属新旧党，这在宋神宗时代是很常见的，比如王安石与王安国、曾布与曾巩、孔平仲与孔文仲、李承之与李肃之、吴安持与吴安诗，杜纮与杜纯，像苏轼、苏辙这种刻意保持一致立场的反而少见。

台谏将宰相蔡确列入"三奸"的理由如下：

其一，蔡确"为臣不恭"。神宗皇帝灵驾发引，蔡确竟然"驰马先去数十里之远，直趋馆舍以就安眠，后面灵驾一行，并不照管，当此之际，有如路人，为臣不恭，莫此之甚！"这是朱光庭的指控。

其二，蔡确贪权恋栈。按宋朝惯例，皇帝去世，宰相合为山陵使，主持皇陵的修建。山陵建造完毕，山陵使还朝，例当辞去宰相职位。蔡确却没有依故事请辞，而是"贪权固宠，不恤公议，傲然安处，无廉耻之节，败陛下风俗，坏陛下典章"。[2] 这是刘挚的指控。

其三，蔡确鲜廉寡耻。元祐废罢的新法多为蔡确所共建，"先帝之所是，确等亦是之；陛下之所否，确等亦否之。随时翻覆，

---

[1] 李焘：《续资治通鉴长编》卷三百六十三。下同。
[2] 李焘：《续资治通鉴长编》卷三百六十二。

略无愧耻，天下传笑，以为口实，而朝廷轻矣"。[1]这是苏辙的指控。

其四，蔡确有违天和。元丰末、元祐初出现一场大旱，"经冬无雪，春又不雨，弥数千里，粟麦失种"，"皇帝陛下、太皇太后陛下亲出祈祷，忧勤切至，遍走群望，未尝一日而忘其忧。而蔡确、韩缜视之，眇然若不任其责者，未有闭门引咎，上章谢罪，引故事乞赐罢免。天意有可知者，前后雨雪少降而辄止，阴云稍合而复散，意者揆务（宰相）不胜其任，和气不格其应乎！"[2]这是右谏议大夫孙觉的指控。

朱光庭甚至拍着胸脯说：只要逐走蔡确、韩缜、章惇三个奸邪，进用司马光、范纯仁、韩维三位忠贤，"天意既和，则膏泽自降，太平可立而待"。

在台谏官连章弹劾的压力下，蔡确不得不上疏请辞。但他的辞职又惹来新一轮攻讦，因为台谏官认为他的辞呈写得不诚恳，"无引咎之意，有论功之言"。[3]刘挚、孙觉、苏辙接连上章攻击：

> 确无礼不恭，朋邪怀二，无廉耻之节，昧进退之义。……今既逼于公论，不得已而求去，正当痛自咎责，踧踖伛偻，为恳切必退之词，乃大臣去就之体。今确夸功扬己，露行行不平之气。为臣如此，不谓之大奸大邪可乎？[4]

---

1 李焘：《续资治通鉴长编》卷三百六十七。
2 李焘：《续资治通鉴长编》卷三百六十五。下同。
3 李焘：《续资治通鉴长编》卷三百六十六。
4 李焘：《续资治通鉴长编》卷三百六十八。下同。

今确为左仆射，人臣无二矣，朝廷故事有害于民，不引以为己过；至于更改之际，乃皇帝陛下、太皇太后陛下图民疾苦，有所更张，确乃以为功。人臣操心若此，可乎？确虽避位求去，陛下未赐诏可，确更迟迟有欲留之心，伏愿早赐罢免。

臣窃观蔡确所上表，虽外迫人言，若欲求退，而论功攘善，实图自安。……确既不自引咎，又反以为功，著之表疏，传之天下，则是确等所造之恶，皆归先帝，而陛下所行之善，皆归于确。臣不胜愤懑。

恰好此时，蔡确之弟、担任军器少监的蔡硕被揭发生活奢侈、有贪污受贿之嫌："硕用度奢侈，过于君相，少监俸入能有几何，而飨奉如此，确同居岂不一见之？固当问所从来，不当坐视而不问也。"御史王岩叟在入对时告诉哲宗："今不黜确，后日大臣子弟必自肆而不置意于法矣。"哲宗说："待便行。"

元祐元年闰二月初二，蔡确罢相，出知陈州。苏辙犹称蔡确"坐言者逐去，然卒不以前后反覆归咎先帝罪之，世以为恨"。一年后，因胞弟蔡硕被指控"盗用官钱，乞取货赂"，蔡确又被台谏官追劾："确位居宰相，窃弄威福，放纵其弟，养成奸赃。"[1] 于是落观文殿大学士，移知亳州。未久，台谏又弹劾蔡确"凶险奸贪，因缘治狱，致位宰相，与弟硕论议国事，进退人物，因纳贿赂，理无不知，落职移郡，不足示惩"，于是蔡确再被贬知安州，不久又改知邓州。

---

[1] 李焘：《续资治通鉴长编》卷三百九十五。下同。

与蔡确罢相同日，门下侍郎司马光拜尚书左仆射兼门下侍郎，成为首相。随后，尚书左丞吕公著升任门下侍郎，尚书右丞李清臣升任尚书左丞。司马光拜相的消息传到金陵，王安石怅然若失，说："司马十二作相矣。"[1]并交代侄子王防把他执政之时的《日录》烧了（但王防没有烧掉《日录》，反而将之偷偷藏起来）。他知道，那个属于他的时代已经落幕了，疾风骤雨即将来临。

也是在闰二月初二这一天，刘挚上疏抨击王安石的学说，提议今后科场解读经义，"仍许通用先儒传注或已之说，而禁不得引用《字解》及释典"。[2]《字解》即王安石晚年最得意的著作《字说》。次月，司马光亦上章批判王安石的"三经新义"，欲废掉。最后，还是韩维站出来维护："安石经义发明圣人之意，极有高处，不当废。"[3]

时有举子自京师归金陵，拜见王安石。王安石问他朝廷"有何新事"？[4]那举子说："近有指挥，不得看《字说》。"王安石闻言，有些悲伤地说："法度可改，文字亦不得作乎？"是夜，辗转反侧，夜不能寐，绕床而行，于屏风上写"司马光"三字，凡数百遍，"其胸次不平之气，概可见也"。

三月底，王安石病倒了，病中，犹折花数枝，插于瓶中，置于床前，并作了一首绝笔诗：

---

1 邵伯温：《邵氏闻见录》卷第十二。
2 李焘：《续资治通鉴长编》卷三百六十八。
3 韩维：《南阳集》附录《南阳集行状》。
4 曾慥：《高斋漫录》。下同。

新花

老年少欢豫，况复病在床。
汲水置新花，取慰此流光。
流光只须臾，我亦岂久长。
新花与故吾，已矣两相忘。[1]

在人生的最后时刻，王安石似乎又恢复了平静。而千里外的京城，保守派对变法派的清算之火愈烧愈烈。蔡确既已罢相，台谏官便将攻击的火力转移到次相韩缜身上。

闰二月，苏辙、朱光庭率先上弹章，要求韩缜罢相："臣伏见陛下采听众言，罢左仆射蔡确，中外释然。具知朝廷清明，邪正曲直，不可复欺。而右仆射韩缜独端然据位，略无动意，众情疑惑"；"韩缜之冒宠固位，不知引避其贤兄（指韩维），是皆天下之奸臣，去之则朝廷清明矣"。[2]

孙觉也上书说："今左相之位，以处司马光，论者以为得矣。韩缜尚为右相，则贤、不肖混淆，人才杂处，所谓冰炭同器也。伏愿圣慈罢缜相位，别求贤才，使与司马光协心共济，则天下不难治矣。"

刘挚批评韩缜"才鄙望轻，不学无术，多利欲而好富贵，习浅陋而无廉隅"；[3] 王岩叟称韩缜"行不修于家，德不修于朝，佞邪骄吝，播恶在人，素无公望，不可当大任"。[4] 都要求罢去韩缜的相位。

---

1 陆游：《家世旧闻》卷下。
2 李焘：《续资治通鉴长编》卷三百六十八。下同。
3 李焘：《续资治通鉴长编》卷三百七十一。
4 李焘：《续资治通鉴长编》卷三百七十三。下同。

韩缜既被台谏官弹劾，亦依惯例请辞待罪。但太皇太后没有批准。王岩叟又上疏："昨复闻陛下令中使押缜入中书，上下人情无不疑骇。盖缜贪而无耻，不畏清议，见陛下恩礼稍优，必然便有复留之意。陛下又爱惜事体，不欲直加屏黜。果若复留，如何可去？"哲宗批复："待行。"

四月初二，太皇太后批准韩缜的辞呈，让他出知颍昌府。五月，三朝元老文彦博拜平章军国重事——这是一个为元老级重臣专设的职务，地位尚在宰相之上；门下侍郎吕公著擢任右仆射兼中书侍郎，为次相。

而在韩缜罢相前，章惇已经于闰二月廿三日罢枢相，出知汝州。

在所谓的"三奸"中，章惇应该是最让保守派恼火的。蔡确与韩缜面对保守派的唇枪舌剑，基本保持沉默，不敢反驳，章惇却敢主动撩拨。

前面我们讲过，元丰八年十月，范纯仁、范祖禹等人被任命为谏官，是章惇站出来反对，迫使太皇太后改授范纯仁、范祖禹他职。章惇此举很快便引来王岩叟等台谏官的攻击："风闻章惇于帝前问陛下御批除谏官事，曲折再三，语涉轻侮，外庭传闻，众所共愤。……陛下聪明博问，能得贤而进之，不肖而退之，乃是盛德，而惇又谓陛下何从而知，是不欲威权在人主、端良入朝廷，惇之用心不忠可见，侵官犯分、慢上渎尊，义所不容。国有常宪，乞行显黜，以严臣职，以重主威。"[1]

元祐元年闰二月，章惇又站出来与司马光争论役法更革，因此又受到苏辙等台谏官的攻讦："臣窃见知枢密院章惇，始

---

[1] 李焘：《续资治通鉴长编》卷三百六十。

与三省同议司马光论差役事，明知光所言事节有疏略差误，而不推公心，即加详议，待修完成法，然后施行，而乃雷同众人，连书札子，一切依奏。及其既已行下，然后论列可否，至忿争殿上，无复君臣之礼。……臣不知陛下谓惇此举其意安在？惇不过欲使被差之人有所不便，人人与司马光为敌，但得光言不效，则朝廷利害不复顾。用心如此，而陛下置之枢府，臣窃惑矣。"[1]

之后，刘挚又称："章惇，资性佻薄，素无行检，庙堂议政，无大臣之体，专以强横轻肆，作俳谑之语，以凌侮同列，夸示左右。其语播于都下，散及四远，传以为笑。"[2]所以"伏请圣断，罢惇政事，以允公论"。

蔡确与韩缜受了台谏的弹劾，都上了辞呈，不管内心是否愿意。但章惇却倔得很，明知台谏攻击不断，就是不辞职。这马上又成了他的另一条罪证。王岩叟连章谴责章惇厚颜无耻、傲易不逊："自来执政大臣，若稍闻言路有言，虽章疏留中未出，亦必朝夕惕惕，有不自安之色。何则？惮朝廷，畏公议也。今章惇虽知言路交攻，而岸然自处，无毫发畏惧。反扬言语人曰：'不贬不去！'观此一语，何复有廉耻？何复有畏忌？窃以臣道主敬、主顺，而惇之傲易不逊乃如此，尚可以为大臣乎？"[3]

台谏官集体摆出不罢章惇决不罢休的架势。闰二月廿三日，太皇太后以哲宗的名义下诏："正议大夫、知枢密院事章惇，累有臣僚上言轻薄无行，好为俳谐俚语，及尝受内臣宋用

---

1 李焘：《续资治通鉴长编》卷三百六十九。
2 李焘：《续资治通鉴长编》卷三百六十一。下同。
3 李焘：《续资治通鉴长编》卷三百六十九。

臣馈遗。以其大臣，弹纠章奏不欲付外。又议役法，明知未完，俟其令行，始相沮难。近者，每于帘前同辅臣议政，动多轻悖，全无恭上之礼。宜解机务，可守本官，知汝州。"[1]

章惇去位后，太皇太后擢同知枢密院安焘为知枢密院，接替章惇；同时拜范纯仁为同知枢密院。但对安焘的任命又引发台谏官旷日持久的抗议，台谏的理由是：

第一，安焘能力不行："资才阘茸，器识暗昧，立朝以来，无一长为人所称"，"臣自来闻士大夫相与语曰：'安焘每与众执政议事，有终席不曾赞一句议论'，实其不才如此"。

第二，安焘人品不行："备位枢庭，不能自立，惟知佞事章惇，阴助邪说，以养交取容"，章惇知枢密院时，安焘全无主见，只知道依附长官。

第三，安焘声名不行："公议所鄙，中外一辞"。如此庸碌之人，如何可以担任枢密院长官、执掌兵政？

然而，真正的原因却是，安焘的立场倾向于变法派。

最终，太皇太后屈服于台谏压力，于三月十五日下诏撤销了对安焘的除拜，让他依旧同知枢密院事。

由于蔡确、章惇、韩缜相继被逐，执政的变法派只剩下同知枢密院安焘、中书侍郎张璪、尚书左丞李清臣三人，他们也难逃台谏官的清算。特别是张璪，被御史中丞刘挚批为"天资倾邪，不知忠义，立朝行己，阿谀柔佞，明附憸人，无自立之节"，属于必须驱逐的对象。[2]

元祐元年秋，安焘、李清臣、张璪三人自知朝廷已不可久

1　李焘：《续资治通鉴长编》卷三百七十。下同。
2　李焘：《续资治通鉴长编》卷三百七十九。

留，便联名上书求退。八月十四日，谏官王岩叟、朱光庭入对延和殿。王岩叟说："臣累言奸邪之状，指张璪事，皆有实状。陛下必经圣览，此人在左右不便。"[1]

哲宗说："已曾谕卿，自有时节，不须更著文字。"

王岩叟说："既有奸邪欺罔之事，合逐旋奏知。"

哲宗说："会得。"

王岩叟又说："臣闻璪、焘、清臣三人相结，待同入文字求退。此亦是奸谋，必料陛下三人俱请则难尽从。"

哲宗问："此三人如何？"

王岩叟说："三人皆不可大用，但安焘、李清臣不及璪之巧。"

他日，王岩叟又入对，又奏请罢黜张璪。

哲宗说："朝夕。"

刘挚也建议哲宗"于三人中罢璪，所以安天下；留焘与清臣，所以明陛下不忘先朝受遗旧臣之意"。[2]

九月，张璪罢中书侍郎，出知郑州。

次年（元祐二年）四月，李清臣亦罢尚书左丞，出知河阳。

执政团队中只剩下安焘一名变法派，他在枢密院任职至元祐四年七月，才因丁母忧而解职。保守派虽然不满安焘，但最终还能容下他，是因为安焘实在太平庸了，对"元祐更化"路线构不成什么威胁。

至于变法派中的能吏，元祐台谏官可不想放过，哪怕他们已经离开朝廷。元祐元年四月初，朝廷欲将前御史中丞邓绾从知邓州迁知扬州。由于扬州是大郡，台谏官不同意这项任命。

---

1 李焘：《续资治通鉴长编》卷三百八十五。下同。
2 李焘：《续资治通鉴长编》卷三百八十七。

四月十八日，殿中侍御史林旦上章抗议："前御史中丞邓绾，人质猥下，天性憸佞。先帝圣明，察见绾之情状，正其罪而黜之。今绾复待制，又复龙图阁直学士，自邓徙扬，而顽然无知，尚怀不足。伏望特出圣断，重行诛殛。"[1]

四月廿一日，朝廷只好改除邓绾小郡，知滁州。但林旦还有意见，要求尽削邓绾官职："今朝廷方进贤退不肖，赏善罚恶，岂可令奸邪小人，尚得列从官（指领有馆职，名列侍从官），典方面（主政一方）？况绾不顾羞耻，惟知附阿权利，临事动皆乖缪。今因弹奏，但移小郡，小郡之民奚罪焉？乞尽削官职，置之散地，终身不齿，以谢天下。"

不过，保守派没有机会再责罚邓绾了，因为邓绾尚来不及赴滁州上任，便在四月廿八日去世了。

与此同时，台谏官还对另一名变法派、新知江宁府李定秋后算账。王岩叟率先旧事重提："李定明知仇氏是其母而不认，及致人言，乃巧为讳匿，归过于父，终欲规避，不行追服，搢绅士大夫无不嫉恶之者。熙宁中谏官论列，有司考按，已得实状，举朝士大夫恶之。惟宰相王安石曲法枉道，蔽欺朝廷，私独主张，反积怨含怒于士大夫。"[2] 并要求追劾李定之罪："李定自丧母以来，元未曾行服。今既正其罪，理合追服，若不追服，无以正其罪。虽夺官落职，放归田里，若不令追服，终未合典礼，协人情。"

在王岩叟的强烈要求下，太皇太后准备下诏："李定备位侍从，终不言母为谁氏，强颜匿志，冒荣自欺，落龙图阁直学士，

---

1 李焘：《续资治通鉴长编》卷三百七十五。下同。
2 李焘：《续资治通鉴长编》卷三百七十六。下同。

守本官，分司南京，许于扬州居住。"[1]但诏书的词头却被中书舍人苏轼封还。

苏轼当然不是同情李定，他与范百禄上书指朝廷对李定的处分过轻："臣等看详李定所犯，若初无人言，即止自身负大恶。今既言者如此，朝廷勘会得实，而使无母不孝之人，犹得以通议大夫分司南京，即是朝廷亦许如此等类得据高位，伤败风教，为害不浅。……考之礼法，须合勒令追服。所有告命，臣等未敢撰词。"

苏轼还补充说："准律：诸父母丧匿不举哀者，流二千里。今定所犯，非独匿而不举，又因人言遂不认其所生，若举轻明重，即定所坐，难议于流二千里已下定断。"欲置李定于死地。最后李定虽未被流二千里，但也被贬了官，送滁州居住。不久后即死于贬所。

昔日李定制造了乌台诗案，现在苏轼终于报了一箭之仇，正好应了那句老话："君子报仇，十年未晚。"不过苏轼的行径是不是君子所为，就要打一个问号了。

五月十九日，苏轼之弟苏辙又要清算提举崇福宫吕惠卿："吕惠卿用事于朝，首尾十余年，操执威柄，凶焰所及，甚于安石，引用邪党，布在朝右。"王岩叟、朱光庭、王觌、刘挚等言官随之交章攻击。

六月十八日，吕惠卿落资政殿大学士，除官阶，分司南京，准于苏州居住。但这个处分结果未让台谏官满意，六月二十日，王岩叟、朱光庭、王觌、苏辙四谏官会于京师兴国寺之戒坛，

---

[1] 李焘：《续资治通鉴长编》卷三百七十八。下同。

列章再论吕惠卿"罪大谪轻,公议未厌,乞重行诛窜"。[1]

当日,太皇太后在四谏官的谏章上批示:"吕惠卿罪恶贯盈,虽已施行,而谏官弹纠不已,不可令处善地,宜贬窜一远小处,以塞公议。"数日后,吕惠卿被责授建宁军节度副使,"本州安置,不得签书本州公事"。

吕惠卿的责词由苏轼所撰:

> 吕惠卿以斗筲之才,挟穿窬之知,谄事宰辅,同升庙堂,乐祸而贪功,好兵而喜杀,以聚敛为仁义,以法律为诗书,首建青苗,次行助役、均输之政,自同商贾,手实之祸,下及鸡豚。苟可蠹国以害民,率皆攘臂而称首。

苏轼其实是借谴责吕惠卿之语,将王安石之政从整体上否定掉。

第五节　不归之路

但朝堂之上的争斗,王安石已经无法看到、听到、感知到了。元祐元年四月初六,王安石病逝于金陵,享年六十六岁。消息传至朝廷,告病在家的司马光给吕公著写了一封信:

---

[1] 李焘:《续资治通鉴长编》卷三百八十。下同。

> 介甫文章、节义过人处甚多，但性不晓事而喜遂非，致忠直疏远，谗佞辐辏，败坏百度，以至于此。今方矫其失，革其弊，不幸介甫谢世，反覆之徒必诋毁百端。光意以谓朝廷特宜优加厚礼，以振起浮薄之风，苟有所得，转以上闻，不识晦叔以为如何？更不烦答以笔札，戾前（**太皇太后帘前**）力主张，则全仗晦叔也。[1]

司马光、吕公著毕竟是正人君子，尽管不赞成王安石的政见，但彻底打倒和清算政治对手并不是他们的主张，更何况昔日他们与王安石是好友，王安石的文章、人品都是他们由衷佩服的。在吕公著的主导下，朝廷为王安石"再辍视朝，赠太傅，推遗表恩七人"。按宋朝惯例，凡大臣去世，君主通常要下诏停止视朝听政若干天，以示悼念；朝廷还追赠王安石为太傅，并按王安石的遗表推恩其亲属七人。

以哲宗皇帝名义颁布的王安石赠太傅制书，出自苏轼之手笔：

> 朕式观古初，灼见天意。将有非常之大事，必生希世之异人。使其名高一时，学贯千载，智足以达其道，辩足以行其言。瑰玮之文，足以藻饰万物；卓绝之行，足以风动四方。用能于期岁之间，靡然变天下之俗。

> 具官王安石，少学孔、孟，晚师瞿、聃。网罗

---

[1] 李焘：《续资治通鉴长编》卷三百七十四。下同。

六艺之遗文，断以己意；糠秕百家之陈迹，作新斯人。属熙宁之有为，冠群贤而首用。信任之笃，古今所无。方需功业之成，遽起山林之兴。浮云何有，脱屣如遗。屡争席于渔樵，不乱群于麋鹿。进退之美，雍容可观。

朕方临御之初，哀疚罔极。乃眷三朝之老，邈在大江之南。究观规模，想见风采。岂谓告终之问，在予谅暗之中。胡不百年，为之一涕。

于戏！死生用舍之际，孰能违天；赠赙哀荣之文，岂不在我。宠以师臣之位，蔚为儒者之光。庶几有知，服我休命。[1]

制书对王安石的学问、智辩、文章、品行都给予崇高评价，唯独对相业以一句"用能于期岁之间，靡然变天下之俗"一笔带过，不作臧否。这是因为，苏轼最终还是无法认同王安石之政，只是在赠太傅制书中不便公然否定，等到起草吕惠卿的贬书时，才借机发泄自己对王安石变法的反感。

与其他王朝的变法家相比，王安石可谓幸运。我们纵观历史，会发现历代变法家多数没有好下场：秦国商鞅变法，商鞅被车裂；晚清戊戌变法，谭嗣同等六君子喋血菜市口，康有为、梁启超流亡海外；明代的张居正虽得善终，死后却受到清算，差点被剖棺戮尸，两个儿子被迫自尽。只有王安石未遭横祸，尽管他主持的变法被元祐政府否定，在南宋时期也受尽批判，但直至南宋末，王安石一直享有从祀孔庙的地位。

王安石去世后半年，九月初一，六十八岁的司马光亦告别

---

[1] 苏轼：《苏轼文集》卷三十八《王安石赠太傅制》。

人世，将乱糟糟的政局留给了他的保守派同道。

此时，朝中变法派几乎已被斥逐一空，不管是政府还是台谏，都掌握在保守派手里。保守派中的温和执政官，如右仆射吕公著、同知枢密院范纯仁，开始对台谏官斗志昂扬、赶尽杀绝的做派感到忧虑。

早在四月邓绾被言官攻击时，范纯仁即向太皇太后、哲宗提建议："陛下临御以来，先朝旧臣虽有往咎，皆蒙天恩含贷，岂独绾可深罪？徒使人心反侧，不能安职，无益清净之化。伏望圣慈特降指挥，其邓绾已经先朝责降，今来台官文字，更不施行。如此，则圣度包荒，广如天地，负往咎者，咸得悛改，怀反侧者，皆可自安，所系朝廷治体不细。"[1]

太皇太后遣中使密赐手诏给范纯仁："览卿所奏邓绾事，诚为允当。朝廷以向者附会掊克中最显者，已行放黜，盖当时希世苟合、言利进身者甚众，朝廷若人人而责，则事无穷已，似非安静之术，使向来附会干涉之人，日夜恐惧，不能自安。欲降一诏书，一切示以宽恩，更不行遣，当各安职业，改过自新。欲作此意度行下如何？卿更仔细相度，具可否，亲书实封进入。"

范纯仁复奏："蒙圣意更欲降诏，干涉之人，释其往咎，咸俾自新。此甚圣德，虽尧、舜宥过无大，成汤克宽克仁，无以过也。臣伏读诏旨，忻欢感叹之不暇，岂复更有愚见可助睿明？便望只以此意付之词臣，更使敷衍润色，以成训诰之美，垂之万世，永为帝范。"

然而，不知何故，四月太皇太后并未下诏安抚变法派。

---

[1] 李焘：《续资治通鉴长编》卷三百七十五。下同。

五月，御史林旦又攻击另一名已经失势的变法派贾种民，称其"尝持虚券，冒夺人产业"，"元丰中，任大理官，为蔡确鹰犬，专中伤善良"，要求追加责罚。[1]太皇太后遂下诏降贾种民为通判。

贾种民确实不是善类，我们以前讲过，在陈世儒弑母案的审理过程中，身为司法官的贾种民为构陷吕公著，居然篡改案犯供词。但贾种民的不法行为当年已被问责，如今为何又要翻出来说？右仆射吕公著觉得不妥，说："方种民为狱官，臣亦与被诬陷，今臣方在相位，而种民得罪，恐所惩者小，所损者大，非所以示天下。"太皇太后又采纳吕公著之言，下诏收回贬黜贾种民的前诏。

但门下侍郎韩维拒绝在新诏书上签字，他说："种民罪恶，众所共知，奈何以吕公著故屈朝廷公议！"吕公著又上请，坚持救贾种民。有人劝告吕公著："今除恶不尽，将贻患他日。"吕公著却说："治道去太甚耳。文、景之世，网漏吞舟。且人才实难，宜使自新，岂尽使自弃耶！"[2]

最终，贾种民被责知临江军。御史林旦还不满意，上书说贾种民"资性倾邪刻薄"，须再贬黜，"使累有过犯不经责罚之人，少知惩戒"，"不知吕公著何为屡引私嫌，欲废公议"。[3]不过太皇太后没有理他。

太皇太后又想到之前与范纯仁商议好的"下诏以慰反侧"，便提出来询问吕公著的意见，吕公著深以为然。于是六月廿六日，太皇太后出手诏付三省、枢密院：

---

1 李焘：《续资治通鉴长编》卷三百八十。下同。

2 李焘：《续资治通鉴长编》卷三百八十一。

3 李焘：《续资治通鉴长编》卷三百八十。下同。

向者朝廷讲求法度，务以宽厚爱民，而搢绅之士，往往不原朝廷本意，速希功赏，有误使令。或议法失当，或掊敛毋节，或奸回附势，或讲事饰非，或多结权贵，或力举边事、残民蠹物，久益知弊，致使群言交攻不已。苟无澄肃，必紊纪纲。止以其罪显者乃行窜逐，自余干涉之人，夙夜怵惕，不无忧虞。予当新政，务存大体，一切示以宽恩，更不追劾，咸使改过自新，各安职业。可仿此意作诏书，布告中外。

六月廿八日，两府根据太皇太后手诏，形成诏书的正式文本：

朕惟先帝临御以来，讲求法度，务在宽厚，爱物仁民。而搢绅之间，有不能推原朝廷本意，希旨掊克，或妄生边事，或连起狱讼，积其源流，久乃知弊。此群言所以未息，朝廷所以惩革也。敕正风俗，修振纪纲，兹出大公，盖不得已。况罪显者已正，恶巨者已斥，则宜荡涤隐疵，阔略细故，不复究治，以累太和。夫疾之已甚，孔子不为；御众以宽，有虞（虞舜）所尚。为国之道，务全大体。应今日前有涉此事状者，一切不问，言者勿复弹劾，有司毋得施行，各俾自新，同归美俗。布告中外，体朕意焉。[1]

诏书的主旨与之前范纯仁建议的"以慰反侧"之诏基本

---

[1] 李焘：《续资治通鉴长编》卷三百八十一。下同。

一致。出于叙述方便考虑，我们将此诏称为"不复究治"之诏。从程序上讲，诏书经皇帝画可、给事中书读、中书舍人书行、宰执副署之后，即可颁行。但"不复究治"之诏却迟迟未能颁布，因为刘挚、林旦、上官均、王岩叟、王觌等台谏官僚听到风声后，纷纷上书抗议，要求太皇太后"寝降诏之议，免四方疑惑"。

台谏官宣称，朝廷若下"不复究治"之诏，是对奸邪之人的姑息："臣窃惟诏旨，必以谓前日黜去一二大吏、奸谀刻深掊敛罔上之臣，恐党与反侧无自全之意，故为此诏以慰安之。……若惩一二奸臣而以同类恐惧为疑，又为善辞以慰劳之，则是行姑息之政，非所以信赏罚而示天下之公议也。不知陛下以前日斥去一二奸谀险诐之臣为是耶？为非耶？"

台谏官又说，"不复究治"之诏更是对言路的压制："今者外议藉藉，又异于前，大意谓陛下即位以来，增损法令，进退官吏，今日改意自悔，故欲下诏委曲解说；又深厌台谏言事，故欲指约（约束）多士，转相告语；且谓自此臣僚虽有罪犯，无复忧畏，台谏虽有闻见，无复敢言。"

对"不复究治"之诏提出异议的还有给事中胡宗愈。他说："中书省敕内，有'言者勿复弹劾，有司毋得施行'之语，臣愚窃以谓此二句于体未便，欲望去此二句，则尽善矣。"

由于言事官交章抗议，"不复究治"之诏在三省逗留了十余日，不敢发布。七月十一日，诏书才颁降，且删去"言者勿复弹劾"六字。换言之，太皇太后与政府不得不对台谏让步。

台谏又得逞了，气焰越发嚣张，根本就没有打算停止对变法派的清算。张璪是在"不复究治"之诏颁布后被攻讦的，李定是在"不复究治"之诏颁布后被责罚的，蔡确是在"不复究治"

之诏颁布后再贬小郡安州的，李清臣也是在"不复究治"之诏颁布后被台谏交章弹劾而不得不累表乞补外的。

此外，六月中，御史林旦还上章弹劾变法派司法官崔台符，要求罢去其职务："窃见刑部侍郎崔台符人物凡猥，资性狡佞，本以诸科挟法令而进。熙宁中，王安石破律改条，变易轻重，台符附会新意，因得进用。……伏乞睿明，先次罢台符本职，且与一外任闲慢差遣。"[1]

七月，谏官苏辙又攻击崔台符的属官、刑部郎中杜纮，反对朝廷擢用他："杜纮人品凡近，不知经术，以诵习法律进身，自熙宁、元丰以来为刑部官，谄事宰相王安石，王珪、蔡确以下，脂韦便佞，无不得其欢心。……台符既以官长被罪，如纮等皆其属官，朝廷虽阔略不问，至于非次擢用，岂宜遽以及纮？"[2]

十月，因吕公著提议"惇父老（年近九十），居苏州，今惇留汝州，上方以孝治天下，岂可使大臣失晨昏之养"，范纯仁亦赞同，三省遂出敕把章惇从汝州调至扬州，以便就近养亲。[3]这本是人道主义的体现，但台谏官又集体反对，章惇"行至国门，以言者攻罢，复还汝州"。[4]在台谏的煽风点火下，太皇太后也大怒，责问执政官"主惇者谁耶？"吕公著回答说这是大家的意见。

承诺停止清算变法派，"各俾自新，同归美俗"的"不复究治"之诏，最终成了一纸空文，没有人拿它当一回事。

在逐尽变法派之后，保守派台谏官开始调转枪头，开始攻

---

1 李焘：《续资治通鉴长编》卷三百七十九。
2 李焘：《续资治通鉴长编》卷三百八十三。
3 李焘：《续资治通鉴长编》卷三百九十二。
4 李焘：《续资治通鉴长编》卷三百九十。

击同一阵营的昔日同道。最早受到台谏攻讦的保守派名流，是新任翰林学士苏轼。

元祐元年岁末，学士院召试了一批馆职官，试题是：

> 今朝廷欲师仁祖（仁宗）之忠厚，而患百官有司不举其职，或至于偷（苟且偷安）。欲法神考（神宗）之励精，而恐监司守令不识其意，流入于刻（苛刻）。夫使忠厚而不偷，励精而不刻，亦必有道矣。昔汉文宽仁长者，至于朝廷之间，耻言人过，而不闻其有惰废不举之病。宣帝综核名实，至于文学理法之士，咸精其能，而不闻其有督责过甚之失。何修何营可以及此？愿深明所以然之故，而条具所当行之事，悉著于篇，以备采择。[1]

这是一道很有现实意义的策问题，其意在让考生申论中庸之道，谁知却引起一场轩然大波。十二月十八日，左司谏朱光庭先上章批判学士院试馆职策问题，要求治考试官的罪："今来学士院考试不识大体，以仁祖难名之盛德、神考有为之善志，反以偷刻为议论，独称汉文、宣帝之全美，以谓仁祖、神考不足以师法，不忠莫大焉。伏望圣慈察臣之言，特奋睿断，正考试官之罪，以戒人臣之不忠者。"[2]

出这道策问题的考试官正是苏轼。既然台谏官对考试官有意见，太皇太后便诏苏轼"特放罪"，意思是，苏轼出题不妥，

---

[1] 苏轼：《苏轼文集》卷七《试馆职策问三首》。
[2] 李焘：《续资治通鉴长编》卷三百九十三。下同。

确实有过错，但其罪过可不予追究。

朱光庭却认为苏轼之罪"不当放"，又上章攻击苏轼，称策问之语"涉讥议先朝"。新任御史中丞傅尧俞、侍御史王岩叟也相继上书声援朱光庭，合攻苏轼："轼之此罪，若不正之，则于朝廷事体终为不顺，上下议论终为不允。"但太皇太后没有理睬。傅尧俞、王岩叟再次上书，论列不已。

太皇太后被这帮言事官搞烦了，于元祐二年正月十二日下诏请执政官让他们闭嘴："傅尧俞、王岩叟、朱光庭以苏轼撰试策题不当，累有章疏，今看详得非是讥讽祖宗，只是论百官有司奉行有过。令执政召诸人面谕，更不须弹奏。"[1]

次日，傅尧俞、王岩叟、朱光庭赴都堂，听宰执传达谕旨。听后，朱光庭等人对右仆射吕公著说："（执政）皆知轼为有过，然特欲以上意两平之耳，皆不敢奉诏。"表示不接受宰执的调解。正月十四日，三人又各上疏，王岩叟说："苏轼如圣谕非是讥讽祖宗，然只以祖宗置于议论之间，便是有伤大体，安得以为无罪？"

正月十八日，傅尧俞、王岩叟入对，在太皇太后帘前论苏轼策问题不当。

太皇太后说："此小事，不消得如此，且休。"

傅尧俞坚持："此虽数句言语，缘系朝廷大体，不是小事，须合理会。"

太皇太后又说："苏轼不是讥讽祖宗。"

傅尧俞说："若是讥讽祖宗，则罪当死，臣等不止如此论列。既止是出于思虑言词失轻重，有伤事体，亦合略有行遣。"

---

[1] 李焘：《续资治通鉴长编》卷三百九十四。下同。

太皇太后反问："言事官有党。此朱光庭私意，卿等党光庭耳。光庭未言时，何故不言？"

傅尧俞、王岩叟答道："昨朱光庭初言，朝廷有放罪指挥，则是朝廷行遣得正，自不须言。后见反汗（收回成命），又是非颠倒，臣等方各论奏。"

王岩叟还从袖中取出苏轼所撰策问题，在帘前一一指陈。太皇太后在帘后厉声说："更不须看文字也！"

傅尧俞说："如此，是太皇太后主张苏轼。"直言太皇太后偏袒苏轼。

太皇太后又厉声说："太皇太后何故主张苏轼，又不是太皇太后亲戚也！"

王岩叟说："陛下不主张苏轼，必主张道理，愿于道理上断事。"

二人逼得太皇太后不得不表态："待降责苏轼！"

太皇太后心里是十分恼火的，决定将苏轼与傅尧俞、王岩叟、朱光庭四人都逐出朝廷。不过执政官阻止了太皇太后这么做，事情最终不了了之。

被台谏官攻击的保守派还有韩维、李常、刘挚等人。当然，这里面少不了苏辙。苏辙当言官时抨击过无数人，也怒怼过朱光庭："窃见新除给事中朱光庭，智昏才短，心狠胆薄，不学无术，妒贤害能。"[1]大概就是因为朱光庭攻击过苏轼。等苏辙当上执政官，却被侍御史贾易弹劾："尚书右丞苏辙，厚貌深情，险于山川；诐言殄行，甚于蛇豕。"[2]

---

1 李焘：《续资治通鉴长编》卷四百五十四。
2 李焘：《续资治通鉴长编》卷四百六十三。

自从精神领袖司马光去世后,元祐保守派分裂成三个派别,有洛党、川党(蜀党)、朔党之分,人称"元祐三党"。"洛党者,以程正叔(程颐)侍讲为领袖,朱光庭、贾易等为羽翼;川党者,以苏子瞻(苏轼)为领袖,吕陶等为羽翼;朔党者,以刘挚、梁焘、王岩叟、刘安世为领袖,羽翼尤众。诸党相攻击不已。"[1]这些人当中,攻击他人最起劲者,每一个都是"元祐更化"之时的台谏官。

朱光庭、王岩叟等台谏官为什么要追击苏轼?真实的原因是苏轼以毒舌讽刺司马光丧礼的主持人程颐,得罪了洛党、朔党,因为程颐是洛党的领袖,朔党则是司马光的衣钵传人。

元祐台谏官热衷于结党营私、党同伐异,却用心险恶地给变法派制造了一顶朋党的帽子。

元祐四年四月初五,一个叫吴处厚的保守派官员(此人与司马光、邵雍交情不浅)举报蔡确在贬知安州时写诗讥讽朝政:"确昨谪安州,不自循省,包蓄怨心,实有负于朝廷,而朝廷不知也。故在安州时,作《夏中登车盖亭》绝句十篇,内五篇皆涉讥讪,而二篇讥讪尤甚,上及君亲,非所宜言,实大不恭。"[2]

我们先将这五首"包藏祸心"的《夏中登车盖亭》绝句抄录下来:

其一

静中自足胜炎蒸,入眼兼无俗物憎。
何处机心惊白鸟,谁人怒剑逐青蝇?

---

1 邵伯温:《邵氏闻见录》卷第十三。
2 李焘:《续资治通鉴长编》卷四百二十五。下同。

其二

纸屏石枕竹方床,手倦抛书午梦长。
睡起莞然成独笑,数声渔唱在沧浪。

其三

风摇熟果时闻落,雨折幽花亦自香。
叶底出巢黄口闹,波间逐伴小鱼忙。

其四

矫矫名臣郝甑山,忠言直节上元间。
钓台芜没知何处?叹息思公俯碧湾。

其五

喧豗六月浩无津,行见沙洲束两滨。
如带溪流何足道,沉沉沧海会扬尘。

你能找出这五首诗的"包藏祸心"之处吗?且看吴处厚怎么解读:"何处机心惊白鸟,谁人怒剑逐青蝇"这首,是"讥刺执政";"叶底出巢黄口闹,波间逐伴小鱼忙"这首,是"讥刺昨来言事者,及朝廷近日擢用臣僚";"睡起莞然成独笑,数声渔唱在沧浪"这首,其中"亦含微意",吴处厚问:"今朝政清明,上下和乐,即不知蔡确独笑为何事?"

"矫矫名臣郝甑山,忠言直节上元间"这首,是借唐朝典故"讥谤朝廷,情理切害",诗中的"郝甑山"指唐朝名臣郝处俊,上元年间,唐高宗多病,欲逊位于武后,郝处俊谏止。吴处厚说:"蔡确谪守安州,便怀怨恨,公肆讥谤,形于篇什。处今之世,思古之人，不思于他，而思处俊，此其意何也？借曰处俊安陆人，故思之，然《安陆图经》更有古迹可思，而独思处俊，又寻访处俊钓台，再三叹息，此其情可见也。"意思是说，蔡确故意借郝处俊的典故讽刺太皇太后垂帘听政。

对"喧豗六月浩无津，行见沙洲束两滨。如带溪流何足道，沉沉沧海会扬尘"这首，吴处厚分析说："今闻得安州城下有涢河，每六七月大雨，即河水暴涨，若无津涯；不数日晴明，即涸而成洲，故确因此托意，言此小河之涨溢能得几时，沧海会有扬尘时。又'沧海扬尘'，事出葛洪《神仙传》，此乃时运之大变，寻常诗中多不敢即使，不知确在迁谪中，因观涢河暴涨暴涸，吟诗托意如何？"暗示蔡确心怀不轨。

"车盖亭诗案"由此拉开大幕。吴处厚罗织罪名的功夫是一流的，但比他更可怕的是一群自命君子的元祐谏官。

在吴处厚检举蔡诗的次日，右司谏吴安诗即上疏弹劾蔡确，与吴处厚配合默契。

又次日，四月初七，左谏议大夫梁焘、右正言刘安世也随之上弹章，给车盖亭诗案再添一把火。梁焘说："今确乃思慕处俊，自见其意，以谓太皇不当临朝听政，作为流言，惑乱群听，阴怀奸宄，动摇人心，以为异日诬诞之基。其为悖逆，无甚于此。"

刘安世说："至于'沧海扬尘'之语，其所包藏，尤为悖逆。确自谓齿发方盛，足以有为，意在他日时事变易，侥幸复用，摅泄祸心，跋扈怀梁冀（东汉奸臣）之奸，睥睨蓄魏其（西汉权臣）之志，此而可舍，国法废矣。"

刚接到吴处厚的举报信时，太皇太后没有生气，只说："执政自商量。"经过梁焘、刘安世的启发，太皇太后对蔡确的恼怒、厌恶才被激发出来，于四月十二日下诏："令蔡确开具因依，实封闻奏，仍令知安州钱景阳缴进确元题诗本。"梁焘又说："蔡确讥讪罪状明白，便当付狱，不须更下安州取索原本及令确分析。"

这个时候，御史中丞李常、侍御史盛陶、中书舍人彭汝砺难得说了公道话，他们当然不敢替蔡确辩护，只是表达了对吴处厚开告讦之门的担忧。彭汝砺说："今缘小人之告讦，遂听而是之，又从而行之，其源一开，恐不可塞。人有一言，且将文饰之，以为是讥谤时政者；有一笑，且将揣度之，以为包藏祸心者。疑惑自此日深，刑狱自此日作，风俗自此日败坏，却视四顾，未知其所止也。"

梁焘、刘安世却认为这是党羽在营救蔡确，又反复上章提醒太皇太后注意朋党："臣闻上自执政，下至堂吏，确之党与殆居其半，百端营救，齐奋死力。若使邪说得行，摇动正论，则朝廷之事，极有可忧"，"今来蔡确悖逆不道，指斥乘舆，而御史台职在按举，曾无一言，挟邪不忠，党恶无惮，未见如此之甚者"。

为了让太皇太后相信朝中存在一个"蔡党"，梁焘又密具两份名单进呈，一份是王安石之亲党姓名，一份是蔡确之亲党姓名：

> 臣等窃谓确本出王安石之门，相继秉政，垂二十年，群小趋附，深根固蒂，谨以两人亲党开具于后。确亲党：安焘、章惇、蒲宗孟、曾布、曾肇、蔡京、蔡卞、黄履、吴居厚、舒亶、王觌、邢恕等四十七人；安石亲党：蔡确、章惇、吕惠卿、张璪、安焘、蒲宗孟、王安礼、曾布、曾肇、彭汝砺、陆佃、谢景温、黄履、吕嘉问、沈括、舒亶、叶祖洽、赵挺之、

张商英等三十人。[1]

太皇太后相信梁焘的判断。五月初二,她对执政团队说:"确党多在朝。"[2]

范纯仁时任右仆射,说:"确无党。"

左仆射吕大防却说:"确诚有党在朝,纯仁所言非是。"

当上中书侍郎的刘挚亦附和吕大防:"确诚有党在朝。"

五月初九,蔡确进呈分析文字,解释自己作诗的缘由:

> 臣前年夏中在安州,其所居西北隅,有一旧亭,名为"车盖",下瞰涢溪,对白兆山。公事罢后,休息其上,耳目所接,偶有小诗数首,并无一句一字辄及时事。亦无迁谪不足之意,其辞浅近,读便可晓。不谓臣僚却于诗外多方笺释,横见诬罔,谓有微意。如此,则是凡人开口落笔,虽不及某事,而皆可以某事罪之曰"有微意"也。

蔡确的解释是可信的,本来那就是一组写景抒情的清新小诗,哪有什么微言大义?但太皇太后与谏官不会听他的。梁焘、刘安世已经磨刀霍霍,并给太皇太后递上了两把刀子,一把刀子是法律:"准职制律,指斥乘舆,情理切害者斩。"一把刀子是先例:"宰相丁谓贬崖州司户参军""前枢密副使孙沔贬节度副使,宿州安置""前参知政事吕惠卿贬节度副使,建州安置"。

---

[1] 毕沅编:《续资治通鉴》卷第八十一。
[2] 李焘:《续资治通鉴长编》卷四百二十六。下同。

他们还提示太皇太后："三人之间，丁谓之责最重，然其犯亦非蔡确之比。伏乞圣明更赐参酌。"

五月十二日，太皇太后下诏："蔡确责授左中散大夫，守光禄卿，分司南京。"[1]这个处分并不重，应该是范纯仁争取来的。但中书舍人彭汝砺拒绝起草责词："确言非所宜，众所共恶，……然告讦之言至，有累风化；罪人以疑似，实非政体。伏望圣慈更赐宽恕。必谓小人须当惩戒，犹冀加贷，以全德美。所有诰词，尚俟圣旨。"只好改由权中书舍人王岩叟撰写蔡确责词。

梁焘、刘安世、吴安诗听说彭汝砺拒绝草制，马上对其发起弹劾："臣等窃谓确之罪恶，天下之所共疾，不容更有异议。汝砺居侍从论思之列，不以君亲为念，沮格诏旨，奋力营救，臣等前日进对之际，固已言其朋党之状，观今日之举，可验有实。伏望陛下诛其奸意，重行贬黜，庶分邪正，以肃中外。"几天后，彭汝砺被贬出朝廷。此前，御史中丞李常、侍御史盛陶因为没有出言攻蔡确，也已被罢去言职。

梁焘等谏官又认为对蔡确的责罚太轻，必须再责。新上任的御史中丞傅尧俞、侍御史朱光庭与右谏议大夫范祖禹也相继论列，称"确之罪恶，天下不容，尚以列卿分务留都，未厌众议。伏乞处以典刑，更赐重行窜谪"。

太皇太后召宰辅商议如何处置此案，吕大防、刘挚等执政官都表示赞成再责蔡确，唯独范纯仁与尚书左丞王存反对。范纯仁说："方今圣朝，宜务宽厚，不可以语言文字之间暧昧不明之过，诛窜大臣。今日举动宜与将来为法式，此事甚不可开端也。"

---

1 李焘：《续资治通鉴长编》卷四百二十七。下同。

范纯仁再三争取，但太皇太后始终不听，最后直接发话："蔡确可英州别驾、新州安置。"新州（今广东新兴县）远在岭南，北宋时岭南尚是蛮荒之地，大臣非犯重罪，通常不会流放至此。众执政官闻言，相顾失色。

刘挚说："蔡确母老。"

吕大防也说："蔡确，先帝大臣，乞如刘挚所论，移一近里州郡。"

但太皇太后说："山可移，此州不可移也。"

退朝后，范纯仁对吕大防说："此路荆棘七八十年矣（意为已有七八十年未有大臣贬谪岭南了），奈何开之？吾侪正恐亦不免耳。"

五月十八日，三省只好奉旨出敕："蔡确责授英州别驾、新州安置，给递马发遣。"

蔡确被贬谪岭峤（两广一带）后，梁焘、刘安世、范祖禹、吴安诗四谏官开始交章弹劾范纯仁、王存，将他们列为"蔡党"："蔡确之罪恶，天下共弃，圣造赐之更生，已为天地厚恩，至于窜逐，无容议论。范纯仁充位宰相，不知爱君；存备位执政，不知体国。但于奸邪，知为死党，阴相交结，显为蔽援。"[1]

六月初五，范纯仁罢尚书右仆射，出知颍昌府（之后又移知延安府、知太原府，元祐六年因御戎失策而上章自劾）；王存罢尚书左丞，出知蔡州。

车盖亭诗案至此落下大幕。

与神宗朝的乌台诗案相比，元祐党人制造的车盖亭诗案无疑要更加恶劣。

---

1 李焘：《续资治通鉴长编》卷四百二十八。

首先，乌台诗案中，苏轼被定罪并不冤枉，因为他确实在谢表中诋毁朝廷、作诗赋文讥讽新法；车盖亭诗案则完全是无中生有的政治构陷，连太皇太后都承认："（远贬）蔡确不为渠吟诗谤讟，只为此人于社稷不利。若社稷之福，确当便死。"[1]

其次，乌台诗案的审理与定谳都严格走司法程序，先由御史台成立诏狱负责审讯，问明事实，再派官员录问，核查有没有冤枉，最后由大理寺依法作出裁决；车盖亭诗案则完全由一群谏官操纵，怎么定谳跟法律、法官没什么关系。

再次，车盖亭诗案还开创了以"朋党"打击政治对手的恶劣先例，不但"同我者谓之正人，异我者疑为邪党（范纯仁语）"，还将所谓的"邪党"列成黑名单，榜之朝堂，对其全体加以羞辱、排斥。[2]

最后，蔡确受到的责罚也远比苏轼重得多，苏轼只是贬谪黄州，蔡确却被投至岭南，不得生还。

蔡确被逐两年后，元祐六年八月，其母明氏趁太皇太后出宫之机，在街上拦住车驾，递上诉状："太皇万岁，臣妾有表。"[3]原来，明氏是替儿子申诉，请求朝廷依元祐四年明堂大礼的赦文，或依吕惠卿贬谪二年即移宣州安置的先例，允许蔡确移居内地。

三省检索相关立法，"按条，前任执政官罢执政官后，因事责降散官者，令刑部检举（即由刑部提请叙复）"。罪官降责满三年，便可由刑部"检举"，并由开封府告示。蔡确贬谪岭南尚未满三年，不过执政官大约同情明氏，便想让开封府出告示，但敕令被转任给事中的朱光庭封还："确罪恶比于四凶，

---

1 李焘：《续资治通鉴长编》卷四百六十四。
2 李焘：《续资治通鉴长编》卷四百二十七。
3 李焘：《续资治通鉴长编》卷四百六十四。下同。

既窜,岂有放还之理?乃以刑部当法豫先告示,理极不可。"

太皇太后也不愿意看到蔡确回来。她问执政:"宫中常说与官家,此人(指蔡确)奸邪深险,久远官家奈何不得,于社稷不便。昨来因他作诗行遣,本非谓诗也。今来于法如何?"

执政说:"于法,至明年秋方成三期(即三年),合检举。只为(明氏)状内攀吕惠卿是二年量移,时未有三期法故也。"

太皇太后说:"不得比惠卿,便是三期满,亦岂可用常法移也?此人直是不可放回。"

果然,蔡确有生之年都未能踏回内地。元祐八年(1093)正月初六,五十七岁的蔡确卒于岭南新州贬所,"天下莫不冤之"。[1]

同年九月,太皇太后高氏亦病逝,哲宗皇帝开始亲政。次年,哲宗诏改元"绍圣",绍,即绍述、继承之意;圣,指神宗皇帝。绍圣的新年号,是在向世人宣告:皇帝已经决意回归父亲的变法路线。北宋的朝堂又要变天了,更加猛烈的暴风雨即将来临,反对变法、迫害变法派的元祐党人即将被清算。但我们必须指出:北宋政治生态的恶化,不是始于变法派卷土重来的绍圣—崇宁时期,也不是始于开始变法的熙宁—元丰时期,而是始于保守派复辟的所谓"元祐更化"。

元祐四年,蔡确被押往岭峤,踏上一条不归之路。对元祐党人来说,他们开辟的何尝不是自己的不归路?

始作俑者,其无后乎?

---

1 李焘:《续资治通鉴长编》卷四百八十。

结　语
以大历史的视界看王安石变法

回顾北宋历史，相信许多人都会发现，王安石变法，是神宗时代最波澜壮阔的历史时刻。在讲完王安石变法的全过程之后，我们还有几个相关的问题需要集中讨论，以期更深入地理解王安石变法的历史意义。

一

第一个问题：王安石变法失败了吗？

也许不少朋友会认为，王安石变法失败了。一些历史研究者还总结了变法失败的种种原因，比如王安石用人不善、宋神宗左右摇摆、保守派势力强大，等等。

从神宗逝世未久，元祐党人几乎尽废新法的角度来看，王安石变法确实可以说"失败"了。但是，按同样的逻辑，哲宗亲政后，改元"绍圣"，绍述父志，恢复新法；徽宗以"崇宁"（尊崇熙宁）为年号，接过父兄薪火，是不是又说明变法并没有"失败"呢？

可能一些朋友又会说，靖康之变、宋室南渡后，王安石被认为应该为靖康之耻负责，正是王安石变法导致了北宋王朝的灭顶之灾，如宋高宗就说："安石之学，杂以伯（霸）道，欲效商鞅富国强兵，今日之祸，人徒知蔡京、王黼之罪，而不知生于安石。"[1] 可见，王安石及其新法是被官方否定掉的，如此似乎可说王安石变法最终还是失败了。

然而，尽管王安石在南宋受到批判，并被撤销配享神宗庙庭的待遇，但直至理宗朝淳祐元年，王安石一直享有着从祀孔庙的地位，他的新学也是南宋科举考试的参考学说之一。更重要的是，王安石变法的重商主义路线仍然为南宋政府所继承，只是没有冠以王安石新法之名而已，比如脱胎于市易法的市易抵当库便在南宋遍地开花；商民可通过纳钱而免服行役的免行法也在绍兴年间恢复实施；充分利用市场机制的榷卖制（间接专卖）与扑买制（招投标）继续风行于南宋。此外，神宗鼓励地方官积极开拓海外贸易："卿宜创法讲求，不惟岁获厚利，兼使外藩辐辏中国，亦壮观一事也。"[2] 高宗也是如此，多次跟大臣说："市舶之利颇助国用，宜循旧法以招徕远人，阜通货贿。"[3] 由于庞大的军事开销带来了比北宋更加严峻的财政压力，南宋的财政政策实际上更具积极性与扩张性，最终演化出一套以持续赤字加变相发行国债之法来解决财政困境的"财政国家"模式。

---

1 脱脱等：《宋史》卷三百八十一。
2 黄以周等辑：《续资治通鉴长编拾补》卷五。
3 熊克：《中兴小纪》卷三十二。

海外汉学家、普林斯顿大学历史学教授刘子健提出过一个影响颇广的观点：两宋之际发生了一场"转向内在"的文化转向。"11世纪是文化在精英中传播的时代。它开辟新的方向，开启新的、充满希望的道路，乐观而生机勃发。与之相比，在12世纪，精英文化将注意力转向巩固自身地位和在整个社会中扩大其影响。它变得前所未有地容易怀旧和内省，态度温和，语气审慎，有时甚至是悲观。一句话，北宋的特征是外向的，而南宋却在本质上趋向于内敛。"[1] 我们观察两宋历史，确实有类似的感觉，不过我想提醒大家注意：刘子健教授所指出的内在转向只是发生在南宋士大夫的观念与行动层面，从国家财税的角度来看，两宋是一以贯之的，即依然是积极的、扩张的、外向的，而不是转向内敛。

让我再引述另一位汉学家、加利福尼亚大学洛杉矶分校历史系教授万志英的观点："与秦汉帝国不同的是，宋朝的税收体系严重依赖非直接税收（即间接税[2]），其财政政策多半都是为了利用市场而非压制市场。……到了同样面临生存挑战的南宋，这种与市场发展相协调的（财政）收入最大化政策继续盛行。"[3] 南宋时期，"以王安石变法为代表的国家主导型改革"失去人心，"新儒家政治哲学逐渐兴起，这一派别不再支持国家驱动的制度转型，而是强调地方领导之下的道德复兴和社区改革。尽管如此，税收的货币化以及军需的采购市场化趋势，仍在南宋得到了进一步强化"；"流亡至南方的宋朝廷否定了王安

---

[1] 刘子健：《中国转向内在：两宋之际的文化转向》第一部分，江苏人民出版社，2002年。

[2] 在古代，直接税主要为人头税与土地税；间接税则主要为工商税与征榷收入。

[3] 万志英：《剑桥中国经济史：古代到19世纪》第6章、第7章。下同。

石的政治主张，废除了多数的新法政策。但即便如此，这个财政国家仍在继续着强有力的存在"。

神宗政府对铸钱充满热情便是财税扩张的典型表现。在铸钱高峰期，宋政府两年所造铜钱的数目便超过了明王朝两百余年的总量。宋室南迁后，由于大部分矿区沦陷于金国，铸币量锐减，但南宋的财政政策并没有因此转向紧缩和内敛，相反，宋政府很快便建立了一套包括东南会子在内的证券体系，作为对铜钱的替代。香港岭南大学历史系教授刘光临认为，"宋代的会子不是现代意义上的货币，而是某种具有流通性质的政府债券"，他高度评价南宋政府发行债券的历史意义："在中国历史上，政府向商人个人、家族或群体举债并不罕见，但是政府走向公债市场，并懂得如何维系其债务信用，却是中国，也是世界财政史上开天辟地的一大突破，因为资本主义就是发源于投机行为，而国家懂得如何利用他人的投机行为而展延债务，是公共金融开始得以确立的关键。"[1]

总而言之，王安石变法确立的外向型财税体系并没有在南宋"转向内在"。从这个角度来说，至少在宋代，王安石变法的方向并未被逆转。

那么，王安石变法所确立的财税体系是什么时候被终结的呢？王安石变法所代表的历史方向又是什么时候被逆转的呢？是在程朱理学被尊奉为国家意识形态的明朝朱元璋时代。明初，曾有近臣建言"当理财以纾国用"，朱元璋反驳说："昔汉武帝用东郭咸阳、孔仅之徒为聚敛之臣，剥民取利，海内苦之；宋

---

[1] 刘光临：《市场、战争和财政国家——对南宋赋税问题的再思考》，《台大历史学报》2008年12月。

神宗用王安石理财,小人竞进,天下骚然。此可为戒。"[1]于是,"言者愧悚。自是无敢以财利言者"。明代史官记述此事,是为了彰显明太祖的明君形象,但我们今人应该超越这样的见识。哈佛大学东亚研究所研究员黄仁宇指出,朱元璋对王安石的反感绝非历史之福:"王安石新法失败的后果,超过过去一般读者之所想象。三百年后明太祖朱元璋放弃第二帝国(指唐宋王朝)开放性的财政设施,而采取一种保守性和收敛性的体制,与他个人对王安石的反感有关。"[2]

二

第二个问题:王安石变法达到预期目标了吗?

在回答这个问题之前,我们需要先讲清楚王安石变法的预期目标是什么。显然,从王安石的初衷来看,变法的目标之一是"富国强兵"。

宋王朝的国祚传至神宗时,距离太祖开国已有百余年,国家承平日久,制度日久生弊,风平浪静的海面之下,潜伏着万千暗流,而最为迫切的危机有两项:军政不振、财政紧张。

今人说起宋朝,常以"积贫积弱"相形容。"积贫积弱"之说最早出自历史学家钱穆先生的著作。《国史大纲》"两宋之部"的第一个标题便是"贫弱的新中央",题目下分述"宋代

---

[1] 《明太祖实录》卷之一百三十五。下同。
[2] 黄仁宇:《赫逊河畔谈中国历史·王安石变法》。

对外之积弱不振""宋室内部之积贫难疗"。¹《中国历代政治得失》亦称，宋王朝"养了武的又要养文的，文官数目也就逐渐增多，待遇亦逐渐提高。弄得一方面是冗兵，一方面是冗吏，国家负担一年重过一年，弱了转贫，贫了更转弱，宋代政府再也扭不转这形势来"。²

平心而论，宋朝的军事尚不至于"积弱"，否则，它不可能在五代十国的争战中立国，也不可能在辽、夏、金、蒙古军团的车轮战中享国三百余年；宋朝的财力也绝不是"积贫"，恰恰相反，不管是就财政收入，还是就国民收入而言，宋朝都可以说居中国历代王朝之冠。但是，在王安石变法之前，宋朝对夏关系处于被动、财政入不敷出，却是事实。这也是宋神宗支持王安石变法的原因——作为宋朝君主，他比任何人都希望国家变得富强。

不过，若说王安石变法的目标仅仅是富国强兵，那也未免太小瞧荆公了。王安石的偶像不是商鞅（尽管保守派这么诋毁他），而是孟子，而孟子的社会治理理想是"养生丧死无憾，王道之始也"。³熙宁二年，王安石曾引用孟子之语，跟神宗解释设立条例司的初衷是为了实现"使民养生丧死无憾"的王道。王道的理想也贯穿于王安石的变法中，比如青苗法的设计思路就如现代社会的农村扶贫贷款。徽宗时代，在"崇宁"旗号下，宋政府建成一套成熟的国家福利制度，包括福利收养（居养院）、福利医疗（安济坊）、福利性公墓（漏泽园）三个系统，按宰相蔡京的执政规划，各州县及规模略大的城寨市镇，均须设立

1　钱穆：《国史大纲》第六编，商务印书馆，1994年。
2　钱穆：《中国历代政治得失》第三讲，生活·读书·新知三联书店，2001年。
3　焦循：《孟子正义》卷二《梁惠王上》。

居养院、安济坊、漏泽园。这套福利制度也是孟子所主张的王道的落地。

所以,梁启超说:"俗士之论荆公,大率以之与掊克聚敛之臣同视,此大谬也。公之事业,诚强半在理财。然其理财也,其目的非徒在增国帑之岁入而已,实欲苏国民之困而增其富,乃就其富取赢焉,以为国家政费。故发达国民经济,实其第一目的,而整理财政,乃第二目的也。而其所立诸法,则于此两者皆有关系者也。"[1]

首都师范大学教授、宋史研究学者李华瑞也将王安石变法划为两个层面:"一是当时最高统治者为改变长期积弱不振国势、缓和社会矛盾进行的一场政治自救运动,以富国强兵为主;二是一场士大夫们欲实践其回到三代政治理想的社会变革运动。……王安石执政以后采取的诸多新法和施政理念,贯穿了孟子政治理想的精髓。"[2]

那么荆公的变法目标实现了吗?应该说,"富国强兵"的目标初步达到了。

先来说"富国"。变法之前,宋朝的财政收入总量尽管远超前之汉唐、后之明清,但由于财政开销庞大,入不敷出的问题十分严重。变法之后呢?元丰末、元祐初,毕仲游在致司马光的书信上说:"今诸路常平、免役、坊场、河渡、户绝庄产之钱粟,积于州县者,无虑数十百巨万,如一归地官(户部)以为经费,可以支二十年之用。"[3]元祐二年,户部尚书李常也说:"昔先帝勤劳累年,储蓄边备,今天下常平、免役、坊场积剩

---

[1] 梁启超:《王安石传》第十章。
[2] 李华瑞:《论北宋后期六十年的改革》,《华中国学》2017年春之卷。
[3] 毕仲游:《西台集》卷七《上门下侍郎司马温公书》。

钱共五千六百余万贯，京师米盐钱及元丰库封桩钱及千万贯，总金银谷帛之数复又过半，边用不患不备。"¹ 熙丰变法十余年，国家便积下一亿贯的财政盈余，足以支撑二十年之用。李常与毕仲游均是反对变法的保守派，不可能夸大熙丰变法的业绩。可见王安石的变法已经解决了宋王朝的财政困顿问题。

再来看"强兵"。北宋自太宗朝伐夏失利，直至英宗朝，对西夏一直处于被动的守势，这一被动局势是在神宗朝扭转过来的。在王安石的支持下，种谔渐取横山，王韶开边熙河，取得了对夏的战略主动权。尽管元丰年间五路伐夏失败，但还是从西夏手里夺下兰州、米脂等城寨。至于后来的靖康之变，是源于宋徽宗"联金灭辽"的致命性战略错误，与王安石变法无关。

王安石变法在"富国强兵"层面取得的成效，即便是那些持批判立场的研究者，也不能否认。北京大学历史系教授赵冬梅便说："过去权威的说法认为，王安石变法因为遭到大官僚、大地主阶级的阻挠而失败了。其实王安石变法根本就没有失败。如果我们理解到新法真正的目的是增收，那么，你就会发现它太成功了。……王安石和他的团队的确是理财的天才。"²

但对王安石变法在"使民养生丧死无憾"层面的效果，却存在着争议。

保守派当然极力指控变法导致民不聊生，正如梁启超所观察到的："当时沮挠新法者，靡不言以新法之故，致小民颠连困苦。"³ 今日研究者对王安石变法的批判，基本上都是以保守派

---

1 李焘：《续资治通鉴长编》卷四百七。
2 赵冬梅：《法度与人心：帝制时期人与制度的互动》下篇，中信出版集团，2021年。
3 梁启超：《王安石传》第十五章。

的单方面指控为依据。但宋代保守派对新法的指控有没有夸大其词呢？这是个问题。

梁启超就怀疑保守派其言不实："使荆公之法而果为病民，则民当呻吟枕藉救死不赡之时，势必将铤而走险，荆公虽有绝大之专制力，安能禁之？乃宋自真仁以来，虽号称太平，而潢池窃发，犹累岁不绝，其椎埋剽掠于乡邑者，更所在而有。夫其前此固已募强悍之民，纳之于兵矣，而国内之不能保其安宁秩序也，犹且若此，独至熙宁元丰二十年间，举一切而更革之，而又以行保甲之故，不禁民挟弓弩，苟政府之设施，而果大拂民情也，则一夫攘臂，万众响应，其于酿成大乱易易也，乃不特不闻有此而已。即萑苻之盗，亦减于旧，而举国熙熙融融，若相忘帝力于何有。"[1] 梁启超的质疑是有力的。如果王安石的青苗法、募役法、市易法搞得民不聊生，保甲法又允许民众拥有武器，并且还让他们接受军事训练，为什么并未听闻熙丰年间发生规模稍大一点的民变？

说到这里，顺便澄清一个流传甚广的说法。相信许多朋友都听说过："宋朝是农民起义最多的王朝"云云。这种说法源于近代学者何竹淇的《两宋农民战争史料汇编》（以下简称"何著"），据何著，两宋三百余年，发生了三四百起民变，频次不可谓不密。宋代为什么会有这么多民变，看看何著收录的几例我们或许就能明白了。

熙宁九年十二月甲午，上批："闻德州界强盗数十，发沧州界，有军贼号康太保者，结集逋逃，近百余人，往来京东、

---

1 梁启超：《王安石传》第十五章。

河北将一年，劫略财物。"[1]

元丰元年十月壬寅，"岳州言，贼詹遇与其党入金场，纵火杀人，劫掠财物，已遣捕盗官募勇敢士，同力掩杀"。

元丰三年九月三日，"陕西言，虢州等处捕获张晏贼徒光万等七人"。

看出来了吗？哪怕是七人落草为寇、拦路抢劫，都会被何著当成"农民战争史料"收录进来。神宗时代出现的所谓"民变"，基本上都是这样的小股盗贼作案。

但若问新法推行过程中有没有出现害民之事，那必定是有的。据宋人记载，元丰年间，京东路转运副使吴居厚行铁冶之法，"官榷其铁，且造器用，以鬻于民"。[2]为卖出更多的铁器，吴居厚动用了行政手段："括民买镬（锅），官司铸许多镬，令民四口买一，五口则买二"；又"民间禁补修旧铁器，一一要从官买"。[3]但这件事的真实性如何，还不能确定，因为后来宋徽宗说："事皆虚，当时不曾根勘，但人言如此耳。"[4]曾布却说："居厚京东之事，人人共知，恐不虚。"

即便吴居厚"括民买镬"之事完全属实，也只是熙丰变法的一个侧面而已。同样是元丰年间，王安石用一组诗歌《歌元丰》五首与《后元丰行》一首，记下了他在金陵的所见所闻："家家露积如山垄，黄发咨嗟见未曾"；[5]"百钱可得酒斗许，虽非社日长闻鼓。吴儿踏歌女起舞，但道快乐无所苦"。[6]若按王安石

---

[1] 何竹淇：《两宋农民战争史料汇编》上编第六卷，中华书局，1976年。下同。
[2] 马端临：《文献通考》卷十八。
[3] 黎靖德编：《朱子语类》卷第一百二十七。
[4] 李焘：《续资治通鉴长编》卷四百八十八。下同。
[5] 王安石：《临川先生文集》卷第二十七《歌元丰五首》。
[6] 王安石：《临川先生文集》卷第一《后元丰行》。

诗歌所描绘,元丰之时江南人家可是丰衣足食的。

退隐金陵的王安石会特别写几首诗来粉饰太平吗?我觉得可能性不大。对王安石变法颇有微词的陆佃的说法可作为佐证:"迨元丰间,年谷屡登,积粟塞上,盖数千万石,而四方常平之钱,不可胜计。余财羡泽,至今蒙利。"[1]大致来说,元丰可谓丰登之年,是变法的丰收期。所以我相信,"吴儿踏歌女起舞"也是当时真实的社会写照。

综合历史的不同侧面,我们相信,变法在"使民养生丧死无憾"层面的效果,显然不如"富国强兵",但也不至于如保守派所指控的那样,"致小民颠连困苦"云云。到了徽宗朝,随着居养院、安济坊、漏泽园的福利体系建成,宋政府在"使民养生丧死无憾"方面的施政又提升了一个层次。

三

第三个问题:为顺利推行变法,王安石热衷于钳制人言吗?

在立场明确倾向保守派的史家笔下,王安石被塑造成一个热衷于钳制人言的大权相,如南宋人吕中《宋大事记讲义》载:"熙宁五年正月,置京城逻卒,察谤议时政者,罪之。此商鞅议令之罚,而安石亦为之。"[2]陈均的《九朝编年备要》则载:"熙宁五年春正月,置京城逻卒。皇城卒七十人、开封府散从官数

---

1 陆佃:《陶山集》卷十一《神宗皇帝实录叙论》。
2 吕中:《宋大事记讲义》卷十七。

十人,巡察谤议时政者,收罪之。"[1] 元人修的《宋史》沿袭了这一说法:"置京城逻卒,察谤议时政者,收罪之。"[2]

李焘的《续资治通鉴长编》也收录了类似的记载:"是月,命皇城司卒七千余人巡察京城,谤议时政者收罪之。"[3] 但李焘毕竟是史学大家,有着史家的审慎,特别注明"此据司马光日记,系(熙宁)五年正月末事,今附见此,更详考之"。显然,所谓的王安石"置京城逻卒,察谤议时政者",信源是司马光,且缺乏旁证,所以李焘才注明"更详考之"。

那么,司马光的记载可信吗?坦率地说,不可信。因为熙宁五年,司马光已经远离京城,隐居于洛阳,京城之事显然是他道听途说的。而熙宁年间,为抹黑王安石变法,反对变法的士大夫捏造了许多谣言,朝野上下,流言满天飞,其中的一个流言版本记录在宋人林希的《野史》中。

熙宁四年四月,京师破获了一个案子:贵妃之弟、皇城使沈惟恭因干请恩泽不得,心生怨恨,指使门客孙杞(即孙棐)伪造司马光的奏稿,在其中非议时政、诅咒宋神宗"天不祐陛下,致圣嗣不育",[4] "诋安石尤甚,而其辞鄙俚"。[5] 神宗说:"此决非光所为。"据称王安石盛怒说:"此由光好传私书以买名,故致流俗亦效之,使新法沮格,异论纷然,皆光倡之。"司马光《传家集》中有一篇《奏弹王安石表》,便是托名的伪作,后人辑录、

---

1 陈均:《九朝编年备要》卷十九。
2 脱脱等:《宋史》卷十五。
3 李焘:《续资治通鉴长编》卷二百二十九。下同。
4 李焘:《续资治通鉴长编》卷二百十。
5 李焘:《续资治通鉴长编》卷二百二十九引林希《野史》。下同。

刊刻司马光文集不察，将伪文也收录进去。[1]

伪奏稿事件之后，变法派曾孝宽进言："民间往往有怨语，不可不禁。"[2] 王安石"乃使皇城司遣人密伺于道，有语言戏笑及时事者，皆付之狱"。但林希《野史》与邵伯温的《邵氏闻见录》一样，所述王安石之轶事近于诬谤，不可采信。

事实是，熙宁五年正月，曾孝宽报告王安石："有军士深诋朝廷，尤以移并营房为不便，至云今连阴如此，正是造反时，或手持文书，似欲邀车驾陈诉者。"[3] 早朝时，王安石便将此事提出来讨论。

文彦博趁机打击新法："近日朝廷多更张，人情汹汹非一。"

王安石说："朝廷事合更张，岂可因循？如并营事，亦合如此。此辈乃敢纷纷公肆诋毁，诚无忌惮。至言欲造反，恐须深察，又恐摇动士众为患。"

神宗皇帝决定查出煽动造反的主谋。枢密院提议由殿前司、侍卫马军司、侍卫步军司三帅负责调查，王安石则提请委托给皇城司处理，神宗则认为，"不如付之开封府"。最终，神宗决定由皇城司派巡逻之士卒暗中刺探兵营动向，开封府则负责审讯。

不久，冯京反映说："皇城司近差探事人多，人情颇不安。"[4]

神宗说："人数止如旧，探事亦不多，蓝元震（时任皇城使）又小心，缘都不敢乞取（徇私），故诸司不安。"

---

1 参见邓小南《司马光〈奏弹王安石表〉辨伪》，《北京大学学报（哲学社会科学版）》1980年第4期。
2 李焘：《续资治通鉴长编》卷二百二十九引林希《野史》。下同。
3 李焘：《续资治通鉴长编》卷二百二十九。下同。
4 李焘：《续资治通鉴长编》卷二百四十。下同。

执政团队说:"外间以为若十日不探到事即决杖,故多捃摭细碎(采集细碎隐私以打击他人)。"

神宗说:"初无此处分。此辈本令专探军中事,若军中但事严告捕之法,亦可以防变。"

王安石说:"专令探军中事即无妨,若恃此辈伺察外事,恐不免作过。孙权、曹操用法至严,动辄诛杀,然用赵达、吕壹之徒,皆能作奸乱政。陛下宽仁,不忍诛罚,焉能保此辈不作奸?三代圣王且不论,如汉高祖、唐太宗已不肯为孙权、曹操所为,但明示好恶赏罚,使人臣皆忠信,不敢诞谩,天下事安有蔽匿不闻者?细碎事纵不闻,何损于治体?欲闻细碎事,却致此辈作奸,即所损治体不细。"

可见王安石是明确反对特务政治的,他不可能为堵住别人的嘴而指使逻卒伺察官民。

从另一件事也可看出王安石不赞成钳制人言——熙宁六年,枢密副使吴充给神宗提了一个议案:"朝廷开广言路,微至于庶人皂隶,苟有可言,皆得上闻,此至公之谊也。而比来士大夫辄以书启或家信投有位(居官之人),其间排诋营救,增饰事情,嫌爱在心,言无忌惮,因缘闻达,以快私欲。虽朝廷必加审核,至蒙原察,则被诬之人亦已困辱。且排诋者既难于反坐,营救者又阴以为德,含沙射人,束缊还妇,怀阴害以中良善,托公谊以售私恩,此风浸成,实黯圣政。乞有司申严法禁,庶惩薄俗。"[1]

吴充的意思是,为避免有人"言无忌惮,因缘闻达,以快私欲",朝廷应该立法严禁士庶投书高官。神宗采纳了吴充之议,

---

[1] 李焘:《续资治通鉴长编》卷二百四十六。下同。

诏"中书、枢密院自今并遵立条制"。但王安石告诉神宗，没有必要设立限制言路的法禁："尧、舜所以治人，但辨察君子小人明白，使人不敢诞谩，自不须多立法禁。"这便是王安石对人言的态度。

现在我们来总结一下：熙宁五年初，皇城司确实派出逻卒"探事"，但指挥皇城司的人是神宗皇帝，而不是宰相王安石；皇城司逻卒的数目也不可能是"七千余人"，因为熙宁五年皇城司的整个编制也才三千多人，"七千余人"当为"七十余人"之讹；[1]而且，这些逻卒的探事范围是有限的："专探军中事"，以防士将密谋不轨，并不是"伺察外事""掊摭细碎"。

可是，别有用心者却谣称是王安石为钳制人言，"乃使皇城司遭人密伺于道"，"察谤议时政者收罪之"云云。这类流言从京城传到洛阳，司马光听信了，不但记入日记："是月，命皇城司卒七千余人巡察京城，谤议时政者收罪之。"[2]而且在奏疏中将屎盆子直接扣到王安石头上——那是熙宁七年四月，因神宗下诏求言，司马光终于忍不住上疏攻击王安石及其新法，疏中说王安石"又潜遣逻卒，听市道之人谤议者，执而刑之；又出榜立赏，募人告捕诽谤朝政者。臣不知自古圣帝明王之政，固如是耶？"[3]

由于反对派热衷于造谣传谣，司马光道听途说又信以为真，南宋以降史家以讹传讹，王安石便背上了钳制人言的黑锅。令人遗憾的是，今天不少宋史研究者也听信司马光的一面之词，

---

1 参见汪辉《两宋皇城司制度探析——以其探事职能的拓展及人员的管理为主》第二部分，河南大学硕士毕业论文，2005年。
2 司马光：《涑水记闻》附录二《巡察京城收罪谤议时政者》。
3 李焘：《续资治通鉴长编》卷二百五十二。

不作考证，认定王安石派了皇城司逻卒伺察于市井间，发现哪个人讪谤新法，立即抓起来治罪。他们也不想想：宋朝的皇城司直隶于内廷与枢密院，非中书所能指挥；再者，以王安石"人言不足恤"的自负，又怎么会浪费心力去理会市井间的议论？

四

第四个问题：王安石是一名理想主义者吗？王安石变法是一场复古理想主义的乌托邦运动吗？

确实有不少人将王安石视为"古典理想主义者"，王安石"动必称先王"的政治主张也给人一种古典理想主义的印象。比如研究者发现，王安石在嘉祐三年的《上仁宗皇帝言事书》中，"四十余处提到'先王'，分别有'先王之政''先王之道''先王之意''先王之时''先王之天下''先王之法''先王之事''先王之取人''先王之制国'等多种表述形式"。[1] 与神宗皇帝第一次会面，王安石便告诉神宗"每事当以尧、舜为法"。[2] 尧、舜，即先王也。在变法过程中，王安石还特别重视《周礼》，多次引用其中记载反驳保守派的批评，有研究者认为《周礼》正是王安石变法的"古典蓝本"。[3]

如果王安石是所谓的古典理想主义者，王安石变法是根据

---

1 王启发：《在经典与政治之间——王安石变法对〈周礼〉的具体实践》，《湖南大学学报（社会科学版）》2007年第2期。
2 黄以周等辑：《续资治通鉴长编拾补》卷三（上）。
3 王启发：《在经典与政治之间——王安石变法对〈周礼〉的具体实践》。

《周礼》展开的实验,那么可以合乎逻辑地推论:王安石就是一个食古不化的教条主义者,王安石变法就是一场不切实际的乌托邦运动。

然而,王安石已经说明了:"法先王之政者,当法其意而已;法其意,则吾所改易更革,不至乎倾骇天下之耳目,嚣天下之口,而固已合乎先王之政矣。"[1] 这表明他并非教条主义者。王安石在推行变法的过程中,之所以特别强调以先王、《周礼》为法,与其说是将《周礼》奉为圭臬,倒不如说是为了阐释变法的合法性,恰如清人所指出:"安石之意,本以宋当积弱之后,欲济以富强而恐富强之说必为儒者所排击,于是附会经义,以钳其口,实非真信《周礼》为可行。"[2] 宋史大家邓广铭先生也持类似意见:"王安石之所以提出'法先王之政'的口号,只不过想在这个口号的掩护之下,达到他'改易更革'北宋王朝长期行用的一些传统法令规章,使其能适应现实需要的那个目的而已。"[3]

在崇信"祖宗之法"的宋代,变法所要面对的清议压力可想而知,王安石不敢公然宣扬"祖宗之法不足守",[4] 但变法却需要突破"祖宗之法"的束缚,那么最好的办法其实不是直接反对"祖宗之法",而是塑造出一个比"祖宗之法"更高阶的宪制权威,用它来为变法提供合法性,这个更高阶的宪制权威便是"先王之法""先王之意",用王安石自己的话来说,就是

---

1 李焘:《续资治通鉴长编》卷一百八十八。
2 纪昀等编:《四库全书总目提要》卷十九。
3 邓广铭:《北宋政治改革家王安石》第二章。
4 人们一直相信王安石提过"三不足"理论,即"天变不足惧,人言不足恤,祖宗之法不足守",但没有确切证据证明王安石这么说过。参见顾吉辰《王安石"三不足"说质疑》,《青海社会科学》1986年第2期。

"变更天下之弊法，以趋先王之意"。[1] 北京大学邓小南教授在对宋代"祖宗之法"的研究中已点破了这个命题：与司马光要求"继体之君谨守祖宗之成法"不同，"王安石则以'先王之法度'作为效法的目标，这虽然不是公开否定宋初以来的'祖宗法度'，至少也表露出强烈希望超越本朝习行故事的倾向"。[2]

王安石推行的新法，不是按照哪一部古老经典的记载复制出来的，这一点与王莽改制完全不同。这里我想引用日本汉学家、京都大学教授宫崎市定的看法："王安石的新法在数不胜数的各个方面都有开展，一改从前的惯例。这些新法当然不是王安石个人想出来的，每项改革都有各自的提案者，其中很多是连名字都不知道的民间人士。他们根据经验提出改良方案并进言，王安石认真听取意见，上与天子、下与官僚谈话，深思熟虑之后作出决断。这是王安石作为政治家的杰出之处。"[3]

新法当然也不是哪一个提案者闭门造车设计出来的，而是来自变法团队根据实践经验的总结：比如青苗法来自王安石早年任职鄞县、李参担任陕西转运使时的试验；募役法也在仁宗朝试行过；市易法，在王安石设立在京市易司之前，王韶已经在边地实行多时。其他新法同样如此。宫崎市定认为，王安石"并不为描绘遥远未来的虚空影像所吸引，而是始终直视现实，究明其中的不平衡，匡正其中的不合理，将政治引入合理化轨道。他从儒教经典中选出号称记载周公所定政府机构的《周礼》，

1　王安石：《临川先生文集》卷第三十九《上仁宗皇帝言事书》。
2　邓小南：《祖宗之法：北宋前期政治述略》第六章，生活·读书·新知三联书店，2006年。
3　宫崎市定：《宫崎市定中国史》第三篇，焦堃、瞿柘如译，民主与建设出版社，2019年。下同。

为之添加新注释，名曰《周官新义》。这并不是描写遥不可及的远去的理想国，而是认为，在任何时候，古代的政治原理只要付诸实践，都可成为行动的典范。他的政治并非理想主义，而是合理主义"。这个评论是很有创见的。

当然，在王安石的诗文中，确实可以找到不少具有复古基调的篇章，比如他的《发廪》诗写道："先王有经制，颁赉上所行。后世不复古，贫穷主兼并。非民独如此，为国赖以成。筑台尊寡妇，入粟至公卿。我尝不忍此，愿见井地平。"[1] 但这种"复古"论调不过是宋代士大夫主张"回向三代"的时代精神的表现，并没有特指古代的某种制度。

实际上，"复古"往往只是一个名目而已，绝不是真要恢复古人之政，王安石自谓"愿见井地平"，但执政后也没有恢复上古的井田制，恰恰相反，他承认井田制不可复。有时候，"复古"是走向近代化的旗号，就如我们在世界近代史上所看到的，西欧的"文艺复兴"正是告别中世纪的肇始，日本的"王政复古"亦是明治维新的前奏，晚清的戊戌变法恰好也是以康有为的"托古改制"为先声。对王安石变法的"法先王"之谓，亦可作如是观。黄仁宇称"王安石与现代读者近，而反与他同时人物远"，这并非故作惊人语。[2]

所以，与其说王安石是理想主义，不如说他是经验主义；与其说王安石变法是在复古，不如说它是在走向近代。

---

1 王安石：《临川先生文集》卷第十二《发廪》。
2 黄仁宇：《中国大历史》第十一章。

五

第五个问题:王安石的经济变法是要实行"指令经济"吗?

王安石在经济领域的变法举措具有明显的国家干预主义色彩,比如青苗法相当于设立官营农业银行,通过发放相对低息的贷款打击民间高利贷;市易法相当于政府成立交易平台,撮合行商与坐商交易,并向商人提供商业贷款,通过扶持中小商人来限制大商人操纵市场的能力;农田水利法的实施则显示了宋政府对农业时代的基础建设与公共工程抱有其他王朝难以比拟的兴趣;熙丰年间政府还以最大的热情铸造铜钱。难怪有评论者干脆将王安石形容为"一千年前的凯恩斯主义者"。当然,王安石不会知道什么叫凯恩斯主义,正如司马光不会知道什么叫市场自由主义。不过,今天一些论者之所以反感王安石、支持司马光,确实是基于反对国家干预主义的立场,倒不是因为王安石有多坏,或王安石变法造成了多严重的后果。我觉得,这并非历史研究的态度,而是价值偏好的投射。

出于这样的价值偏好的投射,甚至有人将王安石的新法与"计划经济""权力经济""指令经济"画等号,比如财经作家吴晓波先生便把王安石归入"计划经济大师"的行列,称他"力主国家主义,不惜以牺牲民间工商自由为代价"云云。[1]

王安石变法是要建立所谓的"指令经济"吗?这个问题有必要辨析一番。让我们从王安石变法中的"平抑物价"说起。

价格机制是最重要的市场机制,市场定价则是市场经济运

---

1 吴晓波:《历代经济变革得失》第六讲,浙江大学出版社,2013年。

行的关键要素。而指令经济的特征，即以权力命令取代市场机制，由政府给商品定价。王安石有没有这么做呢？从设置市易司的初衷来看，王安石无疑是希望"稍收轻重敛散之权归之公上"的。[1] 所谓"轻重敛散之权"，即定价权，但我们不可以简单地将"稍收轻重敛散之权归之公上"理解成"政府定价"。

南宋学者叶适在谈到王安石市易法时说："今天下之民不齐久矣，开阖、敛散、轻重之权不一出于上，而富人大贾分而有之，不知其几千百年也，而遽夺之可乎？夺之可也，嫉其自利而欲为国利可乎？"[2] 叶适此说当然是在批判王安石的"稍收轻重敛散之权归之公上"的主张，却也透露了一个信息：宋代的商品定价权并不是由官府掌握，而是分散于各大商人群体中。换句话说，价格由市场决定。

而在此之前，比如唐代，物价是由官府设定的：唐政府设立市令掌管商品交易，每旬，市令要对各类商品的价格进行评估，根据商品质量的优劣定出上、中、下三等时价，这个定价机制叫"三贾均市"。再如王莽的新朝，官府置司市，其职责就是每季度评定一次物价，这叫"市平"。要说指令经济，"市平"与"三贾均市"才是指令经济。王安石变法并没有恢复王莽的"市平"与唐朝的"三贾均市"，宋政府平抑物价的做法也只是借用市场机制，而非使用行政命令：在物价过低时，市易司以略高于市场价购买货物；在物价过高时，又以略低于市场价出售货物。王安石的"稍收轻重敛散之权归之公上"仅限于此，但在叶适看来，这么做已是"遽夺"了富人大贾的定价权。

---

1 徐松辑：《宋会要辑稿·职官四二》。
2 马端临：《文献通考》卷二十。

元丰七年，市易司又进一步利用了市场的价格机制：每旬，州郡政府邀请商人代表评估未来十日的商品参考价，然后将物价资料报给提举司；提举司再将各州物价信息汇总，下发给辖下州；各州市易务马上发榜布告物价表，招揽商贩。这样，商人便可知道未来十天各个地方的商品参考价，继而积极向市易务赊买货物，然后贩运到有利可图的地方；市易务也可以通过赊卖货物获得年利率20%的利息。元丰年间王安石已经罢相，但宋政府的这一做法显然是对王安石市易法的发展。进而言之，熙丰变法确如万志英所指，"是为了利用市场而非压制市场"。

对官营作坊的劳动力价格，王安石也反对政府动用强制手段来维持低于市价的工资水平。熙宁八年，京城斩马刀局有工匠因工价过低，"不胜忿而作难"，朝廷为防止有人再闹事，派了禁军前往监视工匠干活。王安石认为没有必要这么如临大敌，按照市价给工匠发工资就行了。宋神宗说："若依市价，即费钱多，那得许钱给与？"[1] 王安石说："以天下之财，给天下之用，苟知所以理之，何忧不足，而于此靳惜！若以京师雇直太重，则如信州等处铁极好，匠极工，向见所作器极精，而问得雇直至贱，何不下信州置造也？"王安石的意思是，给官营作坊工匠的雇钱不应该这么吝啬，即使要节约人力成本，正确的做法也是将官营作坊迁到劳动力市场价更低的地方，而不是强行压低工价。

假设王安石想建立的是指令经济制度，那他需要遵循市场定价的机制吗？

当然，我们绝不是说王安石的经济变法没有弊病。事实上，市易司作为官营商业公司，在参与市场交易的过程中出现了不少

---

[1] 李焘：《续资治通鉴长编》卷二百六十二。下同。

问题，如熙宁年间，"市易司权籴糯米，以贷酒户收息"，市易司的收购价比较低，"商人以官籴贱，不至"，导致"京师糯米少，价益高"。[1] 商人可以拒绝贩运糯米至京师，即说明宋政府并没有建立一套"统购统销"的计划体制。元丰年间转运副使吴居厚在京东路"括民买镬"，颇有点搞指令经济的味道，但这是非法的，即使是变法派阵营中的章惇、曾布，都对此持批判态度。

再来说王安石变法中的"摧抑兼并"。这里的"兼并"，指资本雄厚、有能力操纵价格的大商人，以及田连阡陌的大地主。王安石变法中的市易法、青苗法、募役法、方田均税法，宗旨之一都是"抑兼并"。

对王安石的"抑兼并"，苏辙是非常不满的，提出强烈的批评："王介甫，小丈夫也。不忍贫民而深疾富民，志欲破富民以惠贫民，不知其不可也。方其未得志也，为《兼并》之诗，……及其得志，专以此为事，设青苗法，以夺富民之利"，富民的利益怎么可以夺走呢？[2] 今天的自由主义学者也习惯于认为，王安石变法中的"抑兼并"乃是传统中国缺乏产权保护、官府可随意剥夺私人财产的表现。但如果我们读过宋神宗与王安石的一段对话，就会知道这个看法其实是今人的想当然——

宋神宗说："但设法以利害驱民，使知所趋避，则可。若夺人已有之田为制限，则不可。"[3]

王安石答："如何可遽夺其田以赋贫民？此其势固不可行，纵可行，亦未为利。"

神宗与王安石主张的"抑兼并"，并非如苏辙所言"欲破

---

1 李焘：《续资治通鉴长编》卷二百六十。
2 苏辙：《苏辙集·栾城三集》卷八《诗病五事》。
3 李焘：《续资治通鉴长编》卷二百十三。下同。

富民以惠贫民",更不是今人想象的"随意剥夺私人财产",而是通过"设法以利害驱民"的方式调节贫富,比如对兼并之家课以重税(这是均税法的内容),要求官户出助役钱(这是募役法的内容),削弱豪商操纵市场的能力(这是市易法的内容),减少农民对民间高利贷的需求(这是青苗法的内容)。如果王安石推行的是指令经济,用得着如此大费周折吗?

综上所述,若说王安石变法带有稍浓厚的国家干预主义色彩,我觉得是准确的;但若说王安石的新法等同于发展计划经济、权力经济、指令经济,则是不成立的。至于干预主义的利弊,当然可以讨论。我个人比较赞成市场经济 + 有为政府,而王安石变法,可以说是一定程度的"市场经济 + 有为政府"试验。

六

第六个问题:王安石的募役法有什么进步意义?

在王安石诸多新政中,募役法是为数不多的一项得到一部分保守派士大夫(如苏轼、范纯仁)认同的新法。林语堂的《苏东坡传》提到:"苏东坡所支持新法中唯一的一种,就是免役法。在宋以前,中国实行征兵制已经很久。王安石提出的就是老百姓要付税以代替兵役。换言之,这条措施就是以募兵组成常备军代替征兵制。"[1] 这里林语堂将募役法之役理解成兵役,显然是张冠李戴了,因为王安石募役法的改革对象是职役,而非兵役。

---

1 林语堂:《苏东坡传》第七章,陕西师范大学出版社,2008年。

苏轼后期确实成为募役法的支持者，在重归政府的司马光执意要废除募役法时，他与司马光发生了争执。

苏轼早年对王安石变法冷嘲热讽，为什么后期又赞成募役法呢？这是因为他担任过多年地方官，亲眼看到募役尽管存在着各种弊端，但比原来的差役之病轻得多，两害相权取其轻。

我们以现代人的眼光来看，当然也会认为募役比差役进步。这个进步是历史性的，因为役是一种古老的、落后的、特殊的人身税，是人身束缚程度最高的税目，从差役到募役，于宋朝役户而言，意味着服役义务被豁除，人身束缚被解放；于宋朝财政而言，则意味着人身税逐渐让位于财产税，财税结构更具近代性。今人研究王安石变法的论著对此已多有论述，本书第六章亦略有述及。

这里我想换一个视角来解释募役法的历史进步意义——从构建理性官僚制的角度看王安石的役法改革（似乎很少有人从这个角度讨论募役法）。

在中国古代王朝，政府系统中从事公务的人员大体可以分为三个层次：第一个层次是官，包括主官、佐贰官与幕僚官，他们大致相当于现代公务员体系中的政务官；第二个层次是吏，是协助官员处理公务的公职人员，大致相当于现代公务员体系中的事务官；第三个层次是役，即职役，是供官吏驱使奔走、具体执行公务的办事员，相当于今人所说的临时工。一个完整的古代官僚体系，即由官、吏、役构成。

官、吏、役，三者内涵各异，层次分明，但界限有时并非十分清晰。在汉代，官与吏不是泾渭分明的两个群体，"自佐史至丞相"皆可称"吏员",也可称"官";[1]魏晋—南北朝时期,官与吏分殊,吏与役合流,吏役主要由专职的役户、杂户承担,役户、杂户的社会地位乃至法律地位都要低于一般编户齐民;唐朝时,一般编户也要服一部分吏役,称为"色役";到了宋朝,吏称"吏人",役称"公人",合称"公吏",不过宋朝的吏与役已经分流,是两个不同的群体:"诸称公人者,谓衙前、专副、库、称、掏子、杖直、狱子、兵级之类;称吏人者,谓职级至贴司,行案、不行案人并同。"[2] 简单地说,官的地位高于吏,吏的地位高于役,吏毕竟是坐办公室的,役则是干体力活的。

宋时承担职役的编户主要是乡村上等户(经济意义上的分等),下等户原则上不用服职役。但役的特点是强制性、无偿性,服役是强制的、没有报酬的义务劳动,正因如此,职役才成了宋代乡户苦不堪言的负担。

王安石的役法改革所要改变的便是职役的无偿性与强制性。首先,宋政府豁除了役户的强制服役义务,改为向他们征收免役钱,原来没有服役义务的官户等特殊户也要缴纳助役钱(具体征钱方案参见本书第六章)。宋朝士大夫集团为什么会强烈反对募役法,原因就在这:按旧的差役法,官户是不用服役的,而实行募役法之后,官户却要缴纳二分之一的助役钱,利益受损了。

然后,宋政府招募人来承担职役的工作,并用收来的役钱给役人支付工资。于是,职役不再是无偿的强制的义务劳动,而成了计酬的自由投募的职业。

---

1 班固:《汉书》卷十九上《百官公卿表第七上》。
2 谢深甫等编:《庆元条法事类》卷第五十二《公吏门·名例敕》。

募役法的推行，促成了役的吏化："大量被雇的役人现在加入了吏的队伍，他们实际上成为吏役次官僚制的一部分"，刘子健认为这"助长了地方政府吏役次官僚制的扩张"。[1] 我却更愿意将役的吏化视为宋代官僚制的理性化，因为要求役人承担公务却不给予酬劳无疑是不合理的。

如果把王安石变法中的另一项新法——仓法与募役法放在一起考察，我们可以将问题看得更清楚。倘若说，募役法是针对役的改革，那么仓法就是针对吏的改革。宋朝的吏尽管已经跟役分流，但在王安石变法之前，吏存在着役化的问题：尽管吏通常来自招募，而非强制征召，但他们的工作跟役一样，是无偿的，没有薪酬。

可是，吏也要吃饭，也要养家糊口，用王安石的话来说，"吏亦人，非不衣不食而治公事"，"今惜厚禄不与吏人，而必令取赇"。吏人既无合法工资，只好自己想办法搞"创收"，比如向民户收取手续费，甚至敲诈、勒索、受贿、监守自盗，沈括的记述可证："天下吏人，素无常禄，唯以受赇为生，往往致富者。"[2] 这样的吏制当然是很不合理的。

因此，王安石在施行募役法之前，先推出仓法，改革吏制，简单地说，就是给吏人发薪，同时立法严禁吏人索贿。

募役法加上仓法，反映了王安石不但力图构建更具现代性的财税体系，同时也希望建立一套更加理性、现代化的国家公务员体系。

---

1 刘子健：《宋代中国的改革：王安石及其新政》第六章，上海人民出版社，2022年。
2 沈括：《梦溪笔谈》卷之十二。

七

第七个问题：如何解释王安石变法中的南北差异？

与吕思勉、陈垣、陈寅恪并称"史学四大家"的钱穆发现了一个有趣的现象："王安石新法，有些似在南方人特见有利，而在北方人或特见为有害的。"[1] 在青苗法、募役法与市易法的实施过程中，均存在这样的地域差异。

先来看青苗法。推行之初，青苗法在东南州县是颇受民众欢迎的，"农民憧憧来往于州县"，路上都是入城申领青苗钱的农民；而在河北担任知县的王岩叟则宣称"奉行青苗、免役、保甲之法，亲见其害，至深至悉"。钱穆引用《韩魏公家传》的一段记载："西川四路乡村，民多大姓，每一姓所有客户，动是三五百家。赖衣食贷借，抑以为生。今若差官置司，更以青苗钱与之，则客于主户处从来借贷既不可免，又须出此一重官中利息。其他大姓固不愿请领苗钱。"[2] 据此可推知："反对青苗者又必为盛拥客户之大姓，而客户固以江、浙三路为独少。此又新法南人便之、北人恶之一例。"

募役法也颇受南人欢迎，旧党中人刘挚说："访闻惟是川、蜀、江、浙等路昨差至第一等人户充役，皆习于骄脆，不肯出力为公家任捕察之责，故宁出资雇代，自以为便。"[3] 北方人出身的刘挚对"雇代"的做法十分看不惯："殊不知每岁出缗钱雇代，其久远之害不细也。兼祖宗以来，行正身充役之法，通于天下，

---

1 钱穆：《国史大纲》第六编。
2 钱穆：《国史大纲》第六编。下同。
3 李焘：《续资治通鉴长编》卷三百八十九。下同。

已百有余年，曾不闻其不便。今朝旨虽欲周顺人情，下许雇之法，然止可作权时指挥，宜立限一年或二年，候人情习熟，欲罢代法。"其他宋朝人也观察到："吴蜀之民以雇役为便，秦晋之民以差役为便"；[1]"安石之免役，正犹杨炎之两税，东南人实利之"。[2]

至于市易法，除施行于沿边，主要是在开封府、大名府、河南府等都城以及苏州、常州、杭州、楚州、越州、福州、广州等东南商业重镇推行。换言之，王安石应该意识到，北方城市（四京之外）不太适合设置市易务。

有意思的是，"与王安石其他新法背道而驰"的保甲法却在北方五路推行得比较顺利。元丰四年，北方五路的民兵已完全改组成保甲；而在京畿地区，保甲法受到都民强烈抵制；到了东南地区，保甲仅徒具形式。用宋神宗的话来说："东南之民虽近联以什伍，然未尝教之武事，驱以捍贼，实难收功，徒废生业，并令放散。江南、福建路亦依此。"[3]

钱穆还发现："新党大率多南方人，反对派则大率是北方人"；"王安石新政，似乎有些处是代表着当时南方智识分子一种开新与激进的气味，而司马光则似乎有些处是代表着当时北方智识分子一种传统与稳健的态度"。[4] 不论是熙宁年间批判王安石变法的韩琦、富弼、文彦博、司马光、吕诲等大臣，还是元祐年间打倒新法的洛党、朔党少壮派，都是北方人。

为什么会有这样明显的南北差异？钱穆审慎地提出一种解释："似乎新旧党争，实在是中唐安史之乱以后，在中国南北

1　李焘:《续资治通鉴长编》卷三百六十七。
2　罗从彦:《豫章文集》卷八。
3　李焘:《续资治通鉴长编》卷二百八十四。
4　钱穆:《国史大纲》第六编。下同。

经济文化之转动上,为一种应有之现象。"

我认为钱穆的这个解释是有道理的。秦后中国的第一个千年,政治重心与经济重心都在黄河流域,长安与洛阳是中原王朝的两大中心城市。但安史之乱过后,黄河流域的经济开始衰败,虽然政治重心仍在北方,经济重心却南移了,可以说,秦后第二个千年的经济重心已经从黄河流域转到长江流域。晚唐时,长江流域形成"扬一益二"两大经济中心;入宋,东南城市的商业更加繁盛,沿着运河经济带,许多新兴的商业市镇正在崛起。

政治重心与经济重心既然彼此分离,那么将政治重心与经济重心、将黄河流域与长江流域连接起来的纽带,便是大运河。赵宋立国,定都开封,便是因为开封处于运河网络的枢纽位置,京师公私消费的物资主要依赖汴河自东南输入。概言之,晚唐以降,蜀地成都与东南城市的商品经济要比北方州县发达得多。

从人的角度来说,新兴的商业城市环境使得南方士人更重功利而轻名教(南宋的功利学派即产生于经济最发达的浙东),很少有思想包袱;而北方的士大夫却背负着往昔的千年荣光,思想倾向保守,重名教而轻功利(北宋理学家多诞生于关中、河洛)。这可以解释为什么变法派多南方人而保守派多北方人。

从法的角度来说,不管是青苗法与市易法的借贷,还是募役法的雇代,都是新型的经济关系,只有在商品经济发达的地方,才可能会兴起、盛行;而保甲法则是一种复古的人身支配关系,在习惯于服役的小农经济体,或军管色彩比较浓厚的地方更容易推行。

进而言之,王安石变法中的青苗法、市易法、募役法等,与发达的商业经济更相适应，代表了社会发展与历史演进的方向。

有意思的是，王安石变法中的地域差异（或说是社会经济发展水平差异）也体现在晚明的"一条鞭法"上。一条鞭法将田赋、杂税与徭役合并，折算成白银征收，在推行过程中，南方社会更欢迎一条鞭法，明人说："其法在江南犹有称其便者，而最不便于江北。"[1] 所谓的晚明"资本主义萌芽"正是以一条鞭法的实行为标志的，而一条鞭法的役法改革部分又是与北宋募役法高度重合的。

八

第八个问题：怎么看待王安石与司马光关于理财的意见分歧？

王安石与司马光在私生活方面存在诸多共同点，比如都不贪图享受，都不好美官，都不纳妾，都不喜乘坐轿子。宋人说："荆公、温公不好声色，不爱官职、不殖货利皆同。……故二公平生相善。"但他们在政见方面却存在着几乎是全面的分歧：司马光维护祖制，王安石强调变法；司马光赞同"藏富于民"，王安石重视"富国强兵"；司马光主张"节流"，王安石主张"开源"；司马光认为"开源"即意味着政府要增收苛捐杂税，王安石则认为完全可以做到"民不加赋而国用饶"，司马光却说："天地所生货财百物，止有此数，不在民间，则在公家。"

抛开情感与价值偏好的因素，我们如何看待王安石与司马

---

[1]《明神宗实录》卷之五十八。

光的这个分歧呢？是王安石的"民不加赋而国用饶"有道理，还是司马光的"天地所生货财百物，止有此数，不在民间，则在公家"有道理？

如果司马光说的更有道理，那么显然，人类社会的物质文明将不会有任何进步，因为"天地所生货财百物，止有此数"。但肉眼可见的事实是，现代社会与古代社会相比，货财百物何止增长了千万倍？因此，哪怕是替司马光辩护的学者，也不得不承认司马光的判断不符合现代社会的认知："我们亲身经历、耳闻目睹了社会财富的飞速增长，四十余年间，小到个人、家族，大到城市、国家，财富的增长规模和速度是前所未闻的。'天地'还是这个'天地'，其间的'货财百物'，却早已不知翻了几番。所以，我们会觉得司马光真是太保守了。"[1]

但是，赞成司马光、反对王安石变法的人往往又补充说：司马光的判断虽然不合现代社会，却适用于古代社会，比如赵冬梅教授说："诸位有没有想过，（当代）这四十余年财富增长的动力来自哪里？制度革新、科学发展、技术进步，特别是早已走在前面的西方文明的引领。而这些，在司马光与王安石讨论'天地所生货财百物'的时候，都没有发生。没有上述这些革命性的因素，又怎么可能出现社会财富的革命性增长？而如果财富总量不增长，那么，理财的问题归根结底还是一个分配问题，不在公家就在民间，是'富国'与'富民'孰先孰后、如何协调的问题。司马光所说的并没有错。"

类似的观点可以追溯到写《苏东坡传》的林语堂："不必

---

[1] 赵冬梅：《大宋之变，1063—1086》第二部第13节，广西师范大学出版社，2020年。下同。

身为经济学家,尽可放心相信一国的财富方面的两个重要因素只是生产与分配,谅不致误。要增加国家的财富,必须增加生产,或是使分配更为得当。在王安石时代,增加生产绝无可能,因为那时还没有工业化的办法。所以一个财政天才之所能为,只有在分配方面。因为王安石基本上关心的,是充裕国库,而增加国家财富的意思,也就是提高政府的税收。"[1]

然而,就算在王安石时代,理财只能是一个分配问题,货财百物也未必是"不在民间,则在公家"。南宋陆游对此有过一番阐述:"司马丞相曰:'天地所生财货百物,止有此数,不在民则在官。'其说辩矣,理则不如是也。自古财货不在民又不在官者,何可胜数?或在权臣,或在贵戚近习,或在强藩大将,或在兼并,或在老释。方是时也,上则府库殚乏,下则民力穷悴,自非治世。"[2]

赵宋开国,不立田制,不抑兼并。因此贫富悬殊,赋税不均,田连阡陌者多隐瞒田产,以逃避田赋。王安石推行的方田均税法,用意即是"使分配更为得当",让兼并之家承担更多的赋税,平民相对减轻税负,这不正是"民不加赋而国用饶"的办法之一?

更何况,在王安石那个时代,通过发展生产来增进社会财富真的"绝无可能"吗?一个明摆着的事实就是:宋朝去唐朝未远,宋朝的国土面积小于唐朝,但宋政府通过垦荒、灌淤、精耕细作、引进并推广良种占城稻、保护私有产权等方法,使得耕地面积大大增加,粮食亩产量也高于唐朝,所以宋朝才有大量剩余粮食用于酿酒,酒业空前发达;宋人才有底气称"唐

---

[1] 林语堂:《苏东坡传》第七章。
[2] 陆游:《陆放翁全集・渭南文集》卷第二十五。

人作富贵诗，多纪其奉养器服之盛，乃贫眼所惊耳"。[1]

可以肯定地说，宋朝的社会财富总量与人均收入水平都超过了唐朝，而且同时还保持着人口的快速增长。这难道不是社会财富总量扩增的体现？

王安石曾提出："富其家者资之国，富其国者资之天下，欲富天下，则资之天地。"明代李贽有一段批评司马光的话，可作为王安石这一主张的注脚："光既知财货百物皆天地之所生矣，生则乌可已也，而可以数计邪？今夫山海之藏、丽水之金、昆山之璧、铜铅银锡、五金百宝之产，日入商贾之肆，时充贪墨之囊，不知其几也。所贵长国家者，因天地之利，而生之耳。"[2]

王安石的变法，既是再分配的过程（即所谓"抑兼并"），同时也是扩大生产的过程（即所谓"资之天地"）。比如农田水利法施行后，"中央政府修建了超过11000个灌溉和防洪工程"，[3]又增添了一亿多亩农田，按最低亩产量（一石左右）计算，即每年可增收16500万—23000万石粮食。[4]

除了农业水利工程建设，神宗时代的宋政府还动员了大量的人力物力，投入于运河、码头、桥梁、水磨的修建，投入于铜矿、铁矿、煤矿的开发，投入于对工商业的扶持与刺激。我们看看这组数字，便可想象王安石变法启动后宋朝的社会财富增长是何等规模：

  1. 熙宁—元丰年间，宋政府每年铸钱数额，高

---

1 沈括：《梦溪笔谈》卷之十四。
2 李贽：《李温陵集》卷之十五《行业儒臣》。
3 万志英：《剑桥中国经济史：古代到19世纪》第6章。
4 参见杨德泉、任鹏杰论文《论熙丰农田水利法实施的地理分布及其社会效益》。

者达500万贯,铸造两年,便相当于整个明王朝两百多年的铸钱总额。

2.如前所述,美国学者郝若贝认为,元丰年间铁的年产量达7.5万—15万吨,葛金芳也认为北宋一年用铁在15万吨上下,而到18世纪初,整个欧洲(包括俄国的欧洲部分)的铁产量才有14.5万—18万吨。

3.从神宗朝开始,煤矿得到大规模的开采,宋人说"昔汴都数百万家,尽仰石炭,无一家燃薪者",即始于神宗时代。

4.宋政府设立的市易司,主营商业与金融业,下辖各州市易务,工作人员数以万计,可谓是十一世纪的"托拉斯"。

5.熙丰变法期间,宋政府的市舶收入达到北宋的最高峰,每年大约有200万贯的市舶收入。作为对比,晚明政府每年从月港贸易(明政府只开放漳州的月港作为对外贸易的港口)中征收的引税、水饷、陆饷、加增饷等,合计不过二三万两银,只是宋朝市舶岁入的一个零头而已。

所以,如果要我总结一句,我会引述黄仁宇的这个论断:"王安石能在今日引起中外学者的兴趣,端在他的经济思想和我们的眼光接近。他的所谓'新法',要不外将财政税收大规模地商业化。他与司马光争论时,提出'不加赋而国用足'的理论,其方针乃是先用官僚资本刺激商品的生产与流通。如果经济的额量扩大,则税率不变,国库的总收入仍可以增加。这也是刻下现代国家理财者所共信的原则。"[1]

九

第九个问题：王安石变法与罗斯福新政有什么关系？

钱穆曾讲过一则佚事："据说美国罗斯福执政时，国内发生了经济恐慌，闻知中国历史上此一套调节物价的方法（指常平仓制度），有人介绍此说，却说是王荆公的新法。其实在中国本是一项传统性的法制。抗战时期，美国副总统华莱士来华访问，在兰州甫下飞机，即向国府派去的欢迎大员提起王安石来，深表钦佩之忱。而那些大员却瞠目不知所对。因为在我们近代中国人心目中，只知有华盛顿、林肯。认为中国一切都落后，在现代世界潮流下，一切历史人物传统政制，都不值得再谈了。于是话不投机，只支吾以对。"[2]

钱穆所述确有其事，华莱士访华的时间是1944年，当时媒体亦有报道："华氏（即华莱士）研究中国历史，对于吾国王安石之农政，备至推崇，迭次言论中皆有向往之词"；在与中方接待人员谈话时，华莱士"亦询及我宋代政治家王安石之有关各节，华氏誉王安石为中国历史上推行'新政'之第一人"；发表演讲时，华莱士又说，王安石"于一〇六八年在重大困难之下，所遭遇之问题与罗斯福总统在一九三三年所遭遇之问题，

---

[1] 黄仁宇：《赫逊河畔谈中国历史·王安石变法》。
[2] 钱穆：《中国历史研究法》第二讲，生活·读书·新知三联书店，2001年。

虽时代悬殊，几于完全相同，而其所采方法，亦非常相似"。[1]

按华莱士此说，宋代中国的王安石变法居然与20世纪美国的罗斯福新政产生了联系。

众所周知，20世纪20年代末美国爆发了严重的经济危机，胡佛政府的自由放任政策应对危机失败，1932年罗斯福击败胡佛，当选美国总统，并于次年开始推行具有明显干预主义色彩的新政，其中的农业新政就是由时任农业部长华莱士操刀的。华莱士自述："我任农业部长后，不久就请求国会在美立法中加入中国农政的古法，即'常平仓'的办法。这个常平仓的名字，我是得自陈焕章所著的《孔子与其学派的经济原则》。"[2]

陈焕章，康有为弟子，光绪三十年进士，随后赴美留学，入读哥伦比亚大学经济科，1911年获得博士学位，同年出版论著《孔子及其学派的经济原则》（今译《孔门理财学：孔子及其学派的经济思想》），1930年再版。陈焕章以现代经济学的概念与语言向西方社会介绍了传统中国的经济学说与经济制度，其中包括常平仓制度与王安石新法，在西方反响很大，引起了经济学家凯恩斯、熊彼特以及社会学家韦伯的注意。华莱士正是通过阅读陈焕章的著作，了解了传统中国的常平仓制度，以及由常平仓制度改良而来的王安石青苗法（又称"常平新法"）与市易法（又称"常平市易"）。

罗斯福新政期间，华莱士参考常平仓制度、王安石的青苗法与市易法，制订了一系列农业新政，即"常平仓计划"，具体举措包括：1. 国会通过了干预农业生产与贸易的《农业调整

---

[1] 沁青：《华莱士与中国农业界》，《农业推广通讯》1944年第6卷第8期。
[2] 转引自李超民《常平仓：美国制度中的中国思想》第三章，上海财经大学博士学位论文，2000年。

法》；2.农业部成立"商品信贷公司"，向农场主、农民提供以农产品为抵押的贷款；3.设立"联邦剩余商品救济公司"，通过收购过剩农产品再分发给城市贫民的方式稳定农产品市场价；4.联邦剩余商品救济公司还具有常平仓的功能，在丰年收购、储藏五种农产品（玉米、小麦、稻谷、棉花与烟草），以备灾荒，歉年则抛售储备的农产品；5.当常平仓的储备过剩时，国家对农产品销售实施配额制。[1]

从罗斯福政府的农业新政，确实可以看到青苗法、市易法的影子，不过，美国汉学家卜德认为，华莱士的"常平仓计划"与王安石的青苗法、市易法没有关系，因为华莱士在与他的通信中说：1933年年底或1934年年初之前，"我对王安石并不熟悉。我虽是王安石著作的极力崇拜者，我不认为我采取的任何措施是由于阅读关于他的著作的结果"。[2]

但是，如果因此而得出华莱士农业新政与王安石的青苗法没有关系的结论，可能是轻率的，因为陈焕章的论文在同一篇章介绍了常平仓与青苗法、市易法，华莱士熟读《孔子及其学派的经济原则》，即使对王安石不熟悉，也应该读到陈焕章关于青苗法的论述。何况，1934年之后华莱士已经知道王安石，并且对王安石变法产生了浓厚兴趣，这期间，罗斯福新政包括"常平仓计划"一直在调整中，最终华莱士发现：王安石变法与罗斯福新政"所采方法，亦非常相似"。[3]

---

1 具体可参见李超民论文《常平仓：美国制度中的中国思想》。
2 转引自李超民论文《论美国新政"常平仓计划"受王安石经济思想的影响——兼与卜德先生商榷》，《西南师范大学学报（人文社会科学版）》2002年第6期。
3 李超民：《论美国新政"常平仓计划"受王安石经济思想的影响——兼与卜德先生商榷》。下同。

因此，一些研究者坚定地相信，"青苗法和市易法等措施是美国'常平仓计划'的制度原型。王安石对华莱士的影响线路主要从陈焕章而起，当时有关中国古代思想的大量文献，更重要的是王安石变法（中的）青苗法和市易法内容直接影响到他"。

美国人华莱士对王安石变法的重新发现、罗斯福新政对美国经济危机的成功挽救，也许正好印证了陈焕章的一个论断："对我们而言，《周礼》中的某些法规（即王安石的新法）似乎可以应用于现代民主社会。以政府借贷为例，……如果在各方面都具备优良的管理制度，那么，政府最薄息的借贷不仅帮助了处于困难中的民众，而且，也增加了国家的收入。王安石确是一个伟大的政治家，但他却生不逢时。"[1]

十

第十个问题：如何理解王安石变法的历史意义？

这个问题也可以换个问法：王安石变法是一场什么运动？

我们当然可以说它是一场旨在"富国强兵"与"使民养生丧死无憾"的政治、军事、经济制度改良运动。这没有错。但是，如果仅仅是这样，那王安石变法与其他王朝的"中兴"又有什么分别？能说它具有历史性的意义吗？

黄仁宇向我们提供了一个理解王安石变法之历史意义的视角："公元十一世纪后期宋朝的第六个皇帝神宗赵顼引用王安

---

[1] 陈焕章：《孔门理财学》第八篇。

石，置三司条例司（财政税收设计委员会），创行新法，是中国历史上一桩大事。这事情的真意义，也只有我们今日在二十世纪末期，有了中国近代史的纵深，再加以西欧国家现代化的经验，才比以前的人看得清楚。"[1] 换言之，我们看王安石变法，应当超越一朝一代的尺度，拉宽历史的视界。

如此，我们会发现，王安石变法是一场自发的、主动的、积极的近代化运动。宫崎市定便宣称"王安石是近代文化的体现者"，而王安石不得行其志，"不只是宋朝一代的不幸，也是后世亿万中国人民的不幸"。[2] 晚清留美学者陈焕章也说："王安石确是一个伟大的政治家，但他却生不逢时。如果王安石的全部计划得以贯彻施行，那么，中国早在一千年前就应该是一个现代国家了。"[3]

从国家财税形态的角度来看，任何一个社会，不论东方、西方，当它从传统向近代演进时，税的形态总是会发生若干类似的变迁：

    1. 从人身支配的役折算成非人身支配的税；
    2. 从人头税为主转换为以财产税为主；
    3. 从以农业税为主发展至以工商税为主；
    4. 从以直接税（如人头税、土地税、房屋税）为主转化为以间接税（如关税、消费税）为主；
    5. 从以实物税为主转化为以货币税为主；

---

[1] 黄仁宇：《赫逊河畔谈中国历史·王安石变法》。
[2] 转引自张呈忠《日本近代化进程中的王安石变法研究——从海保青陵到京都学派》，《全球史评论》2019年第2期。
[3] 陈焕章：《孔门理财学》第八篇。

6. 征税的重心从农村转移到城市；

7. 从低税率转变为高税率——因为近代政府要处理的事务远比古典政府复杂得多。

国家财税形态的这几项变迁，全都在宋代出现，尤以王安石变法时期最为明显：王安石时代推行了以钱代役的募役法；而役钱的征收则遵循财产税原则；熙宁年间，宋政府设于各州县、市镇的商税务多达1060处，处于扩张过程中；在熙宁十年6200余万贯财政收入中，以工商税、征榷为主的间接税收入占了三分之二，以货币形式征收的税额更是占财政岁入的75%以上，显然，间接税、货币税已经成为宋王朝最重要的赋税；熙宁政府设立的1800余处官酒务，绝大部分都集中在城市，少数分布在市镇，至于农村，则基本不置官酒务，可见宋政府的征税重心也是在城市，而非农村。[1]

在海外汉学家对王安石变法与宋代财税制度的介绍与评价中，有两个概念不仅一次被提及："重商主义"与"财政国家"。这是我们理解王安石变法作为一场近代化运动的关键词。

比如万志英教授在《剑桥中国经济史》中说："年轻的宋神宗（1067—1085年在位）继位，并在1070年任命王安石为相。雄心勃勃、才华横溢的王安石旋即推行名为'新法'的全面制度改革（吴按：变法其实在1069年王安石任参知政事时已经开始）。此时的宋朝，劳役快速货币化，大量货币被投放到经济之中，而王安石变法的首要举措，就是推出影响深远的财

---

[1] 参见刘光临、关棨匀论文《唐宋变革与宋代财政国家》，《中国经济史研究》2021年第2期。

政政策改革，以释放生产力，使之适应这种经济新形势。变法顺应了财政体系货币化的潮流，又与安史之乱后国家对经济干预不断增强的趋势相一致。但在此之外，恢复汉武帝时期财政重商主义原则，也是王安石变法的目标所在。"[1]

刘光临则认为，"宋朝国家财政制度以间接税为主要收入来源，摆脱了对土地税的依赖。安史之乱以后战争市场化与经济货币化两种趋势的高度结合，是这种新型财政体制的来源。其在当时出现及以后的飞跃式发展，无疑印证了宋朝在近代欧洲之前就走上了熊彼特所说的税收（财政）国家道路"。[2]

关于"财政国家"，刘光临认为，"所谓财政国家，就是指一种国家体制能够从市场源源不断地大量汲取财政资源"，"要发展成为财政国家，必定以可持续性增长为前提，并且符合以下五项条件:(1)国家财政收入必须高度货币化;(2)间接税（包括消费税、通过税、坑冶矿课）在税收结构中占主要份额;(3)具流通性的债务票据在公共财政中扮演重要角色;(4)财政管理体制高度集权化和专业化;(5)政府公共开支足以支持国家政策对市场（如通货膨胀、投资和实质工资）发挥直接显著的作用"。

这五项条件，全部出现在宋代，除第三项外，其余四项财政国家的特征在王安石变法时期尤其显著。刘光临指出，"熙宁十年赋税收入里，两税（农业税）收入仅约占国家赋税收入三分之一。除了两税，大部分赋税收入税额都是以货币交纳。即使就两税而言，当中也有三分之一至一半的税额以货币交纳，

---

1 万志英：《剑桥中国经济史：古代到19世纪》第6章。
2 刘光临、关荣匀：《唐宋变革与宋代财政国家》。下同。

这意味着北宋财政结构在熙宁十年时已经高度货币化。与此同时，间接税占国家赋税收入达三分之二，其中消费税收入更占国家赋税收入逾三成，是间接税的主要内容。总括而言，11世纪的宋朝中央所掌握的财政收入已经高度且主要来自间接税，符合西方学界所定义的税收国家"；而到了南宋时期，"随着12世纪公共债务的不断增长，宋朝迅速由税收国家过渡至财政国家"。

关于"重商主义"，我们须明白，它的要旨不仅是其字面所显示的"重商"，更表现为国家对工商业的积极干预、介入，以国家力量开拓市场、扶持商业、发展海外贸易，正如"重农主义"的要旨不仅是"重农"，更体现为国家对商业、市场、金融的漠不关心，采取无为而治的消极态度。

今天的自由主义者显然更加心仪重农主义，而对重商主义嗤之以鼻，比如秦晖教授认为，十七世纪英国的重商主义时代，"'重商主义'不是民间工商业受到尊重，而是政府'重'视对工'商'活动的管制与垄断，甚至重视自己入市牟利"，"那个时代的官办经济，无论是国家（皇家）企业还是国家（皇家）特许垄断公司（如东印度公司），都既不是自由经济中与民企具有平等民法地位和交易权利的市场法人，也不是福利制度下公共服务的财政承担者，而就是'公权私用'的聚敛机器"。[1]

秦晖对英国重商主义的批判，几乎也适用于批评王安石变法。王安石仿佛试图将宋朝政府改造成为一个超级公司，犹如一个贪婪的巨商（亦即秦晖所说的"聚敛机器"），与民间商贩竞逐于市场。苏轼反对青苗法的一个原因，便是发现地方官

---

[1] 秦晖：《"中国模式"思辨》，《凤凰周刊》2010年10月。

府俵散青苗钱,"于给散之际,必令酒务设鼓乐倡优,或关扑卖酒牌子,农民至有徒手而归者"。[1]苏轼此言当不虚,因为另一名宋人也记述说,州县"散青苗钱于设厅,而置酒肆于谯门,民持钱而出者,诱之使饮,十费其二三矣。又恐其不顾也,则命娼女坐肆作乐以蛊惑之"。[2]宋政府为搒敛民财,绞尽脑汁。这也是王安石变法最受诟病的地方。

然而,从大历史的眼光来看,宋政府在财政上表现出"贪婪"却有着深远的意义。刘光临提出:"财政国家这种建立在市场基础上的新型政治权力就应运而生,中央政府因为要维持大量的、直接统辖的军队,不得不广开财源,无所不用其极(即朱熹所云"古者刻薄之法,本朝皆备")。也因此,宋代政府由竞逐财货,进而关注市场经济发展,以致推行重商主义政策来鼓励私人贸易、矿业,保护私有财产和人身自由。"[3]募役法体现的便是宋政府对人身自由的重视。

我们展开来说,迫于巨大的财政压力,政府势必要将征税的重点从总额有限而征收成本高企的农业税转移到商业税;而为了征收到更多的商业税,政府又势必要积极发展工商业、维护市场繁荣;为了发展工商业,政府需要积极修筑运河,以服务于长途贸易;需要投资水磨作坊,以产出更多的商品茶;需要开放港口,以鼓励海外贸易;需要鼓励开发矿业,以冶炼出更多的铁和铜;需要铸造更多的铜钱、发行信用货币与有价证券,建设金融网络,以方便商品交易的达成;需要完善民商法,以对付日益复杂的利益纠纷;需要保护个人财产权,因为有恒

---

1 苏轼:《苏轼文集》卷二十七《乞不给散青苗钱斛状》。
2 王栐:《燕翼诒谋录》卷三。
3 刘光临:《市场、战争和财政国家——对南宋赋税问题的再思考》。

产者方有恒心；需要创新市场机制，使商业机构更加适应市场，创造更大利润……

上述提到的一切，并不是我们的逻辑推论，而是宋代出现的历史事实。这便是重商主义与财政国家的连锁反应，最后极有可能促成近代资本主义体系的建立。

此外，我们还要引入另一个概念"国家福利"，由香港大学历史学讲座教授梁其姿提出："北宋的福利政策发展至南渡前夕已出现浪费的弊端，所引起的抱怨犹如现代一些福利国家所经常面对的批评：蔡京的居养安济坊被批评为'州县奉行过当……'政府对贫人的照顾，除了引起富人的抱怨，还有军方的指谪，认为过分的济贫严重地减少了军饷的供给……这些言论可反映出北宋时代官方所推动的社会福利政策的确有相当的规模，以至于在整个国家财政收支平衡上有深远的影响，同时也牵涉统治原则的重要争辩：以富人所缴之税来办社会福利应到哪个程度才合理？解决社会贫穷问题与国防问题孰重孰轻？……（宋代）济贫政策所引起的关注及批评，已有类似近代国家福利政策之处。"[1]

完成于徽宗朝的宋代福利制度，其实也是近代化产生的压力所催化出来。许多汉学家都相信，唐宋之际发生了一场历史性的社会变迁：均田制解体、贵族门阀消亡、商品经济兴起、人口流动变得频繁、"不抑兼并"与"田制不立"的政策确立起来……此即"唐宋变革论"。王安石变法实际上就是对唐宋变革的顺应。社会变迁催生了大量的都市贫困人口，传统的由宗教团体负责的慈善救济已不足以应对都市贫困问题，政府需

---

[1] 梁其姿：《施善与教化：明清时期的慈善组织》第一章，河北教育出版社，2001年。

要承担起更大的责任，提供更周全的救济。[1]

东西洋近代史的展开，正是这样一幅"重商主义""财政国家"与"国家福利"相交织的斑驳图景。十六世纪，英国建立了皇家矿业公司，这一公司拥有在英国西部和北部开采贵金属和铜矿的独占权；发布法令禁止砍伐海岸和河岸周边的木材，以鼓励煤成为主要燃料；[2]女王伊丽莎白向利凡特公司颁发海外贸易特许权，允许其垄断对奥斯曼土耳其的贸易，同时女王还向公司投资了四万英镑。皇室和政府对财富的贪婪，构成了英国大航海与资本主义兴起的强大动力。[3]

与此同时，由于社会经济急剧变化，大量都市贫民被"制造"出来，成为迫在眉睫的社会问题。近代欧洲国家逐渐发展出来的福利政策，就是为了应对这一崭新的社会问题。英国政府制订"济贫法"，即始于近代化正在展开的十六世纪下半叶，及至十七世纪初，便诞生了完备的《伊丽莎白济贫法》。"济贫法"的出现，意味着英国政府开始负担起救济贫民的责任，在此之前，英国的济贫工作主要是由教会承担的。

不妨这么说吧，十六世纪英国的近代化轨迹，与唐宋变革、王安石变法的历史方向恰好是高度重合的。

日本在明治维新期间，国家精英奉行的也是李斯特的重商主义学说。[4] 1874年，大藏卿大久保利通向明治政府提交《殖产兴业建议书》，确立了重商主义政策："大凡国之强弱，在于

---

1 参见梁其姿著作《施善与教化：明清时期的慈善组织》第一章。
2 参见吴尘《都铎王朝重商主义政策探析》，湖南师范大学硕士学位论文，2009年。
3 参见李新宽《试析英国重商主义国家干预经济的主要内容》，《史学集刊》2008年7月第4期。
4 参见贾根良《李斯特经济学的历史地位、性质与重大现实意义》，《学习与探索》2015年第1期。

人民贫富；人民之贫富，在于物产之多寡；而物产之多寡，在于是否勉励人民之工业。归根结底，未尝不在于政府官员之诱导与奖励之力。"为此，明治政府兴办了大量"官立事业""模范工厂"（官营企业），诱导民间殖产兴业。[1] 也是在1874年，日本政府仿效英国"济贫法"颁布了《恤救规则》，在此之前，日本的社会救济基本由设于寺院的施乐院、悲田院、疗养院提供，跟中国的唐代一样。

不管是先发近代化的西洋，还是后发近代化的东洋，国家近代化转型的启动，都不是完全靠市场自发的"看不见的手"，而是由重商主义政府提供了第一推动力。财政压力、市场活力与国家积极介入，在一国的近代化进程中缺一不可。

从这个角度看，我们会发现宋代在中国史乃至世界史上的特殊意义：它是财政国家与重商主义国家的最早实践，在财政国家、重商主义的驱动下，一个近代化的国家已经呼之欲出。

宋代中国也确实被一些汉学家描述为"近代初期"（early modern）。但这里有一个我们无法回避的问题：如果说宋代是"近代初期"，那么，为什么宋代之后"近代后期并没有接踵而至"？[2]

刘子健将原因归结为两宋之际的"转向内在"。但我们前面已经讨论过，南宋的财税依然是积极的、扩张的、外向的，并没有内敛化。从长时段的历史来看，刘子健所说的这个"转向内在"的确发生了，只不过发生的时间点不是两宋之际，而是明初。朱元璋建立了一个与王安石变法完全相反的重农主义世界。

直至晚清，随着西方近代思潮的传入，以及内忧外患之下

---

1 参见孙洋、弋慧莉《日本殖产兴业政策的实行与铁道知识的传入》，《长春理工大学学报（社会科学版）》2010年第5期。
2 刘子健：《中国转向内在：两宋之际的文化转向》序言。

巨大财政压力的出现,清政府才挣脱掉朱元璋建确立的"洪武型财政",对兴办企业表现出巨大热情,行政系统内增设了大量经济部门,沿海口岸积极对外开放,国家将征税的重点从农业税转移到工商税,财政从紧缩转向扩张,国债等金融工具受到政府青睐。

在这一时代背景下,梁启超回顾王安石变法,猛然发现"今世欧洲诸国,其所设施,往往与荆公不谋同符"。[1] 他对王安石变法不能不油然生出"似曾相识燕归来"的奇妙感觉。不独梁启超有这样的感觉,另一位经历过晚清近代化的历史学家傅斯年也认为,王安石变法"多有远见之明,此固非'不扰民'之哲学所赞许,却暗合近代国家之所以为政也"。[2] 不独晚清—近代的中国学者有此看法,日本思想界对王安石变法的重新发现,也是始于明治维新时期——1897年,日本学者高桥作卫发表论文《王安石新法论》,提出一个创见:王安石之新法"与今日泰西经济主义相同也"。[3]

近代化的历史就好像是一条时光隧道,西洋人打开了隧道的一扇门,晚清人与东洋人跑进去,跑着跑着,却发现前面居然有一位熟悉的先行者,那就是宋代的王安石。

---

1 梁启超:《王安石传》第九章。
2 傅斯年:《中国民族革命史》,转引自罗志田《革命的形成:清季十年的转折》,商务印书馆,2021年。
3 转引自张呈忠论文《日本近代化进程中的王安石变法研究——从海保青陵到京都学派》。

附　录

主要参考文献

史料、专著

［汉］孔安国：《尚书正义》，［唐］孔颖达正义，上海古籍出版社，2007年。

［汉］班固：《汉书》，［唐］颜师古校注，中华书局，1962年。

［宋］孟元老：《东京梦华录笺注》，伊永文笺注，中华书局，2006年。

［宋］孟元老等著：《东京梦华录（外四种）》，古典文学出版社，1957年。

［宋］王安石：《王荆文公诗笺注》，李壁笺注，上海古籍出版社，2010年。

［宋］王安石：《临川先生文集》，中华书局，1959年。

［宋］司马光：《传家集》，《景印文渊阁四库全书》第一○九四册，台湾商务印书馆，1986年。

［宋］司马光：《涑水记闻》，邓广铭、张希清点校，中华书局，1989年。

［宋］司马光：《稽古录》，《景印文渊阁四库全书》第三一

二册,台湾商务印书馆,1986年。

［宋］马端临:《文献通考》,上海师范大学古籍研究所、华东师范大学古籍研究所点校,中华书局,2011年。

［宋］王铚、王梾:《默记 燕翼诒谋录》,中华书局,1981年。

［宋］王铚:《四六话》,《景印文渊阁四库全书》第一四七八册,台湾商务印书馆,1986年。

［宋］魏了翁:《仪礼要义》,《景印文渊阁四库全书》第一〇四册,台湾商务印书馆,1986年。

［宋］邵伯温:《邵氏闻见录》,李剑雄、刘德权点校,中华书局,1983年。

［宋］邵博:《邵氏闻见后录》,李剑雄、刘德权点校,中华书局,1983年。

［宋］晁说之:《晁氏客语》,商务印书馆,1936年。

［宋］沈括:《梦溪笔谈校正》,胡道静校正,上海古籍出版社,1985年。

［宋］沈括:《梦溪续笔谈 梦溪补笔谈》,商务印书馆,1937年。

［宋］洪迈:《容斋随笔》,孔凡礼点校,中华书局,2005年。

［宋］欧阳修:《欧阳修全集》,中华书局,2001年。

［宋］王辟之、欧阳修:《渑水燕谈录 归田录》,吕友仁、李伟国点校,中华书局,1997年。

［宋］杜大珪编:《名臣碑传琬琰之集》,《景印文渊阁四库全书》第四五〇册,台湾商务印书馆,1986年。

［宋］高晦叟:《珍席放谈》,《景印文渊阁四库全书》第一〇三七册,台湾商务印书馆,1986年。

［宋］罗濬等:《宝庆四明志》,成文出版社,1983年。

［宋］李焘：《续资治通鉴长编》，中华书局，1995年。

［宋］胡仔：《苕溪渔隐丛话》，人民文学出版社，1962年。

［宋］李廌、朱弁、陈鹄：《师友谈记 曲洧旧闻 西塘集耆旧续闻》，孔凡礼点校，中华书局，2002年。

［宋］叶梦得：《石林燕语》，中华书局，1984年。

［宋］赵令时、彭乘：《侯鲭录 墨客挥犀 续墨客挥犀》，孔凡礼点校，中华书局，2002年。

［宋］文同：《丹渊集》，《景印文渊阁四库全书》第一○九六册，台湾商务印书馆，1986年。

［宋］郑侠：《西塘集》，《景印文渊阁四库全书》第一一一七册，台湾商务印书馆，1986年。

［宋］叶梦得：《避暑录话》，《丛书集成初编》本，商务印书馆，1939年。

［宋］苏洵：《嘉祐集》，《景印文渊阁四库全书》第一一○四册，台湾商务印书馆，1986年。

［宋］苏轼：《苏轼文集》，孔凡礼点校，中华书局，1986年。

［宋］苏辙：《苏辙集》，中华书局，1990年。

［宋］苏辙：《龙川略志 龙川别志》，中华书局，1982年。

［宋］杨仲良：《皇宋通鉴长编纪事本末》，江苏古籍出版社，1988年。

［宋］蔡襄：《蔡襄集》，上海古籍出版社，1996年。

［宋］蔡絛：《铁围山丛谈》，《景印文渊阁四库全书》第一○三七册，台湾商务印书馆，1986年。

［宋］吕中：《宋大事记讲义》，《景印文渊阁四库全书》第六八六册，台湾商务印书馆，1986年。

［宋］张方平：《乐全集》，《景印文渊阁四库全书》第一一

〇四册,台湾商务印书馆,1986年。

[宋]黎靖德编:《朱子语类》,王星贤注解,中华书局,1986年。

[宋]赵汝愚编:《宋朝诸臣奏议》,北京大学中国中古史研究中心校点整理,上海古籍出版社,1999年。

[宋]彭百川:《太平治迹统类》,《适园丛书》本。

[宋]朱熹:《晦庵集》,《景印文渊阁四库全书》第一一四三册—第一一四六册,台湾商务印书馆,1986年。

[宋]朱熹辑:《三朝名臣言行录》,《四部丛刊》初编本。

[宋]朱熹编:《二程外书》,《景印文渊阁四库全书》第六九八册,台湾商务印书馆,1986年。

[宋]姚勉:《姚勉集》,上海古籍出版社,2012年。

[宋]王称:《东都事略》,《景印文渊阁四库全书》第三八二册,台湾商务印书馆,1986年。

[宋]徐自明:《宋宰辅编年录校补》,王瑞来校补,中华书局,1986年。

[宋]韩维:《南阳集》,《景印文渊阁四库全书》第一〇八六册,台湾商务印书馆,1986年。

[宋]曾布:《曾公遗录》,顾宏义点校,中华书局,2016年。

[宋]佚名:《群书会元截江网》,《景印文渊阁四库全书》第九三四册,台湾商务印书馆,1986年。

[宋]佚名:《宋史全文》,李之亮校点,黑龙江人民出版社,2005年。

[宋]范纯仁:《范忠宣集》,《景印文渊阁四库全书》第一一〇四册,台湾商务印书馆,1986年。

[宋]赵善璙:《自警编》,《景印文渊阁四库全书》第

八七五册，台湾商务印书馆，1986年。

［宋］吴曾:《能改斋漫录》，上海古籍出版社，1979年。

［宋］陈舜俞:《都官集》，《景印文渊阁四库全书》第一〇九六册，台湾商务印书馆，1986年。

［宋］毕仲游:《西台集》，《景印文渊阁四库全书》第一一二二册，台湾商务印书馆，1986年。

［宋］吕陶:《净德集》，《景印文渊阁四库全书》第一〇九八册，台湾商务印书馆，1986年。

［宋］陆游:《老学庵笔记》，李剑雄、刘德权点校，中华书局，1979年。

［宋］魏泰:《东轩笔录》，李裕民点校，中华书局，1983年。

［宋］罗大经:《鹤林玉露》，王瑞来校注，中华书局，1983年。

［宋］李觏:《李觏集》，王国轩校点，中华书局，1981年。

［宋］苏颂:《苏魏公文集》，王同策等点校，中华书局，2004年。

［宋］郑獬:《郧溪集》，《景印文渊阁四库全书》第一〇九七册，台湾商务印书馆，1986年。

［宋］庄绰:《鸡肋编》，《景印文渊阁四库全书》第一〇三九册，台湾商务印书馆，1986年。

［宋］江少虞:《宋朝事实类苑》，上海古籍出版社，1981年。

［宋］郭茂倩编:《乐府诗集》，中华书局，1998年。

［宋］周行己:《浮沚集》，《景印文渊阁四库全书》第一一二三册，台湾商务印书馆，1986年。

［宋］马永卿:《元城语录解》，《景印文渊阁四库全书》第八六三册，台湾商务印书馆，1986年。

［宋］王明清:《挥麈录》，中华书局，1961年。

［宋］李心传:《建炎以来系年要录》,中华书局,1988年。

［宋］李心传:《建炎以来朝野杂记》,徐规点校,中华书局,2000年。

［宋］周辉:《清波杂志校注》,刘永翔校注,中华书局,1997年。

［宋］周应合:《景定建康志》,南京出版社,2009年。

［宋］周紫芝:《太仓稊米集》,《景印文渊阁四库全书》第一一四一册,台湾商务印书馆,1986年。

［宋］黄庭坚:《豫章黄先生文集》,《四部丛刊》初编本。

［宋］严羽:《沧浪诗话校释》,郭绍虞校释,人民文学出版社,1983年。

［宋］孔平仲:《孔氏谈苑》,王恒展点校,齐鲁书社,2014年。

［宋］朋九万:《东坡乌台诗案》,《丛书集成初编》本。

［宋］吕祖谦编:《宋文鉴》,齐治平校点,中华书局,1992年。

［宋］孙升:《孙公谈圃》,中华书局,1985年。

［宋］曹勋:《松隐文集》,民国嘉业堂丛书本。

［宋］王巩:《闻见近录》,《景印文渊阁四库全书》第一〇三七册,台湾商务印书馆,1986年。

［宋］章如愚编:《群书考索》,《景印文渊阁四库全书》第九三七册—第九三八册,台湾商务印书馆,1986年。

［宋］王应麟:《玉海》,《景印文渊阁四库全书》第九四三册—第九四八册,台湾商务印书馆,1986年。

［宋］王得臣:《麈史》,商务印书馆,1937年。

［宋］刘斧:《青琐高议》,上海古籍出版社,1983年。

［宋］曾慥:《高斋漫录》,《景印文渊阁四库全书》第一〇三八册,台湾商务印书馆,1986年。

［宋］张邦基、范公偁、张知甫：《墨庄漫录 过庭录 可书》，孔凡礼点校，中华书局，2002年。

［宋］陈师道、朱彧：《后山谈丛 萍洲可谈》，李伟国点校，上海古籍出版社，1989年。

［宋］吕希哲、张舜民：《吕氏杂记 画墁录》，中华书局，1991年。

［宋］文彦博：《潞公文集》，《景印文渊阁四库全书》第一一〇〇册，台湾商务印书馆，1986年。

［宋］姚宽、陆游：《西溪丛语 家世旧闻》，孔凡礼点校，中华书局，1993年。

［宋］楼钥：《攻媿集》，《景印文渊阁四库全书》第一一五二册—第一一五三册，台湾商务印书馆，1986年。

［宋］魏泰：《临汉隐居诗话校注》，陈应鸾校注，巴蜀书社，2001年。

［宋］陈均：《九朝编年备要》，《景印文渊阁四库全书》第三二八册，台湾商务印书馆，1986年。

［宋］熊克：《中兴小纪》，《景印文渊阁四库全书》第三一三册，台湾商务印书馆，1986年。

［宋］陆佃：《陶山集》，《景印文渊阁四库全书》第一一一七册，台湾商务印书馆，1986年。

［宋］谢深甫等编：《庆元条法事类》，国家图书馆数字古籍，清代刻本。

［宋］罗从彦：《豫章文集》，《景印文渊阁四库全书》第一一三五册，台湾商务印书馆，1986年。

［元］陶宗仪：《说郛三种》，上海古籍出版社，1988年。

［元］脱脱等：《宋史》，中华书局，1985年。

［明］黄淮、杨士奇等编：《历代名臣奏议》，上海古籍出版社，1989年。

［明］蒋一葵：《尧山堂外纪》（外一种），吕景琳点校，中华书局，2019年。

［明］邓士龙辑：《国朝典故》，许大龄、王天有等点校，北京大学出版社，1993年。

［明］陆楫编：《古今说海》，《景印文渊阁四库全书》第八八五册，台湾商务印书馆，1986年。

［明］王世贞：《苏长公外纪》，明万历二十三年璩氏燕石斋刻本。

［明］王夫之：《船山全书》，岳麓书社，2011年。

［清］何文焕辑：《历代诗话》，中华书局，1982年。

［清］赵翼：《陔余丛考》，商务印书馆，1957年。

［清］蔡上翔编：《王荆公年谱考略》，清嘉庆九年金溪蔡氏存是楼木活字本。

［清］嵇璜：《钦定续通志》，《景印文渊阁四库全书》第三九二册—第四〇一册，台湾商务印书馆，1986年。

［清］毕沅编：《续资治通鉴》，"标点续资治通鉴小组"校点，中华书局，1957年。

［清］黄以周等辑：《续资治通鉴长编拾补》，顾吉辰点校，中华书局，2004年。

［清］徐松辑：《宋会要辑稿》，刘琳等点校，上海古籍出版社，2014年。

［清］王士禛：《池北偶谈》，中华书局，1982年。

［清］吴广成：《西夏书事校证》，龚世俊校证，甘肃文化出版社，1995年。

［清］焦循：《孟子正义》，沈文倬点校，中华书局，1987年。

《论语译注》，杨伯峻译注，中华书局，1990年。

《钦定礼记义疏》，《景印文渊阁四库全书》第一二四册—第一二六册，台湾商务印书馆，1986年。

沈云龙主编：《近代中国史料丛刊》续编第四辑，文海出版社，1992年。

《丛书集成初编》，中华书局，2011年。

《明实录（附校勘记）明太祖实录》，中研院历史语言研究所校印，黄彰健点校，中华书局，2016年。

张伯伟编：《稀见本宋人诗话四种》，凤凰出版社，2002年。

刘成国：《王安石年谱长编》，中华书局，2018年。

曾枣庄、刘琳主编：《全宋文》，上海辞书出版社，2006年。

易中天：《王安石变法》，浙江文艺出版社，2017年。

苏基朗：《唐宋法制史研究》，香港中文大学出版社，1996年。

黄仁宇：《赫逊河畔谈中国历史》，生活·读书·新知三联书店，1992年。

孔凡礼：《三苏年谱》，北京古籍出版社，2004年。

孔学辑：《王安石日录辑校》，四川大学出版社，2015年。

唐圭璋编：《全宋词》，中华书局，1965年。

李华瑞：《宋夏关系史》，中国人民大学出版社，2010年。

黄仁宇：《中国大历史》，生活·读书·新知三联书店，1997年。

万志英：《剑桥中国经济史：古代到19世纪》，崔传刚译，中国人民大学出版社，2018年。

梁启超：《王安石传》，上海人民出版社，2016年。

陈焕章：《孔门理财学》，中华书局，2010年。

高聪明：《宋代货币与货币流通研究》，河北大学出版社，

2000年。

漆侠：《宋代经济史》，中华书局，2009年。

邓广铭：《北宋政治改革家王安石》，生活·读书·新知三联书店，2007年。

赵冬梅：《法度与人心：帝制时期人与制度的互动》，中信出版集团，2021年。

何竹淇：《两宋农民战争史料汇编》，中华书局，1976年。

吴晓波：《历代经济变革得失》，浙江大学出版社，2013年。

邓小南：《祖宗之法：北宋前期政治述略》，生活·读书·新知三联书店，2006年。

[日]宫崎市定：《宫崎市定中国史》，焦堃、瞿柘如译，民主与建设出版社，2019年。

林语堂：《苏东坡传》，陕西师范大学出版社，2008年。

刘子健：《宋代中国的改革：王安石及其新政》，上海人民出版社，2022年。

赵冬梅：《大宋之变，1063—1086》，广西师范大学出版社，2020年。

钱穆：《中国历史研究法》，生活·读书·新知三联书店，2001年。

罗志田：《革命的形成：清季十年的转折》，商务印书馆，2021年。

梁其姿：《施善与教化：明清时期的慈善组织》，河北教育出版社，2001年。

吴钩：《宋仁宗：共治时代》，广西师范大学出版社，2020年。

刘子健：《中国转向内在：两宋之际的文化转向》，江苏人民出版社，2002年。

论文

杨渭生：《王安石在鄞县的事迹考略》，《杭州大学学报（哲学社会科学版）》1980年第1期。

陈立军：《论北宋阿云案的流变及影响》，《历史教学》2017年第18期。

张世明：《王安石变法对美国经济法律制度的影响》，《中华读书报》2020年5月20日。

俞菁慧、雷博：《北宋熙宁青苗借贷及其经义论辩——以王安石〈周礼〉学为线索》，《历史研究》2016年第2期。

杨德泉、任鹏杰：《论熙丰农田水利法实施的地理分布及其社会效益》，《中国历史地理论丛》1988年第1期。

朱铭坚：《北宋太学苏嘉案考释》，香港中文大学《中国文化研究所学报》2013年1月刊。

陈守忠：《王安石变法与熙河之役》，《西北师大学报（社会科学版）》1980年第3期。

章深：《熙丰变法时期的海外贸易》，《河北学刊》1992年第5期。

刘光临：《传统中国如何对流通商品征税——关于宋代和晚清商税征收的比较研究》，《台大历史学报》2013年12月第52期。

刘光临：《明代通货问题研究——对明代货币经济规模和结构的初步估计》，《中国经济史研究》2011年第1期。

［美］罗伯特·哈特威尔：《北宋时期中国铁煤工业的革命》，《中国史研究动态》1981年第5期。

葛金芳、顾蓉：《从原始工业化进程看宋代资本主义萌芽的产生》，《社会学研究》1994年第6期。

河南省文化局文物工作队:《河南鹤壁市古煤矿遗址调查简报》,《考古》1960年第3期。

许惠民、黄淳:《北宋时期开封的燃料问题——宋代能源问题研究之二》,《云南社会科学》1988年第6期。

曾雄生:《北宋熙宁七年的天人之际——社会生态史的一个案例》,《南开学报(哲学社会科学版)》2008年第2期。

李之勤:《熙宁年间宋辽河东边界交涉研究——王安石弃地数百里说质疑》,《山西大学学报(哲学社会科学版)》1980年第1期。

邢国政、梁庆华:《〈湖田疏〉非王安石所作》,《江海学刊》1989年第2期。

李裕民:《从王安石变法的实施途径看变法的消极影响》,《陕西师范大学学报(哲学社会科学版)》2006年第6期。

邓小南:《司马光〈奏弹王安石表〉辨伪》,《北京大学学报(哲学社会科学版)》1980年第4期。

顾吉辰:《王安石"三不足"说质疑》,《青海社会科学》1986年第2期。

沁青:《华莱士与中国农业界》,《农业推广通讯》1944年第6卷第8期。

李超民:《常平仓:美国制度中的中国思想》,上海财经大学博士学位论文,2000年。

李超民:《论美国新政"常平仓计划"受王安石经济思想的影响——兼与卜德先生商榷》,《西南师范大学学报(人文社会科学版)》2002年第6期。

张呈忠:《日本近代化进程中的王安石变法研究——从海保青陵到京都学派》,《全球史评论》2019年第2期。

刘光临、关棨匀:《唐宋变革与宋代财政国家》,《中国经济史研究》2021年第2期。

刘光临:《市场、战争和财政国家——对南宋赋税问题的再思考》,《台大历史学报》2008年12月。

吴尘:《都铎王朝重商主义政策探析》,湖南师范大学硕士学位论文,2009年。

李新宽:《试析英国重商主义国家干预经济的主要内容》,《史学集刊》2008年7月第4期。

贾根良:《李斯特经济学的历史地位、性质与重大现实意义》,《学习与探索》2015年第1期。

孙洋、弋慧莉:《日本殖产兴业政策的实行与铁道知识的传入》,《长春理工大学学报(社会科学版)》2010年第5期。